롭상 람파의 가르침

롭상 람파의 가르침

롭상 람파 지음 | 이재원 옮김

정신세계사

옮긴이 이재원은 1943년 계미생으로 경기고, 서울상대를 졸업하였다. 한국은행, UNPD, 현대종 합금융에 재직하였고 퇴직 후 자연의학, 종교, 인문학 관련 서적을 벗 삼아 여생을 보내고 있다.

일러두기〉
이 책은 롭상 람파의 저서들 중 《You-Forever》《Chapters of Life》
《Wisdom of the Ancients》 총 세 권을 합본한 것입니다.
수년간 한글판권 계약을 위해 노력했으나 저작권 상속인이 불분명한데다
유일하게 대행인 자격이 있는 비서 쉘라 루즈 여사와도 전혀 연락이 닿지 않았습니다.
추후 관련 사항이 확인되는 대로 정당한 절차대로 계약을 진행하겠습니다.
참고로, 롭상 람파의 저서(영문)들은 쉘라 루즈 여사의 허락하에
웹사이트 www.lobsangrampa.org 에 전부 공개되어 있습니다.

You-Forever
ⓒ 1965 by T. Lopsang Rampa

Chapters of Life
ⓒ 1967 by T. Lopsang Rampa

Wisdom of the Ancients
ⓒ 1965 by T. Lopsang Rampa

롭상 람파의 가르침
ⓒ 롭상 람파, 1965, 1967.

롭상 람파 짓고, 이재원 옮긴 것을 정신세계사 정주득이 2013년 1월 31일 처음 펴내다. 이균형과 김우종이 다듬고, 김윤선이 꾸미고, 경운출력에서 출력을, 한서지업사에서 종이를, 영신사에서 인쇄를, 우신제책에서 제본을, 김영수가 기획과 홍보를, 하지혜가 책의 관리를 맡다. 정신세계사의 등록일자는 1978년 4월 25일(제1-100호), 주소는 03965 서울시 마포구 성산로4길 6 2층, 전화는 02-733-3134, 팩스는 02-733-3144, 홈페이지는 www.mindbook.co.kr, 인터넷 카페는 cafe.naver.com/mindbooky 이다.

2025년 9월 3일 펴낸 책(초판 제8쇄)

ISBN 978-89-357-0365-4 03200

차례

옮긴이의 말 9

제1권 영원한 당신
저자의 한마디 23
서문 25
교육지침 27
제1과 31 / 제2과 37 / 제3과 43 / 제4과 49 / 제5과 55
제6과 65 / 제7과 76 / 제8과 82 / 제9과 92 / 제10과 100
제11과 109 / 제12과 116 / 제13과 126 / 제14과 133
제15과 141 / 제16과 152 / 제17과 162 / 제18과 176
제19과 188 / 제20과 199 / 제21과 210 / 제22과 221
제23과 231 / 제24과 239 / 제25과 247 / 제26과 254
제27과 261 / 제28과 267 / 제29과 274 / 제30과 280

제2권 인생의 제장들
제1장 앞으로 올 세계 지도자 289
제2장 많은 거소들 310
제3장 더 많은 거소들 330
제4장 또한 많은 차원들! 354
제5장 글과 그림 속에 의미를 숨기다 368
제6장 우리가 방문해야 할 세계 389
제7장 생의 마지막 순간 408
제8장 명상 425
제9장 유체여행 447
제10장 인간의 구조 460

제3권 선인들의 지혜
A부터 Z까지 477
부록1 호흡 611
부록2 돌 621

어느 찬미자로부터

"당신은 늙었어요, 람파 대부님." 젊은이가 외쳤다.
"언론들은 너무나 오랫동안 당신을 비방해왔죠.
하지만 당신이 붙인 촛불들은 마치 따스한 별빛처럼 명멸하며
늘 우리를 밝혀줄 거예요."

"당신은 늙었어요, 람파 대부님." 젊은이가 말했다.
"타자기는 그만 치우세요. 당신은 할 일을 다 마치셨습니다.
당신의 삶은 힘들고 모진 경험의 연속이었죠.
그러나 당신이 붙인 촛불들은 절대로 흐려지지 않을 거예요."

"당신은 늙었어요, 람파 대부님." 젊은이가 말했다.
"그 촛불들은 당신이 돌아가신 후에도 오래오래 타오를 거예요.
당신이 가르친 진실들은 우리의 길을 풍요롭게 할 거예요.
당신이 겪은 고난은 대체 얼마나 무거운 것이었나요?"

고통에서 해방되어, 슬픔에서 해방되어,
'내일'에 대한 걱정에서 해방되어,
이 탐탁지 않은 지구의 노고에서 해방되어,
'끝없는' 재탄생의 순환에서 해방되어,
어느 날 당신 삶의 불꽃이 흔들리다가 꺼진다 해도
당신이 붙인 촛불들은 우리에게 길을 알려줄 거예요!

– 《촛불》(Candlelight)의 서문 중에서

옮긴이의 말

정신세계사에서 1986~88년 사이에 T. 롭상 람파의 자서전적인 실화소설 《제3의 눈》, 《라사에서 온 의사》, 《람파 이야기》를 번역·출간한 적이 있다. 원서와 달리 한글판에는 《나는 티벳의 라마승이었다》(1~3권)*란 제목이 붙여졌는데, 특히 "기이한 저자의 기이한 이야기, 비상하고 흥미진진한 그러면서도 걱정되는 책"이란 문구가 눈길을 끌었다.

이름난 칼럼니스트이며 사주명리학자, 방외지사方外之士인 조용헌 교수도 그의 저서 《나는 산으로 간다》(푸른숲 刊, 1999)에서 이 책들을 언급한 바 있다.

"인체 내부에는 기가 모이는 기혈이 있다. … 인도의 요기들은 이 기혈을 차크라라고 부른다. 인체의 차크라는 크게 일곱 개를 꼽는다. … 이 중 내가 말하고 싶은 것은 양쪽 눈썹 사이에 있는 아즈나 차크라이다. 이 부분이 개발되면 천안통天眼通이 열린다고 한다. … 서양사람들은 천안통을 제3의 눈이라고 부른다. 10년 전쯤 국내의 도사들 사이에서 화제가 되었던 《나는 티벳의 라마승이었다》라는 책을 보면 티베트에서 이 여섯 번째 차크라를 속성으로 개발하기 위하여 외과수술을 집도하는 장면이 나온다."

하지만 《나는 티벳의 라마승이었다》 시리즈는 이미 절판된 지 오래되

---

* 현재는 '티베트'라는 표기가 정착되었으나, 부득이하게 옛 책의 제목을 언급할 때에 한해서는 '티벳'이라는 표기를 그대로 사용하였다. 편집부 주.

어 더 이상 시중에서 구할 수 없다. 본래 롭상 람파의 가르침을 접하고자 할 때는 본 역서보다 그 세 권을 먼저 읽는 것이 순서겠으나, 대부분의 독자들에게는 쉬운 일이 아니므로 여기서 그 세 권의 줄거리를 간략하게나마 소개함으로써 독자들의 이해를 돕고자 한다.

1900년대 초 T. 롭상 람파는 티베트 귀족 가문의 계승자로 태어나 유년기부터 엄한 교육을 받는다. 태어난 요일, 이름, 성姓의 순서로 표기하는 티베트의 전통대로 풀이해보면, T. 롭상 람파는 '화요일(Tuesday)에 태어난 람파 가문의 롭상'이란 뜻이 된다.

롭상이 일곱 살이 되던 해, 람파 가문은 점성가들을 초청해 아이의 운명을 점치는 관례에 따라 성대한 행사를 치른다. 그리고 그때 방문한 점성가들은 롭상의 앞날을 이렇게 예언한다.

"이 아이는 출가해서 승원에 들어가 의술 훈련을 받고 조국을 떠나 낯선 세계로 갈 것이다. 그리고 엄청난 고난을 겪으며 세계 여러 나라를 떠돌다 모든 것을 잃지만, 인류를 위한 과업을 수행하기 위해 영혼이주(Transmigration)로써 삶을 연장하여 사악한 세력의 온갖 박해에도 불구하고 결국은 승리할 것이다."

이 예언에 따라 어린 나이에 착포리 승원으로 출가하게 된 롭상은 평생의 스승인 밍야 돈드압 스님을 만나고 고승의 환생자로 인정되어 '제3의 눈'을 여는 뇌수술을 받는다. 그리고 13대 달라이 라마의 후원하에, 보통의 라마승이 평생에 걸쳐 획득하는 것 이상의 비의적秘儀的 훈련과 비전秘傳 지식을 집중적으로 전수받는다. 그 범위는 비단 경전과 수행에 국한된 것이 아니라 점성학, 고대의 역사, 전통의학에 이르기까지 대단히 넓었다.

1927년, 청년이 된 롭상 람파는 스승의 추천으로 중국 사천성 충칭의 한 의과대학에서 서양의 의학과 과학기술을 공부하기 시작한다. 1933년 후원자인 밍야 돈드압 스님과 13대 달라이 라마가 서거했을 때를 제외하고 계속 충칭에 머물며 정식의사 자격을 얻은 롭상은, 1938년 중일전쟁이 발발하면서 중국 장교들과의 인연으로 상하이의 중화민국 공군예비대에서 군의관으로 복무하게 된다.
   하지만 어느 날 롭상이 탄 비행기가 적기의 포화에 맞아 추락하고, 롭상은 구사일생으로 살아났지만 일본군의 포로가 되어 고문과 박해에 시달린다. 몇 차례 탈출 시도를 했으나 결국 포로 신세로 1944년 일본 본토까지 끌려간 롭상은 히로시마 근처의 수용소로 보내진다. 롭상은 극심한 고문으로 몸이 망가질 때마다 티베트에서의 영적 훈련을 상기하며 고통을 견뎌낸다. 그리고 1945년 8월, 히로시마에 원자폭탄이 터져 일본군이 혼란에 빠진 틈에 겨우 탈출에 성공해 빈 배로 동해를 표류한다.
   만신창이가 된 몸으로 현재 북한의 나진에 도착한 롭상은 소련 국경지대를 배회하다가 사나운 경비견들의 위협을 텔레파시로써 달래게 되고, 그 장면을 목격한 소련 경비대의 호감을 사서 블라디보스토크를 거쳐 모스크바로 향할 기회를 얻는다. 그러나 도중에 스파이 혐의로 KGB에 붙잡혀 폴란드로 추방되고, 연이어 키에프(우크라이나)에서는 트럭 충돌사고를 당해 탑승했던 군인들 거의 전원이 사망하고 롭상도 심각한 부상을 입게 된다. 롭상은 3주간 군병원에서 삶과 죽음의 갈림길을 헤매는데, 삶의 과업을 완수하려면 '영혼이주'라는 시련이 불가피하다는 메시지를 이때 처음 유체계幽體界로부터 받게 된다.
   이후로도 제대로 된 국적조차 없이 타지를 떠도는 롭상의 여정은 한시도 편할 날이 없었다. 체코슬로바키아와 프랑스를 거쳐 선박기관사 신분으로 미국행 화물선을 타고 뉴욕에 도착한 롭상은 호구지책으로 호텔 주방일, 무선 아나운서, 운전사 등의 일을 전전하며 캐나다 퀘벡으로 가서 영국행 선박을 탄다. 하지만 영국세관원의 횡포로 입국을 거부당해 그대로 그 배를 다시 타고 미국으로 되돌아오게 된다. 꼼짝없이 불법이민자로 몰려 미국 경찰에 넘겨질 처지가 된 롭상은 그 배의 선장과 선원의 도움으로 겨우 몸을 피하지만 이미 그의 몸상태는 심각한 지경이었다. 이때 롭상은 유체계에 계신 스승 밍야 돈드압 스님으로부터 '영혼이주'가 이뤄질 영국인이 점지되었다는 메시지를 다시 듣게 된다. 하여 롭상은 제 육체의 기능이 다하기 전에 하루빨리 티베트로 돌아가야만 했다.

천신만고 끝에 롭상은 포로수용소에서 도움을 준 적이 있었던 한 중국인 가족으로부터 답례조로 원양여객선 1등 승선권을 받아 인도의 봄베이에 도착하게 된다. 그리고 거기서 기차를 타고 칼림퐁에 이른 후 몇몇 라마승들과 함께 라사로 통하는 산맥을 넘는다.

고향에 돌아오자마자 극에 달한 중국군의 만행을 목격한 롭상은 곧 라사의 은밀한 승원으로 안내된다. 그리고 이전부터 몇 차례나 계시되었던 '새로운 몸'으로의 영혼이주를 위해 그 대상으로 지목된 시릴 호스킨이라는 영국인의 아카샤 레코드를 보게 된다. 시릴 호스킨은 실패와 좌절로 점철된 삶을 겪어온 탓에 이승에 대한 미련이 전혀 남아 있지 않던 40대 남자였다. 그는 나무에서 떨어지는 사고로 인한 체외이탈 체험 중에 한 라마승의 유체幽體와 만나 '영혼이주'에 동의하고 한 달간 수염을 기르며 중국식 이름인 '칼 쿠안'으로 개명해두기로 약속한 터였다.

이윽고 약속된 날에 시릴 호스킨은 이전에 떨어졌던 나무에서 다시 추락하여 뇌진탕을 일으키고, 이때 호스킨의 유체와 롭상의 유체가 본래의 육체로부터 분리되어 서로의 몸으로 진입하는 '영혼이주'가 행해진다. 롭상은 영혼이주 후 '칼 쿠안'으로서 새로운 생활에 적응해갔지만, 시릴 호스킨이 오래전부터 실업자 신세였으므로 1955년까지 쿠안(롭상) 부부는 극심한 궁핍을 겪는다.(시릴 호스킨은 기혼자였다.)

그러다가 우연히 쉴라 루즈 부인과의 조우로 그들의 삶이 바뀌는데, 그녀 남편의 도움으로 한 출판사에 소개되어 자서전 집필을 권유받았기 때문이다. 이렇게 해서 칼 쿠안은 'T. 롭상 람파'라는 필명으로 첫 책인 《제3의 눈》을 발표하고, 후원자였던 쉴라 루즈 부인은 운명적으로 영적 동료가 되어 아예 쿠안 부부와 함께 살기로 작정한다.(쉴라 루즈는 후에 '버터컵Buttercup'이란 이름으로 알려진다.)

이들 셋은 건강이 악화된 쿠안의 요양을 위해 아일랜드로 향한다. 더블린을 거쳐 풍광이 좋은 해안가의 집으로 이사한 쿠안은 두 번째 책 《라사에서 온 의사》를 쓰며 비교적 평온한 삶을 누리다가, 그의 이례적인 성공을 질시하던 한 신문으로부터 '한 집안에 두 여자를 거느리고 사는 정체불명의 사기꾼'이라며 매도를 당하기 시작한다. 이즈음은 영혼이주 후 7년이란 기간이 지나며 시릴 호스킨 육체의 모든 분자가 롭상의 것으로 전환이 완료된 때이기도 하다.

롭상이 위의 자서전적 소설에서 다룬 정신세계의 면모는 제3의 눈, 오라, 점성술 / 초자아, 기도와 치유, 상상력 / 투시, 수정구 응시, 텔레파시, 천도의식, 물체감응 / 유체의 은빛 줄, 유체여행, 아카샤 레코드, 영혼이주 / 창탕고원, 설인, 지구역사와 고대문명, 사념의 형체 / 요가, 차크라, 쿤달리니 / 호흡, 약초, 긴장이완법 등 매우 다양하다. 어느 것 하나도 일반인이 선뜻 수용키 어려운 주제지만, 그는 이 모든 비전秘傳 지식이 자신의 체험적 진실이라고 거듭 강조했다.

"내가 쓴 모든 것은 진실입니다. 나의 모든 주장은 진실입니다. 나는 어느 책이든 내가 쓴 모든 것을 할 수 있습니다. — 걷는 것만 빼면!"(저자 서문 인용)

롭상의 저작은 기실 자전적 소설 세 권에 그치지 않는다. 국내에는 소개된 바 없지만 그는 1960년 영국에서 출판된 《람파 이야기》 이후에도 사망 시까지 20년 동안 계속해 열여섯 권의 책을 시리즈로 집필·출간했다. 후속 저서들에서 그는 형이상학적인 주제들의 범위를 명상, 트랜스, ESP 계발 / 반물질, 버뮤다, 다차원 / 외계인, UFO, 지하세계 / 윤회, 사후생 등으로 더욱 확장시켰고 전 세계로부터 온 독자들의 끝없는 질문에 답신했다. 아래는 역자가 조사·정리한 롭상의 책 목록과 기타 관련 저서들이다.

〈람파의 저서들〉

1. 제3의 눈(The Third Eye)
2. 라사에서 온 의사(Doctor from Lhasa)
3. 람파 이야기(The Rampa Story)
4. 고대의 동굴(Cave of the Ancients)
5. 스님과 함께 사는 삶(Living with the Lama)
6. 영원한 당신(You-Forever)
7. 선인들의 지혜(Wisdom of the Ancients)
8. 황색 법의(The Saffron Robe)
9. 인생의 제장들(Chapters of Life)
10. 십 분의 일을 넘어서(Beyond the Tenth)
11. 불꽃을 돋우며(Feeding the Flame)

12. 은자(The Hermit)

13. 열세 번째의 초(The Thirteenth Candle)

14. 촛불(Candlelight)

15. 황혼(Twilight)

16. 있었던 그대로(As It Was)

17. 나는 믿는다(I Believe)

18. 세 사람의 생애(Three Lives)

19. 티베트의 현자(Tibetan Saga)

〈관련 도서들〉

20. 땅버들(Pussywillow) *부인의 저서

21. 참나리(Tiger Lily) *부인의 저서

22. 가을아씨(Autumn Lady) *부인의 저서

23. 롭상 람파와의 25년(25 Years with Lopsang Rampa) *비서의 저서

24. 새 시대의 개척자(New Age Trailblazer) *람파 연구가의 저서

각각의 책들의 성격을 간단히 부기하자면, 4번과 8번은 스승 밍야와 제자 롭상의 대화체로 된 승원 생활과 비전 지식의 전수이다. 5번, 20번, 21번, 22번은 텔레파시가 통하는 영물인 샴고양이 이야기를 담고 있다. 6번, 7번, 9번은 영능력 계발을 위한 과제 연습과 다차원 세계에 관한 안내이다. 10번, 11번, 13번, 14번, 15번은 독자들로부터 온 질문에 대한 답신이다. 12번, 19번은 외계인이 보여준 지구의 역사와 고대 문명의 흔적이다. 16번은 시릴 호스킨의 일대기를 포함한 람파의 자기해명적 자서전이다. 17번, 18번은 소설 형식을 빌린 사후생의 사례이다. 23번은 25

년 동안 람파를 지켜본 후원자이자 비서 쉴라 루즈^{Sheelagh Rouse}의 기록이다. 24번은 람파의 일생과 저작에 대한 카렌 뮤튼^{Karen Mutton}의 총체적 분석이다.

다시 롭상의 생애로 돌아가 1960년대 이후의 궤적을 더듬어보자. 쿠안 부부와 쉴라 루즈는 뉴욕을 거쳐 캐나다 온타리오 윈저로 이주하게 된다. 디트로이트 강변에 터를 잡은 쿠안은 건강이 좋지 않아 여전히 취업을 하지 못하고 대신 세 번째 책《람파 이야기》를 쓴다. 그들은 또 나이아가라 반도로 이사해 숲 속의 멋진 삼목주택을 빌리지만, 계속되는 취업난으로 쿠안은 네 번째 책《스님과 함께 사는 삶》을 쓸 수밖에 없는 처지에 놓인다.

캐나다의 포트에리에서《영원한 당신》과《선인들의 지혜》를 쓰며 궁핍하게 살던 쿠안은 우루과이로 오라는 어느 후원자의 제의를 받게 된다. 장고 끝에 이들은 그 제의를 받아들여 1962년 말경 남미행 화물선을 타는데, 당시는 러시아가 쿠바에 미사일을 배치하며 미국이 핵 대결을 준비하던 시기였다. 뉴욕을 출발한 배는 몇몇 브라질 항구를 거쳐 우루과이 몬테비데오에 도착하고, 이들은 '롭상 람파의 친구들'이라 칭하는 후원자 그룹의 환영을 받으며 새 환경에 적응하지만 쿠안 부부는 번잡한 삶을 꺼린다. 이즈음 쿠안은 그동안 써왔던 '칼 쿠안'이란 이름을 버리고, 티베트 라마승으로서의 본명이자 필명이었던 'T. 롭상 람파'로 다시 개명한다.

우루과이에서 1년 반 동안 체류하며《황색 법의》를 쓴 후 롭상 일행은 캐나다 포트에리로 돌아가는데, 영국에서 자살한 한 젊은이의 주변에서 롭상의 책이 발견되면서 롭상은 신문으로부터 자살을 조장했다는 비난을 듣는다. 신문의 비난 후 책 판매가 부진해 부부는 또다시 빈궁해졌고 포트 에리의 분위기도 나빠진다. 그들은 프레스트로 이사해 수수한 다니엘 호텔에 머물며 1년을 사는데, 이때 롭상은 《인생의 제장들》을 집필한다. 또 다시 그들은 뉴 브룬스윅의 성 요한으로 이사했고 롭상은 《십 분의 일을 넘어서》를 썼다. 이 시기에 롭상은 휠체어에 의존하는 노인 신세가 된다.

롭상은 각양각색의 사기 행각이나 불법 행위에 연루됐다는 혐의로 신문이나 경찰로부터 부단한 시달림을 받는다. 결국 롭상은 1970년대 초 몬트리올의 해비타트 아파트로 이사하는데, 이즈음엔 줄곧 병원을 드나드는 처지였다. 몬트리올의 삶이 참을 수 없는 지경이 되자 1972년 가족은 밴쿠버로 떠나고, 롭상은 온갖 병이 도져 종일 침대를 벗어나지 못한다.

롭상은 완전한 은둔 상태에서 《황혼》과 《있었던 그대로》를 썼고 병이 더 악화되면서 자신의 운명을 예감하듯 《나는 믿는다》와 《세 사람의 생애》를 쓴다. 롭상은 스승 밍야 스님이 계신 황금빛의 나라 '파트라'로 가기만을 고대한다. 1980년 평생의 지기 쉴라 루즈마저 옆을 떠난 후, 롭상은 1981년 캘거리 병원에서 파란만장한 고난과 시련의 일생을 마감한다.

본 역서는 롭상의 상기 저서들 중 6, 7, 9번에 해당하는 《영원한 당신》, 《선인들의 지혜》, 《인생의 제장들》을 번역하여 합본한 것이다.

《영원한 당신》에서 롭상은 마치 학교에서 교사가 학생들에게 가르치듯 미지의 것을 아는 데 필요한 영능력의 계발 과제를 하나하나 제시하고 이를 열린 마음으로 받아들이라고 말한다. '신비학의 입문서'라고 해도 좋을 만큼 그는 이 책에서 오라와 유체여행 / 초자아와 삶의 목적 / 보시, 중도와 평정의 기술 / ESP(초감각적 인지) / 상상력의 통제 / 카르마의 법칙 / 죽음의 이해 / 바른 삶, 잠재의식과 자기최면 / 문화 차이 등을 잔잔한 필치로 그리고 있다.

《선인들의 지혜》는 정신세계의 개념적 이해를 위한 용어집, 일명 '요가 사전'으로 호흡 훈련을 비롯한 롭상의 건강학이 부록으로 첨부되어 있다.

《인생의 제장들》은 다소 무거운 형이상학적 주제들을 다루고 있는데, 메시아 / 평행우주 / 반물질 / 버뮤다 삼각지 / 다차원 / 비전지식 / 티베트 시詩 / 강령회, 사후세계 / 명상, 트랜스 / 마녀사냥, 유체여행 / 인체의 신경구조 등등 독자들을 불가사의한 세계로 이끌고 있다.

그동안 국내엔 별반 알려진 바 없으나 롭상의 저서는 해외에서 많은 논쟁을 ─ "도대체 롭상의 정체가 뭐냐?", "영혼이주라니 그게 가당키나 한 일이냐?" 등등 ─ 불러일으켰던 것이 사실이다. 유래를 찾기 어려운 독특한 영적 훈련법과 형이상학적 지식들을 쏟아내는 한편으로는 고난으로 얼룩진 삶, 한 집에서 두 여자와 함께 생활한 이력, 영적 스승이라고 보기엔 지나치게 생계의 어려움에 몰린 처지 등 그 인물 자체가 상식을 벗어난 수수께끼투성이었다는 점도 그런 논쟁에 한몫했다. 따라서 롭상이 서양의 식자들에게 '문학적 상상력이 뛰어난 사기협잡꾼'이란 오해를 받은 것도 결코 무리는 아닐 듯싶다. 그래서인지 롭상의 사망 후 그의 책들은 1980년대 뉴에이지 운동의 아류쯤으로 폄하되고 말았다.

이처럼 롭상의 진기한 이야기들은 때론 액면 그대로 수용키가 쉽지 않지만, 궁극적으로 동서양을 넘나든 그가 이 세계를 향해 던지는 메시지는 분명하다.

"인류는 진화와 퇴보의 기로에 서 있다. 지구는 의식을 지닌 뭇 생명체의 3차원 학습장이다. 나는 어둠을 저주하기보다 촛불 하나를 켠다. 영성 또는 비의학의 법칙은 결코 신비가 아니다."

　과학은 설명할 수 있는 것을 설명하고, 철학은 설명할 수 없는 것을 설명하며, 신학은 설명해서는 안 되는 것을 설명한다는 우스갯소리가 있다. 롭상은 자신의 지식을 초超과학이라고 명명하면서, 설명할 수 없고 또 설명해서도 안 되는 것을 설명하는 일에 도전했던 것인지도 모른다. 그는 과연 사기꾼인가, 아니면 선지자적 사명을 지닌 비전 지식의 소유자인가? 판단은 독자의 몫이다. 받아들이든 말든, 믿거나 말거나, 롭상의 이야기는 아직도 현재진행형이다.

　천학비재淺學菲才한 역자로서 그 깊이를 알 수 없는 롭상의 세계에 감히 접근조차 어려웠지만, 20년 전 그의 시리즈를 모두 읽고 10년 전부터는 퇴직해 번역을 시작할 수 있었던 것을 일생의 행운으로 여긴다. 보이지 않는 세계가 보이는 세계를 품고 있다고 말하는 사람들은 꽤나 많지만, 그 보이지 않는 세계를 3차원의 언어로 그려 보인 이는 매우 드물다. 그런 뜻에서 롭상의 노작들은 정신세계를 지향하는 독자제현에게 흔치 않은 또 하나의 길잡이가 되리라 믿는다.

　이 역서가 나오기까지 호의적인 검토와 배려를 해주신 정신세계사 관계자 여러분께 감사를 드리며 자료입수를 도운 옛 UNPD 김상헌 사우, 몇 해 전 고인이 된 BOK 김원태 행우, 미국으로 이민을 간 오세중 학우에게 시공을 넘어 인사를 건넨다. 그리고 타자를 치는 수고를 해준 딸 수영이와 가족 모두에게 고마움을 표하고 싶다.

영원한 당신
You-Forever

1

저자의 한마디

나는 '화요일의 롭상 람파'입니다. 그게 내 유일한 이름이고 이제는 법적인 이름이 되었습니다. 나는 아무에게도 답신하지 않습니다. 많은 편지들이 희한한 이름들을 붙인 채로 내게 오지만 그것들은 곧장 쓰레기통으로 들어갑니다. 왜냐하면 내 유일한 이름은 '화요일의 롭상 람파'이기 때문입니다.

내가 쓴 모든 책은 진실입니다. 내가 주장하는 모든 것은 진실입니다.

몇 년 전에 영국과 독일의 신문들은 내가 나 자신을 변호할 수 없었을 때에 나를 비방하는 캠페인을 벌였습니다. 당시 관상동맥혈전증으로 거의 죽어가고 있던 나는 무자비하고 광적인 박해를 받았습니다.

실제로 몇몇 사람들은 나를 시기해 '증거'를 수집했습니다. 그렇지만 그 '증거의 수집자'가 한 번도 나를 알아보려 하지 않았다는 사실이 중요합니다. '피소된 사람'에게 그 자신의 이야기를 진술할 기회를 주지 않는다는 것은 정상이 아니지요. 누구든 유죄가 입증될 때까지는 무죄입니다. 그러나 나는 '유죄'가 입증된 일도 없고, 나 자신이 진실하다는 걸 입증할 기회도 얻지 못했습니다.

영국과 독일의 신문들은 그들 지면의 어느 부분도 내게 허용하려 하지 않았습니다. 그래서 나는 결백하고 진실했지만, 누구에게도 내 이야기를 알릴 수 없는 불행한 처지를 벗어나지 못했습니다. 큰 텔레비전 방송국 한 곳이 내게 인터뷰를 제의하긴 했지만 그들조차도 내가 자신들 입맛대로 말해야 한다고 주장했지요. 쉽게 말해, 거짓말을 지껄이라고 강요한 것입니다. 하지만 나는 진실을 말하고 싶었기에 그들의 방송에 출연할 수 없었습니다.

다시 말하지만 내가 쓴 모든 것은 진실입니다. 내 주장은 모두 진실입니다. 이 모든 것이 진실이라고 강조하는 특별한 이유는, 가까운 장래에 나와 같은 사람들이 또 나올 것이기 때문입니다. 나는 그들이 악의와 증오로 인해 내가 겪은 바와 같은 고통을 겪지 않기를 바랍니다.

많은 사람들이 나에 관하여 절대적으로 근거가 확실한 문서들을 보았습니다. 내가 티베트 라사의 고승이었고 중국에서 훈련을 이수하고 자격을 얻은 의학박사임을 증명하고 있는 문서들 말입니다. 하지만 그들은 이 문서들을 보았음에도 신문이 꼬치꼬치 캐고 들었을 때 어쩐지 그 사실을 '잊어버렸던' 것입니다.

부디 당신은 이 내용이 모두 진실이라는 내 호소에 마음을 열고 이 책을 읽어주시길 바랍니다. 나는 있는 그대로를 말하고 있을 뿐입니다.

인간이라는 것이 과연 어떤 존재인지, 이 책을 읽다 보면 당신은 답을 얻게 될 것입니다.

T. 롭상 람파

서문

　이 책은 미지의 것들을 알아가는 데 진지한 관심을 둔 사람들을 위한 아주 특별한 교육과정이다.
　처음엔 통신강좌의 형태로 공개할 생각이었다. 그러나 그러려면 적잖은 절차와 함께 수강자들에게 강좌당 약 35파운드의 요금을 청구해야 한다는 사실을 곧 알게 되었다. 그래서 나는 출판사의 협조를 얻어 이 과정을 책의 형태로 제작하기로 했다.
　보통 통신강좌를 수강하다 보면 여러 가지 질문거리가 생겨나기 마련이다. 하지만 나는 이 책의 독자들이 가질 궁금증을 해결해줄 수가 없다. 왜냐하면 — 가난하고 불우한 저자는 책을 썼다고 해도 큰돈을 벌지 못한다. 실은 겨우 입에 풀칠하는 처지일 뿐이다. 그럼에도 그는 세계 곳곳으로부터 편지를 받게 되는데, 그 발송자들은 반송우표를 동봉하는 일을 종종 '잊어버린다'. 그럴 때마다 그는 그 편지를 무시할 것인지 제 돈을 들여 답장할 것인지 갈림길에 서게 된다.
　내 경우엔 몹시 미련하게도 스스로 그 비용을 부담해왔다. 하지만 편지지를 사고, 답장을 타이핑하고, 우표를 붙일 때마다 결코 적지 않은 돈이 들어간다. 그리고 이제 나는 이런 점을 배려해주지 않는 사람들의 질문이나 편지에는 일절 답신을 해줄 처지가 못 된다.
　당신도 독자로서 공감할는지 모르겠지만 심지어는 이런 일도 있다. 내게 편지를 보내서, 내 책이 너무 비싸니 복사본을 공짜로 보내달라고 부탁하는 사람들이 있다. 그중에 어떤 사람은 내 책들 전부를 복사하고

자필 서명까지 해서 보내달라고, 게다가 다른 저자들의 책 두 권까지 추가로 구해달라고 당당히 요구했다. 그렇다, 나는 그런 편지에도 답신을 해주었다!

나는 당신에게 단호하게 말한다. 이 책을 읽는다면 많은 유익함이 있을 거라고. 이 책을 깊숙이 파고든다면 더 많은 유익함이 있을 거라고. 나는 당신의 이해를 돕기 위해 통신강좌라면 필요 없었을 〈교육지침〉도 따로 마련했다.

나는 이 책의 뒤를 이어서, 갖가지 신비와 일상의 주제에 관한 전문적인 해설서라 할 수 있는 또 하나의 책(아주 특별한 사전)을 선보일 계획이다. 나는 그런 책을 구하려고 세계의 온 나라를 뒤지다가 직접 쓰기로 했다. 그 책*은 앞서 나온 이 책을 온전히, 그리고 가장 유익하게 이해하는 데 필요한 도우미가 될 것이다.

T. 롭상 람파

---

*《선인들의 지혜》를 가리킨다.

교육지침

　우리 — 당신을 포함한 우리 모두 — 는 당신의 영적 능력이 순조롭게 계발되도록 함께 협력해야 한다. 이 과제들 중 어떤 것은 좀더 시간이 오래 걸리고 까다로울 것이다. 그러나 이 과제들은 괜히 부풀려진 게 아니다. 이것들은 장식적인 들러리는 배제하고 진짜 '알짜배기'만을 모은 것이다.

　이 과제들을 공부하기 위해 매주 일정한 밤 시간을 선택하라. 정해진 요일, 정해진 시간마다 정해진 장소에서 공부하는 습관을 들이라. 이 공부는 그저 문자를 읽는 것 이상의 무엇이다. 당신은 아주 낯선 사상들을 흡수해야 하므로, 이 정신훈련에서 규칙적 습관은 지대한 도움이 될 것이다.

　당신이 편안하게 느끼는 장소나 방을 따로 정하라. 당신이 편안할수록 배움은 더 용이해진다. 원한다면 누워도 좋다. 어떤 경우에도 근육에서 아무런 긴장이 느껴지지 않게 하겠다는 태도여야 한다. 충분한 이완 속에서 당신의 모든 주의가 인쇄된 문자와 그 배경의 사상을 향하도록 하라. 당신이 긴장해 있으면, 의식의 대부분이 그 긴장된 느낌을 지각하는 데 소비된다. 한 시간이든 두 시간이든, 그 과제를 읽는 데 얼마나 오래 걸리든 간에 아무것도 당신의 의식을 침범하여 사고의 흐름을 끊을 수 없도록 확실하게 준비해두라.

　당신만의 방에 들어가서 문을 닫으라. 되도록 문은 잠그고, 창문 밖의 일렁임이 주의를 흩뜨리지 않도록 블라인드도 치라. 방에는 단지 등 하나만을 켜놓으라. 독서등 하나를 당신 뒤편에 켜놓는 정도가 좋겠다. 그러면 책을 읽기에도 적당하고, 방의 나머지 공간도 알맞게 어두워진다.

　당신에게 아주 편안하고 휴식을 주는 자세를 취하라. 눕는 것도 좋다. 그리고 잠시 긴장을 풀고 심호흡하라. 아주 깊은 호흡을 세 번에 걸쳐 반복하라. 숨을 3~4초간 들이쉬고 다시 3~4초간 내쉬면 된다. 그리고 몇 초간 고요하게 휴식을 더 취하라.

　이제 책을 집어들고 오늘의 교과를 읽으라. 처음엔 한가롭게 읽으라. 마치 신문을 읽는 것처럼 그냥 훑어보라. 그런 후에는 잠시 내려놓고, 당신이 가볍게 읽은 내용이 잠재의식 속으로 가라앉도록 두라.

　그리고 읽기를 다시 시작하라. 이번엔 교과 내용을 구절마다 세심하게 되짚어보라. 만일 이해가 안 가거나 당혹스러운 데가 있으면 그걸 메모해서 손에 집히는 노트에다 적어두라. 어떤 것도 기억하려고 애써서는 안 된다. 인쇄된 문자에 얽매이는 것은 아무런 의미가 없다. 이 강좌의 목적은 오직 그것들을 당신의 잠재의식 속으로 가라앉게 하는 데 있다. 의식적으로 기억하려는 시도는 오히려 그 내용의 완전한 의미를 알지 못하게 한다. 당신은 특정한 구절을 앵무새처럼 반복하도록 시키는 시험을 보려는 것이 아니다. 당신 자신을 삶의 속박으로부터 해방시켜주고, 인간 육체의 본질을 깨우쳐주고, 지상에서의 삶의 목적을 재설정하게 해줄 지식을 쌓으려 하는 것이다.

　교과를 다 되짚어본 다음에는, 메모해둔 내용을 중심으로 당신을 당혹게 하는 논점과 당신에게 분명하지 않은 논점들에 대해 숙고하라. 그저 나에게 편지를 보내 해답을 구하는 식의 안일한 태도로는 그것들을 당신의 잠재의식 속으로 가라앉힐 수 없다. 당신 스스로 그 해답을 생각해내는 것이 당신 자신에겐 가장 유익하고 또 친절한 일이 될 것이다.

　당신은 당신의 역할을 해야 한다. 가치 있는 것을 얻기 위해서는 그만큼의 대가를 치러야 한다. 거저 주어진 것은 그것이 그만큼 가치 없는 것이라는 뜻이다. 당신은 마음을 열어야 한다. 당신은 기꺼이 새로운 지식을 흡수할 용의가 있어야 한다. 지식이 당신에게 흘러들어온다고 '상상해야' 한다.

기억하라. 인간은 생각하는 그대로 된다는 것을.

제1과

초자아(Overself)*의 특성을 이해하거나 '비밀리에 전승되는 술법'(occult, 이하 비술秘術로 약칭)을 다루기에 앞서 우리는 인간의 본질부터 확실히 파악해두어야 한다.

이 강좌에서 우리는 '인간(man)'이란 용어를 '남성과 여성'을 모두 포괄하는 뜻으로 쓰려고 한다. 미리 명백히 밝혀둘 사실은, 여성들 또한 비술과 초감각적 인지의 모든 측면에서 최소한 남성들과 동등한 능력을 갖췄다는 것이다. 오히려 형이상학적 차원들에 다가가는 데에는 여성들이 남성들보다 더 밝은 오라와 더 큰 수용력을 보이곤 한다.

삶이란 무엇인가?

단언컨대, 존재하는 것은 그 모두가 '생명'이다. 우리가 소위 '죽었다'고 하는 존재조차도 실은 살아 있다. 그 삶의 전형적인 형태가 끝나버렸다고 해도 — 그래서 죽었다고 하는 것인데 — 그 '삶'의 마감과 동시에 새로운 형태의 삶이 뒤이어 자리 잡기 때문이다. 소멸의 과정은 그 스스로 삶을 다시 창조해낸다.

존재하는 모든 것은 진동한다. 모든 것은 끊임없이 움직이는 분자로

---

* 이 책에서 초자아는 심리학 용어 super-ego와는 전혀 다른 뜻으로 쓰인다. 《선인들의 지혜》 573쪽 참고

구성되어 있다. 앞으로 우리는 원자, 중성자, 양자 같은 용어를 모두 '분자'로 총칭해서 쓸 것인데, 그것은 본 강좌가 형이상학의 한 과정이지 화학 또는 물리학의 과정이 아니기 때문이다. 우리는 '큰 그림을 그리려는' 것이지 불필요한 세부사항까지 현미경으로 들여다보자는 게 아니다.

그래도 분자와 원자에 대해 몇 마디는 해둬야 할 듯싶다. 그러지 않으면 순진한 친구들이 우리가 이미 다 아는 지식을 편지로 써보내며 시비를 걸 테니까. 분자는 아주 작지만 전자 현미경을 사용하면 볼 수 있다. 형이상학적 기예(초감각적 인지능력, 역주)에 익숙한 사람들 또한 분자들을 볼 수 있다. 사전에 의하면, 분자는 독립적인 존립을 가능케 하는 최소단위의 물질로서 그 물질만의 고유한 특성을 갖는다. 그리고 분자는 그보다도 더 작은 입자, 즉 '원자'들로 구성되어 있다.

원자는 태양계의 축소판과도 같다. 원자의 핵은 태양계에서는 해에 해당한다. 태양계에서 해의 주위를 행성들이 선회하듯, 원자 속에서는 핵 주위를 전자들이 선회하고 있다. 그리고 태양계와 마찬가지로 원자라는 단위체 역시 그 대부분이 텅 비어 있다. 여기 〈그림 1〉은 우리 우주의 '벽돌'이라 할 수 있는 탄소 원자를 크게 확대했을 때의 모양을 보여준다. 우리 태양계의 모습인 〈그림 2〉와 한 번 비교해보라.

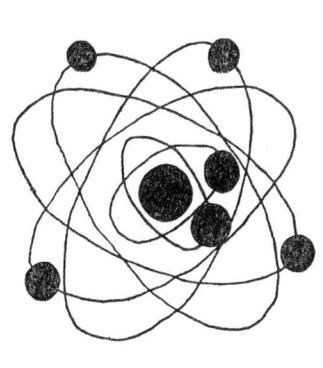
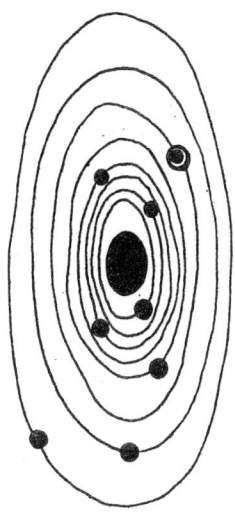

〈그림 1〉 탄소 원자   〈그림 2〉 태양계

물질마다 핵 주위를 도는 전자의 숫자는 서로 다르다. 예를 들어 우라늄은 92개의 전자를 갖고 있다. 탄소의 전자는 불과 여섯 개고, 그중 둘은 핵 가까이서 그리고 넷은 좀더 먼 거리에서 궤도를 돈다. 그렇지만 우리는 편의를 위해 물질의 기본요소를 모두 '분자'로 총칭하여 이야기하고자 한다.

사람은 빠르게 회전하는 분자 덩어리다. 사람은 분명 단단한 고체로 보인다. 왜냐하면 살과 뼈의 틈 속으로 손가락을 밀어 넣는 일이 쉽지 않기 때문이다. 그러나 이런 고체성은 우리 또한 인간이므로 어쩔 수 없이 갖게 된 환상일 따름이다.

무한히 작은 생물이 한 인간의 육체와 거리를 두고 서서 그를 쳐다본다고 하자. 그 미물은 빙빙 도는 태양들과 나선형의 성운, 그리고 은하수와 같은 흐름을 보게 될 것이다. 육체의 부드러운 부분인 살에서 분자들은 더욱 넓게 분산되어 있으리라. 반대로 딱딱한 부분인 뼈에서는 분자들도 한층 밀집되어 다발을 이루고 커다란 별무리(성단)와 같은 모습을 보여줄 것이다.

구름 한 점 없는 어느 날 밤, 당신이 산꼭대기에 서 있다고 상상해보라. 당신은 지금 어떤 도시의 불빛도 미치지 않는 외딴곳에 홀로 떨어져 있다. 도시의 불빛은 밤하늘에 떠도는 수증기 방울에 반사되면서 굴절을 일으켜 창공을 뿌옇게 만드는 법이다. (이것이 천문관측소들이 늘 외딴곳에 지어지는 이유이다.)

당신은 홀로 산 정상에 있다. 그리고 당신 머리 위에서 별들이 찬란하게 빛나고 있다. 당신은 그 별들이 끝없이 열을 지어 선회하는 광경을 경이롭게 응시한다. 광대한 우주가 당신 앞에 펼쳐져 있다. 엄청난 별무리가 어두운 밤하늘을 아름답게 수놓고 있다. 창공을 가로질러 은하수로 알려진 띠가 광막하고 거무튀튀한 꼬리를 길게 끌며 나타난다.

그것이 바로 분자들의 모습과 같다. 현미경으로 봐야 보이는 미생물들은 당신의 육체를 바로 그런 모습으로 볼 것이다.

창공의 별들은 그들 사이의 믿을 수 없는 거리 때문에 그저 한 점의 불빛처럼 보인다. 별들의 개수는 수십억에서 수조에 이르지만, 광막한 우주공간의 크기에 비한다면 별들의 존재감은 거의 무시해도 좋을 정도이다. 우주선이 있다면 당신은 그 어느 별에도 부딪히지 않고 우주를 자유로이 여행할 수 있다는 뜻이다. 만약 당신이 별들 사이의 공간을 왕창 줄일 수 있다면, 그때 이 우주는 어떤 모습으로 보이게 될까? 혹시 당신의 몸을 현미경 수준에서 대면하고 있는 미생물들도 때로 이런 상상을 해보고 있진 않을까? 우리는 미생물들이 보는 분자들의 총체적 모습이 곧 우리 육체임을 알고 있다. 그렇다면 창공에 있는 별무리의 총체적 모습은 어떤 것일까?

이처럼 사람들 개개인은 곧 하나의 우주와 같다. 그리고 그 안의 행성들(분자들)은 각자 자신의 중심(핵)을 맴돌고 있다. 암석, 나뭇가지, 물방울들도 전부 이처럼 일정한 패턴으로 끝없이 움직이는 분자들로 구성되어 있다.

사람도 움직이는 분자들로 이루어져 있다. 그리고 분자의 운동은 모종의 전기를 발생시키고, 그것이 초자아가 전달(deliver)하는 전기와 결합하면서 우리로 하여금 '지각을 갖고(sentient)' 살아가게 한다.

지구의 극 주위에서는 자기폭풍이 너울거리고 타오르며 형형색색의 극광을 만들어낸다. 마찬가지로 각각의 분자들이 방사하는 자기장도 다른 분자들, 또는 주변 세계의 자기장과 영향을 주고받으며 상호작용을 한다. 그 누구도 홀로는 존재할 수 없다. 어떤 세계, 어떤 분자도 다른 세계, 다른 분자 없이 존재할 수 없다. 모든 세계, 생물, 분자는 자기 존재를 지속하기 위해 다른 세계, 생물, 분자의 존재에 의지해야만 한다.

또 하나 유념해야 할 사실은, 분자 집단들은 그 밀도가 각기 다르다는 점이다. 그것들은 실제로 우주 속을 선회하는 별무리와 같다. 우주의 어떤 부분에는 별이나 행성 또는 세계가 ― 어떤 명칭으로 부르든 ― 거의 없는 지역이 있다. 그러나 또 다른 지역, 예컨대 은하계와 같은 곳은 별들이 상대적으로 촘촘히 밀집되어 있다. 그와 같이 암석은 아주 밀집한 성운 또는 은하계에 해당하고, 분자가 훨씬 희박하게 분산된 대기는 그 반대에 해당한다. 실제로 공기는 허파의 모세관을 지나 혈류 속으로 들어가는 식으로 우리 몸에 침투할 수 있다.

대기권 밖의 우주 공간에는 수소 분자 덩어리가 넓게 분산되어 있다. 우주 공간은 사람들의 생각처럼 순전한 허공이 아니라 사납게 진동하는 수소 분자들이 흩어져 있는 곳이며, 별과 행성과 세계는 바로 이 수소 분자들로부터 형성된 것이다.

분자 집단이 충분히 집적되면 다른 존재가 그것을 통과하기는 꽤나 어려운 일이지만, 분자가 넓게 분산된 이른바 '유령(ghost)'은 벽돌담조차도 쉽게 통과할 수가 있다. 벽돌담의 본질을 생각해보라. 그것은 공중에 걸려 있는 흙구름 같은 분자 집단이다. 낯설게 들릴지도 모르지만, 별들 사이에 공간이 있는 것처럼 분자들 사이에도 공간이 있다. 그리고 아주 작거나 분자 구조가 충분히 분산되어 있는 존재라면, 그것은 어떤 충돌도 없이 벽돌의 분자들 틈을 통과할 수 있다.

이로써 우리는 '유령'이 어떻게 해서 문이 닫힌 방 안에 나타나고 또 단단해 보이는 벽을 통과하는지를 이해할 수 있다. 모든 것은 상대적이다. 당신에겐 벽이 단단하겠지만 유령이나 영적인(astral) 존재에게는 전혀 단단하지 않을 수도 있다.

이쯤에서 자세한 얘기는 다음번으로 미루고자 한다.

제2과

앞서 살펴본 것처럼, 인간의 육체는 기본적으로 분자들의 집합체다. 그리고 바이러스와 같은 아주 미세한 생물은 우리를 분자의 집합체로만 보겠지만, 우리는 한발 더 나아가 인간을 화학물질의 집합체로서도 고찰해봐야 한다.

인간은 많은 화학물질로 구성되어 있다. 특히 인간 육체의 상당 부분은 물로 이루어져 있다. 이 말이 지난 교과의 내용과 모순된다는 생각이 든다면, 물도 결국은 분자로 이루어져 있다는 사실을 상기하길 바란다. 그리고 만일 당신이 바이러스에게 '말'을 가르칠 수 있다면, 틀림없이 바이러스는 물 분자들이 해변의 자갈처럼 서로 부딪는 모습을 보았다고 말할 것이다. 그보다 더 작은 미생물이라면 공기 분자들을 일러 바닷가의 모래 같다고 말하리라. 어쨌든, 지금은 육체의 화학적 성질에 대해 전념할 시간이다.

만일 당신이 상점에 가서 랜턴을 켤 배터리를 산다고 하면, 주인은 아연통 안에 연필 굵기의 탄소막대가 들어 있는 물건을 내줄 것이다. 그리고 아연통과 탄소막대 사이에는 여러 화학물질이 채워져 있을 것이다. 그 내부는 아주 축축하지만 외부는 건조하다.

그 배터리를 랜턴에 넣고 스위치를 작동하면 램프에 불이 들어온다. 왜 그런지 아는가? 금속과 탄소와 화학물질은 특정 조건하에서 상호반응하여 우리가 전기라고 부르는 뭔가를 만들어내기 때문이다. 화학물질과 탄소막대와 아연통은 전기를 일으키지만, 그렇다고 배터리 자체에 전기가 들어 있는 것은 아니다. 배터리는 그저 특정조건하에서 작용할 채비가 되어 있는 화학물질의 집적체일 뿐이다.

많은 사람들이 모든 종류의 보트와 배들은 그저 소금물 위에 있는 것만으로 전기를 발생시킬 수 있다는 사실을 알고 있다. 특정 조건하에서는 바다에 한가롭게 떠 있는 보트나 배조차도 인접한 다른 금속판 사이에서 전기를 발생시킬 수 있다. 불운하게도 바닥은 구리로, 상판은 철 구조물로 만들어진 배가 있다면 특별한 조치가 취해지지 않는 한 이 두 금속의 접합 부위는 '전해'(전기분해)가 일어나 곧 부식될 것이다.

물론 보통은 이른바 '부식방지용 금속판'이 사용되고 있으므로 이런 일은 더 이상 일어나지 않는다. 아연, 알루미늄, 마그네슘 같은 금속조각은 구리나 동 같은 다른 금속에 비해 양극(+)을 띤다. 동은 알다시피 배의 프로펠러(추진기)를 만드는 데 흔히 사용된다. 이럴 때 '부식방지용 금속판'이 수면 아래 배나 보트의 어딘가에 부착되어 수중의 다른 금속 부분과 연결된다면, 배의 선체나 추진기 대신 이 금속판이 부식하게 된다. 그리고 부식된 이 금속판은 쉽게 새것으로 교체할 수가 있다. 이것은 배를 유지관리하는 데 있어 상식인데, 굳이 여기서 언급하는 이유는 전기가 아주 이례적인 방식으로도 생성될 수 있음을 알리기 위함이다.

두뇌는 스스로 전기를 발생시킨다. 육체 내에는 미량의 금속들이 있고, 아연 같은 금속도 그에 포함된다. 탄소 분자는 육체의 기본질료와도 같으며, 육체에는 그 외에도 많은 수분과 마그네슘, 포타슘 등의 화학물질이 있다. 이것들이 결합하여 미약하나마 전기를 만들고, 우리는 그것을 탐지하고 계측하고 도표화할 수 있다.

정신병을 앓는 사람이 있다면 우리는 어떤 도구를 사용해 그의 뇌파를 도표화할 수 있다. 갖가지 전극들이 그의 머리에 부착되면 작은 펜들이 기다란 종이 위에서 일을 시작한다. 환자가 무엇인가를 생각하면 펜들은 네 개의 꿈틀거리는 선을 그리는데, 그걸 해석하면 환자가 앓고 있는 병의 유형을 알아낼 수 있다. 이 같은 도구가 모든 정신병원에서 공통적으로 이용되고 있다.

인간의 두뇌는 초자아가 보내는 메시지를 받는 일종의 수신소인 동시에, 새로 배운 교훈이나 경험 등의 메시지를 초자아에게 보내는 송신소이기도 하다. 이런 메시지들은 '은빛 줄(silver cord)'을 통해 전달된다. 이 은줄은 극도로 확장된 주파수 범위에서 진동하고 회전하는 고속의 분자 덩어리며, 인간의 육체와 초자아를 연결하고 있다.

이 지상의 육체는 리모컨(원격조종)에 의해 움직이는 수레와도 같다. 초자아는 그 운전자이다. 당신은 길고 탄력적인 전선에 의해 어린아이가 가진 조종장치에 연결된 장난감 차를 본 일이 있을 것이다. 아이는 버튼을 눌러 장난감 차를 전진/후진/정지케 할 수 있고, 전선을 감아서 자신 쪽으로 끌어올 수도 있다. 인간의 육체는 그 장난감 차와 닮았다고 할 수 있다. 왜냐하면 초자아는 직접 지상으로 내려올 수가 없어 그 대신 육체(우리)를 지상에 내려보내는 것이고, 우리가 경험하는 ― 행동하고, 생각하고, 보고 듣는 ― 모든 것은 위로 전달돼 초자아의 기억 속에 저장되기 때문이다.

'영감'이 뛰어난, 아주 고도로 지성적인 사람들은 은줄을 통해 초자아로부터 메시지를 자주, 직접, 또한 의식적으로 받곤 한다. 레오나르도 다빈치는 그의 초자아와 끊임없이 접촉했던 사람이었고 그래서 모든 분야에서 천재 소리를 들었다. 위대한 미술가나 음악가들은 그들의 초자아와 아마도 하나 또는 두 개의 특별한 '통로들(lines)'을 통해 접촉을 유지한 사람들이다. 그래서 그들은 돌아와 '영감으로써' 그림을 그리거나 음악을 짓는데, 그 결과물의 상당 부분은 결국 우리 모두를 제어하고 있는 바로 그 '큰 힘(초자아, 역주)'으로부터 전달되어온 것이다.

은줄은 탯줄이 아기와 어머니를 연결하듯 우리를 초자아와 연결시키고 있다. 탯줄은 아주 미묘하고 복잡한 장치지만, 은줄의 난해함에 비하면 그저 한 가닥 끈에 불과하다. 은줄은 극도로 확장된 주파수 대역에서 회전하는 분자들의 덩어리이다. 그러나 지상의 육체로서는 도저히 만질 수도, 볼 수도 없는 불가해한 것이다. 그 분자들이 너무 넓게 흩어져 있어서 평균적인 인간의 시력으론 볼 수가 없다.

하지만 많은 동물들은 그걸 볼 수 있는데, 왜냐하면 동물들은 인간과는 다른 범주의 주파수에서 보고 또 다른 범주의 주파수에서 듣기 때문이다. 개들은 알다시피 '조용한' 개 호각(dog whistle) 소리를 들을 수 있다. 조용하다고 한 것은 그 주파수를 인간은 듣지 못하지만 개는 쉽사리 들을 수 있기 때문이다. 마찬가지로 많은 동물들이 은줄과 오라*를 볼 수 있다. 그것이 동물의 시력이 감지할 수 있는 범위 내의 주파수로 진동하기 때문이다.

연습을 하면 인간도 시력의 감지 범위를 늘리는 일은 그리 어렵지 않다. 그것은 마치 허약한 사람이 연습과 훈련을 통해 이전까지의 신체능력을 훨씬 넘는 중량을 들어 올릴 수 있는 원리와 같다.

은줄은 진동하는 분자들의 덩어리이다. 이것은 과학자들이 달에 반사시키는 일직선의 전파에 비유될 수 있다. 과학자들은 달까지의 거리를 계측하기 위해서 달 표면을 향해 아주 집중된 빔(광선)과 같은 형태의 전파

---

*《선인들의 지혜》 488쪽 참고

를 쏜다. 그 전파는 인간 육체와 초자아 사이의 은줄과 아주 흡사하다. 은줄은 초자아가 지상의 육체와 교신하는 방법인 것이다.

우리가 하는 모든 일은 초자아에게 알려진다. 소위 '바른길(正道)'에 들어선 사람들은 정신적, 영적으로 고양되고자 노력하기 마련이다. 기본적으로 영성의 고양이란, 지상에서 자신의 진동수를 높임으로써 은줄을 통해 초자아의 진동수도 함께 높이려는 노력인 것이다. 초자아는 자신의 일부를 인간 육체 속으로 내려보내 교훈과 경험을 얻을 수 있다.

우리가 하는 모든 선한 행위는 우리의 세속적인 진동수(육체)와 영적인 진동수(초자아)를 동시에 높인다. 그러나 우리가 남에게 악한 행위를 할 때는 진동수가 낮아지고 줄어들게 된다. 남에게 위해를 가하는 것은 우리 자신을 진화의 사다리에서 적어도 한 계단 아래로 내려놓는 일이며, 모든 선한 행위는 자신의 인격적 진동을 그만큼 높이는 일이다. 따라서 다음과 같은 불교도들의 오래된 계율은 우리에게 지극히 필수적인 일이다. ― "오직 악을 선으로 돌리라. 어떤 사람의 어떤 행위도 두려워하지 말라. 악을 선으로 돌리고 늘 선을 행한다면, 우리는 위로 진보할 뿐 결코 아래로 퇴보하는 일은 없으리라."

누구나 주변에서 '질 낮은 인간'을 접해본 일이 있을 것이다. 누군가에 대해 '어둡다(black)' 또는 '우울하다(blue)'는 식으로 표현할 때, 그때 우리는 우리의 형이상학적 지식 중 일부를 활용하고 있는 것이다. 그런 느낌은 진동으로부터 비롯된다. 그의 육체가 은줄을 통해 초자아에게 무엇을 전달하며 초자아는 다시 은줄을 통해 육체에게 무엇을 반송하는지를 우리가 직감한 것이다.

많은 사람들은 자신이 왜 의식적으로 초자아에 접촉할 수 없는지를 이해하지 못한다. 초자아와의 의식적 접촉은 오랜 훈련이 있지 않고서는 어려운 문제다. 당신이 남아메리카에 있고 러시아의 시베리아에 있는 누군가와 전화를 한다고 하자. 먼저 당신은 가용전화선이 있는지 확인해야 하고 두 나라 사이의 시차를 고려해야 한다. 그다음 상대방에게 시간이 있고, 그가 당신의 언어를 할 줄 아는지를 확인해야 한다. 또한 러시아 당국이 그런 전화 메시지를 허용할 것인가도 살펴야 한다.

지금의 진화단계에서는 자신의 초자아에 의식적으로 접근하려고 너무 고심하지 않는 편이 낫다. 왜냐하면 제아무리 좋은 훈련법이라도, 10년을 해야 이룰까 말까 한 무엇을 당신에게 몇 페이지 글로 전달할 수는 없기 때문이다. 대부분의 사람들은 과잉기대를 한다. 그들은 하나의 지침만 읽고 나면 지체없이 나아가 대가들이 할 수 있는 모든 것을 해낼 수 있기를 기대한다. 하지만 대가들은 평생을, 아니 그전의 여러 생을 그 공부에 바쳤는지도 모른다.

그러니 이 과정을 읽고 면밀히 검토하고 그에 대해 숙고하라. 마음을 연다면 당신은 결국 깨달음(영적 통찰력)을 얻을 것이다. 우리는 제대로 된 정보를 얻은 사람들이 — 주로 여성들이 많다 — 곧 에테르, 오라 또는 은줄을 볼 수 있게 된 많은 사례를 알고 있다. 우리가 축적한 많은 경험들은 당신 또한 충분히 그럴 수 있음을 뒷받침하고 있다.

물론, 당신이 받아들일 수 있다면 말이다!

제3과

우리는 이미 인간의 두뇌를 구성하는 화학물질, 수분, 그리고 미량의 금속이 어떻게 작용하여 전기를 발생시키는지 알아보았다. 우리의 두뇌가 전기를 발생시키는 것과 마찬가지로 우리의 육체 또한 전기를 발생시킨다. 왜냐하면 혈액이 동맥과 정맥을 통해 흐르면서 똑같은 화학물질, 미량의 금속, 수분을 온몸에 나르고 있기 때문이다. 아시다시피 혈액의 주성분은 (전기가 잘 흐르는) 물이다.

우리의 몸에는 전기가 흐르고 있다. 물론 그것은 당신의 집을 밝히거나 요리용 스토브를 달구는 그런 유형의 전기는 아니다. 우리는 그걸 자성(자기력)의 출발점으로 본다.

막대자석을 가져다 탁자에 눕혀놓고, 그 위에 보통 종이 한 장을 깐 다음 쇳가루를 수북이 뿌리면 가루들이 특별한 형태로 정렬하는 모습을 볼 수 있다. 이것은 한 번쯤 해볼 가치가 있는 실험이고 돈도 얼마 들지 않는다. 대략 30센티미터 높이에서 소금이나 후춧가루 뿌리듯이 종이 위에 쇳가루를 뿌리면 독특한 형태로 정렬되는데, 그것이 바로 자석에서 나오는 자력선의 모양이다. 당신은 가운데 막대자석을 밑그림으로 해서 곡선들이 자석의 양 끝에서 뻗고 있음을 보게 될 것이다. 가장 최선의 길은 무엇이든 직접 해보는 것이다. 그래야 다음의 공부에 도움이 된다. 자기력은 육체의 에테르와 같고 육체의 오라와도 같다.

전류를 운반하는 전선이 주위에 자기장을 형성한다는 사실은 누구나 안다. 만일 전류가 바뀌면, 즉 '직류'가 아닌 '교류'라면 자기장은 양극성의 변화에 따라 맥동하고 파동을 친다. 다시 말해 자기장은 전류의 변화와 함께 맥동하는 것처럼 보인다.

육체 또한 전기의 공급원으로서 그 주변에 자기장을 펼쳐낸다. 그것은 고속으로 파동치는 장이다. 이른바 '에테르'는 상당히 빠르게 파동치고 진동하기 때문에 그 움직임을 식별하기가 어렵다. 전기 램프의 불빛은 초당 50~60회로 깜빡이지만 그것을 육안으론 인지할 수 없는 것과 마찬가지다. 그러나 어떤 교외지역 또는 배 위에서는 그 깜빡임이 느려져서 육안에도 보이는 때가 있다.

한 사람이 다른 사람에게 바짝 다가설 때 우리는 소름 돋는 느낌을 받게 된다. 대부분의 사람들은 그런 식으로 다른 사람의 접근을 쉽게 알아차린다. 친구에게 시험해보라. 그의 뒤에 서서 손가락 한 개를 그의 목덜미 가까이 가져가보라. 가볍게 건드려도 보라. 아마 그는 밀접한 '접근'과 실제의 '접촉'을 종종 혼동할 것이다. 우리의 에테르가 그만큼 민감하기 때문이다.

에테르는 육체를 둘러싼 자기장이다.(그림3) 에테르는 오라의 중심, 또는 가장 안쪽의 오라라고 할 수 있다. 신체의 모든 부분을 둘러싼 — 머리카락 한 올까지 — 에테르의 두께는 때로는 1센티미터에 못 미치기도 한다. 보통은 몇 센티미터 두께가 되고, 최대로 확장되면 15센티미터 정도까지 늘어난다.

에테르는 사람의 활력을 측정하는 데 사용할 수 있는데, 건강 상태에 따라 그 강도가 크게 변하기 때문이다. 종일 힘든 일을 하면 에테르가 피부 가까이 줄어들지만 충분히 쉬고 나면 몇 센티 늘어난다. 에테르는 정확히 육체와 같은 형태를 띠며, 심지어 사마귀나 여드름의 상태까지 반영한다. 에테르와 관련해 흥미로운 사실은, 만일 체내 전류량이 미미하던 사람이 센 전류에 감전이 되면 갑자기 그의 에테르가 연분홍빛 또는 푸른 빛으로 확 불타오르는 모습을 띤다는 점이다.

에테르의 가시성을 증가시키는 데는 기상조건도 한몫한다. '성 엘모의 불'(폭풍 부는 밤에 갑판의 기둥 또는 비행기 날개 등에서 나타나는 방전현상)이란 것이 있다. 어떤 특정한 기상조건하에서는 배 위의 돛대나 쇠사슬 등이 시퍼런 불길에 둘러싸인 듯 보인다. 그렇다고 무슨 위험이 있는 건 아니지만, 처음 보는 사람들로서는 깜짝 놀랄 수밖에 없다. 말하자면 배의 에테르라고 할 수 있겠다.

시골사람들은 어둡거나 안개 낀 밤에 고압선 주변에서 발광 현상을 보기도 한다. 조건이 갖춰졌다면 그들은 안개에 젖은 '희고 푸른 타오름'을 목격했을 것인데, 순박한 그들로서는 그 섬뜩한 모습에 혼이 빠질 만큼 경악할 수밖에 없었으리라.

전기기사들은 이를 고압선의 코로나(방전광)로 이해하는데, 그들에겐 이 현상이 상당한 골칫거리다. 왜냐하면 방전광이 애자(절연체)를 무력화시켜 주변 대기를 이온화하면, 누전으로 발전소의 계전기가 망가져 그 일대는 암흑천지가 될 수 있기 때문이다. 좀더 근대화된 현대의 전기기사들은 코로나를 최소화 또는 완전히 차단하기 위해 아주 특별한 고비용의 예방책을 쓴다. 육체의 경우에는 에테르가 바로 그 코로나에 해당하며, 이는 고압선의 방전광과 똑같은 양상인 것이다.

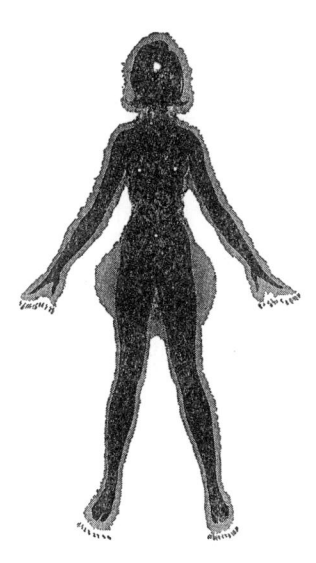

〈그림3〉 에테르

대다수의 사람들은 얼마간 끈기 있게 연습만 하면 에테르를 볼 수 있게 된다. 하지만 불행히도 사람들은 달인들조차 얻는 데 수년이 걸리는 지식과 능력을 빠르고 싸게 획득할 수 있는 길이 따로 있다고 생각한다. 연습하지 않고는 아무것도 이룰 수가 없다. 위대한 음악가들은 매일 수시간을 연습한다. 그들은 결코 연습을 그치지 않는다. 그러므로 에테르와 오라를 볼 수 있길 원한다면 당신 또한 연습을 해야 한다.

그중 한 방법은 도우미를 구해 그로 하여금 맨 팔을 뻗도록 하는 것이다. 회색 또는 검은색 배경 가까이에서 손가락을 쭉 편 채로 있게 하라. 그리고 그의 팔과 손가락을 바라보라. 그의 팔과 손을 바라보되, 거기에 초점을 맞추지는 말라. 올바른 방식으로 올바른 위치에 초점을 맞추는 데는 약간의 요령이 필요하다. 바라보다 보면 문득 맨살 가까이에서 푸른 잿빛 연기 같은 것이 보일 것이다. 앞서 말했듯이 그것은 몸 밖으로 1센티미터부터 15센티미터까지 뻗어나온다.

처음에는 아무리 팔을 보아도 팔 말고는 아무것도 보지 못할 때가 많다. 그것은 너무 '애를 쓰고' 있거나 '나무를 보느라 숲은 보지 못하기' 때문일 수 있다. 마음을 편안히 가지고 힘을 빼라. 연습을 하다 보면 당신은 거기에 정말 뭔가가 있음을 알게 될 것이다.

다른 방법은 자기 자신을 상대로 연습하는 것이다. 아주 편안한 자세로 앉으라. 이때 다른 물체로부터, 그것이 의자든 탁자든 벽이든 적어도 2미터 정도는 떨어져 있어야 한다. 침착하게, 깊게, 천천히 호흡하라. 그리고 양팔을 앞으로 쭉 뻗고, (양 손바닥이 내 몸쪽을 향하도록 하여) 양손의 손가락 끝이 서로 맞닿도록 하라. 이제 아주 약간만 양손 끝을 떼어보면, 그 사이에서 당신은 '무엇인가'를 감지하게 된다. 그건 회색 안개처럼 보일 수도 있고 빛을 자아내는 듯이 보일 수도 있다. 뭔가가 보인다면 아주 천천히 양손 끝을 좀더 벌려보라. 한 번에 1센티 이내로 움직이라. 당신은 곧 거기에 뭔가가 있다는 것을 알게 될 것이다. 그 '뭔가'가 바로 에테르이다. 만일 그 접촉, 즉 어렴풋한 '무엇'이 사라졌다면 처음으로 되돌아가서 다시 양손 끝을 맞닿게 하라.

에테르를 보는 것은 그저 연습의 문제일 뿐이다. 다시 반복하지만 이 세상의 위대한 음악가들은 연습하고 연습하고 또 연습한다. 그들은 연습을 거듭한 후에 훌륭한 음악을 만들어낸다. 당신 또한 형이상학(심령과학)의 분야에서 연습으로써 좋은 성과를 거둘 수 있다.

자, 손가락을 다시 보라. 어렴풋한 안개가 이 손끝에서 저 손끝으로 흐르는 것을 주의 깊게 지켜보라. 연습을 하면 당신은 그 안개가 왼손에서 오른손으로 또는 오른손에서 왼손으로 흐르는 것을 관찰할 수 있게 된다. 그 방향은 당신의 성별, 건강상태, 생각 등에 따라 달라진다.

당신을 도와줄 친구가 있다면 손바닥으로도 연습을 할 수 있다. 그를 — 가능하면 이성친구가 좋겠다 — 당신과 마주 보도록 하여 의자에 앉힌다. 그리고 서로 양손과 양팔을 앞으로 쭉 편다. 친구의 손바닥은 위를 향하게 하고, 당신의 손바닥은 아래를 향하게 하여 가까이 겹쳐보라. 대략 5센티미터쯤 떨어져 있을 때 서늘한 또는 따스한 기운이 한 손바닥에서 다른 손바닥으로 흐르는 게 느껴질 것이다. 그 느낌은 손바닥 중앙에서 시작된다. 서늘한 기운인가 따스한 기운인가, 어느 손에서 어느 손으로 흐르는가는 당신의 성별에 따라 달라질 수 있다.

그 따스한 기운이 흐르며 당신의 손을 오므리게 유도한다면 그대로 따르라. 그러면 열감이 더 증가할 것이다. 연습할수록 열감은 반드시 증가한다. 당신이 이 단계에 이르러 마주 본 손바닥 사이를 주의 깊게 살핀다면 아주 분명하게 에테르가 보일 것이다. 그것은 빨아들이지 않은 담배

연기와 같다. 다시 말해 흡입한 담배연기의 칙칙한 회색이 아니라 신선한 푸른빛의 색조 같은 것이다.

우리는 에테르가 육체적 자기력의 외부발현에 불과하다는 사실을 계속 반복해 말하고 있다. 우리는 그걸 '유령'(魄)이라 불러왔다. 누군가가 건강한 상태에서 죽는다면 그 육체에서 분리된 에테르는 한동안 방황하게 되는데, 이것은 '영적인 실체'(魄)와는 전적으로 별개인 현상이다.

당신은 시골의 오래된 공동묘지 얘기를 들었을 것이다. "가로등도 없는 캄캄한~"하고 시작하는 이야기 말이다. 많은 사람들이 말하길, 어두운 밤에는 그날 낮에 조성된 무덤 위로 어렴풋한 푸른 불빛 따위가 올라온다고 한다. 그것은 실제로 막 죽은 육체에서 떨어져 나온 에테르이다. 마치 한참 끓이다가 불을 꺼버린 주전자에서 나오는 열기와도 흡사하다. 주전자가 식을수록 그 열기는 점차 사그라진다. 마찬가지로 '육체'가 죽으면 ― 죽음에는 여러 단계가 있음을 기억해두라 ― 에테르가 갈수록 줄어든다. 당신은 사망선고를 받은 신체(시체) 주위를 떠도는 에테르를 여러 날 동안 볼 수 있다.

하지만 그건 다른 교과에서 다룰 주제이다. 연습하고, 연습하고, 또 연습하라. 당신의 손을 관찰해보고, 몸을 관찰해보라. 마음 맞는 친구와 함께 이 교과를 연습하라. 오직 연습을 통해서만 당신은 에테르를 볼 수 있다. 그리고 먼저 에테르를 볼 수 있어야만 훨씬 더 미세한 오라도 볼 수 있게 된다.

제4과

　우리가 이전 교과에서 살펴보았듯이, 육체는 에테르에 빈틈없이 둘러싸여 있다. 그러나 에테르 밖에는 다시 오라가 존재한다. 오라는 전자기적 바탕을 갖는다는 점에서 에테르와 비슷하다. 그러나 에테르와의 유사성은 오직 그것뿐이다.

　일반적으로 말해 오라는 초자아의 색깔을 보여준다고 할 수 있다. 오라는 그 사람이 영적인가 육적인가, 건강이 좋은가 나쁜가, 그리고 실제로 병이 있는가 없는가 등의 여부를 보여준다. 그 모든 것이 오라에 반영된다. 그것은 초자아 또는 영혼 — 당신이 그렇게 부르고 싶다면 — 의 지표이다. 초자아와 영혼은 물론 같은 말이다.

　오라를 통해 우리는 질병과 건강, 실의와 성공, 사랑과 증오의 정보를 읽어낼 수 있다. 현재로서는 사람들 대부분이 오라를 보지 못한다는 사실이 오히려 다행스럽다. 왜냐하면 지금의 세상에선 남을 이용하고 지배하려 드는 게 일상이 되었는데, 오라는 그런 이기적인 의도를 지닌 사람들 앞에서도 한결같이 초자아의 색깔과 진동을 있는 그대로 드러내기 때문이다.

　사람이 중병에 걸렸을 땐 오라가 사라지기 시작한다. 그리고 어떤 경우엔 사람이 죽기도 전에 오라가 사실상 자취를 감추는 때도 있다. 병을 앓는 동안 오라가 서서히 사그라지다가 결국 에테르만 남는 것이다. 반면에 건강한 상태에서 뜻밖의 죽음을 당한 사람은 육체적 사망선고 이후로도 얼마간은 오라를 유지한다.

이쯤에서 죽음에 대해 몇 마디 첨언하는 것이 좋겠다. 죽음이란 스위치를 돌려 전류를 끊거나 양동이를 비우는 것 같은 '순간적' 사건이 아니다. 죽음은 오히려 길고 지루한 과정에 가깝다. 어떻게 죽든, 예컨대 목을 단칼에 잘렸더라도, 죽음은 한동안 자리를 잡지 못한다. 우리가 알아본 것처럼 두뇌는 전류를 발생시키는 세포집단이다. 그리고 죽더라도 그 직전까지 혈액을 통해 전달된 화학물질과 수분과 미량의 금속은 다소 남아 있으므로, 두뇌는 사후 3~5분 동안은 제 기능을 유지할 수 있다.

어떤 사람들은 이런저런 형태의 처형(사형집행)이 순간적이라고 주장한다. 그러나 그건 웃기는 얘기다. 앞서 말한 대로 머리를 싹둑 잘라 몸에서 떼어놓았다 해도 두뇌는 3~5분간 더 기능할 수가 있다. 프랑스 대혁명 시기에 조심스레 기록된 실제 목격담이 있다. ― 이른바 '반역자'의 머리가 잘리고 처형관이 그 머리통을 들어 올리며 말했다. "이것이 반역자의 머리다!" 그때 사자死者의 입술이 움직여 소리 없는 말을 내뱉었다. "믿지 마시오." 이에 군중은 경악했다. ― 이런 기록이 실제로 프랑스 정부의 문헌 속에 남아 있다.

의사들의 말에 따르면, 혈액공급이 중단되면 두뇌는 3분 후에 손상을 입게 된다. 그것이 바로 심장이 멈췄을 때 최대한 빨리 그것을 되살리기 위해 의사들이 그토록 난리를 피우는 이유이다. 얘기가 잠깐 옆길로 빗나갔는데, 어쨌든 죽음이 순간적인 사건이 아닌 것처럼 오라의 소멸도 순간적으로 일어나지 않는다. 육체가 여러 단계를 거쳐 죽는다는 것은 검시관들이나 병리학자들에겐 잘 알려진 의학상식이다. 두뇌와 그 외의 신체조직들은 차례로 하나씩 기능을 멈춰가고, 아마도 가장 나중에 죽는 부위가 머리털과 손발톱일 것이다.

육체는 일순간에 죽지 않으므로 오라의 흔적은 한동안 그대로 머물 수 있다. 그런고로 통찰력이 있는 사람이라면 죽은 이의 오라를 보고 그가 숨을 거둔 원인을 알아낼 수 있다. 에테르는 마치 '분리된 유령'처럼 떠돌기도 한다는 점에서 오라와 사뭇 다르다. 예컨대 사고로 갑작스레 타계했다면, 즉 건강한 사람이 변을 당했다면 그의 배터리는 완전충전 상태이므로 에테르가 무척 강하다. 그런 에테르는 육체로부터 분리되어 나와서도 형체를 유지하고, 자성(자기적 흡인력)에 끌려 예전의 익숙했던 장소를 배회하기도 한다. 만일 통찰력 있는 사람 또는 흥분이 고조된(진동수가 높아진) 사람이라면 그의 에테르를 보고 소리를 지를 것이다. "아무개의 유령이 여기 있다!"

오라는 상대적으로 조악한 에테르에 비해 훨씬 더 섬세한 물질이다. 에테르도 신체보다는 섬세하지만 오라와는 비교가 되질 않는다. 에테르는 신체를 그 형상 그대로 빈틈없이 감싸며 흐르고 있다. 하지만 오라는 달걀 모양으로 신체를 넓게 감싸고 있다.(그림 4) 보통 그 높이는 210센티미터 남짓하고 너비는 가장 넓은 곳이 120센티미터 정도 된다. 그리고 위로부터 아래로 갈수록 홀쭉해지는데, 달걀의 뾰족한 끝이 바닥, 즉 발이 있는 곳이 된다.

오라는 육체의 여러 중추들이 서로를 향해 뻗어나오며 빚어내는 현란한 색조의 빛들로 되어 있다. 중국에는 '백문이 불여일견'이란 말이 있다. 그래서 우리도 백 마디 말 대신에 서 있는 사람의 옆모습을 스케치해서 넣기로 했다. 이 스케치엔 여러 중추를 오가는 오라의 에너지 선들과 달걀 모양의 전체적 윤곽이 표현되어 있다.

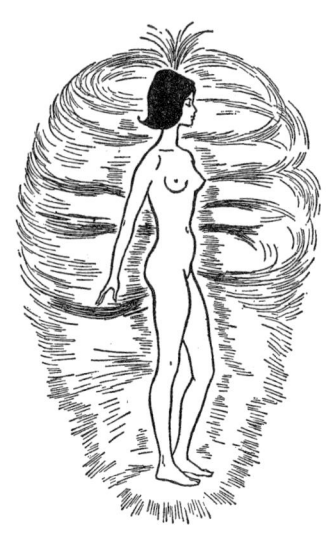

〈그림 4〉 오라 개념도

    당신이 아직은 오라를 볼 수 없다 해도, 그것이 정말로 존재한다는 사실은 분명히 해두어야 한다. 당신은 자신이 호흡하는 공기도 볼 수 없다. 물고기가 자신이 헤엄치는 물을 볼 수 있을까? 오라는 실재하는 생생한 에너지다. 훈련이 안 된 사람들이 보지 못할지라도 그것은 확실히 존재한다.

    별도의 장비를 사용하여 오라를 볼 수 있는 방법이 있다. 예컨대 눈 위에 걸치는 갖가지 유형의 보안경들이 그렇다. 하지만 우리가 입수해온 정보에 따르면, 그런 보안경들은 눈에 지극히 유해하다. 그것들은 눈을 혹사시킨다. 눈을 부자연한 상태로 움직이게 강요하는 것이다. 그러므로 아무리 '잠깐만 써보겠다'고 하더라도 우리는 보안경 사용엔 절대 찬성할 수가 없다. 겹쳐진 두 장의 유리 틈으로 아주 특별한, 그리고 값비싼 염료를 채운 여광렌즈 제품들도 해롭기는 마찬가지다.

우리가 당신에게 제의하는 것은 연습 또 연습뿐이다. 거기에다 약간의 믿음과 도움만 있다면 오라를 볼 수 있다. 오라를 보는 데 있어 최대의 장애물은, 대부분의 사람들이 자신은 그걸 볼 수 있다고 믿지 않는 데 있다.

오라는 앞서 말했듯이 여러 가지 색채로 되어 있다. 그러나 우리가 짚고 넘어가야 할 점은, 색깔이란 그저 주파수 스펙트럼 상의 특별한 대역을 가리키는 표현에 지나지 않는다는 사실이다. 다시 말해 우리가 인식하는 '색깔'의 실체는, 따지고 보면 '빨강'이나 '파랑' 등으로 통용되는 특정 주파수의 진동인 것이다.

어쨌든 빨강은 보기 쉬운 색깔 중의 하나이다. 파랑은 그보다는 눈에 덜 띈다. 그리고 어떤 사람들은 푸른색을 보지 못하고, 반대로 어떤 사람들은 붉은색을 보지 못한다.

만약 당신이 오라를 볼 수 있는 사람의 면전에 있다면 거짓을 말하지 않도록 주의해야 할 것이다. 왜냐하면 상대방이 거짓을 눈치채고 당신을 신뢰하지 않을 테니까. 사람들에겐 보통 파랑 또는 노랑의 '후광'이 있다. 그런데 거짓말을 하게 되면 노랑의 후광에 녹색이 감돌게 된다. 그것은 말로는 설명하기 어렵지만 한 번 보면 절대 잊혀지지 않는 색조이다. 그러니 녹색이 감도는 노랑 후광은 그가 지금 거짓말을 하고 있으며 곧 배신을 할 것이라는 신호인 것이다.(원칙적으로는 눈높이 정도까지의 빛만을 오라라고 하고, 그 위의 파랗거나 노란 빛은 '후광' 또는 '원광圓光'이라고 따로 구분하여 말할 수도 있다.)

오라의 최상부(정수리)에는 동양에서 '만개한 연꽃'이라고 부르는 일종의 '빛의 분수'가 있다. 그것은 실제로 연꽃 또는 분수의 모습처럼 보인다. 그것은 색채의 교차점이며, 상상력이 풍부한 사람으로 하여금 일곱 개의 꽃잎이 활짝 피어난 연꽃을 떠올리게끔 한다.

영성이 높을수록 원광 또는 후광은 더 샛노래진다. 반면 수상한 생각을 가진 사람이 있다면, 그의 오라는 한 부분이 칙칙한 갈색으로 바뀌며 가장자리에서는 위선의 조짐으로서 '우중충하고 누런 녹색'이 나타난다.

우리는 많은 사람들이 무의식중에 오라를 보고 있다고 믿는다. 그들은 오라를 보거나 느끼지만 그런 사실을 자각하지 못하고 있다. 여성들이 특정한 색의 옷을 고집하는 것은 아주 흔한 일인데, 그 이유는 그녀가 본능적으로 어떤 색이 자신의 오라와 맞는지를 느끼고 있기 때문이다.

당신 역시 '어색하기 짝이 없는' 색의 옷차림을 한 여성을 본 적이 있으리라. 오라를 직접 본 것까지는 아니더라도, 당신은 그녀의 옷차림과 그녀의 오라가 전혀 어울리지 않음을 직감한 것이다. 이처럼 많은 사람들이 오라를 느끼고 경험하고 알고 있음에도 그들은 어린 시절부터 '그런 능력은 불가능하다'는 자기최면에 걸려서 빠져나오지 못하고 있다.

특정 색깔의 옷을 입으면 사람의 건강에 영향을 줄 수 있다는 말 또한 사실이다. 오라와 조화되지 않는 색의 옷을 입으면 틀림없이 몸은 불편하거나 과민상태가 된다. 당신은 그 맞지 않는 복장을 벗어버릴 때까지 계속 피로를 느낄 것이다. 방 안에 있는 물건의 색깔들도 당신을 흥분시키거나 반대로 진정시킬 수 있다.

색깔이란 사실 진동의 다른 이름에 불과하다. 빨강이 한 진동이라면, 초록은 다른 진동이고, 검정은 또 다른 진동이다. 우리가 '소리'라고 부르는 진동들이 부딪쳐 불협화음을 낼 수 있듯이, 우리가 색채라고 부르는 '소리 없는' 진동들도 부딪쳐 영적인 부조화를 가져올 수 있다.

제5과

오라의 색채

 모든 악보는 이웃한 음정들끼리 어우러진 조화로운 진동을 조합한 것이다. 화음이 없다면 그것은 음정이 틀린 악보, 즉 듣기에 유쾌하지 않은 악보가 된다. 음악가들은 즐거움을 주는 악보만을 창작하려고 애를 쓴다.

 색채도 음악과 같다. 비록 인간의 '인지 범위'에서 다소 다른 영역에 있긴 해도 색채 또한 진동이기 때문이다. 사람은 순수한 색채, 마음을 즐겁게 하고 고양시키는 색채를 지닐 수도 있고 신경에 거슬리고 불쾌한 색채를 지닐 수도 있다. 인간의 오라 속에는 수많은 색채와 색조가 있다. 그리고 그것들 중 일부는 훈련이 잘된 관찰자에게만 보인다. 그래서 우리는 아직 그런 (숨겨진) 색채들에 대해서 널리 통용되는 이름을 가지고 있질 않다.

 알다시피 '조용한' 개 호각이 있다. 그것은 인간의 귀는 들을 수 없으나 개는 들을 수 있는 높은 주파수 대역의 울림을 낸다. 반면 인간은 개보다 더 '깊숙한(낮은)' 소리를 들을 수 있다. 만약 인간의 가청可聽 주파수 대역을 통째로 높인다면 우리도 개들처럼 높은 음조의 개 호각 소리를 들을 수 있게 될 것이다. 같은 이치로, 가시可視 주파수 대역을 넓힐 수 있다면 우리는 사람의 오라를 보게 될 것이다. 그렇지만 이런 작업을 주의 깊게 하지 않는다면 (낮은 대역의) 검정이나 짙은 자주색은 영영 볼 수 없게 돼버릴지도 모른다.

 여기서 수도 없이 많은 색채를 일일이 열거하는 것은 부질없는 짓이다. 그러니 가장 일반적이고 강렬한 색채들만을 다루기로 하자. 오라의 기본적인 색채는 그 사람의 영적 성장에 따라 변화한다. 영성이 고양되면 색채도 호전된다. 만일 그가 진보의 사다리에서 불운하게도 뒤로 미끄러진다면, 기본 색채 또한 완전히 바뀌거나 어두워진다.

이번 과에서 설명할 기본 색채들은 말 그대로 '단순화된' 것이다. 실제로 오라에는 영적 수준, 생각, 의도 등을 나타내는 무수한 파스텔 색조들이 혼재되어 있기 때문이다.

오라는 소용돌이치는 무지개라고 할 수 있다. 하지만 나선형으로 몸 주위를 돌면서 머리로부터 발치로 쏟아져 내려오는 온갖 색채들이 무지개보다 훨씬 더 얽히고설켜 있다. 무지개는 물방울들이 일으키는 굴절 현상에 불과하지만 오라는 우리의 인생 그 자체라고 할 수 있다.

다음은 몇몇 기본 색채들에 대한 약간의 주석이다. '몇몇'이라고 말한 이유는, 당신이 이 기본 색채들을 볼 수 있기 전까지는 다른 색채들을 다루는 일이 아무 의미가 없기 때문이다.

빨강 | 형태가 좋다면 빨강은 건전한 추진력을 보여준다. 유능한 장성과 지도자들은 오라에서 산뜻한 빨강을 확연히 드러낸다. 만약 산뜻한 빨강에 노란색의 테두리까지 있다면 그것은 그가 '십자군 전사'임을 나타낸다. 그는 늘 다른 사람을 돕고자 애쓰는 사람일 것이다. 그를 공연히 참견하고 간섭하려 드는 사람들과 혼동하지 말라. 오지랖 넓은 사람들의 오라는 '빨강'이 아니라 '다갈색'을 띠고 있을 테니까.

육체의 장기에서 나오는 산뜻한 붉은 띠나 섬광은 그 부위가 아주 건강함을 말해준다. 세계적인 지도자들 중에는 순수한 빨강으로써 그들의 성향을 드러내 보이는 사람들이 많다. 그러나 불행히도, 많은 경우엔 그 빨강이 품격을 떨어뜨리는 음영(어두운 그림자)으로 오염되어 있다.

빨강이 불쾌한 느낌일 때, 즉 우중충하거나 어두울 때는 사악한 기질을 가리키는 것이다. 그런 사람은 신뢰가 가지 않고, 잘 다투고, 배신을 일삼고, 타인에게 손해를 끼치는 이기주의자이다. 흐릿한 빨강은 신경과민의 징표이기도 하다. 가끔은 '불쾌한' 빨강을 지닌 사람도 신체적으로는 건강할 수 있는데, 불행히도 그럴 경우 그의 악행은 보통 수준이 아닐 것이다. 빨강이 흐릿할수록 — 흐릿한 것은 산뜻한 것과 다르다 — 그는 신경질적이고 불안정한 사람이다. 그런 사람은 과민하여 몹시 튀는데, 단 몇 초도 조용히 있질 못한다. 물론 그런 사람은 역시 지극히 자기중심적이다.

장기 주변의 빨강은 그것의 건강상태를 가리킨다. 특정 장기 위에서 천천히 뛰는 흐릿한 빨강 또는 갈색 빨강은 암을 나타낸다. 우리는 그것이 암인지 암의 전조인지까지도 가려낼 수 있다. 이처럼 오라는 치료가 취해지지 않으면 어떤 질병이 육체를 괴롭힐지를 미리 말해준다. 이것은 훗날 '오라 치료법'의 가장 큰 장점이 될 것이다.

턱에서 나오는 얼룩진, 번득이는 빨강은 치통을 가리킨다. 후광으로부터 때맞춰 고동치는 흐린 갈색은 그가 치과의사를 방문할 생각에 지레 겁을 먹은 것을 나타낸다.

주홍(scarlet)은 과대망상인 사람들이 흔히 '달고 다니는' 색깔이다. 그는 자신을 맹신하고 있다. 주홍은 그릇된 자만, 근거 없는 자만의 상징이다.

주홍은 또한 돈을 받고 '사랑'을 파는 여성들의 엉덩이 부근에서도 보인다. 그들은 정말로 '주홍빛 여자들'이다. 그런 여자들은 보통 성행위 자체에는 전혀 흥미가 없다. 그들에게 성행위는 그저 생계의 수단에 불과하다. 그런고로 허풍쟁이와 매춘부는 오라에서 같은 색채를 공유한다.

'주홍빛 여자(scarlet woman)', '우울한 기분(blue mood)', '새빨간 분노(red

rage)', '험악한(black with temper)', '질투하는(green with envy)' 등등의 옛말이 참으로 정확하게 사람의 기분과 오라를 연결짓고 있다는 사실은 생각해볼 만한 일이다.

빨강 계열의 오라에 대해 더 이야기해보자. 분홍(산호빛보다 짙다)은 미성숙을 나타낸다. 10대들에게는 빨강보다도 분홍이 자주 보인다. 어른에게서 나타나는 분홍은 유치함과 불안감을 대변한다.

생간과도 같은 적갈색은 아주 지저분한 인간의 징표다. 그는 골칫거리를 가져올, 반드시 피해야 할 대상이다. 장기에서 적갈색이 보이면 심하게 병들어 있는 것이고, 중요 장기가 그러하면 그는 곧 죽게 된다.

홍골 끝에서 빨강이 보이는 사람들은 반드시 신경계통에 이상을 갖고 있다. 오랫동안 행복하게 살려면 그들은 행동을 자제하고 좀더 침착해지는 방법을 배워야만 한다.

주황 | 주황(orange)은 빨강의 일종이기도 하지만 우리는 그것에 따로 독자적인 지위를 부여코자 하는데, 그 이유는 먼 동방의 어떤 종교들은 주황을 해의 색깔로 중시하며 경의를 표하기 때문이다. 그것이 동쪽 지방에서 그토록 주황색을 흔하게 쓰는 이유이다. 반면에 동전의 양면처럼, 파랑이야말로 해의 색깔이라고 믿는 나라들도 있다.

당신이 어느 의견에 찬동하느냐 하는 것은 아무 상관이 없다. 주황은 기본적으로 좋은 색깔이다. 오라에서 적절한 색조의 주황을 보이는 사람들은 타인을 많이 배려한다. 그들은 인도주의자로서, 타고난 것이 별로 없는 타인들을 돕기 위해 최선을 다한다. 그중에서도 노란색이 감도는 주황이 바람직한데, 그런 색조는 자제력과 큰 덕성을 나타내기 때문이다.

갈색을 띠는 주황은 '아무래도 좋아' 하는 식의 소극적이고 게으른 사람을 나타낸다. 또한 그것은 신장병의 신호일 수도 있다. 만일 신장 부위에서 갈색이 짙고, 그 위에 회색이 얼룩덜룩 보인다면 결석이 있을 가능성이 높다.

녹색을 엷게 띠는 주황이 보인다면 그는 말다툼 자체를 즐기는 사람이다. 당신이 색깔 너머 그 색조의 차이, 숨겨진 기미까지 볼 정도로 섬세한 안목을 갖고 있다면 녹색을 띤 주황 오라를 지닌 사람과는 논쟁을 피하는 편이 현명할 것이다. 왜냐하면 그들은 '흑과 백'만을 볼 수 있을 뿐, 상상력과 통찰력이 부족하여 지식과 생각과 색깔에는 중간지대가 있다는 사실을 깨닫지 못하기 때문이다. 녹색을 띤 주황 오라를 지닌 사람은 끝없이 '논쟁을 위한 논쟁'을 계속하지만 정작 자신의 논점이 바른지 그른지에는 관심을 두지 않는다. 그런 사람들은 그저 논쟁만을 갈구한다.

노랑 | 금빛 노랑(황금색)은 그의 높은 영적 수준을 가리킨다. 모든 위대한 성인들은 머리 주위에 금빛 후광을 지녔다. 영성이 크면 클수록 황금색은 더 밝게 타올랐다. 여담이지만, 아주 높은 영성의 사람들은 또한 쪽빛(남색)도 지닌다는 말을 해두고 싶다. 그러나 지금은 노랑을 이야기하는 중이다.

오라에 선명한 노랑을 지닌 사람들은 항상 영적으로, 도덕적으로 건강하다. 그들은 정도正道를 걸으며, 노랑의 밝은 느낌에서 알 수 있듯 두려워하는 것이 거의 없다. 오라가 밝은 노랑인 사람은 전적으로 신뢰할 수 있다.

우중충한 노랑 ― 상한 체다치즈 색깔 ― 은 비겁한 성격을 나타낸다. 사람들이 '그 사람은 겁쟁이야(he is yellow)'라고 말하는 이유도 이 때문이다. 예전엔 오라를 보는 사람들이 흔했고, 그래서 이런 표현들이 당시의 여러 언어들 속으로 침투했을 것이다. 어쨌든 불쾌한 노랑은 덜떨어진 사람, 무서운 것이 너무 많은 박약한 사람에게서 보인다.

빨간색을 띤 노랑은 전혀 달갑지 않은 색이다. 그것은 정신적, 도덕적, 그리고 신체적 유약함의 증표이다. 그들에게서는 영적인 주관이나 믿음이 전혀 발견되지 않는다. 빨간색을 띤 노랑 오라의 사람들은 5분 안에 뭔가 얻기를 기대하며 늘 이 종교 저 종교를 기웃거린다. 그들은 구심점이 없어 잠깐일망정 그 어느 것에도 안주하질 못한다.

빨강, 노랑, 갈색이 뒤섞인 오라를 지닌 사람은 늘 이성을 쫓아다닌다. 아무것도 얻지 못하면서도 말이다. 만일 머리카락이 붉거나 적갈색인데다 오라에서 빨간색을 띤 노랑까지 보인다면 그는 매우 호전적이고 공격적이고 남의 말을 삐뚤게 받아들인다는 사실을 기억하길 바란다. 이 말은 특별히 머리카락이 붉거나 피부에 붉은 주근깨가 많은 사람들에게도 해당한다.

불그레한 노랑은 깊은 열등감을 나타내기도 한다. 노랑 속의 붉은 기가 진하면 진할수록 열등감의 정도도 크다. 적갈색의 노랑은 불순하기 짝이 없는 사고와 미미한 영적 수준을 보여준다.

아마도 누구나 미국의 '우범지대'에 대해 들었을 것이다. 지구상의 모든 술주정뱅이들, 게으름뱅이들 그리고 낙오자들이 떠돌다 종내 들어가는 골짜기 말이다. 이런 환경에 사는 많은 사람들이 적갈색을 띠는 노랑 오라를 지니고 있다. 그중에서도 오라 안에 불쾌한 녹색 반점을 지닌 사람들은 최악 중의 최악이다. 그들의 어리석음은 당최 구원의 여지가 없다.

갈색을 띤 노랑은 불순한 생각, 즉 그가 항상 정도를 걷지만은 않는다는 사실을 말해준다. 건강 문제에 있어서, 녹색을 띤 노랑은 간장질환을 나타낸다. 녹색을 띤 노랑이 적갈색을 띤 노랑으로 바뀐다면 그것은 그의 질환이 전염될 위험이 커졌음을 나타낸다. 전염되는 병을 앓는 사람은 반드시 엉덩이 부근에서 어두운 갈색 또는 노란색의 띠가 보이고 그것은 종종 붉은 먼지 같은 것으로 얼룩진다.

노랑 오라 속에서 갈색이 좀더 뚜렷해지고 얼룩덜룩한 띠를 이룬다면 그것은 정신병의 징후이다. 이중인격인 사람은 반쪽은 파란색을 띤 노랑, 나머지 반쪽은 갈색(또는 녹색)을 띤 노랑의 오라를 보인다. 그것은 몹시 불쾌한 조합이다.

우리는 항상 노랑 항목의 서두에서 언급한 '순수한 황금색'만을 배양해야 한다. 황금색 오라는 우리의 사고와 의도를 순수하게 지킬 때 달성될 수 있다. 우리 모두는 밝은 노랑의 길을 걸어야 한다. 그것은 먼 진화의 길을 가게 할 정도ㅍ道이기도 하다.

초록 | 초록은 치유의 색깔, 가르침의 색깔, 그리고 신체적 성장의 색깔이다. 탁월한 내외과 의사들의 오라에서는 초록이 많이 보인다. 그들에겐 또한 빨강도 많이 보이는데, 기묘하게도 그 두 색깔은 어떤 불일치도 없이 아주 조화롭게 어울린다. 빨강과 초록은 물질 형태로서 함께 있을 때는 자주 부딪치고 반발하지만, 오라의 형태에서는 오히려 호감을 준다.

빨간색이 적절히 감도는 초록 오라는 그의 탁월한 치유력 또는 유능함을 나타낸다. 빨간색이 없는 순수한 초록은 그가 성실한 의사 또는 헌신적인 간호사임을 나타낸다. 또한 파란색이 감도는 초록은 정신적 성취를 나타낸다. 고명한 교사들은 오라에 녹색과 더불어 소용돌이치는 강렬한 파란 띠 또는 줄무늬를 지닌다. 그리고 파랑과 초록 사이에 좁다란 황금색 띠가 보이기도 하는데, 그것은 그 교사가 제자들을 진심으로 배려하고 있으며 최상의 과제를 가르치는 데 필요한 높은 영적 통찰력이 있음을 말해준다.

사람과 동물의 건강에 관심 있는 모든 이들은 오라에서 초록을 많이 보여준다. 꼭 그들이 높은 서열의 외과의나 내과의가 아닐 수도 있다. 직업이 무엇이든 간에, 동물이나 인간 또는 식물의 건강을 다루고 있는 사람이라면 모두 어느 정도의 초록을 오라에 지니기 마련이다. 마치 공식 휘장처럼 초록이 달려 있는 것이다. 그렇지만 초록은 오라의 중심을 차지하기보다는 다른 색에 종속되는 경우가 다반사이다.

초록은 도움의 색깔이다. 오라에 초록이 많은 사람은 친절하고 동정적이고 사려가 깊다. 그러나 노란색이 감도는 초록을 지닌 사람은 신뢰하기 어렵다. 그 노란색과 초록이 칙칙할수록 그것은 그가 전혀 의지해서는 안 될 사람임을 드러내준다. 그럴듯한 말로 홀려서 돈을 갈취하는 사기꾼들이 이처럼 노란색이 감도는 초록 — 라임 열매 같은 색깔 — 의 오라를 보인다. 반면 초록이 파랑으로 바뀌었다면 — 특히 맑은 하늘 색깔 또는 강청색鋼靑色(electric blue)이라면 — 그를 더욱 신뢰해도 좋다.

파랑 | 이 색은 자주 영적 세계의 색깔로 언급된다. 그것은 또한 영성과는 별개로 '지적 능력'을 나타내기도 한다. 물론 산뜻한 색조일 때의 이야기이며, 그렇기만 하다면 참으로 바람직한 색깔이 파랑이다.

에테르는 엷은 파랑으로 보이는데, 빨아들이지 않은 담배연기나 나무가 타는 불빛과도 흡사하다. 파랑이 밝을수록 그는 건강하고 원기왕성하다.

엷은 파랑은 우유부단한 사람, 스스로 뜻있는 결정을 내리지 못하고 남이 밀어 붙여주길 기다리는 사람이다.

짙은 파랑은 진보를 이루고 노력하는 사람의 것이다. 파랑이 짙다면 그는 인생의 과업에 대해 남다르게 열심이고 그렇게 해서 만족을 찾은 사람이다. 짙은 파랑은 내면에서 직접 '소명'을 받는 경험을 했기 때문에 선교사가 된 사람들에게서 자주 발견된다. 하지만 그저 전 세계를 부담 없이 여행하기에 좋은 일거리로서 선교사가 된 사람들에게선 보이지 않는다.

우리는 항상 노랑의 밝기와 파랑의 농도를 살펴 상대를 판단해야 한다.

남색 | 우리는 남색(indigo)과 보라(violet)를 같은 표제 아래 두려고 한다. 왜냐하면 이 두 색깔은 마치 한 몸처럼 뒤엉킨 채, 서로 주도권을 쥐었다 내주는 식으로 부지불식간에 변하기 때문이다.

오라에서 남색을 두드러지게 보이는 사람들은 깊은 종교적인 확신을 가진 사람들이다. 그들은 그저 입으로만 종교를 떠드는 사람들이 아니다. 거기엔 엄청난 차이가 있다. 어떤 사람들은 자신을 종교적이라고 말하고, 어떤 사람들은 자신을 종교적이라고 믿지만, 오라를 정확히 보기 전까지는 아무도 그것을 확실하게 신뢰할 수 없다. 남색 오라야말로 바로 그 진실의 결정적인 증거가 된다.

만일 남색 오라가 핑크빛을 띠고 있다면 그는 성미가 까다롭고 심술 궂은 사람이다. 특히 자기의 아랫사람들에겐 더욱 그렇다. 남색을 침범한 핑크빛은 타락의 기운으로서 오라의 순수성을 빼앗아간다.

덧붙여 오라가 남색이나 보라 또는 자주색인 사람들은 심장, 위장질환을 앓기 쉽다. 그들은 튀긴 음식, 기름진 음식을 멀리해야 한다.

회색 | 회색은 오라의 색채를 완화하는 역할을 한다. 당사자가 미개인이 아닌 한, 회색 오라 자체는 아무런 뜻이 없다. 미개인에게는 커다란

회색 띠와 반점들이 보이지만, 실제로 미개인의 나체를 볼 기회를 가진 사람은 거의 없을 것이다.

보조색으로서의 회색은 성격의 유약함과 전반적으로 좋지 못한 건강 상태를 나타낸다. 특정 장기 부위에 회색 띠가 있다면 그 장기가 망가질 위험에 있음을 뜻한다. 이미 망가지는 과정 중에 있으니 의학적 조치가 지체없이 취해져야 한다.

무디게 쑤시는 두통이 있는 사람은 회색의 연기가 후광 속으로 들어가는 듯 보인다. 후광이 무슨 색깔이든, 그리로 향하는 회색의 띠는 두통 증상에 따라 맥동할 것이다.

제6과

이제는 존재하는 모든 것이 진동이라는 사실이 명백해졌을 것이다. 그런고로, 전 존재를 망라해서 이를테면 '존재 가능한 모든 진동이 포함된 거대한 건반'을 상정해볼 수 있다.

무한한 길이로 뻗쳐 있는 거대한 피아노 건반을 상상해보자. 우리는 개미처럼 작은 존재들이라서 그 건반(음정)들 중의 극소수만을 볼 수 있다. 그리고 모든 진동은 각각 특정한 옥타브 내의 특정 건반에 해당되어 있다.

첫 번째로, 우리가 '촉각'을 통해 접할 수 있는 모든 진동을 망라하는 옥타브가 있다. 그 범위 안의 진동들은 아주 느려서 '견고한' 형태를 띠므로 우리는 그것들을 만질 수 있지만 듣거나 보지는 못한다.

다음 옥타브는 청각의 차원이다. 이 옥타브 내의 진동들은 우리의 귀를 통해 인지된다. 손가락으로는 이 진동들을 인식할 수 없다. 그러나 우리의 귀는 '어떤 소리가 들린다'고 알려준다. 물체를 들을 수는 없다. 소리를 만질 수는 없다.(서로 옥타브가 다르기 때문이다. 역주)

그다음 옥타브는 시각의 차원이다. 이 옥타브 내의 진동들은 훨씬 빠르므로 촉각이나 청각으로는 인식되지 않는다. 대신 그것들은 우리의 눈에 자극을 주고, 우리는 그것을 시각이라고 부른다.

그리고 이들 세 옥타브 중 한 범주로 딱히 한정시킬 수 없는 것으로 우리가 소위 '전파(radio)'라고 부르는 진동들이 있다. 전파상의 옥타브를 높이면 텔레파시, 원거리 투시, 그리고 그 밖의 심령적 능력을 발휘할 수

〈그림 5〉 가시광선과 전파는 주파수의 범위가 거의 같다.

있다. 그러나 전체적인 요점은, 우리가 참으로 광대한 진동들의 세계 속에 있다는 것이다. 그리고 사람은 그중에서도 지극히 제한된 범위만을 지각할 수 있을 뿐이다.

시각과 청각은 밀접하게 연관되어 있다. 하나의 색깔은 하나의 음정을 갖고 있다고도 말할 수 있다. 어떤 색깔 위에 스캐너를 갖다 대면 그에 해당하는 음정을 들려주는 전자장치가 있다. 잘 상상이 안 된다면 이렇게 생각해보기 바란다. 전파는 늘 우리 주변에 있다. 우리가 어딜 가든 무엇을 하든 무관하다. 그리고 우리는 보조수단 없이는 그것을 직접 들을 수 없다. 하지만 라디오 수신기 또는 텔레비전이라는 장비가 있다면 그것을 소리 또는 영상으로 변환하여 방송국에서 보낸 내용을 듣거나 볼 수 있다.

마찬가지로 우리는 하나의 소리를 취해서 거기에 맞는 색깔이 있다고 말할 수 있고, 반대로 하나의 색깔을 택해 그 색깔이 어떤 음정에 해당한다고 말할 수 있다. 동양에서는 이미 상식과도 같은 이런 관점은 실제로 예술에 대한 감식력을 높여준다. 예컨대 어떤 그림을 볼 때 그것을 음악으로 바꾼다면 어떤 화음이 들려질까를 상상해볼 수 있는 것이다.

누구나 화성이 붉은 행성이란 사실을 알고 있다. 화성은 빨강의 행성이며, 이런 전형적인 빨강 색조는 '도'에 해당하는 음정을 갖는다.

빨강의 일종이기도 한 주황(orange)은 '레'라는 음정에 해당한다. 몇몇 종교에서는 주황을 해의 색깔이라고 설한다. 반면 파랑을 태양의 색깔이라고 설하는 종교들도 있다. 우리로 말하자면, 주황이 해의 색깔에 더 가깝다는 입장이다.

노랑은 '미'라는 음정에 해당한다. 수성은 노랑의 '지배자'이다. 이 모든 이야기는 고대의 동양신화로부터 전해진 것이다. 그리스인들에게 불타는 전차를 타고 하늘을 질주하는 남신과 여신들이 있었던 것처럼, 동양인들에게도 신화와 전설들이 있었다. 그리고 그 이야기들 속에서 그들은 행성을 색채와 상응시켰고, 그 결과 이러저러한 색은 이러저러한 행성이 지배한다고 믿게끔 됐다.

초록은 '파'라는 음정에 해당한다. 초록은 성장의 색깔이다. 몇몇 사람들은 소리에 의해 식물의 생장을 더욱 촉진할 수 있다고 주장하는데, 우리는 직접 경험한 것은 아니지만 그것이 상당히 믿을 만한 정보임을 확인한 바 있다. 녹색을 주관하는 행성은 토성이다.

흥미로운 점은, 고대인들이 특정한 행성을 명상의 대상으로 삼았을 때 떠오르는 느낌을 통해서 이런 색채들을 각각 할당했다는 것이다. 고대인들은 지구의 가장 높은 지대에서, 예컨대 히말라야 산맥의 봉우리 같은 데서 명상을 했다. 그리고 해발 4천 미터가 넘는 곳에서는 대기 농도가 희박하여 행성들이 훨씬 선명하게 보이고 지각력도 더욱 예리해진다. 그렇게 해서 고대의 현인들이 각 행성과 색채에 관한 법칙을 수립했던 것이다.

파랑은 '솔'이라는 음정에 해당한다. 이미 언급했듯이 어떤 종교들은 파랑을 태양의 색깔로 여긴다. 그러나 우리는 동양의 전통을 따르고자 하므로, 파랑을 주관하는 행성은 목성이라는 가설을 취할 것이다.

남색은 '라'라는 음정에 해당한다. 동양에서는 샛별(금성)이 남색을 주관한다고 말한다. 금성은 우호적으로 그려질 때, 즉 인간에게 혜택을 줄 때는 예술적인 능력과 순수한 생각을 상징한다. 금성은 더 고상한 인격을 선사한다. 그러나 낮은 진동의 사람들과 연계되면 그들을 방종하게 만들 수도 있다.

보라는 '시'라는 음정에 해당한다. 보라를 주관하는 것은 달이다. 좋은 경우에, 달 또는 보라는 명쾌한 사고, 영성, 적절한 상상력과 상응한다. 그러나 나쁜 경우에는 정신장애, 정신이상과 상응하게 된다.

오라의 밖에는 육체, 에테르, 오라를 빈틈없이 둘러싼 막이 있다. 마치 육체-에테르-오라의 순으로 확장되어 있는 인간 존재의 총합이 하나의 자루 속에 넣어져 있는 것과 같다.

이런 식으로 상상해보자. 여기 평범한 달걀이 하나 있다. 그 내부엔 육체에 해당하는 노른자, 즉 육체가 있다. 그 노른자는 흰자에 둘러싸여 있는데, 흰자가 바로 에테르와 오라에 해당한다. 그리고 흰자와 달걀껍데기 사이에는 아주 얇으면서도 나름 질긴 막이 존재한다. 삶은 달걀의 껍데기를 벗길 때 보게 되는 그 얇은 막 말이다.

인간 존재의 모습도 바로 그와 같다. 우리를 둘러싼 이 막은 흠 없이 투명하며, 오라의 소용돌이나 떨림에 따라 다소 일렁인다. 그러나 늘 달

갈 형태로 되돌아가려는 성질을 갖고 있다. 풍선이 늘 제 모습을 유지하려 하는 것과 비슷하다. 이 막을 기준으로 내부의 압력이 외부의 압력보다 크므로, 육체와 에테르와 오라가 아주 얇은 달걀형의 투명 비닐 백에 들어 있다고 상상한다면 더욱 생생한 그림이 되리라.(그림 6)

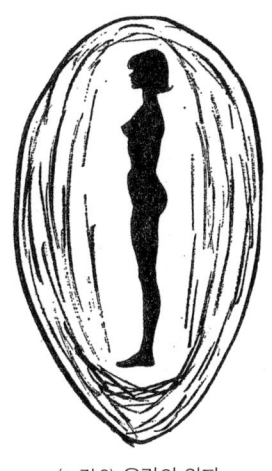

〈그림 6〉 오라의 외피

우리의 생각은 두뇌에서 생성되어 에테르와 오라를 거쳐 이 외피에 이른다. 그리고 우리는 이 외피를 관찰함으로써 그 사람의 생각을 그림처럼 읽어낼 수 있다.

다시 한 번 텔레비전을 예로 들어보겠다. 텔레비전의 수상관 안쪽에는 '전자총'이란 게 있는데, 그것이 빠르게 움직이는 전자를 형광판(당신이 보는 화면)으로 쏘아보낸다. 그 전자는 특수도장된 형광판에 충돌하며 빛을 발한다. 그리고 그런 광점들이 우리 뇌 속에서 '잔여기억'으로 잠시 보관되는 원리를 통해 우리는 그것을 움직이는 영상으로 인식하게 되는 것이다. 어쨌든 우리가 보는 텔레비전 화면은 결국 전자를 쏘아 보내는 송신장치로부터 나온 것이다.

마찬가지로 우리의 생각도 우리의 송신기, 즉 두뇌로부터 나와서 오라를 둘러싼 외피에까지 이른다. 그리고 그 외피에 충돌하면서 어떤 그림을 그려내고, 투시 능력자는 그것을 볼 수 있다. 게다가 그 그림에는 현재의 생각뿐만 아니라 과거의 생각까지도 나타난다.

정통한 능력자라면 오라의 외피를 봄으로써 그가 전생, 전전생에서 어떤 일을 했는지도 읽어낼 수 있다. 경험이 없는 이들에겐 허무맹랑한 소리로 들리겠지만 이것은 절대 헛된 이야기가 아니다.

물질의 질료 또는 본질은 파괴되지 않는다. 존재하는 모든 것은 영구히 지속된다. 만일 당신이 소리를 낸다면 그 소리의 진동, 그것이 야기한 에너지는 영원히 지속된다. 예컨대 만일 당신이 이 지구로부터 멀고 먼 행성까지 단숨에 갈 수 있다면, 그리고 그 행성에서 엄청난 배율의 망원경으로 지구를 들여다볼 수 있다면, 당신의 눈에는 수천 년 전의 지구가 보일 것이다. 빛은 속도가 일정하며 없어지지 않는다. 그런고로 당신이 지구로부터 엄청 먼 곳으로, 즉각적으로 이동할 수 있다면 지구의 창조까지도 충분히 볼 수 있을 것이다.

그러나 이런 가설은 우리를 논의 중인 주제에서 멀어지게 한다. 어쨌든 우리가 말하고 싶은 것은, 잠재의식은 — 의식의 지배를 받지 않으므로 — 내면 깊숙이 저장된 영상들까지 투사할 수 있다는 사실이다. 그러므로 투시력이 좋은 사람은 오라를 보고 상대방의 자질을 정확하게 알아볼 수가 있다. 이것은 심리측정의 진일보한 방식으로서 '시각적 심리측정'이라고 불릴 만하다. 심리측정에 대해서는 뒤에서 더 다룰 것이다.

조금이라도 지각이나 감성이 있는 사람이라면 누구나 오라를 느낄 수 있다. 육안으로는 보이지 않는다 해도 말이다. 당신은 대화조차 해본 적이 없음에도 상대방에게 즉시 끌리거나 반대로 혐오감을 느낀 경험이 없는가? 그의 오라로부터 부지불식간에 받은 느낌이 바로 그러한 호불호를 결정한 것이다. 모든 사람이 과거엔 오라를 볼 수 있었다. 그러나 갖가지 남용으로 해서 그 능력을 상실했다. 그리고 앞으로 수세기 이내에 사람들은 다시 텔레파시, 투시 등의 능력을 갖추게 될 것이다.

호불호의 문제를 좀더 살펴보기로 하자. 모든 오라는 많은 색채와 줄무늬로 구성되어 있다. 두 사람이 사이좋게 어울리려면 색채와 줄무늬가 서로 맞아야 한다. 자주 보는 경우인데, 남편과 아내가 한두 방면에선 잘 어울리나 다른 방면에선 전혀 맞지 않는 수가 있다. 그것은 한 오라의 특별한 파장 형태가 배우자 오라의 파장 형태와 특정 부분에서만 접촉하고 있기 때문이다. 그래서 그 부분에 있어서만큼은 전적인 합의와 조화가 이루어진다.

우리는 흔히 "두 사람이 상극이다"라는 말을 한다. 이것은 서로 명백히 어울리지 않는 경우다. 이렇게 생각하는 게 간편할 것이다. 어울리는 사람들은 오라의 색채가 융화해 조화를 이루는 반면, 안 어울리는 사람들은 서로 끔찍하게 부딪치는 색채를 지녔다고.

사람들은 유형별로 끼리끼리 모인다. 그들은 같은 주파수대에 속해 있다. 유형이 같은 사람들은 무리를 지어 돌아다닌다. 당신은 처녀들이 떼를 지어 몰려다니거나 청년들이 패거리로 길모퉁이에서 빈둥대며 일탈하는 모습을 보았을 것이다. 그것은 이들이 공통의 주파수 또는 공통의 오라를 갖고 있어 서로 의지하며 자석처럼 끌리기 때문인데, 그중 가장 강한 자가 전체 무리를 지배하며 좋든 나쁘든 그들에게 영향을 주게 된다. 따라서 젊은 세대는 (우리 사회의 전반적인 진보를 위해) 자신들의 유치한 충동을 억누를 수 있는 자기절제 훈련을 받아야 한다.

이미 기술했듯이 인간은 달걀과 같은 모양을 이루는 오라 속에 중심을 잡고 있다. 그리고 그것이 평균적인, 건강한 인간 존재의 정상적인 위치다. 하지만 정신병을 앓고 있는 사람들은 그 중심이 제대로 잡혀 있지 않다. 사람들은 종종 "나는 오늘 제정신이 아니야(I feel out of myself today)"라고 말한다. 실제로 그런 경우에는 오라의 중심이 어딘가 비스듬하게 잡혀 있는 양상을 보인다.

이중인격적인 사람들의 오라는 보통 사람들과는 전적으로 다르다. 그들은 전혀 다른 두 색깔이 오라의 절반씩을 차지하고 있다. 이중인격 상태가 심할 때는, 하나가 아니라 두 개의 달걀 모양 오라가 비스듬히 겹쳐 있기도 하다.

정신병을 가볍게 취급해서는 안 된다. 특히 전기충격 요법은 아주 위험한데, 왜냐하면 순식간에 유체幽體(astral, 뒤에 다룬다)와 육체를 분리시킬 수 있기 때문이다. 의사들이 알고 있든 그렇지 않든 간에, 본래 전기충격 요법은 두 개의 오라를 하나로 합치기 위해 고안된 것이다. 그러나 두뇌의 신경조직을 '태워버리기' 쉽다는 부작용도 있다.

우리는 오라의 색채, 주파수, 그리고 기타 요소들에 어느 정도의 변화 가능성과 일관성을 함께 지니고 태어난다. 그런고로 의도가 순수한 확고한 사람이라면 자신의 오라를 좋은 쪽으로 바꿀 수가 있다. 유감스러운 사실은, 그것을 나쁜 쪽으로 바꾸기가 훨씬 쉽다는 것이다.

예를 들자면, 소크라테스는 자신이 영락없이 살인자가 될 운명임을 알았지만 그 운명의 광풍에 꺾이지 않고 스스로 자신의 인생을 바꿀 조치들을 취했다. 그리하여 살인자가 아니라 당대 최고의 현자가 되었던 것이다.

우리 모두는, 맘만 먹는다면 사고를 더욱 높은 수준으로 끌어올려 오라를 성숙시킬 수 있다. 갈색을 띠는 우중충한 색조의 빨강 오라(과잉성욕을 나타냄)를 지녔더라도 성욕을 승화시킨다면 빨강의 진동수를 높일 수 있고, 그러면 그는 훨씬 건설적인 에너지로써 자신의 길을 개척해가는 사람이 될 것이다.

오라에서 낮은 진동은 흐리고 우중충한 색조를 만드는데, 그것은 눈길을 끌기보다는 혐오스런 느낌을 준다. 반대로 진동수가 높을수록 오라의 색채는 더 선명하고 현란해진다. 야단스럽게 화려하다는 뜻이 아니라 영적 순수함이 드러난다는 말이다. 쉽게 말해 깨끗한 색조는 유쾌하게 느껴지고, 우중충한 색조는 불쾌하게 느껴진다. 선행은 오라를 밝게 하여 우리의 용모에도 보탬이 되지만 악행은 우리를 '우울하게' 하거나 '실의'에 빠지게 한다. 남을 돕는 선한 행위는 세상을 '살 만하고 긍정적인 곳으로' 바라보도록 해준다.

항상 명심해야 할 것은, 오라의 색채는 그의 잠재적 가능성을 보여주는 주요 지표라는 점이다. 물론 기분에 따라 변하는 측면도 있지만, 오라의 기본색채는 그의 성격이 개선되거나 개악되지 않는 그대로 유지된다.

기본적인 색채는 늘 같다고 해도 무방하다. 그러나 일시적인 색채는 기분에 따라 오르내리며 바뀐다. 따라서 당신이 누군가의 오라를 볼 때는 아래와 같이 자문해봐야 한다.

1. 무슨 색깔인가?
2. 그 색은 산뜻한가, 우중충한가? 얼마나 뚜렷하게 보이는가?
3. 그것은 특정 부위에 걸쳐 소용돌이치는가? 아니면 거의 변하지 않고 한 지점에 머물러 있는가?
4. 그것은 모양과 형태를 갖춘 연속적인 색의 띠인가? 아니면 넘실대어 날카로운 봉우리와 깊은 골짜기를 만드는가?

5. 내가 지금 선입견을 갖고 상대방을 보고 있지는 않은가? 왜냐하면 어떤 오라를 보고서, 그것이 실제론 전혀 우중충하지 않은 데도 우중충하다고 느끼는 경우도 충분히 생길 수 있기 때문이다. 그 느낌은 우리 자신의 잘못된 생각에서 비롯되었을 수도 있다. 그러니 남의 오라를 보기 전에 자신의 오라를 먼저 점검해야 한다는 사실을 잊지 말도록 하자.

음악의 리듬과 정신의 리듬은 서로 관련이 있다. 인간의 두뇌는 그 자신의 전기자극과 진동을 가감 없이 외부로 송출하고 있다. 인간은 그 자신의 진동수(뙴뙴이)에 따라서 저마다 일종의 소리를 내보내고 있는 것이다. 벌집 근처에 가면 벌떼가 웅웅거리는 소리가 들리듯이, 다른 생물들도 이런 인간의 소리를 듣고 있지 않을까 싶다.

모든 인간은 자신만의 소리가 있다. 그리고 바람에 흔들리는 전선이 윙윙 소리를 내듯 인간도 자신의 소리를 계속 내보낸다. 그래서 많은 노래들 중에서도, 우리의 이런 소리와 잘 공명하는 곡이 소위 '유행가'가 되는 것이다. 당신 역시 어떤 사람들과도 함께 흥얼거리고 휘파람 불 수 있는 애청곡이 있을 것이다. 사람들은 그 노래의 곡조가 "머릿속에서 떠나지 않는다"고 표현한다. 유행가가 지닌 기본 에너지가 ─ 그것이 소멸되기 전까지에 한해서 ─ 우리의 뇌파와 공명하고 있기 때문이다.

고전음악은 좀더 영속적인 특징이 있다. 고전음악은 우리의 청각적 파동 형태와 기분 좋게 어울리는 음악이다. 국민들을 분발케 하려는 지도자는 필히 '애국가'라 불리는 특별한 형식의 음악을 만드는 법이다. 애국가를 들으면 갖가지 정서가 느껴지는데, 그때 우리는 벌떡 일어나 조국을 옹호하기도 하고 타국을 향해 적대적인 생각을 품기도 한다. 사실 그것은 소리라 불리는 진동이 우리의 정신으로 하여금 일정하게 반응토록 유도한 것에 불과하다. 이렇게 특정한 유형의 음악을 들려줌으로써 사람들에게서 특정한 반응을 이끌어낼 수가 있는 것이다.

생각이 깊은 사람, 즉 뇌파의 진폭이 큰 사람은 음악도 그와 같은 유형 — 산이 높고 골이 깊은 — 을 좋아한다. 그러나 정신이 산만한 사람은 음악도 산만한 류의, 즉 악보만 봐도 음정들이 까불고 와글와글한 곡들을 좋아한다.

위대한 음악가들 중에는 의식적이든 무의식적이든 유체여행을 할 수 있고, 죽음 저편의 영역을 드나드는 사람들이 많다. 그들은 '우주의 음악'을 듣는다. 이 천상의 음악은 그들에게 심대한 인상을 남기고, 그들은 지구로 돌아오자마자 그 기억의 파편 속에서 '영감'에 젖어 작곡에 돌입한다. 그들은 악기 또는 오선지로 달려가서 영적 차원에서 들었던 음표들을 기억이 닿는 한 지체없이 써내려간다. "작곡을 끝냈다"는 그들의 말은, 기억의 한계가 거기까지였다는 뜻과 같다.

잠재의식을 건드리는 악마적인 광고시스템이 실재하고 있다. 어떤 메시지를 텔레비전 화면에 언뜻 스쳐 지나가게 하면, 우리의 의식은 자각하지 못하지만 잠재의식은 그것을 받아들인다. 그리고 그런 과정이 반복되다 보면 그 메시지가 돌연 의식의 수면 위로 떠오르게 된다. 잠재의식이 힘으로써 표면의식을 밀어내고 광고에 나온 상품을 사도록 만드는 것이다. 표면의식은 그런 물건이 필요하지 않음을 분명히 알고 있는데도 말이다.

파렴치한 집단의 사람들, 예컨대 국민의 복지를 마음에 두지 않는 지도자들은 실제로 이런 형태의 광고를 통해 국민들로 하여금 자신도 모르게 저들의 명령에 순응하도록 만들 수도 있다.

제7과

이번 교과는 짧지만 매우 중요하다. 이 특별한 교과를 특히 주의 깊게 읽어주길 바란다.

오라를 보려는 많은 사람들이 조급해하는 모습을 보인다. 그들은 글로 적힌 지침을 읽은 후, 책에서 눈을 떼었을 때 놀랍게도 오라가 짠 하고 보이기를 기대한다. 그건 그처럼 간단한 일이 아니다. 위대한 달인들도 오라를 볼 수 있기까지 거의 평생을 노력한다. 우리는 성실하고 양심적으로 연습한다면 대다수의 사람들이 오라를 식별할 수 있다고 믿는다. 거의 모든 사람이 최면에 걸릴 수 있다고 한다. 마찬가지로 거의 모든 사람은 연습을 통해, 정확히는 '인내'를 통해 오라를 볼 수 있다.

몇 번이고 강조할 것은, 오라를 가장 잘 보려면 알몸을 대상으로 해야 한다는 점이다. 왜냐하면 오라는 의복에 많은 간섭을 받기 때문이다. 이에 대해 누군가는 "세탁소에서 막 받은 새 옷으로 갈아입으면 내 오라엔 영향이 없겠지"라고 말할 테지만, 십중팔구 새 옷의 일부분 역시 세탁소의 누군가가 만졌을 것이다.

세탁 일은 단조로운 편이므로, 거기에 종사하는 사람들은 대개 '딴생각'을 하며 일을 한다. 다시 말하면 그들은 얼마간 '넋을 놓고(out of themselves)' 있는 셈이다. 기계적으로 옷을 접고 만지고 하는 동안 그들의 생각은 각자의 사적인 일에 쏠려 있다는 말이다. 그들의 오라에서 나온 인상이 옷에 스며들면, 나중에 당신은 그 옷을 입고 거울에 비춰볼 때 거기서 다른 사람의 인상이 느껴지는 것을 깨닫게 된다.

믿기 어렵다고? 이런 식으로 살펴보자. 주머니칼을 자석에 갖다 대보라. 그러면 칼은 곧 자성을 띨 것이다. 사람의 경우도 마찬가지로, 우리는 다른 사람의 성향을 받아 띨 수 있다. 공연장에서 어떤 낯선 사람의 옆자리에 앉게 되었던 여성은 끝나자마자 이렇게 말할지도 모른다. "아, 목욕부터 해야겠어. 그 사람 가까이 있었더니 마치 오염된 것 같은 느낌이야."

오라의 색채를 진정 빠짐없이 보고 싶다면 그 대상은 알몸이어야 한다. 여성의 몸을 살필 수 있다면 색채가 남성보다 훨씬 뚜렷함을 알게 될 것이다. 쓸데없는 오해를 불러일으킬까 염려되긴 하지만, 실제로 여성의 오라는 그 색채가 강렬하고 원초적이다. 그래서 남성의 오라보다 훨씬 보기가 쉽다. 하지만 아무런 거부감 없이 흔쾌히 옷을 벗겠다는 여성을 찾기가 어디 쉬운 일인가? 그 대안으로서, 당신은 자신의 몸을 직접 살피는 수밖에 없을 것이다.

이때 당신은 혼자여야 한다. 예컨대 욕실 같은 개인적 공간에 홀로 있어야 한다. 욕실의 빛이 은은한지 확인하라. 너무 환하다면 수건으로 램프를 좀 가려서 어스름하게 만들어야 한다. 그러면 조도가 아주 낮은 상태가 된다. 여기서 경고 한 마디. — 수건을 램프에 너무 가까이 대서 연기가 나고 불이 붙는 불상사가 일어나지 않도록 조심하라. 집을 태우자는 게 아니고 빛을 줄이자는 거니까.

만약 전력 소모량이 거의 없다시피 한 오스그림 램프(네온램프의 상표)를 구할 수 있다면 안성맞춤일 것이다. 오스그림 램프는 투명한 유리구로 되어 있고, 그 내부는 아래에 짧은 막대가 꽂혀 있고 그 위로 둥근 원형 금속판이 부착된 형태이다. 그리고 또 다른 막대가 아래부터 꼭대기까지 뻗쳐 있는데, 거기에 조잡한 나선형의 다소 무거운 철선이 매달려 있다. 이

램프를 소켓에 꽂고 스위치를 켜면 철선이 달아오르며 붉은색의 네온광을 낸다. 여기에 이런 유형의 램프 그림을 첨부해두었다.(그림 7) 왜냐하면 '오스그림'은 상표라서 다른 지역에선 또 다른 이름으로 불릴 수도 있기 때문이다.

〈그림 7〉 오스그림 류의 네온램프

오스그림 램프를 켜던가 아니면 당신 나름대로 흐릿하게 조절한 조명을 켠 후, 옷을 전부 벗고 자신을 전신대 거울에 비춰보라. 잠시 동안은 아무것도 보려 하지 말고 그저 편히 있으라. 등 뒤로는 거무스름한 커튼이 놓이게 하라. 검정이면 좋고 어두운 회색도 괜찮다. 소위 '중립적인' 배경, 그러니까 오라 그 자체에 영향을 줄 색이 없는 배경을 갖추라는 말이다.

무심하게 거울 속의 자신을 응시하면서 잠시 기다리라. 그런 후에 머리를 바라보라. 관자놀이 부근에 푸른빛의 엷은 색조가 보이는가? 이번엔 몸을 살펴보라. 예컨대 팔에서 시작해서 엉덩이까지, 거의 알코올 불꽃 같은 푸른빛의 색조가 보이는가? 보석 세공인들이 사용하는 메틸알코올과 같은 알콜성 액체를 태우는 램프를 아마 본 적이 있을 것이다. 그 불꽃은 전체적으로 푸르스름하고, 끝에서만 노란 불꽃이 튄다. 에테르도 그와 같다. 그것이 보인다면 진보를 이룬 것이다.

당신은 첫 번째, 두 번째, 세 번째 시도에서도 보지 못할 수 있다. 음악가들도 한두 번의 연습만으로 어려운 곡을 연주할 수는 없다. 당신은 오로지 연습만을 통해 에테르를 볼 수 있게 되고, 더 연습하여 오라까지 보게 될 것이다. 그러나 우리가 또다시 반복해 강조하는 것은 알몸 상태라야 그 과정이 더 쉽고 분명하다는 사실이다.

알몸 상태를 이상하게 생각하지 말라. 사람들은 "인간은 신의 형상대로 만들어졌다"고 말한다. 그러니 '신의 형상'을 가리지 않은 채로 보는 게 무슨 잘못인가? 순수한 사람에겐 모든 게 순수하다. 당신은 자신이든 남이든, 다만 순수한 동기로 보는 것이다. 만일 불순한 생각을 갖고 있다면 에테르도 오라도 보지 못한다. 사람은 보고자 하는 것만을 보게 되기 때문이다.

계속 자신의 몸을 보면서 에테르를 찾아보라. 때가 되면 그것이 실재한다는 사실을 확실히 알게 될 것이다.

오라를 찾던 사람이 때로는 아무것도 보지 못하는 대신에 손바닥이나 다리 혹은 신체의 다른 부분에서 가려움을 느끼는 경우도 있다. 그것은 독특한 느낌의 가려움인데, 절대로 잘못된 것이 아니다. 그것은 당신이 '보는' 길에는 제대로 들어서 있으나, 긴장으로 인해 스스로 자신을 방해하고 있음을 뜻한다. 이럴 때는 긴장을 풀고 마음을 가라앉혀야 한다. 충분히 긴장을 풀면 가려움이나 경련 대신 에테르나 오라, 또는 그 둘을 다 보게 될 것이다.

가려움이란 실제로 손바닥의 — 또는 그 부위가 어디든 간에 — 오라가 한곳으로 집중되며 느껴지는 현상이다. 많은 사람들은 놀라거나 긴장했을 때 손바닥이나 겨드랑이, 등줄기에서 땀을 흘린다. 심령실험에서는 땀 대신 가려움이 나타난다. 다시 말하지만, 그것은 아주 좋은 신호이다.

또한 다시 말하지만, 그것은 지금 너무 애를 쓰고 있으니 긴장만 푼다면 에테르와 오라가 곧 당신의 휘둥그레진 눈앞에 나타나리라는 뜻이기도 하다.

많은 사람들은 자신의 오라를 아주 정확하게 보지는 못한다. 그 이유는 거울을 통해서 보기 때문이다. 거울은 색채를 다소 왜곡시켜 반사한다. 그러므로 영문을 모르는 사람은 자신이 실제보다 더 우중충한 색채를 지녔다고 생각하기 쉽다.

연못 속의 물고기가 수면 위에 피어 있는 꽃을 본다고 생각해보자. 물고기는 당신과 똑같이 꽃의 색채를 감지하진 못할 것이다. 물고기는 연못의 잔물결과 투명도에 따라 일그러진 꽃의 모습을 볼 것이다. 마찬가지로 자신의 오라를 직시하지 못하고 반사된 영상을 통해 본다는 것은 다소 오도의 여지가 있다. 그런고로 가능하다면, 남을 응시하는 연습이 효과가 낫다.

그럴 때 당신의 실험대상자는 자발적이고 협조적이어야만 한다. 누군가에게 나체를 보이는 상황에서 그는 당연히 불안해하거나 당황하기 마련이다. 그러면 에테르는 거의 피부에 달라붙을 만큼 힘을 잃고, 오라 자체도 꽤나 수축되면서 색채가 왜곡된다.

오라를 훌륭하게 판별하려면 연습이 필요하다. 하지만 그 첫 단계는 그게 무슨 색이 되었든 일단 '눈을 뜨는' 것이다. 그 색채가 진짜인가 가짜인가는 상관이 없다.

최선의 방법은 상대방에게 말을 거는 것이다. 부담 없는 대화, 한가로운 잡담을 하며 상대방을 안심시키고 아무 일도 없으리라는 확신을 갖게 하라. 그가 긴장을 풀면 에테르가 정상적인 크기로 돌아올 테고, 오라 자체도 외막까지 충분히 뻗어 나올 것이다.

이 과정은 여러 측면에서 최면술과도 흡사하다. 최면술사는 당장 환자를 붙잡아 앉혀서 최면을 걸려고 하지 않는다. 통상 여러 번의 만남이 이루어진다. 그는 먼저 환자를 만나보고, 차차 일종의 신뢰 또는 공감대를 형성해간다. 그리고 환자가 초보적인 최면에 반응을 보이면 한두 가지 최면기법을 쓰기도 한다. 그렇게 두세 번의 만남 후에야 환자를 완전히 몽환상태로 이끌 수 있는 것이다. 마찬가지로 당신도, 처음엔 실험대상자의 나체에 그다지 눈길을 주지 말고 그가 옷을 제대로 입고 있는 것처럼 자연스럽게 행동해야 한다.

그러면 아마도 두 번째 만남에선 상대방이 확신과 신뢰를 갖고 좀더 긴장을 풀게 되리라. 세 번째 만남쯤에야 당신은 그의 신체를 또는 신체의 윤곽을 살피기 시작할 수 있다. 그에게서 어렴풋한 푸른 색조의 아지랑이가 보이는가? 신체 주변을 소용돌이치는 줄무늬들과 노란 후광이 보이는가? 머리의 정수리에서 나오는 빛이, 흡사 펼쳐진 연꽃처럼 또는 불꽃놀이의 꽃불처럼 화려한 색조로 벌어지는 모습이 보이는가?

이 교과는 짧지만 매우 중요하다. 자신이 편안하고, 마음에 아무런 걱정거리가 없으며, 배가 고프지도 과식하지도 않은 상태라면, 이제 욕실로 가서 몸을 씻어 옷가지에서 묻혀들인 요소들을 지우고 자신의 오라를 보는 연습을 시작하라. 오라를 보고 못 보고는 결국 연습의 문제일 뿐이다.

제8과

이전 교과에서 우리는 에테르와 오라의 중심인 육체에 관해 이야기했다. 그리고 육체의 밖에 있는 에테르를 논했고, 이어서 그 밖의 오라를 색색의 줄무늬로 묘사했으며, 더 나아가 가장 바깥의 오라 외피까지 설명했다. 이 내용들은 대단히 중요하므로, 먼저 앞서 교과들을 다시 한 번 읽기를 권한다. 왜냐하면 이번 교과와 다음 교과에서 우리는 유체여행에 관한 토대를 마련코자 하기 때문이다. 에테르와 오라, 그리고 육체의 분자구조 특성에 대해 분명히 알지 않으면 당신은 어려움에 빠질지도 모른다.

우리가 살펴본바, 인간의 육체는 원형질 덩어리로 되어 있다. 그것은 일정한 공간에 걸쳐 밖으로 퍼진 분자의 덩어리로서 우주가 일정한 공간을 점하고 있는 것과 동일한 방식이다. 이제 우리는 안으로 향하고자 한다. 즉 오라로부터, 그리고 에테르로부터 다시 육체 속으로 들어가보자는 것이다. 왜냐하면 이 살로 된 육체가 다만 하나의 운반수단 또는 '한 벌의 옷 — 세상이라는 무대에서 제 역할을 하는 배우의 복장'일 뿐임을 알아야 하기 때문이다.

사람들은 두 개의 물체가 같은 공간을 점할 수는 없다고 말한다. 그건 벽돌이나 목재 또는 금속 덩어리를 생각하면 이성적으로 맞는 얘기다. 그러나 만일 두 물체가 진동이 다르거나 원자, 중성자, 양성자 간의 거리와 공간이 충분히 넓다면 그 둘은 같은 공간을 점할 수도 있다.

이해하기 어렵다면 다른 식으로 표현해보도록 하자. 유리잔 두 개를 준비해서 거기에 물을 찰랑찰랑하게 채우고 모래 한 숟갈을 첫 번째 유리잔에 넣으면 물이 넘쳐 밖으로 흘러내리게 된다. 이 경우 물과 모래는 함께 같은 공간을 점할 수가 없어 어느 하나는 자리를 내주어야 한다. 좀더 무거운 모래가 유리잔 바닥까지 가라앉으면서 수면을 밀어올려 그만큼의 물을 흘러넘치게 한다.

이번에는 물이 언저리까지 채워진 두 번째 유리잔에 설탕을 천천히 넣어보자. 당신은 물이 유리잔 밖으로 넘치기까지 무려 여섯 순갈의 설탕을 넣을 수 있다는 사실을 알게 될 것이다. 이 작업을 천천히 하면 설탕이 사라지는 모습, 즉 용해되는 모습을 보게 된다. 설탕이 녹으면서 설탕 분자들은 물 분자들 사이의 공간을 점유할 뿐, 그 이상의 공간을 차지하지는 않는다. 다만 물 분자들 사이의 모든 공간이 설탕 분자들로 다 채워진 이후에 여분의 설탕이 유리잔 바닥에 쌓이면 비로소 물이 흘러넘치는 것이다. 이 두 번째 잔의 경우가 바로 두 물체가 같은 공간을 점할 수 있다는 명백한 증거이다.

내부에 빈 공간을 갖고 있는 육체 역시 또 다른 성근 몸들, 즉 영체(spirit body) 또는 유체(astral body) 등을 거느리고 있다. 그것들은 정확히 육체와 똑같은 분자들로 구성되어 있다. 그러나 흙이나 납 또는 나무처럼 조밀한 분자 구조가 아니라 훨씬 듬성듬성한 분자 구조를 이룬다. 그러므로 영체가 육체에 아주 가깝게 달라붙는 일이 가능하며 이때 어느 쪽도 다른 쪽이 필요로 하는 공간을 침범하지 않는다.

유체와 육체는 은빛 줄에 의해 연결되어 있다. 은빛 줄은 엄청난 속도로 진동하는 분자들의 덩어리이다. 그것은 어떤 면에서 엄마와 아기를 연결하는 탯줄과 비슷하다. 탯줄을 통해서 어떤 충동이나 인상 그리고 영양분이 엄마로부터 아기에게로 흘러간다. 아기가 태어나고 탯줄이 끊어지면 아기는 태중의 삶을 끝내고 독립적인 존재가 되어 또 다른 삶을 시작한다. 이제 아기는 더 이상 엄마의 일부분이 아니다. 그런고로 엄마의 부분은 '사멸'하고 아기는 스스로 제 존재를 떠맡게 된다.

은줄은 초자아와 육체를 연결하고 있고, 육체가 존재하는 동안은 그것을 통해 정보가 한쪽에서 다른 쪽으로 빠르게 전해진다. 인상, 명령, 교훈 그리고 때때로 영적 자양분이 초자아에게서 육체로 내려온다. 죽음이 와서 은줄이 끊어지면, 육체는 버려진 옷처럼 남겨지나 영혼은 계속 움직인다.

아직 그 문제에 들어갈 처지가 아니지만 미리 말해둘 것은, 하나가 아니라 많은 '영체들'이 존재한다는 사실이다. 그중에서 지금 우리는 육체와 유체만을 다루고 있다. 현 진화 단계에서 우리는 모두 아홉 가지 유형의 몸을 가지고 있는데, 그것들 하나하나는 서로 은줄로 연결되어 있다. 그러나 우리는 지금 유체여행과 유체 상태에 긴밀히 관련된 문제들만을 살펴볼 것이다.

인간은 살과 뼈로 된 육체로 잠시 둘러싸여 있는 영靈(spirit)이다. 영은 지상을 경험하고 교훈을 얻기 위해 육체를 이용한다. 인간의 육체는 초자아가 부리는 또는 조종하는 하나의 운반수단이다. 어떤 사람들은 '혼魂(soul)'이란 말을 사용하길 좋아하나 우리는 그것을 '초자아(Overself)'라고 부른다. 왜냐하면 더 편리할뿐더러, 엄밀히 말해 혼(soul)은 조금 다른 개념이기 때문이다.

초자아는 육체의 조종자이자 운전자이다. 인간의 두뇌는 중계소이자 전화교환국이며, 완전 자동화된 공장이다. 두뇌는 초자아로부터 메시지를 받아 초자아의 명령을 화학적인 또는 물리적인 활동으로 바꾸는데, 그 활동이 소위 운반수단을 살아 있게 한다. 즉 근육을 움직이고 감정이 생겨나게 한다. 두뇌는 또한 역으로 초자아에게 경험의 인상과 메시지를 중계한다.

　육체의 한계를 벗어남으로써, 마치 운전자가 잠시 자동차를 떠나듯이, 인간은 더 큰 영의 세계를 볼 수 있고 육체에 싸여 있는 동안에 배운 교훈들을 평가할 수가 있다. 그렇지만 여기선 육체와 유체 단계의 일과 간단한 초자아 관련 사항만을 논의할 것이다.

　우리가 특히 유체를 언급하는 것은, 그 상태로 인간은 눈 깜짝할 사이에 먼 곳으로 여행할 수 있기 때문이다. 유체는 어느 때 어느 곳이든 갈 수 있으며 옛 친구나 친척들이 무엇을 하고 있는지도 볼 수 있다. 남자든 여자든, 전 세계의 모든 도시를 방문할 수 있으며 세계의 이름난 도서관들을 섭렵할 수가 있다. 연습만 하면 어느 도서관이든 방문해서 무슨 책이든 또는 그 책의 어느 페이지든 쉽게 찾아볼 수가 있다.

　거의 모든 사람이 자신의 육신을 떠나는 일은 불가능하다고 생각하는데, 왜냐하면 서양에서는 쉽게 느끼거나 분석할 수 없는 일들은 믿지 말고 무시하도록 사람들을 조건화시켰기 때문이다.

　아이들은 요정 이야기를 믿는다. 실제로 요정은 존재한다. 우리는 그들을 볼 수 있고 대화할 수 있다. 우리는 그들을 자연의 영(Nature Spirits)이라고 부른다. 아주 많은 수의 어린아이들이 이른바 보이지 않는 소꿉동무를 가지고 있다. 어른들에겐 그 아이들이 가상의 세계에서 사는 것처럼 보인다. 냉소적인 어른들에겐 도무지 보이지 않는 친구들과 정답게 대화하고 있으니 말이다. 그러나 그 아이는 이 친구들이 존재한다는 것을 안다.

　아이들이 커가는 동안 부모들은 그것을 웃어넘기거나 얼토당토않은 상상이라며 화를 낸다. 자신의 유년시절을 잊어버린 부모들은 과거 자신의 부모가 했던 것과 똑같이 '거짓말 마' 또는 '정신 좀 차려' 하면서 제 아이를 심지어 때리기조차 한다. 결국 그 아이는 자연의 영(또는 요정) 같은 건 없다고 믿게 하는 최면에 걸리고, 다음엔 이 아이들이 다시 성인이 되어 제 아이들이 자연의 영을 보거나 함께 노는 것을 훼방한다.

요정에 관해 더 자세히 알고 싶다면 동양인 또는 아일랜드인들에게 물어보라. 어쨌든 자연의 영들은 존재한다. 요정이라 불리든 정령이라 불리든 혹은 다른 무엇이라 불리든, 그들은 실재하며 또한 좋은 일을 한다. 인간은 무지와 자만으로 이들의 존재를 부인함으로써 불가사의한 경험과 놀라운 지식의 보고를 놓치고 있다. 왜냐하면 자연의 영은 그들이 좋아하는 사람, 그들을 믿는 사람들을 도와주기 때문이다.

초자아의 지식에는 한계가 없다. 그러나 육체, 곧 물리적 몸의 능력에는 매우 실제적인 한계가 있다. 지상의 거의 모든 사람은 잠자는 동안 육체를 떠난다. 그리고 깨어날 때 '꿈'을 꿨다고 말한다. 왜냐하면 사람들은 오직 지상에서의 생활만이 전부라고 믿게끔 배웠고, 자는 동안 내 몸은 한자리에 가만히 머문다고 배웠기 때문이다. 그런고로 그 경이로운 경험들은 '꿈'이란 말로 합리화되고 만다.

믿음을 가진 많은 사람들은 의지로써 육체를 떠날 수 있다. 그리고 멀리까지 빠르게 여행했다가 수 시간 뒤에 그들이 행하고 보고 경험한 모든 기억을 빠짐없이 지닌 채 육체로 돌아올 수 있다. 누구나 육체를 이탈해서 유체여행을 할 수 있지만 여기에는 '할 수 있다'는 믿음이 중요하다. 이것을 불신하거나 거부하는 것은 실로 무익하기만 할 뿐이다.

실제로 두려움이라는 첫 번째 장애만 넘으면 유체여행은 너무나도 쉽다. 두려움은 막강한 제동장치이다. 사람들은 '육체를 벗어나는 것은 곧 죽는 것'이라는 본능적 두려움을 다스려야 한다. 몇몇 사람들은 육체를 벗어났다가 돌아올 수가 없게 되거나 다른 존재가 내 육체로 들어올지도 모른다며 극도로 두려워한다. 하지만 그런 일은 당사자가 스스로 '문을 열어주지' 않는 한 절대 불가능하다. 두려워하지 않는 사람은 무슨 일이 생기든 해를 입지 않는다. 은줄은 유체여행 중에 결코 끊어지지 않으며, 당사자가 겁에 질려 결정적인 빌미를 제공하지 않는 한 어느 누구도 그의 육체를 침입할 수는 없다.

당신은 언제나 육체로 돌아올 수 있다. 당신은 늘 하룻밤을 자고 나서 깨어나지 않는가. 우리가 유일하게 두려워할 것은 두려움 그 자체다. 두려움이야말로 위험을 초래하는 유일한 요소이다. 하지만 우리는 우리가 두려워하는 일들이 거의 일어나지는 않는다는 사실을 알고 있다!

두려움 다음의 장애물은 생각이다. 왜냐하면 생각 또는 이성은 정말로 문제를 야기하기 때문이다. 생각과 이성은 우리로 하여금 높은 산을 오르지 못하게 한다. 이성은 우리가 만일 미끄러져 아래로 떨어지면 산산조각이 나리라고 위협한다. 생각과 이성은 제어되어야만 한다.

불행히도 그것들은 오명을 지니고 있다. 생각이라! 당신은 생각에 대해 생각해본 적이 있는가? 생각이란 대체 무엇인가? 생각은 어디에서 일어나는가? 머리꼭대기에서? 아니면 머리 뒤쪽에서? 눈썹 안쪽에서? 귀 안쪽에서? 눈을 감으면 생각이 중단되는가?

아니다. 생각은 당신이 집중하는 곳에 가 있다. 생각은 당신이 집중하는 곳에서 일어난다.

이 간단하고 초보적인 사실은 당신이 몸을 빠져나와 유체상태가 되는데 도움이 된다. 이 사실은 당신의 유체를 미풍처럼 자유롭게 날아오르게 한다. 이에 관해 생각해보고 이 교과를 다시 읽어보라. 생각에 관해 살펴보고, 생각이 어떻게 당신을 (이름 모를 두려움과 최악의 상상을 통해서) 뒷걸음질하게 만들곤 하는지를 살펴보라.

예컨대 한밤중에 홀로 집안에 있을 때, 당신은 바깥의 울부짖는 바람

소리를 듣고 밤도둑을 생각하게 될지도 모른다. 누군가가 커튼 뒤에 숨어서 당신에게 덤벼들려 한다고 상상하면서 말이다. 바로 이 경우에 생각은 해로운 것이 될 수 있다.

생각에 대해 좀더 생각해보자. 당신은 치통으로 괴로워 망설이다 치과의사를 보러 간다. 그는 당신에게 이 하나를 빼야 한다고 말한다. 당신은 아프지 않을까 걱정한다. 당신은 두려워하며 의자에 앉는다. 치과의사가 주사를 놓으려고 피하주사기를 집어들자마자 당신은 자동적으로 움츠러들고 어쩌면 얼굴까지 창백해질지도 모른다. 당신은 아픔을 예감하면서 바늘이 들어가는 것을 생생히 느끼고, 곧 매섭게 잡아뽑힌 이가 피를 묻힌 채 나올 것이다. 아마도 당신은 쇼크로 어지럼을 느낄지도 모른다. 그렇게 당신은 두려움을 키우고, 자신의 사고력을 거기에 집중하여 스스로를 더욱 아프게 한다.

당신의 모든 에너지가 자신을 더 아프게 하는 데 공헌하고 있다. 그러나 그 쓸모없는 생각은 대체 어디에 존재하는가? 당신의 머릿속에? 어떻게 그걸 알 수 있는가? 머릿속에서 그 생각을 느낄 수 있는가? 생각은 당신이 집중하는 곳에 있다. 생각이 당신 안에 있을 때는, 당신이 자기 자신에 대해 생각하고 있을 때이거나 생각이 자신 안에 있다고 굳게 믿고 있을 때뿐이다. 생각은 당신이 그것을 두고자 하는 데 있다. 생각은 당신이 가리킨 바로 그곳에 있다.

"생각은 집중하는 곳에 있다"는 말을 다시 살펴보자. 전투가 한창일 때는 사람들이 총상이나 자상을 입어도 아무런 고통을 느끼지 않는다. 한동안 그들은 자신이 부상을 입었다는 사실조차 모를 수 있다. 그들이 부상에 관해 생각할 여유가 있을 때라야 그들은 고통을 느끼고 그 충격으로 무너진다. 하지만 생각, 이성, 두려움은 우리의 영적인 진화를 더디게 하는 제동장치이다. 그것들은 덜컥거리게 하면서 기계의 속도를 줄이듯이, 초자아의 명령을 왜곡시킨다.

우리는 우리 자신의 어리석은 두려움과 구속으로 흐트러지지 않을 때 비로소 육체적, 정신적으로 크게 고양된 힘을 지닌 초인간이 될 수 있다. 한 예를 들어보자. 아주 형편없는 근육을 가진 허약하고 소심한 남자가 인도를 벗어나 교통이 번잡한 차도로 들어선다. 그의 생각은 멀리 딴 데로 가 있다. 아마도 사업 일 또는 밤에 집으로 돌아갔을 때 부인의 기분이 어떨지에 쏠려 있다. 혹은 밀린 청구서를 생각하고 있는지도 모른다.

이때 마주쳐오는 차의 갑작스런 경적소리에 그는 — 생각 없이 — 인도로 튕기듯 물러나는데, 잘 훈련된 운동선수조차 전혀 할 수 없는 놀라운 뜀뛰기를 해낸다. 만일 사고과정이 이 남자를 방해했다면, 즉 머리로 따지느라 지척거렸다면, 그는 미처 피하지 못하고 차에 치여버렸을 것이다. '생각 없는 상태'가 늘 그를 감시하고 있는 초자아로 하여금 (아드레날린 같은) 화학물질을 쏘아 근육을 활성화시키게 한 것인데, 그렇게 그 당사자는 자신의 정상적 능력을 초월하는 뜀뛰기, 곧 의식적인 생각의 속도를 뛰어넘는 순간적 행동을 했던 것이다.

서양인들은 사고와 이성이야말로 '인간을 동물과 구분하는 기준'이라고 배워왔다. 그러나 통제되지 않은 사고는 유체여행에서 인간을 많은 동물들보다도 더 열등하게 만든다. 예를 들자면, 고양이들이 인간이 볼 수 없는 사물을 본다는 사실에는 거의 누구나 동의할 것이다. 동물들은 유령을 보거나 인간이 알기 훨씬 전에 어떤 사태를 예견하는 것 같은 모습을 흔히 보인다. 동물들은 '이성'과 '사고'와는 다른 시스템을 사용한다.

우리도 그렇게 할 수 있다. 그렇지만 먼저 생각을 통제해야 한다. 우리는 부단히 마음속에 스쳐 지나가는 그 모든 피곤한 잡념의 끄트머리를 통제해야 한다.

당신에게 편안한, 충분히 긴장이 풀리고 아무도 방해하지 않는 장소에 앉아보라. 원한다면 불을 꺼도 좋다. 이런 경우 불빛은 방해가 될 수 있다. 잠시 동안 무료하게 앉아 그저 생각을 살펴보고, 들여다보고, 그것들이 줄곧 어떻게 의식 속으로 기어드는지를 알아보라. 저마다 주의를 기울여달라고 아우성치는 사무실에서의 언쟁, 밀린 청구서, 생활비, 세계정세, 고용주에게 말하고 싶은 불만 등등 ― 이것들을 전부 한편으로 쓸어내라.

당신이 마천루의 꼭대기에 있는 깜깜한 방 안에 앉아 있다고 상상하라. 당신 앞에는 검은 가리개로 덮은 커다란 전망창이 있는데, 이 가리개는 아무런 무늬도 없어 전혀 주의를 흩트리지 않는다. 그 가리개에 집중하라. 무엇보다 어떤 생각도 당신의 의식(검은 가리개) 위에 올라타지 못하게 하라. 잡념이 침입하는 듯하면 그것들을 의식 바깥으로 밀어내라. 당신은 그렇게 할 수 있다. 이건 단순히 연습의 문제이다. 한동안 잡념은 그 검정 가리개의 가장자리에서 깜박일 것이다. 그것들을 단호하게 밀어내라. 그리고 오직 가리개에만 집중하라. 의지로써 잡념들을 밀어냄으로써 그 너머에 있는 당신의 의식 자체를 바라보도록 하라.

또다시 그 상상의 검정 가리개를 응시하면 갖가지 수상한 잡념이 침입해 당신의 주의를 끌려고 몸부림을 칠 것이다. 그것들을 밀어내어 잡념이 침입하지 못하게 하라. (요점을 확실히 하기 위해서 다시 반복한다.) 잠깐 동안 완전한 공백의 인상을 견지할 수 있을 때, 당신은 양피지 한 조각이 찢겨나가듯이 뭔가 '찰각' 하는 것이 있음을 알게 될 것이다. 그때 당신은 이 평범한 세계를 벗어나 시간과 거리가 전적으로 새로운 의미를 띠는 다른 차원의 세계를 들여다볼 수 있게 된다. 연습을 통해, 실천을 통해, 당신은 명인과 달인들이 하는 것처럼 당신도 생각을 제어할 수 있음을 알게 될 것이다.

시도해보라. 연습하라. 진보를 원한다면 당신은 잡념을 극복할 수 있을 때까지 연습하고 또 연습해야만 한다.

제9과

　지난 교과에서 우리는 생각에 관한 핵심적인 사항들을 논했다. 우리는 "생각은 당신이 두고자 하는 데에 있다"고 말했다. 이것은 정말로 우리의 체외이탈과 유체여행을 도울 수 있는 공식이니 다시 한 번 복습해보자.

　생각은 당신이 그것을 두고자 하는 데에 있다. 물론 당신이 원한다면 당신 밖에 존재한다. 간단한 연습을 해보자. 다시 한 번 아무도 없는 곳, 정신이 흐트러질 염려가 없는 곳을 찾아가라. 이제 당신은 체외이탈을 하려고 한다. 당신은 홀로여야 하고 이완되어 있어야 한다.

　우리는 당신이 가능한 한, 편안히 침대에 눕기를 제안한다. 아무도 당신의 실험을 망치지 않도록 재차 확인하라. 안정이 되면 천천히 호흡을 하면서 이 실험에 대해 생각하라. 그리고 당신에게서 2미터쯤 위쪽 지점에 집중하라. 눈을 감고 그곳에 집중하라. 당신의 유체가 그곳에서 당신의 육체를 내려다보고 있다고 강하게 의념하라. 생각하고, 연습하고, 집중하라. 그러다 보면 연습에 따라 당신은 갑자기 가벼운 전기적 충격을 받게 될 것이다. 그리고 문득 2미터쯤 아래 눈을 감고 누워 있는 당신의 육체를 보게 될 것이다.

　처음에 이런 결과를 얻기까지는 꽤나 힘이 들 것이다. 당신은 마치 커다란 고무풍선 안에서 벗어나려고 애쓰는 것처럼 느낄지도 모른다. 당신은 안쪽에서 풍선을 밀고 또 헤집어본다. 하지만 아무 일도 일어나지 않는 것 같다. 그런데 갑자기, 당신은 밖으로 터져 나오게 된다. 어린아이의 장난감 풍선이 퍽 하고 터지는 듯한 느낌이 온다. 놀라지 마시라. 공포에 빠지지 마시라. 왜냐하면 두려움이 없다면 그 뒤에 무엇이 있든 어떤 곤란도 겪지 않고 당신은 계속 전진해가겠지만, 두려워한다면 육체로 다시 튕겨들어가 다른 날 모든 것을 처음부터 다시 시작해야만 하기 때문이다. 당신이 육체 속으로 다시 튕겨들어갔다면 그날 뭔가를 더 시도해보는 것은 아무 의미가 없다. 그것은 성공률이 극히 희박하다. 당신에게는 그보다 잠과 휴식이 더 필요하리라.

당신이 이 간단하고 쉬운 방법으로 육체를 일단 벗어났다고 상상하자. 당신은 거기에 서서 자신의 육체를 내려다보며 '이젠 무엇을 하지?' 하고 자문한다. 자신의 몸을 보려고 너무 애쓰지 말라. 앞으로 자주 보게 될 테니까. 대신 나는 이런 시도를 해보길 권한다. 마치 한가롭게 떠도는 비눗방울처럼 자신의 유체가 방 안을 떠돌도록 하라.

이제 당신은 비눗방울만큼도 무게가 나가질 않는다. 떨어질 염려도, 다칠 염려도 없다. 그저 당신의 육체가 편안하게 쉬고 있는지만 살펴두라. 물론 당신은 이 유체를 살덩어리로부터 풀어놓기 전에 육체가 아주 편안한 상태라는 걸 확인해두었을 것이다. 이런 주의를 기울이지 않으면 되돌아왔을 때 팔이 뻣뻣해지거나 목에 쥐가 날 수도 있다. 육체의 신경을 압박하는 요소가 없는지 확인하라. 예컨대 팔을 매트리스의 가장자리 밖으로 뻗고 있을 경우엔 신경에 압박이 가해져 '손발이 저려 따끔따끔한 느낌'을 받을 수도 있다. 그러니 체외이탈과 유체여행을 시도하기 전에 육체가 절대적으로 편안한 상태인가를 거듭 확인해야 한다.

이제 유체를 떠돌게 하라. 방 안을 유랑하는 공기를 타고 비눗방울이 된 양 한가롭게 움직여 다니라. 천장처럼 당신이 평소엔 자세히 볼 수 없었던 장소들을 살펴보라. 이 초보적인 유체여행에 익숙해지도록 하라. 방 안에서 충분히 빈둥거릴 수 있기 전까지는 밖으로 나가는 모험을 안전하게 시작할 수 없다.

실제로 이런 유체여행은 아주 쉬운 일인데, 당신 스스로 그것을 할 수 있다고 믿기만 하면 된다. 어떤 환경하에서도, 어떤 조건에서도 두려움을 느껴서는 안 된다. 왜냐하면 두려워할 일이 아니기 때문이다. 유체여행은 자유를 찾아가는 여행이다. 당신이 감옥에 갇히거나, 진흙에 뒤덮이거나, 영적인 주문에 걸려 깜깜한 무언가에 깔린 듯한 느낌을 받는 것은 오히려 육체로 되돌아왔을 때뿐이다. 진정으로 유체여행에서는 두려워할 거리가 없다. 두려움이라니 가당치도 않다.

이 과정을 조금 다른 방식으로 설명해보겠다. 당신은 침대 위에 등을 대고 누워 있다. 당신은 육체의 각 부분이 편안하고, 신경을 압박하는 요소도 없고, 양다리도 접혀 있지 않음을 확인했다. 다리가 접히면 혈액순환이 더뎌져 그 부위가 저리게 된다.

조용히 만족스럽게 휴식을 취하라. 방해거리도 걱정거리도 없다. 그저 육체로부터 유체가 빠져나가는 것만을 생각하라.

늦추고 이완시키고 더 늦추라. 예컨대 당신의 육체에 상응하는 어떤 유령 같은 형체가 있다고 상상하라. 그 형체는 마치 여름의 가벼운 산들바람에 떠오른 민들레 홀씨처럼 육체를 벗어나 위로 떠오른다. 그것이 뜨도록 내버려두라. 두 눈은 꼭 감은 상태여야 한다. 그렇지 않으면 처음 두세 번은 너무 놀라 움찔거리게 될 것이고, 그것이 유체를 육체 내의 제자리로 강하게 다시 감아당길지 모른다.

흔히 사람들은 잠에 빠질 때 별난 방식으로 몸을 움찔거린다. 그게 너무 심해서 도로 깨어나는 경우도 자주 있다. 이런 경련은 유체를 육체로부터 너무 거칠게 분리하기 때문에 일어난다. 이미 말했듯이 거의 모든 사람은 밤마다 유체여행을 한다. 물론 의식적으로 그 여행을 기억하진 못하지만.

유체로 다시 돌아가자. 당신의 유체가 점진적으로, 순탄하게 육체에서 분리되어 위로 1미터 가량 뜬다고 생각하라. 유체는 부드럽게 흔들리면서 당신의 육체 위에 있다. 당신도 막 잠에 들려고 할 때 뭔가 흔들리는 느낌을 받은 적이 있으리라. 그것이 바로 유체의 흔들림이었다. 우리가 말했듯이 유체는 당신 위에 다소 흔들리며 떠 있고, 당신과 은빛 줄로 연결되어 있다.

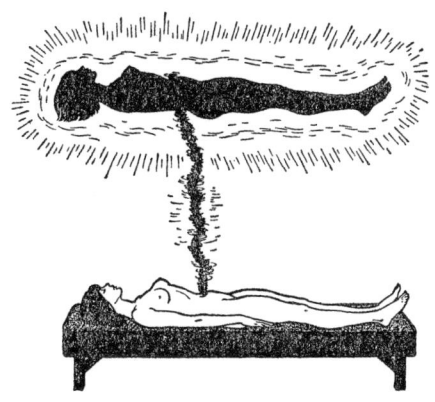

⟨그림 8⟩ 육체의 배꼽과 유체의 배꼽 간의 연결

그것을 너무 가까이 보려고 하지 말라. 왜냐하면 이미 경고했듯이, 당신이 놀라 경련을 일으키면 당신은 육체로 되돌아가 모든 걸 다시 처음부터 시작해야 하기 때문이다. 우리의 경고에 유의하라. 경련을 일으키지 않는다면 당신의 유체는 한동안 위에 떠돌 것이다. 아무런 행동도 하지 말고, 생각도 하지 말고, 그저 얕게 호흡하라. 이것은 의식적인 첫 외출이므로 당신은 조심을 해야 한다.

당신이 두려움이 없고 경련도 일으키지 않는다면 유체는 천천히 더욱 떠올랐다가 침대 끝이나 옆으로 흐를 것이고, 그곳에서 아주 부드럽게 아무 충격도 없이 발이 마루에 거의 닿을 만큼 점차 가라앉을 것이다. 이렇게 '연착륙'의 과정이 끝나면, 당신의 유체는 침대 옆에 서서 당신의 육체를 보고 그 정보를 역으로 중계하게 될 것이다.

자신의 육체를 보는 것은 꽤 불편한 느낌일 수 있다. 심지어 부끄러움을 느끼기도 한다. 보통 우리는 자신이 어떻게 보일까에 대해서 전혀 잘못된 생각을 가지고 있다. 당신은 처음 자신의 목소리를 들었던 때를 기억하는가? 녹음기로 자신의 목소리를 들어보았는가? 처음엔 그게 당신의 목소리란 사실을 솔직히 의심했을 것이다. 누군가가 당신에게 장난을 치고 있거나 녹음기가 잘못됐다고 여겼으리라.

자신의 목소리를 처음 들은 사람은 대부분 의심하고 놀라고 실망한다. 그런데 자신의 육체를 처음 보는 경험은 어떠하겠는가? 완전한 의식을 가진 유체로서 침대에 누워 있는 육체를 내려다보면 소름이 돋을 것이다. 당신은 자기 육체의 형태와 피부색이 마음에 들지 않고 얼굴의 주름살이나 생김새에 충격을 받을 것이다. 여기서 좀더 나아가 마음을 들여다본다면 각종 자질구레한 기억과 병적 혐오 등을 발견하게 될 터인데, 그것에 놀라 당신은 육체로 돌아가버릴지도 모른다.

그러나 당신이 이 당혹스런 자신과의 첫 만남을 극복했다면, 그다음은 무엇일까? 당신은 어디로 갈 것인지, 무엇을 하고 싶은지, 무엇을 보고 싶은지를 결정해야 한다. 가장 쉬운 방법은 당신이 잘 아는 누군가, 아마도 근처 도시에 사는 가까운 친척을 방문하는 것이다.

그 첫 번째 상대는 평소 당신이 빈번하게 방문하는 사람이어야 한다. 왜냐하면 그를 아주 자세하게 (마음속에) 그려야 하기 때문이다. 당신은 그 또는 그녀가 어디에 사는지를, 그리고 그곳에 이르는 길을 정확히 그려내야 한다. 이 같은 일을 '의식적으로' 하는 것은 당신에게 무척이나 새로운 경험임을 명심하라. 이제 당신은 평소 육체로서 지나다녔을 그 길을 유체로서 가보고 싶어한다.

방 밖으로 나오라. 거리로 나와서 당신이 평소에 이용하는 길로 접어들라. (유체 상태에 관해서는 걱정하지 말라. 사람들은 당신을 보지 못한다.) 당신이 방문할 사람의 모습과 그곳까지 이르는 방법을 확실히 그려두라. 그러면 아주 아주 신속하게, 세상에서 가장 빠른 차보다도 훨씬 더 빠르게 당신은 친구 또는 친척의 집에 다다를 것이다.

이 연습에 따라 당신은 어디든 갈 수 있다. 바다든 대양이든 산맥이든, 당신이 지나는 길엔 아무런 방해도 장애도 없을 것이다. 전 세계의 모든 도시가 당신의 목적지가 될 수 있다.

어떤 사람들은 "아, 내가 간다고 치자. 그런데 돌아올 수가 없다면 그땐 어떻게 되는 거지?"라고 생각한다. 대답은 이렇다. 길을 잃을 염려는 없다. 길을 잃는다는 건 전혀 불가능하다. 누군가에게 해를 입거나 육체를 점유당하는 일도 불가능하다. 만일 당신이 유체여행을 하고 있는 동안 누군가가 육체 가까이 접근한다면, 육체는 곧장 경고신호를 보내고 당신은 생각의 속도로 '되감겨' 들어간다. 어떠한 위해도 당신에게 미칠 수 없다. 유일한 위해는 당신의 두려움뿐이다. 그러니 두려워하지 말라. 실천적 실험, 오직 실험만이 유체여행에 있어 당신의 모든 희망, 당신의 모든 야망을 실현시켜줄 것이다.

의식적으로 유체 상태에 있을 때는 육안으로 볼 때보다 훨씬 현란한 색채들을 보게 된다. 모든 것이 살아서 넘실거린다. 당신은 주변에 반점 같은 '생명(life)'의 분자들을 볼지도 모른다. 그것이 바로 지구의 활력이다. 당신은 그 속을 통과하면서 힘과 용기를 얻게 될 것이다.

그런데 유체여행에는 하나의 난점이 있다. 당신은 아무것도 소지할 수 없다. 당신은 아무것도 가지고 돌아올 수가 없다. 물론 특수한 조건하에서는 가능하다. 그것은 영안靈眼이 열린 사람 앞에서 당신의 유체를 물질화하는 방법인데, 이는 많은 연습이 필요하다. 누군가에게 가서 그의 건강상태를 진단하는 일도 쉽지 않다. 왜냐하면 그런 일은 진정한 필요성이 있을 때만 가능하기 때문이다.

하지만 상점에 가서 진열된 상품을 훑어보고 다음날 무엇을 살 것인지 결정하는 정도는 간단히 할 수 있다. 그런 일은 아무래도 괜찮다. 당신은 유체 상태로 상점을 방문함으로써 어떤 상품이 비싸면서도 흠투성인지 혹은 모조품인지를 알 수 있다.

다시 육체로 돌아가고 싶다면, 평정을 유지한 채로 육체를 생각하고 돌아감(go back)을 생각하고 들어감(get in)을 생각해야 한다. 그런 생각을 하면 대단히 빠른 시간 내에, 또는 아예 즉각적으로 육체 위의 1미터 지점까지 옮겨갈 수 있다. 당신은 자신의 유체가 처음 육체를 떠났을 때처럼 거기서 가볍게 표류하면서 파동치고 있음을 알게 된다. 자신을 아주 아주 천천히 가라앉히라. 아주 천천히 해야 한다. 왜냐하면 유체와 육체의 형태가 완전하게 일치해야만 하기 때문이다. 제대로 하기만 하면, 즉 당신이 삐걱대지 않고 떨지 않는다면, 당신은 육체가 차고 무거운 덩어리라는 느낌을 제외하고는 아무런 불편함도 없이 육체 속으로 가라앉게 된다.

만일 당신이 서툴러서 두 형체가 정확히 합쳐지지 않거나 누군가 당신을 방해해서 갑작스레 육체로 끌려 돌아갔다면 두통 따위를 경험하게 될 것이다. 그런 경우엔 다시 잠에 들거나 유체 상태로 자신을 이끌어야 한다. 두 형체가 정확히 합쳐지지 않는 한 그 두통을 물리칠 수가 없기 때문이다. 물론 걱정할 일은 아닌 것이, 이는 잠깐 동안 잠을 자거나 의식적으로 다시 유체 상태가 됨으로써 쉽게 완전한 치유가 가능하다.

　육체로 돌아가면 뻣뻣함을 느끼게 된다. 마치 전날에 젖은 옷을 아직도 그대로 입고 있는 느낌과 비슷하다. 익숙지 않은 사람에게는 육체로 돌아오는 것이 아무래도 그리 유쾌한 느낌은 아니다. 당신은 유체 상태에서 보았던 찬연한 색채가 흐려졌음을 알 것이다. 그 색채의 대부분을 당신은 육체 속에선 전혀 볼 수가 없다. 당신이 유체 상태에서 들었던 그 많은 소리들도 육체 속에선 전혀 듣지 못한다.

　그러나 개의치 마시라. 당신은 지상에 무엇인가 배우러 왔고 그것을 배우고 나면 — 그것이 지구에 온 목적이기도 한데 — 지상의 속박, 지상의 구속에서 자연히 벗어나게 될 테니까. 은줄을 끊고 육체를 영구히 떠나게 될 때 당신은 유체의 영역마저도 훨씬 넘어선 다른 세계로 가게 된다.

　이 유체여행을 연습하고 연습하고 또 연습하라. 모든 두려움을 떨쳐버리라. 왜냐하면 당신에게 두려움이 없을 때라야 진정 두려워할 일도 없고 어떤 위해도 닥치지 않기 때문이다. 단지 기쁨만이 있을 뿐.

제10과

우리는 '두려움 이외에는 두려워할 일이 없다'고 했다. 다시 강조하건대 두려움에서 벗어난 사람은 유체여행에서 어떤 위험도 걱정할 필요가 없으며 아무리 멀리, 아무리 빠른 속도로 여행해도 아무런 문제가 없다. 그렇지만 당신은 반문하리라. 도대체 두려움이 뭐냐고? 그래서 이 교과는 두려움의 주제로 쓸 참인데, 그 요지는 두려움을 가져선 안 된다는 것이다.

두려움은 아주 부정적인 태도로서 우리의 섬세한 인지력을 좀먹는 마음가짐이다. 무엇을 두려워하든, 모든 두려움은 결국 해가 된다.

사람들은 유체 상태로 들어갈 때 육체로 되돌아올 수 없을지도 모른다고 두려워하곤 한다. 실제로는 지상에 배정된 시한이 다하여 육체가 죽지 않는 한, 당신은 언제든 육체로 돌아올 수 있다. 즉 혹시나 그런 일이 일어나더라도 그것은 유체여행과는 관계가 없는 것이다.

두려움에 휩싸인 나머지 육체가 마비될 수는 있다. (그 가능성은 인정해야 한다.) 그런 경우는 당사자는 아무것도 할 수가 없다. 이렇게 공포에 질린 사람은 자신의 유체조차도 움직일 수 없게 된다. 그렇다 해도, 공포의 강도가 누그러질 때까지 육체로의 귀환이 얼마간 지체될 뿐이다. 공포감은 곧 누그러진다. 당신도 알다시피, 어떤 기분은 단지 일정 시간 동안만 지속될 수 있을 뿐이다. 그런고로 두려워하는 사람은 그저 육체로의 백 퍼센트 안전귀환을 다소 지체하게 될 따름이다.

인간이 지구에서 유일한 생명체가 아니듯이 우리는 유체 상태에서 유일한 생명체가 아니다. 우리의 세계 속에도, 몇 가지만 예를 들자면 고양이와 개와 말과 새들과 같은 유쾌한 생물들이 있는가 하면 물어뜯는 거미와 독을 뿜는 뱀 같은 불쾌한 생물들도 있다. 세균, 미생물, 그 외에 해롭고 독성 있는 불유쾌한 것들도 많다. 고성능의 현미경을 통해 세균을 본 적이 있다면, 그 모습이 너무나 환상적이어서 마치 동화에 나오는 용의 시대를 보고 있는 듯한 상상을 떠올렸으리라. 그런데 유체계에는 당신이 물질계에서 맞부닥치는 그 어떤 것보다도 더 괴상한 존재들이 많다.

유체 상태에서 우리는 놀라운 피조물, 생물 혹은 존재들을 만난다. 우리는 자연의 영들을 보는데, 이들은 거의 한결같이 선하고 쾌활하다. 그러나 신화와 전설의 작가들이 틀림없이 보았을 법한 끔찍한 피조물들도 있다. 이들은 악마, 반인반수, 기타 갖가지 신화 속의 마귀상을 닮았다. 이 피조물들 중 일부는 저급령으로서, 후에 인간이 되거나 동물왕국으로 스며들어올 수도 있다. 그들이 어떻게 변할지는 몰라도, 현재의 진화단계에서는 아주 불쾌한 존재들이다.

여기서 잠시 멈춰서 주정뱅이들, 즉 술에 취해 '분홍빛 코끼리'와 여러 가지 이상스런 도깨비들을 봤다는 사람들은 참으로 정확하게 본 대로 말하고 있음을 지적하고 싶다. 주정뱅이들은 유체를 육체에서 몰아내어 유체계의 아주 저급한 세계로 들어간다. 그리고 그들은 거기서 정말 무서운 피조물들을 만난다. 후에 그들은 제정신을 찾고서 자신이 본 것들을 아주 생생하게 기억해낸다.

이처럼 술에 만취하는 것도 유체계로 들어가서 그 기억을 가지고 돌아오는 한 방법이지만, 추천할 만한 방법은 못 된다. 왜냐하면 술은 가장 품격이 떨어지는, 아주 낮은 수준의 유체계로 데려가기 때문이다. 주로 정신병원에서 사용되는 여러 가지 약물도 비슷한 효과를 낸다. 예를 들어

메스칼린(흥분제)은 환자의 진동수를 바꿔놓아서, 그는 문자 그대로 육체로부터 방출되어 유체계로 내던져진다. 이것 역시 추천할 만한 방법이 못 된다. 약이나 기타 다른 수단을 통한 유체여행은 정말로 해롭다. 그것들은 초자아에 해를 끼친다.

이쯤하고 '저급령(elementals)'에 관한 이야기를 해보자. 저급령이란 도대체 무엇인가? 말하자면 초보적 형태의 영적 생명이다. 그들은 사념체(thought forms)보다는 한 단계 위에 있다. 사념체란 인간의 의식적인 또는 무의식적인 마음(생각)의 투영물일 뿐이며, 거의 실체가 없다고 보아도 좋다. 사념체는 고대 이집트 사제들이 고안해낸 것인데, 지체 높은 파라오와 명예로운 여왕의 미라를 무도한 도굴꾼들로부터 보호하기 위함이었다. 즉 도굴꾼의 의식에 침투하여 극도의 공포를 일으킴으로써 제풀에 도망치게 만들겠다는 착상이었다. 그러니 지금 우리는 이 사념체들과는 상관이 없다. 왜냐하면 그것들은 이미 오래전에 죽은 사제들이 '무덤 수호'라는 특정 과업을 위해 만들어냈던 허수아비에 불과하기 때문이다.

저급령들은 진화단계 초기의 영적 피조물들이다. 그들은 영계 또는 유체계에서 인간세계로 치자면 원숭이 정도의 존재일 것이다. 원숭이들은 무책임하고, 장난이 심하고, 심술궂고, 버릇이 나쁘다. 그들에게는 스스로 판단하는 이성의 힘(추리력)이 부족하다. 그들은 그저 살아 있는 원형질의 덩어리라 할 만하다. 유체계에서 인간계의 원숭이와 같은 위치를 점하고 있는 저급령들은 이처럼 목적 없이 배회하는 형체들이다. 그들은 어슬렁거리면서 괴상하고 흉측한 표정을 짓고, 유체여행 중인 인간을 위협하는 몸짓도 한다. 그렇지만 그것은 전혀 위해가 되지 않는다. 반드시 명심하라. 그들은 당신에게 아무런 해도 입힐 수 없다.

당신이 불운하게도 정신병원에 가게 되어 최악의 정신착란에 빠진 환자를 보게 된다면, 저급령들이 그 환자에게 해대는 위협적인 또는 무의미한 짓거리에 충격을 받게 될 것이다. 그것들은 침을 질질 흘리며 덤벼든다. 그러나 당사자가 단호하게 대처하면, 아주 열등한 정신력밖에 없는 그들은 꼼짝 못하고 물러난다.

낮은 수준의 유체계를 통과할 때는 이처럼 기이하고 이상스러운 피조물들을 만나게 된다. 때때로 소심한 여행자에게는 더욱 몰려들어 당황스럽게 만들기도 한다. 그러나 그건 아무런 위해도 되질 않는다. 두려워하지만 않으면 그들은 실제로 전혀 해롭지 않다.

유체여행을 처음 시도할 때면 이런 열등한 존재들이 서넛씩 근처에 모여들어서 우리가 '어떻게 하는지'를 지켜보곤 한다. 그건 마치 초보운전자가 처음으로 차를 몰 때 그것을 짓궂은 마음으로 지켜보는 사람들의 심리와 같다. 구경꾼들은 자극적이고 흥분되는 사건이 일어나기를 고대한다. 만일 초보운전자가 당황해서 가로등 기둥 같은 데에 부딪힌다면 구경꾼들은 무척 즐거워할 것이다. 그러나 구경꾼들이 그런다고 해서 우리가 해를 입지는 않는다. 그들은 그저 값싼 흥분거리를 찾아다니는 것일 뿐이다.

저급령들도 그와 같이 지켜보길 즐긴다. 그러므로 두려움을 보인다면 이 저급령들은 더 흥분하여 맹렬히, 위협적으로 지근거릴 것이다. 하지만 그들은 인간에게 실제로 어떤 짓도 할 수가 없다. 그들은 짖기만 하는 개와도 같다. 짖기만 하는 개는 해를 입히지 않는다. 그들은 당신이 두려움으로 빈틈을 보일 때만 성가시게 굴 수 있다.

두려움을 갖지 말라. 당신에게는 아무런 일도 일어나지 않을 것이다. 당신이 육체를 떠나 유체계로 솟아오를 때, 100번 중 90번에서 99번은 어떤 열등한 존재도 만나지 못할 것이다. 그들은 당신이 그들을 두려워할 때만 나타날 뿐이다. 정상적인 경우라면 당신은 높이 솟아올라 그들의 영역을 그대로 넘어선다. 그들은 유체계의 밑바닥에 운집해 있다. 강이나 바다의 밑바닥에 벌레들이 우글우글 모여 있는 것과 같다.

당신은 유체계로 들어가서 놀랄 만한 사건들을 많이 조우할 것이다. 멀리서 크고 찬란한 빛이 번쩍거리는 것이 보일지도 모른다. 이 빛은 아직 당신이 미치지 못하는 존재 차원에서 오는 것이다. 전에 말했던 건반의 비유를 기억하는가? 인간은 육체는 오직 셋 또는 네 '음(진동수)'만을 인식한다. 그러나 육체를 이탈해서 유체계로 들어가면 '음'의 범위를 얼마간 위로 넓혀서 당신 앞에 좀더 위대한 무엇이 있음을 알게 될 만큼 시야가 확장된다.

이 '무엇'들은 밝은 빛으로 보이는데, 너무나 밝아서 당신은 그게 무엇인지를 실제로 알 수 없으니, 당분간은 어중간한 유체계에 만족하기로 하자. 여기서 당신은 친구나 친척을 찾아갈 수도 있고, 세계의 도시들을 방문하여 커다란 공공건물들도 볼 수 있다. 당신은 낯선 언어로 된 책들도 읽을 수 있다. 기억하라. 이 유체계에서 당신은 모든 언어를 해독할 수 있다. 그것만으로도 유체여행은 연습할 필요가 있다.

연습을 통해 곧 당신 자신의 경험이 될 그 유체여행의 광경을 한 번 묘사해보자. 날이 저물어 밤의 땅거미가 드리우고, 자줏빛 여명이 점차 어두워져 마침내 하늘은 완전한 어둠으로 바뀌었다. 조그만 불빛들이 사방에서 일렁대고, 백색의 푸른 불이 거리를 비추고, 집안의 노란 불빛들도 가리개나 커튼 너머로 흘러나온다.

한 육체가 침대에서 아주 편하게 휴식을 취하고 있다. 그러다 점차로 뼈걱대는 듯한 희미한 느낌이 오는데, 뭔가가 떠돌듯이 움직이는 느낌이다. 몸 전체로 아주 미미한 근질거림이 느껴지면서 서서히 분리가 일어난다. 착 가라앉은 육체 위로 연결된 은줄 끝에서 구름이 형성된다. 공중에 떠도는 그 구름은 처음엔 커다란 잉크 얼룩처럼 불분명한 덩어리이다. 그것은 천천히 육체와 같은 형태를 취하고, 형태가 잡히면서 1미터쯤 떠올라 흔들흔들하며 꿈틀거린다. 몇 초가 지나자 유체는 더 높이 떠오르면서 양발이 아래로 향한다. 그리고 다시 천천히 가라앉으면서 침대 발치에서 자신이 방금 빠져나온, 그리고 아직 연결되어 있는 육체를 바라보며 서 있는 형태가 된다.

방 안에는 가물거리는 어스름이 궁지에 몰린 낯선 짐승처럼 구석으로 기어든다. 은줄은 흔들리면서 흐릿한 푸른 빛을 띠고, 유체는 바로 그 푸른 빛에 끈끈하게 걸려 있다. 유체의 형상은 주변을 둘러보고 다음엔 침대에 편안히 쉬고 있는 육체를 내려다본다. 육체의 양 눈은 감겨 있고, 호흡은 조용하고 낮으며, 아무런 움직임도 꿈틀거림도 없다. 육체는 편히 쉬고 있는 듯하다. 이제 은줄은 떨리지 않고 어떤 불편과 불안의 징후도 없다.

안도감을 느낀 유체는 조용히 그리고 천천히 공중으로 떠올라 방 천장과 그 위 지붕을 뚫고 밤하늘로 솟아오른다. 은줄은 길어지기만 할 뿐, 그 두께는 전혀 줄어들지 않는다. 마치 유체의 형상이 가스를 채운 풍선이 되어 육체인 집에 붙잡혀 있는 것과 같은 형국이다. 유체의 형상은 지붕꼭대기 위로 15, 30, 60미터에 이를 때까지 솟아오른다. 그러고는 정지하여 시나브로 떠돌며 주변을 둘러본다.

거리의 인접한 집들로부터, 그리고 그 너머의 거리들로부터 푸른 빛을 띤 다른 이들의 은줄이 올라온다. 그것들은 위로 위로 늘어나면서 한정 없는 거리로 사라져간다. 사람들은 늘 스스로 알든 모르든 밤마다 여행을 한다. 그렇지만 오직 혜택을 받은 자, 연습을 하는 자만이 자신의 경험에 대한 완전한 기억을 지니고 돌아온다.

　이 유체는 지붕꼭대기 위를 떠돌면서 주변을 둘러보며 어디로 갈까 궁리 중이다. 그는 마침내 아주아주 먼 나라를 찾아가기로 한다. 그런 결정이 내려지는 순간 유체는 엄청난 속도로 출발하는데, 거의 생각의 속도로 소용돌이치며 땅을 건너고 바다를 건넌다. 바다를 건널 때 아래에선 엄청난 파도가 꼭대기에 흰 왕관을 그리며 튀어오른다. 여행의 어느 지점에선가, 커다란 여객선 하나가 모든 불을 환하게 켜고 갑판에서는 음악을 울리면서 거친 바다를 헤쳐나가는 모습이 내려다보인다. 유체는 시간을 따라잡으려고 더욱 속도를 낸다. 밤은 그 이전의 저녁에 길을 내주고, 유체는 시간을 따라잡아 밤은 저녁으로 저녁은 다시 늦은 오후로 역행한다. 이내 늦은 오후도 앞지름을 당해 정오가 된다.

　드디어 밝은 햇빛 속에서 유체의 형상은 머나먼 나라, 끔찍이도 사랑하는 사람들이 있는 소중한 나라를 보게 된다. 유체의 형상은 사뿐히 땅에 내려앉아 육체를 가진 사람들 가운데로 보이지도 들리지도 않게 어울려든다.

　마침내 돌아가자고 치근대는 끌어당김, 즉 은줄의 몸부림이 온다. 머나먼 다른 나라에서 뒤에 남겨진 육체가 날이 밝아오는 것을 감지하고 유체를 부르고 있다. 유체는 한동안 머무적거리지만, 그 경고를 더 이상 외면할 처지가 아니게 된다. 이 희미한 형체는 공중으로 솟아올라 집으로 돌아가는 비둘기처럼 한동안 정지자세를 취했다가, 쏜살같이 하늘을 가로질러 땅과 물을 번개처럼 지나 지붕꼭대기 위의 지점으로 되돌아온다. 다른 은줄들도 똑같이 떨리고 있다. 다른 유체들도 각자 자신의 육체로 돌아가고 있는 것이다.

　우리의 유체는 지붕꼭대기 아래로 가라앉아 천장을 통과하여 잠자고 있는 육체 위에 자신을 드러낸다. 가볍게 천천히, 유체는 가라앉으면서 육체 위에 정확히 자신을 맞추고 아주 조심스럽고 부드럽게 하강하여 육체와 합체한다. 한동안 써늘하고 무지근한, 납덩이가 누르는 듯한 느낌이 든다. 빛과 자유의 유체 상태에서 경험했던 현란한 색채는 스러지고 차가운 느낌만 남는다. 꼭 젖은 옷을 입은 느낌이다.

육체가 꿈틀거리고 두 눈이 떠진다. 창문 밖으로 희미한 새벽의 여명이 수평선 위로 움트고 있다. 육체가 움직이면서 말한다. "난 간밤에 겪었던 일들을 다 기억하지."

당신도 이 같은 경험을 할 수 있다. 당신도 유체여행이 가능하며, 사랑하는 사람들을 볼 수 있다. 그들과의 유대가 강하면 강할수록 당신에겐 더 쉬운 여행이 된다. 연습 그리고 또 연습이 필요하다. 동양의 전설에 의하면 아주 오랜 옛적에는 모든 인류가 유체여행을 할 수 있었는데 너무나 많은 이들이 그 특권을 남용한 결과 그런 능력을 빼앗겼다고 한다. 사고가 순수한 이들이라면, 마음이 깨끗한 이들이라면, 연습으로써 납덩이나 진흙과 같은 육체의 구속을 벗어나 원하는 곳은 그 어디든 갈 수 있다.

이런 일을 5분이나 닷새 만에 해내지는 못한다. 스스로 할 수 있다고 '상상'을 해야 한다. 자신을 무어라 생각하든 당신은 생각하는 바로 그것이 된다. 스스로 할 수 있다고 믿으면 당신은 그것을 실제로 할 수 있게 된다. 당신에게 정말 믿음이 있다면, 뭔가를 할 수 있다고 성실하게 믿는다면, 당신은 그 일을 할 수 있다. 믿음, 믿음, 그리고 연습으로써 당신은 유체여행을 할 수 있다.

또다시 말하건대, 두려움을 갖지 말라. 왜냐하면 유체 상태에선 아무도 당신을 해할 수 없기 때문이다. 당신이 만날지도 모르는 (그럴 확률은 적지만) 열등한 존재들이 아무리 무섭고 소름 끼치는 형상을 하고 있을지라도 말이다. 그것들은 당신이 두려워하지 않는 한 아무런 짓도 할 수가 없다. 두려움만 없다면 당신은 절대적으로 안전하다는 것을 보증한다.

그러니 오늘 밤에 유체로써 가고 싶은 곳을 한 번 궁리해보지 않겠는가? 침대에 누워서, (물론 혼자서) 당신 자신에게 오늘 밤은 이러이러한 곳에 이러이러한 것을 보러 가겠다고 선언하라. 그러면 당신은 아침에 깨어날 때 당신이 한 모든 일을 기억할 것이다. 이것을 이루는 데 필요한 것은 오직 연습뿐이다.

제11과

　유체여행이라는 주제는 대단히 중요하다. 그 때문에 이번 교과에서는 이 매혹적인 유희에 대해 좀더 부연해서 이야기를 하는 편이 좋을 듯싶다.
　우리는 당신이 이 교과를 주의 깊게 읽기를 권한다. 적어도 다른 교과들을 거쳤을 때처럼 세심하게 읽고, 며칠 뒤의 저녁을 실험 시간으로 잡기를 바란다. 선택한 저녁에는 스스로 완전한 의식을 지닌 채 육체를 이탈하여 일어나는 모든 사건을 인식하겠다는 마음의 준비를 하라.
　알다시피 무엇을 하겠다고 준비하고 사전에 결정하는 데는 많은 것이 필요하다. 고대의 선인들은 '주문'을 사용했는데, 다른 말로 말하면 그들은 일종의 기도인 만트라(진언)*를 반복해서 욈으로써 잠재의식을 예속시키고자 했다. 우리의 10분의 1에 불과한 현재의식도 진언을 반복하면 잠재의식에 명령을 내릴 수 있다. 물론 아래와 같은 진언도 가능하다.
　"모월 모일, 나는 유체여행을 하려 한다. 나는 내가 하는 모든 일과 내가 보는 모든 것을 자각하고 다시 육체로 돌아올 때 이 모든 일을 빠짐없이 기억할 것이다. 나는 틀림없이 이 일을 해낼 것이다."
　당신은 이 진언을 세 번에 걸쳐 반복해야 한다. 즉 입으로 말해야 하고, 말한즉 반복해야 하고, 반복한즉 한 번 더 확실히 해야 한다. 진언의 구조란 이렇다. 무언가를 말로 한다. 그것으로 잠재의식을 일깨우는 데는

---

*《선인들의 지혜》 553쪽 참고.

충분하지 않다. 왜냐하면 우리는 늘 말을 하지만, 분명히 잠재의식은 현재의식이 아주 수다쟁이라고 생각하기 때문이다. 진언을 한 번 외는 것만으로는 잠재의식이 전혀 들은 체를 해주지 않는다. 두 번째로 정확히 동일한 말이 반복되어야만 잠재의식은 주의를 돌리기 시작한다. 세 번째 확인 단계에서야 잠재의식은 이게 도대체 뭔가, 하고 갸웃거리면서 진언에 귀를 열게 된다. 그러면 진언이 받아들여지고 저장된다.

아침에 세 번 진언을 했다면 정오에 (물론 혼자서) 다시 하고, 오후에 또 한 번 하고, 물러나 잠자리에 들기 전에 또다시 할 필요가 있다. 이것은 못을 박는 방법과도 같다. 당신은 나무의 한 점에 못을 갖다 댄다. 그러나 한 번의 망치질로 못이 박히지는 않는다. 당신은 못이 나무에 깊숙이 박힐 때까지 망치질을 되풀이해야 한다. 마찬가지로 확실하게 암시를 해야만 소망의 선언이 잠재의식에 깊이 박히게 하는 망치질이 되는 것이다.

이것은 전혀 새로운 방법이 아니다. 이것은 인류의 존재만큼이나 오래된 것이다. 왜냐면 아주 오랜 옛날 사람들도 진언과 긍정의 힘에 관해 많은 것을 알고 있었기 때문이다. 그 모든 것을 잃고 오히려 냉소적인 입장이 된 것은 현시대의 우리뿐인 것이다. 그런고로 강력히 권고하건대, 스스로에게 여러 번 반복해서 긍정적 확언을 해야 하며, 어느 누구도 그것에 관해 알게 해서는 안 된다. 만일 다른 회의적인 사람들이 그것을 알게 된다면 그들은 당신을 조롱할 것이고, 그 결과 당신의 마음에 의심이 일어날 것이다. 어른들이 자연의 영을 보지 못하고 동물들과 텔레파시로 대화를 못하는 것은 그것을 비웃고 의심하는 사람들 탓이다. 그 점을 기억하시라.

적당한 날의 저녁 시간을 잡았다면, 문제의 그날이 왔을 때 스스로 평온을 유지하고 당신 자신은 물론 다른 사람들과도 평화로운 분위기를 유지하기 위해 모든 노력을 기울여야 한다. 이것은 결정적으로 중요하다. 당신 내부에 흥분의 원인이 될 만한 어떤 갈등도 있어서는 안 된다. 예컨대 당신이 그날 누군가와 열띤 논쟁을 했다면, 당신은 '시간이 충분했다면 이러이러하게 응수했을 텐데' 하고 후회하거나 상대방에게서 들은 말을 되새김질할 것이다. 그렇게 되면 모든 주의가 유체여행에 집중되질 않는다. 만일 예정된 날에 뭔가 방해를 받거나 성가심을 당한다면 유체여행을 좀더 평화로운 다른 날로 연기하라.

모든 게 평온하고 종일 즐거운 마음으로 유체여행을 기대했다면 — 아주 먼 곳에 사는 사랑하는 사람을 찾아가는 것은 아주 특별한 일이지 않은가 — 침실로 가서 조용히 숨을 고르며 옷을 갈아입으라. 침대에 들어갈 준비가 되면 잠옷이 편안한가를 확인하라. 즉, 목둘레나 허리둘레를 조이거나 하는 요소가 없나 살핀다. 왜냐하면 목을 조이는 밴드나 허리띠 같은 거추장스런 것들은 신경을 자극해서 결정적인 순간에 경련을 일으킬 수도 있기 때문이다.

또한 침실이 아주 편안한 온도인가를 확인하라. 너무 덥지도 춥지도 않도록 하라. 옷을 거의 입지 않아도 되는 쾌적한 조건이 가장 바람직하다. 그러면 괜히 무게가 나가는 침구류에 눌릴 필요가 없다.

침실등을 끄고 커튼도 빈틈없이 치라. 어떤 외부의 빛도 불필요한 순간에 당신의 눈으로 비쳐들지 않도록 확인하라. 이 모든 게 만족스럽게 갖추어졌다면 편안히 자리에 들라.

자신을 안정시키라. 자신을 흐물흐물하게 만들어 남김없이, 전적으로 이완하라. 그리고 가능하다면 잠에 빠지지 말라. 당신이 진언을 성공적으로 반복했다면 잠에 빠져도 유체여행을 기억하는 데는 별 문제가 없겠지만, 우리는 당신이 깨어 있기를 권한다. 만약 그럴 수 있다면, 이 첫 번째 체외이탈은 그야말로 흥미만점의 경험이 될 것이다.

편안히 누워서 — 이왕이면 등을 대고 — 자신에게서 다른 몸을 밀어 낸다고 상상하라. 유령 같은 유체가 밀려 나온다고 상상하라. 코르크마개 같은 것이 수면으로 떠오르듯이, 그것이 둥실 솟아나옴을 느낄 수 있다. 당신은 유체가 육체의 분자들로부터 탈출하는 것을 느낄 수 있다. 아주 가볍게 따끔거리는 느낌이 오고, 곧 그런 느낌조차 거의 사라지는 때가 온다. 여기서 조심해야 한다. 조심하지 않는다면 다음 순간엔 경련이 올 테니까. 당신이 격하게 경련을 하는 순간 유체는 쿵 하고 육체 속으로 되돌아가버릴 것이다.

대부분의 사람들은, 사실상 모든 사람이라고 해야겠지만, 막 잠이 들 무렵에 어딘가로 떨어지는 것 같은 경험을 한다. 박식한 현자들은 이것을 인간이 원숭이였던 시절의 유산이라고 설명한다. 이 떨어지는 기분은, 사실 경련으로 인해서 갓 떠오르던 유체가 육체 속으로 곤두박질하기 때문이다. 그때 당사자는 덜컥 잠에서 깨어나곤 한다. 어쨌든 심한 경련이나 급격한 움직임이 있으면 유체는 육체를 얼마 벗어나지 못하고 돌아오게 된다.

경련이 일어나서 이 실험을 망칠 수도 있음을 미리 알고 주의한다면 당신은 이 문제를 잘 극복할 수 있을 것이다. 가벼운 따끔거림이 멈춘 뒤에는 전혀 아무런 동요도 없다가 갑작스럽게 냉기가 느껴질 텐데, 그것은 뭔가가 당신을 떠나는 듯한 느낌이다. 당신은 자신의 바로 위에 뭔가가 있는 것 같다는 인상을 받을 수도 있다. 마치 어떤 사람이 당신의 위에서 베개를 떨어뜨리려 하는 것처럼.

불안해하지 말라. 불안해하지 않는다면, 그다음에 문득 당신은 아마도 자신의 육체를 침대 끝에서 또는 천장에서 내려다보고 있을 것이다.

이 첫 번째 경험에서는, 할 수 있는 한 가장 침착하게 자신을 살펴보라. 이 첫 번째 나들이에서는 자기 자신을 결코 태연하게 바라볼 수가 없을 것이다. 당신은 자신에게서 전혀 예상치 못한 모습을 발견하고 틀림없이 경악하게 되리라. 물론 당신은 평소에도 거울에 자신을 비추어본다. 그러나 최고의 거울조차도 당신을 있는 그대로 되비춰주지 못한다. 예컨대 좌측과 우측이 뒤바뀌어 있고, 다른 왜곡들도 많이 존재한다. 거울은 자기 자신을 직접 대면하는 것과는 한참 다르다.

자신의 육체를 살펴본 후에는 방 주변을 돌아다니는 연습을 해야 한다. 벽장이나 서랍장을 들여다보고 자신이 얼마나 쉽게, 어디든지 갈 수 있는지를 시험해보라. 천장을 비롯하여 정상적으로는 가까이 갈 수 없는 장소들을 탐사해보라. 틀림없이 당신은 접근이 불가능한 장소에서 엄청난 먼지를 발견하게 될 것이다. 여기서 또 하나의 유용한 실험을 해볼 수 있다. 먼지에 지문을 남기려고 애써보라. 물론 그럴 수 없다는 것을 알게 될 것이다. 당신 유체의 손가락, 손, 그리고 팔은 아무런 감각도 없이 그저 벽 속으로 스며들어 가리라.

이제 당신이 의지대로 흡족하게 움직일 수 있다면, 유체와 육체 사이를 주시하라. 은빛 줄이 번쩍이는 게 보이는가? 오래된 대장간을 방문해봤다면 빨갛게 달군 뜨거운 금속을 대장장이가 망치로 내려칠 때 튀는 불꽃이 떠오를 것이다. 그렇지만 이 경우엔 그런 벚꽃 같은 붉음이 아니라 푸른 또는 노란 색조의 불꽃이다. 육체로부터 멀리 떨어져 보라. 그러면 은줄이 아무런 어려움 없이, 또한 가늘어지는 일도 없이 뻗어지는 것을 알게 되리라.

한 번 더 육체를 돌아본 후, 사전에 계획했던 그곳으로 가보라. 아무런 노력도 할 필요가 없다. 그저 예정했던 사람이나 장소를 생각하기만

하면 된다.

당신은 곧 천장을 뚫고 솟아올라 집과 거리를 내려다보게 될 것이다. 그리고 이것이 '의식적인' 첫 번째 여행이라면, 당신은 아주 천천히 목적지로 나아가게 된다. 당신은 아래의 지형을 인식할 수 있을 만큼 천천히 나아갈 것이다. 의식적인 유체여행에 익숙해질수록 당신은 생각의 속도로 움직일 수 있게 된다. 그리고 그때 당신은 어떤 곳이든 제한 없이 가볼 수가 있다.

유체여행에 숙달되면 어디든 갈 수 있다. 그것은 비단 지상의 장소에 국한되지 않는다. 유체는 공기로 호흡하지 않으므로 우주공간에 들어서서 또 다른 세계로도 갈 수가 있다. 실제로 많은 사람들이 그렇게 한다. 불행히도 자신들이 어디를 방문했는지를 기억하지 못할 뿐이다. 그러나 당신은 연습을 통해 그 한계를 극복할 것이다.

만일 당신이 방문코자 하는 사람에게 집중하기가 어렵다면 그 사람의 사진을 지니고 있기를 권한다. 침대에서 뒹굴다가 유리가 깨지면 상처를 입을 수 있으니 액자에 든 사진은 제외하고, 평범하게 인화된 사진을 구해 양손에 든다. 그리고 그 사진을 오랫동안 바라본 후에 불을 끄고, 사진에 보이는 그 사람의 인상을 간직하도록 노력하라. 이 방법이 당신에겐 도움이 될 수 있을 것이다.

어떤 사람들은 편안한 상태로는, 즉 배가 부르고 자리가 따뜻하면 유체여행을 하질 못한다. 그들은 불편해야만, 즉 춥고 배고픈 상태라야만 의식적인 유체여행이 가능하다. 그리고 놀라운 사실이긴 하지만 맞지 않는 음식을 고의적으로 먹어 소화불량을 일으키는 사람들도 있다. 그럼으로써 그들은 별다른 어려움 없이 유체여행에 성공한다. 우리가 추정하건대, 그 이유는 우리의 유체가 육체의 불편함을 너무나 괴로워하기 때문이

아닌가 싶다.(유체로 하여금 육체로부터 더욱 벗어나고 싶어하도록 만들기 위한 방법이라는 뜻. 역주)

　티베트와 인도에는 벽을 싸발라서 햇빛을 전혀 보지 않고 살아가는 은둔 수행자들이 있다. 이 은둔자들에겐 사흘에 한 번 정도 음식이 주어지는데, 이는 생명의 가물거리는 불꽃을 겨우 꺼트리지 않을 만큼의 양이다. 이들은 어느 때나 유체여행을 할 수 있고 배울 게 있다면 유체로써 어디든지 간다. 그들은 텔레파시가 가능한 사람들과 교신을 하고, 아마도 선한 일에 영향력을 행사할 것이다. 당신이 유체여행을 할 때 이 같은 사람들을 만날 수도 있다. 만일 그렇게 된다면 당신은 참으로 축복받은 것이다. 그들은 멈추어서 당신에게 앞으로의 성장을 위한 충고를 건네줄 것이기 때문이다.

　이 교과를 읽고 또 읽어보라. 다시 반복하건대, 오직 연습과 믿음이 관건이며 당신은 유체여행을 통해 잠시나마 이 세상의 곤란에서 벗어날 수 있다.

제12과

적절한 바탕만 미리 마련된다면 유체여행, 투시, 그리고 그 외의 형이상학적 탐구에 몰두하기가 훨씬 쉬워진다. 형이상학적 탐구는 연습, 그것도 상당한 정도의 꾸준한 연습을 필요로 한다. 몇 마디 인쇄된 안내문을 읽고 즉시 아무런 연습도 없이 머나먼 유체여행을 떠날 수는 없다. 당신은 부단히 연습을 해야만 한다.

씨앗을 비옥한 땅에 심지 않고서 정원이 우거지길 바랄 수는 없다. 화강암에서 아름다운 장미가 자라나는 것은 지극히 예외적인 일일 것이다. 그러므로 마음이 닫히고 갇힌 상태, 마음이 두서없는 생각들로 늘 소란한 상태에선 투시를 포함한 그 어떤 초자연적인 기예도 제대로 꽃피우기가 어렵다.

여기서 우리는 고요함에 대하여 좀더 광범위하게 이야기해보고자 한다. 왜냐하면 오늘날은 혼란스럽고 부적절한 생각과 라디오, 텔레비전의 끊임없는 주절댐으로 인해 형이상학적 기예들이 실로 질식사하고 있기 때문이다.

고대의 현인들은 "정숙하라. 그리고 참나가 내면에 있음을 알라"고 훈계했다. 고대의 현인들은 한마디를 종이에 쓰기 전에 거의 평생을 형이상학적 탐구에 바쳤다. 그러고도 그들은 다시 황야로, 이른바 문명의 소음이 없는 곳으로, 정신을 산란하게 하는 것이 없는 곳으로, 아무도 병이나 접시를 떨어트릴 수 없는 곳으로 물러나 은둔했다.

당신은 그런 선인들이 평생을 다해 이룬 경험에서 많은 수혜를 얻을 수 있다. 당신은 연구에 한 평생을 바치지 않고도 그 모든 혜택을 누릴 수 있다. 당신이 진지하다면 ─ 진지하지 않다면 이 책도 읽지 않았을 테지만 ─ 영혼의 빠른 개화를 위해 스스로 준비를 갖추고 싶을 것이다. 그에 이르는 최상의 길은, 먼저 긴장을 풀어 이완하는 것이다.

대부분의 사람들은 '이완'이란 말이 뭘 뜻하는지를 모른다. 그들은 의자에 푹 주저앉으면 그걸로 충분하다고 생각한다. 그러나 그렇지가 않다. 이완되려면 몸 전체가 나긋나긋해져야 하고, 모든 근육에 긴장이 없음을 확인해야 한다. 고양이를 잘 살펴서 그가 어떻게 모든 것을 남김없이 '내려놓는지'를 보는 것이 첩경이다. 집에 돌아온 고양이는, 두세 번 주위를 돌고는 별로 볼품없는 보금자리 위로 털썩 주저앉는다. 고양이는 자기 다리가 어떤 자세인지, 그게 보기가 흉한지 어떤지에는 전혀 신경을 쓰지 않는다. 고양이는 쉬고 이완하려고 돌아왔고, 그래서 그 마음엔 이완이란 생각밖에 없다. 고양이는 푹 주저앉은 즉시 잠들기도 한다.

인간이 보지 못하는 것들을 고양이가 볼 수 있다는 사실은 잘 알려져 있다. 그것은 고양이의 인지 범위가 우리의 범위보다 넓기 때문인데, 그래서 유체계를 항상 볼 수 있는 고양이에게 유체여행은 우리가 방을 건너가는 것처럼 대수롭지 않은 일이다. 그러니 고양이를 한 번 본받아보자. 왜냐하면 그럼으로써 우리는 견고한 지반을 찾아서 형이상학적 지식체계를 그 탄탄한 기초 위에서 구축할 수 있기 때문이다.

당신은 긴장을 푸는 방법을 알고 있는가? 당신은 더 이상의 지시나 안내 없이도 유연해져서 막연한 인상들을 포착할 수 있는가? 아래는 우리가 하는 방법이다.

어떤 자세로든 편하게 누우라. 양다리를 펴고 싶다면 원하는 대로 하라. 이완의 요체는 전적으로, 빠짐없이, 그리고 남김없이 편안하게 되는 것이다. 이왕이면 당신만의 사적인 공간에서 긴장을 풀어놓는 게 좋겠다. 많은 사람들, 특히 여성들은 흉하게 보일까봐 다른 사람의 시선을 꺼린다. 그러나 이완하려면 인습적인 우아함 따위는 깡그리 잊어버려야 한다.

당신의 몸을 당신의 명령에 늘 복종하는 아주 조그만 소인들이 사는 섬이라고 상상하라.(《걸리버여행기》를 떠올려보라. 역주) 아니면 이렇게 생각하는 것도 좋다. — 당신의 육체는 어떤 광대한 공업지구인데, 고도로 훈련되었고 더할 나위 없이 충직한 기술자들이 당신 몸속의 갖가지 통제소와 '신경중추'에 자리 잡고 있다. 그러니 당신이 쉬고 싶다면, 그저 이들에게 공장을 닫을 테니 지금 공장을 떠나라고 말하라. 그들은 기계와 '신경중추'를 폐쇄하고 당분간 어디론가 휴가를 떠날 것이다.

편안히 누운 채로, 이런 일단의 작은 변화를 발가락, 발, 무릎, 그리고 온몸 곳곳에서 상상하라. 스스로 자신의 몸을 살펴보면서 이 작은 소인들이 어떻게 당신의 근육을 끌어당기고 신경이 뒤틀리게 하는지를 느끼라. 하늘 높은 곳에 있는 위대한 존재인 양 그들을 내려다보며 마음으로 전하라. 그들에게 당신의 발에서, 다리에서, 양손에서, 그리고 양팔에서 떠날 것을 명령하라.

그들에게 당신의 배꼽과 흉골의 끝(명치) 사이의 공간에 모이라고 하라. 흉골이란 가슴 앞쪽 한가운데 위치한 뼈이다. 손가락을 양쪽 갈비뼈를 따라 몸가운데로 오게 하면 세로로 길쭉하고 납작한 흉골이 만져진다. 손가락을 그 흉골의 끝부분까지 아래로 내려보라. 바로 그 지점(명치)과 배꼽 사이가 앞서 지정한 부위이다.

모든 소인들에게 그곳으로 모이라고 명령하라. 그들이 팔다리를 거슬러 행진한다고, 일과 후에 공장을 떠나는 노동자들처럼 빽빽이 열을 지어 이동한다고 상상해보라. 그들이 지정된 장소에 오려고 다리와 팔을 떠났기 때문에, 당신의 사지는 긴장은 물론 느낌조차도 없어질 것이다. 이 소인들은 기계적인 일을 맡고 있고 중계소와 신경중추에 영양을 공급한다. 이제 당신의 팔과 다리는 마비가 된 것은 아니지만 어떤 긴장과 피로의 느낌도 없을 것이다. 우리는 사지가 거의 '거기에 없는' 느낌과 같다고 표현한다.

이제 당신은 소인들을 미리 정해둔 장소에 전부 집결시켰다. 많은 공장노동자들이 정치적 집회에 참가하듯이 한곳에 모여 있다. 상상의 눈으로 그들을 잠시 응시하라. 그들 모두를 시야에 두라. 그러고는 단호하게, 당당하게, 그들에게 떠나라고 명령하라. 몸에 돌아오라는 당신의 지시가 있을 때까지 떠나 있으라고 말하라. 그들에게 은빛 줄을 따라 당신으로부터 멀어지라고 말하라. 당신이 명상하는 동안, 이완하는 동안 그들은 평화롭게 떠나 있어야 한다.

은줄이 당신의 육체로부터 멀리 뻗쳐 나가 저너머 광대한 세계까지 이어져 있음을 마음속에 그리라. 또한 그 은줄이 터널이나 지하도와 같다고 여기면서, 런던이나 뉴욕 또는 모스크바 같은 혼잡한 도시의 노동자들을 상상하라. 그들 모두가 한꺼번에 도시를 떠나 교외로 나간다고 상상하라. 열차들이 노동자들을 전부 실어 날라 도시가 완전히 고요해진다고 생각하라. 이 소인들이 그렇게 이동하도록 명령하라. 연습해보면 아주 쉬운 일이다.

그러면 이제 당신은 긴장이 없는 상태가 될 것인바, 신경은 더이상 흔들리지 않고 근육도 팽팽하지 않을 것이다. 그저 조용히 누워 마음이 '천천히 움직이게' 두라. 당신이 무얼 생각하든 상관없고, 아무것도 생각하지 않는다 해도 상관없다. 천천히 순조롭게 호흡을 하면서 그 상태를 잠시 유지하라. 그러고는 '노동자들'을 해산시킨 것과 똑같이 그 생각들도 떠나보내라.

　인간들은 보잘것없는 사소한 생각들에 묻혀 사는 탓에 보다 광대한 삶의 더 광대한 일들을 돌볼 겨를이 없다. 사람들은 다음번 할인행사가 언제고, 이번 주엔 얼마나 많은 쿠폰이 무료로 주어지며, 텔레비전에선 무엇이 방영되는가 하는 등에 늘 마음을 빼앗겨서 정작 중요한 문제가 되는 일들을 살펴볼 시간이 없다. 이 모든 세속적인 일상사는 그야말로 천박한 것이다.

　원가 이하로 판다는 옷 한 벌이 과연 50년이 지난 후에도 당신에게 중요한 것일까? 그렇지만 당신이 지금 어떻게 성장해가고 있는가는 50년 후에도 의미를 가질 것이다. 이런 생각을 마음속에 간직하라. 어떤 남자나 여자도, 이생을 떠나면서 단 10원도 가져가질 못했다. 그러나 모든 남녀는 이생에서 얻은 지식을 다음 생으로 가져간다. 그것이 사람들이 이곳에 있는 이유이다. 그러므로 당신이 저편으로 가치 있는 지식을 가져갈 것인지 아니면 무분별한 사고의 잡동사니들을 가져갈 것인지, 이것이야말로 신중한 주의를 기울여야 하는 문제인 것이다. 그런 뜻에서 이 교과는 당신에게 유용하고, 그로 인해 당신의 미래가 달라질 수 있는 것이다.

　인간을 현재와 같이 열등하기 짝이 없는 위치에 있게 한 것은 사고, 곧 이성 때문이다. 인간들은 이성을 논하면서 이성이야말로 인간과 동물을 구분해주는 것이라고 말한다. 그건 그렇다. 정말 그렇다. 인간을 제외하면 어떤 다른 생물들이 서로에게 원자폭탄을 던지던가? 다른 어떤 생물들이 공공연히 전쟁포로들의 배를 갈라서 그들의 중요한 장기를 꺼낸단 말인가? 인간이 아닌 그 어떤 생물이 남자와 여자의 신체를 절단하여 구경거리로 만들던가? 인간은 그 허풍스런 우월감에도 불구하고 많은 면에서 들판의 가장 낮은 짐승들보다도 못한 존재이다. 그 이유는 인간들이 잘못된 가치관을 가지고 그저 돈에 미쳐 물질만을 추구하는 세속적 삶에 빠져 있기 때문이다. 하지만 이 생이 지난 뒤에도 의미 있는 일은 비물질적인 것들뿐이다. 우리가 당신에게 알려주고자 하는 바가 바로 그것이다.

이제 이완이 되었으니 생각들은 꺼버리고 마음이 무엇이든 받아들이게 하라. 연습하고 또 연습한다면, 끝없이 구시렁대는 공허한 사념들은 사라지고 대신 참된 실체 또는 다른 존재계의 것들을 인지하게 될 것이다. 그렇지만 이런 것들은 지상의 삶과 전혀 동떨어져 있기 때문에 — 실은 아주 기분 좋게 동떨어져 있는데 — 그것을 묘사할 구체적인 용어가 없다. 연습만 한다면 당신은 미래의 일도 볼 수 있게 된다.

어떤 능력자들은 순식간에 잠에 떨어졌다가는 몇 분 만에 원기를 되찾아 영감에 가득 찬 눈빛으로 깨어나기도 한다. 이들은 자신의 사념을 의지로써 끄고 우주의 지식에 파장을 맞추어 이를 끄집어내는 사람들이다. 당신도 연습으로 그렇게 할 수 있다.

영적 성장을 추구하는 이들에게는 그저 그런 무익하고 공허한 사교생활에 빠져드는 것만큼 해로운 일도 없다. 칵테일파티 — 성장을 추구하는 이들에게 이보다 더 나쁜 소일거리는 없으리라. 술, 독주, 알코올은 마음의 판단력을 흐린다. 그것들은 사람을 낮은 수준의 유체계로 몰아넣어 흐리멍덩한 상태의 인간들을 붙잡고 즐거워하는 존재들의 놀이감으로 전락시킨다. 그런데 인간들은 오히려 그런 조롱을 무척이나 재밌어한다.

파티처럼 의미 없고 공허한 잡담뿐인 통상의 사교모임은 자신의 마음을 붙일 데가 없음을 애써 감추기 위한 가장으로서, 성장을 추구하는 이들에겐 고통스런 일이다. 이처럼 마음이 얕은 사람들과는 가까이하지 않아야 당신은 성장할 수 있다. 그들의 주된 관심사란 어떤 모임에서 몇 잔의 칵테일을 마실 수 있느냐, 또는 누가 나서서 다른 사람에 관한 가십을 마구잡이로 지껄이느냐 하는 정도일 뿐이다.

우리는 영혼의 교감을 믿는다. 우리는 아무런 말 없이 있어도 어색하지 않을 만큼 진짜로 '친밀한' 사람들은 서로 텔레파시로 교감하고 있다고 믿는다. 한 사람의 생각은 다른 사람에게 반응을 일으킨다. 오랜 세월 동안 남편과 아내로 함께 살아온 노부부는 서로 상대방의 생각을 예상할 수 있다. 그들은 의미 없는 지껄임이나 잡담에 빠지지 않는다. 그들은 그저 함께 앉아 조용히 한쪽 두뇌에서 다른 쪽 두뇌로 흐르는 메시지를 감지한다.

하지만 그들은 고요한 영적 상태에서 누구나 얻을 수 있는 혜택을 너무 늦게서야 얻는다. 그들은 이미 인생이라는 여행의 종착지에 와 있다. 하지만 당신은 젊은 나이에 바로 그것을 배울 수 있다.

비록 소규모일지라도 건설적인 생각을 공유하는 사람들이 있다면 그들은 세상사의 전개를 송두리째 바꿔놓을 수가 있다. 그러나 불행히도 이기적이거나 자기중심적이지 않은, 그래서 개인적 사념을 끄고 세상의 선善에만 집중할 수 있는 그런 동료를 얻는 것은 아주 지난한 일이다. 그럼에도 만일 당신과 당신의 친구들이 한데 모여서, 각자 아주 편안한 자세로 원형으로 둘러앉아 서로 대면한다면, 당신은 그 모두를 위해 아주 커다란 선을 행할 수 있게 된다.

먼저 여기에 참여한 사람들은 자신의 발끝을 모아 맞대야 한다. 그리고 양손도 모아 쥐어야 한다. 아무도 다른 사람과 맞닿아 있어선 안 된다. 각자는 별개의 물리적인 존재로 자리하고 있어야 한다. 아주 오랜 옛날의 유대인들을 기억하라. 그들은 거래를 할 때 양발을 모으고 양손을 맞잡고 서 있어야 한다는 사실을 알고 있었다. 왜냐하면 그래야만 육체의 생명 에너지가 보전되기 때문이다. 까다로운 일을 추진할 때마다 유대인들은 그런 자세를 유지함으로써 그러지 못한 상대방보다 늘 유리한 거래조건을 이끌어냈다. 그들은 사람들이 흔히 오해하듯 굽실거리며 비굴한 태도를 취한 것이 아니라 자신의 에너지를 보전하고 활용하는 법을 알고 있었던 것이다. 목적을 달성한 후에야 그들은 다시 양손을 떼고 양다리를 벌렸다. 이젠 승리자가 되었고, '공격'에 대비해 더 이상 에너지를 비축할 필요가 없으므로 긴장을 푸는 것이다.

이처럼 당신과 당신의 친구들도 각자 양발과 양손을 모음으로써 저마다 육체의 에너지를 보전하게 된다. 그것은 자석의 양극에 '보자자保磁子'(자력 보존을 위하여 U자형 자석 끝에 걸치는 연철 막대)를 걸치는 것과 같다. 보자자가 없다면 그 자석은 그저 쓸모없는 금속 덩어리가 되어버릴 것이다.

이제 원형으로 둘러앉아서 모두가 얼마간 원의 중심 공간을 응시해야 한다. 그냥 바닥의 한 지점을 응시하면 되는데, 그래야 머리가 조금 아래로 기울어지면서 편하고 자연스러운 자세가 된다. 말을 하지 말고 그저 앉아 있으라. 아무도 말을 하지 말아야 한다. 당신들은 이미 공통 주제를 정했으므로 더 이상 말은 필요가 없다. 몇 분간 그렇게 앉아 있으라.

점차 당신들은 각자 자신에게 스며드는 커다란 평화를 느낄 것이다. 마치 내면의 빛에 휩싸이는 듯한 느낌이 들 것이다. 진정 영적인 눈이 뜨이고 우주와 '하나가 된' 듯한 느낌을 받을 것이다.

교회의 예배는 본래 이와 같은 취지로 고안되었다. 모든 교회의 초대 사제들은 아주 훌륭한 심리학자들이었다는 점을 기억하라. 그들은 바람직한 결과를 얻기 위해서 사람들을 조직화하는 방법을 알고 있었다. 군중으로 하여금 군말 없이 따르게 하려면 부단한 지시가 필요하다. 그래서 종교에서는 반드시 음악이나 기도의 형태로서 지시가 내려지기 마련이다.

어떤 사제가 나서서 기도를 이끌 때, 모든 눈이 그에게 집중된다면 그는 전체 군중의 주의를 끈 셈이고 그때 그들의 생각은 모두 특정한 목적을 향하게 될 것이다. 이것은 좀 급이 떨어지는 방법이지만, 자기 성장이라는 중요한 문제에 스스로 시간과 정력을 들이지 않는 사람들을 위한 '대량 생산'을 위해서는 꼭 필요한 방법이기도 하다. 물론 당신과 당신의 친구들은 소집단으로 말없이 둘러앉아서 훨씬 더 나은 결과를 얻을 수 있다.

말없이 앉아 각자 긴장을 풀고 순수한 일들을 생각하거나 지정된 학습 과제를 생각한다. 아직 지불하지 못한 지난주의 잡화 청구서를 떠올리거나 다음 계절엔 어떤 상품이 유행할까를 궁리하지 말라. 그 대신 당신의 진동수를 높여 다음 생에 있을 선함과 숭고함을 통찰하게 하라.

우리는 말을 너무 많이 한다. 우리는 우리의 두뇌가 통제불능의 기계처럼 덜커덕거리도록 그냥 내버려둔다. 만일 우리가 좀더 평온하다면, 홀로 머문다면, 남과 함께할 때 말수를 줄인다면, 우리의 상상을 초월하는 고귀하고 순수한 사고들이 홍수처럼 밀려와 우리 영혼을 고양시킬 것이다.

거의 종일 혼자 시간을 보내는, 나이 든 시골사람들 중 어떤 이들은 도시에 사는 그 누구보다도 훨씬 더 순수한 사고를 지닌다. 제대로 교육받지 못한 양치기들은 높은 등급의 사제들조차 부끄러워할 정도의 영적 순수성을 보여준다. 그것은 그들이 홀로 있는 시간, 사색하는 시간을 가지기 때문이고, 그런 사색에 지쳤을 때 문득 마음이 비워지며 '저 너머'로부터 고귀한 지식이 들어오기 때문이다.

이래도 매일 30분씩 연습해볼 생각이 안 드는가? 앉아서, 또는 기대서 연습하라. 아주 편안한 상태여야 함을 기억하라. 마음이 고요해야 한다. '정숙하라, 그리고 나 자신이 신임을 알라'는 격언을 기억하라. 또, '정숙하라, 그리고 내면의 나를 알라'는 격언을 기억하라. 이렇게 매일같이 연습하라. 스스로 생각을 멀리하고 걱정이나 의심을 하지 않으면 당신은 한 달 내에 훨씬 평화롭고 고양된, 아주 딴사람이 되어 있을 것이다.

이 교과를 끝내기 전에, 파티나 한담에 대해 한 번 더 언급하겠다. 몇몇 학교에서는 일종의 교양으로서, 바람직한 주인이나 여주인이 되려면 '잡담'에 능해야 한다고 학생들을 가르친다. 상대방을 한시라도 홀로 내버려두면 그들은 곧 어둡고 혼란스런 마음상태에 빠져버릴 거라고 믿기 때문이다. 그러나 우리는 그와 반대로, 침묵을 허용하는 것이야말로 지상에서 가장 값진 보물 중 하나를 주는 것이라고 말하고 싶다. 왜냐하면 오늘날엔 더 이상 침묵이 없기 때문이다. 오직 끊임없는 자동차 소리, 머리 위로는 항공기의 굉음, 그리고 무엇보다도 무감각한 라디오와 텔레비전의 아우성뿐이다. 이로 인해 인간은 또다시 추락할지도 모른다. 당신은 여기에다 정숙과 평화와 평정의 오아시스를 제공함으로써 자신과 동료들을 위해 많은 일을 할 수가 있다.

당신 자신이 얼마나 고요해질 수 있는지, 얼마나 적게 말할 수 있는지를 하루 동안 실험해보라. 필요한 것만 말하고 중요치 않은 일은 모두 피하라. 쓸데없는 험담이나 수다에 불과한 대화를 피하라. 이 연습을 의식적으로, 의도적으로 하다 보면 당신은 우리가 조금도 중요하지 않은 것들에 대해 얼마나 많이 떠들며 사는지 매우 놀라게 될 것이다.

수다나 소음에 대해 우리가 많이 투덜거렸다. 하지만 침묵을 연습해보면 당신도 우리가 옳다는 것을 알게 될 것이다. 많은 종교의 계율에는 침묵이 포함되어 있다. 수도자들에게는 흔히 묵언이 명해지는데, 이는 상급자가 처벌로써 부과하는 게 아니다. 그들은 오직 침묵 속에서만 저 너머의 위대한 목소리가 들린다는 걸 알기 때문에 그렇게 하는 것이다.

제13과

    누군들 한 번쯤 "지상에서 내 인생의 목적은 뭐지? 그토록 많은 고통과 고난이 정말로 필요한 건가?" 하는 의문을 품어보지 않았으랴. 실제로 고통과 고난, 전쟁은 그것이 필요하기 때문에 존재하는 것이다.
    우리는 이 지상의 모든 것에다 과도한 가치를 부여하고 있다. 우리는 지상의 삶만큼 중요한 것은 없다고 생각하는 경향이 있다. 사실 우리는 지상이라는 무대 위의 배우에 불과하다. 우리는 역할에 맞추어 의상을 바꿔입고, 연기가 끝나면 잠시 무대 뒤로 물러났다가 또 다른 역할을 위해 또 다른 복장으로 되돌아와야 한다.
    만약 전쟁이 없다면 세상은 금세 사람들로 넘쳐날 것이다. 전쟁은 우리에게 자기희생의 기회를 부여하고, 다른 사람을 위해 자기 육체의 한계를 뛰어넘도록 우리를 이끈다. 우리는 이 세상에 주어진 삶이 전부라고 생각한다. 그러나 그 삶은 실제로는 최소한의 의미만을 지닐 뿐이다.
    우리의 영적 본질은 아무도 부술 수 없다. 그것은 고난과 질병을 모른다. 그래서 영은 삶의 경험을 위해 살과 뼈로 된 육체를 만든다. 즉 육체란 교훈을 얻는 수단으로서 생기를 주입받은 원형질의 덩어리에 지나지 않는다. 지상의 육체는 꼭두각시처럼 초자아의 지시에 따라 춤을 추고, 초자아는 은빛 줄을 통해 육체와 메시지를 주고받는다.
    잠시 다른 각도에서 살펴보자. 지상에 처음으로 발을 딛는 사람은 아기처럼 무력한 피조물에 불과하여 스스로를 위한 설계 능력이 없다. 그러니 다른 사람들이 그를 위해 설계를 대신 해주어야 한다. 그처럼 진화가 덜 된 사람들은 우리의 관심사가 아니다. 당신이 지금 이 과정을 공부하고 있다는 것은, 당신은 이미 배워야 할 것들을 많든 적든 스스로 설계해낼 수 있는 수준의 진화 단계에 이르렀다는 뜻이다.

지상에 소풍을 오기 전의 광경은 어떨까? 하나의 존재가 유체계의 초자아에게로 되돌아간다. 지상에서 한 생을 마친 것이다. 그 존재는 이번 삶의 모든 과실을 (혼자 또는 다른 존재들과 함께) 살펴보고, 제대로 배우질 못했으니 다시 해야겠다고 작정한다. 그렇게 해서 그 존재가 한 번 더 육체를 갖기 위한 설계 작업이 진행된다.

먼저 그에게 필요한 환경을 제공해줄 부모를 찾는 일이 시작된다. 만약 그가 돈을 잘 다루는 법을 배워야 한다면, 그는 부유한 사람의 자식으로 태어날 것이다. 만약 그가 비천한 처지를 딛고 일어서는 법을 배워야 한다면, 그는 참으로 궁핍한 형편의 부모 아래서 태어날 것이다. 어쩌면 절름발이나 시각장애인으로 태어날 수도 있다. 이 모든 것은 그가 무엇을 배워야 하는가에 달려 있다.

지상의 인간은 학교에 다니는 아이들과 같다. 학교라는 관점에서 생각해보자. 어떤 아이는 다른 친구들과 똑같이 공부하는데도 무슨 이유에서인지 이해력이 부족하여 수업내용을 제대로 따라가질 못한다. 그래서 학기 말의 시험성적도 몹시 나쁘다. 이에 교사들은 평소 그 아이의 수업태도와 이해 수준, 시험성적 등을 종합하여 그가 아직 상급과정에 적합한 준비가 되어 있지 않다고 판단한다. 이제 그 아이는 방학이 끝나고 새 학년이 시작되어도 다시 예전의 그 교실로 돌아가야 하는 불행을 피할 수 없다.

이처럼 유급한 아이들은 개학 후에 이전 학기와 똑같은 수업을 다시 들으며 두 번째 기회를 얻게 된다. 반면에 평소 열심히 공부한 아이들은 한 단계 상급반으로 올라가고, 아마도 교사들에게 더 큰 보살핌을 받을 것이다. 왜냐하면 노력하고 배워서 스스로 진보를 이룬 학생들이기 때문이다.

친구들보다 뒤처진 아이는 교실의 새 친구들 사이에서 자의식이 더욱 강해지기도 한다. 유급한 것은 자신의 선택이었다고 주장하며 새 친구들 위에 군림하려 들지도 모른다. 만약 이번 학기가 끝나도 그가 아무런 진보를 이루지 못한다면, 그때 교사들은 회의를 열고 그 아이의 심성이 열등하니 다른 학교로 보내는 편이 좋겠다고 권고하게 될 수도 있다.

학교의 아이들, 즉 우리 자신이 잘 처신하고 만족스런 성적을 올렸다면 곧 다음 생엔 무엇이 될까를 결정해야 하는 때가 온다. 의사, 변호사, 목수, 아니면 버스 운전사? 그게 무엇이든 우리는 필요한 공부를 해야 한다. 예비 의사는 예비 버스 운전사와는 다른 것들을 공부해야 한다. 그래서 교사와의 협의를 통해 사전에 필요한 공부가 정해지는 것이다.

영적 세계의 모습이 바로 이러하다. 한 인간이 태어나기 수개월 전에, 영적 세계 어디에선가 회의가 벌어진다. 인간의 육체를 택하고자 하는 존재는 자신의 조력자들과 함께 어떤 방식으로 특정한 과제를 배울 것인가를 토의한다. 학생들이 저마다 소질을 계발하기 위해 교사들과 공부 방식을 상의하는 것과 같다. 영적 세계의 조력자들은 세상이라는 학교에 들어가려는 학생에게 어느 부부의 자식이 되라고, 또는 결혼하지 않은 내연의 관계 속에서 태어나는 편이 좋겠다는 식으로 의견을 말한다. 이 회의에서는 그가 무엇을 배울 것이며 어떤 고난을 겪어야 하는지 등의 토의가 이뤄질 것이다.

슬픈 현실은, 좋은 조건보다는 나쁜 조건에서 배움이 훨씬 빠르고 확실하게 이뤄진다는 점이다. 또 하나 지적해둘 점은, 어떤 사람이 현재 낮은 위치에 있다 해서 그가 영적 세계에서도 낮은 위치를 점하는 것은 결코 아니라는 사실이다. 특정한 생에서 특정한 과제를 배우기 위해 일부러 비천한 태생을 자처하는 것은 흔한 일이다. 그러나 알고 보면 그는 참으로 고귀한 존재일 수 있다.

따라서 사람들을 그가 가진 재산, 또는 그 부모의 지위로써 판단하는 지상의 방식은 대단히 비극적이며 불합리한 것이다. 이것은 마치 학교의 아이들을 그들 자신의 모습이 아니라 그들 부모의 재산에 따라 판단하는 것과 같다. 다시 말하지만, 그 누구도 죽음의 장벽 너머로 동전 한 닢조차 가져가는 데 성공하질 못했다. 하지만 누구나 자신의 지식은 고스란히 가져간다. 일생 동안의 모든 경험은 잘 보존되어 저 너머의 삶으로 옮겨간다.

그러니 자신이 백만장자이므로 천국에서도 앞자리를 얻으리라고 믿는 사람들은 슬프게도 한참 착각하고 있는 셈이다. 돈, 지위, 가문, 피부색은 전혀 가치가 없다. 오직 중요한 것은 당사자가 도달한 영적 수준, 그것뿐이다.

육신으로 막 들어가려는 영의 상태로 다시 돌아가자. 적당한 부모가 찾아지면, 그 영은 적절한 때에 태아의 몸속으로 들어간다. 그리고 태아의 몸속에 진입하는 순간, 이전 생의 기억과 의식은 싹 지워지게 된다. 만약 아기가 현재의 엄마, 아빠와 얽힌 자기 전생의 인연을 기억한다면 그건 끔찍한 일이 될 것이다. 만약 왕이었던 전생의 기억을 가진 사람이 현생엔 밑바닥 중에서도 밑바닥 인생을 살게 된다면, 그만한 비극과 고통이 어디 있겠는가. 그런 이유로, 사람들로 하여금 보통 자신의 전생을 기억하지 못하게 하는 것은 실로 자비로운 처사이다. 그들은 이생을 지나 영적 세계로 돌아갈 때 다시 모든 것을 기억하게 될 것이다.

많은 사람들이 '네 아버지와 어머니를 공경하라'는 격언에 지나치게 집착한다. 물론 이것은 참으로 명심할 만한 덕목이긴 하지만, 한 가지 분명히 해둘 점은 지상으로부터 다시 영적 세계로 돌아간 이후에는 현생의 아버지나 어머니를 거의 다시 보지 못하게 되리라는 사실이다. 오랜 옛날에는 제사장들이 부모들의 협조를 얻기 위해 진력해야 했다. 젊은 세대가 부족사회를 이탈하지 않도록 잘 관리해야 부족의 부를 계속 유지할 수 있었기 때문이다. 그리고 자기 부족의 숫자가 많아지면 많아질수록 다른 종족을 정복하기가 수월했다. 그래서 제사장들은 아이들에게 늘 부모에 대한 복종을 강조했다. 왜냐하면 그 부모들은 결국 자신들, 즉 제사장들에게 복종할 것이기 때문이다.

나 역시 부모를 존경해야 한다는 데 전적으로 동의한다. 하지만 이것은 그럴 만한 자격이 있는 부모들에게만 해당하는 것이다. 만일 오만하고 차갑고 횡포를 부리는 부모라면, 그들은 소외되어야 마땅하다. 그들은 존경받을 권리가 없다. 무조건 부모에게 노예처럼 복종해야 한다는 말은 전혀 가당치 않다. 이미 성인이 되어 결혼한 사람들, 심지어 거의 반세기를 제힘으로 살아온 사람들조차 부모의 이름만 언급되면 두려움과 불안으로 바들바들 떨곤 한다. 이런 상태는 신경증으로 악화하여 사랑은커녕 공포와 억압된 증오심만 불러일으키기 십상이다. 나이가 쉰이 넘은 이 '아이'들은 도무지 죄의식을 떨칠 수가 없는데, 왜냐면 '네 아버지와 어머니를 공경하라'는 신념을 무조건 따르도록 배우며 자라왔기 때문이다.

이런 상황에 있는 사람들에게 말하건대, 만일 당신이 부모와 서로 불행한 관계를 맺고 있다면 영적 세계에서 그들을 다시 마주칠 일은 없을 것이다. 영적 세계는 조화의 법칙이 지배하므로, 조화되지 않는 존재들끼리 만나는 일은 전적으로 불가능하다. 만약 어떤 부부가 서로 정략적으로 만났고 단지 이웃의 뒷공론이 두려워서 헤어지지 못하고 있는 관계라면, 한 사람이 근본적으로 변화되어 둘이 조화를 이루게 되지 않는 한 그들이 영적 세계에서 다시 만날 일은 결코 없으리라.

오해의 소지가 없도록 다시 반복한다. 만일 당신과 부모가 조화롭지 못하다면, 서로 어울리지 못한다면, 함께 행복하지 않다면, 서로 맞지 않는다면, 사후의 다른 세계에서 또 만날 일은 결코 없다. 친척관계나 부부관계도 마찬가지다. 다시 만나려면 서로 확실하게, 남김없이 조화와 일치를 이루어야 한다. 이것이 바로 영들이 물리적인 육체를 필요로 하는 이유 중 하나이다. 조화를 못 이루는 존재들끼리는 오직 물리적인 육체를 통해서만 접촉할 수 있다. 그리고 그럼으로써 각자 자신의 뾰죽한 모서리를 갈고닦아 포용력을 키워갈 수 있는 것이다.

이후의 다른 교과에서, 우리는 신과 관련된 문제 또는 다양한 신앙 형태에 대해 이야기할 것이다. 인간들은 자신들이야말로 최고의 존재 형태라고 잘못 생각하고 있다. 이는 아주 큰 착각으로, 조직화된 종교들이 떠들어대는 관념에 불과하다. 종교들은 인간이 신의 형상대로 지어졌다고 가르친다. 그러므로 신의 형상대로 만들어진 인간보다 더 높은 피조물이 있을 수 없다는 것이다.

그러나 대단히 높은 형태의 삶들이 펼쳐지는 또 다른 세계가 있다. 신이란, 한가하게 책을 읽는 틈틈이 우리를 따뜻한 눈으로 지켜보곤 하는 자비로운 노신사 같은 존재가 아니다. 신은 아주 분명한 실체를 가진 살아 있는 영(Spirit)으로서 우리 모두를 인도해주지만, 그의 방식이 늘 우리의 기대에 들어맞는 것은 아니다.

이 교과의 마지막 과제로서 당신과 당신의 부모, 배우자, 친지들 간의 관계를 한 번 숙고해보기 바란다. 당신은 그들과의 관계가 진실로 행복한가? 아니면 서로 등을 지고 살고 있는가? 당신은 생애의 남은 동안을 그 중 누구와 함께 보내고 싶은가?

　당신이 다니는 학교에는 많은 친구들과 많은 교사들이 있다는 사실을 잊지 말라. 당신은 교사들에게 경의를 표해야 하지만, 그들이 당신의 삶에 영구히 관여하는 것은 아니다. 그들은 일정 기간 동안 당신의 교육을 맡도록 지명되었을 뿐이다. 마찬가지로 당신의 부모는, 바로 당신이 자신의 성장을 독려하고 감독하기 위해 스스로 영적 세계의 허락을 구해 선택한 사람들이다. 만일 당신이 그들을 종교적 계율 때문이 아니라 진실한 마음으로써 사랑한다면, 당신은 '저편'에서도 그들을 계속 만나게 되리라는 확신을 통해 아주 커다란 기쁨을 누리게 될 것이다. 이처럼 당신이 지금 지상의 일을 어떻게 해나가느냐에 따라 '저편'의 모습도 달라진다.

제14과

우리 모두는 외부로부터 덕을 보거나 선물을 받길 원한다. 도와달라는 기도를 올린 적이 누구든 한 번은 있을 것이다. 물론 살아가면서 남의 도움을 청하는 것은 자연스런 일이다. 인간은 혼자서는 불안하므로 대부代父 또는 대모代母의 상징을 세움으로써 자신이 대가족의 일원으로서 보호받는다는 느낌을 얻으려고 한다.

그러나 받으려면 먼저 주어야 한다. 주지 않고 받을 수는 없다. 왜냐하면 주는 행위, 마음을 여는 태도야말로 당신이 받고 싶은 그것을 기꺼이 주려는 이들로 하여금 당신을 받아들이게 하기 때문이다.

우리가 준다고 할 때, 꼭 그것이 돈을 뜻하는 것만은 아니다. 비록 돈이 가장 보편적이고 사람들 대부분이 받길 원하는 것이긴 하지만 현시대에서 돈이란 결국 결핍으로부터의 회복, 공포스런 굶주림으로부터의 구원, 빚쟁이들의 방문으로부터의 자유를 뜻한다. 당신은 돈을 나눌 수 있고, 특히 어떤 상황에서는 반드시 나누어야 한다. 그러나 여기서 준다는 것은 스스로 나누는 것, 기꺼이 다른 사람을 위해 봉사하는 것을 뜻한다. 우리는 필요로 하는 이들에게 돈, 재물, 영적 위안 등을 줄 수 있고 또한 주어야만 한다. 다시 말하지만, 주지 않고서 받기만 할 방법은 세상에 없다.

서구세계에선 '준다', '보시한다', '구걸한다'처럼 소위 '자선'과 관련된 비슷한 용어들이 잘못 이해되는 일이 흔하다. 사람들은 다른 사람에게 도움을 구하는 것은 뭔가 수치스럽고 품위가 떨어지는 일이라고 생각한다. 그러나 절대로 그렇지가 않다. 돈이란 단지 지상에 있는 동안만 우리에게 주어진 물품에 불과하며, 또한 무익하게 차디찬 금고 속에 쟁여놓는 것보다 다른 사람을 돕는 데 씀으로써 행복과 성장을 도모할 수 있는 물품인 것이다.

불행하게도 현재의 상업주의적 세계에서는 사람은 은행에 넣어둔 돈의 액수와 그 돈으로 꾸민 외양에 의해 평가받는다. 그러나 자기만족을 위해 번쩍이는 옷을 걸치고 거짓된 겉모습을 자랑하는 사람들은 영적인 인간도, 관대한 인간도 아니다. 그는 나눈다는 생각 없이, 그저 자신의 에고를 부풀리기 위해 이기적으로 소비하는 자일 뿐이다. 서양에서 남자는 그의 아내가 어떤 옷을 입고, 어떤 종류의 차를 몰고, 어떤 집에 살며, 어떤 클럽에 가입해 있는가 하는 따위로 평가받는다. 그러자면 자산가가 되어야 한다. 오직 백만장자급에 드는 사람들만이 그런 클럽에 속할 수 있으니 말이다.

다시 말하지만, 이 세상은 가치가 전도되어 있다. 그 어떤 남자와 여자도 죽음의 강 너머로 동전 한 닢, 핀 하나, 심지어 성냥개비 하나 가져가는 데 성공하지 못했다. 나는 이 진실이 당신의 잠재의식 속으로 가라앉을 때까지 계속 반복할 것이다. 우리가 가져갈 수 있는 것은 오직 우리의 지식에 포함될 것들, 즉 좋음과 나쁨, 관대함과 인색함 사이를 오가는 우리의 총체적 경험이 걸러져 내려간 후에 남을 그 요체뿐이다. 지상에서 자신만을 위해 산 사람은 비록 이편에선 백만장자였더라도 저편으로 옮겨갈 땐 영적 파산자가 될지도 모른다.

동양에서 참으로 흔히 보게 되는 광경은, 날이 저물 무렵 어느 가정집 문밖에 승복을 입고 초라한 바리때를 들고 서 있는 탁발승의 모습이다. 이는 동양에선 일상생활과도 같아서, 모든 주부는 ― 아무리 가난하더라도 ― 무작정 기다리는 탁발승을 위해 남은 음식을 건네는 일을 빠뜨리지 않는다. 오히려 탁발승이 공양차 어느 집을 방문했다면 그건 그 집안의 영예로까지 받아들여진다. 서양의 일반적인 인식과는 달리 탁발승들은 거지나 식충이가 아니다. 그는 일하기가 싫어서 다른 사람들의 너그러움에 기대어 사는 무능력자가 아니다. 당신은 동양의 이런 저녁 풍경이 어떤 의미인지 이해하고 있는가?

동양에서도 특히 인도와 같은 나라를 예로 들어보자. 거기선 승려에게 공양하는 것이 자연스런 풍습인데, 본래는 중국과 티베트도 그러했으나 공산주의자들이 권력을 쥔 후엔 상황이 바뀌었다. 그러니 지금은 인도의 한 마을을 상상해보는 편이 좋겠다.

어느 날 저녁, 땅거미가 지며 어둠이 땅 위에 길게 드리운다. 햇빛은 푸른 자줏빛 색조를 띠고, 밤바람이 히말라야에서 불어오자 바오밥나무의 잎들이 가볍게 흔들린다. 먼지 많은 길을 따라 누더기 승복을 입은 한 승려가 자신의 전 재산을 지니고 조심스레 나타난다. 그는 왼손엔 염주를 들었고 발엔 가죽 짚신을 신었다. 어깨엔 담요를 걸쳐 멨는데, 그것은 잘 때 침대로 사용하는 것이다. 다른 사소한 소지품은 승복 속에 꾸려져 있다. 오른손은 지팡이를 들었는데 그것은 동물이나 인간들로부터 자신을 방어하는 도구가 아니라 가시덤불이나 나뭇가지들을 헤칠 때 쓰는 도구이다. 지팡이는 장애물을 치울 때는 물론 강물을 건너려 할 때도 깊이를 재는 데 유용하다.

그가 어느 집으로 다가간다. 그러면서 승복의 가슴께를 더듬어 나무 바리때를 꺼낸다. 그것은 반들반들할 정도로 잔뜩 낡고 닳아빠졌다. 그가 집에 다가가자 문이 살짝 열리고, 한 여자가 양손에 음식을 들고 공손히 나온다. 그녀는 수줍은 듯이 아래를 내려다본다. 승려를 빤히 쳐다보는 것은 외람된 일이다. 그녀는 눈길을 내리깔면서 자신이 정숙하고 착실하며 교양 있는 집안의 출신임을 알린다.

　승려는 그녀에게로 다가가 바리때를 양손으로 받든다. 동양에서는 주발이나 물잔을 두 손으로 받드는데, 이는 한 손으로 다루는 것을 음식에 대한 '불경'으로 여기기 때문이다. 음식은 두 손으로 받들 만큼 충분히 가치 있는 것이다. 그렇게 승려는 바리때를 양손으로 받들고, 여자는 그 안에 음식을 후하게 담아주고 돌아선다. 서로 아무런 말도 하지 않고 쳐다보지도 않는다. 왜냐하면 승려에게 공양하는 것은 영예이지 결코 부담스런 짐이 아니며, 오히려 평범한 사람들 입장에서는 승려를 먹여 살림으로써 성직자들에게 느끼는 마음의 빚을 다소나마 갚는 셈이기 때문이다.

　그 여자는 승려의 방문을 통해서 그녀와 그녀의 집이 존중받았다고 느낀다. 그녀는 자신의 요리가 찬사를 받았다고 느끼고, 어쩌면 다른 승려가 그녀의 음식에 대해 칭찬을 했기 때문에 이 승려가 오늘 자기 집으로 온 게 아닐까 생각해보기도 한다. 다른 집의 여자들이 커튼을 드리운 창문 밖으로 이 광경을 부러운 듯 내다볼지도 모른다. 왜 나는 승려의 방문을 받지 못했을까 의아해하면서 말이다.

　음식이 채워지면 승려는 그 바리때를 여전히 양손으로 든 채 천천히 돌아선다. 그리고 길을 건너 나무들이 우거진 은신처로 돌아간다. 거기에서 그는 종일 그랬듯이 바르게 앉아 그날의 유일한 식사인 저녁을 먹을 것이다. 승려들은 과식하지 않는다. 그들은 검소하게 살면서 그저 기력과 건강을 유지하기에 적당한 정도만 먹는다. 과식은 영적 성장을 가로막고, 튀기거나 기름진 음식은 건강을 해친다. 그러므로 영적 성장을 위해서는 우리도 승려들처럼 담백한 음식을 적당한 양만 먹고, 성찬을 벌임으로써 마음이 늘어지고 영이 진흙에 묻히는 일은 피해야 한다.

　그 승려는 음식을 얻었다고 해서 반드시 감사의 염을 표해야 할 의무가 없다. 동양에서는 부처의 길이 전해진 이후로 오랫동안 승려가 자연스럽게 공양을 받아왔다. 그는 걸인도, 사회의 짐도, 무능한 사람도, 빌붙는 식충이도 아니다.

저녁식사 전까지 그 승려는 여러 시간 동안 나무 밑에 앉은 채로, 그에게 도움을 구하러 온 사람들을 응대했을 것이다. 영적 위안을 필요로 하는 이들, 가족 중에 병자가 있는 이들, 글을 모르는 데 급히 편지를 써서 보내야 하는 이들이 도움을 구했을 것이다. 또는 멀리 떨어진 곳에 사는 사랑하는 이들에 대한 소식을 전해 들으러 오는 이들도 있다. 왜냐하면 승려들은 늘 이 마을에서 저 마을로, 이 도시에서 저 도시로 만행을 다니며 온 나라를 떠돌기 때문이다. 그는 아무런 대가 없이 사람들을 돕고 봉사한다. 그는 높은 교육을 받은 성자이다. 그는 자신에게 도움을 청하는 마을사람들이 너무나 가난하여 그 대가를 지불할 수 없음을 잘 알고 있다. 그렇다고 사람들을 위한 영적 봉사와 자기 자신을 위한 공부를 병행하며 스스로 생계를 꾸릴 여력도 없다. 그러므로 그에게 도움받은 이들이 그가 육체와 정신을 유지하도록 약간의 음식을 대접하는 것은 일종의 의무인 동시에 특전이고 영예이기도 한 것이다.

저녁식사가 끝나면 승려는 한동안 휴식을 취할 것이다. 그리곤 일어나 바리때를 고운 모래로 씻고, 다시 지팡이를 집어들어 여행을 떠날 것이다. 그는 열대의 하늘 아래 휘영청 밝은 달빛을 받으며 밤길을 걸으리라. 승려들은 거의 잠을 자지 않으며 빠른 속도로 먼 거리를 이동한다. 불교국에서 그들은 어디서나 존경을 받는다.

우리 또한 받기 위해서는 기꺼이 주어야 한다. 오랜 옛날엔 모든 사람이 제 소유의 10분의 1을 나누는 것이 신성한 의무이자 율법이었다. '십일조'로 알려진 이 율법은 일상생활의 자연스런 일부분이었다. 예컨대 영국에서는 교회가 한 개인이 소유한 모든 재산에 대해 십일조를 요구할 수 있었다. 그렇게 걷힌 돈은 교회를 운영하고 성직자들의 생계를 유지하는 데 쓰였다. 약 10년 전에 영국에서는 너덧 건의 소송사건이 있었는데, 흥미롭게도 그것은 영국교회의 십일조가 폐지되어야 한다고 주장하는 지주들이 일으킨 소란이었다. 그 지주들은 소득의 10분의 1을 내어주면 자신들이 다 망할 거라고 불평을 했다. 그러나 실제로 그들이 파산한 이유는 기꺼이 내어주지 못했기 때문이다. 기꺼이 내주지 못하는 것은 차라리 전혀 주지 않는 것만 못하다.

요즈음은 사고방식이 예전과는 많이 달라졌다. 사람들은 더 이상 십일조를 내지도, 십일조에 의존하여 살지도 않는다. 유감스런 일이다. 다른 사람들을 위해 십일조를 내는 것은 자신의 영적 성장은 물론이고 실질적인 이익을 위해서도 필수적이다. 우리는 다른 사람들을 도울 때라야 진보할 수 있고 또한 도움을 받을 수 있다.

우리는 영적 추구와는 별 관련이 없는 아주 냉정한 몇몇 사업가들이 기꺼이 다른 사람들을 위해 ― 더 나아가서는 그들 자신을 위해 ― 수입의 10분의 1을 나눈다는 사실을 알고 있다. 그들이 십일조를 내는 것은 종교적 이유 때문이 아니라 사업의 어려움을 몸소 경험하는 과정에서 '대가 없이 베풀어야만' 그것이 천 배로 되돌아온다는 사실을 배웠기 때문이다.

특히 돈을 직접 다루는 대부업자들은 ― 요즘엔 금융업이라고 불리는데 ― 십일조만 착실히 지켜도 틀림없이 수지맞는 장사를 하게 될 것이다. 우리는 냉정한 사업가들 가운데 상당수가 이렇게 십일조를 지키고 있음을 알고 있다.

초자연적인 법칙은 영적 세계와 현실 세계 모두에 똑같이 적용된다.

누가 공부를 많이 했는가, 경전을 많이 읽었는가는 중요치 않다. 누군가는 자신이 읽은 책에 현혹되어 스스로 영적인 사람이라고 착각할 것이다. 그러나 그가 읽은 것은 두 눈을 바로 통과하여 흩어져버리고 두뇌의 기억 세포엔 아무런 흔적도 남기지 못할 수 있다. 그럼에도 그는 자신을 '위대한 영혼'으로 여기고 자신이 성장하고 있다고 굳게 믿는다. 실제로는 몹시 독선적이고 다른 사람들을 돕는 데 인색하면서도 말이다.

　다른 사람을 돕는 것이야말로 자신을 크게 돕는 일이다. 다시 반복하건대, 다른 사람을 돕는 것은 올바르고, 타당하고, 유익한 길이다. 그것은 상대방은 물론 자신에게도 큰 도움이 된다.

　앞서 말했듯이 십일조는 10분의 1을 뜻한다. 그것은 또한 삶의 방식을 뜻하는데, 우리는 내어줌으로써 또한 받기 때문이다. 우리는 우리로부터 비용과 시간과 전문적 지식이 요구되는 도움과 조력을 많이 받았던 어떤 사람에게 편지를 써보낸 적이 있다. 새로 파종한 밭에 찌르레기 떼가 몰려들 듯이, 그는 하나의 문제를 해결하기 바쁘게 다른 문제들에 계속 둘러싸이는 처지였다. 우리는 그 편지에 "받으려면 먼저 주어야 한다"고 썼다. 그러나 그는 무척 불쾌해하면서 자신은 아주 후한 사람이며, 다른 사람들을 돕기 위해 최선을 다하고 있음을 지역신문이 증언해줄 것이라고 답장했다. 그러나 우리가 지적한 것은, 지역신문에 싣기 위한 선행은 전혀 올바른 방식의 내어줌이 아니란 뜻이었다.

　나누는 방법은 수도 없이 많다. 수입의 10분의 1을 좋은 일에 기부할 수도 있고, 다른 사람들을 영적으로 이끌거나 그들이 불운한 시기를 맞을 때 위안을 줄 수도 있다. 다른 이들에게 주는 것이 곧 자기 자신에게 주는 것이다. 사업이 번창하려면 매출액을 늘려야 하듯이, 많이 받기 위해서는 많이 주어야 한다. 다른 사람을 돕기 위해서도 주어야 하고, 우리가 도움

받게 될 때를 생각해서도 주어야 한다.

  당신이 먼저 필요한 곳에 필요한 것을 내어줌으로써 스스로 가치 있는 존재가 되지 않는 한, 뭔가를 달라고 기도하는 것은 소용없는 짓이다. 주는 것을 연습하라. 자신이 무엇을, 얼마나 줄 수 있는지 생각해보라. 언제, 어떻게, 왜 주어야 하는지가 정해졌다면 그것을 석 달간 실천해보라. 당신은 석 달 후에 자신이 영적으로든 경제적으로든 이득을 보게 되었음을 깨닫게 될 것이다.

  이 법칙을 공부하고 또 공부해보지 않겠는가? 기억하라. "받으려면 주어야 한다. 대가 없이 베풀어야 한다."

제15과

　애지중지하는 보물을 다락방에 보관하는 것은 세계도처에서 오래된 관습이다. 여기서 '보물'이란 당사자가 오래된 물건이란 이유로 소장하고 있는 것들을 뜻한다. 그런 것들은 대개 반쯤은 잊혀진 채로 다락방에 놓여 있다. 주인이 다른 물건을 찾으려고 힘들게 계단을 올라가서 먼지 쌓이고 곰팡내 나고 거미줄이 쳐진 어둠 속에서 헤맬 때까지 말이다.

　재봉사의 다락방엔 지나간 세월을 연상케 하는 낡은 마네킹이 있을지도 모른다. 그는 더 이상 그 마네킹에 맞는 치수의 옷을 만들지 않는다. 어쩌면 옛 편지들이 담긴 상자 또는 상자 이상의 무엇이 있을 수도 있겠다. '이게 뭐더라? 푸른 리본으로 묶여 있었나? 아니면 분홍 리본이었나?' 당신은 그곳에서 거의 잊고 있었던 물건들을 접하게 되고, 그것들은 정답거나 서글펐던 기억들을 소생시킨다.

　당신은 다락방을 자주 뒤지는가? 다락방은 가끔은 들여다볼 만한 곳이다. 뭔가 유용한 물건, 기억을 되살려주는 물건, 지식에 보탬이 되는 물건들이 보관되어 있다. 물론 그 당시 우리가 처했던 문제들은 지금의 시점에선 ― 그동안 쌓인 경험과 새로운 지식에 의해 ― 시답잖은 것으로 보일지도 모르지만 말이다.

　하지만 본 교과의 과제가 각자 '자신의' 다락방에 들어가보라는 것은 아니다. 본 교과는 낡은 난간이 달린 꾸불꾸불한 목조계단을 ― 곧 부서질 것만 같은 느낌이지만 사실은 나름대로 튼튼한 ― 올라서 '우리의' 다락방을 둘러보는 일에 관한 것이다. 우리를 따라 이 다락방으로 가서 이것저것 구경을 해보자. 이번 교과와 다음 교과는 바로 우리의 다락방에서 진행될 것이다.

여기에 우리는 독립된 교과로는 적합지 않을 잡다한 정보들을 수록해 놓았다. 그렇지만 당신은 틀림없이 그것들에 흥미를 가질 것이다. 계속 읽어가면서 그 정보들 중 무엇이 당신에게 유용하고, 무엇이 한동안 당신을 괴롭혔거나 마음에 걸렸던 사소한 의문과 의심을 해소해주는지를 살펴보라.

우리는 이 교과를 준비하기 위해 이곳저곳을 꽤나 들쑤셨다. 우리는 외진 구석들로 가서 먼지를 일으키며 몇몇 이론들을 헤집었다. 특히 우리는 너무나 '열심히' 사는 사람들을 관찰해보았다. 당신도 그중 하나일 수 있다. "땀은 배반을 모른다"는 옛 격언도 있지만, 우리는 오히려 지나친 노력이 퇴보를 부른다는 입장이다. 우리는 학생들로부터 이런 편지를 빈번히 받는다. "저는 열심히 노력하여 집중하고 또 집중합니다. 그런데도 얻는 거라곤 두통이 전부입니다. 나는 당신이 언급한 어떤 현상도 경험하지 못했습니다."

그렇다. 이것이야말로 우리가 잠시 멈추어 들춰볼 만한 작은 '보물'이다. 사람은 흔히 너무나 열심히 노력하곤 한다. 그러나 묘하게도, 우리의 두뇌는 지나친 노력이 진보를 훼방하도록 만들어져 있다. 과한 노력은 곧 '부정적인 피드백'을 설정하는 것과 같다. 당신에게도 평생 끈질기게 노력하고 또 노력하는 답답한 친구가 하나쯤 있을 것이다. 그러나 다른 사람은 몰라도 그는 결코 좋은 위치에 이르지 못한다. 그는 늘 혼란스럽고 불확실한 상황에 놓인다. 혹사당한 두뇌는 과잉전류를 발생시킴으로써 스스로 사고과정을 중단시키기 때문이다!

꼭 전자공학도가 아니더라도, 인간의 두뇌를 이해하는 데에는 전기적 현상을 적용하면 일이 훨씬 쉬워질 것이다. 인간의 두뇌는 전기적 현상과 공통된 점이 많다. 일반적인 오디오 기기의 진공관(증폭관)을 예로 들어보자. 진공관 안의 필라멘트(음극)는 배터리 또는 전기선에 의해 가열되면서 제멋대로 전자를 방출한다. 필라멘트에서 흘러나온 전자들은 축구장의 흥분한 군중과도 같다. 그 전자들이 아무 통제 없이 돌아다닌다면 전자공학상 아무런 쓸모가 없다. 오디오가 제 기능을 하려면 사방으로 방출된 전자들을 필라멘트 바로 옆의 양극판으로 모아야 한다. 만일 그 상태로 그냥 둔다면 전자를 모으는 과정이 통제불능이 되어 라디오 프로그램이든 무엇이든 우리는 원하는 소리를 듣지 못하게 될 것이다.

전자공학자들은 소위 '그리드(격자)'를 필라멘트와 판 사이에 끼우고 거기에 마이너스의 전압을 걸면 필라멘트와 판 사이에서 전자의 흐름을 통제할 수 있다는 사실을 알아냈다. 이때 가해지는 전압을 '그리드 바이어스$^{grid\ bias}$'라고 하는데, 이것을 너무 세게 하면 그리드가 전자를 전부 되튕겨내기 때문에 어떤 전자도 필라멘트에서 양극판으로 흐르지 못한다. 하지만 적절한 값으로 조정하면 우리는 원하는 만큼 전자의 흐름을 통제할 수 있다.

머리에 쥐가 나기 전에 다시 우리의 두뇌 이야기로 돌아가자. 우리가 너무 집중할 때, 즉 어떤 문제에다 두뇌를 혹사시킬 때는 '그리드 바이어스'가 너무 세져서 오히려 사고가 완전히 억제당하는 결과를 낳는다. 그러므로 우리는 과도한 노력을 경계하는 분별력을 발휘해야 한다. "원숭이를 잡을 때는 부드럽게 다가가라"는 중국어 격언을 늘 기억하라. 우리는 집중하되 두뇌가 지치지 않을 정도로 조절해야 한다. 당신 능력의 한도 내에서 노력하라. 즉 '중도中道'를 취하라.

중도는 동양의 생활방식이다. 그것은 당신이 지나치게 악할 필요도,

지나치게 선할 필요도 없다는 뜻이다. 그 중간쯤이면 된다. 너무 악하다면 경찰에게 쫓길 것이고, 너무 선하다면 그 유별남으로 인해 이 지상에 머물기가 어려워질 것이다. 위대한 존재들조차 이 슬픈 세계(지상)로 올 때는 필연적으로 일종의 능력부족 또는 괴팍한 성향을 지니게 되는 법이다. 그들조차도 지상에 있는 동안은 완전하지 않다. 완전한 것은 그것이 무엇이든 이 불완전한 세계에선 존재할 수가 없다.

반복하지만 너무 과도하게 애쓰지 말라. 일을 하되 자연스럽게, 이성적으로, 능력의 한도 내에서 추진하라. 남들의 이야기에 노예처럼 얽매여서 방황할 필요가 없다. 당신 자신의 상식에 맞추어 말하고 행동하라. 우리가 "이것은 붉은 천이다"라고 말하더라도 당신에겐 그것이 달리 보일 수도 있다. 분홍, 오렌지 또는 옅은 자주색으로 보일지도 모른다. 그건 당신이 어떤 상태에서 천을 보았느냐에 좌우된다. 당신의 조명은 우리의 조명과 다를 수 있고, 당신의 시력은 우리의 시력과 다를 수 있다. 그러니 어떤 것이든 너무 열중하지도, 맹목적으로 집착하지도 말라. 상식을 활용하고 중도를 지키라. 중도는 아주 유용한 것이다.

중도를 실천하라. 중도란 관용의 길이며, 다른 사람의 권리를 존중하는 길이며, 자신의 권리가 존중받도록 하는 길이다. 동양에선 성직자들조차 유도와 같은 격투기를 배운다. 그것은 그들이 호전적이기 때문이 아니라, 격투기를 통해 자신을 통제하고 제어하는 법을 익히고 이기기 위해서는 무엇보다도 한발 물러나야 한다는 사실을 체득하기 위함이다.

유도를 예로 들면, 그들은 자신의 힘으로써 싸움에 이기려 들지 않는다. 그들은 상대방의 힘을 빌려 그가 제풀에 패배하도록 이끈다. 그러므로 아주 왜소한 여자라도 유도를 배웠다면 유도를 배우지 못한 거구의 짐승 같은 남자를 넘어뜨릴 수 있다. 그 남자가 힘이 세면 셀수록, 사납게 달려들면 들수록 그를 이기기는 더욱 쉬워진다. 왜냐하면 그 자신의 힘이 스스로를 더욱 심하게 무너뜨리기 때문이다.

이처럼 반대의 힘을 이용하여 문제를 극복하라. 자신을 피곤하게 하거나 진을 빼지 말고, 그저 당신을 성가시게 하는 문제를 직시하라. 다른 사람들처럼 당면한 문제를 회피해서는 안 된다. 흔히 사람들은 문제를 마주하길 두려워하여 가장자리를 맴돌거나 슬쩍 간만 보다가 허송세월하고 만다. 그것이 얼마나 불쾌하든, 얼마나 당신에게 죄의식을 불러일으키든 간에, 문제의 뿌리로 곧장 파고들어 당신을 괴롭히고 놀라게 하는 것의 본질이 대체 무엇인지를 찾아보라. 그리고 문제의 모든 측면을 있는 그대로 받아들인 후에, 마음을 훌훌 비워버리라.

당신이 마음을 비울 때 그 문제는 당신보다 이해력이 훨씬 뛰어난 초자아에게 전해진다. 초자아는 육체와는 비교할 수 없을 만큼 커다란 존재이다. 초자아 또는 잠재의식이 그 문제를 고찰하여 해결책을 찾아내고 그것을 당신의 의식이나 기억 속으로 넣어줄 때, 당신은 잠에서 깨어나자마자 '이젠 해답을 찾았고 모든 게 명쾌해졌다'며 뜻밖의 즐거운 비명을 지르게 될 것이다.

우리의 다락방이 맘에 드는가? 한 줌 먼지 속에 내버려져 있는 또 다른 작은 '보물'로 이야기를 옮겨가 보자. 이 보따리를 풀어 새로운 공기를 불어넣고 햇빛을 보게 하자. 이 보따리엔 무엇이 들어 있을까? 어디 한 번 열어볼까?

요즈음엔 너무나 많은 사람들이 선한 것은 곧 비참한 것이라고 생각한다. 그들은 '종교적'이려면 엄숙하고 슬픈 얼굴을 지어야 한다는 몹시 그릇된 믿음으로써 좀체 미소를 짓지 않고 살아간다. 웃는 모습이 우스꽝스럽기 때문이 아니라, 그로 인해 겉치레뿐인 자신의 허약한 신앙심에 금이 갈까봐 안절부절못하는 것이다. 웃음 따윈 잃어버리고 인생에서 최소한의 기쁨조차 누리길 거부하는 엄숙한 노인들이 있는데, 그들은 일순간의 타락으로 지옥 같은 비참함을 겪게 될까봐 늘 두려워한다.

진실한 종교라면 즐거워야 한다. 종교는 우리에게 이 지상 너머의 삶을 약속하고, 우리가 노력한 모든 것에 대한 보상을 약속하고, 죽음이란 허상일 뿐이니 걱정할 것도 두려워할 것도 없음을 약속한다. 대부분의 인간에게는 죽음에 대한 두려움이 뿌리깊이 박혀 있다. 그 이유는, 만약 우리가 저세상의 즐거움을 기억해낸다면 지상의 삶을 저버리고 행복을 찾아가고 싶은 유혹을 떨치기가 어려울 것이기 때문이다. 그러나 그런 유혹은 학생이 꾀를 부려 수업을 땡땡이치는 것처럼 영적 성장에 전혀 도움이 되지 않는다.

우리에게 진실한 믿음만 있다면, 종교는 우리에게 모든 것을 약속해준다. 우리는 지상의 한계를 넘어선 후엔 더 이상 우리를 괴롭히는 사람들과 같이 지낼 필요가 없다. 그때 우리의 신경을 긁고 우리의 영혼을 좀먹는 사람들을 만날 필요가 없다. 그러니 종교를 기쁨으로 대하라. 진실한 종교는 기뻐할 수밖에 없는, 오직 기쁨의 대상일 뿐이다.

너무도 슬픈 일이지만, 우리는 신비사상이나 형이상학을 공부하는 사람들 중 상당수가 최악의 범법자들이었음을 털어놓을 수밖에 없다. 예컨대 독특한 종파가 하나 있는데 — 이름을 밝히진 않겠다 — 그들은 자신들만이 선택된 영혼이며 곧 구원을 받아 그들만의 작은 천국에 살게 되리라는 확신에 차 있다. 그리고 거기에 포함되지 못한 다른 사람들은 의심할 여지없이 죄 많고 불쌍한 인생들인바, 갖가지 구역질나는 불쾌한 방법으로 파멸당하리라는 것이다.

우리는 그들의 말에 전혀 동의하지 않는다. 중요한 것은 그에게 믿음이 있느냐 아니냐이지, 어떤 종교 또는 어떤 신비사상을 믿느냐 하는 것이 아니다. 무릇 사람이라면 믿음이 있어야 한다.

신비사상은 구구단이나 역사 공부에 비해 전혀 모호하거나 어려운 것이 아니다. 그저 대상이 좀 다른 공부거리일 뿐이다. 신비사상은 물리적인 현상에 속하지 않는 것들을 알려준다. 우리는 신경계가 어떻게 근육에 작용하여 커다란 발가락을 움직이는지를 알게 되었다고 해서 환호성을 지르진 않는다. 그것은 그저 평범한 물리적 현상에 불과하다. 마찬가지로 우리가 자신의 에테르 에너지를 다른 사람에게 전하는 방법을 배웠다고 해서 위대한 영들이 우리를 에워싸고 환호하리라고 상상할 이유도 없는 것이다. 여기서 우리가 '프라나prana' 또는 다른 동양의 단어가 아니라 '에테르 에너지'라는 영어식 단어를 쓰고 있음에 주의하라. 우리는 영어로 강의록을 쓰고 있으므로 무엇보다 이 언어에 충실하고자 한다.

기뻐하라. 신비사상과 종교에 대해 공부를 하면 할수록, 당신은 무덤 너머에 놓여 있는 위대한 삶의 진실을 확인하게 될 것이다. 우리는 무덤에 들어갔다 나오면서 그저 뒤에 육체를 남길 뿐이다. 이는 낡은 옷을 버려서 청소부가 주워가게끔 하는 것과 같다. 형이상학적 지식 안에서는 두려워할 일이 아무것도 없다.

제대로 된 종교라면, 당신은 그것을 공부하면 할수록 그 진실성을 더욱 믿게 될 것이다. 자칫하면 좁고 협소한 길 아래로 떨어져 지옥불과 저주에 둘러싸이게 된다고 위협하는 종교들은 신도들을 존중하지 않는다. 인류가 다소 야만스러웠던 옛날에는 커다란 지팡이(무력)를 휘두르는 의례로써 신도들을 겁주는 일이 허용되었겠지만, 이제 그런 사고방식은 달라져야 한다.

부모들이라면 아이들을 윽박지르기보다는 달래주는 편이 훨씬 다루기가 쉽다는 사실에 동의할 것이다. 툭하면 경찰이나 도깨비를 부르겠다고, 또는 너희를 팔아버리겠다고 위협하는 부모는 스스로 제 집안에 신경증을 불러들이는 셈이다. 반대로 부드럽지만 단호한 태도로 아이들을 기쁨 속에서 살게 하는 부모는 선량한 시민을 키워낸다. 우리는 친절함과 단호함을 함께 지녀야 한다는 견해를 전적으로 지지한다. 단호함이란 결코 거친 행동이나 학대를 뜻하는 것이 아니다.

다시 말하지만 종교 안에서 기뻐하라. 사랑과 연민과 이해로써 가르치는 '부모(종교)'의 '아이(신도)들'이 되어라. 위협과 처벌과 영원한 저주를 운운하는 모든 허위와 비열한 짓거리를 멀리하라. '영원한 저주'는 없다. 영적 세계에서는 아무도 버려지지 않는다. 누군가가 추방되는 일 따위는 불가능하다. 아무리 나쁜 사람일지라도 구원받을 수 있다.

우리가 나중에 자세히 다룰 아카샤 레코드*는 이렇게 말한다. 끔찍하게 사악하여 당분간은 뭘 어찌할 수 없는 사람일지라도, 사실은 다만 그의 진화가 지체되고 있는 것일 뿐이며 그는 뒤에 '다음 라운드의 삶'으로 나아가는 또 다른 기회를 얻게 되리라고 말이다. 이는 수업시간에 놀기만 하다가 학기말 시험을 통과하지 못한 학생이 친구들처럼 상급반으로 올라가지 못하고 유급하여 그 수업을 처음부터 다시 들어야 하는 것과 같다.

서너 번 수업을 빼먹거나 꾀를 부려 놀았다고 해서 그 학생을 향해 화덕에 구워질 것이라고, 배고픈 악마에게 던져져 잡아먹힐 것이라고 저주하는 사람은 없을 것이다. 교사들은 엄하게 꾸짖겠지만 그렇다고 위협을 가하진 않을 것이다. 만일 그 학생이 그 학교에서 퇴학당한다 해도, 곧 다

---

*《선인들의 지혜》 481쪽 참고.

른 학교로 전학을 가거나 장기결석 학생을 관리하는 조사관의 추궁을 받게 되는 정도가 고작이다.

지상의 인간들도 마찬가지다. 당신이 설령 이번 기회를 엉망으로 만들었다고 해도 너무 상심하진 말라. 당신은 곧 다른 기회를 얻을 것이다. 신은 가학적이지 않다. 신은 우리를 파멸시키기 위해서가 아니라 돕기 위해 움직인다. 만약 신이 우리를 늘 감시하면서 갈가리 찢어서 굶주린 악마에게 던져줄 기회만 노린다고 믿는다면 이는 신에 대한 커다란 불경이다. 신을 믿는다면 그의 자비로움도 믿으라. 왜냐하면 그런 믿음으로써 우리도 자비로운 존재가 되기 때문이다.

이 다락방을 떠나기 전에 또 하나의 먼지투성이 상자를 열어보자. 이 특별한 보따리 역시 그 누구의 관심도 받아본 적이 없는 듯하다. 그러니 이걸 한 번 뒤집어서 무슨 이야기가 들어 있는지 살펴보자.

아카샤 레코드에 의하면, 유대인은 이전의 존재 단계에서 전혀 영적 성장을 이루지 못한 민족이다. 그들은 해서는 안 될 일들을 했고, 해야 하는 일들은 하지 않았다. 그들은 쾌락을 탐한 나머지 주지육림에 사로잡혔다. 그들의 육체는 물질의 포로가 되었고, 그 결과로 그들의 영은 밤에도 유체여행을 떠나지 못하고 조악한 육체의 덮개 안에 갇혀 있게 되었다.

그렇다고 우리가 '유대인'이라 부르는 이 사람들이 절멸하거나 영원한 저주에 떨어진 것은 아니다. 대신 그들은 새로운 순환과정으로 들어섰는데, 이는 마치 수업시간에 딴청을 피우고 제멋대로 행동한 학생들이 다른 학교로 전학을 가게 되어 같은 수업을 또 듣길 시작하는 것과 같다.

그런데 현재의 존재 단계에서 처음으로 지상의 삶을 겪게 된 사람들은 유대인들을 만나면 뭔가 어리둥절하고 당황스러움을 느낀다. 그들은 유대인들이 뭔가 다르다는 점을 감지하기는 하지만 그 차이가 무엇인지는 이해하지 못한다. 그래서 그들은 다른 차원의 지식을 갖고 있는 듯 보이는 유대인들을 두려워하고 더 나아가 박해한다.

아주 오래된 민족인 유대인들은 이런 이유로 박해를 받게 되었다. 이를테면 유대인들은 같은 수업을 두 번째로 들으면서 자신들의 길을 헤쳐 나가고 있는 셈이다. 한편 유대인들의 지식과 참을성을 부러워하는 사람들도 있다. 하지만 부러움과 시기심을 불러일으키는 것들 또한 공격의 표적으로 지목되는 경향이 있다.

우리는 지금 유대인이나 이교도(개신교)를 평가하려는 게 아니다. 종교의 기쁨을 말하고자 하는 것이다. 기쁨과 즐거움 속에서 우리는, 위협에 의해서는 결코 배우려고 하지 않을 일들을 기꺼이 배우게 된다. 다시 반복하지만 '영원한 고통' 따위는 없다. 당신의 살을 태우고 끔찍한 고통에 몸부림치게 할 지옥불은 실재하지 않는다.

당신의 생각을, 당신이 배워온 바를 되살펴보라. 신앙에는 기쁨과 사랑이 함께한다는 우리의 말이 얼마나 합리적인 것인가를 따져보라. 당신은 당신을 때리거나 영원한 암흑 속으로 보내려는 가학적인 아버지에게 시달릴 이유가 없다. 그 대신 당신 앞에는 인간이 존재할 기미조차 없었던 태초로부터 이 모든 과정을 먼저 거쳐 갔던 위대한 영들이 있다. 그들은 모든 일을 경험했으므로 모든 해답을 알고 있으며, 그 고초도 알고 있고 연민도 지니고 있다.

우리가 다락방에서 찾은 보물에는 "종교 안에서 기뻐하라"고 쓰여 있다. 당신의 신앙에 미소를 보내고, 당신의 신 — 그를 어떻게 부르든 간에 — 에게 따뜻한 감정을 지니라. 그는 당신이 내면의 뿌리 깊은 공포를 제거하기만 하면 당장이라도 치유의 파장을 보내줄 준비가 되어 있기 때문이다.

이제 이 다락방을 떠나서 다시 저 낡고 삐걱거리는 계단을 내려갈 때가 되었다. 그러나 곧 다음 교과에서 당신은 한 번 더 이 '다락방'에서 우리와 만나게 될 것이다. 주변을 둘러보니 아직도 꽤 많은 보물들이 마루 위에 또는 선반 위에 놓여 있다. 이 다락방을 다시 둘러보는 것은 재미도 있고, 희망컨대 이득도 있을 것이다.

제16과

우리는 다락방에서 다시 만났다. 우리는 이곳을 깨끗하게 치우면서 두세 가지 새로운 물건들을 발견했다. 그것들은 마치 작은 섬광처럼, 당신이 한동안 품어왔던 의문을 밝혀줄 것이다.

그 첫 번째로, 우리가 얼마 전에 받은 편지가 하나 있다. 거기에 뭐라고 쓰여 있냐 하면… "당신은 두려움에 대해 많이 씁니다. 당신은 두려움 그 자체를 제외하고 두려워할 것은 아무것도 없다고 말합니다. 내 질문에 대해서 당신은, 나를 뒤처지게 하고 성장하지 못하게 하는 것이 바로 두려움이라고 했습니다. 그러나 나는 두려움을 모릅니다. 나는 두려움을 느끼지 않습니다. 그러니 대체 뭐가 문제일까요?"

그렇다. 이것은 정말 흥미로운 문제다. 두려움, 실로 두려움이야말로 사람의 발목을 잡는 유일한 것이다. 잠시 앉아보라. 그리고 이 두려움이란 문제를 한 번 살펴보자.

우리는 모두 어느 정도의 두려움을 가지고 있다. 어떤 사람들은 어둠을 두려워하고 어떤 사람들은 거미나 뱀을 두려워한다. 그리고 그들은 자신의 두려움을 잘 인식하고 있을지도 모른다. 두려움이 겉으로 드러나고 있는 경우엔 말이다. 하지만 잠깐! 우리의 의식 전체로 보면, 표면의식은 그중 10분의 1에 불과하고 나머지 10분의 9는 전부 잠재의식이다. 그렇다면 두려움이 잠재의식 속에 있는 경우는 과연 어떨까?

잠재의식 속에 숨겨진 몇몇 충동으로 인해 우리는 어떤 일을 하게 되거나 하지 못하게 억눌린다. 그러면서도 스스로 왜 그 일을 하는지 또는 왜 그 일을 도무지 할 수 없는지를 이해하지 못한다. 표면의식 속엔 그 이유를 규명해줄 만한 것이 아무것도 없다. 그렇게 불합리한 행동을 하다가 결국 심리학자 앞에 가서 오랜 시간 상담을 받게 된다면, 드디어 잠재의식으로부터 다음과 같은 사실이 끌려나올 것이다. "우리가 ○○에 대해 두려움을 갖는 것은 우리가 아기였을 때 일어났던 어떤 일 때문"이라고.

잠재의식 속의 두려움은 표면의식으로부터 숨겨진 채로 작용하며 우리를 성가시게 한다. 마치 목조건물을 갉아먹는 흰개미 떼와도 같다. 그 건물은 겉만 살펴보면 튼튼하고 흠이 없어 보이지만 흰개미들의 공격을 받으면 단 하룻밤 사이에 무너져버릴 수도 있다. 두려움도 같은 일을 일으킨다. 두려움은 활성화되기 위해서 꼭 표면의식으로 떠올라야 할 필요가 없다. 오히려 두려움은 잠재의식 속에 있을 때 더욱 강력하다. 왜냐하면 그래야 우리가 두려움이 어디에 있는지를 모르므로 그것에 대처할 방법도 알 수 없게 되기 때문이다.

우리 모두는 저마다 특정한 제약 속에서 평생을 살아왔다. 그리스도교인으로 자란 사람들은 '어떤 일'을 하지 않는다. 그들은 절대 '그런 일'을 해선 안 된다고 배웠을 것이다. 그러나 다른 종교를 가진 사람들은 그런 일을 해도 전혀 상관이 없다. 그러므로 두려움이란 문제를 고찰하려면 먼저 그의 문화와 종족의 배경을 조사할 필요가 있다.

당신은 유령을 보는 게 겁나는가? 왜 그런가? 만일 생전에 마틸다 이모가 친절하고 따뜻해서 당신을 무척 사랑해주었다면, 그녀가 지상을 떠나 더 높은 존재의 세계로 간 후로는 이전보다 당신을 덜 사랑하리라고 지레짐작할 까닭이 대체 어디에 있는가? 그런데 왜 마틸다 이모의 유령을 두려워하는가?

우리가 유령을 두려워하는 이유는 우선 그것이 낯선 존재들이기 때문이다. 그러나 더욱 결정적인 이유는, 우리의 종교가 유령 따위는 실재하지 않는다거나 성자 급의 사람들에게나 보이는 것이라고 가르쳐왔기 때문이다. 우리는 우리가 이해하지 못하는 것들을 두려워한다. 만일 세상에 여권도 없고 언어의 장벽도 없다면 전쟁은 반드시 줄어들 것이다. 우리가 러시아인이나 터키인, 아프가니스탄인을 두려워하고 적대시하는 것은 그들을 '이해하지 못하기' 때문이다. 무엇이 그들을 움직이며 그들이 우리에게 '무슨 짓'을 하려는지 알지 못하기 때문이다.

두려움은 끔찍한 질병이자 형벌로서 우리의 지성을 좀먹는다. 그러므로 우리는 뭔가에다 특정한 단서를 덧붙이기 전에 심층으로 들어가서 그 이유부터 알아내야 한다. 예컨대 왜 어떤 종교들은 환생 따위는 없다고 가르치는 걸까? 여기엔 명백한 이유가 있다. 오랜 옛날, 사제들은 절대적인 권력을 누리면서 '영원한 저주'라는 개념으로써 백성들을 위협하고 다스렸다. 그들은 사람에겐 기회가 한 번뿐이므로 이번 생에서 최선을 다해야 한다고 가르쳤다. 만일 사람들이 환생의 존재를 알게 되면 그들은 이번 생을 느슨하게 살면서 다음 생에 그것을 보충하려 들지도 모르기 때문이다.

실제로, 이번 생의 빚을 다음 생에 갚겠다는 계약까지도 가능했던 고대 중국에서는 사람들이 너무나 환생에 의지한 나머지 현재의 삶은 무시당하고 황폐화되었다. 그저 그들은 밤마다 카나리아(노랫소리가 아름다운 애완용 새) 새장을 들고 나무 아래 둘러앉아 시시덕거리기만 했다. 이번 생은 휴가로 치고, 다음 생에 이번 생의 게으름을 벌충하겠다는 심보였던 것이다. 하지만 그 결과는 좋지 않았고 그래서 중국의 문화가 퇴락해버렸다.

반복하지만 당신 자신을 살피고, 당신의 지성을 살피고, 당신의 상상력을 살펴보라. 내면을 '깊이 분석하여' 자신의 잠재의식이 억누르고자 하는 것이 무엇인지를 알아내라. 당신으로 하여금 뭔가에 대해 그토록 두려워하고 걱정하고 안절부절못하게 만드는 것이 대체 무엇인지를 찾아내라. 그것을 끄집어내는 순간, 당신은 두려움이 이미 사라져버렸음을 깨닫게 될 것이다.

사람들이 의식을 갖고 유체여행을 하지 못하는 것은 두려움 때문이다. 이미 배웠다시피, 실제로 유체여행은 놀랄 만큼 단순하다. 별다른 노력도 필요 없다. 그저 숨쉬기처럼 간단하다. 그런데도 사람들은 그걸 두려워한다. 잠은 거의 죽음에 가깝다. 잠은 죽음을 떠올리게 한다. 우리가 언젠가는 '깊은 잠'에 들게 되리라는 사실을 상기시킨다. 우리는 마침내 죽음이 우리를 앗아갈 때 무슨 일이 일어날지 미리 겁을 낸다. 그리고 혹시 잠자는 동안 누군가 우리의 은빛 줄을 절단하여 미아로 만들어버릴까 봐 걱정한다.

그런 일은 일어날 수 없다. 유체여행엔 어떤 위험도 없다. 위험한 것은 바로 당신의 두려움, 특히 당신조차도 알아차리지 못하는 두려움뿐이다. 우리는 거듭 제안한다. 당신 자신의 두려움을 살펴보라. 그것은 겁낼 만한 일이 아니다. 그러니 당신이 지금 두려워하고 있는 그것의 정체를 파악하고 이해해보라.

우리는 적지 않은 시간을 이 소소한 이야기에 투자했다. 하지만 아직도 할 이야기가 많다. 이번 교과를 끝내기 전에 당신이 주목해야 하고 다루어야 할 것들이 많다.

우리의 다락방을 다시 둘러보자. 특별히 당신의 이목을 끄는 게 있는가? 저쪽에 있는 장식품이 보이는가? '이 세상 너머에'라고 쓰여 있는 그것 말이다. 이크, 벌써 이야기를 시작해버렸다!

'이 세상 너머에'. 사물을 진실하게 표현하려 할 때 쓰이는 수식어들이 많이 있다. 예컨대 누군가는 매우 아름다운 어떤 물건을 보고 '이 세상의 것이 아니라'고 표현한다. 이 얼마나 진실한 말인가. 고통과 시험과 재난투성이인 이 물질적 몸의 한계를 넘어설 때, 우리는 바로 그 표현처럼 '이 세상의 것이 아닌' 소리를 듣고, 색채를 보고, 경험을 할 수 있게 된다.

이 세상에서 우리는 무지라는 동굴 속에 갇혀 있고, 육욕과 그릇된 사고방식에 속박당하고 있다. 즉, 우리는 이웃에게 지지 않으려고 허세를 부리는 데 너무 바빠서 자기 주변을 돌아볼 여유가 없다. 우리는 세속적인 차원의 소용돌이 속에서 살아간다. 우리는 생계를 꾸려야 하고 사회적인 책무를 져야 한다. 그런 다음에야 얼마간이라도 휴식을 취할 수 있다.

우리의 모든 생활은 광란의 쳇바퀴처럼 좀체 여유가 없이 돌아간다. 그렇지만 잠깐! 이 모든 분주함은 꼭 필요한 것일까? 다만 30분 만이라도 짬을 내어 날마다 명상을 하는 것은 절대 불가능한 일일까?

명상을 통해서 우리는 즉시 '이 세계'를 벗어날 수 있다. 우리는 약간의 연습만으로도 유체계를 비롯한 여러 세계들을 방문할 수가 있다. 그 경험은 유쾌할뿐더러 둥실 떠오르는 기쁨마저 준다. 영적 사고가 고양될 때 우리의 진동수는 증가한다. 그리고 '피아노 건반' 위에서 우리의 지각 능력이 높아질수록 우리의 경험은 훨씬 아름다워진다.

당연히 '이 세상 너머'가 우리의 목적지가 되어야 한다. 그러려면 먼저 우리의 과업을 제대로 마쳐야 한다. 학교의 비유를 다시 떠올려보자. 더운 여름날, 답답한 교실에서 재미없는 소리만 늘어놓는 선생님 때문에 진력이 났던 경험은 누구에게나 있을 것이다. 대체 누가 무슨 무슨 제국의 흥망사를 궁금해한단 말인가? 그때 우리는 지루한 목소리만 웅웅대는 후텁지근한 교실을 떠나 탁 트인 바깥으로 나가길 얼마나 열망했던가. 그러나 그렇게 할 순 없었다. 만일 우리가 수업을 빼먹었다면 선생님으로부터 따끔하게 벌을 받았을 것이고, 시험을 통과하지 못해 유급을 했을 것이고, 결국 생판 모르는 학생들과 함께 또다시 지겨운 교실에 틀어박혀야 했을 것이다. 다른 학생들은 진급을 못한 우리를 골동품이나 열등아로 대했으리라.

그러니 우리는 수업을 끝마칠 때까지 이 세상을 영영 탈출하려 해서는 안 된다. 그래야 이 세상을 떠나 훨씬 더 영광된 곳으로 갈 때 기쁨과 안락함과 영적 성숙을 당당히 바라고 기대할 수 있다. 우리가 항상 명심해야 할 것은, 이 세상에 있는 우리의 처지는 마치 음산한 감옥에 갇힌 죄수와 같다는 사실이다. 물론 이곳에 있는 동안은 이 지상이 얼마나 끔찍한 곳인지 실감이 나지 않는다. 그러나 만일 당신이 당장 밖으로 나가서 이곳을 내려다보게 된다면, 그땐 상당한 충격을 받고 다시 되돌아오길 꺼리게 될 것이다. 그것이 바로 많은 사람들이 유체여행을 하지 못하는 이유인데, 마음이 준비되어 있지 않은 상태에서 다시 돌아오는 것은 참으로 불유쾌한 경험이기 때문이다.

모든 기쁨은 저 너머에 있다. 유체여행을 하는 사람들은 해방의 그날을 기다리는 동시에, 이 '감옥'에 있는 동안만큼은 또한 최선을 다하고 책임을 다해야 한다. 만일 그렇지 못하면 그만큼 더 늦게 석방될 것이다.

그러니 이 지상에서 최선을 다하라. 그러면 이번 생을 떠나게 될 때 더욱 위대한 저 너머의 삶을 맞을 준비가 절로 되어 있을 것이다. 지상의 삶 속에서의 소소한 노력들에는 분명 그 나름의 가치가 있다.

이 다락방에서 품목을 바꿔가면서 먼지를 털어대느라고 꽤 숨이 가쁘지만, 다른 구석으로 옮겨가서 새로운 보물을 더 살펴보기로 하자.

많은 사람들은 '예언자'들이 늘 오라를 보고 생각을 읽어낸다고 생각한다. 그건 아주 틀린 생각이다. 텔레파시 능력이나 투시 능력을 가졌다고 해서 늘 다른 사람의 생각을 읽고, 상대방의 오라를 살피는 것은 아니다. 이 보물(진실)의 어떤 측면은 지극히 적나라하여 불쾌할 것이고, 어떤 측면은 껍데기에 불과한 우리의 자존심이라는 풍선을 터트려버릴 것이다.

우리는 그저 서너 단어만을 내뱉고는 "그렇지만 제가 일일이 말할 필요는 없겠죠? 당신은 나를 보기만 해도 다 알 수 있잖아요" 하고 입을 닫아버리는 방문객들을 만나곤 한다. 사실은 그렇지가 않다. 우리는 모든 것을 알 수 있지만, 실제로 그렇게 하는 것은 도덕적으로 용납되지 않는다. 예언자나 영능력자, 천리안을 가진 사람들에 대해 두려움을 갖지 말라. 왜냐하면 그들은 도덕적이어서 당신이 먼저 찾아왔다고 해도 사적인 일을 자세히 들여다보진 않을 것이기 때문이다. 그리고 비도덕적인 사람들은 애초에 그런 능력을 유지할 수가 없다.

확실히 말해두건대, 푼돈을 받고 운명을 점지하는 뒷골목의 '예언자'들에게는 예언 능력이 없다. 그 가난한 노파들은 다른 방법으로는 돈을 벌 수가 없을 뿐이다. 아마도 예전에는 투시 능력이 있었으리라. 그러나 그런 일을 상업적으로 지속할 수는 없다. 돈을 받고 어떤 사람에게 그들 자신에 관한 일들을 투시해주는 것은 불가능하다. 돈을 주고받는 행위만으로도 텔레파시 능력이 이지러지기 때문이다. 그래서 뒷골목 예언자들의 말이 자주 틀리는 것이다. 그러나 그들은 돈을 받았으므로 뭐라도 보여주어야만 한다. 아마도 그들은 선량하지만 어설픈 심리학자가 되어 당신이 스스로 지껄이도록 유도하리라. 그러고는 그 지껄임에서 단서를 찾아 당신에게 되돌려주고, '예언자'라는 권위에 현혹된 당신은 그들이 당신의 가려운 데를 정확히 짚어냈다며 환호성을 지를 것이다.

투시가들이 당신의 일을 들여다볼 것이라고 두려워하지 말라. 당신이 자신의 방에서 바쁘게 편지를 쓰고 있을 때, 누군가 몰래 들어와 어깨너머로 그걸 다 엿보고 있다면 기분이 어떻겠는가? 누군가 당신의 머릿속을 헤집고 다니면서 이걸 꺼내고 저걸 읽어대고, 당신이 가진 모든 것과 당신이 생각하는 모든 것을 낱낱이 안다면 기분이 어떻겠는가? 누군가 당신의 전화통화를 24시간 감청하고 있다면 기분이 어떻겠는가? 생각할 것도 없이 당신은 "불쾌하다"고 말할 것이다.

다시 말하지만, 품성이 좋은 사람은 남의 생각을 아무 때나 읽어대지 않으며 품성이 나쁜 사람에게는 그런 능력이 아예 주어지지 않는다. 이것이 초자연적인 법칙이다. 품성이 나쁜 사람은 투시를 하지 못한다. 당신은 이러저러한 것들을 몽땅 들여다본다는 사람들에 관한 무성한 이야기를 들어보았으리라. 그러나 그런 이야기는 99.9퍼센트를 에누리해서 들으라.

투시가는 당신이 먼저 무엇을 의논하고 싶어하는지를 알려주길 고대한다. 투시가는 당신의 개인적인 생각이나 오라에 간섭하지 않는다. 당신이 그래주기를 바라더라도 말이다. 우리에겐 아주 엄격하게 지켜야 할 초자연적 법칙이 있다. 이 법칙을 어기면, 지상에서 인간이 법을 어겼을 때 처벌을 받듯이, 우리도 처벌을 받게 된다. 투시가에게 스스럼없이 하고 싶은 말을 하라. 투시가에게 무엇이든 원하는 것을 요구하라. 그러나 진실만을 말해야 한다. 그는 당신이 진실을 말하는지 아닌지를 알 것이다. 거짓은 당신 자신만을 현혹시킬 뿐, 투시가에겐 전혀 통하지 않는다.

기억해두라. 선량한 '예언자'는 당신의 사고를 읽으려 들지 않으며 품성이 나쁜 예언자는 그럴 능력이 없다.

우리가 들여다볼 만한 작은 보물이 하나 더 있다. 당신은 결혼한 배우자와 잘 지내지 못하는 편인가? 그렇다면 그건 당신이 지상에서 극복해야 할 '장애'일 수 있다.

이런 식으로 비유해보자. 말들이 경마장에 들어선다. 그리고 만일 특정한 말이 계속 우승을 도맡아서 경주가 재미없어진다면, 그 말에게는 일종의 핸디캡이 주어질 것이다.

당신도 자신을 그런 말에다 비유할 수 있다. 지난 생의 수업에서 당신은 너무나 빨리, 또는 쉽게 질주했는지도 모른다. 그런 경우에 당신은 이번 생에서 '잘 맞지 않는 배우자'라는 핸디캡을 안게 될 수 있다. 그렇더라도 할 수 있는 한 최선을 다하라. 그리고 기억하라. 만일 당신의 배우자가 정말로 당신과 잘 맞지 않는다면, 당신은 결코 그 또는 그녀를 지상 너머의 삶에서 다시 만나지 않으리라.

당신이 드라이버나 망치를 집어 들었다면 그것은 그 연장이 당장 해야 할 작업에 필요하기 때문일 것이다. 잘 맞지 않는 배우자는 당신으로 하여금 특정한 교훈을 배우게끔 하기 위해 선택된 연장과도 같다. 그는 자신의 드라이버나 망치에 집착할지도 모른다. 왜냐하면, 그것이 실제로 쓸모가 있기 때문이다. 그러나 분명한 사실은, 그가 그 드라이버나 망치를 '저편'으로 가져갈 만큼 집착하지는 않으리라는 것이다.

'인간의 위대함'을 논하는 이론과 설명이 많이 있다. 그러나 우리는 인간이 생명의 최고 형태는 아니라고 말한다. 지상의 인간들은 오히려 가학적이고 이기적이고 자기중심적인, 실은 꾀죄죄한 군상들이다. 그렇지 않다면 그들은 이 지상에 있지도 않을 것이다. 왜냐하면 우리는 바로 그런 성품들을 극복하는 법을 배우려고 지상에 오기 때문이다.

인간은 현재의 삶을 넘어설 때 참으로 위대해진다. 그렇지만 다시금 분명히 해두지만, 만일 우리가 이 세상에서 맞지 않는 배우자나 부모를 가졌다면 그것은 우리가 스스로 극복해야 할 과제로서 사전에 정해두었던 결과이다. 우리가 백신주사를 맞고 예방접종을 하는 것은 일부러 극소량의 균을 주입해둠으로써 훗날 강렬하고 치명적인 균의 공격을 막기 위함이다. 우리의 배우자나 부모는 우리가 그들과 어우러짐으로써 특정 교훈을 배울 수 있도록 선택된 존재일 수 있다. 그러나 이번 생을 마친 후에는 다시 그들을 만날 필요가 없다. 잘 어우러지지 못하는 존재들끼리 다시 만나는 일은 불가능하다. 반복하건대 죽음 저편에서 우리는 조화의 법칙 속에서 살게 된다. 많은 사람들은 이 사실에 크게 안도하리라.

벌써 밤의 어스름이 모여들고 있고 날이 저무는 중이다. 당신을 더 이상 잡아두면 안 될 것 같다. 당신에게는 밤이 닥치기 전에 해야 일들이 많을 테니까.

이제 모든 보물을 다시 제자리로 돌려놓고 다락방을 나가서 조용히 문을 닫자. 그리고 저 낡고 삐걱대는 계단을 다시 내려가서 각자 평온하게 제 갈 길을 향해 가자.

제17과

아침 일찍부터 친구가 당신의 겉옷을 거의 잡아끌다시피 하면서 흥분을 가라앉히지 못한 목소리로 이런 말을 내뱉은 적이 없는가? "오, 맙소사. 어젯밤엔 아주 징그러운 경험을 했어. 꿈에 실오라기 하나 안 걸치고 거리를 돌아다녔지 뭐야. 너무나 황당했다구."

많은 사람들은 다양한 형태로 이런 식의 꿈을 꾸곤 한다. 우리는 갑자기 우아한 풍모의 사람들로 가득한 응접실에 있다가 문득 자신이 옷 입는 일을 깜빡했음을 발견하기도 하고, 어느 거리의 모퉁이에서 자신이 이상스러운 복장을 하거나 벌거벗은 채로 서 있다는 사실을 알아차리기도 한다.

당신도 알다시피, 이런 꿈은 유체여행의 실제 경험이다. 우리는 다른 사람들의 유체여행을 볼 수 있으므로 이처럼 놀랍고 재미있는 광경을 몇 차례 목격한 적이 있다. 그렇지만 이번 교과는 그런 이야기를 하자는 게 아니고, 꿈이라는 지극히 정상적인 현상에 대한 이해를 돕자는 것이다.

이번 교과에서는 꿈을 다룰 것이다. 꿈은 한 가지 또는 여러 가지 형태로 모든 사람에게 온다. 태고로부터 꿈은 미래의 전조이자 조짐, 또는 불길한 징조로서 여겨졌다. 꿈으로 운을 점친다는 사람들도 있지 않은가. 물론 꿈이란 그저 잠자는 동안 마음이 일시적으로 육체와 떨어져 빚어내는 상상의 단편들이라고 여기는 사람들도 있다. 하지만 이건 완전히 틀린 설명이다.

이전의 교과들에서 논했듯이 우리는 적어도 두 개의 몸을 가지고 있다. 여기서 우리는 그 두 가지 몸, 바로 물리적인 육체(physical body)와 그것에 바로 인접한 유체(astral body)만을 다루고자 한다. 물론 우리에겐 더 많은 형태의 몸들이 있다.

잠이 들 때, 우리의 유체는 점차 육체로부터 분리되어 위로 떠오른다. 그리고 유체가 분리되면서 우리의 마음도 육체로부터 사실상 분리된다. 육체는 마치 방송국과 같은 시스템을 갖추고 있으나, 정작 아나운서(마음)가 자리를 비우게 되면 어떤 메시지도 스스로 만들어내지 못한다.

이제 유체는 육체 위에서 떠돌면서 어디를 갈까, 무엇을 할까를 한동안 곰곰이 생각한다. 그리고 결정이 내려지면, 유체는 먼저 두 발을 땅 쪽으로 기울여서 보통 침대의 끄트머리에 자리를 잡는다. 그리곤 새가 잔가지를 떠나듯이, 위쪽으로 살짝 도약하여 은빛 줄의 끝에서 솟아오르며 멀리 사라진다.

대부분의 사람들은, 특히 서양인들은 그들의 유체여행이 실재임을 알지 못한다. 그래서 어떤 특별한 일을 겪어도 그 의미를 알아채지 못한다. 그러나 그들 역시 돌아온 후에는 뭔가에 친근감을 갖게 되거나 이렇게 말하게 된다. "아, 나 어젯밤에 이러저러한 꿈을 꿨는데 그 사람 꽤 좋아 보였어." 그렇다면 십중팔구 당사자는 실제로 '이러저러한' 곳, 또는 그 사람을 방문했던 것이다. 왜냐하면 유체여행은 아주 쉬운 것이며, 쉬운 만큼 빈번하게 행해지고 있기 때문이다.

여러 가지 이유로 우리의 유체는 예전에 자주 가던 곳으로 종종 이끌리는 듯하다. 즉, 우리는 전에 방문했던 장소에 또 가보길 좋아하는 것 같다. "범인은 언젠가 반드시 범죄현장으로 되돌아온다"는 말도 있지 않은가.

우리가 친구들을 방문하는 것은 지극히 자연스러운 일이다. 우리 모두는 유체여행을 할 때 반드시 목적지를 택해야만 한다. 그런데 그런 선택에 '훈련'되지 않은 사람들은 유체계를 마음대로 쏘다니지 못하고 그저 몇몇 아는 곳에만 집요하게 달라붙는다. 아직 유체여행을 공부하지 못한 사람들은 해외의 친구들을 방문하거나, 평소 가보고 싶었던 어떤 특별한 상점이나 장소로 달려가는 정도에 그칠 것이다. 그리고 육체로 돌아와 깨어날 즈음에 ─ 만약 의식이 있다면 ─ '꿈을 꿨다'고 생각할 것이다.

당신은 우리가 왜 꿈을 꾸는지 아는가? 우리 모두는 실재 속에서 여행을 다니고 있다. 우리의 '꿈'은 비행기나 배를 타고 영국에서 뉴욕으로, 또는 아덴(예멘 남서부 도시)에서 아크라(가나의 수도)로 여행하는 것만큼이나 실제적인 것이다. 그렇지만 우리는 그것들을 그저 '꿈'이라고만 부른다.

이 주제로 더 깊이 들어가기 전에, 서기 60년 교회의 지도자들이 콘스탄티노플 회합에서 '그리스도교 사상'에서 구현되어야 할 사항을 결정한 이래로 위대한 대가들의 많은 가르침이 왜곡되고 억압되었다는 사실을 기억하자. 우리는 아카샤 레코드에서 얻은 정보로써 이 모든 왜곡에 대해 아주 통렬한 비판을 가할 수 있다. 하지만 우리가 이 강좌를 준비한 목적은 사람들이 자신을 더 잘 이해하도록 돕기 위함이지 누군가의 곡식 낱알들을 짓밟자는 게 아니다. 그들의 '낱알들'(믿음)이 아무리 그릇된 것일지라도 말이다.

그러나 이 사실만을 꼭 밝혀야겠다. 서양인들이 수세기 동안이나 유체여행에 대해 전혀 알지 못했던 것은, 유체여행이 조직화된 종교의 어떤 세계관에도 잘 들어맞지가 않았기 때문이다. 우리가 여기서 '조직화된 종교'라고 강조한 점을 잊지 마시라.

다시 말하건대, 서양의 사람들은 대부분 요정이나 자연의 영을 믿지 않는다. 그래서 별 의심 없이 그런 존재들과 어울리는 아이들은 어른들에게 꾸지람을 듣거나 웃음거리가 된다. 정작 어른들이 더 잘 알고 있어야 하는 일인데도 말이다. 이런 측면에서 보면 아이는 어른보다 훨씬 더 영리하고 깨어 있는 상태이다. 성경조차 이렇게 말하고 있지 않은가. "어린 아이같이 되지 않고서는 천국에 들어갈 수 없다." 우리는 표현을 좀 달리해서 이렇게 말하고 싶다. "만일 당신이 아이의 믿음을 갖고 어른의 불신에 오염되지 않는다면, 당신은 어느 때고 어디로든 갈 수가 있다."

비웃음을 산 아이들은 자신이 본 것을 감추는 법을 배운다. 불행하게도 그들은 자신의 진정한 능력을 감춰야 할 필요 때문에 다른 존재들을 보는 능력을 곧 잃어버린다. 꿈의 경우에도 사정은 마찬가지다. 사람들은 육체가 잠들었을 때도 견문을 넓힌다. 유체는 결코 자는 일이 없다. 그런데 유체가 육체로 돌아올 때 그 둘 사이에 충돌이 생긴다. 유체는 진실을 알지만, 육체는 유년에서 성년에 이르기까지 반복주입된 선입견 탓에 오염되고 닫혀 있다. 그래서 어른들은 자동적으로 진실을 외면하고, 그럼으로써 갈등이 생겨난다. 유체는 외출을 나가서 뭔가를 행하고 경험하고 보지만, 육체는 그 전부를 믿지 못하게 한다.

두 손으로 붙들 수 없고 쪼개서 들여다볼 수 없는 것은 그 무엇이든 믿지 말라는 것이 서양의 교육이다. 서양인들은 증거, 더 많은 증거, 오로지 증거만을 요구하면서 항상 그 증거가 틀렸다는 것을 입증하려 애쓴다. 그러니 육체와 유체 사이엔 갈등이 생길 수밖에 없고, 결국 꿈은 '아주 괴상하기 이를 데 없는 것들'에 대한 일종의 상상에 불과한 것으로 합리화된다.

이 주제를 다시 들여다보자. 우리는 유체여행 중에 예사롭지 않은 갖가지 경험을 할 수 있다. 우리의 유체는 우리가 이 모든 경험을 분명히 기억하는 채로 깨어나기를 바란다. 그러나 반복하건대 육체는 그것을 허용할 수가 없다. 그래서 두 개의 몸 사이에 갈등이 생기고 참으로 놀랄 만큼 왜곡된 어떤 영상들, 실제로 일어날 수 없는 일들이 우리 기억에 대신 들어오게 된다. 유체계에서 물리적 지구의 물리법칙에 반하는 어떤 일들이 일어날 때마다 갈등이 생기고, 그 즉시 환상이 끼어들면서 우리는 악몽과 같은 아주 괴상한 일들을 겪게 된다. 유체 상태에선 공중에 떠서 머무르고, 아무 데나 여행을 하고, 누구든 만나고, 세계의 어느 도시라도 방문하는 일이 가능하다. 반면에 육체 상태에서 눈 깜짝할 사이에 위치를 이동하거나 지붕꼭대기 위로 떠오르는 일은 불가능하다. 이처럼 육체와 유체 사이의 갈등 때문에 유체여행의 경험을 극단적으로 왜곡한 내용물이 끼어들기 마련이고, 그것은 유체가 알려주려는 메시지를 무효화하는 역할을 한다. 우리는 전혀 이해가 가지 않는 헛소리로 가득한 꿈을 꾸곤 한다. 그러나 사실 육체 상태에선 얼토당토않은 일들이 유체 상태에선 다반사로 일어난다.

처음 언급했던, 실오라기 하나 걸치지 않고 거리를 걷는 꿈 이야기로 되돌아가자. 꽤 많은 사람들이 꿈속에서 이처럼 아주 당혹스러운 경험을 한다. 물론 이것은 절대로 꿈이 아니다. 이런 일은 당사자가 유체여행을 할 때 옷을 입겠다는 생각을 깜빡 잊어버렸을 때 벌어진다. 스스로 뭔가를 걸쳐 입어야겠다는 '상상'을 하지 않았다면 그는 유체 상태에서 완전한 나체로 여행을 하게 된다. 많은 경우에 우리의 유체는 육체로부터 허겁지겁 위로, 그리고 밖으로 솟아오른다. 꽉 막힌 육체로부터 자유로워진 데 너무나 흥분한 나머지, 그 오매불망하던 탈출에 심취하여 다른 일들은 생각할 겨를이 없는 것이다.

본래 인간은 옷을 입지 않은 상태가 자연스럽다. 사실 옷이란 인습에 지나지 않으며 그 자체로는 별 의미가 없다. 잠깐 주제를 벗어나 당신이 흥미로워할 이야기를 하자면, 오랜 옛날에는 남자와 여자가 서로의 유체를 볼 수 있었다. 그 당시엔 서로의 사념과 동기를 자유롭게 또한 공개적으로 읽을 수 있었다. 보통 오라의 색채는 그 당사자가 지금 감추려고 애쓰는 신체 부위의 근처에서 가장 강렬하게 타오른다. 특히 여성들의 경우엔 그들의 소중한 부위를 꽁꽁 감추는데, 그것은 혹 바람직하지 않을 수도 있는 그들의 생각과 동기가 공개되길 원치 않기 때문이다. 이 교과의 주제에서 좀 동떨어지긴 했지만, 이런 사실은 당신에게 옷에 대한 색다른 관점을 제시해준다.

유체여행을 할 때 우리는 보통 낮에 입고 다니는 평범한 옷을 '상상'한다. 만일 이런 상상을 잊어버렸다면, 투시가는 그 유체가 실오라기 하나 걸치지 않은 모습임을 알아차릴 것이다. 유체계에서 우리를 방문하는 사람들을 보면 아무것도 입지 않기도 하고, 잠옷 상의를 걸치고 있기도 하고, 현실에서는 어디서도 찾아보기 어려울 만큼 '이 세상의 것이 아닌' 복장을 하고 있기도 하다. 의복에 대해 유별난 사람들은 평소엔 전혀 입지 않을 취향의 옷을 꿈속에서 상상을 통해 입고 다니기도 한다. 그러나 그 모든 것은 중요하지 않다. 아까 말했듯이 옷이란 인간이 만든 인습에 불과하고, 우리가 하늘로 돌아갈 때에도 지상에서와 같은 옷을 입어야 할 거라는 생각은 어불성설이기 때문이다.

꿈이란 유체계에서 일어나는 실제 경험이 왜곡된 것이다. 유체계에 있을 때는 모든 것이 훨씬 더 다채롭고 훨씬 더 선명하게 우리 눈에 들어온다. 모든 것이 더 밝고, '실물보다' 크고, 세밀하고, 그 무엇과도 비교할 수 없는 현란한 색채로 보인다.

예를 들어보자. 우리는 유체 상태로 솟아올라 땅을 지나고 바다를 건너 먼 나라로 향했다. 날씨가 좋아 하늘은 더없이 푸르렀고, 저 아래 바다에서는 부드러운 흰 물결이 우리를 향해 솟구쳤다. 우리는 금빛 모래 위에 내려앉아 그 경이로운 다이아몬드 꼴의 구조를 살펴보았다. 모래 알갱이가 햇빛에 반사되어 보석처럼 반짝거렸다. 우리는 물결치는 해초 잎 위를 따라 조용히 이동했는데, 묘한 갈색과 녹색 그리고 금빛과 연분홍으로 변해가는 기포들이 그저 놀라울 뿐이었다. 오른편으로 녹색을 띤 바위가 있었는데 그것조차도 완벽한 비취처럼 보였다. 그 표면을 살펴보자 줄무늬가 보였고, 수백만 년 전에 바위에 끼어버린 생물의 자그만 화석 같은 것도 보였다. 그 주위를 돌아다니며 우리는 주변을 아주 신기한 눈으로 둘러봤다. 우리는 허공에 떠도는 투명한 구체 같은 것도 볼 수 있었는데, 그것은 실제로 대기가 살아 움직이는 모습이었다. 모든 색채가 경이롭고 강렬하고 다채로웠고, 우리의 시력은 지표면이 허락하는 한 저 멀리 어느 곳이든 세세하게 가닿을 정도로 예리했다.

이 낡고 초라한 지상에서 육체에 갇혀 있는 우리는 상대적으로 눈이 먼 상태다. 우리는 제한된 범위의 색채만을 볼 뿐이며, 그나마도 색조의 지각력이 형편없다. 우리는 근시와 난시, 그 외에 사물을 있는 그대로 볼 수 없게 하는 여러 결함들로 인해 몹시 불편하다. 지상의 우리는 감각과 지각력을 거의 빼앗긴 상태나 마찬가지다. 지상의 우리는 참으로 가련한 존재들이며, 진흙 주머니에 싸여 육욕과 탐심에 짓눌리고 잘못된 음식에 중독되어 있다.

그렇지만 유체로서 자유로운 세계를 향해 떠날 때, 우리는 더할 나위 없이 명료한 시력으로써 지상에선 본 일이 없었던 색채들을 볼 수 있다. 만일 당신이 너무나 선명한 '꿈'을 꾸었고 그 색채의 현란함에 즐거워했다면, 그건 평소의 왜곡된 꿈이 아니라 진솔한 유체여행의 경험을 기억하고 있는 것임을 알아야 한다.

많은 사람들이 유체계에서 누린 기쁨을 깨어난 후에 기억하지 못하는 데는 다른 요인도 있다. 유체 상태에서 우리의 진동수는 육체 상태의 그것보다 대단히 높다. 육체를 떠나는 과정이 쉬운 이유는, '밖으로' 나갈 때는 그런 진동수의 차이가 전혀 문제가 되지 않기 때문이다. 문제가 발생하는 것은 우리가 육체로 되돌아올 때로서, 그 문제의 본질을 안다면 우리는 의식적인 노력을 통해 유체와 육체가 어떤 타협점에 이르도록 유도할 수 있다.

당신이 유체 상태에 있고 당신의 육체는 아래에 있다고 상상하자. 육체는 일정한 속도로 진동하고 있다. '똑딱, 똑딱' 하는 정도의 속도이다. 반면 유체는 생기와 활력이 넘쳐서 바르르 떤다. 유체 상태에 있을 때는 어떤 질병이나 고통에도 짓눌리는 일이 없다.

지상의 용어로 설명해보자. 버스 안에 한 승객이 타고 있다. 버스는 시속 40~50킬로미터로 달리고 있고, 그 승객은 당장 버스에서 내리길 원하나 불운하게도 도로 중간에서는 정차할 수가 없다. 그래서 승객은 버스를 뛰어내리되 어떻게든 다치지 않고 바닥에 안착할 방법을 찾아야 한다. 부주의하면 큰 부상을 입겠지만, 방법이 전혀 없지는 않을 것이다. 버스회사 직원들은 자주 이런 묘기를 부린다. 그들이 움직이는 버스에서 뛰어내리는 방법을 경험을 통해 배우듯이, 우리도 속도가 빠른 유체를 속도가 느린 육체 속으로 진입시키는 방법을 배워야 한다.

문제는 유체여행을 마치고 육체로 돌아올 때다. 반복하지만 유체는 육체보다 훨씬 높은 속도로 진동하는데, 그중 한쪽의 속도를 크게 낮추거나 높이는 데는 많은 제약이 따르므로, 최선은 그 둘이 화음을 이룰 때까지 느긋이 기다리는 것이다. 우리는 육체의 속도를 조금 올리고 유체의 속도는 조금 내리는 연습을 통해 — 물론 여전히 진동수의 차이는 크겠지만 — 최소한의 조화를 이뤄냄으로써 안전하게 유체를 육체에 진입시킬 수 있다.

결국 연습의 문제이다. 직감적이고 무의식적인 연습이 이뤄져야 한다. 이것에 성공했을 때 우리는 유체여행의 모든 기억을 고스란히 떠올릴 수 있게 된다.

설명이 어려웠다면 다른 비유를 들어보자. 당신의 유체를 축음기의 바늘로 생각해보자. 당신의 육체는 분당 48회 회전하고 있는 레코드판이다. 당신은 원하는 멜로디나 가사가 바로 나오도록 축음기 바늘(유체)을 회전하는 레코드판(육체) 위의 정확한 위치에 올려놓을 수 있겠는가? 실제로 시도해본 적이 있다면, 당신은 유체여행의 기억을 왜곡시키지 않고 육체로 돌아오는 일이 얼마나 어려운지를 실감할 수 있을 것이다.

만일 아직 서투르거나 미숙해서 '동조'를 이뤄내지 못했다면 우리는 아주 언짢은 기분에 휩싸이게 된다. 모든 것이 거슬리고, 머리가 지끈거리고, 불쾌하고 아픈 느낌을 받게 된다. 그것은 서로 다른 진동이 충돌하면서 결합했기 때문으로, 자동차의 변속기를 서툴게 조작하면 부조화로 오작동이 일어나는 것과 같다. 잘못된 진동수로 돌아오면 유체가 육체에 정확히 들어맞지 않아 한쪽으로 기울기도 하는데, 그 결과는 몹시 불쾌하다. 운 나쁘게 이런 일을 생겼을 때의 유일한 치료법은, 다시 자거나 조용히 쉬는 것이다. 움직이지 말고, 아무 생각도 하지 않고, 그저 평온히 유체를 육체로부터 다시 한 번 떼어놓으라. 그러면 유체는 1미터쯤 떠올랐다가 이내 천천히 가라앉고, 정확한 정렬을 이루며 육체로 돌아올 것이다. 그때는 더 이상 아프거나 불쾌한 느낌이 들지 않는다.

오직 연습, 그리고 10분 정도의 시간만 투자하면 된다. 갑자기 벌떡 일어나서는 죽고 싶은 기분에 휩싸이기보다는 10분만 참고 기분전환을 시도하는 편이 백 배 낫다. 다시 잠이 들어 두 개의 몸이 완전한 정렬을 회복하기 전까지는 결코 불쾌한 기분이 사라지지 않을 것이다.

때로 어떤 사람들은 아주 특이한 꿈을 기억하면서 잠에서 깨어난다. 그것은 역사적인 사건을 목격하는 경험일 수도 있고, 말 그대로 '이 세상 너머의' 어떤 경험일 수도 있다. 이런 일은 그가 영적 훈련을 했거나 어떤 특별한 관련이 있어서 아카샤 레코드 — 이후의 교과에서 다룰 것이다 — 에 접속하여 과거에 일어났던 일을 보거나 드물게는 미래에 일어날 일들을 내다봤을 때 생겨난다. 실제로 예언 능력이 있는 천리안들은 종종 미래로 가서 '확률적 현실'을 내다볼 수 있다. 그 일은 아직 일어나지 않았으니 '실제 현실'은 아니지만, 어쨌든 현재로서는 일어날 확률이 가장 높은 '미래'이다.

이로써 당신은 유체계의 경험에 대한 기억력을 계발하면 할수록 그만큼 많은 이득이 있다는 사실을 알았을 것이다. 아침마다 몇 분 이내에 모든 기억을 잊고 만다면, 밤새 그토록 노고와 수고를 기울여 뭔가를 배운다는 일은 별로 의미가 없게 되어버린다.

아침에 깬 후에 급격히 시무룩해져서 세상을 있는 대로 저주하게 되는 경우도 많다. 이런 침침하고 우울한 기분에서 벗어나는 데는 여러 시간이 소요된다. 우리가 이런 유별난 태도를 보이게 되는 데는 몇 가지 이유가 있다. 그중의 하나는 이렇다. 유체 상태에서 우리는 즐거운 일들을 하고, 흥미로운 곳을 방문하며, 행복한 사람들을 만난다. 보통 유체여행은 무엇보다 유체를 위한 일종의 기분전환이고, 그동안 육체는 자면서 피로를 회복한다. 유체 상태에서 경험하게 되는 자유, 즉 육체의 구속과 속박으로부터의 해방감은 참으로 경이롭다. 그러나 머지않아 육체로부터 다음날을 시작하라는 소환장이 날아온다. '다음날? 그게 뭐지? 또다시 고통? 힘든 노역?' 그게 무어든 행복과는 거리가 먼 것들이다. 이렇게 유체계의 기쁨을 잃어버린 탓에 우리는 깨어나자마자 아주 우울하고 성마른 기분에 빠지는 것이다.

그리 유쾌하지 않은 또 다른 이유도 있다. 지상에 얽매인 우리의 유체는 스스로 미리 선택해둔 수업과목들을 배우기 위해 학교에 다녀야 하는 학생들의 처지와 같다. 우리의 유체는, 학생들이 수업이 끝난 후에 하교하듯이, 하루의 공부를 마치고서야 집(잠)으로 돌아간다.

평소엔 자신감과 자존감이 넘치는 사람조차도 어떤 날 아침에는 몹시 비참한 기분으로 깨어나곤 한다. 이는 그가 지상에서의 자신의 삶이 엉망진창이며 그 모든 독선과 자기만족도 아무 소용이 없다는 사실을 유체계에서 막 직시하고 돌아온 참이기 때문이다. 재산이 많다고 해서 그가 잘 살고 있다는 보장은 어디에도 없다.

특정한 지식을 배우러 고등학교나 대학교에 진학하듯이, 우리는 특정한 지식을 배우러 이 지상에 온 것이다. 그런데 예를 들어 신학을 전공으로 박사과정을 밟고 있는 학생이, 아무런 이유도 없이 촌구석을 돌아다니며 쓰레기를 긁어모으는 데 허송세월하고 있다면 그건 전혀 쓸데없는 짓이다. 그런데도 현실에서는 참으로 많은 사람들이 다른 이들을 속이고 바가지를 씌우고 부당한 거래로 이득을 취하면서 자신이 남달리 뛰어난 일을 해내고 있다고 생각한다. '계급의식'에 빠져 있거나 단기간에 돈을 긁어모은 졸부들은 오히려 지상에서의 그들의 삶이 더없는 실패작임을 입증하고 있을 뿐이다.

모든 사람에게는 진실을 직면해야 할 때가 온다. 그리고 이 지상에는 진실이 없다. 왜냐하면 이곳은 허상의 세계이고, 그들은 수업의 본질을 왜곡하여 돈과 권력과 지위에만 관심을 쏟고 있기 때문이다. 진실로부터 이보다 더 멀어질 수는 없다.

인도를 포함한 동양의 탁발승들은 짓눌리고 고통 받는 빈민들을 대상으로 부당한 이자로 돈놀이를 하는 힘센 금융업자들보다 훨씬 더 영적으로 가치 있는 일을 하고 있다. 반면에 금융업자, 대금업자들은 불행히 빚더미에 앉게 된 빈민들의 가정과 미래를 가차 없이 파괴해버린다.

이처럼 힘센 금융업자들 가운데 누군가의 가족 전체가 깊은 잠에 빠지고 어떤 특별한 이유로 육체를 이탈하여 아주 먼 곳에서 자신들이 어떤 짓을 저지르고 있는지를 지켜본다고 하자. 그때 그들은 몹시 충격적인 경험을 하고 돌아올 것이다. 즉, 자기 존재에 대한 깨달음과 새 출발에 대한 의지를 갖고 돌아올 것이다. 그러나 불행히도 그들은 자신의 저급한 육체로 돌아오고 나면 그것을 기억하지 못한다. 그래서 그들은 그저 잠자리가 뒤숭숭했다고 말하면서, 다시 부하들에게 고함을 지르고 눈에 띄는 사람들 모두에게 지분댈 것이다.

이것이 소위 '월요병(Monday morning blues)'의 실체이다. 슬프게도 이런 일은 월요일 아침에만 일어나는 게 아니라 거의 격일로 일어난다. 하지만 특히 월요일이 강조된 데는 특별한 이유가 있다. 대부분의 사람들은 꽤나 규칙적으로 일을 해야만 한다. 최소한 평일 내내 대부분의 시간을 일에 바쳐야 한다. 그러다가 주말이 되어야 비로소 긴장이 풀리고 해야 할 일과 모임장소가 바뀐다. 따라서 사람들은 평일보다는 주말에 좀더 편안히 잠을 자고, 그 결과 유체 또한 더 멀리 여행을 다녀올 수 있게 된다.

그때 유체는 자신의 육체가 지상에서 하고 있는 일의 실체를 볼 수 있을 만큼 높이 떠오르는데, 월요일 아침에 다시 육체로 돌아와서 일주일간의 업무를 시작하게 되면 커다란 우울감에 몰려올 수밖에 없다. 이것이 바로 '월요병'의 원인이다.

여기서 우리가 잠깐 주의를 기울여야 할 독특한 유형의 사람들이 있다. 거의 잠을 자지 않는 사람들 말이다. 이 사람들은 불행히도 유체 수준의 의식이 너무 활성화되어 있기 때문에 유체가 좀체 육체를 벗어나 여행을 떠나려는 움직임을 보이지 않는다. 흔히 주정뱅이들이 그처럼 잠들기를 꺼려하는데, 이는 자신의 유체 주위로 모여드는 아주 흥미로운 존재들에 대한 두려움 때문이다. 우리는 이미 '분홍 코끼리'와 같은 유형의 존재들에 대해 이야기한 바 있다.

그들은 늘 깨어 있어야 하므로 육체와 유체 모두 큰 고통을 받는다. 당신 주변에도 아마 한시도 안절부절못하는 사람들이 있으리라. 그들은 가만히 있질 않는다. '신경과민' 상태여서 잠시도 쉬질 못한다. 그들은 속마음과 양심에 걸리는 것이 너무 많아서 자신의 실체를 깨닫게 하는 일로부터 계속 도망다닌다. 그것은 아예 습관이 되어버리고, 그들은 잠도 자지 않고 긴장도 풀지 않고 초자아에게 육체와 접촉할 기회도 주지 않는다. 그들은 재갈을 물고 사납게 길을 달리며 주변을 위태롭게 하는 말과도 같다. 잠을 자지 않으면 지상의 삶에서 얻을 것이 줄어들고, 이번 생에서 성과를 얻지 못하면 더 나은 일을 하러 다음번에 또 이곳으로 돌아와야 한다.

어젯밤의 꿈이 상상의 산물인지 유체여행의 비틀린 기억인지를 어떻게 구별하는지가 궁금한가? 가장 쉬운 방법은 당신 자신에게 묻는 것이다. 그 꿈에서 사물이 훨씬 더 명료하게 보였는가? 그렇다면 그것은 유체여행의 기억이다. 그 색채가 현실에서 볼 때보다 더 뚜렷했는가? 그렇다면 그것은 유체여행이다. 사랑하는 사람의 얼굴을 보았거나 그로부터 강한 인상을 받았는가? 그렇다면 당신은 유체 상태로 그를 방문했던 것이다. 사랑하는 사람의 사진을 지니고 잠자리에 들면, 눈이 감기고 이완이 된 후에 당신은 틀림없이 그 사람이 있는 곳으로 여행을 가게 된다.

우리는 동전의 다른 면도 함께 봐야 한다. 당신은 분명히 사이가 나쁜 어떤 사람을 떠올리면서 헝클어진 채로 — 그러나 화가 나지는 않은 상태로 — 아침에 깨어난 경험이 있을 것이다. 아마 당신은 그와 관련된 다툼이나 논쟁을 곱씹으면서 잠자리에 들었을 것이다. 당신과 그는 유체 상태에서 서로 만나 문제의 해결을 모색했는지도 모른다. 당신은 문제를 해결했고, 그 해결책을 기억하여 현실에서도 우호적인 합의에 이르겠다고 결심했을 수 있다. 또는 그와 반대로 논쟁이 훨씬 더 가열되어 전보다 적대감이 더욱 커진 상태로 지상으로 돌아왔을 수도 있다.

당신이 우호적인 결말을 보았든 그렇지 못했든 간에, 육체로 돌아올 때 심한 경련이 일어났거나 유체와 육체가 조화를 이루지 못했다면 당신의 선한 의도와 선한 해결책은 전부 부서지고 왜곡되어 깨어날 때 남은 기억이란 단지 부조화와 혐오와 심한 좌절감, 분노뿐일 것이다.

꿈이란, 말하자면 다른 세계로 들어가는 창문 같은 것이다. 꿈을 계발하고 꿈을 탐구하라. 밤에 잠들면서 "진실한 꿈을 꾸겠다"고 선언하라. 즉, 아침에 깨어날 때 밤에 일어났던 모든 경험에 대해 분명하고 오염되지 않은 기억을 갖겠다고 마음에 새기는 것이다. 이것은 얼마든지 가능하고 이루어질 수 있는 일이다. 오직 의심에 빠져 증거만을 외쳐대는 서양인들만이 기억하는 데 어려움을 겪는다. 동양인들은 육체로부터 해방되려는 목적으로 유체여행을 연습하기도 하고, 잠에서 깨어날 때 자신을 괴롭히는 문제의 해답을 얻어내려고 연습하기도 한다. 당신도 그럴 수 있다. 당신은 선善을 실천하겠다는 굳은 염원과 연습으로써 '참된 꿈'을 꿀 수 있고, 영광스런 존재의 단계로 들어가는 문을 활짝 열 수 있다.

제18과

우리는 이 강좌를 통해 조금씩이나마 서로를 이해해가고 있다. 아마도 이쯤에서 우리는 잠시 숨을 돌려 우리의 위치를 확인하고, 주변을 돌아보고, 그동안 무엇을 읽고 무엇을 배웠는지를 따져봐야 할 것 같다. 뭔가를 다시 시작하기 위해서는 이따금씩 모든 걸 멈춰보는 것도 필요하다.

당신은 '기분전환(recreation)'이라는 단어가 말뜻 그대로 '재창조(re-creation)'를 의미한다고 생각해본 일이 있는가? 우리가 이 말을 하는 건, 피로할 때는 정말로 아무 일도 할 수가 없기 때문이다. 피로해지면 최선을 다할 수 없다. 당신은 피로할 때 어떤 일이 일어나는지를 아는가? 근육을 혹사하면 왜 뻣뻣하고 쓰리게 되는지를 알기 위해 장황한 생리학 지식을 섭렵해야 할 필요는 없다.

우리가 어떤 행동을 반복했다고 하자. 예컨대 오른팔로 무거운 물건을 계속 들었다. 그러자 얼마 후 오른팔 근육이 아프기 시작한다. 처음엔 그 근육에서 아주 특이한 감각을 느끼고, 한참 후에는 살짝 쓰린 정도가 아니라 진짜 통증을 겪게 된다.

이 현상을 좀더 자세히 들여다보자. 우리는 계속해서 모든 생명이 근원적으로 전기적 특성을 띠고 있음을 강조했다. 우리가 생각을 할 때마다 두뇌에서는 전기가 발생한다. 우리가 손가락을 움직일 때도, 실은 전류가 신경자극의 형태로 흘러가서 해당 근육을 일깨워 움직이게 만드는 것이다.

과로로 학대당한 아까의 오른팔을 생각해보자. 무엇인가를 너무 자주 그리고 너무 오래 들고 있으면 두뇌의 전류를 운반하는 신경이 심하게 압박받는다. 보통 가정집의 퓨즈도 과부하가 걸리면 즉각 끊어지지는 않더라도 과부하의 징표로써 점차 변색이 될 것이다. 근육에 연결된 우리의 신경이 바로 그러하다. 전류가 계속 흐르면서 신경을 압박하면, 해당 근육들도 쉼없는 팽창과 수축으로 지치게 된다.

근육은 왜 지치는 걸까? 대답하기 쉬운 질문이다. 우리가 사지를 움직일 때 근육은 두뇌에 의해 자극받는다. 전류는 근육조직 내에 분비작용을 일으켜 근육섬유가 뒤틀리게끔 한다. 근육섬유가 한 가닥 또는 여러 가닥이 뒤틀리면 결과적으로 전체 길이가 줄어들고, 그럼으로써 사지를 굽히는 동작이 가능해지는 것이다. 여기까지는 괜찮은데 — 생리학을 논하자는 게 아니니까 간단히 설명하면 — 그 과정에서 근육섬유를 뒤틀리게 하는 데 필요한 화학물질이 응고하여 조직 속에 박히게 된다. 그래서 우리가 이 분비물을 흡수할 화학물질을 근육 속으로 빠르게 보내지 못하면 그것들은 근육 속에 결정으로 남는다.

이 결정체는 아주 날카로운 모서리를 갖고 있어 우리가 계속 근육을 움직이고자 할 때마다 상당한 고통을 불러온다. 그럴 때 우리는 하루나 이틀을 마냥 기다릴 수밖에 없는데, 그래야만 결정체가 전부 흡수되고 근육섬유도 회복되어 매끄럽게 작용할 수 있기 때문이다. 곁가지로 덧붙이자면, 류머티즘 환자들은 신체의 여러 민감한 부위에 응결된 결정체들을 가지고 있다. 그래서 그들은 병든 부위를 움직이려면 그 조직에 박힌 결정체 때문에 극심한 통증을 견뎌야 한다. 이 결정체를 녹이는 어떤 방법이 있다면 류머티즘은 완치가 가능하리라. 그러나 아직은 그런 방법이 발견되지 않았다.

지난 교과들을 복습해보자는 취지가 좀 무색해진 듯하지만, 꼭 그런 것만도 아니다. 만일 너무 힘들게 애를 쓴다면 두뇌에 과부하가 걸려 당신은 아무런 소득도 얻지 못할 것이다. 그럼에도 많은 사람들은 중도를 걷지 못하는데, 그들은 죽어라 일해야만 결과를 얻을 수 있다고 믿으며 자라왔기 때문이다. 그래서 그들은 분투하며 노예처럼 일한다. 그러나 너무 과한 나머지 아무 성과도 얻지 못한다.

때때로 열정이 지나친 사람들은 일에 치여서 끔찍한 말들을 내뱉기도 한다. 그들은 이미 제정신이 아니다. 우리가 지칠 때는 두뇌에서 생성되는 전류량이 급격히 감소하고, 그러면 부정적인 충동이 긍정적인 충동을 압도하여 성미를 까탈스럽게 만든다. 과로와 같은 이유로 우리의 성미가 나빠졌다면, 그것은 우리의 두뇌에서 전류를 생성하는 세포들이 녹슬고 있다는 뜻이다.

당신은 차를 운전하는가? 그렇다면 차의 배터리를 본 적이 있는가? 당신은 배터리 단자에 들러붙은 아주 지저분한 녹색 덩어리들을 보았을 것이다. 시간이 흐를수록 그것들은 배터리와 차체를 연결한 철선을 부식시킨다. 마찬가지로 우리도 우리 자신을 방치하면, 스스로 능력에 심각한 손상을 입히고 성마른 마음씨를 갖게 되는 것이다.

결혼생활을 희망차게 시작했으나 남편에 대한 사소한 의심 탓에 스스로 성가신 존재로 전락해버리는 아내가 바로 그런 예이다. 그녀는 의심한 바를 남편에게 캐묻는 일을 반복하다가 아예 그런 습관이 들고, 마침내는 아무 잘못 없는 남편에게 잔소리를 퍼붓고 바가지를 긁는 드센 여인네로 변신하는 것이다. 그녀는 이 세상에서 가장 불쾌한 피조물 중 하나이다.

성격을 밝게 유지하라. 그러면 건강이 좋아질 것이다. 부디 살빼기 프로그램 같은 것을 찾아다니지 말라. 살집이 있는 사람이 뼈만 앙상하게 남은 수척한 신경쇠약자보단 긍정적인 기질을 갖고 있는 법이다.

이 '중도'라는 문제를 다시 살펴보자. 누구나 어떤 환경에서든 최선을 다해야 한다는 사실은 분명하다. 그러나 또한 최선을 능가할 수는 없다. '최선'을 넘어서려는 노력은 실로 부질없는 짓으로 당사자를 지치게만 한다. 우리는 이것을 발전기에 비유할 수 있다. 발전기가 만들어낸 전기가 일정한 수의 램프를 밝히고 있다고 하자. 만일 발전기가 램프들을 밝히는 데 충분한 속도로 돌며 전력을 공급하고 있다면, 그 발전기는 자신의 능력 범위 내에서 잘 작동하고 있는 것이다. 그러나 어떤 이유로 발전기의 속도가 높아져 램프가 소모할 수 있는 것 이상의 전기를 만들게 되면, 우리는 그 과잉출력분을 쓸데없는 곳으로 흘려보낼 수밖에 없고 과속으로 인해 발전기의 수명도 덩달아 줄어들 것이다.

또 다른 비유도 있다. 당신은 차를 운전하여 도로를 시속 50킬로미터로 달리고자 한다. (대부분은 그보다 훨씬 더 빠르게 밟지만 우리의 예시는 이 속도로 충분하다.) 당신이 숙련된 운전자라면 고속 기어를 넣고 엔진을 아주 천천히 회전시키면서 그 속도를 유지할 것이다. 그럴 때는 부속의 마모도 거의 없고 엔진도 안정적으로 작동할 것이다. 그러나 운전이 서툴러서 최저속 기어를 넣고 시속 50킬로미터의 속도를 내려 한다면, 계기판의 RPM 수치는 대여섯 배나 치솟고 엔진에는 최고속 기어로 시속 150킬로미터쯤 달릴 때만큼이나 큰 무리가 갈 것이다. 소음이 커지고 엄청나게 기름을 먹으며, 부속들도 안정적일 때보다 대여섯 배 빨리 마모될 것이다.

그러니 중도를 지킨다는 것은 '분별 있는 길'을 택한다는 뜻이다. 즉 어떤 일을 달성하기에 필요한 만큼 열심히 일하되, 그 이상으로 생명과 정력을 낭비하지는 않음을 일컫는다. 너무나 많은 사람들이 열심히 일할수록 그 공이 많아진다고 생각한다. 이보다 더 어리석은 생각도 없다. 몇 번이고 반복하지만, 과업을 이루기에 족할 만큼만 열심히 일해야 한다.

다시 기분전환(recreation)의 문제로 되돌아가자. 기분전환이란, 앞서 말했듯이 재창조(re-creation)를 뜻한다. 우리가 피곤을 느끼는 것은 특정 부위의 근육이 피로해졌음을 나타낸다. 예컨대 벽돌을 나르거나 책을 나르느라고 팔을 너무 오래 움직였으면 팔은 곧 통증으로써 피로를 호소할 것이다. 그러나 당신의 다리와 귀와 눈은 아직 건재한 상태다. 그러니 이럴 때는 산보를 하거나 좋은 음악을 듣거나 책을 읽으면서 우리 자신을 '재창조'하도록 하자. 우리는 의도적으로 다른 신경과 근육을 사용함으로써 휴식이 필요한 근육에 몰린 과잉전기를 해소할 수 있다. 즉, 재창조란 스스로 자신의 능력을 되찾는 일이다.

당신은 자신의 오라를 보려고 너무 애를 쓰진 않았는가? 에테르는 어땠는가? 아마도 꽤나 노력을 했을 것이다. 하지만 원하는 성과를 얻지 못했다고 해서 낙담하지는 말라. 이것은 시간과 인내, 그리고 상당한 믿음을 요구하는 일이다. 그렇지만 반드시 이루어질 수 있는 일이다.

당신은 지금 처음으로 뭔가를 시도해보는 입장이다. 하룻밤에 의사나 법률가나 탁월한 예술가가 되길 기대할 수는 없다. 법률가가 되려면 초등학교, 중학교, 고등학교를 거치고 최소한 대학 과정까지 마쳐야 한다. 그러려면 수년의 시간이 걸린다. 이처럼 목적을 이루기 위해서는 날마다 기꺼이 시간을 내서 공부를 해야 한다. 당신의 목표가 의사든, 법조인이든, 주식중개인이든, 하룻밤 새에 결과를 얻을 수는 없다.

인도의 현자들은 어떤 경우라도 수행 경력이 10년이 채 못 된 사람이 투시를 시도해선 안 된다고 말한다. 우리는 그 견해에 전혀 동조하지 않는다. 우리는 투시할 준비가 된 사람은 금방 투시를 해낼 수 있다고 믿는다. 그렇지만 하룻밤에 투시능력을 얻겠다는 것은 어불성설이다.

얻고자 하는 게 있다면 일해야 하고, 연습해야 하고, 믿음을 가져야 한다. 의사가 되려고 공부하고 있다면 담당교수에 대한, 그리고 자기 자신에 대한 믿음이 있어야 한다. 그리고 열심히 수업을 듣고 과제물을 제출하며 적어도 수년간의 실습 과정을 거쳐야 한다.

이 강좌를 통해 오라를 보려고 하는 당신은 지금 얼마나 이 공부를 하고 있는가? 일주일에 두 시간? 일주일에 네 시간? 당신이 적어도 날마다 여덟 시간쯤 공부하거나 연습에 전념하는 게 아니라면, 부디 인내심을 가지라. 인내심과 믿음을 가진다면 당신은 반드시 오라를 보게 될 것이다.

우리는 몇 년 동안 세계 각지의 사람들로부터, 심지어 '철의 장막' 뒤에 있는 사람들로부터도 엄청난 양의 편지를 받아왔다. 그중엔 천리안을 가진 한 호주 소녀가 있는데, 그녀는 자신의 능력을 숨기고 살아야만 한다. 왜냐하면 남의 생각을 읽거나 건강상태를 일러줄 수 있다고 솔직히 말한다면 그녀는 '별종' 취급을 받게 될 것이기 때문이다. 캐나다 토론토에 사는 한 여성은 단 몇 주 만에 손가락 끝에서 흐르는 에테르를 보았고 '연꽃'이 머리꼭대기에서 물결치는 모습도 보았다고 한다. 그녀는 매우 빨리 성장하여 지금은 에테르를 거의 완벽하게 볼 수 있는데, 우리는 그녀가 이제부터 본격적으로 오라를 보기 시작하리라고 생각한다. 그녀는 벌써 자연의 영과 꽃의 오라를 볼 수 있으니 운이 좋은 편이다. 그녀는 예술가로서 꽃을 그 주변의 오라와 함께 그려낼 수 있다.

투시력이 특정 지역에 국한되지 않는 보편적인 현상임을 보여주기 위해서 우리는 유고슬라비아의 아주 재기 발랄한 여성이 보내온 편지를 인용하려 한다. 우리는 그녀에게 이 경험담을 교과에 넣고 싶다고 전했고, 그녀는 허락한다는 답장을 보내주었다. 다음은 그녀의 편지 내용이다. 우리는 사람들이 이해하기 쉽도록 그녀의 말을 아주 가볍게 다듬기만 했다.

전 세계 곳곳에서 살고 있는 사랑하는 친구들에게! 우리는 날마다 '살 것인가, 죽을 것인가'라는 심각한 문제에 직면해야 하는 시대를 살아가고 있습니다. 고양이처럼 난로 뒤에 편히 앉아 쉬던 시절은 지나갔지요. 삶은 우리를 늘 갈림길 앞에다 데려다놓습니다. 어떤 갈림길이냐구요? 한쪽은 영혼을 굶기고 신체를 병들게 하는 길이고, 다른 쪽은 영혼을 부양하고 신체 또한 건강하고 아름답고 조화롭게 하는 길입니다.

영혼은 볼 수 없는 것, 즉 외과의사들이 꺼내어 접시 위에 올려놓을 수 없는 허깨비가 아니냐구요? 사랑하는 친구들이여, 여러분이 영혼의 존재를 믿든 믿지 않든 영혼은 실재합니다. 잠시 시간을 내주세요. 극장이나 축구경기장으로 달려가지 말고, 쇼핑과 운전도 잠시 멈추고 제 말을 들어주세요. 왜냐하면 이것은 참으로 중차대한 문제니까요.

서양에는 소위 불가시不可視의 세계를 볼 수 있는, 즉 오라를 볼 수 있는 사람들이 그다지 많지 않습니다. 누군가의 오라가 밝은지 어두운지, 머리둘레에 후광이 있는지, 아니면 그저 세속적인 생각뿐인지 등을 영 파악하지 못하고 산다는 뜻이지요. 영혼은 영원하고 흔들리지 않는 우리의 고귀한 본질입니다. 영혼 없이 우리는 존재할 수 없습니다.

저는 재능을 타고나서 유년시절부터 오라를 볼 수 있었습니다. 어렸을 때는 누구나 다 저처럼 그것을 본다고 생각했습니다. 나중에 사람들이 거짓말쟁이라고, 제정신이 아니라고 말했을 때에야 비로소 다른 사람들은 저처럼 보질 못한다는 사실을 알았습니다.

나무를 잘랐을 때 그 단면에서 나이테를 본 적이 있으십니까? 나이테는 나무가 살아온 세월을 나타내는데, 그것을 통해 언제가 흉년 또는 풍년이었는지도 알아낼 수 있습니다. 그처럼, 세상에 흔적 없이 소멸하는 것은 없습니다.

언젠가 저는 오래된 교회 앞에 서서 다른 사람들이 보지 못하는 것을 보았습니다. 그 건축물 주위엔 경이로운 빛이 있었는데, 마치 나이테처럼 선명한 빛의 선들이 건축물 형태를 따라 둘레를 치고 있었습니다. 저는 그 선들을 보면서 사람들에게 설명했습니다. 정확히 백 년 단위로 선들이 겹쳐져 있다고요. 그곳은 크로아티아의 수도인 자그레브 인근의 리베트 교회였는데, 그날 이후로 저는 건축물 둘레의 선들을 보고 그것의 나이를 맞힐 수 있었습니다.

한번은 친구가 제게 물었습니다. "이 교회당은 얼마나 오래된 것 같아?" 저는 대답했습니다. "아무것도 보이질 않아. 아직 둘레에 선이 하나도 없어. 그저 빛이 있을 뿐이야." 친구가 말했습니다. "네 말이 맞아. 이 교회당은 아직 백 년이 채 못 되었대."

여러분도 이젠 아시겠죠. 만일 이처럼 건축물에도 '영혼'이 있다면, 살아 있는 존재들은 얼마나 더 큰 것을 지니고 있을까요? 저는 나무와 숲과 초원과 꽃의 오라를 볼 수 있습니다. 특히 일몰 후에는 더 잘 보입니다. 온화하지만 강렬한 빛이 모든 살아 있는 피조물을 둘러싸고 있습니다. 여러분의 개와 고양이도 마찬가지죠.

여러분은 저쪽 편에서 저녁 노래를 지저귀고 있는 작은 새가 보이십니까? 그 새를 둘러싸고 있는 보랏빛은 새의 영혼이 행복에 겨워 나풀대는 모습이지요. 그런데 어떤 소년이 다가와서 그 작은 새를 총으로 쏘아 떨어뜨렸습니다. 그 작은 새의 오라는 한동안 깜박이다가 이내 사라졌고요. 그건 꼭 자연을 떠나는 울음소리 같아요. 저는 본 그대로를 사람들에게 말했습니다. 그러나 사람들은 저를 바보라고 놀렸죠.

열여덟 살이 되던 해의 어느 날, 저는 거울 앞에 서 있었습니다. 해질녘이어서 잘 준비를 하던 중이었습니다. 어둑어둑한 방 안에서, 희고 긴 잠옷을 입고 있던 저는 뜻밖에도 거울 속에서 빛을 보았습니다. 거울을 보니 제 몸의 둘레에서 푸른 빛과 금색 빛이 도는 불꽃이 일렁였습니다. 오라가 뭔지 몰랐던 저는 깜짝 놀라서 비명을 지르며 부모님께 달려갔습니다. "내가 불타고 있어요!" 물론 그 불꽃은 전혀 절 다치게 하진 않았지만요. "뭐가 어떻다고?" 부모님은 벌떡 일어나 전등불을 켜셨고, 그러자 아무것도 보이질 않았습니다. 그러나 다시 불을 끄자 제 둘레에서 활활 타오르는 금빛 불꽃이 확연히 보였습니다. 하인 하나가 이 모습을 보고는 비명을 지르며 줄행랑을 쳤습니다.

그때 저는 다른 존재들에게서 불꽃을 봤던 일을 떠올렸습니다. 하지만 정작 제게 그런 일이 생기니 경악할 수밖에 없었답니다. 아버지는 전등불을 여러 번 껐다가 켜고, 또 껐다가 켰습니다. 결과는 마찬가지였습니다. 전등불이 꺼지면 저는 금빛으로 타올랐고, 전등불이 켜지면 그 빛은 거의 보이지 않게 되더군요. 어쨌든 이것이 전혀 해롭지 않은 현상임을 확신하게 되자 곧 모든 게 흥미로워졌습니다. 그때부터 저는 다른 사람의 오라를 보는 일에 아주 큰 관심을 갖게 되었습니다.

여러분은 두려움의 실체를 아십니까? 전쟁 중에 폭격기가 우리 머리 위를 지나가면서 폭탄을 떨어뜨릴 때, 저는 남자 동료들의 오라를 보고 크게 놀랐습니다. 한때 저는 나치정권에 의해 모두가 죽어나가는 감방에도 갇힌 적이 있습니다. 저는 고문실로 끌려갔고, 고문관들은 제게서 어떤 정보를 얻어내려 했습니다. 저는 그곳에서 고문을 당하는 사람들의 오라를 직접 보았습니다. 끔찍한 경험이었습니다. 그들의 오라는 육체에 착 달라붙어 빈약해지더니 점차 빛을 잃고 소멸되어버렸습니다.

고문으로 죽어가는 이들의 비명을 듣는 순간 저 자신의 오라도 오그라들었습니다. 그렇지만 제 안에서 뭔가 성스러운 힘이 솟아났습니다. 성경에는 이렇게 쓰여 있습니다. "영혼을 죽이는 자들을 두려워할지니, 육체를 죽이는 자들은 두려워하지 말라." 저는 마음을 모아 다른 사람들을 격려하고자 했습니다. 저는 제 오라가 다시 퍼져 나감을 느꼈고, 다른 사람들의 오라도 좀더 건강해지는 모습을 보았습니다. 다른 한 여성도 저와 뜻을 함께했고, 결국 기운을 되찾은 저희는 한목소리로 노래를 부르기 시작했습니다.

저는 그 모든 고문과 지루한 시간과 끔찍한 고통을 별 탈 없이 견뎌냈습니다. 왜냐하면 저는 영원만을 줄곧 생각했고, 이 악몽 같은 삶 이후의 참된 여정에다 온 마음을 기울였기 때문입니다. 고문은 제게 어떤 영향도 주지 못했고, 마침내 그들은 화가 나서 저를 감옥에서 내쫓아버렸습니다. 제가 그들의 사기를 꺾는 골칫거리였기 때문입니다. 만일 제가 공포와 위협에 굴복했다면, 저와 저의 동료 열여섯 명은 그곳에서 죽임을 당했을 겁니다.

서양인이자 유럽인인 우리는 동양인에게서 배울 것이 많습니다. 우리는 상상력을 제어하고 두려움을 극복하는 방법을 배워야 합니다. 제가 보기에, 서양인들의 오라는 꽤나 가물거리는 편입니다. 그들은 결코 고요하지 않고 조화를 이루는 일도 드뭅니다. 그래서 우리의 무질서한 오라는 다른 이의 오라까지 감염시키고 이는 전염병처럼 전파됩니다. 이처럼 사람들의 오라가 병적인 영향력에 노출되지 않았다면 히틀러는 그처럼 마구잡이식의 연설로 성공을 거둘 수 없었을 것입니다. 히틀러는 군중들이 스스로 상상력을 제어할 수 없었기에 성공했던 것입니다.

피곤하시더라도 조금만 더 읽어주세요. 가장 열악한 사람들, 즉 미치광이들에 관한 이야기니까요. 자그레브의 한 정신병원으로 가볼까요? 며칠 전에 저는 거기서 철조망을 사이에 두고 환자들의 오라를 보는 공부를 했습니다. 아주 최악의 병증까지는 아닌 환자들 말입니다. 한 친구가 저를 수석 내과의에게 소개해주었는데 그는 아주 회의적인 남자였습니다. 저는 다만 환자들의 오라를 관찰하고 싶다고 말했습니다. 그는 저 역시 가둬둘 만한 미치광이로 여기는 눈빛이었지만, 어쨌든 결국은 몇몇 환자를 보게 해주겠다고 약속했습니다.

그리고 경비원들이 병증이 꽤 심각한 여자 환자를 데려왔습니다. 그녀의 외모는 끔찍했는데, 양 눈을 부라리고 이를 갈아대며 머리털은 악마의 불꽃처럼 사방으로 뻗쳐 있었습니다. 하지만 그녀의 외모는 제가 불가지不可知의 세계에서 본 모습에 비하면 아무것도 아니었습니다. 저는 그녀의 영혼이 막 육체를 벗어나서, 그 육체를 차지하려 드는 어두운 그림자와 사납게 싸우는 모습을 보았습니다. 그 주위는 소용돌이와 부조화로 가득했습니다. 결국 경비원들은 그녀를 도로 데려갔고, 저는 의사에게 그녀는 귀신에게 몸을 뺏긴 터라 치료할 방법이 없을 거라고 말해주었습니다.

우리는 다음과 같은 말로 이 특별한 교과를 끝내고자 한다.
아주 재기 발랄한 이 유고슬라비아의 여성이 본 것을, 당신 또한 연습과 인내와 믿음을 견지한다면 능히 볼 수가 있다. 기억하라. 로마제국은 하루에 이뤄지지 않았다. 하룻밤 새에 의사나 변호사가 될 수는 없는 법이다. 그들은 성공하기 위해 공부를 해야 한다. 당신도 마찬가지다. 어려움과 고통 없이 문제를 해결할 길은 세상에 없다.

제19과

우리는 수시로 아카샤 레코드를 언급해왔다. 이 교과에서는 바로 그 매혹적인 주제를 논의키로 하자. 아카샤 레코드는 지금까지 존재했던 모든 사람, 모든 피조물과 관련되어 있다. 아카샤 레코드로 인해 우리는 역사를 거슬러 여행할 수 있고, 일어났던 모든 일을 — 이 세계에서뿐만 아니라 다른 세계까지도 — 직접 볼 수 있다.

오늘날은 과학자들도 영능력자들이 늘 알아왔던 사실을 깨닫기 시작하고 있다. 우리와는 또 다른 사람들, 즉 인간이랄 수는 없지만 그럼에도 분명 지각력 있는 어떤 존재들이 살아가고 있는 '다른' 세계가 있다는 사실 말이다.

아카샤 레코드에 관해 제대로 논의하려면 먼저 에너지 또는 물질의 성질에 대해 알아둘 필요가 있다. 우리는 물질의 기본 입자는 파괴되지 않고 영원히 유지된다고 배웠다. 파동과 전파도 마찬가지다. 최근에 과학자들은 동선코일에 유도전류를 발생시키고 나서 온도를 절대온도 0도 가까이로 최대한 낮추면 그 유도전류가 그대로 지속된다는 사실을 발견했다. 보통 실온의 환경에서 유도전류는 여러 가지 저항 때문에 곧바로 줄어들어 소멸된다. 동선의 온도를 충분히 낮춰주면 전류가 외부 에너지원의 도움 없이도 원상태로 계속 흐른다는 사실은 과학자들에게 새로운 돌파구가 되어주었다.

이와 마찬가지로 언젠가 과학자들은 인간에게 아직 밝혀지지 않은 새로운 능력들을 발견하고야 말 것이다. 그러나 그러려면 시간이 좀 걸릴 것이다. 과학자들은 대개 진도가 느리고 많은 실패를 거듭하니까 말이다.

　우리는 파동이 파괴되지 않는다고 말했다. 빛의 파동이 어떤 성질인가를 살펴보자. 빛은 우리와 아주 멀리 떨어진 우주의 별들로부터 온다. 우주공간을 탐색하는 지구의 거대한 망원경들은 사실 광막하게 먼 곳으로부터 오는 빛을 수집하고 있는 셈이다. 어떤 별들은 이 세계 또는 이 우주조차 존재하지 않던 머나먼 옛날에 그 빛을 우리에게 보냈다.

　빛의 속도는 우리가 상상조차 하지 못할 만큼 참으로 빠르다. 그러나 그것은 단지 우리가 지금 육체라는 굴레를 갖고 있으며 그로 인한 물리적 제약에 꼼짝없이 얽매어 있기 때문이다. 그러므로 우리가 여기서 '빠르다'고 여기는 것도 다른 존재 차원에서는 의미가 달라진다. 예컨대 우리가 '한 인간'이 존재하는 기간이 72,000년에 달한다고 본다면 어떨까? 물론 그 기간 동안 여러 개의 몸으로 여러 세계 속에서 태어나는 과정을 반복하겠지만 말이다. 소위 우리의 '학기(공부기간)'가 무려 72,000년에 달한다면 그래도 빛의 속도가 빠르다고 여겨질까?

　우리가 라디오파, 전파, 그 외 다른 파동 대신 '빛'을 언급하는 것은 그것을 아무런 장비 없이 관찰할 수 있기 때문이다. 라디오파는 눈에 보이지 않는다. 그러나 우리는 햇빛과 달빛을 볼 수 있고, 만일 성능 좋은 망원경이나 쌍안경이 있다면 멀리 떨어진 별들의 빛까지도 볼 수 있다. 지구가 우주 공간에 떠돌기도 이전에 방출되었던 빛들 말이다.

　빛은 시간이나 거리의 척도로 사용된다. 천문학자들은 '광년'이라는 단위를 쓴다. 다시 말하건대, 멀리 떨어진 세계에서 오는 빛은 그 세계가 소멸되어버린 후에도 계속 여행을 이어간다. 그러므로 우리가 여러 해 전에 소멸하여 지금은 존재하지 않는 무언가에 관한 영상을 지금 이 시점에서도 볼 수 있다는 사실은 명백하다.

이해가 어렵다면 이런 식으로 생각해보라. 머나먼 우주공간 어딘가에 별 하나가 있다. 그 별은 수년 동안, 수 세기 동안 지구를 향해 빛을 보내왔다. 그 빛이 지구에 도달하는 데는 천 년, 만 년, 또는 백만 년이 걸릴 수도 있다. 그만큼 지구와의 거리가 멀기 때문이다.

그런데 어느 날 그 별이 다른 별과 충돌한다. 커다란 섬광이 일며 별이 파괴되었다. 편의를 위해 완전히 흩어져버렸다고 치자. 그러나 그 섬광이 우리에게로 오려면 천 년, 만 년, 또는 백만 년이 걸린다. 따라서 그 섬광은 아직도 우리에게 오는 중이다. 빛의 근원과 우리 사이의 거리를 통과하려면 그만큼 시간이 걸린다. 따라서 우리는 그 별빛을 보고 있지만, 사실 그 원천은 이미 사라져버린 후다.

우리가 육체를 가지고는 전혀 불가능하지만 육체를 벗어났을 때는 아주 쉽게 해낼 수 있는 일들이 있다. 예컨대 우리는 '생각'보다도 빠른 속도로 여행을 할 수 있다. 여기서는 '생각'보다 빠르다는 사실이 중요한데, 왜냐하면 몇몇 의사들도 알고 있듯이 생각은 아주 일정한 속도로 움직이기 때문이다. 이는 우리가 얼마나 빨리 주어진 상황에 반응할 수 있는가를 보면 알 수 있다. 우리는 대단히 빠르게 자동차의 브레이크를 밟거나 핸들을 돌릴 수 있다. 그것이 바로 생각이 머리로부터 발끝까지 전달되는 속도이다.

만약 우리가 지구로부터 3천 광년의 거리만큼 떨어진 어떤 행성으로 '즉시' 이동할 수 있다고 해보자. 그때 이 머나먼 행성은 지구에서 3천 년 전에 출발한 빛을 받고 있을 것이다. 만약 우리가 상상을 초월할 정도로 정교하게 그 빛을 해석해낼 수 있는 망원경을 갖고 있다면, 그것은 우리에게 그 당시 현존했던 지구의 광경을 보여주리라. 우리는 고대 이집트인들의 생활을 보고, 대청잎으로 살짝 몸을 가리고 자연을 쏘다니는 야만스런 서양인들도 볼 것이다. 그리고 중국에서는 꽤나 수준 높은 문명을 볼 터인데, 그것은 현재와는 너무나도 다른 모습일 것이다.

이처럼 '즉각적인' 여행이 가능하다면 우리는 전혀 다른 영상을 보게 될 것이다. 지구와 천 광년 떨어진 행성으로 간다면, 우리는 천 년 전 지구의 광경을 보게 될 것이다. 인도의 수준 높은 문명, 서구세계를 휩쓴 그리스도교의 전파, 그리고 남아메리카에서 벌어지는 전쟁을 볼 수 있으리라. 또한 지구의 모양도 지금과는 어딘가 다르게 보일 것이다. 땅의 융기와 해변의 침식에 따라 해안선이 항상 변화하기 때문이다. 한 사람의 생애에서는 그다지 큰 차이가 없겠지만, 천 년이라면 그 차이를 충분히 인식할 수 있을 것이다.

현재 우리는 제약이 아주 많은 세계에서 살고 있다. 우리는 아주 제한된 범위의 주파수들만을 지각할 수 있다. 만일 우리가 유체 상태처럼 '몸을 벗어나는' 능력을 완전히 발휘할 수 있다면, 그때 우리는 사물을 아주 다른 빛깔로 볼 것이며 모든 물질이 참으로 불멸의 실재임을 인식할 것이다. 그리고 지상에서 있었던 모든 경험이 파동의 형태로 계속 밖으로 방사되고 있음도 인식할 것이다.

우리는 특별한 능력으로써 이 파동들을 — 광파를 차단하듯이 — 반사시킬 수가 있다. 평범한 슬라이드 영사기를 간단한 예로 들어보자. 당신은 어두운 방에서 슬라이드 영사기를 켜고 스크린을 적당한 거리에 놓는다. 당신이 영사기 렌즈 앞에 둔 스크린 — 이왕이면 흰색이 좋겠다 — 에다 빛의 초점을 맞추면 거기에 영상이 나타난다. 그러나 만일 당신이 영사기를 잘못 놓아서 그 빛이 저 너머의 어둠 속을 향하게 된다면 거기엔 선명한 영상이 아니라 그저 희미한 광선들만이 나타날 것이다. 즉, 빛은 일종의 차단물에 가로막혀 반사되어야만 우리에게 제대로 인식된다는 뜻이다. 맑고 구름 없는 밤에는 탐조등을 켜놓아도 그 빛의 희미한 흔적만이 보인다. 하지만 탐조등의 빛이 구름이나 비행기에 부딪칠 때, 당신은 실제로 그 빛을 분명하게 볼 수 있다.

'시간여행'을 가능케 하는 도구를 발명하는 것은 인류의 오랜 염원이었다. 그러나 이것은 우리가 육체를 갖고 지상에서 사는 동안은 실현될 수 없다. 우리는 교훈을 얻기 위해 몹시 불완전한 도구인 육체 속에 매여 있고, 의심이 많고 우유부단하며, 확신하기 전에 먼저 증거를 요구하기 때문이다. 우리는 물질을 산산조각내어 그 안에서 작동원리를 찾고자 한다. 그러나 우리가 지상을 초월하여 유체계로 들어가거나 유체계마저 넘어설 때, '시간여행'은 영화나 연극을 관람하는 것만큼이나 쉬운 일이 된다.

아카샤 레코드는 이렇듯 일종의 진동이다. 하지만 꼭 빛의 진동만은 아니고, '소리'의 진동도 포함하고 있다. 지구상의 우리에게는 이 진동을 설명할 만한 단어가 없다. 가장 근접한 설명은 그것을 라디오파에 비유하는 것이다. 우리 주변에는 세계 각지에서 송출된 라디오파가 흐르고 있다. 그것들은 각기 다른 프로그램, 다른 언어, 다른 음악, 다른 시간대의 정보를 품고 있다. 심지어 어떤 지역에서는 내일 방송될 프로그램을 미리 들을 수도 있다.

이런 파동들이 우리에게 부단히 부딪혀오고 있지만 우리는 그걸 알아차리지 못한다. 라디오 수신기라는 기계장치가 없는 한, 우리는 그 파동을 수신하고 변환하여 소리로서 들을 수가 없다. 라디오 수신기는 기계적인 또는 전기적인 회로를 통해 라디오파의 주파수를 가청 대역으로 낮춰서 소리로 변환한다. 마찬가지로 만약 우리에게 아카샤 레코드의 파동을 낮출 수 있는 도구가 있다면, 우리는 어떤 역사적 장면이든 있는 그대로, 심지어 텔레비전 화면을 통해 볼 수도 있게 될 것이다. 그로써 책에 기록된 역사가 오류투성이임을 알게 된 역사가들은 아마 까무러치리라.

아카샤 레코드는 이 세계에서 방출된 인간 지식을 총체적으로 저장하고 있는 불멸의 진동이다. 그것은 라디오 프로그램의 전파처럼 계속 퍼져 나간다. 이 지구에서 일어났던 모든 일은 아직도 진동의 형태로 존재한다. 우리가 육체를 벗어날 때는 이 파동을 이해하기 위한 특별한 장치 따위가 필요치 않다. 우리는 그 주파수를 낮추기 위해 어떤 도구도 사용하지 않는다. 그 대신 우리 자신의 '파동수신체'의 속도를 높이는 연습과 훈련을 함으로써 이른바 아카샤 레코드를 직접 수신한다.

아카샤 레코드는 이 세계에 일어난 모든 일에 대한 정보를 담고 있다. 그 밖의 다른 세계들도 각자 자신만의 아카샤 레코드를 갖고 있는데, 이것은 여러 나라들이 각자 저마다의 라디오 프로그램을 송출하는 것과 같다. 그러므로 수신 방법만 안다면 우리는 이 세계뿐 아니라 다른 세계의 아카샤 레코드에도 다이얼을 맞출 수 있다. 그때 우리는 그곳의 역사적 사건들을 볼 수 있고, 그곳의 역사책들은 어떻게 왜곡되어 있는가를 알 수 있게 된다.

그러나 아카샤 레코드는 그저 무익한 호기심을 만족시키기 위한 것이 아니다. 우리는 이 기록을 통해 자신의 계획 중에 무엇이 어긋났는가를 알 수 있다. 우리는 지상의 죽음 이후에 다른 차원으로 옮겨가는데, 그곳에서 각자 행했던 또는 행하지 않았던 일들과 맞대면을 해야 한다. 그때 우리는 아카샤 레코드를 통해 과거생을 보게 되고, 그것은 우리가 태어난 순간부터가 아니라 우리가 어떻게 어디서 태어날 것인가를 계획했던 순간까지 거슬러 올라간다. 그리고 그 지식과 더불어 자신의 잘못을 깨닫고 다시 계획을 세워 노력하게 된다. 마치 학생들이 시험지 답안을 보고 자신의 오답을 확인하는 과정과 비슷하다.

당연히 아카샤 레코드를 보려면 아주 오랜 훈련이 필요하다. 그러나 훈련과 연습과 믿음이 따르면 분명히 가능한 일이며, 그것은 결코 당신을 실망시키지 않을 것이다.

여기서 잠시 샛길로 빠져서 '신념'(faith)이라 불리는 것에 대해 이야기해보려 한다. 신념이란 억지가 아니라 가꿀 수 있는 것이고, 또한 가꿔야만 하는 것이다. 신념은 온실에서 키우는 화초와도 같다. 신념은 잡초처럼 억세지 않다. 응석을 받아줘야 하고, 먹여줘야 하고, 돌봐주어야 한다. 신념을 가지려면 긍정적 확언을 반복하고 또 반복해서 그 지식이 잠재의식 속에 자리 잡도록 해야 한다. 잠재의식은 우리 존재의 10분의 9에 해당하는 절대적인 부분이다.

종종 우리는 잠재의식을 게을러터지고 굼뜬 노인에 비유하곤 한다. 입에는 파이프를 물고 발엔 편안한 슬리퍼를 신은 채 신문을 읽고 있는 노인 말이다. 그는 끊임없이 주변을 맴도는 소란과 번잡함에 지쳐 있다. 수년의 경험을 통해 그는 그 모든 것으로부터 — 아주 끈질긴 방해와 교란작전 앞에는 장사가 없겠지만 — 자신을 지키는 방법을 배웠다. 그는 반쯤 귀머거리가 되어 불러도 잘 듣지를 못한다. 첫 번째, 그리고 두 번째로 부를 때까지 그는 듣지 못한다. 실은 듣고 싶어하지 않는 것이다. 아마도 평온함을 깨거나 일거리를 던지는 목소리일 테니까. 그러나 세 번째로 부를 때는 성깔이 치밀기 시작한다. 더 이상은 그 목소리를 무시할 수가 없다. 경마 결과가 궁금한데 자꾸 딴 일을 시켜대니 화가 날 법도 하다. 그러나 그는 결국 일어서서 움직일 수밖에 없을 것이다.

이렇게 지식이 잠재의식 속에 뿌리를 내리면 당신은 자동적인 신념을 갖게 된다. 여기서 우리는 신념(faith)이 곧 믿음(belief)은 아니라는 점을 짚어두고 싶다. 당신은 "나는 내일이 월요일이라고 믿는다"고 말할 수 있다.

이것은 확실한 사실을 말하는 것이다. 그러나 당신은 "나는 내일이 월요일이라는 신념을 갖고 있다"고 말하지는 않을 것이다. 그렇다면 전혀 다른 뜻이 되기 때문이다.

신념은 보통 우리의 내면에서 자라난다. 우리가 그리스도교도, 불교도, 유대교도가 되는 이유는 대개 우리의 부모가 그리스도교도, 불교도, 유대교도이기 때문이다. 이처럼 우리는 우리의 부모를 신뢰한다. — 부모가 믿는 것이 옳다고 믿는 것이다. 그리하여 우리의 '신념'은 부모가 지닌 신념과 같아진다. 이처럼 지상에서 결정적인 증명이 불가능한 것들은 신념의 대상에 속한다. 증명할 수 있는 것들은 믿거나 안 믿거나 둘 중 하나이다. 신념과 믿음은 이처럼 다르다. 당신은 이 차이를 구별해야 한다.

하지만 무엇보다도, 당신은 무엇을 믿고 싶어하는가? 무엇이 당신에게 신념을 요구하는가? 당신의 신념을 필요로 하는 것들을 찾아서 여러 각도에서 생각해보라. 그것은 종교에 대한 신념인가? 능력에 대한 신념인가? 그것을 가능한 한 여러 각도에서 들여다본 후에, 그것에 대한 긍정적인 생각과 확언을 반복하라. "나는 이것을 할 수 있다", "나는 저것을 할 것이다", 또는 "나는 그것을 믿는다"고 선언하라. 당신은 확언을 반복해야 한다. 그렇지 않으면 결코 '신념'을 가질 수가 없다.

위대한 종교는 독실한 신도들을 거느리고 있다. 독실한 신도들은 교회, 성당, 유대교 회당, 또는 절에 다니며 '집단적으로' 같은 기도를 반복함으로써 잠재의식을 깨우고 그 안에 '신념'을 구축한다. 동양에는 만트라(진언)라는 것이 있다. 신도들은 특정한 말, 곧 만트라를 반복한다. 그들은 만트라를 몇 번이고 되뇐다. 심지어 그 만트라가 무슨 뜻인지도 모르면서도 되뇐다. 실제로 만트라의 뜻은 중요치 않은데, 왜냐하면 종교의 창시자들은 그 말을 반복할 때 생기는 진동이 잠재의식을 파고들어 원하는 바를 일깨우도록 하기 위해 그것을 지어냈기 때문이다. 비록 만트라를 온전히 이해하지 못할지라도, 그것은 곧 잠재의식의 한 부분을 이루면서 '자동화된 신념'을 일으킨다. 당신도 몇 번이고 어떤 기도를 반복하다 보면 그 기도를 사실로서 믿기 시작할 것이다.

이 모든 것은 잠재의식의 이해와 협조를 얻기 위함이다. 일단 신념이 생기고 나면 당신은 더 이상 자신을 귀찮게 할 필요가 없다. 그때는 잠재의식 속의 그 신념을 통해서 하고자 하는 일들을 능히 해낼 수 있다.

오라를 보겠다, 텔레파시를 하겠다, 그 밖의 이런저런 일들을 하겠다는 확언을 몇 번이고 자신에게 반복해보라. 때가 되면 당신은 정말로 그 일을 할 수 있을 것이다. 백만장자든 발명가든, 성공한 모든 사람은 자기 자신을 신뢰한다. 그들은 신념이 있기에 하려고 한 일을 해낼 수 있었다. 먼저 자신의 힘과 능력을 믿고 신념을 형성했기에 꿈을 실현한 것이다.

만일 당신이 성공하리라고 자신에게 계속 말한다면 당신은 성공할 것이다. 이때는 단호하게 성공을 확신하고, 의심(부정적 신념)이 끼어들지 않도록 해야 한다. 한 번 실험해보라. 당신은 그 결과에 깜짝 놀랄 것이다.

당신은 자신의 과거생을 묘사할 수 있는 사람들의 이야기를 들은 적이 있을 것이다. 그것은 본래 아카샤 레코드로부터 나온 것이다. 많은 사람들이 자는 동안 유체계로 들어가 아카샤 레코드를 본다. 물론 아침에 깨어날 때는 앞서 말했듯이 왜곡된 기억을 갖고 돌아오기 십상이지만. 그래서 그들의 말은 일부는 진실이지만 일부는 왜곡된 허구이다.

아마도 당신이 들은 이야기의 상당수는 고통과 관련된 것이리라. 그들은 대부분 전생에 온갖 나쁜 일을 행했던 가해자들처럼 보인다. 우리는 학교에 다니듯 이 지상에 태어났으므로, 과거의 잘못을 씻어내기 위해서는 고난을 겪어야 한다는 사실을 늘 기억해야 한다. 마치 용광로에서 광석을 녹이고 그 표면으로 떠오른 찌꺼기나 불순물을 걷어내어 순도를 높이는 과정과 같다. 우리는 우리를 임계점 가까이로 몰고 가는 스트레스를 감당함으로써 영성을 단련하고 과거의 잘못을 뿌리 뽑아야 한다. 사람들은 뭔가를 배우기 위해 지상에 오고, 그 과정에서 친절보다는 고난에 의해 더욱 빠르고 확실하게 필요한 바를 배우게 된다.

이 세상은 고난의 세계다. 이 세상은 교화소와도 같은 학교이다. 이따금 밤길을 밝히는 가로등과 같은 친절함도 있지만 많은 부분은 투쟁으로 점철돼있다. 내 말이 거슬린다면 세계의 역사를 살펴보라. 고대에 벌어졌던 무수한 전쟁들을 보라. 이 세상은 참으로 혼탁한 곳이다.

그러므로 상황을 감독하기 위해 내려온 고귀한 존재들로서도 이곳에 발을 내딛는 것은 쉬운 일이 아니다. 고귀한 존재들이 의도적으로 스스로 타락함으로써 지상에다 닻을 내리고 있음은 분명한 사실이다. 그들은 있는 그대로의 순수하고 완전무결한 형태로서는 이곳에 올 수가 없다. 그런 식으로는 지상의 슬픔과 시련을 견뎌낼 수가 없다. 그러므로 어떤 사람이 뭔가를 탐한다고 해서 그가 소문만큼 고귀하진 않다고 단정짓는 것은 문제가 있다. 술만 마시지 않으면, 그는 아주 고귀한 존재일지 모른다. 술은 고귀한 능력을 전부 없애버리는 요물이지 않은가.

위대한 천리안과 텔레파시 능력자들은 상당수가 신체적인 고통을 지니고 있다. 고통은 흔히 그 사람의 진동수를 높여서 텔레파시나 투시력이 발휘되게 하기 때문이다. 그러니 누군가의 겉모습만으로 그의 영성을 판단하지 말라. 그가 병이 들었다고 해서 질 낮은 사람인 것은 아니다. 그는 진동수를 높여 특별한 과업을 이루기 위한 목적으로 그 병을 자처했을지도 모른다. 그가 소위 대인大人처럼 행동하지 않고 욕설이나 내뱉는다고 해서 그를 부정적으로 단정짓지 말라. 어쩌면 그 불경한 말이나 악덕은 지상에 닻을 내리기 위한 그 나름의 방편일지 모른다. 술만 끊는다면 그는 당신이 애초에 기대했던 바로 그 고귀한 존재일 수도 있다.

지상은 혼탁한 것들로 가득하다. 그리고 혼탁한 모든 것은 결국 썩는다. 오직 순수하고 부패하지 않는 것만이 살아남는다. 그것이 우리가 지상으로 내려오는 하나의 이유이다. 유체계 너머 영적 세계에서는 부패가 불가능하다. 그 높은 존재의 단계에서 당신은 악의를 지니지 못한다. 그러므로 사람들이 지상에 오는 것은 고난을 통해 배우기 위함이다.

반복하지만, 특별한 과업을 위해 지상에 오는 위대한 존재들은 의도적으로 악습이나 신체적 결함을 택하는데, 그것은 카르마(業)가 아니라 일종의 방편으로서, 육체와 함께 흩어지고 사라질 것들이다.

한 가지 더 짚어둘 사항이 있다. 이번 생에서 위대한 개혁가인 사람들은 과거생에선 때때로 바로 그 분야의 대단한 범법자들이었다는 사실이다. 히틀러는 틀림없이 위대한 개혁가로서 되돌아올 것이다. 스페인에서 종교재판을 자행했던 많은 사람들도 위대한 개혁가로 되돌아왔다. 이것은 생각해볼 가치가 있는 진실이다.

기억하라. 중도야말로 삶의 철칙이다. 후에 되돌려 받아야 할 만큼의 악행을 짓지 말라. 그렇다고 모든 사람이 무릎을 꿇게 만들 정도로 성스럽고 순결하게 살지도 말라. 그런 식으로는 이 지상에 머물 수가 없다. 물론 다행히도, 그토록 순결한 사람은 어디에도 없을 테지만!

제20과

곧 우리는 텔레파시, 투시 그리고 사이코메트리(물체감응)를 다룰 것이다. 그렇지만 이번 교과에서는 그에 앞서 다른 주제를 이야기하려고 한다. 주제를 벗어나고 있지 않느냐고 하는 당신의 생각을 우리는 잘 알고 있다. 하지만 이건 계획적인 것이다. 우리의 의도가 명백한 만큼, 당신의 주의를 하나의 주제로 끌어들였다가 뒤이어 그 밖의 다른 중요한 것들로 향하게 하는 것은 당신이 든든한 기초를 세우는 데 도움을 줄 것이다.

미리 분명히 말해두지만 투시, 텔레파시, 물체감응 능력을 원한다면 반드시 진도를 천천히 나가야 한다. 허용치를 넘어선 성장을 강제할 수는 없다. 자연계를 예로 들면, 외래종 난초들은 대개 온실에 적합한 식물들이다. 그것들을 아무 데나 심는다면 아주 빈약한 꽃밖에 피워내지 못할 것이다. 성장을 인위적으로 강제하면 그와 같은 결과가 나온다. 온실에 적합한 화초들은 야무지지 않기 때문에 갖가지 질병에 시달리기 쉽다.

우리는 당신이 아주 건강한 텔레파시 능력을 갖길 바란다. 우리는 당신이 투시로써 과거를 들여다볼 수 있길 바란다. 그리고 당신이 예컨대 해변에서 돌을 주워들면 수년 동안 그 돌에게 무슨 일이 일어났는지를 말할 수 있는 그런 경지에 이르길 바란다. 진정 뛰어난 물체감응 능력자라면, 해변에서 사람의 손때가 묻지 않은 돌을 집어들고는 그것이 처음 형성되던 시절의 광경을 직접 볼 수 있다. 이것은 과장이 아니다. 방법만 알면 아주 단순하고 쉬운 기술이다. 그러므로 기초를 단단히 해두자. 움직이는 모래 위에다 튼튼한 집을 지을 수는 없는 법이다.

우리는 무엇보다 내면의 침착과 평정이 두 개의 주춧돌임을 말하고 싶다. 내면의 평정 없이 텔레파시나 투시에서 큰 성공을 기대할 순 없다. 내면의 평정은 아주 초보적인, 즉 최초의 단계를 넘어 진보해가는 데에 결정적인 요소가 된다.

인간의 마음은 참으로 어지러운 감정들로 채워져 있다. 주변을 돌아보면 당신은 길거리에서 사람들이 허둥대거나, 차를 마구 달리거나, 버스를 잡으려고 뜀박질하는 모습을 보게 된다. 그중에서도 대미는 가게가 문을 닫는 주말 이전에 생필품을 미리 사두려고 설쳐대는 모습이다.

우리는 항상 시끄러운 상태에 있다. 부글대며 끓고 있는 우리의 두뇌는 분노와 좌절의 불꽃을 방출한다. 우리는 자주 화가 치밀고, 그럴 때마다 내부에서 기분 나쁜 압력(긴장)을 경험한다. 꼭 폭발할 것만 같은 심정이다. 당신도 그럴 것이다. 하지만 그건 비술秘術을 익히는 데 전혀 도움이 안 된다. 무절제한 뇌파가 외부에서 들어오는 신호들을 — 우리는 주변의 온갖 대상들로부터 끊임없이 신호를 받고 있다 — 다 지워버리기 때문이다. 그러나 우리가 마음을 열 수 있다면, 그 신호들을 포착하여 뜻을 해석해낼 수 있을 것이다.

당신은 폭풍우가 치는 날에 라디오를 들어본 적이 있는가? 당신은 당신 집의 창가 바로 옆에 자동차를 세운 어떤 멍청이 때문에 — 구체적으로는 그 차의 점화장치 때문에 — 텔레비전 화면에서 갈 지(之) 자의 섬광을 본 적이 있는가? 거센 폭풍우로 교란된 잡음들 속에서 라디오 프로그램을 찾아 듣는 것은 쉽지 않은 일이다. 단파 수신에 흥미가 있어 전 세계 여러 나라의 뉴스를 청취하고 먼 대륙의 음악을 듣는 사람들이 있다. 만일 당신이 그렇게 원거리 방송을 수신해본 적이 있다면 때때로 방송 속의 대화를 알아듣기가 얼마나 어려운지를 잘 알 것이다. 인위적인 또는 자연적인 원인으로 끼어든 온갖 간섭파와 잡음들 때문에 말이다. 자동차의 점화장치, 냉장고, 온도조절기의 딸각댐은 물론이고 누군가가 초인종을 누르고 도망치기도 한다. 그러니 라디오 소리에 집중하려 할수록 점점 더 화만 치밀 뿐이다.

이와 같은 머릿속 잡음들을 제거하기 전에는 텔레파시를 하는 데에 어려움을 겪을 수밖에 없다. 인간의 두뇌가 방출하는 소음은 다 낡아빠진 자동차의 굉음 이상으로 해로운 영향을 준다. 당신은 이 말이 과장이라고 생각할지도 모른다. 그러나 실제로 연습을 해보면, 오히려 우리가 꽤 점잖게 말하고 있음을 알게 될 것이다.

이 주제를 한층 더 밀고 나가보자. 왜냐하면 우리는 이제 하려는 일에 대해 확신을 가져야 하고, 성장의 장애물도 알아둬야 하기 때문이다. 장애물을 알지 못하면서 그것들을 극복할 수는 없다. 대양 아래 튼튼한 전화선이 설치되어 있다면 대륙들 간에 통화를 하는 것은 간단한 일이다. 영국과 미국의 뉴욕, 또는 호주의 애들레이드를 연결하는 대서양 횡단 전화선이 그 예이다. 물론 해저 전화선을 통하더라도 목소리가 종종 왜곡되거나 끊어질 여지는 있다. 그러나 웬만큼은 상대방의 말을 이해할 수 있다.

불행히도 대부분의 지역은 전화선이 연결되어 있지 않다. 예컨대 몬트리올과 부에노스아이레스 같은 곳은 전화선이 깔려 있지 않아서 '무선 링크(radio link)'라는 징그러운 장치에 의존해야 한다. 이 끔찍한 장치는 결코 '전화'라는 이름으로 불려선 안 된다. 이걸 사용한다는 것은 인내심을 시험하는 짓이다. 목소리는 왜곡되어 도무지 알아들을 수가 없고, 고주파도 끊기고 저주파도 끊긴다. 그래서 우리는 이해할 수 있는 인간의 목소리 대신 어떤 로봇이 아무런 억양 없이 내뱉은 듯한 단조로운 음조만을 듣게 된다. 어쨌든 뭐라도 알아들으려고 애를 쓰게 되겠지만, 거기엔 더 지독한 불편함이 존재한다. 즉, '회선을 열어두기 위해' 할 말이 없더라도 줄곧 지껄여야 하는 것이다.

이런 통화는 아까 언급한 전자파의 간섭 이외에도 지구 주위의 이질적인 이온층에서 오는 갖가지 굴절과 반사 작용에도 영향받는다. 여기서 이 장치를 언급한 이유는, 지구에서 가장 성능 좋은 기계를 갖고 있더라도 무선통신은 기본적으로 '맞히느냐, 놓치느냐'의 문제라는 사실을 보여주기 위함이다. 우리의 경험에 의하면, 맞히기보다는 놓치는 경우가 더 많다. 우리는 개인적으로 텔레파시가 무선전화보다 훨씬 더 쉬운 기술이라고 생각한다.

당신은 우리가 왜 자꾸 라디오와 전자와 전기에 대해 이야기하고 있는지 의아할 것이다. 그 이유는 우리의 두뇌와 신체가 전기를 발생시키기 때문이다. 두뇌와 모든 근육은 육체의 '라디오 프로그램'이라 할 수 있는 전자적 파동을 방출한다. 그러므로 투시, 텔레파시, 물체감응, 그 외의 수많은 현상들은 라디오와 전자공학을 이용하여 쉽게 이해될 수 있다. 우리는 당신이 주의 깊게 이 사실들을 숙고해보길 바란다. 전자공학을 공부하는 것은 큰 의미가 있다. 라디오와 전자공학을 공부할수록 당신은 좀더 쉽게 성장하게 될 테니까.

복잡한 기계들은 충격으로부터 보호받을 필요가 있다. 당신은 비싼 텔레비전 수상기를 험하게 다루거나 비싼 시계를 벽에다 내던지지 않을 것이다. 우리가 갖고 있는 가장 비싼 수상기는 말할 것도 없이 우리의 두뇌이다. 그것을 잘 활용하기 위해서는 먼저 충격으로부터 보호해야 한다. 흥분하거나 좌절하도록 자신을 그냥 내버려두면, 우리 내부엔 외부로부터 오는 파동들을 차단하는 장벽 같은 것이 형성된다. 텔레파시를 하려면 최대한 평온해져야 한다. 그렇지 않으면 타인의 생각을 읽으려는 그 어떤 시도도 시간낭비일 뿐이다. 텔레파시는 쉽게 되지 않는다. 무엇보다 스스로 평정을 찾는 것이 절대적으로 중요하다.

우리가 생각을 할 때마다 두뇌에서는 전기가 생성된다. 우리의 생각이 평온할 때 두뇌는 돌출파가 없는 평탄한 파동형태를 보인다. 만약 돌출파가 생긴다면 뭔가가 사고의 흐름을 방해하고 있다는 뜻이다. 여기서 꼭 확인해야 할 점은, 과잉전기가 발생돼서는 안 되며 우리를 의기소침하게 하는 그 어떤 요소도 사고 과정에 끼어들어선 안 된다는 것이다.

우리는 끊임없이 내면의 침착과 평온을 추구해야 한다. 세탁물을 내다 말리려고 후줄근한 옷들을 양손에 쥐고 있는데 전화벨이 울린다면 무척이나 성가실 것이다. 동네 상점의 특별할인 행사를 놓쳤다면 기분이 몹시 언짢을 것이다. 그렇지만 그 모든 것은 일상사에 불과하다. 우리가 이 세상을 떠날 때는 조금도 도움이 되지 않는 일들이다. 우리가 지상의 삶을 종료할 때는 커다란 슈퍼마켓을 애용했는지 시시한 구멍가게를 애용했는지는 전혀 문제가 되지 않는다.

평정을 얻는 가장 쉬운 방법은 규칙적으로 호흡하는 것이다. 대부분의 사람들은 불행히도 '급히 들이키고 내쉬고, 급히 들이키고 내쉬고' 하는 식으로 숨을 쉰다. 그것은 헐떡임에 가까우므로 정작 두뇌엔 늘 산소가 모자란다. 사람들은 정해진 양의 공기만을 집어삼켰다 토해내야 한다고 생각하는 것 같다. 어쩌면 공기가 뜨거운 물이라도 되는 듯 생각하는지도 모른다. 들이마시기 무섭게 서둘러 내뱉으려 하니 말이다.

우리는 천천히 그리고 깊게 호흡하는 법을 배워야 한다. 우리는 탁한 공기가 폐에서 완전히 빠져나갔는지를 확인해야 한다. 폐의 윗부분으로만 호흡하면 폐의 아랫부분에 있는 공기는 더욱 탁해진다. 숨을 잘 쉴수록 두뇌의 능력이 향상된다. 우리는 산소 없이 살 수가 없는데, 산소결핍을 제일 먼저 느끼는 것이 바로 두뇌이다. 두뇌로 공급되는 산소량이 줄어들면 피로가 느껴지고, 졸음이 오고, 동작이 느려지고, 생각하기도 힘들어진다. 때로는 심한 두통도 겪게 되는데, 그럴 때 우리는 밖으로 나가서 신선한 공기를 마신다. 더 많은 산소가 필요하기 때문이다.

규칙적인 호흡은 헝클어진 감정을 진정시킨다. 만일 당신이 의기소침하고, 언짢고, 누군가를 한 대 때리고 싶을 지경이라면 숨을 최대한 깊이 들이쉰 상태로 몇 초간 참았다가 천천히 내쉬어보기 바란다. 그런 호흡을 몇 번 반복해보라. 그러면 자신이 생각보다 훨씬 더 빨리 평정을 찾고 있음을 깨닫게 될 것이다.

숨을 급히 들이쉬고 급히 내쉬어서는 안 된다. 천천히 그리고 일정하게 들이쉬면서 생명과 활력을 끌어들인다고 생각하라. 실제로 사실이 그러하다. 가슴을 쥐어짜서 공기를 최대한 내뱉으라. 혀가 늘어질 정도로 허파를 안으로 조이라. 그러고는 약 10초간에 걸쳐 숨을 들이마시면서 허파를 꽉 채우고, 다시 가슴을 내밀며 조금 더 들이마신다. 이렇게 최대한 들이쉬었다면 약 5초간 숨을 참는다. 그리고 다시 천천히, 약 7초에 걸쳐서 숨을 내쉰다. 남김없이 숨을 내쉬라. 근육을 안으로 당겨 한껏 공기를 쥐어짜내라. 그리고 같은 과정을 처음부터 반복하라. 여섯 번쯤 하고 나면 좌절감과 언짢은 기분이 사라지고 속도 편해질 것이다. 당신은 내면이 평온해지기 시작했음을 알아챌 것이다.

정말로 중요한 면접이 있다면 면접실로 들어가기 전에 한동안 숨을 깊게 쉬어보라. 당신은 콩콩 뛰던 심장이 차분히 가라앉음을 알게 될 것이다. 당신은 근심을 잊고 자신감이 넘칠 것이다. 이렇게만 하면 면접관은 당신의 당당한 모습에 강한 인상을 받는다. 한 번 시도해보라.

일상생활을 하노라면 수도 없이 좌절과 짜증을 겪게 되는데, 그것은 정말 해로운 영향을 끼친다. '문명'은 전혀 좋은 것이 아니다. 문명의 속박에 사로잡힐수록 평화를 얻기는 더욱 어려워진다. 대도시 한복판에 있는 사람들은 시골에 사는 사람들보다 훨씬 초조하고 과민하다. 그러므로 자신의 감정을 통제해야 할 일이 잦아지고, 좌절하고 초조할 때마다 위액이 더 많이 분비된다. 산성을 띤 위액이 자꾸 분비되면 결국 위장을 비롯한 다른 장기들의 내벽이 그것에 저항할 수 없는 지경에 이르게 된다.

장기의 내벽들 중 어떤 부위는 특히 얇거나 작은 흠이 있을 수도 있다. 우리가 삼켰던 어떤 음식조각이 그 부위에 상처를 냈을지도 모른다. 위액은 이처럼 내벽 중에서 얇은 곳 또는 염증이 생긴 곳을 공격하여 이내 보호막을 뚫어버린다. 그 결과 위궤양이 생기고 우리는 큰 고통을 겪게 된다. 당신도 들어봤을 테지만, 위궤양은 보통 초조하고 신경과민인 사람들에게 잘 생긴다.

초조함에 대해 생각해보자. 당신은 청구된 가스비를 무슨 수로 마련할지 고심 중이다. 그래서 정신이 없는데 하필 전기계량기 검침원이 문가에서 소란을 떨어댄다. 당신은 왜 그토록 많은 멍청이들이 멋대가리 없는 광고전단을 우편물로 보내오는지도 의아하다. '왜 내가 그것들을 치우는 수고를 해야 하지? 보낸 사람이 와서 치우는 게 마땅하지 않은가?'

그렇지만 마음을 가라앉히고 속으로 이렇게 자문해보라. '이 모든 것이 50년 또는 100년 후에도 문제가 될 것들인가?' 당신이 좌절할 때마다, 일상의 소란에 휘둘릴 때마다, 어떤 곤경에 빠져들고 있다는 생각이 들 때마다 위의 자문을 거듭해보라. '이 걱정거리들 가운데 어떤 것이, 과연 그 어떤 것이 50년 또는 100년 후에도 중요하게 여겨질까?'

이른바 문명의 시대란 참으로 견디기 어려운 무엇이다. 모든 것이 서로 뒤엉켜 우리로 하여금 부자연스런 뇌파를 일으키게 하고, 뇌세포 속에 이상전압을 발생시키게 한다.

　의사들이 특수도구를 사용하여 정상적 사고를 하고 있는 사람들의 뇌파를 도표화하면 꽤 규칙적인 형태가 그려진다. 만약 뇌파가 정상과는 다른 특정한 형태를 보이면 그 환자는 어떤 정신질환이 있는 것으로 추정된다. 그러므로 정신질환자들을 처음 검사할 때는 그의 뇌파를 도표화하여 정상인들과 어떤 차이가 있는가를 살펴보게 된다. 사람이 비정상적인 뇌파를 제압하기만 하면 다시 제정신이 돌아온다는 것은 동양인들에겐 잘 알려진 사실이다. 의사도 겸하는 동양의 사제(priest)들은 뇌파를 정상으로 회복시킴으로써 정신병을 치료하기 위해 여러 가지 방법을 사용한다.

　여자들도, 특히 갱년기 때는 두뇌에서 독특한 파동을 발생시킨다. 이는 갱년기에는 여러 가지 내분비계가 중단되거나 그 통로를 바꾸기 때문이다. 하지만 여자들이 평생 들어온 허튼 얘기들 — 갱년기는 최악의 고통이라는 — 이야말로 진짜 문제이다. 여자들은 어려움을 겪으리라고 굳게 믿음으로써 실제로 그런 경험을 불러들인다. 하지만 준비가 잘 된 사람이라면 갱년기가 오더라도 하등의 어려움을 겪어야 할 필요가 없다.

　이보다 더 불운한 경우는 '자궁절제술'을 받은 여자들이다. 자궁절제술을 받게 되면 강제적인 폐경기를 겪어내야 한다. 물론 이 외과술은 특정한 질병의 치료와 같은 뚜렷한 목적 때문에 행해지지만, 어쨌든 결과가 그렇다는 것이다. 자궁절제술을 받으면 종전의 생활방식이 갑자기 중단되고 호르몬 분비가 급변하는 등의 상황으로 인해 뇌에 심각한 충격이 가해져서 한동안은 불안정한 상태가 되기도 한다.

　적절한 치료법과 넉넉한 배려심이 있어야만 이런 불운한 환자들을 돌볼 수가 있다. 우리는 지금 육체는 일종의 발전기이며, 그러므로 그것을 일정하게 작동시키는 것이 아주 중요하다는 사실을 지적하고 있다. 그래야만 평온과 안정을 누릴 수 있기 때문이다. 근심걱정이나 외과적 수술 등으로 인해 전기발생량이 들쑥날쑥하게 되면 우리는 안정을 잃을 수밖에 없다. 물론 언제든 금방 다시 회복할 수는 있지만 말이다.

다시 '50년 또는 100년 후'의 이야기로 돌아가자. 만일 당신이 누군가에게 선을 행한다면 그것이야말로 50년 또는 100년 후에도 의미 있는 일이다. 선을 행한다는 것은 누군가의 앞날을 밝혀준다는 뜻이다. 반대로 남에게 해를 끼친다는 것은 그의 앞날을 어둡게 한다는 뜻이다. 남에게 선을 행할수록 당신이 얻을 것도 늘어난다. 먼저 기꺼이 주지 않으면 받을 것도 없다는 사실은 초자연적인 신비학의 절대 법칙이다. 봉사든 돈이든 사랑이든, 당신은 먼저 내어준 것을 다음번에 받게 될 것이다. 또한 주고받는 모든 것에는 반드시 보상이 따라야 한다. 당신이 배려를 받았다면 그 배려를 다시 남에게 베풀어야 한다. 그렇지만 이 교과에서 그것까지 다루지는 않겠다. 후에 카르마(업)를 다룰 때 좀더 상세하게 언급할 작정이니까.

내면을 고요한 상태로 유지하고 안정감을 갖도록 다스리라. 과도한 생각과 집착이 시작될 때면, 그 모든 사소한 제약들이 ― 우직한 방해물들이 ― 몇 년 뒤엔 관심사조차 안 될 것임을 자신에게 납득시키라. 그 성가시고 짜증 나는 것들은 그저 소소한 골칫거리 정도로 적당히 취급되어야 옳다.

스스로 받아들일 준비만 되었다면, 내면의 평온과 평화와 안정은 언제나 당신 안에 있다. 당신이 해야 할 일은 깊은 호흡으로써 두뇌에 최대한의 산소를 공급하는 것이며, 이 모든 어리석은 성냄이 50년 후엔 기억조차 나지 않으리라는 사실을 기억하는 것이다. 그러면 그것들이 얼마나 하찮은 것인지를 실감하게 되리라.

지금 우리는 당신에게, 당신의 걱정거리 대부분은 실재가 아니라는 사실을 거듭 강조하고 있다. 물론 우리를 위협하고 불쾌하게 하는 뭔가가 닥쳐오지 않을까 하는 두려움이 있을 것이다. 그러나 그것 때문에 공포에 휩싸이면 우리는 자신이 거꾸로 섰는지 바로 섰는지조차 구분하지 못하는 상태가 된다. 우리가 두려워하는 그런 일은 아직 일어나지도 않았는데 말이다.

공포에 빠졌을 때 우리의 몸은 아드레날린을 들끓게 하여 즉각 행동으로 돌입할 채비를 한다. 그리고 공포가 사라지면 그 아드레날린도 해소되어야 하는데, 그 과정에서 우리는 진이 빠지고 몸을 부들부들 떨기조차 한다.

수많은 저명인사들은 말하기를, 자신이 아직 일어나지도 않은 쓸데없는 걱정거리들에 집착하면서 시간을 낭비하고 있었음을 깨달았다고 한다. 만일 근심에 빠져 있다면 당신은 안정된 상태가 아니다. 동요하는 상태에서는 내면의 평온을 얻을 수 없고, 그럴 때는 텔레파시로 교신하기는 커녕 무질서하고 음울한 메시지만을 방출하게 된다. 당신은 텔레파시로 전달된 메시지들을 차단할뿐더러 주변의 상당한 범위까지 텔레파시를 훼방하는 장본인이 된다.

당신 자신을 위해, 그리고 다른 사람들을 위해 마음의 평정을 유지하는 연습을 하라. 고요한 상태를 찾고, 열받게 하는 사소한 일들은 그저 일시적인 것임을 기억하라. 그것들은 당신을 시험에 들게 하는 것들이다.

평온한 상태에서 당신의 곤경을 제대로 바라보는 연습을 하라. 오늘이 보고 싶은 영화의 마지막 상영일인데 사정이 생겨 극장에 못 가게 되었다면 속이 탈 것이다. 그렇다고 해서 그것이 지구가 흔들릴 만큼 중요한 일은 아니지 않은가.

중요한 것은 당신의 배움과 성장이다. 많이 배울수록 당신은 더 많은 지식을 다음 생으로 가져가고, 그럴수록 이 씁쓸한 세계로 돌아올 필요가 적어진다.

편안히 누워 자신을 이완시키라. 몸을 좌우로 약간 흔들어 몸의 어떤 근육도 긴장되지 않도록 하라. 가볍게 양손을 맞잡고 깊게, 규칙적으로 호흡하라. 호흡할 때는 호흡의 리듬에 맞추어 '평화, 평화, 평화'를 되뇌라. 연습하다 보면, 당신은 진실로 성스런 평화와 안정감이 찾아왔음을 느낄 것이다. 반복하건대 혼잡한 생각들은 전부 밀어내고, 오직 평화와 고요함과 편안함에만 초점을 맞추라. 평화를 생각하면 평화를 얻을 것이다. 편안함을 생각하면 편안함을 얻을 것이다.

우리는 다음의 말로써 이 교과를 마치려고 한다. ― 만일 사람들이 하루 중 10분이라는 시간만 이 연습에 바친다면 의사들은 곧 파산하고 말리라. 왜냐하면 그들이 다루어야 할 그 많은 병들이 싹 없어질 테니까.

제21과

이 교과에서 드디어 우리는 모두의 관심 주제인 텔레파시와 만나게 된다. 당신은 왜 우리가 인간의 뇌파와 전기적 파동 간의 유사성을 그토록 강조해왔는지 의아했으리라. 하지만 곧 그 주제에 관하여 좀더 진일보한 통찰력을 얻게 될 것이다.

아래 그림을 살펴보라. 물론 이것은 '차분한 상태'를 전제로 한다. 텔레파시나 투시, 또는 물체감응을 하자면 먼저 '차분한' 상태에 있어야 한다. 이것이 바로 지난 교과에서 지겹도록 반복한 주제였다.

이런 식으로 생각해보자. 당신은 보일러 공장 근처에서 멋진 교향악단의 연주회를 기대할 수 있는가? 주변에서 사람들이 펄쩍펄쩍 뛰며 목이 터지라 소리를 지르는데 고전음악이든 뭐든 당신이 좋아하는 음악을 즐길 수 있겠는가? 아니다. 당신은 라디오 스위치를 끄고는 모두 조용히 하라고 소리를 꽥 지를 것이다.

왼쪽 그림에서 당신은 두뇌의 서로 다른 수신 부위들을 볼 수 있다. 그중에서도 대체로 머리 위쪽에 해당하는 부위에서 우리는 텔레파시 파동을 수신한다.

다른 파동들은 뒤로 미루고 먼저 텔레파시부터 설명해보겠다. 우리는 차분한 상태에서 갖가지 정보들을 수신할 수 있다. 이는 그저 다른 이

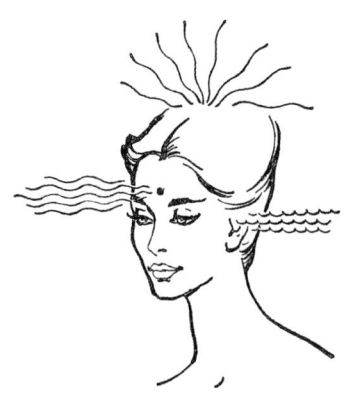

〈그림 9〉 차분한 상태의 머리

들의 전기적 파동을 우리의 두뇌가 수신하는 현상일 뿐이다. 많은 사람들은 일종의 '예감'을 느낀다. 우리는 무슨 일이 닥치려 한다거나 당장 어떤 특정한 행동을 취해야 한다는 '예사롭지 않은' 인상을 받아본 경험이 있다. 실정을 잘 모르는 사람들은 그걸 '예감'이라 부르지만, 사실 그것은 무의식 또는 잠재의식에 수신된 텔레파시일 뿐이다. 다시 말해 어떤 '예감'이 들었다면 그것은 타인이 보낸 텔레파시를 의식적이든 무의식적이든 수신한 것이다.

직관이란 것도 마찬가지다. 여자들이 남자들보다 직관력이 뛰어나다는 말은 틀린 얘기가 아니다. 여자들은 말수만 줄일 수 있다면 남자보다 훨씬 빛나는 텔레파시 능력자가 될 수 있다. 여성의 두뇌는 남성의 두뇌보다 작다고 한다. 그러나 그런 점은 전혀 중요치 않다. 예전엔 두뇌의 크기가 사람의 지성에 영향을 미친다는 쓰레기 같은 주장이 있었지만, 그렇다면 코끼리야말로 인간에 비해 천재성을 보여야 맞을 것이다.

여성의 두뇌는 들어오는 메시지들과 잘 '공명'한다. 전기파에 비유하자면, 여성의 두뇌는 남성의 두뇌보다 훨씬 쉽게 방송 주파수에 다이얼을 맞출 수 있는 수신기이다. 당신은 아버지나 할아버지 시대에 사용되었던 낡은 라디오 기기들을 기억하는가? 별의별 손잡이와 다이얼이 잔뜩 붙어 있는 그 기기로 특정 방송 주파수를 잡아내는 것은 거의 곡예에 가까웠다. 필라멘트를 상향으로 조정해서 진공관의 전압이 제대로인지를 확인해야 했고, 천천히 움직이는 한 쌍의 다이얼로 주파수를 맞춰야 했다. 또한 코일을 자주 움직여야 했고, 음량도 세밀히 조절해야 했다. 당신의 할아버지는 그 기기의 복잡함을 또렷이 기억하고 있으리라. 하지만 지금은 포켓용 라디오를 갖고 다니다가 스위치만 켜고 다이얼만 슥슥 돌리면 전 세계 방송의 절반 정도는 수신할 수 있다. 여성의 두뇌가 바로 그와 같이 남성의 두뇌보다 쉽게 공명한다.

 일란성 쌍둥이들이 서로 아무리 멀리 떨어져 있어도 정신적으로 끊임없이 교감한다는 사실은 이미 잘 알려져 있다. 쌍둥이 중 하나가 북아메리카에 있고 다른 하나가 남아메리카에 있다고 하자. 그들 각자에게서 동시에 보고를 받는다면, 당신은 그들이 상대방의 일거수일투족을 파악하고 있음을 확신하게 될 것이다. 이런 교감은 그 둘이 하나의 세포로부터 나왔으며 서로의 두뇌가 정교하게 동조된 라디오 수신기 또는 송신기와도 같다는 데서 비롯된 것이다. 제3자의 입장에서 볼 때, 그들은 전혀 아무런 노력 없이도 '조율된' 상태에 있다.

 당신은 이제 실질적인 텔레파시 방법을 알고 싶으리라. 우리는 굳은 믿음과 꾸준한 연습이 있으면 누구든 텔레파시 교신을 할 수 있다고 말해 왔다. 또한 우리의 오랜 친구인 '내면의 평정'도 놓치지 말라고 강조했다.

 텔레파시를 위한 최선의 연습 방법은 이렇다. 먼저 자기 자신을 향해서, 어느 날 어느 시각에 두뇌의 감수성을 예민하게 해서 일반적 정보들을 수신한 후에 좀더 분명한 텔레파시 메시지까지 수신해보겠다고 확언하라. 그리고 지정한 날보다 하루이틀 전부터, 당신이 이 일에 성공하리라는 긍정적인 말을 반복해서 자신에게 들려주라.

 그 당일에는 저녁 시간에 당신만의 은밀한 방으로 들어가라. 채광이 은은하고 온도가 적당한지를 확인하라. 그리고 가장 편안하다고 생각되는 자세로 기대 앉으라. 손에는 당신이 가장 끌리는 사람의 사진을 들고 있으라. 조명은 그 사진을 비출 수 있도록 등 뒤에 위치하는 게 좋겠다.

 몇 분간 깊은 호흡을 하고 마음속에서 잡다한 생각들을 전부 치워내라. 손안에 든 사진 속의 주인공을 생각하고, 그가 당신 앞에 서 있다고 상상하라. 그는 당신에게 뭐라고 말할까? 당신은 그 말에 뭐라고 대답할까? 당신의 생각을 통제하라. "내게 말해봐, 내게 말해봐" 하고 되뇌어도 좋다. 그러고는 대답을 기다리라.

당신이 차분하고 믿음이 있다면, 두뇌 속에서 어떤 술렁대는 느낌을 받을 것이다. 처음엔 그것을 상상의 산물로 하찮게 여길지도 모르지만, 그것이야말로 진짜 현실이다. 당신이 그것을 쓸데없는 상상으로 치부해 버리면 스스로 텔레파시를 저버리는 셈이 된다.

텔레파시 능력을 획득하는 가장 쉬운 방법은 당신이 아주 잘 아는 사람, 즉 깊은 우정을 나누고 있는 사람과 협력해서 작업하는 것이다. 당신과 그는 어느 날 어느 시각에 텔레파시로 접촉할 것인지를 미리 합의해두어야 한다. 그리고 그 시각에 각자의 방으로 들어가야 한다. 둘이 서로 얼마나 먼 거리에 있는지는 관계가 없다. 서로 다른 대륙에서 살고 있다고 해도 문제없다. 거리는 전혀 장애가 되지 않는다. 그렇지만 시차는 고려해야 한다. 예컨대 부에노스아이레스는 뉴욕보다 두 시간이 빠르므로, 시차를 계산해두지 않으면 실험은 실패할 수밖에 없다.

두 사람은 또한 누가 발신을 하고 누가 수신을 할지도 합의해두어야 한다. 당신이 먼저 발신키로 했다면, 더도 덜도 아닌 딱 10분 동안 각자의 역할을 지킨 후에 서로 역할을 바꾸도록 하라. 두세 번의 시도로 성공하리라는 보장은 없다. 그러나 연습은 완성을 가능케 한다. 갓난아기가 한 번 만에 걸음을 떼진 못한다는 사실을 기억하라. 아기는 계속 넘어지고 기면서 연습한다. 당신도 처음부터 성공하긴 어렵다. 그러나 반복하지만, 연습은 완성을 가능케 한다.

당신이 친구에게 텔레파시 메시지를 보내거나 받을 수 있게 되면 타인의 생각을 읽는 과정에 제대로 진입한 것이다. 그렇지만 당신은 어떤 사악한 의도도 없어야만 타인의 생각을 읽을 수 있다. 여기서 또 한 번 곁

길로 샐 텐데, 그래도 꽤 신나는 이야기일 것이다.

당신은 절대로, 절대로 타인을 해하려는 목적으로 텔레파시, 투시, 물체감응 능력을 사용하지 못한다. 반대로 그 누구도 당신을 이런 수단으로써 해칠 수 없다. 악의에 찬 능력자가 텔레파시나 투시로써 하찮은 잘못이 있는 사람들을 겁박할 것이라는 두려움은 전혀 사실과 다르다. 한 장소에 빛과 어둠이 동시에 존재할 수 없다. 당신은 악한 의도로 텔레파시를 사용하지 못한다. 이는 불변하는 형이상학적 법칙이다.

그러므로 불안해하지 말라. 우리는 당신을 해하기 위해서 당신의 생각을 읽지 않는다. 물론 그러고 싶어하는 사람들도 있겠지만 그것은 불가능한 일이다. 텔레파시 능력자가 자신의 모든 비밀스런 걱정과 병적 공포를 알아낼 거라고 두려워하는 사람들이 많다. 물론 대단히 순수한 마음을 가진 사람들이 당신의 생각을 읽어내고 오라를 통해 당신의 약점을 발견할 수 있는 것은 사실이다. 그러나 그는 단 한 순간이라도 의도적으로 그런 일을 하려 들지 않을 것이며, 불순한 사람에게는 그런 능력이 애초에 주어지지 않는다.

친구와 함께 텔레파시를 연습하기를 권한다. 만일 친구의 협조를 구할 수 없다면, 앞서 말했듯이 이완을 한 상태에서 생각들이 당신에게 흘러들도록 내버려두라. 당신은 자신의 머리가 상충되는 생각들로 윙윙댐을 발견할 것이다. 그건 북적이는 인파 속으로 들어갈 때와 비슷하다. 재잘거리는 소리, 끔찍한 소음… 저마다 동시에 목청껏 말을 쏟아내는 듯하다. 그렇지만 당신은 그중에서 특정한 하나의 목소리에만 초점을 맞출 수 있다.

연습하라. 연습하고, 믿음을 가지라. 그 모든 것에 대해 평정을 유지하고 또한 남을 해칠 의도가 없다면, 당신은 곧 텔레파시 교신을 할 수 있을 것이다.

앞서 나온 그림에서 당신은 '제3의 눈' 부위에서 뻗어나오는 투시력의 빛줄기를 보았다. 그것은 텔레파시와는 다른 주파수 대역에 속한다. 그래서 그 결과물도 크게 다르다. 일반적으로 텔레파시 메시지를 받는 것은 라디오를 듣는 것과 같고, 투시 메시지를 받는 것은 컬러텔레비전을 보는 것과 같다.

투시를 하려면 수정구처럼 빛이 나는 도구가 필요하다. 굵은 알이 박힌 다이아몬드 반지가 있다면 수정구보다 휴대하기도 편하고 효과도 괜찮을 것이다. 이때도 당신은 편안히 몸을 기대야 하고, 조명은 아주 은은하게 켜두어야 한다.

일단 당신이 수정구를 구했다고 치자. 당신은 저녁 무렵 자신의 방에서 아주 편안히 쉬고 있다. 커튼 또는 가리개가 드리워져서 어떤 빛줄기도 외부로부터 들어오지 못한다. 방이 너무 어두워서 당신은 수정체의 윤곽조차 거의 볼 수가 없다. 수정구는 어떤 빛도 반사하고 있지 않다. 그 대신 모든 것이 안개처럼 흐릿하고 몽롱하게 보인다.

당신은 수정구를 들고서 그 안에서 '뭔가를' 볼 수 있다고 믿는다. 하지만 그것을 보려고 애쓰지는 말고, 그저 수정구를 응시하기만 한다. 아주 아주 먼 곳을 보는 것처럼 수정체를 응시하라. 수정구는 불과 몇 센티미터 앞에 있지만 당신은 마치 몇 킬로미터 거리에 있는 것인 양 바라보아야 한다. 그러면 수정구가 차츰 뿌옇게 흐려지기 시작하며 흰 구름이 쌓이는 모습이 보일 것이다.

수정구는 명백히 투명한데도 마치 우유로 가득 찬 듯이 보이리라. 이제 결정적인 시간이 되었다. 다른 사람들처럼 당황하거나 몸을 움찔거리지 말라. 왜냐하면 그 흰 구름은 걷히기 시작할 테니까. 이는 마치 무대를 가렸던 커튼이 올라가는 것과 같다. 수정구의 형체는 사라지고 대신 당신은 거기에서 이 세상을 보게 된다. 마치 올림포스의 신들이 이 세상을 내려다보듯이 당신도 아래를 응시하게 된다.

당신은 아마도 대륙을 뒤덮은 구름을 보면서 자신이 낙하하고 있는 듯한 느낌을 받을 수도 있다. 어쩌면 자신도 모르게 몸을 떨지도 모른다. 그러지 않도록 주의하라. 경련이 일면 그 영상은 사라지고 우리는 다른 날 밤에 모든 과정을 처음부터 다시 시작해야 한다.

경련이 일어나지 않았다면 당신은 아래로 급히 하강하는 느낌을 받고, 이 세상은 더욱 크게 보일 것이다. 당신은 대륙 위를 휙휙 지나가다가 어느 특정 지점에서 정지하게 될 것이다. 어쩌면 역사적인 장면이 보일지도 모른다. 혹 전쟁터에 내렸다가 당신을 향해 오는 탱크를 발견하더라도 놀라지 말라. 그것은 당신을 다치게 할 수 없다. 탱크는 당신을 그대로 통과해서 지나가고, 당신은 아무것도 느끼질 못할 것이다.

당신은 지금 다른 누군가의 눈을 빌려 그 광경을 보고 있을 수도 있다. 당신은 그 사람의 얼굴을 볼 수 없겠지만, 그가 보는 모든 광경을 똑같이 본다. 다시 말하지만 어떤 것이 보여도 놀라지 말라. 경련이 일게 하지 말라. 당신은 그 광경을 아주 뚜렷하게 볼 것이고, 어떤 소리도 들리지 않겠지만 그들의 대화를 똑바로 알아들을 것이다. 투시란 바로 이런 것이다. 당신에게 믿음이 있다면 이것은 아주 쉬운 일이다.

한편, '영상'을 보는 일 없이도 온갖 정보를 수신하는 사람들이 있다. 주로 사업가들이 그렇다. 그들은 투시에 재능이 있지만 직업상 회의적인 태도가 배어 있으므로 영상을 보거나 하진 않는다. 그러나 영상을 보는 일 따윈 불가능하다고 생각하더라도 투시 능력 자체를 차단해둔 것은 아니므로 그들은 '머릿속 어딘가에서' 모종의 느낌을 받는다. 그것은 영상

만큼이나 실질적인 것이다.

연습을 통해 당신은 투시를 해낼 수 있다. 당신은 역사상 어느 시대든 방문할 수 있고, 역사의 진실을 목격할 수 있다. 실제 역사가 역사책에 쓰여진 것과는 많이 다르다는 점에서 당신은 재미와 당혹감을 함께 느끼리라. 역사책에 쓰여진 역사는 그 시대의 정치적 이해관계를 반영할 수밖에 없다. 히틀러 시대의 독일과 현재 소련의 상황을 떠올려보라.

이번엔 물체감응을 다뤄보기로 하자. 물체감응은 '손가락으로 만져서 정보를 알아내는 것'이라고 정의할 수 있다. 누구나 어느 정도는 이런 경험을 한다. 예컨대 한 줌의 동전들 가운데서 하나를 누군가에게 몇 분간 들고 있도록 해보라. 당신은 그 동전을 다른 동전과 섞은 후에 다시 정확히 집어낼 수 있다. 다른 동전들보다 따뜻하기 때문이다. 물론 이 예시는 무대 위에선 통하지 않는 초보적인 감각에 불과하다.

물체감응이란 어떤 물건을 집어들고, 그 기원과 내력 그리고 누가 그것을 소유했으며 당사자의 마음 상태는 어떠했는지까지 알아내는 능력을 말한다. 당신은 이미 어떤 물건으로부터 그것이 행복한 환경 속에 있었는지 불행한 환경 속에 있었는지를 직감해본 경험이 있을 것이다.

당신은 뜻이 맞는 친구의 도움을 얻어 물체감응을 연습해볼 수 있다. 다음은 물체감응을 연습하는 방법을 예로 들어본 것이다. 당신의 연습을 돕고자 하는 친구로 하여금 양손을 씻고 돌이나 자갈 하나를 집어들게 하라. 그 돌 또한 비누로 씻어서 말린 것이어야 한다.

이제 당신의 친구는 왼손에 돌을 쥐고는 약 1분간 강하게 '한 가지 생각'을 의념한다. 검은색 또는 흰색을 떠올리거나, 유쾌함 또는 우울함에 집중하게 하라. 생각의 주제는 무엇이든 상관없다. 약 1분 동안 강하게 의념하는 것이 중요하다. 그런 후에 그 돌을 깨끗한 손수건이나 종이에 싸서 당신에게 건네도록 하라. 당신은 그걸 당장 풀어서는 안 되고, 당신만의 '명상실'에 홀로 들어갈 때까지 잘 보관해야 한다.

우리가 '왼손으로' 쥐라고 한 데는 이유가 있다. 비술^{秘術}의 지식에 따르면 오른손은 실용적인 손, 즉 세상의 사물과 관련된 손으로 간주된다. 반면 왼손은 영적인 손, 즉 형이상학적인 일과 관련된 손이다. 당신이 흔한 오른손잡이라면 물체감응을 위해서는 왼손을 사용하는 편이 성과가 좋을 것이다. 당신이 왼손잡이라면 반대로 오른손을 형이상학적 실험에 사용하는 편이 좋다. 한쪽 손으로 성과가 없을 때 손을 바꿔서 해보면 성과를 얻을 수 있다는 사실을 기억해두라.

당신은 명상실로 들어가서, 자신의 양손을 아주 조심스레 씻고 헹구고 탈탈 털어서 말려야 한다. 그렇게 하지 않으면 양손에 다른 느낌들이 남아 있게 된다. 당신이 이 실험에서 알기를 원하는 것은 친구의 의념뿐이다.

누워서 몸과 마음을 편안히 하라. 지금은 조명이 얼마나 밝은지는 중요치 않다. 등이란 등은 다 켜놓아도 되고 아니면 완전한 어둠 속에 있어도 된다.

이제 손수건을 풀고 왼손으로 그 돌을 집어들어 왼쪽 손바닥 중앙에다 놓으라. 그리고 생각을 전부 거두어들여서 그저 마음을 텅 비게 하라. 당신은 왼손에서 아주 가벼운 따끔거림을 경험할 것이다. 그리고 곧 어떤 느낌이 올 것이다. 아마도 친구가 당신에게 전하려 했던 그 느낌이리라. 당신은 '내 친구가 정신 나간 놀이에 빠져 있어'라고 하는 친구의 솔직한 생각을 발견할지도 모른다.

이것을 연습하다 보면 당신은 차분함을 유지하기만 하면 아주 흥미로운 느낌들이 찾아진다는 사실을 알게 될 것이다. 당신의 친구가 피곤해하면 혼자서도 연습을 해보라. 밖으로 나가서 가능한 한 인간의 손때가 묻지 않은 자갈 하나를 손에 쥐라. 당신이 해변에서 살거나 땅속에서 돌 하나를 파낼 힘만 있다면 간단한 일이다. 당신은 실로 괄목할 만한 성과를 얻을 것이다. 당신은 그 자갈이 언제 어느 산의 일부였는지, 그것이 어떻게 강을 따라서 쓸려 내려왔고 바다로 흘러들었는지를 알 수 있다. 물체감응으로써 얻을 수 있는 정보는 엄청나게 많다. 반복컨대 물체감응은 많은 연습을 요하고, 또한 마음 상태가 평정해야만 한다.

아직 봉투를 뜯지 않은 편지를 집어들고 그 전반적인 내용을 알아차리는 일도 가능하다. 외국어로 된 편지를 집어들고 왼손 손가락 끝으로 가볍게 표면을 훑어서 그 뜻을 읽어내는 일도 가능하다. 당신이 그 언어를 이해하지 못한다고 해도 말이다. 이건 연습만 하면 아주 간단한 일이다. 그렇다고 어떤 이득을 위해서 또는 과시하기 위해서 함부로 시도해서는 안 된다.

당신은 텔레파시나 투시가 가능한 사람들이 왜 그 사실성을 입증하려 들지 않는지 의아할 것이다. 우리의 대답은 이렇다. 텔레파시를 하려면 우호적인 분위기가 확보되어야 한다. 당신이 사기꾼임을 입증하려 드는 사람이 있다면 그때 당신은 텔레파시에 성공할 수 없다. 왜냐하면 그가 방출한 파동이 간섭을 일으키기 때문이다. 당신 가까이에 당신이 틀렸음을 입증하려 애쓰며 당신을 사기꾼으로 매도하고 싶은 사람이 있다면, 혐오와 의심과 불신에 가득 찬 그의 파동으로 인해 먼 곳으로부터 오는 미약한 파동은 이내 흐려지고 말리라. 누군가가 당신에게 증거를 요구한다면 그저 흥미가 없다고 답하라. 당신이 알고 있는 바를 굳이 다른 사람에게 입증해야 할 필요는 없다.

또한 우리는 뒷골목에서 생계수단으로 투시력을 이용하는 사람들에게도 한마디 해두고 싶다. 많은 여자들이 간헐적으로 대단한 투시 능력을 보이는 것은 사실이다. 그러나 그녀들의 능력은 일정하지가 않다. 즉 마음대로 발휘되지 않는다. 투시에 재능 있는 여자들은 가끔씩 번뜩이는 예언으로 친구들을 놀라게 하곤 한다. 친구들은 아마도 그녀더러 이 일을 직업으로 삼아보라고 조언하리라. 불쌍하게도 현혹된 여자는 그 조언을 따를 테고, 이내 봉사의 대가로서 돈을 받게 될 것이다. 그녀는 고객들에게 "오늘은 안 된다"고 말할 수가 없다. 그래서 무기력한 날에는 뭔가를 가짜로 지어낼 수밖에 없다. 그녀는 이내 교묘한 화술로 고객들을 구워삶는 습관이 들고, 자신의 투시능력이 퇴보했음을 조만간 스스로 깨닫게 되리라.

당신은 수정구를 보거나 타로카드를 해석해주는 일에 대가를 받아선 안 된다. 그렇게 하면 투시력을 잃게 되리라. 자신이 이것 혹은 저것을 할 수 있다고 입증하려 나서서도 안 된다. 왜냐하면 그럴수록 당신을 불신하는 이들의 뇌파에 놀아나게 될 테니까.

당신이 얼마나 많이 아는지를 드러내지 말라. 자연스럽게 보일수록 당신은 더 많은 것을 얻으리라. 우리는 절대로 증거를 내보이지 말기를 권한다. 증거를 보이려 애쓰면 다른 이들의 의심스런 뇌파로 인해 당신 자신이 먼저 함몰될 것이다. 그것은 당신에게 커다란 해가 된다.

연습을 거듭하고 내면의 평정심을 기르라. 그것 없이는 어떤 능력도 발휘할 수 없다. 반대로, 내면의 평정과 믿음만 따르면 당신은 무엇이든 할 수 있다.

제22과

계속해서 교과를 진행하기 전에, 막 우리의 눈에 띈 아주 흥미로운 잡지 기사를 소개하고자 한다. 이 기사가 흥미로운 이유는, 이 강좌 내내 우리는 신체에서 전기가 어떻게 신경조직을 따라 흘러 근육을 움직이는지를 수도 없이 말해왔기 때문이다.

1963년 1월 〈전자공학 화보〉(Electronics Illustrated)의 62쪽에 〈소련의 놀라운 전자 손〉이란 제목으로 이 매혹적인 기사가 실렸다. 아론 코브린스키 교수는 소련과학학술원의 공학박사이다. 그리고 그는 동료와 함께 인공기관, 특히 인공 팔다리에 대한 연구를 해왔다. 지금까지 인공적인 팔을 움직이기 위해 들여야 하는 노력은 착용자에게는 아주 피곤한 일이었다. 그렇지만 이제는 소련에서 전기로 조작되는 인공 팔이 개발되었다고 한다.

먼저 절개수술을 통해 두 개의 특별한 전극이 두뇌의 특정신경, 즉 팔의 근육을 움직이는 신경 끝에 부착된다. 그리고 잘리고 남은 부분이 아물어서 인공 팔이 제작되면, 원래라면 신경조직을 따라 내려가서 손가락을 움직여야 했을 전류가 그 인공 팔로 전달된다. 인공 팔은 미세한 체내 전류를 크게 증폭시키고, 그로 인해 착용자는 인공 손가락들을 마치 제 손가락처럼 자연스럽게 움직일 수 있다. 기사에 따르면 이 인공 팔로 편지를 쓰는 일까지 가능하다고 한다. 기사에는 인공 팔을 시술받은 사람이 손가락 사이에 연필을 들고 실제로 글을 쓰고 있는 그림이 덧붙여 있다.

당신은 전류와 뇌파 따위에 관한 우리의 설명에 다소 지쳤으리라. 우리가 이 특별한 기사를 언급하는 이유가 바로 그 때문이다. 이제 우리는 모든 기계장치가 '생화학적 전류'에 의해 조종되는 미래를 더욱 생생히 그려볼 수 있게 되었다.

여담은 그만두고, 이번 교과에서는 감정에 대한 이야기를 나누려 한다. 우리는 스스로 생각하는 대로 된다. 슬픔에 지나치게 빠지면 우리 신체의 세포 일부가 부식되어버리기 시작한다. 지나친 슬픔, 지나친 불행은 간장이나 담낭에 병을 일으킨다.

이런 경우를 생각해보라. 결혼생활을 오래 하다 보면 부부는 서로 끈끈한 애착을 갖게 된다. 그리고 남편이 갑자기 죽고 나서 홀로 남은 아내는 쓸쓸한 상실감에 흠뻑 젖는다. 그녀는 슬픔 탓에 원기를 잃고 창백해지며, 때로는 몹시 쇠진해버릴 수도 있다. 어쩌면 중병에 걸릴지도 모른다. 더 심하면 정신적인 파탄에까지 이른다.

이는 상실이 주는 큰 충격으로 두뇌가 강한 전류를 발생시키기 때문이다. 그 전류는 몸속으로 흘러들어 모든 기관과 내분비선에 '역방향의' 압력을 준다. 이는 신체의 정상적인 활동을 크게 저해한다. 심지어는 마비가 와서 생각과 움직임이 거의 멈춰버리기도 한다. 혹은 눈물샘이 과도하게 자극받아 눈물이 쏟아질 수도 있는데, 눈물샘이 일종의 안전밸브 역할을 하기 때문이다.

이는 3.5볼트짜리 전구에 9볼트의 전류를 흘려보낼 때의 결과와 비슷하다. 전구는 잠시 동안 크게 밝아졌다가 이내 꺼져버린다. 그렇게 우리의 육체 또한 '꺼져버릴' 수 있다. 이른바 혼수상태 또는 정신이상이 되는 것이다.

누구나 몹시 놀란 동물의 모습을 본 적이 있으리라. 아마 그 동물은 덩치가 크고 사나운 동물에게 쫓기고 있을 것이다. 쫓기는 상태에서는 먹이를 섭취할 수 없다. 강제로 먹인다 해도 그 먹이는 소화되지 않는다. 놀란 상태에서는 위장에서 음식물을 잘게 부술 분비액이 나오지 않기 때문이다.

놀랐을 때 음식을 먹는 것은 동물의 본성에 전적으로 반하는 짓이다. 몹시 흥분했거나 풀죽은 사람들을 억지로 설득하거나 식사를 강요해서는 안 된다. 비록 호의적인 행동일지라도 당사자에겐 전혀 도움이 되지 않을 것이다.

슬픔과 같은 감정은 몸의 화학적 대사 작용을 완전히 바꿔놓는다. 불안과 슬픔은 당사자의 사고방식을 철저하게 가식假飾해서 그를 '감당할 수 없는', 또는 '더불어 지낼 수 없는' 사람으로 변모시키기도 한다. '사고방식을 가식한다'는 표현은 말뜻 그대로이다. 화학적 분비물은 우리가 보는 색채의 뉘앙스를 완전히 바꿔놓는다. 우리는 사랑에 빠진 사람들이 세상을 '장밋빛 풍경'으로 보고, 실의에 빠진 사람들은 세상을 '잿빛 풍경'으로 본다는 사실을 이미 알고 있다.

성장하려면 내면의 평정을 수양해야 한다. 우리는 크게 흥분하지도, 공연히 우울해하지도 않는 감정의 평형 상태를 찾아야 한다. 앞서 언급했듯이 높은 마루와 낮은 골로 치닫지 않는 고른 뇌파를 유지해야 한다. 육체는 정해진 방식대로 기능하도록 설계되어 있다. 그러므로 소위 문명이란 이름하에 육체가 겪어야 하는 그 모든 변덕은 명백히 해로운 것이다.

빈번하게 변덕을 부리거나 의기소침하거나 불안해하는 사람들이 있다. 다른 사람들에겐 웃고 넘길 만한 일들도 과민하고 변덕스런 사람들에겐 참으로 견디기 힘든 자극이다. 그들은 히스테리 발작을 일으키거나 자살을 기도하기도 한다.

당신은 히스테리의 실체를 알고 있는가? 그것은 성적性的 행동 또는 잠재력과 관련되어 있다. 히스테리는 여성의 가장 중요한 기관과 관련되어 있다. 흔히 행해지는 자궁절제술은 몸속의 모든 기능을 헤집어놓음으로써 당사자에게 몹시 나쁜 영향을 끼치곤 한다.

수년 전에 사람들은 여자들에게만 히스테리가 있다고 믿었다. 그러나 지금은 사정이 다르다. 왜냐하면 남자에게도 여성성이 있고, 여자에게도 남성성이 있기 때문이다. 최근에 알려진 사실에 따르면, 남자와 여자 모두 이성異性의 신체기관을 어느 정도는 갖고 있다. 그러므로 히스테리는 여자의 질환인 동시에 남자의 질환이기도 하다.

히스테리는 영적 능력을 계발하는 데 커다란 장애물로 작용한다. 만일 변덕스러운 감정을 그대로 방치하여 두뇌의 전류가 크게 요동친다면 당사자는 말할 것도 없이 유체여행, 텔레파시, 투시, 기타 형이상학적인 현상들과 거리가 멀어질 것이다. 우리는 평정심부터 찾아야 한다. 비술秘術을 배우기에 앞서 평형감각을 가져야만 한다.

희한하게도 많은 사람들이 천리안과 텔레파시 능력자들을 신경증이나 몽상 따위의 이상 증세로 여긴다. 사람들은 천리안과 텔레파시 능력자들을 비이성적인 사람들로 여긴다. 이보다 더 진실과 먼 것은 없다. 물론 엉터리로 행세하는 사기꾼들은 비이성적인 정신이상자일 수 있다. 하지만 그들은 어차피 사기꾼이므로 논외로 쳐야 한다.

우리는 아주 단정적으로 말한다. 텔레파시나 투시를 하려면, 마음이 중심을 지켜야 하고 뇌파가 고르고 흔들리지 말아야 한다. 또한 두뇌로부터 나오는 파동이 '유연해야' 한다. 다시 말해, 메시지 수신을 방해할 만한 급격한 마루나 골이 있어선 안 된다. 텔레파시를 위해 우리는 메시지를 받아야 하고, 그러려면 먼저 고요히 기다려야 한다. 즉, 마음을 열어두어야 한다. 만일 우리가 자신의 비참한 처지를 자조하는 데 바빠서 다른 사람들의 생각에 아둔하다면, 다시 말해 우리의 마음이 먹통이라면 텔레파시나 투시는 영영 불가능할 것이다. 반복하지만 신경이 과민한 사람은 투시를 할 수 없다. 반사회적 정신이상자는 텔레파시를 할 수 없다.

마음이 동요하는 일이 없게 하라. 세상의 걱정거리들로 짜증스럽거나, 움츠려졌거나, 어깨가 짓눌린 느낌이라면 크게 심호흡을 하라. 한 번 더, 또 한 번 더 반복하라. 그리고 생각해보라. 그것이 정말 100년이 지난 후에도 당신의 걱정거리일까? 아니면, 또 다른 누군가에게라도 걱정거리가 될까? 만약 100년 후에 걱정거리가 되지 못한다면, 왜 지금 당신이 그것에 목을 매야 하는가?

마음의 힘

불행히도, 누구나 원하는 것을 다 가질 수 있는 것은 아니다. 그러나 일정한 자연의 법칙, 또는 더 바람직하게는 신비학의 법칙이 존재하는데, 누구나 간단한 그 규칙을 따르기만 하면 성공 또는 돈을 얻을 수 있다.

우리는 지금까지 진정 '미지의 것들'을 가리키는 초자연적 신비학이 사실은 절대적으로 합리적인 법칙과 규칙을 따르고 있고, 그런 면에서는 '신비하다'고 표현할 것이 아무것도 없음을 보여주려고 노력했다. 같은 취지에서 이번엔 원하는 것을 얻는 방법에 대해 말하고자 한다.

우리가 "당신은 원하는 것을 얻게 된다"고 말할 때 강조하고 또 강조하는 것은, 무엇보다 영적인 가치를 추구해야 한다는 사실이다. 우리는 언제나 확고하게, 다음 생에서 자신의 가치를 높여줄 일을 해야 한다. 백만 또는 2백만 달러의 돈은 물론 대단히 유용한 것이다. 그러나 다음 생을 도외시하고 그 돈을 취한다면 분명 덫에 걸리고 미망에 빠지는 결과를 낳으리라.

모든 것은 항상 움직이고 있다. 생명은 곧 움직임이다. 죽음조차도 움직임이다. 왜냐하면 죽음 또한 세포가 분해되어 다른 화합물로 바뀌는 과정이기 때문이다. 이 점을 늘 기억하라. 팽팽한 밧줄 위에 가만히 서 있을 수는 없다. 앞으로 전진하거나 뒤로 후퇴할 뿐이다. 우리는 영성, 친절함, 그리고 타인을 이해하는 쪽으로 전진해야 한다. 뒤로 후퇴해서, 즉 영적인 풍요로움을 추구하는 대신 수전노처럼 덧없는 소유물에 집착해서는 안 된다.

어쨌든 여기서는 당신이 원하는 모든 것을 얻을 수 있는 방법을 제시하겠다. 마음의 힘을 풀어놓으면 우리는 요청하는 모든 것을 얻을 수 있다. 잠재의식 속에는 눈에 보이지 않는 엄청난 힘이 숨어 있다. 불행히도 대부분의 사람들은 잠재의식과 접촉하는 방법을 모른다. 우리는 10분의 1의 의식만을 쓰고 있다. 기껏 자기 능력의 10분의 1밖에 발휘하지 못하고 있는 것이다. 하지만 잠재의식을 우리 편으로 돌려세움으로써 우리는 고대의 예언자들이 행했던 기적을 이룰 수 있다.

요점을 분명히 하지 않고 별 생각 없이 하는 기도는 소용이 없다. 풀어진 마음으로 기도하는 것은 소용이 없다. 그럴 때 울리는 것은 공허한 말들뿐이다. 당신의 머리를 쓰고, 마음을 쓰고, 잠재의식의 탁월한 능력을 활용하라.

여기에는 반드시 따라야 하는 신성불가침의 단계가 있다. 먼저, 당신이 원하는 바를 아주 구체적으로 정할 것. 당신은 자신이 원하는 것을 잘 알고 입으로 되뇌는 동시에 머릿속에서 그려내야 한다. 당신은 정확히 무엇을 원하는가? 많은 돈을 원한다고 말하는 것은 충분하지 않다. 새로운 차 또는 새로운 배우자를 바란다고 말하는 것은 충분하지 않다. 자신이 원하는 바를 정확히 기술해야 한다. 그것을 머릿속에, 그리고 마음속에 영상화하고 그 영상을 단단히 붙잡고 있어야 한다. 돈을 원한다면 아주 명확하게 그 액수를 기술하라. 분명한 금액이어야 한다. '대략 얼마쯤'으로는 충분하지 않다.

원하는 바를 결정했다면 기도의 둘째 단계와 만나게 된다. 우리는 이미 '받으려면 먼저 주어야 한다'는 이야기를 했다. 당신은 무엇을 줄 생각인가? 만일 일정한 금액의 돈을 구하는 중이라면 당신은 기꺼이 그중 10분의 1을 좋은 일에, 즉 십일조로 내놓을 것인가? 재산이 넉넉지 않은 사람들을 흔쾌히 도울 용의가 있는가?

여기서 "그럼요. 그만한 돈을 받게 되면 당연히 10분의 1을 내지요" 하고 말하는 것은 소용이 없다. 당신은 받기 전에 돕는 일을 시작해야 한다. 당신은 도움이 필요한 사람들을 먼저 상대해야 한다. 그것이 올바른 태도다. 반복하지만 당신의 태도는 명확해야 하고, 절대적으로 정확해야 한다.

셋째 단계는 '언제'를 정하는 것이다. 당신은 '언제' 이러한 돈, 자동차, 또는 새로운 배우자를 원하는가? '막연한 미래의 언젠가'라는 대답은 불충분하다. 또한 '지금 당장'이라는 대답도 어불성설이다. 왜냐하면 우리는 깨뜨릴 수 없는 물리적 법칙 속에 살고 있기 때문이다. 짠 하고 신이 나타나서 당신의 양손에 금덩어리를 떨궈주는 일은 없다. 만약 그랬다면, 그는 그 대가로 당신의 발가락 몇 개라도 짓뭉갤 것이다.

당신이 정한 시한은 물리적으로 타당해야 한다. 예컨대 당신은 어느 해의 어느 달까지 돈을 벌겠다고 할 수 있지만 당장 5분 이내에 행운을 붙잡겠다고 할 순 없다. 그것은 자연의 법칙에 반할뿐더러 당신 자신의 사고력까지 무력화하는 짓이다.

넷째 단계로, 당신은 자신의 야망을 실현하기 위해 어떤 노력을 할 작정인가? 예컨대 새 자동차를 바라고 있다고 치자. 무엇보다, 당신은 운전을 할 줄 아는가? 당신이 운전을 할 줄 모른다면 자동차를 갖겠다는 기도는 별 의미가 없다. 운전교습을 받는 것이 먼저다. 그런 후에야 당신은 어떤 종류의 자동차를 원하는지 결정할 수가 있다.

당신이 결혼상대자를 바라고 있다면 어떤 사람이 당신과 적절히 잘 어울리는지를 확인해두라. 주고받음의 법칙에 따라서, 성공적인 결혼을 위해 당신 자신의 몫을 할 준비가 되어 있는지를 확인해두라. 결혼이란 것은 얻기만 하거나 주기만 하는 관계가 아니다. 상대방이 당신을 받아들이듯이, 당신도 그를 받아들여야 한다. 결혼 후에 당신은 혼자가 아니다. 이젠 두 사람의 문제와 걱정거리와 기쁨을 떠맡아야 한다. 그러므로 행복한 결혼을 바라기 전에 당신 자신이 신체적, 정신적, 영적으로 괜찮은 배우자감인지를 살펴야 한다.

다섯째 단계로, 우리는 글로 쓰인 문자가 입으로 하는 말보다 훨씬 강력하다는 사실을 지적하고 싶다. 말과 글은 상호보완적인 도구지만, 기도를 할 때는 당신이 원하는 것을 적어두도록 하라. 할 수 있는 한 단순하고 명료하게 표현하라. 당신은 원하는 것을 이미 잘 알고 있다.

영적 성장을 바라는가? 그렇다면 영적 측면에서 당신의 이상은 누구인가? 그 사람의 모든 장점 — 능력, 기술, 성격 — 을 떠올려 글로 적어보라. 돈을 얻고자 한다면 정확한 금액을 적고, 언제 그것을 원하는지도 명시하라. 그리고 기꺼이 다른 사람들을 돕고자 하는 당신의 의지를 "십일조를 내겠다"는 말로 표현하라. 최대한 단순하고 명료하게 적었으면, "나는 받기 위해서 먼저 주려 한다"는 말로 끝을 맺으라.

이제 당신은 앞서 적어둔 문장에다가, 원하는 결과를 얻기 위해 자신이 어떻게 노력할 것인지를 덧붙여야 한다. 거저 얻어지는 것은 없다. 우리는 어떤 형태로든 대가를 내야 한다. 세상에 공짜는 없다는 사실을 마음에 새겨두라. 당신이 예상치 못하게 백 달러를 얻었다면 그만큼의 봉사를 해야 한다. 다른 사람들에게 도움을 구한다면 당신이 먼저 그들을 도와야 한다.

이제 그 글을 매일 세 번씩, 큰소리로 자기 자신에게 들려주라. 당신만의 조용하고 은밀한 방에서 크게 읽는다면 힘이 솟구칠 것이다. 침실을 떠나기 전의 아침, 그리고 점심, 또한 잠들기 전의 밤에도 그 글을 읽으라. 그러면 적어도 하루에 세 번씩 확언을 읽는 셈이고, 그럼으로써 만트라(진언)와 유사한 힘이 생겨난다.

읽는 동안에는 돈이든 자동차든 원하는 것이 그 무엇이든, 그것이 당신에게 오고 있다고 느끼라. 긍정적인 태도로, 원하는 물건을 갖는다고, 그것이 실제로 당신의 수중에 들어온다고 상상하라. 당신의 상상과 의념이 강렬할수록 그 효과도 분명해진다. '그저 그렇게 되길 바랄 뿐이야. 그걸 얻고 싶지만 진짜 가능할까 의심스러워.' 이런 생각으로는 시간만 낭비할 뿐이다. 이런 생각은 당신의 만트라를 즉시 무효화시킬 것이다. 당신은 부단히 긍정적이고 건설적이어야 하며, 어떤 의심도 끼어들게 해서는 안 된다.

이것을 반복하다 보면 의념이 잠재의식 속으로 주입된다. 잠재의식은 당신(표면의식)보다 아홉 배는 영리하다는 사실을 잊지 말라. 잠재의식이 활동한다면 당신은 기대 이상의 도움을 얻게 될 것이다. 한 번 돈을 모으고 난 이후에는 돈 벌기가 훨씬 쉬워진다. 부자들은 백만 달러를 벌기가 어려운 것이지 그 돈을 3백, 4백, 5백만 달러로 불리는 것은 쉽다고 말한다. 많은 돈을 가질수록 더 많은 돈이 몰려드는데, 그 이유는 비슷한 것들끼리 서로 끌어당기기 때문이다.

우리는 당신이 이 교과를 읽고 또 읽기를 제안한다. 아마도 이제껏 강론해온 중에 가장 중요한 교과가 아닐까 싶다. 지시를 잘 따른다면 당신은 원하는 것을 무엇이든 얻을 수 있다. 당신은 무엇을 원하는가? 선택은 당신의 몫이다. 우리는 무엇이든 갈망하는 것을 가질 수 있다.

당신이 무엇을 겨냥하고 있는가? 돈, 아니면 지상에서의 성공? … 그렇다면 빛은 실추되고 결국 모든 것을 다시 시작해야 할 것이다. 차라리 영성, 순수함, 그리고 타인에 대한 봉사를 겨냥하는 것은 어떨까? 비록 가난한 삶을 살게 된다 해도 말이다. 물질은 허공에 떠도는 한점의 먼지에 불과하다. 그러나 이 짧고 짧은 삶의 뒤에는 영성과 순수함이 무가치한 지상의 화폐를 대신하는 위대한 세계가 열린다. 선택은 당신에게 달려있다.

제23과

유감스럽게도 어떤 단어들은 아주 고약한 의미를 담고 있다. 언어를 불문하고 좋은 말 또는 객관적인 말들이 많지만 일부는 수세기의 세월을 거치면서 오용된 나머지 의미가 완전히 바뀌어버렸다.

일례로 '여주인(mistress)'이란 단어가 있다. 우리의 할아버지 때만 해도 '여주인'이란 단어는 진정한 존경의 표현으로서 한 집안의 여주인, 안주인, 또는 가장(남편)에게 잘 어울리는 배우자라는 뜻이었다. 그러나 지금은 본래 지녔던 것과는 전혀 다른 의미를 갖게 됐다. 이처럼 세월이 지남에 따라 왜곡되어온 단어들이 바로 이번 교과의 주제이다.

'상상력(imagination)'도 쓰라린 불명예를 뒤집어쓰게 된 단어이다. 오래전에 '상상력이 풍부하다'는 말은 글을 쓸 수 있고 음악을 작곡할 수 있고 시를 지을 수 있는 지성인을 뜻하는 말이었다. 그러므로 신사(gentleman)라면 무릇 상상력이 풍부해야 했다. 그러나 요즈음엔 '상상력'이 히스테리를 앓거나 실의에 빠져 정신적 파탄에 이른 사람을 가리키는 말로 쓰인다. 이 세상은 영적 공부를 하는 사람들의 종교적 체험들을 이렇게 깎아내리면서 무시한다. "아, 그건 모두 네 상상력이 지어낸 거야. 어리석게 굴지 좀 마."

이렇게 상상력은 평판이 별로인 단어가 돼버렸다. 그러나 잘 통제된 상상력은 신비로운 베일에 싸인 종교적 체험들로 나아갈 수 있는 열쇠이다. 상상력은 초자연적 현상에 눈을 돌리기 시작한 사람들에게 필수적인 것이다.

몇 번이고 반복하건대, 상상력과 의지력이 충돌할 때마다 승리하는 것은 늘 상상력이다. 사람들은 자신의 의지력, 아무것도 두렵지 않은 불굴의 용기를 자랑한다. 그들은 지루해하는 청중 앞에서 의지력이면 뭐든 해낼 수 있다고 주장한다. 진실을 말하자면, 상상력이 허용하지 않는 한 의지력만으로는 아무것도 되지 않는다. 자신의 의지력을 과시하는 사람들은 어쩌다 보니 — 대개는 우연히 — '의지력이야말로 유용하다'는 식의 '상상'을 하게 되었을 뿐이다. 하지만 상상력과 의지력 가운데 승리자는 예외 없이 상상력이다. 상상력보다 더 큰 힘은 없다.

당신은 아직도 상상력 없이 의지력만으로 뭔가 해낼 수 있으리라고 생각하는가? 그렇다면 이렇게 생각해보자. 우리 앞에 교통이 통제된 거리가 있다. 이곳엔 자동차가 한 대도 없고, 호기심 많은 구경꾼도 없다. 말하자면 우리가 이 거리를 전세 낸 셈이다. 그리고 한쪽 편의 인도와 맞은쪽 편의 인도 사이에 약 70센티미터 너비의 횡단보도가 그려져 있다.

자동차를 피해야 한다는 생각 없이, 또는 구경꾼들의 시선에 흐트러지는 일 없이, 이쪽 인도에서 맞은편 인도로 차분히 건너가는 데는 어떤 어려움도 없을 것이다. 호흡이 가빠지거나 심장이 두근거리는 일은 없을 것이다. 이것은 당신이 지금까지 해온 일들 중에 가장 쉬운 일일 것이다. 여기까지 동의하는가?

당신은 횡단보도를 두려움 없이 건널 수 있다. 발아래의 땅이 꺼지지도 않을 것이고, 지진이 일어나거나 주변 건물이 무너지지도 않을 것이다. 그저 단순한 불운으로 발을 헛디딘다 해도 큰 부상을 입는 일 따위는 없을 것이다.

이제 상황을 좀 바꿔보도록 하자. 대략 높이가 20층쯤 되는 건물 위로 옮겨가보자. 우리는 엘리베이터를 타고 평탄하기 이를 데 없는 옥상으로 올라왔다. 옥상에서 거리를 내려다보니 길 반대편에 또 다른 20층짜리 건물이 있는데 이곳과 높이가 똑같다. 이제 우리는 아까의 횡단보도와 같은 너비의 널빤지를 준비해서 이쪽 건물의 옥상과 저쪽 건물의 옥상 양편에 걸쳐놓는다. 그리고 단단히 고정시켜 움직이지 않도록 한다. 그 널빤지는 흔들리지도 않고 발에 걸릴 만한 굴곡도 없다.

자, 이 널빤지는 당신이 아까 건넜던 횡단보도와 동일한 너비이다. 당신은 이 20층 높이에 고정된 널빤지를 따라 걸어서 반대편 건물의 지붕으로 이동할 수 있겠는가? 만일 당신의 상상력이 잠잠하다면 당신은 별 곤란 없이 건널 수 있을 것이다. 그러나 당신의 상상력이 그다지 고분고분하지 않다면, 생각만으로도 맥박이 뛰고 마음이 조마조마해질 것이다. 실제로는 그보다 훨씬 더 심할지도 모른다.

왜 그런가? 당신은 이미 횡단보도를 건넜는데, 그와 똑같은 너비에다 더없이 단단히 고정된 이 널빤지는 왜 건너지 못하는가? 물론 상상력이 작용하기 때문이다. 당신의 상상력은 이렇게 말한다. "이건 위험하다. 만일 미끄러지면, 비틀거리면, 발을 헛디디면 20층 아래로 추락할 것이다." 옆에서 누가 당신을 아무리 거듭거듭 확신시켜도 그건 중요치 않다. 당신의 상상력이 허락하지 않는 한 의지력은 도움이 되지 않는다. 억지로 의지력을 일으켜 세우려고 들면 곧 신경쇠약 증세가 일어날지도 모른다. 당신은 몸을 부들부들 떨고 얼굴이 창백해지고, 숨은 격심하게 헐떡일 것이다.

우리 내부에는 우리를 위험으로부터 보호하는 장치가 갖춰져 있다. 말하자면 일종의 자동 안전장치가 있기 때문에 우리는 정상적인 상태에서 터무니없는 위험 속으로 뛰어들지 못한다. 상상력의 방향을 돌려놓지 않고서 널빤지를 건너는 일은 불가능하다. 아무리 의지로써 설득하려 해도 그것이 안전하다고 확신시킬 수 없다. 이 일의 열쇠는 상상력이 쥐고 있다. 널빤지 위에 발을 올려 단호하고 자신감 있게 걸어가는 자신의 모습을 진심으로 '상상할' 수 있을 때까지, 당신은 발을 떼어놓지 못한다.

만일 의지력으로써 부정적 상상을 제압하려고 하는 사람이 있다면 그는 신경쇠약에 걸릴 위험을 감수해야만 한다. 상상력과 의지력이 충돌할 때마다 이기는 것은 언제나 상상력이다. 우리 내부에서 경보신호가 울리고 있는데도 뭔가를 강요한다면, 그것은 우리의 신경을 과민하게 만들고 건강을 파괴할 것이다.

어떤 사람들은 한밤중에 한적한 공동묘지를 지나가는 일을 끔찍하게 두려워한다. 만약 그래야 할 경우가 생기면 머리가죽이 따끔거리고 머리털이 쭈뼛 서고, 손바닥엔 땀이 배기 시작할 것이다. 온 신경이 곤두서고 모든 느낌은 과장된다. 혹시라도 유령이 나타나면 '걸음아, 날 살려라' 하고 마구 내달릴 만반의 준비를 해두는 셈이다.

좋아하지 않는 일을 억지로 하고 있는 사람들은 종종 '도피 기제(escape mechanism)'를 끌어들인다. 그것은 우리를 기묘한 상황으로 이끌기도 하지만, 어쩌면 축복받아 마땅한 일인지도 모른다. 그 경고로 인해 신경쇠약으로 치닫는 지경을 피할 수 있기 때문이다.

우리가 아는 한 남자는 높은 책상 옆에 서서 장부에다 숫자를 기록하는 일을 했다. 앉은 자세는 불편했기에 그는 늘 서서 일을 해야만 했다. 그는 유능했고 숫자에도 밝았다. 하지만 편집증이 있어서, 언젠가는 뭔가 잘못을 저질러서 고용주들에게 돈을 횡령했다고 추궁받게 될까봐 무척 두려워했다.

실제로 그는 대단히 정직한 직원이었다. 그는 정직을 신조로 삼는 보기 드문 사람들 중 하나였으며, 호텔에서 성냥 한 갑 또는 버스 좌석에서 버려진 신문 한 부조차 취하지 않을 만큼 고지식했다. 그럼에도 그는 고용주들이 자신의 정직함을 몰라준다는 사실이 마음에 걸렸고, 그래서 자기 직업을 점점 더 혐오하게 되었다.

수년 동안 일을 해오면서 그의 마음은 더욱 불편해졌다. 그는 아내에게 직업을 바꾸고 싶다고 말했지만 아내는 전혀 이해하지 못했다. 그래서 계속 같은 일을 반복할 수밖에 없었다. 그리고 언젠가부터는 상상력이 꿈틀대기 시작했다.

첫 번째로 남자가 얻은 것은 위궤양이었다. 식사조절과 사람들의 배려 속에서 그의 궤양은 치료되었고, 그는 다시 일터로 돌아가 책상 옆에 섰다. 그런데 어느 날 이런 생각이 문득 떠올랐다. '내가 서 있을 능력이 없어지면 이 일을 계속하지 못하게 될 거야.'

수주일 후 한쪽 발에 염증이 생겼다. 며칠간은 고통을 참고 절뚝거리며 일을 했지만, 결국은 악화되어 그는 한동안 침대에 누워 있어야 했다. 일을 멀리했더니 몸은 곧 회복되었고 그는 다시 일터로 복귀했다. 그러나 그의 잠재의식은 끊임없이 나불대고 있었다. '발에 염증이 생기니 지긋지긋한 일에서 해방될 수 있었어. 그런데 너무 빨리 나아버렸으니, 이젠 좀더 만만찮은 병에 걸려야 하지 않을까?'

그는 복귀한 지 몇 달 만에 또 다른 염증을 얻었다. 발목, 즉 복사뼈 부위였다. 이번의 염증은 악성이어서 그는 발목을 움직일 수조차 없었다. 결국 그는 병원으로 실려 갔고 수술을 받아야만 했다. 치료를 마치고 퇴원한 그는 다시 또 자신의 일터로 돌아갔다.

그에게는 자신의 직업에 대한 혐오감이 갈수록 쑥쑥 자라나고 있었다. 이번에는 발목과 무릎 사이에 염증이 생겨났다. 그것도 예후가 너무도 나빠서, 치료는 전혀 효과를 거두지 못했고 그는 결국 무릎 아래쪽을 절단해야만 했다. 다행히도, 정말 기쁘게도 고용주는 이제 그를 다시 부르지 않았다. 툭하면 병들고 자빠지는 절름발이는 필요 없기 때문이었다.

　병원의 의사들은 이런 사례에 관해 많은 사실을 알고 있었다. 그래서 그들은 그 남자에게 다른 일, 즉, 병원에 있을 때 상당한 소질을 보였던 일을 하도록 주선해주었다. 그것은 일종의 수공예와 관련된 일이었다. 그는 그 일을 좋아했고 큰 성공을 거두었다. 횡령을 추궁받아 감옥에 가게 되리라는 두려움 따위는 사라졌으므로 건강도 좋아졌다. 현재까지 알려진 바로는, 그는 그 일을 잘 해내면서 성공을 거두고 있다고 한다.

　이것은 조금 극단적인 사례지만 엄연한 사실이다. 엄청난 스트레스에 시달리는 사업가들은 자신의 업무를 두려워하고 주주들을 두려워하고 명예를 잃게 될까 전전긍긍한다. 그들의 업무에는 팽팽한 긴장이 수반되므로, 그들은 위궤양을 나름의 탈출구로 삼는다. 회사를 경영하는 사람들에게 위궤양이란 사실상 친구와도 같은 것이다.

　기억하라. 상상력은 제국을 세울 수도 있고 무너뜨릴 수도 있다. 자신의 상상력을 길러서 잘 다룬다면 당신은 원하는 것을 무엇이든 가질 수 있다. 상상력에게 이래라저래라 명령하는 것은 가능하지 않다. 상상력은 우호적일 때조차 노새(황소고집)와 같아서, 당신은 그것을 이끌 수는 있지만 그 위에 올라탈 수는 없다. 당신은 상상력을 이끌 수는 있되 상상력을 부리지는 못한다. 이끄는 것도 연습이 필요하지만 말이다.

　그러면 상상력은 어떻게 하면 다룰 수 있을까? 역시나 신념과 연습의 문제이다. 두렵고 불쾌한 상황들을 살펴보고, 신념으로써 그것을 극복하라. 즉 상상력을 잘 달래면서 다른 사람들이 뭐라 하든 나는 이 일을 해낼 수 있다는 신념을 가지라. '나는 특별한 존재'라고 자신을 설득해보는 것도 좋다. 상상력이 당신의 편에 서도록 할 수 있다면 어떤 방법이든 괜찮다.

처음의 예시로 돌아가서, 우리는 바닥의 횡단보도를 쉽게 건널 수 있었음을 기억하자. 그리고 상상력을 동원하여, 널빤지가 비록 20층 높이에 걸쳐 있다 하더라도 '특별한 존재'인 나는 횡단보도처럼 그것을 쉽게 건널 수 있다는 신념을 갖자. 이렇게 생각해보라. 별 생각 없이 사는 원숭이는 두려움 없이 그 널빤지를 건널 수 있다. 그렇다면 누가 더 현명한가? 당신인가, 그 생각 없는 원숭이인가? 원숭이가 널빤지를 건널 수 있다면 그보다 훨씬 나은 당신 역시 해낼 수 있다. 이것은 단지 연습의 문제이며, 또한 신념의 문제이다.

과거에는 나이아가라 폭포 위를 여러 번이나 밧줄을 타고 건넜던 블론딘 같은 이름난 곡예사들이 있었다. 블론딘은 그저 평범한 남자였지만 자신의 능력을 신뢰했다. 그는 다른 사람들이 건너지 못하는 곳도 자신은 건널 수 있다는 신념이 있었다. 그는 두려워할 유일한 것은 바로 두려움 그 자체임을 알고 있었고, 자신감을 갖고 나아가기만 하면 외바퀴 손수레를 밀며 밧줄을 타든 눈을 가리고 밧줄을 타든 상관없이 성공할 수 있음을 알고 있었다.

우리는 모두 이와 같은 경험을 한다. 높은 사다리를 올라갈 때 위를 올려다보기만 하면 두렵지 않다. 그러나 아래를 내려다보는 순간 한 생각이 일어난다. '사다리에서 떨어진다면 내 몸이 산산조각날 거야.' 우리의 상상력은 자신이 떨어지는 광경, 수십 미터 아래에서 뭉개지는 광경을 그려낸다. 그렇다고 죽기 살기로 사다리만 붙들고 매달리면 오히려 그 자리에서 옴짝달싹 못하는 처지가 된다. 뾰족탑이나 높은 굴뚝을 수리하는 사람들은 수시로 이런 일을 겪는다.

자신의 능력에 대한 신념을 쌓고 상상력을 제어하면 당신은 어떤 일이든 해낼 수 있다. 억지로써 상상력을 압도할 수는 없다. 의지력으로 밀어붙이는 것은 상상력을 극복하는 것이 아니라 오히려 신경증을 불러오는 결과를 낳는다.

　기억하라. 언제나 상상력을 이끌고, 살살 구슬려 제어해야 한다는 것을. 상상력을 맘대로 부리고자 하면 실패할 것이다. 그러나 상상력을 이끌어가면 불가능하다고 생각했던 모든 일을 해낼 수 있다. 무엇보다도, '불가능' 따위는 없다는 믿음을 가지라.

제24과

카르마Kharma(業)의 법칙에 관해 들어본 적이 있을 것이다. 아쉽게도 형이상학적 현상에 관한 많은 용어들은 산스크리트어, 즉 범어梵語에서 온 것이다. 과학, 의학, 해부학의 많은 용어가 라틴어에서 온 것과 마찬가지다.

우리는 꽃 또는 알뿌리의 분류, 특정 근육이나 핏줄의 작용 등을 라틴어로써 표현한다. 이것은 아주 오래된 전통이다. 그 옛날, 의사들은 자신들의 지식을 외부로 유출하지 않으려 애를 썼다. 그리고 그들 외엔 그런 지식을 이해할 만큼 교육받은 사람들도 없었다. 당시 의사들에게 라틴어 공부는 필수였고, 그들은 라틴어를 씀으로써 구체적인 지식이 무학자들에게 드러나지 않도록 했다. 이런 관습은 현재까지도 이어지고 있다.

물론 전문적 지식을 하나의 언어로 기술하는 데는 나름의 이점이 있다. 서로 언어가 다른 과학자들끼리도 라틴어를 통해서 그럭저럭 의사소통을 할 수 있기 때문이다. 배나 비행기에서 일하는 무선통신 기사들은 같은 이유로 모르스부호 또는 큐 부호라는 것을 사용한다. 아마추어 무선가들도 특정한 코드를 통해 언어가 다른 세계 각지의 무선가들과 지적인 대화를 나누곤 한다. 마찬가지로 전 세계의 비술가秘術家(occultists)들은 산스크리트어에 익숙하다.

여기서 '카르마'라는 말은 '인과因果의 법칙'이라는 간단한 뜻으로 이해하면 충분하다. 카르마는 전혀 신비롭거나 놀라운 것이 아니다. 본 강좌에서 우리는 줄곧 합리성의 토대 위에서 형이상학을 논하고 있다. 우리는 가능한 한 추상적인 용어를 자제하고자 하는데, 그 이유는 형이상학의 어떤 부분도 굳이 모호한 뜻의 용어가 필요할 만큼 난해하지 않기 때문이다.

일단은 '카르마'의 의미를 형이상학적 함의에서 떼어놓고 생각해보자. 형이상학적 담론들은 무시하고, 그저 그것을 어떤 나라의 법률이라고 상상해보자. 이를테면 — 쟈니라는 소년이 막 오토바이 하나를 갖게 되었다. 쟈니는 이 강력한 기계 위에 앉아 엔진을 켰을 때 들리는 그 경이로운 소리에 큰 흥분을 느낀다. 그렇지만 앉아 있는 것만으론 충분치가 않다. 그래서 쟈니는 클러치를 잡고 기어를 넣어 오토바이를 멀리까지 몰고 나간다. 아마도 처음에는 차분하게 몰았겠지만, 쟈니는 이내 달리는 즐거움에 사로잡혀 점점 더 속도를 낸다. 쟈니가 경고 신호를 알아차리지 못하자 경찰차는 쟈니의 바로 옆으로 따라붙어 경적을 크게 울리고 오토바이를 세우라고 손짓한다. 속도를 늦춰 길가에 멈춰 선 쟈니는 이제 시무룩한 표정으로, 복잡한 길에서 속도를 위반했다는 이유로 딱지를 떼고 있는 경찰관을 지켜볼 뿐이다.

이 평범한 이야기는 우리에게 어떤 '일정한 법칙'이 존재한다는 사실을 보여준다. 요컨대 그 누구도 제한속도 이상으로 달려서는 안 된다. 쟈니는 그걸 무시했고, 그래서 경찰관이 따라와서 딱지를 떼는 벌을 내렸고, 쟈니는 속도위반의 대가로서 벌금을 물고 어쩌면 법정에 출두해야만 할지도 모른다.

다른 비유는 없을까? 물론 있다. 빌 제임스는 일과는 담을 쌓은 좀 게으른 친구다. 하지만 그에겐 아주 사치가 심한 여자친구가 있다. 그가 여자친구의 흥미를 끄는 유일한 방법은 그녀가 원하는 물건을 주는 것뿐이다. 그녀는 남자친구가 그 물건을 어떻게 구했느냐에는 관심이 없다. 그래서 빌은 어느 날 저녁에 상점을 털기로 작심한다. 빌은 여자친구가 원하는 것을 살 만한 돈이 필요했다. 밍크코트? 백금 다이아몬드 장식을 한 시계? 원하는 게 무엇이었든, 여자친구는 빌의 강도짓에 전적으로 동의했다.

빌은 살그머니 건물로 다가가서 입구를 기웃거리고, 높이도 적당하니 안성맞춤인 듯한 창문을 찾아낸다. 빌은 능숙하게 창유리에 주머니칼을 끼우고 손잡이 고리를 억지로 돌려 손쉽게 창틀을 올린다. 빌은 잠시 멈추어 귀를 기울인다. 혹시 소리가 나진 않았을까? 주변에 누가 있진 않겠지? 아무 이상이 없는 것을 확인한 빌은 조심스럽게 열린 창문으로 기어들어간다. 어떤 소음도 삐걱거림도 없다.

조용히 신발을 벗은 빌은 상점을 살살 돌아다니며 원하는 것들을 주워 담는다. 보석을 케이스에서 빼내고, 시계는 주머니에 찔러넣고, 지배인실의 현금보관함에서도 상당량의 지폐를 꺼낸다. 전리품에 만족한 그는 다시 창문으로 다가가 밖을 내다본다. 아직도 거기엔 아무도 없다. 그는 마지막으로 제 신발을 챙겨 문쪽으로 향한다. 문으로 나가는 편이 훨씬 쉽다고, 창문으로 넘다가는 물건들이 상할 수도 있다고 생각하면서.

그는 살며시 자물쇠를 풀고 밖으로 나간다. 그리고 밤의 어둠 속으로 몇 걸음 내딛는데, 갑작스레 거친 목소리가 들린다. "멈춰! 움직이면 쏜다." 빌은 공포로 얼어붙는다. 그는 무장경찰들이 주저 없이 총을 쏠 수 있음을 잘 알고 있다. 조명이 어둠을 뚫고 그의 얼굴에 쏟아진다. 그는 풀이 죽어 양손을 머리 위로 올린다. 사람들의 모습이 보이면서, 그는 자신이 경찰에게 포위되어 있음을 확인한다. 경찰들은 재빨리 빌이 무기를 가졌는지 수색하고 상점에서 들고 나온 모든 귀중품을 압수한다. 그는 대기 중이던 경찰차에 실려 가서 곧 유치장에 갇힌다.

몇 시간 뒤, 빌 제임스의 여자친구는 남녀 한 쌍의 경찰에 의해 잠에서 깬다. 체포하러 왔다는 말을 들은 그녀는 몹시 분개하지만 그렇다고 당황하는 기색은 없다. 왜 그녀를 체포하느냐고? 그녀는 이전엔 빌의 범죄를 방조했을 뿐이지만, 이번엔 적극적으로 부추긴 사주인으로서 빌만큼이나 죄가 있기 때문이다.

삶의 법칙도 이와 같다. 물질적 세상의 법칙들과 마찬가지로, 당신이 정신적 또는 신체적 활동으로써 쌓아온 선 또는 악의 총합이 곧 카르마이다. '뿌린 대로 거둔다'는 옛 격언이 있다. 그 말은 진실이다. 만일 나쁜 행위를 한다면 당신은 다음 생 또는 그다음 생 또는 그다음의 다음 생에서 나쁜 미래를 마주하게 될 것이다. 만일 좋은 행위를 한다면, 즉 필요한 이들에게 선행과 친절과 연민을 보인다면, 당신이 불운을 겪어야 할 차례가 와도 어디선가 누군가가 나타나서 당신에게 친절과 배려 그리고 연민을 베풀 것이다.

이 점에서 오해가 없도록 하라. 누군가가 고난을 겪고 있다 해도, 그 이유는 무조건 그 사람이 악업을 지었기 때문이 아니라 그저 그가 고난과 고통 속에서 어떻게 반응하는가를 시험당하는 중일 수도 있다. 그것은 고통을 통해 다소 불순하고 이기적인 인간성을 떨어내는 정련의 과정일 수 있는 것이다.

왕자든 거지든 간에 모든 사람은 소위 생의 수레바퀴, 즉 끝없는 존재의 쳇바퀴를 따라 돈다. 당신은 이번 생에서는 왕일지 모르지만 다음 생엔 비렁뱅이가 되거나, 일자리를 얻지 못해 이 도시 저 도시를 떠돌거나, 강풍 앞의 낙엽과 같은 신세를 면치 못할 수도 있다.

하지만 카르마의 법칙에서 제외된 사람들도 없진 않다. 따라서 그런 사람들을 보며 이렇게 말하는 것은 의미 없는 짓이다. "아, 저 사람의 삶은 정말 끔찍해. 전생에 돌이킬 수 없는 죄를 지은 게 틀림없어." 아바타*라 불리는 고매한 존재들은 특정한 과업을 이루기 위해 지상에 내려온다.

예컨대 힌두교인들은 비슈누 신이 여러 번에 걸쳐 지상에 내려온다고 믿는데, 그 목적은 인류에게 종교의 진실을 재차 일깨우기 위함이다. 인류는 종교의 진실을 외면하기 일쑤이므로.

이런 아바타 또는 고차원적 존재는 흔히 궁핍의 표본과도 같은 삶을 영위할지도 모르지만 오히려 연민을 통해, 또한 고통의 초월을 통해 우리가 무엇을 할 수 있는지를 보여준다. 그러나 '고통의 초월'이란 표현만큼 진실과 동떨어진 것도 없다. 왜냐하면 아바타는 대단히 순수한 물질적 존재이므로 실은 고통을 우리보다 더 예민하게 느끼기 때문이다.

아바타는 꼭 그래야 하기 때문에 태어나는 존재가 아니다. 그는 자신의 카르마를 풀기 위해 태어난 것이 아니다. 그는 순수하게 육화化된 영혼으로서 지상에 온다. 그의 출생은 자유로운 선택의 결과일 수도 있고, 혹은 특정한 상황에서는 출생도 하지 않은 채 타인의 신체를 점유할 수도 있다.

우리는 종교와 신앙의 측면에서 그 누구의 아픈 곳도 찌를 생각이 없다. 그러나 그리스도교의 성경을 자세히 읽어보면 다음과 같은 사실을 이해할 수 있을 것이다. 즉, 예수라는 남자는 요셉과 마리아 사이에 태어났는데, 때가 이르러 성인이 되었을 때부터 황야를 방랑했고 그 와중에 그리스도의 영(신의 영)이 하강해 그의 몸을 채웠다는 것을. 달리 말하면, 그것은 다른 영혼이 내려와 요셉과 마리아의 아들인 예수의 몸을 당사자의 동의하에 점유한 사례였다.

우리가 굳이 이 사실을 언급하는 이유는, 사람들에게 불행과 가난으

---

*《선인들의 지혜》 489쪽 참고.

로써 무엇을 이룰 수 있는지 보여주기 위해 온 그들이 오히려 그 불행과 가난이란 허울로 비난받는 일이 생기지 않기를 바라기 때문이다.

우리가 하는 모든 일은 어떤 식으로든 결과를 낳는다. 생각조차도 참으로 현실적인 힘을 발휘한다. 당신은 당신이 생각하는 대로 살게 된다. 그런고로 순수한 생각을 하면 순수해지고, 욕망에 탐닉하면 당신은 오염되어 몇 번이고 지상에 다시 와야만 한다. 그 욕망이 순수하고 선한 생각들에 밀려 내면에서 완전히 사라질 때까지 말이다.

어떤 사람도 절멸되지 않는다. 어떤 사람도 악행으로 인해 영원히 벌을 받는 저주에 쐬지 않는다. 소위 '영원한 형벌'이란 고대의 사제들이 그들의 무질서한 집단을 다스리기 위해 고안해낸 술책이었다. 그리스도는 결코 영원한 고통이나 영원한 저주를 설하지 않았다. 그리스도는 회개하고 노력하는 사람은 제 잘못을 '구원' 받고 또다시 기회를 얻게 된다고 가르쳤다.

카르마는 우리가 빚을 지고 또 그 빚을 갚는 과정이라 할 수 있다. 당신은 상점에서 어떤 상품을 주문할 때 법정화폐로 그 값을 내야 하는 '일종의 채무' 상태가 된다. 그 값을 치를 때까지 당신은 빚을 진 것이며, 만일 그 빚을 갚지 못하면 법률에 따라서 체포되고 심지어 파산하게 될 수도 있다. 지상의 모든 남녀노소는 무엇으로든 대가를 치러야 한다. 오직 아바타들만이 카르마의 법칙에서 제외되어 있다. 그러므로 아바타가 아닌 보통 사람들은 오직 선한 생활을 영위함으로써 지상의 교육기간을 단축시키는 편이 바람직하다. 다른 행성, 다른 존재의 국면에는 훨씬 더 나은 무언가가 있기 때문이다.

우리는 우리에게 죄를 범한 이들을 용서해야 한다. 그리고 우리 또한 우리가 해를 끼친 이들에게 용서를 구해야 한다. 늘 기억하라. 좋은 카르마를 낳는 확실한 길은, 바로 우리 자신이 대접받기 바라는 대로 남들을 대접하는 것이다.

우리는 카르마의 법칙을 피할 수 없다. 돈을 빌렸으면 갚아야 하고, 도움을 받았으면 그러한 도움을 베풀어야 한다. 악을 주고받는 것보다는 선을 주고받는 편이 훨씬 나으므로, 종의 구별 없이 모든 생명에게 선함과 연민과 친절을 보이자는 것이다.

기억하라. 신의 눈으로 볼 때, 모든 사람은 동등하다. 한 단계 더 높은 신의 눈으로 볼 때, 모든 생명은 그게 말이든 고양이든 전적으로 동등하다.

신은 신비로운 방법으로 자신의 경이로움을 펼쳐낸다. 우리는 신에게 그의 방식을 캐물을 계제가 못 된다. 오직 우리에게 주어진 몫을 감당할 뿐이다. 우리는 우리의 문제를 만족스런 결론에 이르게 함으로써 그 카르마를 해소할 수 있다.

병든 가족을 보살펴야 하는 사람들이 있다. 그들은 이렇게 푸념한다. "아, 피곤해. 왜 그는 얼른 죽어서 이 비참한 신세를 벗어나지 않는 거지?" 물론 그 대답은, 우리는 예정된 삶의 형식을 따르면서 예정된 삶의 기간을 채워야 하기 때문이다. 투덜대는 그 사람은 바로 그 병자를 돌보기 위해 지상에 내려온 것인지도 모른다.

우리는 아프거나 슬퍼하거나 고통받는 사람들에게 늘 깊은 배려와 관심과 이해심을 보여주어야 한다. 왜냐하면 바로 그러한 배려와 이해를 보이는 것이 우리에게 주어진 과제일 수 있기 때문이다. 지친 사람을 참을성 없는 태도로 내치는 것은 쉬운 일이다. 그러나 병자들은 대단히 민감한 편이므로, 자신이 단지 방해물로 여겨지고 있음을 단번에 알아차리고 자신의 무능력에 더욱 절망한다. 다시 말하지만, 지금 이 지상에서 비술秘術을 행할 수 있고 비전秘傳 지식을 알고 있는 모든 사람은 어떤 식으로든 신체적인 문제를 안고 있다. 그러므로 당신이 거칠게 내친, 도움을 호소하던 그 병자가 당신은 일찍이 상상도 못했던 천재일지도 모르는 것이다.

우리는 미식축구와 같은 격렬한 스포츠엔 관심이 없지만, 당신에게 이런 질문을 던져보고 싶다. 당신은 투시력이 있는 또는 투시력이란 단어를 제대로 알기라도 하는 근육질의 운동선수에 대해 들어본 적이 있던가? 평범한 인간들보다 높은 주파수의 진동을 수신하기 위해서 조악한 신체를 정련하는 과정에서는 어딘가 신체적 문제를 겪게 되는 일이 흔하다. 그러니 병든 이들을 사려 깊게 대하는 것이 어떻겠는가?

병자들을 참을성 있게 대하라. 그는 당신이 잘 모르는 많은 문제를 떠안고 있을 수 있다. 당신 자신을 위해서라도 그렇게 하라. 그는 건강한 당신보다 훨씬 더 진화된 사람일지 모른다. 그러니 병자를 돌보는 것이 사실은 당신 자신에게 실로 엄청나게 이로운 일이 될 수도 있는 것이다.

제25과

　　당신은 갑작스런 당혹감과 충격 속에서 진심으로 사랑하는 사람을 잃은 적이 있는가? 당신은 해가 구름 뒤로 물러나서 다시는 당신을 비추지 않으리라고 느껴본 적이 있는가? 가까운 사람을 잃는 것은 참으로 비극이지만, 불필요한 미련을 버리지 못하는 한 그것은 당신 자신은 물론이고 '앞서 간' 그 사람에게도 비극이 된다.

　　이번 교과에서 우리는 슬픔과 우울함이라는 주제에 관해서 논하고자 한다. 세상을 진정 제대로 바라보려면 죽음은 애도하거나 슬퍼해야 할 문제가 아님을 인식해야만 한다.

　　일단 사랑하는 사람이 소위 '죽음'이라는 단계에 이르렀을 때 우리가 겪게 될 일들을 알아보자. 우리는 평소처럼 별다른 걱정거리나 성가심 없이 살아가고 있다. 그러다가 갑자기, 애지중지하는 누군가가 우리의 곁을 떠나버렸다는 청천벽력같은 소식을 듣게 된다. 그 즉시 심장이 쿵쾅쿵쾅 뛰고 두 눈의 눈물샘은 내부의 긴장을 완화시키기 위해 수분을 잔뜩 머금는다. 우리는 더 이상 밝은 장밋빛의 활기찬 색채를 보지 못한다. 모든 것이 우울한 잿빛으로 뒤덮이고, 쨍쨍하던 밝은 여름날이 납덩이처럼 흐린 겨울의 하늘처럼 울적하게만 보인다.

　　이젠 친구가 되어버린 전자 이야기로 또 한 번 돌아가야겠다. 우리가 갑작스런 슬픔과 비탄으로 고통받게 되면, 우리 두뇌에서 생성되는 전압이 변화되고 때론 전류의 방향까지 뒤집히면서 우리의 찌푸린 눈은 이전의 '장밋빛' 세상이 아니라 '잿빛' 세상을 보게 된다. 이것은 육체적으론 당연한 현상이다. 그러나 육체의 이런 끔찍한 '끌어내림' 탓에, 우리는 더욱 위대하고 행복한 삶으로 새롭게 진입한 그 영혼(망자)을 유체 수준에서도 흔쾌히 반겨주지 못하는 처지가 된다.

사랑하는 친구를 먼 곳으로 떠나보내는 것은 참으로 슬픈 일이다. 그러나 지상에서는 언제든 편지를 쓸 수 있고, 전보를 칠 수 있으며, 전화도 사용할 수 있다는 사실이 위안거리가 된다. 반면 '죽음'의 저편과는 어떤 교신의 여지도 없는 것처럼 보인다.

당신도 망자亡者들이 우리가 닿을 수 없는 곳에 있다고 생각하는가? 기쁘게도 그것은, 완전히 잘못된 생각이다. 단언하지만 실제로 저명한 과학센터에는 '육체를 떠난 영혼'들과 교신을 가능케 해줄 도구를 연구하는 여러 분야의 과학자들이 있다. 이것은 몽상도 환상도 아니다. 수년 동안 보도되어온 공식 뉴스의 내용이다. 그리고 최근의 과학 관련 보고서에 의하면, 그들의 연구가 머지않아 대중적 지식이자 자산이 될 희망이 있다고 한다. 그러나 망자들과 교신을 할 수 없는 상황에서도 우리는 그들에게 여러 가지 도움을 줄 수 있다.

한 사람이 죽을 때, 그의 생리적인 기능은 점점 속도가 떨어지다가 이내 정지해버린다. 우리는 앞선 교과에서 인간의 두뇌가 산소결핍 상태가 되면 몇 분밖에 생존하지 못한다는 사실을 알았다. 그러니까 인간의 두뇌는 육체 중에서 첫 번째로 '죽는' 부분이다. 두뇌 기능이 정지했다면, 즉 뇌사 상태라면 그의 회생은 불가능하다.

우리가 죽음을 시간이 걸리는 사건으로 묘사하는 데는 그럴 만한 이유가 있다. 뇌사 후에는 두뇌의 명령과 인도가 끊어진 다른 조직들도 활동을 멈춰간다. 그것들은 마치 운전자가 자리를 뜬 자동차의 처지와 같다. 운전자는 시동모터를 끄고 차를 떠났다. 엔진은 남은 동력으로 한두 차례 움찔대겠지만 이내 식어갈 것이다. 차의 온도가 낮아짐에 따라 금속들은 수축하면서 삐걱대거나 끽끽거리는 작은 소리를 낼 것이다.

우리의 육체도 마찬가지다. 죽어가는 동안 우리의 근육조직들은 순차적으로 삐걱대고 끽끽거리고 비틀린다. 보통 사흘에 걸쳐서 유체도 육체와의 연결을 남김없이, 영구히 끊어버린다. 아기가 탯줄이 끊기면서 엄마와 분리되듯이, 유체와 육체를 연결하던 은줄도 점차 시들어간다. 유체는 부패하고 있는 육체와의 연결 상태를 고작 사흘간 유지할 뿐이다.

죽은 사람은 대체로 이런 경험을 하게 된다. 그는 침대에 누워 있고, 슬퍼하는 친척이나 친구들이 그를 둘러싸고 있다. 목구멍에선 몸서리치도록 숨이 헐떡이고, 임종 직전의 가르랑거림을 끝으로 마지막 거친 숨이 입 밖으로 토해진다. 심장박동도 느려지다가 이내 영원히 정지한다. 이제 그의 신체는 경련을 일으키면서 차가워진다.

투시능력이 있는 사람이라면, 임종의 순간에 시신으로부터 나온 어떤 어렴풋한 형체가 은빛 안개처럼 한동안 그 위를 떠도는 모습을 볼 수 있다. 사흘 동안 유체와 육체를 연결하던 은줄은 점차 빛을 잃어가고, 특히 시신과 연결된 부분은 더욱 검게 변한다. 그러고는 마침내 시신에 연결된 은줄의 끝에서 검은 먼지 같은 것이 피어오른다.

그렇게 줄이 느슨히 풀리면 유체는 적당히 상승하여 유체계 너머의 삶으로 안내받게 된다. 하지만 그전에 유체는 자신이 거주했던 시신을 내려다보는 시간을 가진다. 묘지로 향하는 영구차를 따라가서 실제로 자신의 장례식을 지켜보는 일도 흔하다. 이때 유체는 일종의 쇼크상태에 빠져 있기 때문에 ― 특히 우리의 강좌 내용과 같은 것을 배운 적이 없는 사람이라면 더욱 ― 슬픔도 고통도 혼란도 느끼지 못한다.

유체가 시신을 따라다니는 것은 연이 연줄을 잡고 있는 소년을 따라가는 것, 또는 풍선이 묶여 있는 트레일러를 좇아가는 것과 흡사하다. 그렇지만 곧 은줄은 분리되고 — 이제는 더 이상 은색도 아니다 — 유체는 자유롭게 위로 솟아올라 자신의 두 번째 죽음을 준비하게 된다. 이 두 번째 죽음은 전혀 고통스럽지 않다.

두 번째 죽음에 앞서, 망자는 '기억의 방'(the Hall of Memories)으로 가서 이번 생에서 일어났던 모든 일을 되살펴봐야 한다. 당신은 당신 자신 이외의 그 누구로부터도 심판받지 않는다. 당신 자신의 심판보다 더 엄격한 것은 없다.

지상에서 그토록 소중히 여겼던 온갖 시시걸렁한 자만과 거짓된 가치들이 결국 무의미한 것이었음을 보면서, 당신은 지상에서 누렸던 지위와 재산이 전혀 당신을 위대하게 만들어주지 않았음을 깨닫게 된다. 오히려 빈천하고 낮고 가난했던 사람들이야말로 스스로 가장 만족스럽고 높은 평가를 내리곤 한다.

기억의 방에서 생을 돌아본 후에, 당신은 자신에게 가장 적합하다고 생각되는 '또 다른 세계'의 해당 구역으로 간다. 당신은 지옥으로 가지 않는다. 지옥은 지상에, 즉 우리의 학교 안에 있다고 했던 우리의 말을 믿으라.

당신은 아마도 동양인들, 위대한 신비가와 위대한 교사들이 절대로 자신의 본명을 공개하지 않는다는 사실을 알 것이다. 이름에는 큰 힘이 깃들어 있기 때문에, 만약 누군가가 올바른 진동으로써 그의 영혼을 불러낸다면 그는 어쩔 수 없이 끌려나와 지상을 응시해야만 하기 때문이다. 동서양을 막론하고 어떤 지역에서는 신을 '이름을 부를 수 없는 존재'로서 대하고 있다. 만일 모든 사람이 줄곧 신을 불러댄다면 우리의 지도자인 신으로서도 무척이나 번거로울 수밖에 없을 것이다.

많은 스승들은 자신의 것이 아닌, 즉 본명의 발음과는 사뭇 다른 이름을 사용한다. 왜냐하면 이름은 진동과 부호와 화음으로 구성되어 있고, 만일 누군가를 그의 화성적 진동의 조합으로써 불러낸다면 그는 무슨 일을 하고 있든 간에 큰 방해를 받게 되기 때문이다.

마찬가지로 '타계한' 사람들에 대한 과도한 애도는 그들에게 오히려 고통을 준다. 그들로 하여금 지상으로 다시 끌려 내려오는 느낌을 받게 한다. 이는 물에 빠진 사람이 젖은 옷과 젖은 신발의 무게 탓에 점점 더 가라앉는 상황과도 같다.

진동이라는 주제를 다시 검토해보자. 진동은 지상에서의 삶의 핵심이며, 사실상 모든 세계에서의 삶의 핵심이기도 하다. 우리는 진동의 위력에 관한 아주 단순한 실례를 알고 있다. 발을 맞추어 행진 중인 병사들은 커다란 다리를 건널 때 오히려 조화를 깨뜨려서 무질서하게 걷는다. 하중을 초과하지만 않는다면 그 다리는 중무장한 차량도, 덜덜거리는 탱크도, 심지어 군용기차도 건너보낼 수 있다. 하지만 병사들이 일제히 발을 맞추어 행진한다면 그 다리는 상하좌우로 흔들리다가 결국엔 무너지게 된다. 또 다른 예로서 바이올린 연주자의 경우엔, 특정한 음정을 수 초간 연주함으로써 포도주잔에 진동을 일으켜 그 잔이 놀랄 만큼 크게 깨지도록 만들 수가 있다.

병사들의 행진이 진동에 관한 예시의 한쪽 끝이라면 다른 쪽 끝은 무엇일까? "옴Om"이란 만트라를 생각해보라. 만일 누군가 "옴마니반메훔"이라는 단어를 수 분 동안 일정하게 읊조린다면 그 진동은 환상적인 힘을 발휘할 수 있다.

그러니 기억하라. 이름은 강력한 것이므로 우리는 타계한 사람들을 공연히 불러서는 안 된다. 그들의 이름을 슬픔이나 비탄 속에서 불러선 안 된다. 왜 우리의 슬픔 때문에 그들이 궁지에 몰리고 고통을 받아야 하는가? 그들은 이미 충분히 고통을 받았는데 말이다.

우리는 우리가 왜 이 지상에서 죽음이라는 고통을 당해야만 하는지 의아해한다. 그 대답은 이렇다. 죽어가는 과정은 사람을 정화시킨다. 그 고통은, 너무 큰 고통만 아니라면, 당사자를 정화시킨다. 다시 말하지만, 그 어떤 사람도 스스로를 정화하는 데 필요한 것 이상의 고통이나 슬픔을 짊어져야 하는 소명을 받진 않는다.(물론 특수한 예외 상황은 있을 수 있다.) 극도의 슬픔 속에서 혼절해버리는 여자를 떠올려보면 이 말이 잘 이해될 것이다. 그녀의 혼절은 일종의 안전장치이다. 혼절로 인해 그녀는 더 이상 슬픔에 짓눌리지 않고, 그녀를 해할 어떤 일도 일어나지 않는다.

큰 슬픔을 당한 사람은 비탄으로 소위 '넋을 놓은' 상태가 되곤 한다. 그것은 당사자(유족)에게도, 망자에게도 다행한 일이다. 그로써 유족들은 상실을 받아들여 정화의 기회를 얻을 수 있고, 망자 또한 유족의 '넋을 잃은' 상태를 통해 보호받는다. 그렇지 않다면 유족들의 울부짖음과 비탄은 막 세상을 떠난 망자에게 커다란 압박이자 장애물이 될 것이다.

전화를 통해 전 세계의 사람들과 대화할 수 있듯이, 때가 되면 우리는 아마 세상을 떠난 사람들과도 쉽게 교신할 수 있게 될 것이다.

이 강좌를 진지하게 공부함으로써, 그리고 자신의 위대한 힘과 이번 생과 다음 생의 가능성을 굳건히 믿음으로써, 당신은 세상을 떠난 사람들과 접촉할 수 있다. 텔레파시, 투시, 그리고 소위 '자동기술(Automatic writing)'를 통해서 당신은 그렇게 할 수 있다. 그렇지만 후자의 경우엔 자신의 왜곡된 상상을 경계해야 한다. 우리는 상상력을 통제함으로써, 그 메시지가 우리의 표면의식이나 잠재의식이 아니라 세상을 떠난 그 사람 — 우리는 그를 볼 수 없지만 그는 우리를 볼 수 있다 — 으로부터 직접 오도록 해야 한다.
 힘을 내고 믿음을 가지라. 믿음으로써 당신은 기적을 성취할 수가 있다. 믿음은 산을 움직일 수 있다고들 하지 않는가. 그 말은 진실이다!

제26과

이제 우리는 소위 〈바른 삶을 위한 규칙〉이란 것을 밝혀두려 한다. 이것들은 매우 기본적인 규칙, 즉 반드시 지켜야 하는 규칙이다. 여기에 당신은 자신만의 규칙을 덧붙일 수도 있다.

먼저 우리는 그 전부를 나열한 후에 하나씩 세밀히 검토해볼 생각이다. 그럼으로써 우리는 그 배경에 대해 나름의 통찰력을 갖게 될 것이다.

규칙들은 다음과 같다.

1. 당신이 받고 싶은 대로 행하라.
2. 다른 사람들을 심판하지 말라.
3. 모든 일을 정확하게 처리하라.
4. 종교에 대해 논쟁하거나 타인의 믿음을 조롱하지 말라.
5. 자신의 종교를 지키되 이교도들에게는 철저히 관대하라.
6. 장난삼아 '마법'에 손을 대지 말라.
7. 정신을 취하게 하는 음료와 약품을 자제하라.

이 규칙들을 자세히 들여다보자. 우리는 "당신이 받고 싶은 대로 행하라"고 말했다. 당연한 말이다. 그 누구도 자기 자신을 등 뒤에서 찌르거나, 속이거나, 바가지를 씌우고 싶어하지 않는다. 정상적인 사람이라면 가능한 한 자기 자신을 잘 돌보고 싶어한다. 당신 자신에게 하듯 이웃을 돌보고 있다면 당신은 이미 '황금률'을 따르며 사는 셈이다.

당신이 받고 싶은 대로 행하라. 그래야 당신도 도움을 받게 된다. 보통 사람이라면 다른 쪽 뺨까지 내어주는, 즉 부당한 처사까지도 수용해주는 당신에게 함부로 하지 못할 것이다. 혹 당신의 순수한 생각과 동기를 받아들이지 못하는 사람이 있다 해도, 당신은 말없이 그저 두세 번의 고초만 넘김으로써 그 사람으로부터 자유로워질 수 있다. 이번 생을 넘어선 세계에서 우리는 우리와 조화를 이루지 못하는 적대적인 사람들을 만날 수 없다. 불운하게도 지상에 있는 동안엔 몇몇 끔찍한 이들을 만나야 하지만, 그것은 단순한 필요성 때문임을 잊지 말라.

그러니 당신이 받고 싶은 대로 행하라. 그러면 당신의 성품이 당신에게 큰 이익을 줄 것이다. 당신은 모든 남자와 여자에게 빛나는 존재로 보일 것이다. 선을 행하는 사람, 약속을 지키는 사람으로 알려진 당신이 사기라도 당하게 된다면, 그 사기꾼은 사람들로부터 일말의 동정도 얻지 못하리라. 아무리 희대의 사기꾼이라 해도 동전 한 닢조차 저세상으로 가져가지 못한다는 사실을 기억하라.

우리는 또한 "다른 사람들을 심판하지 말라"고 말한다. 당신은 당신이 심판하거나 비난한 그 사람과 비슷한 위치에 서게 될지도 모른다. 당신은 당신 자신의 일은 잘 알지만 다른 사람의 사정을 알진 못한다. 가장 가깝고 소중한 사람일지라도 내면의 생각까지 공유하진 못한다. 적어도 지상에서는 어떤 사람도 타인과 완전한 조화를 이루지 못한다. 당신은 배우자와 아주 행복한 결혼생활을 누릴 수 있지만, 그렇더라도 때로는 서로에게 전혀 이해할 수 없는 행동을 하게 되는 경우가 생긴다. 이유를 물어봐도 당사자조차 설명을 못하는 행동들 말이다.

"너희 가운데 결백한 자가 있다면 먼저 돌을 던져라." "똥 묻은 개가 겨 묻은 개 나무란다." 이것들은 아주 탁월한 가르침이다. 세상에 빈틈없이 결백한 사람은 없다. 만일 백 퍼센트 순진무구하고 죄가 없다면, 그는 이 조잡하고 케케묵은 지상계에 머물러 있을 수가 없다. 그러므로 결백한 자만이 돌을 던져야 한다면, 이 세상에 돌을 던질 수 있는 자는 한 명도 없을 것이다.

우리는 아주 둔감한 상태로, 모든 게 뒤죽박죽인 채로 이곳 지상에 내려와 있다. 사람들은 뭔가를 배우려고 이곳으로 온다. 만일 배울 것이 없다면 그들은 이리로 오지 않고 더 나은 곳으로 갔을 것이다. 우리는 모두 잘못을 저지른다. 또한 하지도 않은 일로 비난을 받거나, 선한 일을 하고도 신뢰를 얻지 못한다. 그게 문제인가? 훗날 이 지상, 이 학교를 떠날 때 우리는 전적으로 다른 가치 기준에 대해 알게 될 것이다. 그것은 파운드도, 달러도 아니고 페소나 루피도 아니다. 그때 비로소 우리는 진실한 기준으로서 평가받게 되리라. 그러니 다른 이들을 심판하지 말라.

우리의 세 번째 규칙은 "모든 일을 정확하게 처리하라"이다. 좀 의외일지 모르지만 이것은 합리적인 규칙이다. 사람들은 일을 할 때 계획을 짜고 시간과 장소를 정한다. 따라서 우리가 제 몫을 정확히 처리하지 못하면 다른 사람의 계획과 착상이 뒤집어질지도 모른다. 오랫동안 준비해 온 사람에게서 분노를 살지도 모른다. 우리 때문에 분노하고 좌절하게 된 그는 애초 계획과는 다른 진로로 나아갈 수도 있다. 우리의 부정확한 일처리로 인해 누군가가 계획에 없던 길로 들어서게 된다면 우리는 그 책임을 벗어날 수 없다.

정확한 일처리는 일종의 습관이다. 또한 우리의 육체와 영혼을 절제하는 훈련이기도 하다. 정확성은 자기 자신에 대한 존중이다. 스스로 약속을 지킬 수 있는 존재임을 드러내는 것이다. 또한 정확성은 타인에 대한 존중이기도 하다. 그러므로 정확한 일처리는 지킬 가치가 충분한 덕목이다. 그것은 우리의 정신적, 영적 위상을 높여준다.

이제 종교에 관해서 말해보자. 다른 사람의 종교를 비웃는 것은 참으로 잘못된 일이다. 당신은 이것을 믿지만 타인은 저것을 믿는다. 당신이 부르는 신의 이름이 중요한가? 신은 어떻게 불리든 오직 신일 뿐이다. 동전의 양면을 두고 논쟁하는 것이 가능한 일인가? 그러나 불행히도 인류의 역사를 보면, 선한 생각들로만 채워져야 할 종교 안에서 너무도 많은 악한 생각들이 활개를 쳐왔다.

다섯 번째 규칙도 종교에 관한 것이다. 우리는 각자 자신의 종교를 지키라고 말한다. 개종하는 것은 별로 현명한 일이 못 된다. 이 지상에서 우리는 흐르는 강의 한가운데에 있다. 생의 한가운데에 있다. 강의 한복판에서 말을 갈아타는 것은 현명한 일이 아니다.

우리는 대부분 특정한 계획을 마음에 품고 이 지상으로 왔다. 우리는 그 계획을 위해 특정한 종교 또는 교파를 믿게끔 유도되었다. 그러므로 아주 뚜렷한 이유가 있지 않은 한, 종교를 바꾸는 것은 현명하지 않다. 우리는 말을 배우듯이 어렸을 때부터 종교를 받아들인다. 나이를 먹고 말을 배우려면 힘이 들듯이, 각자 미묘한 차이가 있는 다른 종교를 새로 흡수하는 것은 간단치 않은 일이다.

다른 사람이 종교를 바꾸도록 영향을 주려는 시도 또한 잘못된 것이다. 당신에게 적합한 것이 그에겐 적합하지 않을 수도 있다. 두 번째 규칙을 기억하라. "다른 사람들을 심판하지 말라." 그의 피부 속으로, 마음속으로, 영혼 속으로 들어가보지 않는 한 당신은 어떤 종교가 그에게 맞을지를 판단할 수 없다. 그럴 능력이 없음에도 타인의 신앙에 간섭하거나 그것을 조롱하고 공격한다면 그보다 더 분별없는 짓도 없다. 우리는 받고 싶은 대로 행해야 한다. 우리는 누구든 자신이 좋다고 생각하는 대로 믿고 예배할 수 있도록 온전한 관용과 자유를 베풀어야 한다. 우리 자신이 간섭받는 걸 싫어하듯이, 그들도 간섭을 싫어할 것이다.

여섯 번째 규칙은 "장난삼아 마법에 손을 대지 말라"이다. 그 이유는, 실로 많은 종류의 '마법'이 해롭기 때문이다. 비술秘術을 다루는 신비학 분야에는 안내자(스승) 없이 독학으로 공부하다가는 큰 화를 입게 될 여러 위험요소들이 있다.

천문학자는 고성능 망원경을 통해 태양을 관찰할 때, 적당한 필터를 렌즈 앞에 끼우는 식의 예방조치를 취한다. 형편없는 천문학자조차도 고성능 망원경으로 태양을 직접 응시하면 눈이 멀 수 있다는 사실을 안다. 마찬가지로 적당한 훈련과 안내 없이 비술에 손을 대면 신경쇠약에 걸리고 갖가지 불쾌한 증세에 시달릴 수 있다.

우리는 불쌍한 서양인들이 제 몸을 혹사하며 동양의 요가 체조를 따라하는 것을 분명하게 반대한다. 요가 체조는 아주 어릴 때부터 자세를 교육받는 동양인들의 몸에 맞게 고안된 것이다. 그게 요가든 뭐든, 뼈를 심하게 비틀고 근육을 멍들게 하는 짓은 큰 해가 될 수 있다. 어떤 일이 있더라도 신비학은 공부할 만한 것이지만, 안내를 받으며 분별력 있게 실천하도록 하자.

특히 우리는 망자亡者와 교신하거나 그런 목적의 유별난 의식을 행하는 것을 권장하지 않는다. 물론 충분히 가능하고 실제로 매일같이 행해지는 일이긴 하지만, 숙련된 사람이 잘 감독하지 않으면 망자와 유족 모두가 고통과 해를 입는 결과를 낳게 된다.

날마다 일간지를 펼쳐서 그날의 자기 운세를 알아보는 사람들도 있다. 유감스럽게도 그들은 이 예언을 아주 진지하게 받아들여 생활의 본보기로 삼는다. 점성학은 유능한 분석가가 정확한 생년월일시를 미리 알고 준비하지 않는 한 대개 무익하고 위험스런 짓이다. 그처럼 제대로 된 분석은 비용도 꽤나 비쌀 것이다. 왜냐하면 요구되는 지식의 양이 상당하고 계산에도 아주 오랜 시간이 걸리기 때문이다. 해의 징조나 달의 징조, 머리카락 색깔이나 발가락 모양 따위로는 점을 칠 수 없다. 숙련된 기술과 충분한 자료가 있어야만 한다. 그러니 당신이 충분한 능력과 인내심과 시간을 가진 분석가를 알고 있고 그의 노력에 합당한 대가를 치를 처지가 아니라면, 우리는 점성학에 장난삼아 손을 대지 않기를 바란다. 그것은 당신에게 해가 될 수 있다.

우리는 정중하게 그리고 단호하게 권한다. 본 강좌처럼 순수하고 속임수 없는 것들만을 공부하라. 감히 말하건대, 본 강좌는 호흡과 보행까지도 한데 아우르는 자연의 법칙을 있는 그대로 전달하고 있다.

우리의 마지막 규칙은 "정신을 취하게 하는 음료나 약물을 자제하라"였다. 우리는 유체를 마구잡이로 육체에서 떼어내서 혼절케 하는 것들의 위험성을 충분히 언급한 바 있다.

정신을 취하게 하는 음료들은 영혼을 해친다. 그것들은 은줄을 통해 전송된 인상을 왜곡하고 두뇌의 물리적 구조를 손상시킨다. 꼭 기억해야 할 점은, 두뇌는 지상에서의 육체의 경험을 위로 올려보내고 그곳으로부터 높은 지식을 내려받는 일종의 송수신 장치라는 사실이다.

술보다 더 나쁜 것은 약물이다. 약물은 중독성이 훨씬 강하므로, 약물에 한 번 물들면 사실상 이번 생에서 열망하는 모든 것을 포기하게 되기 쉽다. 정신을 취하게 하는 음료와 약물의 잘못된 부추김에 빠지면 지상에서의 삶을 몇 번이고 되풀이할 수밖에 없다. 그 어리석고도 어리석은 습관이 빚어낸 카르마를 남김없이 청산할 때까지 말이다.

삶엔 질서가 있어야 한다. 삶엔 절제가 있어야 한다. 믿음을 잘 지켜

나간다면, 종교는 유용한 영적 단련의 수단이 될 수 있다.

요즈음엔 전 세계의 모든 도시에서 10대 폭력배들이 활개를 치고 다닌다. 제2차 세계대전 중에 가정의 유대감은 더없이 약화되었다. 아마 대부분의 아버지는 전쟁터로 갔고 어머니는 공장에서 일했으리라. 그 결과로 감수성이 예민한 아이들은 길거리에서 누구의 눈치도 보지 않고 떼거리를 이루면서 그들만의 규칙 즉, 폭력단의 규칙을 만들었다.

우리는 부모의 사랑, 그리고 종교적 믿음이라는 덕목이 되살아나기 전까지는 10대들의 범죄가 계속 늘어나리라고 본다. 우리 모두가 정신적 훈련이 되어 있다면 그렇지 못한 이들에게 좋은 본보기가 될 수 있으리라. 영적 훈련은 필수적인 것이다. 고도로 훈련된 군대와 무질서한 오합지졸의 차이는 바로 그 절제력에 있다.

제27과

　　이번 교과에서 우리는 오랜 친구인 잠재의식(무의식)을 전면으로 끌어내려 한다. 인간이 어떻게 최면에 걸리는가를 이해하려면 먼저 의식과 잠재의식의 관계를 알아야 한다.
　　우리는 사실상 하나의 몸속에 있는 두 사람과 같다. 그중 한 사람은 다른 사람보다 크기가 9분의 1밖에 되지 않는 소인이지만 온통 간섭하고 뻐기고 나대고 통제하길 좋아한다. 반면에 다른 사람은 지성이 없지만 성격은 온화한 거인에 비유된다. 소인인 의식은 이성과 논리가 있지만 기억을 못하고, 거인인 잠재의식은 이성과 논리가 없지만 기억을 잘한다. 당사자에게 일어났던 모든 일, 심지어 출생 이전에 일어났던 일조차도 잠재의식은 저장하고 있다. 따라서 적당한 방식의 최면을 통해 우리는 그런 기억을 되살려 분석해볼 수 있다.
　　우리의 육체를 하나의 커다란 도서관으로 상상해보자. 전면의 사무실 또는 데스크에는 여직원(사서)이 한 명 있다. 그녀는 많은 것을 알진 못하지만, 필요한 정보가 있을 때마다 즉시 그것을 담은 책들을 찾아내는 특기가 있다. 그녀는 도서목록을 꿰고 있어서 금방 원하는 책을 찾아낸다. 이처럼 의식은 이성을 갖고 있어서 — 물론 가끔 부정확할 때도 있지만 — 나름의 논리를 구사할 수 있지만 대신 기억력이 없다. 잘 훈련된 의식의 장점은, 잠재의식을 헤집으면서 기억세포에 저장된 정보들을 검색하는 능력에 있다.
　　잠재의식과 의식 사이에는 소위 '스크린'(칸막이)과 같은 것이 있고,

잠재의식은 그 스크린을 통해 자신의 정보를 효과적으로 보호한다. 즉 의식이 아무 때나 잠재의식을 탐색할 수는 없다는 뜻이다. 이것은 절대적으로 필요한 일이다. 그렇지 않으면 의식이 곧 잠재의식을 오염시켜버릴 테니까.

우리는 잠재의식이 기억력은 있으나 이성이 없다고 말했다. 거기에도 이유가 있다. 기억력과 이성이 결합한다면 어떤 정보들은 왜곡될 수밖에 없게 된다. 아마도 이성을 갖게 된 잠재의식은 이렇게 말할 것이다. "아, 그 기억은 우스꽝스럽네. 말도 안 되는 기억이잖아. 내가 뭔가를 잘못 받아들인 게 틀림없어. 그러니 기억은행을 개조해야겠군." 이런 이유로 잠재의식은 이성이 없고, 의식은 기억이 없게 된 것이다.

우리가 주목할 만한 사실이 두 가지 있다.

첫째, 잠재의식은 이성이 없다. 그래서 잠재의식은 주어진 제안에 수동적으로 반응할 뿐이다. 잠재의식은 그것이 진실이든 허위든, 주어진 정보를 기억창고에 보관할 뿐이지 그 정보의 진위를 평가할 능력은 없다.

둘째, 의식은 한 번에 하나의 생각에만 집중할 수 있다. 우리는 끊임없이 사물을 보고 듣고 만지고 해석하고 판단한다. 그런데 만일 잠재의식에 아무런 보호장치가 없다면 온갖 정보가 쏟아져 들어와서 우리의 기억창고는 쓸모없거나 부정확한 정보로 금세 어지럽게 돼버릴 것이다. 그래서 잠재의식 앞에 있는 칸막이(스크린)가 잠재의식으로 들어오려는 정보들 가운데 특히 주의가 요구되는 것들을 따로 걸러내고, 의식으로 하여금 이성과 논리를 활용하여 그것들을 살펴 받아들이거나 거부하도록 한다. 이런 이유로 의식은 한 번에 한 가지 생각밖에 못하는 것이다.

당신은 우리의 말이 틀렸다고 불평할지도 모르겠다. 자신이 두세 가지 일을 동시에 생각할 수 있다고 믿을 테니까. 그렇지만 그건 사실이 아니다. 생각은 대단히 빨리 바뀐다. 생각이 번개보다도 빨리 바뀐다는 것은 이미 확인된 사실이다. 비록 당신은 두세 가지 생각을 동시에 한다고 믿겠지만, 과학자들이 주의 깊게 조사한 바에 따르면 우리는 한 번에 한 가지 생각에만 주의를 둘 수 있다.

이미 말했듯이 잠재의식의 기억창고는 당사자에게 일어났던 모든 경험을 간직하고 있다. 소위 스크린, 즉 의식의 문턱 또는 칸막이 자체가 정보의 진입을 막는 것은 아니다. 모든 것이 잠재의식의 기억창고 속으로 쏟아져 들어온다. 그러나 논리적이며 이성적인 두뇌가 세밀히 따져봐야 하는 정보는 의식의 평가가 끝날 때까지 저장이 보류된다.

그러면 이제 최면이 어떻게 일어나는지를 알아보자. 잠재의식은 분별력도, 지성도, 논리도 없다. 그래서 특정한 정보를 의식과 잠재의식 사이의 스크린 너머로 강제로 보내버리면, 잠재의식으로 하여금 우리가 원하는 대로 작동하게 할 수 있다. 우리가 어떤 단 하나의 생각에 의식적인 주의를 집중할 때는 피암시성이 높아진다. 우리가 누군가에게 곧 최면 상태에 들 거라는 생각을 주입하고 그 자신도 우리의 말을 믿는다면, 그는 실제로 그렇게 될 것이다.

자신은 최면에 걸리지 않는다고 자랑하는 사람들이 있다. 그렇지만 그런 자랑은 말장난에 불과하다. 자신의 피암시성을 부인하는 것은 사실은 피암시성을 더욱 높이는 결과를 낳는다. 왜냐하면 반복하건대, 상상력과 의지력이 충돌하는 경우엔 언제나 상상력이 이기기 때문이다. 그들은 최면에 걸리지 않으려고 발버둥칠 수도 있다. 하지만 그럴수록 상상력은 더욱 화를 내면서 "너는 틀림없이 최면에 걸릴 거야"라고 단언하게 된다. 그리고 그들은 자신도 모르는 사이에 의식을 '잃어버린다'.

당신은 물론 최면에 걸리는 과정을 잘 알고 있겠지만, 그걸 다시 자세히 언급한다고 나쁠 것은 없을 것이다. 최면에서 첫 번째 할 일은, 특정한 방법으로 피험자의 주의를 끄는 일이다. 의식은 한 번에 하나의 생각만을 할 수 있기 때문에, 피험자의 의식을 사로잡으면 우리는 암시를 잠재의식 속으로 집어넣을 수 있게 된다.

보통 최면술사는 반짝이는 단추나 유리조각처럼 눈을 사로잡는 것들을 보이면서, 피험자에게 그 반짝이는 물체에 주의를 집중하라고 거듭 요구한다. 그가 이런 연출을 하는 목적은 피험자의 의식을 사로잡아서 모종의 공작이 배후에서 이뤄지고 있음을 인지하지 못하도록 하기 위함이다.

최면술사는 그 물체를 눈높이보다 조금 위에 들고 있을 것인데, 왜냐하면 그래야 피험자의 두 눈이 부자연스런 긴장 상태에 놓이기 때문이다. 그러면 몸에서 가장 약한 부위랄 수 있는 눈과 눈꺼풀의 근육이 금방 피로를 느끼게 된다. 몇 초 만에 눈이 피곤해지고 눈물이 나기 시작할 것이다.

바로 그때 최면술사는 눈이 피로하니 자고 싶을 거라고 말한다. 물론 피실험자도 눈을 감고 싶어한다. 최면술사가 그 근육들을 몹시 피곤케 만들었기 때문이다. 눈이 피곤하다는 단조로운 말을 반복해서 듣는 동안 피험자는 따분함을 느끼며 결국 긴장을 놓아버린다. 솔직히 피험자는 이제 모든 것을 지루하게 느끼고, 그저 기분 좋게 잠들어서 뭔가 다른 경험을 하게 되었으면 좋겠다는 생각뿐이다.

이런 과정을 몇 차례 반복하면 피험자의 피암시성이 높아진다. 즉 최면에 잘 걸리는 습관이 생기는 것이다. 그래서 최면술사가 피험자더러 "눈이 피곤하다"고 말하면 그는 그 말을 조금도 의심하지 않고 받아들인다. 왜냐하면 이전의 경험에서 이미 눈의 피로가 입증되었기 때문이다. 그렇게 피험자는 최면술사의 말을 점점 더 깊이 신뢰하게 된다.

잠재의식은 판단력이 없다. 잠재의식은 분별할 줄 모른다. 그래서 "눈이 피곤하다"는 최면술사의 말이 그대로 받아들여졌다면, "아무런 고통도 느껴지지 않는다"는 최면술사의 말도 그대로 받아들여질 것이다. 최면술사들은 바로 이런 방식으로 임산부가 완전한 무통분만을 할 수 있도록, 또는 치과 환자가 두려움 없이 이를 뽑을 수 있도록 돕는다. 이것은 약간의 연습이 필요할 뿐, 원리는 더없이 간단하다.

최면의 요체는, 피험자가 최면술사의 말을 받아들이는 것이다. 최면술사는 피험자가 자신의 말을 전적으로 믿고 있는가를 항상 확인해야 한다. 그러니 명백히 누워 있는 사람에게 "당신은 지금 서 있습니다"라고 말하는 것은 미숙한 짓이다. 최면술사들은 피험자에게 뚜렷이 입증된 것들만을 말한다. 예컨대, 최면술사는 피험자에게 팔을 쭉 펴게 시키고는 피험자의 팔이 피로해질 즈음에 이렇게 말한다. "당신의 팔이 피로해지고 있습니다. 팔이 무겁게 느껴집니다. 팔이 피로해지고 있습니다." 피험자는 당연히 그 말에 쉽게 동의한다. 팔이 피로한 것은 자명한 사실이니까. 또한 다소 몽롱한 상태이므로 "이 천치야, 팔을 이렇게 뻗치고 있으니까 당연히 피로하지" 하는 식으로 반박하지도 않는다. 대신 그는 최면술사가 뭐라고 하든 그 말에 진실한 힘이나 능력이 담겨 있다고 믿는다.

장래에는 내과의와 외과의들이 점점 더 최면의 방법에 의존하게 될 것이다. 무통을 위한 최면은 후유증이 전혀 없다. 어떤 고통과 혼란도 뒤따르지 않는다. 또한 최면은 자연적인 현상이고 거의 모든 사람이 최면 암시에 감응한다. 자신은 최면에 걸리지 않는다고 주장하면 할수록, 그 사람에게 최면을 거는 일은 그만큼 쉬워진다.

그렇지만 우리는 다른 사람들에게 최면을 거는 일엔 관심이 없다. 잘 훈련된 최면술사가 아니라면 그것은 때로 위험하고 사악한 결과를 낳을 수 있다. 대신 우리는 당신이 자기최면을 익히도록 돕는 데 관심이 있다.

자기최면을 활용하게 되면 당신은 나쁜 습관에서 벗어날 수 있고, 약점을 보완할 수 있고, 추운 날씨에 체온을 높이는 등의 여러 가지 유용한 일들도 할 수가 있다.

서양에서는 누구도 즉각 최면에 걸리지는 않는다고 말한다. 그것은 틀린 말이다. 동양의 특정한 방법으로 훈련했다면 그 누구에게라도 즉각 최면을 걸 수 있다. 다행히도 그런 훈련을 받은 서양인은 많지 않다.

최면을 통해서 피험자더러 도덕적이지 못한 일을 하도록 강제할 수는 없다고 말하는 사람들도 있다. 이 말 역시 거짓이다. 전적으로 거짓이다. 물론 정당하고 바르게 사는 사람에게 다가가서 최면을 걸고 "이제 나가서 은행을 터시오"라고 명령할 수는 없다. 피실험자는 그런 말을 듣는 순간 최면에서 깨어날 것이다. 그렇지만 수완 좋은 최면술사는 교묘한 명령을 통해서, 피험자로 하여금 마치 놀이나 게임에 참가하고 있는 것처럼 믿게 만들 수 있다.

우리는 최면의 요사스런 측면에 대해 더 이상 이야기할 생각이 없다. 부도덕하거나 미숙한 사람에 의해 행해지는 최면은 때로 몹시 위험할 수 있다. 명성 있고 경험이 풍부하며 고도로 훈련된 의사가 직접 보살피는 최면치료를 제외하고는, 우리는 당신이 타인을 대상으로 하는 최면술과 어떤 관계도 갖지 말기를 권한다.

물론 우리의 지시를 따라 자기최면을 익히는 것은 그 누구에게도 해가 되지 않는다. 오히려 자기최면을 통해서 당신은 당신 자신과 다른 사람들을 위해서 많은 선을 행할 수 있게 된다.

제28과

　지난 교과에서 우리는 왜 우리가 '한 몸 속의 두 사람'인지를 살펴보았다. 그중 한 사람은 의식이었고, 다른 사람은 잠재의식이었다. 이 둘은 거의 독립적이고 분리된 실체로서 서로에게 힘이 되어줄 수 있다.

　잠재의식은 모든 지식의 저장고로서, 기록보관인 또는 수석사서라고 불릴 만하다. 잠재의식은 결코 그 저장고 밖으로 외출하지 않는다. 그리고 저장하는 일 외엔 일절 다른 일을 하지 않는다. 잠재의식은 오직 명령받은 대로만 일을 처리한다.

　반면에 의식은 기억력이 없거나 부족한 사람, 또는 훈련되지 않은 사람에 비유될 수 있다. 의식은 활동적이고 톡톡 튀는 기질로써 이리저리 뛰어다니면서 잠재의식을 정보검색의 수단으로 이용한다.

　불행히도 또는 다행스럽게도, 잠재의식은 모든 유형의 정보를 공개하지는 않는다. 예컨대 대부분의 사람들은 자신이 태어난 때를 기억하지 못한다. 그렇지만 그 모든 것은 잠재의식 속에 저장되어 있다. 우리는 적절한 방식의 최면으로써 피험자를 태어나기 이전의 시점까지 거슬러 올라가게 할 수 있다. 우리는 그가 지상으로 내려올 계획을 짜던 시점까지도 추적해볼 수 있다. 그것은 아주 흥미로운 일이지만, 우리가 지금 길게 다루고자 하는 사안은 아니다.

　이번 교과의 목적은 자기최면의 방법을 공부하는 것이다. 타인에 의한 최면은 강력하지만 우리는 개인적으로 그런 방식을 추천하고 싶지 않다. 우리는 의료적 목적일 때조차 충분한 안전조치가 취해져야 한다고 생각한다. 예컨대 한 명의 의사가 홀로 환자에게 최면을 걸게 해서는 안 된다. 항상 둘 이상의 의사가 동석해야 한다. 또한 피험자에게 해가 되는 어떤 암시도 줄 수 없도록 하는 강제규정이 있어야 한다고 본다. 그래서 우리는 최면을 활용하는 의사들은 3년마다 직업윤리를 위한 일종의 자기최면 과정을 이수하도록 했으면 한다. 그런 안전장치가 없으면 환자들은 의사의 수중에서 놀아나게 된다. 물론 대다수의 의사들은 영예롭고 직업윤리에 투철하지만, 이따금 엉큼한 작자들도 없지 않은 것이 현실이다.

이제 자기최면 능력을 계발해보자. 이 교과를 제대로 공부하면 당신은 내면에서 생각지도 못한 힘과 능력을 발휘할 수 있는 열쇠를 쥐게 될 것이다. 그러나 제대로 공부하지 않으면 이것은 그저 의미 없는 말의 성찬일 뿐, 당신은 시간만 낭비하게 될 것이다.

침실로 가서 커튼을 치고 외부의 빛을 차단하라. 그리고 당신의 눈높이보다 약간 위쪽에 야간등처럼 그다지 밝지 않은 조그만 전등 하나만 켜 두라. 그 외의 모든 전등은 꺼놓으라.

이제 최대한 편안하게 사지를 뻗고 침대에 누우라. 눈도 감으라. 한동안 아무것도 하지 말라. 그저 고르게 숨을 쉬면서 생각들이 오가는 대로 내버려두라. 그리고 1~2분 후에 정신을 다잡으면서, 아주 단호하게 긴장을 풀고 이완 상태가 되겠다고 선언하라.

당신 자신에게 신체의 모든 긴장을 풀겠다고 말하라. 발가락을 생각하고 거기에 주의를 집중하라. 오른쪽 발가락에 먼저 주의를 집중하는 편이 수월할 것이다. 당신의 온몸을 커다란 도시라고 상상하라. 그리고 신체의 모든 세포를 아주 작은 사람들이 점유하고 있다고 상상하라. 그 소인들은 당신의 근육과 힘줄을 움직이고 세포를 보살핀다. 그들로 인해 당신은 살아 꿈틀거린다.

하지만 지금 당신은 이완되길 원하고 있다. 당신은 이 소인들이 윙윙 대면서 이곳저곳을 들쑤시면서 혼란을 일으키길 원하지 않는다. 먼저 오른쪽 발가락에 집중하라. 오른쪽 발가락의 소인들에게 행진을 시작하라고 말하라. 발가락에서 발로, 발등으로, 다시 발목으로 행진하라고 말하라. 그들이 장딴지를 거슬러 무릎까지 행진하도록 하라.

뒤에 남겨진 당신의 오른쪽 발가락은 축 늘어지면서 완전히 이완될 것이다. 왜냐하면 이제 거기에는 소란을 일으킬 소인들이 남아 있지 않으니까. 소인들은 전부 당신의 다리를 거슬러 행진하고 있다.

이번엔 당신의 오른쪽 장딴지가 이완되면서 아무런 느낌이 없어질 것이다. 당신의 오른쪽 다리 전체가 나른하고 맥빠지고 둔하고 아무런 느낌이 없을 만큼 이완되었다. 소인들은 이제 당신의 오른쪽 눈까지 행진해왔고, 당신은 그곳에서 근무 중인 경찰들로 하여금 방벽을 설치하도록 하여 어떤 소인도 몰래 되돌아갈 수 없도록 단속해두었다. 이제 당신의 오른쪽 다리는 발가락부터 허벅지까지 남김없이 이완되었다. 확인한 후에 왼쪽 다리로 주의를 옮겨보라.

육체라는 공장에 업무종료 호각을 불어서 소인들로 하여금 서둘러 일을 끝내고 작업기계를 떠나 집으로 쉬러 가게 한다고 상상해도 좋다. 소인들은 맛있는 저녁 요리를 기대하며 발걸음을 재촉한다. 그들을 당신의 왼쪽 발가락에서 서둘러 쫓아내라. 그들을 발등으로, 발목으로, 장딴지로, 무릎으로 바쁘게 몰아내라. 그러면 뒤에 남겨진 왼쪽 다리는 남김없이 이완되고 나른해질 것이다. 거의 당신의 몸이 아닌 것처럼 여겨지리라.

소인들을 무릎 위로, 허벅지 위로 계속 올려보내라. 그리고 오른쪽 다리의 경우처럼, 왼쪽 눈가에서도 상상 속의 경찰들이 방벽을 쌓아 아무도 몰래 돌아가지 못하도록 하라.

당신의 왼쪽 다리가 남김없이 이완되었는가? 확인하라. 만일 그렇지 않다면 소인들에게 방해가 되지 않도록 비키라고 다시 명령하라. 이제 당신의 두 다리는 텅 빈 공장이 되었다. 정비공을 포함한 모든 직원이 집으로 돌아갔으므로 어떤 소란도 소음도 일어나지 않는다.

같은 일을 당신의 오른쪽 손과 팔, 그리고 왼쪽 손과 팔에서도 반복하라. 그 모든 소인들을 이동시키라. 양치기가 영민한 개를 부리면서 양 떼를 이동시키듯이 소인들을 행진시키라. 당신의 목적은 소인들을 손가락에서, 손바닥에서, 손목에서 몰아내어 팔꿈치 위로 이끄는 것이다. 그들을 남김없이 이동시키라.

당신에게는 이완이 필요하다. 모든 정신적 교란으로부터, 내적 잡음과 소음으로부터 자유로워야 잠재의식을 열어볼 수 있다. 그로써 당신은 평범한 사람들에겐 주어지지 않는 힘과 지식을 소유할 수 있게 된다. 당신은 자신의 역할을 다해야 한다. 당신은 그 소인들을 사지로부터 몰아내고, 최종적으로는 당신의 몸을 아예 떠나게 해야 한다.

팔과 다리를 전부 완전히 이완시키라. 당신의 몸을 마치 모든 주민이 지역경기의 결승전을 보러 간 후의 주택가처럼 만들라. 엉덩이, 등, 배, 가슴에서도 같은 일을 하라. 지금 소인들은 당신에게 성가신 존재다. 그들은 생명유지에 필요하지만, 지금 당신은 그들이 잠시 휴가를 떠나주길 바란다. 그들을 은줄을 따라 행진시키라. 당신의 몸에서 완전히 떨어지게 하라. 그들의 소란으로부터 벗어나라. 그럴 때 당신은 완전히 이완되어 내면에서 일찍이 생각도 못한 평온을 느끼게 된다.

모든 소인을 당신의 은줄로 운집시켜 떠나보냄으로써 온몸을 비운 후에는, 그 은줄 끝에 몇몇 감시인들을 두어 어떤 소인도 몰래 다시 들어오지 못하도록 단속하라.

숨을 깊게 들이쉬라. 부드럽고 깊고 충분하게 숨을 들이쉬라. 그리고 몇 초간 숨을 참았다가, 다시 천천히 그 숨을 내쉬라. 호흡은 아무런 긴장도 없이 편안해야 하고, 안락하고 자연스러워야만 한다.

호흡을 다시 반복하라. 부드럽고 깊고 충분하게 숨을 들이쉬라. 그리고 몇 초간 숨을 참으라. 당신의 심장이 "쿵, 쿵, 쿵" 하고 뛰는 소리가 귀 안에서 들릴 것이다. 이젠 다시 숨을 내쉬라. 천천히, 천천히, 천천히.

당신 자신에게 몸이 완전히 이완되어 기분 좋게 늘어지고 편안하다고 말하라. 자신에게 내부의 모든 근육이 이완되어 아무런 긴장 없이 다만 평온과 안락과 휴식뿐이라고 말하라. 한가롭게 당신의 머리, 안면근육, 발가락, 무릎, 엉덩이를 살펴보라. 그 이완된 느낌, 긴장 없는 느낌, 당김이나 비틀림 없는 느낌이 얼마나 유쾌한지를 말해보라. 당신은 아주 편안하게 휴식 중이고, 당신 몸의 모든 근육과 모든 신경과 모든 조직은 완전히 이완되어 있다.

자기최면을 통해 뭔가를 하려면 먼저 자신이 완전히 이완되었는지부터 확인해야 한다. 당신이 이완하는 데 어려움을 겪는 것은 이번 한 번 또는 두 번뿐일 것이다. 자기최면을 몇 차례 시도하다 보면, 모든 것이 너무나 자연스러워서 왜 진작 이걸 해보지 않았는지 의아스러울 정도가 된다. 그러니 이 첫 번째 또는 두 번째 시도에 특별한 주의를 기울이라. 천천히 시도해보라. 서두를 필요는 전혀 없다. 당신은 자기최면이란 것을 전혀 모르는 채로 여태껏 살아왔다. 그러니 몇 시간 더 투자한다고 해서 무슨 문제겠는가. 마음을 놓고 긴장을 풀라. 너무 애쓰지도 말라. 애를 쓰면 곧 의심과 주저함, 근육의 피로가 끼어들어오리라.

만일 몸의 특정 부위가 이완되지 않았다면 그곳에 더욱 특별한 주의를 기울이라. 그 부위에는 아주 성실한 노동자들이 있는데, 그들은 업무

시간이 끝난 후에도 하고 있던 일들을 마저 끝내고 싶어한다. 그들을 설득하여 떠나보내라. 어떤 일도 당신이 지금 시도하는 이것보다 중요하지 않다. 자신의 이익을 위해서, 그리고 몸속 '노동자'들의 이익을 위해서 이완하는 법을 배우는 것은 무척 긴요한 일이다.

이제 몸의 모든 부분이 이완되었다는 확신이 들면 눈을 떠서 아까 켜둔 작은 전등을 주시하라. 눈높이보다 약간 위쪽의 그 전등을 응시하다 보면 눈과 눈꺼풀에 피로가 느껴지기 시작한다. 멋지게 타오르는 그 적색을 보고 있자니 졸음이 찾아든다.

이제 당신 자신에게 열을 센 후에 눈을 감고 싶다고 말하라. 그러고는 수를 세라. "하나~ 둘~ 셋~ 눈이 피곤해지고 있어. 넷~ 그래, 졸립구만. 다섯~ 더는 눈을 뜨고 있을 수가 없네." 이런 식으로 계속 나아가라. "아홉~ 눈이 막 닫히려고 해. 열~ 이젠 눈을 뜨지 못해. 눈꺼풀이 내려왔거든."

요점은 스스로 아주 뚜렷하게, 조건반사적 행동 패턴을 설정해두는 것이다. 그럼으로써 다음번에는 아무런 어려움도 겪지 않고, 즉 이완하는 데 시간을 소비하지 않고 그저 숫자만 세어도 충분하게 된다. 앞으로 당신은 숫자만 세어도 스스로 최면 상태로 들어가게 될 것이다. 그것이 바로 지금 당신이 달성해야 하는 목표이다.

의심이 많은 사람들은 열을 세어도 눈이 저절로 감기지 않을 것이다. 그렇다고 걱정할 필요는 없다. 눈이 스스로 감기지 않으면, 짐짓 최면상태에 든 듯이 그냥 눈을 감아버리면 그만이다. 하지만 너무 자의적으로 해버리면 조건반사적 행동 패턴을 각인시키는 효과를 거둘 수 없다. 그것만 주의하도록 하라.

당신은 이런 식으로 말하고 싶을 수도 있다. 구체적인 말이 어떻든 큰 상관은 없다. 아래의 글은 당신이 자신만의 공식을 만들 수 있도록 힌트를 주기 위함이다.

"내가 열까지 세는 동안 눈꺼풀은 아주아주 무거워지고 피로해질 것이다. 내 눈은 스스로 감길 것이고, 열을 세고 난 후에는 전혀 떠지지 않을 것이다. 눈이 감기는 순간 나는 완전한 자기최면 상태에 빠진다. 그렇지만 나는 절대로 의식을 잃지 않고 일어나는 모든 일을 듣고 인식할 것이다. 나는 잠재의식에게 내가 원하는 바를 주문할 것이다."

그리고 당신은 아까 했던 것처럼 수를 세면 된다.

"하나~ 둘~ 내 눈꺼풀이 나른해진다. 눈이 피로해진다. 셋~ 눈을 뜨고 있기가 힘들다. 아홉~ 눈을 뜨고 있지 못하겠다. 열~ 눈이 감겼다. 나는 자기최면에 들었다."

이번 교과는 여기까지다. 이번 교과는 대단히 중요하다. 우리는 이 정도로 끝내지만, 당신이 더욱 충분한 시간을 갖고 연습하길 바란다. 더 앞서 나간다면 당신은 오히려 많은 것을 잃을 뿐 얻을 것은 없을 것 같다.

그러니 이번 교과를 반복하고 반복해서 공부하지 않겠는가? 정말 과하게 되풀이하고 있지만, 이 기법을 공부하고 습득하고 연습한다면 틀림없이 당신은 경이로운 결과를 얻게 될 것이다.

제29과

지난 교과에서 우리는 자신을 최면 상태로 이끄는 방법을 다루었다. 이제 우리는 그것을 몇 번이건 연습하면 된다. 제대로 연습만 하면 어려울 것이 하나도 없다. 우리는 별다른 노력 없이도 쉽게 최면 상태로 진입할 수 있다.

이번에는 자기최면을 하는 이유를 알아보도록 하자. 자기최면은 스스로 어떤 단점을 제거하고 어떤 덕목과 능력은 강화시키기 위함이다. 그런데 단점이란 무엇이며 덕목이란 무엇인가? 당신은 분명하게 자신의 단점과 덕목을 파악할 수 있어야 한다. 당신은 진심으로 되고 싶은 자신의 모습을 그려낼 수 있어야 한다. 당신은 의지가 약한가? 그렇다면 원하는 모습의 자기 자신을 그려보라. 강한 의지와 통솔력을 갖고 한계를 극복하면서 다른 사람들을 주도하는 모습 말이다.

이 '새로운 당신'을 줄곧 생각해보기 바란다. 이 '당신'의 모습을, 인기배우가 자신이 맡은 역할에 몰입하듯이 눈앞에 항상 떠올려 간직하라. 당신은 자신의 심상화 능력을 한껏 발휘해야 한다. 원하는 모습을 확실하게 심상화할수록 당신은 목적을 빨리 달성할 수 있다.

스스로 최면 상태로 들어가는 연습을 부단히 하라. 그렇지만 늘 조용하고 어두운 방에서 연습해야 함을 잊지 말라. 자기최면에는 아무런 위험 요소도 없다. 하지만 우리는 당신이 '방해받지 않아야 한다'는 사실을 강조하고 싶다. 약간의 방해물, 예컨대 한 줄기 찬바람조차도 당신을 평소의 각성 상태로 급히 되돌릴 수 있기 때문이다. 반복하지만 자기최면에는 위험요소가 없다. 당신이 자기최면 상태에서 깨어나지 못하는 일은 절대로 없다.

당신을 안심시키기 위해 흔한 사례 한 가지를 소개하겠다. 이 피험자는 자기최면을 많이 연습했다. 그는 자신의 어두운 방으로 가서 눈썹 높이에 작은 네온등을 켜고, 침대 또는 소파에 편안히 자신을 내맡긴다. 한동안 그는 몸을 이완시켜 온갖 긴장에서 벗어난다.

곧 그는 경이로운 기분에 푹 빠져든다. 마치 몸이 새털처럼 가벼워지면서 몸과 관련된 근심들이 다 사라지는 것 같다. 그는 더욱더 깊이 이완하고 상상 속의 손을 뻗쳐서 어딘가 긴장하거나 경직된 근육이 없는지, 경련이나 통증은 없는지를 살핀다.

완벽한 이완에 만족한 그는 이제 작은 네온등을 응시한다. 그의 눈은 똑바로 앞을 보는 게 아니라 약간 위쪽을 향하고 있다. 곧 그의 눈꺼풀이 나른해지기 시작한다. 눈꺼풀이 조금 씰룩대더니 1~2초가량 감긴다. 다시 열린 눈꺼풀 아래로는 약간의 눈물기가 어른댄다. 눈꺼풀은 씰룩거리며 떨다가 다시 감긴다. 그리고 한 번 더 눈꺼풀이 열리는데, 이번엔 힘이 좀 드는 모습이다. 이제 눈꺼풀은 더없이 피로하고 나른하다. 깊은 최면 상태에 이르기 직전인 것이다. 1초도 못 가서 눈꺼풀은 다시 굳게 닫힌다. 몸은 한층 더 이완되었고, 숨소리도 잦아들었으며, 그는 완전한 최면 상태에 들었다.

이제 그를 잠시 내버려두자. 그 상태에서 그가 무엇을 하는지는 우리의 관심사가 아니다. 우리도 각자 최면 상태로 진입하여 자신만의 경험을 할 수 있다. 그러니 그로 하여금 스스로 계획했던 일을 끝마치도록 하자.

아마도 그는 실험을 하고 있는 모양이다. 자신이 얼마나 깊은 최면 상태에 들 수 있는지, 얼마나 확고부동하게 잠들 수 있는지를 실험하는 듯하다. 그는 의도적으로 자연의 규칙을 무시하려고까지 했다. 자기 자신에게 '깨어나지 않을 작정'이라고 말했으니까!

몇 분이 흘러간다. 10분? 20분? 숨결이 바뀌면서 그는 최면 상태를 벗어난다. 이제 그는 지금 숙면 중이다. 30분쯤 지난 후에 그는 무척 상쾌한 기분으로 깨어난다. 하룻밤 내내 잤을 때보다도 훨씬 더 활기찬 모습이다.

이처럼 당신이 최면 상태에서 깨어나지 못하는 일은 없다. 자연이 허락하지 않기 때문이다. 잠재의식은 좀 어수룩한 거인과도 같다. 그 거인에게는 지성이 없으므로, 당신은 그를 설득하여 원하는 바를 얻어낼 수 있다. 하지만 그 거인도 머지않아 '내가 놀림을 당하고 있나?' 하는 생각을 떠올릴 수 있다. 그럴 때 그는 최면 상태를 슬쩍 밀어낸다.

그렇다 해도 당신은 그저 잠에 빠지는 것뿐이므로 어떤 위해나 불편도 겪지 않는다. 당신은 전적으로 안전하다. 당신은 지금 스스로 자신에게 최면을 건 것이지 다른 사람의 암시에 의존하는 것이 아니다.

앞서 우리는 한 줄기 찬바람도 피험자를 깨울 수 있다고 말했다. 그것은 사실이다. 아무리 깊은 최면 상태에 들었더라도 온도가 변하거나 신체를 해할 요소가 발생할 경우에는 금방 정신을 차리게 된다. 만일 당신이 최면 상태에 있는데, 집안의 누군가가 창문을 열어서 방문 틈이나 열쇠 구멍으로 한 줄기 찬바람이 당신에게 불어온다고 하자. 그때 당신은 안전하게, 고통 없이 깨어난다. 물론 모든 과정을 처음부터 다시 시작해야 하는 수고를 피할 수는 없다. 그것이 바로 미리 외풍과 소란을 차단해둬야 하는 이유이다.

항상 당신은 자신이 획득하고자 하는 덕목에 집중해야 한다. 또는 무의미한 일을 반복하지 않겠다는 생각에 집중해야 한다. 최면에 앞서 며칠

동안은 산책을 하면서 적극적으로 당신이 원하는 능력을 머릿속에 그려두어야 한다. 실천 당일에는 온종일 몇 번이고 당신 자신에게 이렇게 말하라. "오늘 밤 이러이러한 시각에 자기최면을 할 작정인데, 최면 상태에서는 원하는 덕목이 더욱 뚜렷이 그려질 것이다." 그리고 최면 상태에 들어갈 때도 당신이 원하는 바를 마음속에서 계속 반복해서 그리라.

조금은 바보 같은 예시를 하나 들어보자. 자세가 꾸부정한 사람이 있는데, 그는 너무 게을러서 똑바로 서질 못한다고 하자. 당신은 그로 하여금 이렇게 반복적으로 말하도록 시킨다. "나는 똑바로 서겠다. 나는 똑바로 서겠다. 나는 똑바로 서겠다." 요점은 간격을 두지 말고 이 말을 몇 번이고 재빨리 반복하도록 해야 한다는 것이다. 간격을 두게 되면 오랜 친구인 잠재의식이 끼어들어 이렇게 말할지도 모른다. "어허, 당신은 결코 진실을 밝히지 않는구먼. 당신은 몹시 꾸부정한 사람이야." 만일 간격을 두지 않고 반복한다면 잠재의식은 말할 기회를 얻지 못한 채로 그 말의 힘에 압도당해서 스스로 똑바로 서리라고 믿게 된다. 당사자가 그렇게 믿으면 정말로 근육이 팽팽해지면서 그는 원하던 대로 똑바로 서게 된다.

당신은 담배를 자주 피우는가? 술을 많이 마시는가? 당신도 과도한 음주와 흡연이 건강에 나쁘다는 것쯤은 잘 알고 있다. 그렇다면 스스로를 치유하기 위해서, 그 소모적이고 유아적인 습관으로부터 당신의 지갑을 보호하기 위해서 왜 자기최면을 사용하지 않는가? 당신은 자신의 잠재의식에게 '난 흡연을 싫어해'라는 믿음을 주입시키기만 하면 된다. 그러면 어떤 고통도 없이, 단 한 번의 흡연 욕구도 없이 담배를 끊을 수 있다.

사람들은 담배를 끊지 못한다. 흡연은 지극히 깨기 어려운 습관이다. 틀림없이 당신도 "담배 끊기는 하늘의 별 따기"라는 말을 들어봤을 것이다. 신문지상의 광고들은 다양한 금연 방법을 내세우며 당신의 주의를 끈다. 그런데, 그 모든 것이 사실은 또 다른 형태의 최면이라는 생각이 들지는 않는가? 당신은 담배를 끊지 못한다. 왜냐하면 다른 사람들이, 또한 광고들이, 담배를 끊는 것은 거의 불가능한 일이라는 암시를 계속 주입하고 있기 때문이다.

그러니 최면을 당신 자신을 위해 사용하라. 당신은 무지한 군중과는 다르다. 당신은 독특한 존재이다. 당신은 주도적으로 담배, 술, 그 외 무엇이든 끊고자 하는 것을 끊을 수 있다. 세상의 무작위적인 암시가 당신으로 하여금 흡연 습관은 깨뜨릴 수 없는 것이라는 믿음을 갖게 했듯이, 당신은 의도적인 자기최면으로써 반대로 그걸 깨뜨릴 수 있다. 당신은 다시는 담배에 손을 대지 않을 수 있다.

그렇지만 경고 또는 우호적인 충고 한마디를 덧붙여야겠다. 당신은 정말 담배를 끊고 싶어하는가? 진심으로 술을 끊거나, 약속에 늘 지각하는 습관을 바꾸려 하는가? 스스로 확신이 없으면 아무것도 할 수 없다. 스스로 담배를 끊기를 원한다고, 또는 이런저런 것을 하고 싶다고 확신해야 한다. 나약한 의지로써 이렇게 말하는 것은 충분하지 않다. "담배를 끊었으면 좋겠어. 그러겠다고 나 자신에게 한 번 말해볼게."

다시 말하지만, 당신은 정말로 원하는 것만을 잠재의식 속에 가라앉힐 수가 있다. 따라서 스스로 담배를 끊겠다는 마음이 확실치 않으면, 당신은 담배를 끊기는커녕 오히려 더 많이 피워대게 될지도 모른다.

당신 자신을 세밀하게 관찰하라. 당신이 정말로 원하는 것은 무엇인가? 주위에는 아무도 없다. 아무도 어깨너머로 들여다보지 않는다. 아무도 당신의 마음을 엿보고 있지 않다. 당신은 정말 담배를 끊길 원하는가? 아니면 담배를 계속 피우고 싶고, 금연 선언은 단지 입버릇에 지나지 않는가?

일단 스스로 뭔가를 원한다고 전적으로 확신한다면 당신은 그것을 가질 수 있다. 그러니 원하는 것을 얻지 못했다고 해서 최면을 탓하지는 말라. 비난의 대상은 당신 자신이 되어야 한다. 그것이 실패한 유일한 이유는 당신의 결의가 그다지 강하지 않았기 때문이다.

자기최면으로써 당신은 소위 '나쁜 습관'이라 불리는 것들로부터 자신을 치유할 수 있다. 불행히도 우리는 '나쁜 습관'들을 자세히 관찰해볼 기회가 없어서 더 이상 자세한 이야기를 늘어놓진 못하겠다. 아마도 아내를 괴롭히거나, 남편에게 물건을 던지거나, 애완견을 발로 차거나, 이유 없이 타인에게 욕을 하거나, 술독에 빠지는 것 등등이 거기에 포함될 것이다. 그리고 이 모든 것은 확실한 의지만 있다면 얼마든지 간단히 치료될 수 있다.

자신을 한두 차례 이완시켜보라. 내면의 긴장을 떨쳐냄으로써 당신의 에너지를 쇄신하라. 이번 교과와 앞선 교과를 읽고 연습한다면 당신의 건강은 대단히 증진될 것이다. 가장 위대한 음악가들조차도 음계와 음표를 날마다 쉬지 않고 연습한다. 그것이 그들이 위대한 이유이다. 우리가 말한 대로 한다면 당신도 위대한 자기최면술사가 될 수 있다. 그러니 연습하라.

제30과

　많은 사람들이 자신의 일을 부끄러워하는 몹시 그릇된 생각을 갖고 있다. 특히 문명사회에서는 노동자들을 '머리를 쓰는 사무직'과 '손을 쓰는 노동직'으로 분류하곤 한다. 이것은 꼭 근절되어야 하는 일종의 속물근성이다. 왜냐하면 형제와 형제가, 인종과 인종이 서로 맞서도록 만들기 때문이다. 정신노동이든 육체노동이든 간에, 당사자가 맑은 양심을 갖고 괜한 부끄러움 없이 하는 일이라면 전적으로 신성한 것이다.

　어떤 나라에선 명문가의 여주인이 직접 손을 써서 일을 하면 불명예스러운 것으로 여겨진다. 그녀는 앉아서 예쁘게 보여야 하고, 그저 이따금 지시를 내려 여주인임을 나타내기만 해야 한다는 관념이 있는 것이다. 그래서 고대 중국에서 소위 상류계급의 사람들은 손톱을 우스꽝스럽도록 길게 길렀다. 그리고 긴 손톱이 부러지지 않도록 특별한 덮개로써 보호했다. 손톱을 길게 기르는 것은 그가 아무 일도 할 필요가 없을 만큼 부유하다는 사실을 나타내기 위함이었다. 하지만 긴 손톱은 그의 무능력을 드러내는 증거다. 손톱을 길게 기르면 자신의 몸조차 돌볼 수가 없으므로, 그는 하인들에게 실로 모든 일을 시켜야만 한다.

　공산주의자들의 침입이 있기 전에는 티베트에서도 일부 귀족들은 ― 이들은 좀더 철이 들었어야 했다 ― 소매가 양손을 전부 덮고도 아래로 수십 센티미터는 늘어지는 옷을 입었다. 이는 그들이 유력인사이고 부유하여 일할 필요가 없다는 징표였다. 그 길고 긴 소매를 통해서 그들은 스스로 일할 필요가 없는 지위임을 부단히 되새김질했다. 참으로 일의 진정한 목적을 망각한 무지의 소치였다.

일이란 일종의 규율이며 훈련이다. 정예부대와 무질서한 오합지졸의 차이는 바로 여기서 나온다. 10대 청소년들을 예의 바른 시민으로 길러 내는 것 또한 가정의 훈육이다. 이러한 훈육이 없다면 가죽점퍼를 입고 오직 파괴만을 일삼는 얼간이들로 세상은 가득 찰 것이다.

우리는 티베트의 잘못된 관념을 예로 들었다. 하지만 그것은 단지 일부 귀족들에게만 해당하는 일이었다. 승원에서는 모든 사람이 지위고하를 막론하고 정해진 기준만큼 막일을 해야 한다는 규칙이 있었다. 공산주의자들의 침략이 있기 전에는, 대승원장이 최하층 승려가 마루에 쌓아놓은 쓰레기를 손수 치우는 모습이 결코 이례적인 광경이 아니었다. 그것은 지상의 삶은 일시적인 것이며, 오늘의 거지가 내일은 왕자가 될 수도 있고 오늘의 왕자가 내일은 거지가 될 수도 있다는 사실을 가르치기 위함이었다. 이미 유럽과 그 밖의 여러 지역에서는 더 이상 왕관을 쓴 왕족들이 나라를 통치하는 역할을 맡지 않는다. 물론 그들은 이런 상황을 대비해서 미리 충분한 자금을 확보했겠지만, 어쨌든 요지는 세상에 영원한 것은 없다는 사실이다.

다시 말하건대, 일이란 그 성격이 어떻든 간에 — 정신노동이든 육체노동이든 간에 — '순수한 동기'와 '타인을 위한 봉사'라는 관념만 있다면 존중받아야 할 대상이지 결코 폄훼될 수 있는 대상이 아니다. 손가락 하나 까딱하지 않고 도도하게 앉아서 보수도 변변찮은 하인들을 휘두르는 여성들은 존경받을 자격이 없다. 우리는 금붙이로 치장한 숙녀들이 아니라 그녀의 하인들을 존경해야 한다. 하인들은 뭔가 영예로운 일을 하고 있지만 숙녀들은 전혀 그렇지 못하기 때문이다.

최근에 우리는 육식에 관한 다소 과열된 토론을 본 적이 있다. 육식에 관한 우리의 견해는 이렇다. 육식을 원하는 사람이 있다면 그렇게 하도록 두고, 채식을 원하여 나무에 올라가 열매를 따는 사람이 있다면 또 그렇게 하도록 두자는 것이다. 무엇을 먹고 무엇을 안 먹는가 하는 문제는, 자신의 잘못된 의견을 타인들에게 억지로 주입하지 않는 한 어떻든 상관없는 일이다.

사람은 동물이다. 아무리 화려한 의복과 아름다운 화장품과 염색약으로 치장하더라도 우리는 동물이다. 그리고 육식동물이다. 실제로 인육은 돼지고기와 맛이 비슷하다고 한다. 돼지 같은 모습으로 살고 있는 사람들이 많으니 영 틀린 말은 아닌 듯싶다. 식인종은 인육의 맛이 어떠냐고 물으면 이렇게 대답한다. "흑인의 살은 좀 달면서 구운 돼지고기 같고, 백인의 살은 확실히 좀 고약한 데가 있고 시큼한 것이 한물간 소고기 같다."

우리는 육식을 원하면 육식을 하고, 채소나 곡물을 원하면 그렇게 하라고 제안한다. 그렇지만 다른 사람들에게 자신의 의견을 주입하려고 해서는 안 된다. 슬프게도 채식주의자들이나 건강식품 애호가들은 종종 극단적인 견해를 취하면서 격렬한 논쟁으로 자신들을 합리화하곤 한다. 우리가 괴짜라고 여기는 그 사람들은 도무지 자신이 옳다고 생각하는 일에 확신이 없어 보인다. 그들은 다른 사람들이 고기를 즐기는 가운데 자신들만 채식주의자가 될 생각이 전혀 없다. 비흡연자들도 마찬가지다. 비흡연자들은 종종 다른 사람의 흡연에 크게 분개한다. 그들은 담배를 피우지 않는 것을 대단한 덕목인 양 생각하는 듯하다.

사실상 이 모든 것은 선택의 문제일 뿐이다. 흡연은 지나치지만 않다면 그다지 해가 되지 않는다. 그러나 음주는 분명히 해로운데, 그 이유는 유체에 간섭하여 나쁜 영향을 주기 때문이다. 어쨌든 누군가 음주를 즐기다가 유체를 손상시켰다고 해도 그것은 당사자의 선택이다. 다른 사람의 진로를 바꾸기 위해 강제로 설득하는 것은 아주 잘못된 일이다.

육식이라는 주제를 논하다 보니 살생이라는 개념을 떠올리지 않을 수 없다. 곤충일지라도 죽여서는 안 된다고 말하는 사람들이 있다. 그들은 그것이 소든 말이든, 생명이 있는 것을 절대 죽여서는 안 된다고 주장한다. 그러나 말라리아를 감염시킬 위험이 있는 모기를 죽이는 게 과연 중한 죄인지, 바이러스 예방주사를 맞는 것이 생명에 대한 범죄인지 우리는 의아하기만 하다. 세균과 바이러스도 생명체다. 그렇다면 우리가 결핵균과 암세포를 죽이는 일도 정의롭지 못하니 중단되어야만 하는가? 감기를 치료하겠다는 것도 커다란 죄가 되는가? 병을 치료하고자 할 때, 분명 우리는 어떤 식으로든 살생을 하게 된다. 우리는 이 모든 일에 대해 합리적이어야 한다.

채식주의자들은 생명을 빼앗아서는 안 된다고 말한다. 그럼 양배추의 생명은 어떻게 되는가? 채식을 위해 양배추를 땅에서 뽑아내는 것도 생명을 파괴하는 짓이다. 감자, 샐러리 한 줄기, 그 밖의 무엇을 취하든 우리는 결국 생명을 파괴하게 된다. 채식주의자도 육식주의자 만큼이나 생명을 파괴하는데 왜 우리가 몸이 요구하는 대로 고기를 먹으면 안 된다는 것인가?

선량한 불교신자는 고기를 먹지 않는다고들 말한다. 물론 많은 불교신자들이 고기를 먹지 않는다. 하지만 거기에는 이유가 있다. 예컨대 티베트에서 고기는 아주 부유한 사람들만이 향유할 수 있는 사치 품목이었다. 보통 사람들은 채소와 참파를 먹었는데, 실은 채소조차도 꽤 귀한 음식이었다. 사치에 물들지 않은 승려는 참파만을 먹고 살았다. 그러자 종교지도자들은 음식의 맛에 취해 고기를 먹는 것은 잘못이라고 선포했다.

형편상 고기를 먹을 수 없는 사람들이 오히려 그것을 덕목으로 여기게끔 유도한 것이다.

우리는 이 모든 일이 상식을 벗어난 어불성설이라고 생각한다. 육식주의자는 고기를 좋아한다. 그렇다면 그렇게 놔두자. 채식주의자가 샐러리 한 줄기를 씹고자 한다면, 그가 자신의 견해를 타인들에게 강요하지 않는 한 그렇게 놔두자. 마찬가지로 누군가 곤충을 죽이길 원치 않는다면 그렇게 놔두자. 환자가 치료를 받는 대신에 암세포와 결핵균을 보호하고 싶어한다면 그렇게 놔두자.

우리는 큰 고민에 빠진 사람들에게서 종종 편지를 받는데, 그들은 도움과 충고가 필요한 이러저러한 사람이 있는데 어떻게 최면을 걸거나 설득을 시켜야 그를 다른 생활방식으로 이끌 수 있느냐고 묻는다. 우리는 그런 질문에 전혀 답을 줄 수 없다. 왜냐하면 다른 사람의 진로에 영향을 주려고 하는 것은 참으로 잘못된 시도라고 믿기 때문이다.

예컨대 이 강좌에서 우리는 지식을 전하고 있다. 우리는 우리의 의견을 말하고 아는 바를 설명하고 있다. 그러나 당신에게 믿음을 강요하지는 않는다. 그럼에도 당신이 이 강좌를 택했다면, 추측건대 당신은 우리가 말하고자 하는 바를 들을 준비가 되어 있으리라. 당신이 듣고 싶지 않다면 그저 책을 덮어버리면 그만이다.

누군가가 당신에게 의견을 요청한다면 의견을 주라. 그러나 그것을 주장하지는 말라. 의견을 준 것으로 충분하다. 상대가 인생행로를 어떻게 정할지 당신은 알 수 없다. 상대가 원하지 않는 것을 강요하다가는 당신마저 그의 카르마에 붙들리게 될지 모른다. 그것은 실로 불쾌한 상황일 것이다.

우리는 마지막으로 동물에 관해 얘기하고 싶다. 많은 사람들이 동물을 그저 네 발로 걷는 피조물로만 여긴다. 사람들은 동물들이 영어나 불어 또는 독일어나 스페인어를 하지 못한다는 이유로 그들을 말 못하는 생물로 여기는데, 사실은 동물들도 인간을 벙어리로 여기고 있다. 당신에게 텔레파시 능력이 있다면, 당신은 동물들이 말을 할뿐더러 인간들보다 훨씬 지적이기까지 하다는 사실을 알게 되리라.

〈과학적인 미국인〉(The Scientific American) 최신호에 따르면, 벌들의 언어를 발견해낸 과학자들이 있다고 한다. 벌들은 서로 아주 상세한 지시를 전할 수 있으며 심지어 회의까지 연다고 한다. 돌고래들의 독특한 대화, 또는 대화로 보이는 그들의 독특한 소리에 흥미를 느끼는 과학자들도 있다. 그들은 그 소리를 녹음하여 여러 가지 속도로 재생해보았다. 그러자 어떤 속도에서 그 대화는 마치 인간의 대화와 대단히 닮은 것처럼 들렸다.

동물들도 스스로 진화해가는 와중에 가장 적합한 과업을 이루려고 특별한 모습과 특별한 형태로 이 지상에 내려온 존재들이다. 우리는 비상하게 텔레파시 능력이 뛰어난 두 마리의 샴 고양이와 친구가 되는 행운을 누리고 있다. 그들과 대화하는 것은, 경험만 충분하다면 다른 사람들과 대화하는 것과 마찬가지로 충분히 가능한 일이다. 샴 고양이가 바라보는 인간상은 참으로 적나라하다. 만일 동물들을 그저 형태만 조금 다른 우리의 동료로서 여긴다면, 우리는 그들과 아주 가까워질 수 있고 그들과 상상도 못할 일들을 논의할 수 있다.

예컨대 개는 사람들의 호의를 좋아한다. 개는 사람들을 따르기를 좋아하고, 사람들에게 칭찬받고 귀여움받는 것을 좋아한다. 반대로 샴 고양이는 내심 인간을 경멸한다. 인간은 샴 고양이에 비해 정신적 장애가 꽤 심각한 존재이기 때문이다. 샴 고양이는 영적으로 엄청난 힘과 텔레파시 능력을 갖고 있다.

우리는 왜 고양이, 개, 말과 사이좋게 지내지 못하는가? 당신이 원한다면, 그리고 우리의 말을 진솔하게 믿는다면, 연습을 통해 당신도 동물과 텔레파시로 대화를 나눌 수 있다.

드디어 우리는 이 강좌의 끝에 이르렀다. 그렇지만 우리는 이것이 인연의 끝이 아니길 바란다. 이 실용적인 강좌를 통해서, 우리는 소위 '형이상학적인 현상들'이 사실은 얼마나 평이하며 단순한 것인지가 잘 설명되었으리라 믿는다.

우리는 지금 고전적인 주제, 즉 산스크리트어(범어)에서 나온 용어들을 다루는 새로운 강좌를 준비하고 있다. 우리는 당신이 그것을 통해서 더 큰 혜택을 누리길 바란다. 지금까지 우리를 따라서 여기까지 왔으니 당신은 분명히 한 발 더 나아가길 원할 것이다.

우리는 "안녕, 잘 가요"라고 말하지 않겠다. 왜냐하면 당신이 우리와 좀더 함께 있어주길 희망하기 때문이다. 대신 우리는 스페인식으로 이렇게 인사하고자 한다.

"하스타 라 비스타." (다시 만날 때까지 잘 있어요.)

인생의 제장들
Chapters of Life

2

제1장

앞으로 올 세계 지도자

내버려진 공터 가장자리, 길고 무성하게 자란 잡초들이 살짝 움직였다. 시들어 빠진 소리쟁이풀의 큼직한 이파리들 사이로 푸른색의 두 눈동자가 어둠 속의 썰렁한 거리를 깜빡임도 없이 지켜보았다.

이윽고 울퉁불퉁한 보도 위로 천천히, 그리고 조심스레 나타난 것은 말라빠진 노란 수고양이 한 마리였다. 그는 잠시 멈춰 서서 킁킁 냄새를 맡으며 주위에 적들이 있는지 없는지를 살폈다. 그에겐 친구가 없었다. 이 거리의 고양이들은 밀림 속에서 사는 것과 다름없었다. 다른 고양이들뿐만 아니라 인간들도 그에게는 전부 적일 뿐이었다.

적들이 없음을 확인한 그는 어슬렁어슬렁 도로 가까이로 걸어갔다. 그리고 거기에 앉아서 아주 세심하게 얼굴을 단장했다. 먼저 두 귀를 문지르고, 그다음엔 축축해진 앞발로 목덜미를 문질렀다. 끝으로 왼쪽 다리를 하늘을 향해 벌려 털을 손질했다. 그리고 잠시 숨을 돌리면서 이 황량한 거리 주변을 돌아보았다.

구시대의 낡은 벽돌집들이 늘어서 있었다. 창문은 검댕으로 얼룩져 있고, 커튼은 넝마인데다 썩어가는 창틀은 페인트가 벗겨져 있었다. 이따금 맛이 간 라디오가 큰소리를 냈다가 이내 옆집 사람의 짜증 섞인 괴성에 황급히 잦아들곤 했다. 용케 동네 아이들에 의해 깨지지 않은 가로등이 노란 불빛을 밝혔고, 이미 전등이 깨진 가로등은 제 뒤로 검은 그림자만을 길게 뻗치고 있었다.

노란 수고양이는 어질러진 쓰레기 더미 옆에서 꼼짝 않고 몸단장을 재개했다. 저 멀리 '좀더 살 만한' 동네로부터 나지막이 자동차 소리가 들리고 네온사인의 붉은 빛들이 하늘을 밝혀왔다. 그러나 여기 이 거리는 그저 황량하기만 할 뿐 희망 따윈 없어 보였다.

갑자기 노란 수고양이가 예민하게 경계태세를 갖췄다. 두 귀를 쫑긋 세우고 두 눈은 어둠 속을 노려보면서, 근육은 당장에라도 도망칠 준비를 했다. 뭔가가 그의 신경에 거슬렸던 것이다. 그는 '쉬익' 하는 경고의 소리를 내면서 두 집 사이의 어둠 속으로 사라졌다. 거리는 모든 것이 평상시와 같아 보였다. 탈이 난 아기의 성마른 울음소리, 남녀가 날카로운 목소리로 섬뜩하게 싸우는 소리, 가까운 거리 어디선가 급제동한 자동차가 내는 끼익 소리 등등….

하지만 들릴 듯 말 듯한 색다른 것이 섞여 있었다. 느리게 질질 끄는 발걸음 소리였다. 흔한 주정뱅이의 발소리가 아니라 나이 든 사람의 머뭇거리는 듯한 발소리였다. 비참하고 불안정한 삶을 간신히 이어가고 있는 사람의 발걸음이었다.

모래 위로 샌들을 질질 끄는 듯한 발소리가 가까워졌다. 드문드문 가로등이 켜져 있어도 이 거리는 사물을 분간하기 어려울 만큼 암흑천지였다. 어렴풋한 그림자 하나가 가로등 아래를 힘없이 지나치더니 다시 어둠 속으로 들어갔다. 그 형체가 다가올수록 천식환자의 숨 가쁜 소리 같은 것이 더욱 신경을 긁어댔다. 그 형체는 갑자기 발걸음을 멈추더니 요란스럽게 가래침을 뱉고는 고통스럽게 숨을 들이켰다. 그리고 무거운 한숨과 함께 비틀거리는 발걸음으로 그 늘어지는 박자를 이어갔다.

이윽고 그 희끄무레한 그림자는 가물거리는 가로등 밑에서 걸음을 멈추며 모습을 드러냈다. 더러운 흰 승복을 입고 다 해진 샌들을 신은 노인이었다. 그는 제 앞의 땅바닥을 유심히 들여다보더니 허리를 굽혀 도랑에

버려진 꽁초를 집어들었다. 몸을 구부리자 그가 들고 있던 물건이 또렷이 보였다. 그는 피켓을 들고 있었다. 피켓에는 조잡한 글씨로 이렇게 쓰여 있었다. "회개하라, 회개하라, 주의 재림이 가까웠도다. 회개하라."

몸을 일으킨 그는 몇 발자국 더 나아가다 어느 아파트 지하를 향해 돌계단을 고통스럽게 내려갔다.

"당신이 왜 이러는지 모르겠어요. 버트, 난 정말 모르겠다구요. 당신은 우릴 놀림거리로 만들고 있어요. 제발 그만둬요. 제발요."

"모디, 우리는 모두 나름대로 할 일이 있어. 나는 이 세상에 씨앗을 뿌리고 있는 거라고. 나는 당분간 이 일을 계속할 거야."

"당신에게 당분간이란 게 어디 있어요? 버트, 당신은 올해 여든하나예요. 길거리에서 쓰러져 죽기 전에 그 짓을 그만둬야 한다고요."

· · ·

지붕이 얹혀진 낡은 묘지 문이 쇠잔한 오후의 태양 아래 반짝 빛났다. 새로 한 니스 칠이 해묵은 목재에 새로운 생명을 주었다. 좁은 길을 따라가니 빛바랜 회색 건물인 성 마리아 교회가 원숙하고 자비로운 기운을 풍기고 있었다. 커다란 철제장식이 달린 문들이 저녁예배를 위해 활짝 열려 있었고, 높이 매달린 종들이 언제나처럼 울리며 메시지를 전하고 있었다. "서둘러요, 서둘러요. 서두르지 않으면 늦을 거예요."

그 교회 묘지는 무려 천 년의 역사를 간직하고 있었다. 날개를 활짝 편 천사들의 조각상에다 고풍스러운 철자가 새겨진 옛날 옛적의 커다란 석조 묘비들, 여기저기 깨어진 대리석 기둥들이 마치 한창때 유명을 달리해버린 사람들을 암시하는 듯했다. 한 줄기 햇살이 돌연 구름 사이를 비집고 나와서 그 오래된 교회를 내리비쳤다. 얼룩진 유리창들이 쨍하고 반짝였고, 성곽처럼 생긴 탑의 그림자가 오래전에 묻힌 사람들의 무덤 위로 길게 늘어졌다.

사람들이 사방에서 교회로 모여들고 있었다. 그들은 나들이용 정장을 차려입고 활기차게 대화를 나누었다. 어린애들은 깨끗이 씻은 얼굴과 화사한 옷이 어색한지 부모의 뒤만을 졸졸 따랐다. 나이 많은 교회 관리인이 잠깐 모습을 드러내고는 걱정스럽게 길을 내려다본 후에 다시 교회의 어둑한 냉기 속으로 물러갔다.

돌담 너머에서 웃음소리가 들려오더니 곧 교구목사와 오늘의 초빙목사인 그의 친구가 나타났다. 그들은 오래된 묘석들을 지나쳐서 제의실祭衣室로 향하는 그들만의 통로를 걸어갔다. 교구목사의 부인과 아이들은 신도들과 함께하기 위해 교회의 정문으로 나가 있었다. 교회의 종탑은 계속 땡땡 울리면서 게으름뱅이들을 재촉하고 무신론자들을 나무랐다. 교회로 들어오는 사람이 점차 적어지다가 완전히 끊기자, 관리인은 한 번 더 밖에 아무도 없음을 확인하고 문을 닫았다.

교파를 막론하고, 오래된 교회에는 어딘가 신성한 분위기가 있다. 높이 솟은 석조 벽의 꼭대기는 육중한 서까래와 이어져 있고, 스테인드글라스 유리창으로 들어온 햇빛이 예배하러 온 사람들의 창백한 얼굴 위에 변화무쌍한 줄무늬를 만들었다. 오르간이 놓인 2층에서는 위로하는 듯한 선율의 성가가 들려왔는데, 그 성가는 이젠 역사의 안갯속에 묻혀버린 고대로부터 전해온 것이었다. 종들의 마지막 울림이 잦아드는 사이, 문이 살짝 열리고 종을 쳤던 사람까지 예배당으로 들어와 자리를 잡았다.

갑자기 오르간이 음악을 바꾸었다. 사람들은 기대감에 부풀고 뒤쪽에 서는 다소 웅성거림이 있었다. 발걸음 소리, 제의祭衣가 바스락대는 소리와 함께 소년합창단이 순서대로 성가대석에 자리를 잡았다. 신도들은 더 잘 보기 위해 저마다 들썩거리면서 평소처럼 낮은 목소리로 소곤거렸다.

낭독자가 단조롭게, 지난 수년 동안 해왔듯이 아무 생각 없이 성경을 봉독했다. 이에 싫증이 난 합창단원 하나가 작게 뭉친 종이를 고무줄로 튕겨냈다. '악!' 첫 번째 피해자가 얼결에 소리를 냈다. 오르간 연주자 겸 합창 지휘자가 몸을 돌려 매섭게 노려보자 장난을 친 소년은 겁을 집어먹고 고무줄을 떨어뜨렸다.

설교 준비를 마친 초빙목사가 천천히 설교단에 올랐다. 연단에 오른 그는 나무로 된 단상에 기대어 회중을 만족스럽게 바라보았다. 그는 키가 컸고, 머리카락은 물결치는 갈색이었으며, 눈동자는 특히 노처녀들에게 인기 있는 푸른 색조였다. 맨 앞에 앉은 교구목사의 부인은 그를 황홀하게 쳐다보며 자신의 남편도 그런 풍모였으면 하고 내심 바랐다.

그는 천천히, 시간을 들여서 주님의 재림을 강설했다. 그는 단조롭게 끝없이 말을 이어갔다. 저 뒤편에 앉은 늙은 농부 하나가 견디지 못하고 선잠에 빠져들었다. 이내 코 고는 소리가 예배당을 울리자 황급히 집사 한 명이 농부를 깨워서 밖으로 데려나갔다.

드디어 초빙 목사가 설교를 마쳤다. 그는 축도를 한 후 돌아서 연단을 내려갔다. 오르간 연주자가 폐회 성가를 연주하기 시작하자 질질 끄는 듯한 발걸음 소리가 부산하게 들려왔다. 집사들이 통로를 따라 움직이며 헌금함을 건넸고, 기대에 못 미치는 사람들을 향해서는 나무라는 듯 고개를 흔들었다. 곧 그들은 네 명씩 조를 이뤄 중앙 통로를 가로질러 와서는 교구목사에게 헌금함을 주었다.

이후 제의실로 들어온 교구목사는 초빙목사에게 이렇게 말했.

"오늘의 수입은 19파운드 3실링 11펜스에다 반 페니짜리 동전과 한 냥짜리 중국 돈. 그리고 1프랑의 프랑스 돈과 바지 단추 두 개라네. 나는 바지 단추 두 개를 잃은 그 불쌍한 친구가 걱정이야. 그가 창피당하는 일 없이 집으로 돌아가기만을 바랄 수밖에."

교구목사와 초빙목사는 함께 빛바랜 묘비 사잇길을 따라 걸었다. 길어진 그림자는 동쪽을 가리키고 있었다. 그들은 말없이 부속묘지와 목사 사택 사이의 담벼락에 설치된 작은 회전문을 열었다.

교구목사가 먼저 침묵을 깼다. "내가 자네에게 피튜니아 꽃밭을 보여줬었나? 내가 손수 심었는데 아주 잘 자라고 있다네. 우리가 일 얘기만 할 필요 없지 않은가? 물론 내가 자네 설교를 좋아하긴 하지만 말이야."

초빙목사가 대답했다. "신이 죽었다고들 떠드니 오늘은 그 주제가 적절할 듯싶었네."

교구목사가 말했다. "작은 농장을 좀 둘러보세. 사과나무를 가지치기 해야 하거든. 자네도 나와 같은 기관에서 설교 자료를 입수하나? 나는 아주 최근에 그러기 시작했다네. 많은 수고를 덜어주거든."

초빙목사가 말했다. "꽤 농장이 넓구만. 아니, 나는 설교 자료를 받지 않아. 그들이 나를 두 번이나 실망시켰기 때문에 세 번째 모험을 할 생각은 없어. 근데 이 농장을 자네가 직접 가꾼다고?"

그들이 저녁식사 전에 순한 셰리주(백포도주의 일종)를 마시고 있을 때 교구목사의 부인이 말했다. "저기, 목사님은 설교하신 것처럼 정말로 주님의 재림을 믿으시나요?"

교구목사가 참견했다. "마거릿! 그건 너무 난감한 질문이야. 당신은 우리가 믿는 것, 믿지 않는 것을 있는 그대로 설교할 수 없단 사실을 잘 알잖아. 우리는 신앙조례를 구독하고 있고, 교회의 규칙과 교황청 주교의 지령에 따라 설교해야만 해."

교구목사의 부인이 한숨을 쉬며 말했다. "진실을 알 수만 있다면, 누군가가 우리에게 진실한 기대와 믿음과 희망을 말해준다면 얼마나 좋을까?"

이때 초빙목사가 말했다. "저기 있잖아. 근데 자네는 딸기밭에 천연 거름을 쓰나, 아니면 화학비료를 쓰나?"

· · · · ·

약삭빠른 눈매의 백발노인이 홀쭉한 얼굴의 사내에게 친근하게 다가갔다. 사내는 공원의 찌그러진 벤치에 언짢은 표정으로 앉아 있었다.

노인은 쉰 목소리로 불안한 듯 물었다. "여보게, 몇 시에 구호품을 준다든가? 음식을 빨리 얻지 못하면 난 굶어 죽고 말 거야. 헌데 그 전에 찬송가를 불러야 한다면서?"

사내는 고개를 돌려 노인을 머리끝에서 발끝까지 훑어보며 늘어지게 하품을 했다. 그리고 부러진 이쑤시개로 손톱의 때를 빼며 늘쩍지근하게 대답했다. "되게 촌스런 옥스퍼드 말투시네. 노인장, 나도 소싯적에 펠덤feltham 지역의 큰집에서 지낸 적이 있어요. 왜 그 소년원 말이에요. 그렇게 배가 고프시다? 나도 그래요. 그것도 아주 자주요! 그렇지만 음식을 얻는 게 쉽진 않다구요. 노인장도 알겠지만 녀석들은 그 대가로 일을 시키거든요. 찬송가, 기도, 아니면 돌덩이를 옮기거나 나무를 쪼갤 때도 있고요."

그들이 공원의 맞은편 입구로 걸어가는 동안 해질녘의 그림자가 길어져 나무들 사이를 빙빙 돌며 산책하는 젊은 연인들에게 좋은 은신처를 만들어주었다. 상점들은 몇 분 전에 문을 닫았고 이제는 어딘가 기괴하고 어설픈 남녀 마네킹만이, 영원히 굳어버린 부동의 자세로 옷매무새를 뽐내고 있었다.

불빛이 거리 아래 구세군 본부를 비쳤다. 어딘가에서 요령 없이 힘으로만 두들겨 대는 묵직한 드럼 소리가 "쿵쿵쿵" 들려왔다. 이내 행진하는 발걸음 소리가 가까워졌고 드럼 소리도 더욱 커졌다. 그리고 한 무리의 남자와 여자들이 모퉁이를 돌아 나왔다. 그들은 전부 짙은 푸른색의 제복을 입고 있었는데, 남자들은 챙 달린 모자를 썼고 여자들도 챙이 쑥 나온 구식 보닛 모자를 쓰고 있었다.

지금까지 몸만 풀던 악단은 이제 거리의 중심에서 제대로 된 연주를 시작했다. 나팔수가 작은 가슴을 내밀며 코넷(금관악기)을 힘차게 불었다. 드러머는 열정적으로 커다란 북을 두드렸고, 한 여성단원은 그다지 돋보이지 않는 자리에서도 마치 자신의 미래라도 달린 듯이 심벌즈를 쳐댔다.

그들은 공원 입구에서 멈춰 섰고, 기수는 숨을 돌리며 지휘봉의 밑동을 땅에 내려놓았다. 구식 아코디언을 든 여성이 악기를 오므리면서 찬송가의 앞 마디를 연주하기 시작했다. 이를 들은 백발노인이 힘없는 목소리로 흥얼댔다. "라-데-다-다, 라-데-다-다, 브룸 브룸 브룸~"

그 소규모 구세군 악단은 둥글게 늘어섰다. 단장은 안경을 고쳐 쓰며 군중이 모이길 기다렸다. 인도의 가장자리에 줄지어 선 자원봉사자들은 그들의 구호 문구를 내들었다. 한편 몇몇 여성단원들은 술집으로 걸어 들어가 활기차게 모금함을 흔들었다.

공원 벤치에서는 아까 그 두 남자, 아니 이제는 한 명이 더 합류했으니 세 명의 남자가 이 상황을 흥미롭게 지켜보고 있었다.

신참이 말했다. "음식을 두 그릇 받으려면 죄를 고백해야 해요."

노인이 말했다. "죄? 난 죄가 없는데!"

사내가 말했다. "없으시다고? 그렇다면 뭐라도 빨리 만드는 게 좋아요. 제정신이 돌아온 주정뱅이라면 괜찮을 텐데. 아니지, 그건 내 몫이니까. 노인장은 아내를 패는 놈팡이 정도가 적당하겠네요."

노인이 말했다. "난 마누라가 없어. 그런 허튼소린 하지도 마!"

신참이 어이없다는 표정으로 콧방귀를 뀌었다. "신이여, 이 노인장을 돌보소서. 아니, 마누라 하나를 못 만들어내요? 노인장의 손버릇을 못 견딘 아내가 어떻게 도망을 쳤는지만 지어내서 떠벌리면 된다고요!"

사내가 구세군 단원들을 향했던 시선을 거두며 물었다. "신을 믿으세요?"

노인이 되물었다. "신? 아니! 내겐 신들은커녕 여자들을 생각할 여유조차 없었어!" 노인은 고개를 돌려 벤치 뒤편으로 경멸하듯 침을 뱉었다.

신참이 사내에게 물었다. "어째서 그런 걸 묻는 거요? 당신은 그냥 뻔한 사기꾼으로 보이는데."

사내가 부드럽게 대답했다. "사람이라면 뭐라도 믿는 구석이 있어야지. 제정신으로 살려면 말이오. 그런데 요즘은 사람들이 신은 죽었다고들 하니 난 뭘 믿어야 할지 모르겠소!"

갑작스레 음악이 터져 나오자 그들은 공원 입구를 다시 바라보았다. 찬송가는 막 끝이 났고, 이제 악단은 신나는 연주로 사람들의 주의를 단장에게로 이끌고 있었다.

주변을 둘러본 단장은 다른 사람들로부터 몇 걸음 떨어져서 소리 높여 말했다. "신은 죽지 않았습니다. 우리 모두 주의 재림을 예비합시다. 다 같이 눈앞에 다가온 황금기를 대비합시다. 그러나 그 시기는 노고와 고난에 의해 예고될 것입니다. 우리 모두 진실을 받아들입시다."

노인이 퉁명스런 말투로 말했다. "뚫린 입이라고 말은 잘하는군. 네가 배고픔을 알아? 네놈은 문간에서 잘 필요도, 벤치 밑에서 잘 필요도 없겠지. 경찰들에게 '저리 꺼져' 하는 소리를 듣는 일도 없고 말이야."

사내가 말했다. "바보처럼 굴지 말아요. 명심들 하라구요. 우리는 개처럼 굴어야 한다는 걸 말이에요. 음식을 얻으려면 재주를 부려야 한다구요."

사내는 두 남자에게 어깨를 으쓱하며 고개를 끄덕였고, 공원의 입구를 향해 비틀거리며 걸어갔다. 그리고 이내 구세군 속에 파묻혀서 자신의 죄를 소리높여, 무관심한 세상 앞에 고백했다.

이 상황을 아파트 관리실 창문 밖으로 내다보던 한 뚱뚱한 노부인은 미심쩍은 듯 머리를 내저었다. "모르겠어, 모르겠어." 그리고 얼룩무늬의 고양이에게 혼잣말을 했다. "저런 게 좋은 해결책은 아닐 텐데. 누군가가 우리에게 진짜 진실을 말해준다면 좋으련만!"

· · · · · · ·

양철지붕으로 덮인 허름한 오두막에서도, 대대적으로 열린 부흥회에서도, 그리고 소위 '대성당'이란 곳에서도, 성직자들은 한목소리로 주님의 재림을 설교하고 있다. 그러나 그들 중 누구도 그것을 '재림'(second coming)이 아니라 '많은 방문 중 하나'(one of many comings)라고 말해야 옳다는 사실을 전혀 알지 못한다.

타는 듯 뜨거운 모래뿐인 사막 너머 어딘가, '동양에 인접한 서양' 또는 '서양의 굴레를 벗어나진 못한 동양'이라고 할 만한 곳에 아기 하나가 등을 대고 누워 까르륵 대며 엄지손가락을 빨고 있다. 이 아기는 머지않아 인류를 이끌 위대한 사도가 될 것이다.

그리고 동양과 서양이 만나 함께 타락해버린 또 다른 도시에서도, 두 살 난 아기가 자못 진지하게 고서古書의 누런 책장들을 만지작거리고 있다. 동그랗게 눈을 뜨고 이상한 글씨들을 바라보는 그 아기는 무의식적으로 느끼고 있으리라. 자신 또한 사도가 되리란 것을.

멀리 동양에서는 마치 구약의 세 현인처럼 몇몇 점성가들이 별자리를 점치다가 그들이 발견한 것에 경악한다. "여기 좀 보게." 연장자가 혹투성이인 손가락으로 도표를 가리키며 말한다. "거해궁 아래 푸샤Pushya(인도점성학의 음력주기 단위) 때에 해와 달과 목성이 한데 뭉친다네. 어쩌면 다음 번 그믐날, 아니면 그다음 번의 그믐날에 말일세." 그들은 숙연하게 서로 눈빛을 나누면서 몸을 굽혀 계산치를 점검하고 또 점검한다. 그리고 최종 확인이 끝나자 믿을 만한 전령들을 부른다.

인류의 역사를 통해 재림은 여러 차례 반복되어왔다. 실제로 오시는 분의 입장에서 보면, 현재의 진화 단계에서만 이번이 열 번째 방문이다!

무분별하게 흘러가는 이 세상에서 사람들은 그저 생계에 얽매여 다투고, 언쟁하고, 속이고, 이웃을 짓밟고 올라서려 한다. 머지않아 인류의 운명을 이끌 분이 태어날 것이며, 그분의 첫 번째와 두 번째 사도는 벌써 태어나서 요람 속에서 울거나 버둥대고 있다는 사실은 까맣게 모르는 채로 말이다.

동양의 현자들은 서양인들은 아직 어리석으니 이런 대사건이 언제 어디서 일어날지를 공개해서는 안 된다는 훈령을 내렸다. 만약 이런 정보가 알려지면 특종을 따내려 광분한 기자들이 쌍발제트기를 타고 세상을 휘저을 것이 뻔하기 때문이다. 어중이떠중이 기자들이 신성한 장소들을 더럽히면서 진실을 비웃고 부정하고 오보를 일삼을 것은 보나 마나 뻔한 일이다.

오직 특별한 지식을 가진 자만이 이러한 성소가 어디인지를 안다. 머지않아 좋은 시절이 오면 세상은 이런 일들에 관해 좀더 알게 될 것이다. 그때까지 '젊은 사도'들은 적절히 보호될 것이다. 때가 되면 그들은 찬란한 지도자의 명을 받아서, 인류를 말세(칼리 유가)로부터 황금시대로 이끌어갈 것이다.

· · · · ·

인류가 이 세상을 뒤덮은 것은 비교적 최근에 벌어진 일이라는 잘못된 믿음을 가진 사람들이 적지 않다. 이것은 진실과는 완전히 거리가 멀다. 수백만 년 동안 이 지구에는 다양한 문명들이 늘 존재해왔다. 이 지구는 별의별 부류의 존재들이 다 모여드는 학교와도 같다. 따라서 평범한 학교와 마찬가지로, 어떤 학생은 유별날 정도로 모범적이지만 어떤 학생은 더없이 불량할 수 있다.

추측건대, 포도주의 경우와 비슷한 게 아닌가 싶다. 포도주는 특정연도에 수확하여 빚은 제품이 유달리 뛰어난 평가를 받곤 한다. 이처럼 지구의 수확물, 즉 인간에 관해서도 일정하게 반복되는 주기를 찾아볼 수 있다.

예컨대 힌두교인들은 이 세상의 학습기간이 네 등급, 네 단계, 또는 네 주기로 나뉘며 한 주기의 길이는 864,000년이라고 믿는다. 그중 첫 번째 주기인 864,000년은 아주 평화로웠다. 사람들은 성실하고 믿음직하며 내면의 선한 본성을 유지했다. 그들은 서로 성의껏 도움을 주고받았으므로 전쟁 따위는 소문조차도 들리지 않았다. 그렇다고 티 없는 행복이 좋은 일만도 아닌 것이, 일찍 맺은 열매는 그만큼 빨리 시들기 때문이다.

우리는 그런 사례를 인도, 중국, 이집트 등의 위대한 문명에서 찾아볼 수 있다. 그들은 진정 위대한 문명을 세웠지만 적절한 경쟁과 견제의 결여, 그리고 힘의 낭비로 인해 쇠퇴하고 말았다. 우리는 같은 모습을 상대적으로 그리 오래되지 않은 로마의 역사에서도 읽을 수 있다.

두 번째 주기는 사람들이, 아니 세계의 지도자들이 '에덴동산'에는 '뱀'이 있어야 한다는 사실을 깨닫는 시기였다. 그래서 두 번째 주기에는 사람들이 얼마나 스스로 반대 상황을 극복해갈 수 있는지를 알아보기 위해 난제와 논제가 다소 도입되었다. 추측건대 두 번째 주기가 끝날 무렵 이 단계에 참여한 사람들의 '학교 성적표'는 그다지 만족스럽지 않았을 것이다.

그래서 세 번째 주기, 즉 갓 시작된 또 다른 864,000년이란 기간 동안 시험은 좀더 가혹해졌다. 사람들은 전쟁을 일으키고 다른 사람들을 정복하러 나섰다. 그렇지만 이 시기의 전쟁은 오늘날의 전쟁처럼 잔혹하고 야만스럽지 않았다. 그들은 전쟁을 했을망정 배신을 일삼지는 않았다. 그들의 전쟁은 놀이, 시합, 경기에 가까운 것이었다. 마치 두 명의 소년이 서로 치고받는 주먹다짐과 같았다. 상대를 죽이기 위함이 아니라, 다만 어느 정도 굴복시키겠다는 취지였던 것이다! 그렇지만 전쟁은 전염성이 강하다. 마침내 사람들은 적시에 배신하고 뒤통수를 치면 싸우지 않아도 승자가 될 수 있음을 알게 되었다.

    세 번째 주기의 상황은 갈수록 통제불능으로 악화되었다. 제때 불길을 잡지 못한 산불과도 같았다. 어떤 얼간이가 떨어뜨린 담배의 불씨가 덤불로 번져 나가더라도 주의 깊은 사람이 빨리 불길을 잡는다면 큰불은 미리 방지될 수 있다. 그러나 제때 조치가 이뤄지지 못하면 곧 상황은 걷잡을 수 없게 된다. 그 불은 많은 생명과 재산을 파괴하고 난 후에야 사그라질 것이다.

    인간의 삶도 그와 같다. 만일 악이 아무런 제지 없이 번성하도록 방치된다면 그것은 점점 더 커지며 강한 힘을 발휘할 것이다. 그것은 잡초처럼 아름답게 피어난 꽃의 생명을 위협하고, 인간이 본래 지녔던 선의 가녀린 본능을 말살해버리고 말 것이다.

    세 번째 주기의 끝 무렵에 상황은 거의 극에 다다랐다. 비유하자면 지구라는 교실에서 난폭한 학생(국가)들이 교사들의 명령을 무시하면서 대들고 나선 것이다. 그렇게 해서 — 힌두교에 의하면 — 칼리의 시대로 알려진 네 번째 주기가 탄생했다. 칼리의 시대는 사람들이 고통을 당하는 시기이다. 이제 사람들은 전쟁의 화염 속에서 심한 고통을 당하게 되었다. 그들의 심성이 정화되고 불순물이 태워져 좀더 나은 다음번의 삶이 준비될 수 있도록 말이다.

    삶은 끝없이 이어지고 사람들은 자연스러운 진화 과정 속에서 경험을 통해 성숙해진다. 그러나 진화의 어느 단계에서든 삶을 성공적으로 이끌지 못하면, 그들은 기말시험을 통과하지 못한 유급자처럼 똑같은 교실로 되돌아가야 하는 처지가 된다.

    조금은 화제가 된 전작 《영원한 당신》에서 나는 유대인들에 관해서 이렇게 말했다. "유대인들은 이전의 존재 단계에서 전혀 진보를 이루지 못한 민족이다." 이 문구가 세계 각처의 유대인 독자들과 아주 우호적인 서신을 왕래하도록 해주었다. 특별히 텔아비브의 박학한 숙녀분들은 내게 유대인에 관한 좀더 자세한 정보를 요청해왔다. 아르헨티나, 멕시코, 호주, 독일 등에 사는 유대인들도 같은 요청을 해왔다. 그러니 그들의 질문에 대해 좀더 자세히 답하고자 한다.

여기서 나는 내게 꽤 많은 유대인 친구가 있으며 그들을 진정으로 존중하고 있다는 사실을 말해두고 싶다. 그들은 지상에서 아주 오랫동안 머물러온 민족으로, 그만큼 남다른 지식을 가진 탓에 그렇지 못한 민족들에게 시기의 대상이 되고 있다.

먼저 이런 의문부터 품어보는 것이 마땅할 것이다. '유대인이란 도대체 무엇인가?' 왜냐하면 유대인에 관한 우리의 관념은 상당히 그릇된 것이며, 실은 '유대인(Jew)'이라는 단어 자체가 원래 일종의 오기誤記이기 때문이다. '유대인'은 등장한 지 그리 오래된 단어가 아니다.

만일 사람들에게 유대인의 조상이 누구냐고 묻는다면 틀림없이 "그야 물론 아브라함이지" 하는 대답을 듣게 되리라. 그렇지만 역사가 단정적으로 입증하듯 꼭 그렇지는 않다. 엄밀하게 따져보면 아브라함은 유대인이 아니었다!

당신이 공공도서관에 가서 고대 역사를 공부한다면, 혹은 좀더 손쉽게 아카샤 레코드에 접근한다면, 아브라함은 실제로 칼데아(페르시아만 연안)의 우르Ur라는 지역의 원주민이었음을 알게 될 것이다.

요즈음에는 많은 지역들이 두 가지 지명으로 불리듯이, 우르Ur의 또 다른 이름은 '바빌로니아의 우르 카스딤Ur Kasdim'이었다. 여기서 우리가 유추할 수 있는 흥미로운 사실은, 아브라함이 바빌로니아인이었다는 것이다. 아브라함Abraham의 실제 이름은 아브람Abram인데, 히브리어에서는 이런 유의 이름이 쓰이지 않았다.

아브라함은 예수가 탄생하기 2,300년 전의 인물이다. 당시는 '유대인'이란 말을 생각조차 할 수 없을 때였다. 그렇지만 아브라함이 죽어 '당연히 천국으로' 가고서 약 1,800년이 지난 후에, 팔레스타인 남부의 유다(Juda) 왕국에 사는 사람들을 지칭하는 '야후디Jahudi'란 말이 쓰이기 시작했다. 관심이 있는 분들은 성경의 〈열왕기〉를 보시라. 여기서 당신은 기원전 600년에 쓰이던 말들을 읽게 될 것이다.

다시 성경으로 돌아가 이번에는 〈에스터〉 11장 5절을 보자. 여기서 당신은 '유대인(Jew)'이란 단어가 처음으로 언급되고 있음을 볼 것이다. 기억하라. 〈에스더〉는 아브라함이 죽고 약 2,400년이 지나서야 쓰였다. 즉 서기 1세기에 기록된 것이다. 그리고 '유대인(Jew)'이라는 단어는 '야후디Jahudi'가 변형된 것이다.

각각의 주기마다 열두 명의 '구세주', '메시아', 또는 '세계지도자'가 현존해왔다. 그래서 '재림'을 운운하는 것은 좀 시대에 뒤처지는 셈이 된다. 우리는 이미 아브라함, 모세, 부처, 예수, 그 외의 여러 사람들을 손에 꼽을 수 있다.

요점은 하나의 주기 속에서, 서로 다른 황도대 궁마다 서로 다른 세계지도자가 있어야 한다는 것이다. 황도대에는 총 12궁이 있다. 그리고 하나의 궁마다 하나의 지도자가 나온다. 다른 궁엔 다른 지도자, 또 다른 궁엔 또 다른 지도자… 이렇게 총 열두 명의 지도자가 현존해왔다.

현재 이 칼리의 시대에서 우리는 지금 열한 번째 궁을 향해 가고 있다. 그리고 그 후로 열두 번째 궁까지 거친 후에야 우리는 마침내 황금시대로 접어들 수 있게 되리라.

당연히 세계지도자가 있다면 그를 보좌할 사람들도 있어야 한다. 그

명칭이 '사도'이든, '조력자'이든, '성직자'이든, '장관'이든, 아무래도 좋다. 그렇지만 특별히 세상에 봉사하기 위한 목적으로 태어나는 사람들은 꼭 필요하다.

열한 번째 궁인 현시대에는 1941년에 첫 번째 사도가 태어났으며, 이후로 다른 사도들도 속속 태어났다. 현시대의 '구세주'는 1985년 초에 태어날 것이며 그때까지 사도들이 먼저 그의 길을 닦아둘 것이다. 이번의 '구세주' 또는 '세계지도자'는 아주 특별한 교육과 훈련을 거치며 자랄 것이고, 스무 살이 되는 2005년도에 신과 구세주를 외면하는 무신론자들을 크게 당혹시킬 것이다.

그리고 또다시 영혼이주가 일어날 것이다. 여러분은 성경을 이미 잘 알고 있으니, 열린 마음으로 공부하기만 한다면 (2천 년 전에) 실은 '성령-그리스도'가 예수의 몸을 점유했었던 것이라는 사실을 알아차릴 수 있으리라. 마찬가지로 새로운 세계지도자의 몸도 참으로 고귀한 인격에 의해 점유될 것이다. 그 후로 수년 동안은 괄목할 만한 사건들이 벌어질 것이고, 세계는 새로운 주기의 시작을 준비하는 데 필요한 수순을 밟게 될 것이다.

지금부터 약 2,000년 동안 세계는 이 새로운 지도자가 창시한 교회의 가르침에 따라 진보를 이룰 것이다. 그렇지만 그 2,000년이 지나면 또 다른 지도자가 나타나서 이번 주기의 마지막 열두 번째 황도대 궁을 통과시킬 것이다.

세상은 평화로워지고, 서서히 사람들은 지금과는 사뭇 다른 능력을 발휘할 수 있는 새로운 시대로 인도될 것이다. '바벨탑'은 사실 잘못 전해진 이야기로, 본래 인간은 투시와 텔레파시 능력을 갖고 있었는데 그 힘을 남용한 탓에 능력을 잃게 되었다. 성경에 설화의 형태로 실려 있는 바벨탑 이야기는 바로 그 사건의 자초지종을 담은 것이다. 사람들은 다른 사람은 물론이고 동물들과도 의사소통을 할 수 있었다. 그러나 동물들을 배신하면서 텔레파시 능력을 빼앗겼고, 그 결과 철저한 혼란 속에서 저마다의 방언으로 대화를 시도할 수밖에 없게 되었다. 그것들이 이어져서 현재 전 세계의 수많은 언어가 탄생한 것이다.

지금 이 세계는 기차에 비유할 수 있다. 이 기차는 여러 마당의 풍경을 지나왔다. 처음에는 1단계에 해당하는, 쾌적한 햇빛이 비치는 땅을 횡단해왔다. 호감을 주는 다른 승객들과 함께 아름다운 경치를 만끽하는 경험이었다.

그러다 우리는 2단계를 맞았는데, 그다지 우호적이지 않은 무리로 승객들이 싹 바뀌고 말았다. 여행 또한 즐겁지 않은 것이, 궤도가 고르지 않아 기차가 덜커덩거리기 시작했고 온갖 고약한 연기와 화학물질이 자욱한 공장지대를 지나야 했기 때문이다. 이윽고 승객들은 서로 다투고 주먹질을 하기에 이르렀다.

여기서 사정은 더 나빠졌다. 3단계에서 승객들은 다시 물갈이가 되었는데, 이번에는 산적들이 승차했다. 그들은 다른 승객들을 칼로 찌르고 위협하고 강탈했다. 기차 또한 산사태로 길이 좁아진 협곡을 불안하게 덜컹대며 움직였다. 밖은 끊임없이 시끄럽고, 안에서도 다툼이 끊이질 않았다.

이제 또다시 기차가 서고 새로운 승객들을 실었는데, 이번의 상황은 더욱 고약하다. 새 승객들은 거의 기차를 부술 기세로 행패를 부린다. 그들은 예의 바른 사람이라면 차마 눈뜨고 보지 못할 정도의 폭력과 사기와 온갖 비행을 저지른다. 기차 또한 더욱더 험난한 지형을 향해 달려간다. 철도의 상태가 몹시 나쁘고, 길도 구불구불하다.

마침내 길고 어둑어둑한 터널이 나타난다. 기차가 빨려들고 이제 그 안에는 어떤 빛도 없는 것만 같다. 승객들은 암흑 속에 갇힌다. 마치 무정부 상태의 국민처럼. 짙은 어둠 속의 분위기는 황량하기 그지없다. 기차는 터널의 중심부, 완전한 어둠 속으로 진입하면서 전후, 상하, 좌우 가릴 것 없이 요동을 친다.

그렇지만 이보다 더 어두워질 수는 없으므로, 빛은 조금씩 밝아지기 시작할 것이다. 기차는 여전히 흔들리겠지만, 점차 앞이 환해지면서 마침내는 반대쪽 산허리로 튀어나올 것이다. 새 시대를 맞은 승객들은 너른 호수가 반짝이는 풍경과 소 떼들이 평화롭게 풀을 뜯는 탁 트인 평야를 보게 될 것이다. 태양이 밝게 빛나고, 다음 역에서 올라탈 승객들은 훨씬 더 평화로운 존재들일 것이다. 그 승객들은 상대방의 권리를 존중할 것이고, 폭력과 학대와 고문은 완전히 사라질 것이다.

그렇지만 지금부터 많은 일들이 이뤄져야만 한다. 황금시대가 도래하기에 앞서 큰 고난과 시련이 이 세상에 찾아올 것이다.

고대의 점성술에 의하면, 슬픈 사건들이 꽤 많이 발생할 것이다. 1981년경에는 전 세계의 온도가 예기치 않게 올라갈 텐데, 강수량이 줄고 곡물이 말라붙으며 온갖 식물과 과실들이 수확기 전에 시들어버릴 것이다. 이 강렬한 폭염은 어쩌면 중국이 원자탄을 떨어뜨리면서 시작될지도 모른다. 현재 서둘러 초대형 폭탄을 개발하고 있는 중국은 다른 나라들은 안중에도 없는 미친개와도 같다. 중국은 다른 나라들로부터 고립되어 외부에서 무슨 일이 일어나고 있는지를 모른다. 그리고 슬프게도, 사람은 늘 낯선 상대를 두려워하는 법이다. 그래서 중국은 외국인을 혐오하고, 자신들이 이해하지 못하는 대상을 위협하려 한다. 미국이 원자탄을 가진 것만 해도 충분히 위험했는데 이제는 러시아, 프랑스, 중국, 그 외의 여러 나라들이 같은 무기를 갖게 되었다. 상황이 아주 불안정한 시기로 접어든 셈이다.

새로운 지도자가 출현하기 전에는 많은 예비적인 일들이 행해져야 한다. 특정한 사람들에게는 무슨 일이 언제, 어떻게 일어날지에 관한 암시가 주어져야 한다. 반면에 다른 어떤 사람들에게는 많은 것들이 꽁꽁 감추어져 있어야 한다.

지금 갓 태어난, 또는 아직 어린아이인 '미래의 사도'들도 있지만, 특별한 지식을 지녔으되 그보다 훨씬 나이가 든 사람들도 있다. 그들은 자신의 지식이 보급되도록 책을 집필함으로써 '길을 여는' 역할을 하게 될 것이다. 물론 이 나이 든 사람들이 새로운 도래의 시기에 지상에 살아 있지는 않으리라. 그렇지만 뒤에 올 이들처럼, 이 선구자들 또한 앞선 사람들에게 늘 닥치게 마련인 증오와 의심의 눈길을 감내함으로써 그들의 과업을 완수할 것이다.

사람들은 자신이 이해하지 못하는 것을 두려워한다. 그래서 만일 누군가가 타인과 몸을 바꿨다는 얘길 한다면 그는 자동적으로 박해의 대상이 된다. 그러나 '몸을 바꾸는' 이런 사건들을 대중에게 알리는 작업은 꼭 필요한데, 그래야 새로운 지도자가 도래했을 때 사람들이 영혼이주에 관한 진실을 받아들일 수 있기 때문이다. 그러므로 비록 지금은 무지한 언론의 경멸과 조소와 박해를 받을지라도, 때가 되면 그 수난과 불행이 가치 있는 일이었음을 그들도 알게 되리라.

사람들은 이렇게 말할 것이다. "그들이 정말로 그렇게 큰 능력을 가졌다면 왜 저렇게 가난하게 살지? 만일 그들의 말이 사실이라면 돈이든 뭐든 원하는 대로 다 가질 수 있을 텐데." 이건 어리석기 짝이 없는 생각이다. 당신은 당신과는 다른 목적으로 이 지상에 온 존재들을 손가락에 박힌 가시처럼 여긴다. 당신은 그 가시를 뽑아낼 때까지 안절부절못하고 바보 같은 짓을 계속할 것이다. 당신은 그 가시를 절대 용납하지 못한다!

이 세상은 다른 사람들을 위해 몸을 바꾸고 길을 예비하는 사람들을 수상히 여긴다. 그들을 마치 가시처럼 불편한 존재로만 대한다. 우리는 우리 자신의 이해부족을 탓하기보다 다른 사람을 비난하려고 애쓴다. '아, 그 사람 뭔가 수상해. 가까이 있으면 몹시 괴기한 느낌이 들거든.'

그렇게 이 세계는 혼란과 문제투성이인 채로 굴러가고 있다. 하지만 가장 깊은 어둠이야말로 여명의 전조다. 최악의 상황에서는 그 어떤 변화도 바람직한 것이다. 이 세계와 이 세계의 사람들은 암흑의 시간을 건너 빛 속으로 계속 전진해갈 것이다. 그때 인류는 더욱 마음을 열게 되고, 동물계의 소인[小人]들도 지금처럼 두려움의 대상으로 오해받거나 괴롭힘당하지 않게 될 것이다. 그렇게 2천 년대의 시작과 함께 세계는 기쁨을 늘려가고, 황금시대는 천천히 도래하리라.

제2장

많은 거소들

그는 혼자였다. 황무지의 한복판, 오랜 덩굴로 덮인 집안에 그는 혼자였다. 저만치 길게 가꾼 정원 끝에서는 소란스런 시냇물이 바위 위를 뒹굴다가 돌투성이 바닥으로 졸졸 흘러내렸다.

어느 따스한 날, 그는 그 재잘대는 시냇가에 버릇처럼 서 있었다. 아니, 소란스런 급류를 막으며 솟아 있는 커다란 바위 위에 위태롭게 서 있었다. 그 앞쪽에는 흔들거리는 난간이 달린 작은 목조다리가 있었고, 그는 우편물을 챙기고 일용품을 구하기 위해 그 다리를 건너 작은 마을로 향하곤 했었다.

이곳은 행복한 장소였다. 그와 그의 아내는 함께 가정을 꾸려나가려고 애썼다. 그들은 육체와 영혼을 '합일'시키고자 노력했다. 그는 그림을 그렸고 사람들이 인정해주길 기다렸다. 그러나 보통 그렇듯이, 언론은 그의 예술을 이해하지 못했고 이해하려 애쓰지도 않았다. 비평가들은 쥐꼬리 같은 칭찬과 더불어 그의 작품을 혹평했다. 인정을 받는 것은 그에게 아직 요원한 일이었다.

그는 지금 오래된 낡은 집에 혼자 있다. 혼란스러운 마음과 기분이 바깥의 질풍과 서로 짝을 이루고 있다. 질풍이 헤더꽃 무성한 황야를 가로지르며 광포하게 울부짖었다. 엄청난 바람이 노란 가시금작꽃을 마구 몰아쳐 무릎을 꿇게 했다. 먼바다에서는 거대한 파도가 단단한 화강암으로 된 해변에 우레처럼 부딪쳐 흰 거품을 끓어오르게 하고, 거친 비명과 함께 조약돌들을 쓸어 옮겼다. 외로운 갈매기도 폭풍의 위세에 밀려 무력하게 물 위로 날아올랐다.

　그의 낡은 집은 끊임없는 폭풍의 위력 앞에 덜덜 흔들렸다. 낮게 몰아치는 바람이 마치 집을 찾는 유령처럼 창문을 후려쳤다. 갑작스레 금속성의 덜커덕거리는 소리가 났고, 한 장의 골함석이 정원을 가로질러 굴러가더니 목조다리에 부딪혀 낡은 기둥을 부쉈다. 부러진 조각들이 잔뜩 조여진 바이올린 현처럼 한동안 떨리다가 곧 하나씩 시냇물 속으로 몸서리치며 굴러떨어졌다.

　그 남자는 바깥의 소동도 모르는 채 집안을 이리저리 서성댔다. 그는 마을에서 돌아온 후 아내가 사라졌다는 사실을 발견한 순간을 몇 번이나 다시 떠올렸다. 그리고 실패한 사람과 함께 살 수 없어 떠난다는 아내의 잔인한 메모를 읽고 또 읽었다.

　갑자기 무슨 생각이 났는지, 그는 굳은 얼굴로 다 찌그러진 낡은 책상으로 성큼 걸어가서 가운데 서랍을 비틀어 열었다. 그는 서랍 뒤편을 뒤져서 집세와 생활비를 넣어두던 담배 상자를 꺼냈다. 그는 상자를 열어보기도 전에 안이 텅 비어 있음을 눈치챘다. 돈, 그의 유일한 돈마저 사라져 버린 것이다. 그는 의자를 더듬어 찾아 털썩 주저앉고는 양손으로 머리를 감싸 쥐었다.

　'전에도!' 그는 낮게 중얼거렸다. '전에도 이런 일을 겪은 적이 있어!' 그는 고개를 들고 초점 없이 창문 밖을 바라보았다. 억수 같은 비가 줄기차게 창문을 두들기며 엉성한 문틈을 뚫고 들어와 양탄자까지 적시고 있었다. '전에도 꼭 이랬었지!' 그가 자문했다. '내가 미쳐버린 걸까? 어떻게 지금 겪는 일과 똑같은 기억을 갖고 있는 거지?'

　처마 위에서 바람이 조소하듯 윙윙거리자 낡은 집은 또 한 번 심하게 흔들렸다. 황무지의 조랑말들은 눈이 따끔거리지 않도록 바람을 피하려

오래된 돌담에 기대어 머리를 땅으로 수그렸다.

저만치 현관에서 전화기가 울리면서 그를 멍한 상태로부터 깨워냈다. 그는 천천히 전화기로 향했는데, 그 벨소리는 그가 수화기로 손을 뻗기 직전에 그쳐버렸다. 그는 무심한 벽을 향해 중얼거렸다. '분명해. 이건 처음 있는 일이 아니야. 난 똑같은 일을 겪은 적이 있어!'

· · · · ·

노교수는 강의실로 가는 길의 안뜰을 지친 듯 터벅터벅 걸었다. 그는 참으로 힘든 세월을 견뎌왔다. 그는 아주 비천한 환경에서 태어났지만 악착같이 돈을 벌어 제 손으로 대학을 졸업한 '수재'였다. 그것은 그의 보잘것없는 출신을 못마땅해 하는 사람들의 반대를 무릅쓰고 거의 평생을 필사적으로 싸워온 결과였다.

인생의 황혼기에 들어선 세월의 무게가 그의 흰머리에, 주름진 얼굴에, 그리고 기력이 떨어진 발걸음에 실려 있었다. 그는 천천히 비틀걸음을 내디디면서, 인사를 하는 제자들도 못 본 채 자신의 전공인 고대역사의 모호한 부분들에 대한 골똘한 생각에 잠겨 있었다.

혼자만의 생각에 깊이 빠진 노교수는 이미 열려 있는 문의 손잡이를 찾아 더듬었다. 그런데 있어야 할 곳에 손잡이가 없자 그는 돌아서며 이렇게 중얼댔다. "허, 그것참! 정말 이상해, 정말 이상하군. 여기에 문이 있어야 하는데. 내가 건물을 잘못 들어온 게 틀림없어!"

그때 눈치 빠른 한 학생이 공손하게 노교수의 팔을 잡고 돌려세웠다. 노교수의 탁월한 강의로 큰 도움을 얻고 있는 학생이었다. "여기 맞습니다, 교수님. 제가 문을 미리 열어두었어요. 이리로 들어오세요."

노교수는 돌아서면서 고맙다는 말을 우물거렸다. 강의실에 들어서자 노교수는 다른 사람이 되었다. 그의 진짜 인생은 고대역사를 해설하는 이 강의실 안에 있었다. 그는 회춘이라도 한 듯 연단으로 올라가서 학생들에게 자애로운 미소를 띠웠다. 학생들도 존경심이 깃든 미소로 화답했다.

학생들은 때로 노교수의 건망증을 놀리기도 했지만, 온 힘을 다해 제자들을 가르치려 하는 그에게 깊은 호감을 갖고 있었다. 노교수는 자신의 과거를 잊지 않았기에, 어려움에 빠진 학생들을 돕는 일에 적극적으로 나서곤 했다. 다른 교수들은 간단히 낙제점을 주고 끝내버리지만 말이다.

교실이 수업 준비가 잘 되어 있음을 확인한 노교수는 강의를 시작했다.

"우리는 역사의 커다란 수수께끼인 수메르 문명에 대해 계속 논의하고자 한다. 이곳에는 강대한 문명이 있었는데, 그 문명은 참으로 불가사의하게 일어났다가 불가사의하게 사라진 것처럼 보인다. 우리는 감질나는 단편들만을 읽을 뿐, 분명한 그림을 그려낼 수가 없다.

예컨대 우리는 기원전 3,500년에 수메르인들이 아름다운 문헌을 남겼다는 사실을 알고 있다. 우리는 그중 일부를 읽을 수도 있다. 하지만 단편만이 남아 있을 뿐, 아직 전체가 온전하게 발견된 것은 없다.

우리는 또한 수메르인들이 구세계나 신세계를 통틀어 악보 표기법부터가 전혀 다른 아주 독창적인 음악체계를 구축했다는 사실을 안다. 만들어진 지 3천 년 이상 된 점토 평판이 발견되었는데 거기에 새겨진 것은 바로 음악적인 상징들이었다. 아마도 찬송가일 것으로 추측되지만 그 음악을 재현해낼 방법은 아직 없다."

노교수는 말을 멈추고 눈을 크게 부릅떴다. 마치 인간의 시력 너머에 있는 뭔가를 투시하는 것처럼. 한동안 그는 그렇게 아주 먼 곳을 응시했다. 그러고는 억눌린 신음을 내며 마루로 엎어졌다. 학생들은 깜짝 놀랐고 한순간 정적이 흘렀다. 두 명의 학생이 노교수의 곁으로 달려갔고 또 한 학생은 의사를 부르러 달려나갔다. 두 사람이 들 것을 가지고 오자 모여든 학생들은 얼른 자리를 비켰고, 그들은 인사불성인 노교수를 조심스레 들어올렸다. 그리고 그를 들것에 실어 밖에서 기다리고 있는 구급차로 옮겼다. 곧 소식을 들은 학장이 부산을 떨며 나타나 오후 수업을 해산시켰다.

한편 서늘한 병실에서 의식을 되찾은 노교수는 담당의사에게 툴툴거렸다. "이상해! 이상하단 말야! 내가 이런 일을 전에도 겪었다는 분명한 느낌을 느껴. 내가 수메르인들의 기원을 알았던 것 같기도 하고 말이야. 일을 너무 열심히 한 탓인가? 그렇지만 난 정말로 답을 알았었어. 비록 지금은 다시 잊어버렸지만. 이상해, 이상하단 말이야!"

· · · · · ·

중년의 사내가 딱딱한 나무벤치 위에서 다리를 번갈아 꼬며 불편하게 뒤척거렸다. 그는 때때로 반쯤 놀란 눈으로 주변을 둘러보곤 했다. 방 끝에서는 간호사의 쌀쌀맞고 단조로운 목소리가 들려왔다. "갈랜드, 너는 노티 박사님에게 가. 이 카드를 저 문으로 넣고 박사님이 부를 때까지 기다려. 로저, 너는 치료실로 가. 검사할 게 좀 있으니까. 이 카드를 갖고 저쪽 복도로 내려가." 정육시장의 시세를 읊는 듯한, 아나운서 같은 따분한 목소리는 계속 이어졌다.

중년의 사내는 자신 앞에 줄을 선 수많은 사람들을 보고 진저리를 쳤다. 동반자 없는 환자들, 친척과 함께 온 새로운 환자들, 그리고 듬직한 안내원이 옆에서 감시하고 있는 환자들까지. 시간은 지루하게 흘러가고 있었다.

여기저기서 제정신이 아닌 울부짖음이 들려왔다. 바로 옆에서도 한 남자가 소리쳤다. "난 어쩔 수 없었어. 너라고 뭐 달랐을 것 같아?" 그는 벌떡 일어나서 사람들을 헤치며 방을 내달렸고 안내원도 팔꿈치로 밀어

젖혔다. 그러다가 한 사무원에게 다리가 걸려 넘어지며 창문 밖으로 곤두박질쳤다. 그런 소동에도 불구하고, 간호사는 별다른 동요 없이 단조로운 목소리로 계속 지시를 내렸다.

밖의 우중충한 붉은벽돌 건물들은 뜨거운 열기로 아지랑이를 피우고 있었다. 건물의 창문들이 햇빛을 반사하면서 무수한 줄무늬를 그려냈다.

눈빛이 멍한 스무 명가량의 남자들이 발을 질질 끌면서, 허리를 굽혀 보도의 자갈들 틈에서 잡초를 뽑고 있었다. 안내원들은 열기를 피해 그늘에서 빈둥거리면서 사역을 감시했다. 저 멀리 풀이 무성한 언덕과 큰길이 만나는 곳에서도 촌스런 복장을 한 여자들이 줄지어 풀밭에서 쓰레기와 돌들을 집어내고 있었다. 그것은 정원사가 풀을 베기 전의 준비작업이었다. 커다란 나무 아래에는 몹시 야윈 한 여자가 위압적인 자세로 서서 돌발사태에 대비하고 있는 두 여자 안내원들을 경멸하듯 노려보고 있었다.

정문에선 두 안내원이 들어오는 차들을 통제하며 승객들을 인도했다. 임시 감호대상자인 듯한 한 입원자가 안내원의 등 뒤로 슬쩍 빠져나가려다가 이내 제지당했다. "알프!" 안내원이 타일렀다. "도로 들어가. 속일 생각 마. 나는 바쁘다고."

바깥의 행인들은 높은 돌담 벽과 무겁게 빗장이 걸린 문 너머로 신기한 듯 병원 안을 들여다보았다. 그들은 금지된 담벽 안의 모습을 엿봄으로써 흥분을 느꼈다.

마침내 접수처에서 이름이 불린 중년의 사내가 어정쩡하게 일어섰다. 그는 데스크의 간호사에게 걸어가 말했다. "이건 다 오햅니다. 나는…."

간호사가 말을 가로챘다. "네, 네, 알아요. 당신은 더없이 온전하단 거죠. 다들 똑같은 말을 하는군요." 간호사는 한숨을 쉬며 카드와 서류를 집어 들고 대기 중인 안내원에게 손짓했다. "이분을 홀리스 박사님께 데리고 가." 그녀는 안내원에게 귓속말로 주의를 주었다. "그는 전부 다 오해이고 자신은 온전하다고 주장하고 있어. 그러니 그가 도망치지 않게 주의하라고."

"갑시다, 친구." 안내원이 팔을 잡고 중년의 사내를 작은 문으로 이끌었다. 그들은 여러 개의 문이 열 지어 달려 있는 복도를 터덜터덜 걸었다. 뒤쪽 어딘가에서 한숨소리가, 다른 곳에선 비명이 들렸고, 또 다른 데선 거품이 끓는 듯한 괴상한 소리가 났다. 안내원은 급히 경보기를 울리고 면도칼로 자해하여 생명이 오락가락하는 환자에게 응급조치를 했다. 이를 본 중년의 사내는 사시나무 떨 듯 몸을 움츠렸다. "무서워요?" 안내원이 물었다. "이건 아무것도 아니야. 당신도 곧 알게 되겠지만!"

드디어 그들은 어느 문 앞에서 멈췄다. 안내원이 문을 두드리자 저만치서 목소리가 들렸다. "들어와요." 안내원은 중년의 사내를 앞세워 들어가서 카드와 서류를 책상 위에 놓고는 물러가며 말했다. "또 한 분 모시고 왔습죠, 박사님."

박사는 느릿하게 손을 뻗어 서류를 집어 들고 그것을 카드와 비교했다. 그러고는 중년의 사내를 본체만체 회전의자에 기대앉아 꼼꼼히 읽기 시작했다. 글자 하나하나까지 다 읽고 나서야 박사는 사내를 올려다보더니 짧게 내뱉었다. "앉으슈!"

"헌데," 사내가 불안한 듯 의자에 앉자 박사가 말했다. "이게 도대체 무슨 말이지? 어떻게 당신이 두 장소에 동시에 존재할 수 있다는 거요? 사실대로 말해봐요." 박사는 귀찮고 따분하다는 듯한 태도로 담배에 불을 붙였다.

"저, 박사님." 중년의 사내가 말했다. "한동안 저는 제 분신이 이 세상 어디엔가 살고 있다는 이상한 감정을 가졌죠. 저는 저 자신이 쌍둥이 중 한 편으로서, 다른 한 편과 완전히 교감하고 있다고 느낀단 말입니다."

박사가 투덜거리며 담뱃재를 털었다. "형제나 자매가 있소? 보고서엔 없다고 되어 있지만 뭐 틀릴 수도 있으니까."

"아니요, 박사님. 형제도 자매도 없습니다. 이런 감정이 설명될 만큼 친밀한 사람은 없어요. 저는 마치 제가 다른 어딘가에 있는 또 다른 '저'와 수시로 연락을 하는 것처럼 느껴요. 그리고 또 다른 '저'도 이런 감정을 아는 것 같고요."

박사는 담배를 비벼 끄며 말했다. "얼마나 자주 그런 남다른 느낌이 듭니까? 언제 그러리라는 걸 스스로 예측할 수 있소?"

"아니요, 선생님." 중년의 사내가 대답했다. "아주 일상적인 일을 하는 도중에 갑자기 배꼽이 따끔거리곤 합니다. 그러고는 마치 제가 두 개의 전화선이 혼선된 상태에 있는 듯한 느낌이 들어요. 저는 저의 신호뿐만 아니라 상대의 신호도 받게 된다고요."

"흠!" 박사는 깊은 생각에 잠겼다. "어쨌든 그래서 불편하단 거요?"

"네, 박사님. 그렇고말고요." 중년의 사내가 대답했다. "때때로 저는 큰소리로 욕을 내뱉기도 합니다!"

박사가 한숨을 쉬고 소견을 말했다. "이 보고서를 읽고 그러리라 예상했소. 음… 우리는 문제가 해결될 때까지 당신을 병동에 두고 관찰해야겠소. 당신은 동시에 두 세계에 살고 있는 것처럼 보이는군요."

박사가 신호를 주자 안내원이 방으로 들어왔다. "이분을 B3 병동으로 데려가시오. 나중에 회진하러 갈 테니."

안내원이 중년의 사내에게 손짓했고 그 둘은 함께 돌아서서 박사의 집무실을 나왔다. 박사는 한동안 꼼짝도 않고 앉아 있다가 안경을 이마

위로 올리고 열심히 목덜미를 긁었다. 그리고 새 담배에 불을 붙였고, 회전의자에 등을 기대며 두 발을 책상 위에 올려놓았다.

"요즘 이런 사람들이 많아진 것 같단 말야." 박사는 혼잣말을 했다. "자신의 쌍둥이가 존재한다고 믿는 사람들. 아마도 다음엔 평행우주인가 뭔가에 살고 있다는 사람들이 나타나겠지."

"따르릉, 따르릉." 전화벨 소리가 그의 생각을 멈추게 했다. 그는 전화를 받고 두 다리를 책상에서 내리며 다음 환자를 맞을 준비를 했다.

・　・　・　・　・

평행우주는 분명히 존재한다. 왜냐하면 모든 것에는 반드시 짝(반대극)이 있기 때문이다. 양극만 있는, 또는 음극만 있는 건전지는 존재할 수 없다. 양극과 음극은 언제나 함께 있어야 한다. 어쨌든 그 주제는 다음 장에서 자세히 다룰 것이고, 여기서는 평행우주에 관해 이야기할 것이다.

불행히도 체면을 잃을까봐 두려워하거나 역량이 미치지 못하는 문제를 마주하길 꺼리는 '과학자'들은 의도적으로 이 논의를 헷갈리게 만들어왔다. 그들은 사실을 있는 그대로 조사해볼 용기를 내지 못한다.

인도의 옛 달인들은 '링가 샤리라 Linga Sharira'라는 것을 언급해왔다. '링가 샤리라'는 다른 차원에 있는 ─ 이 3차원의 세계 너머에 있는 ─ 신체의 일부분을 뜻하며, 3차원의 세계에 있는 사람들은 보통 그것을 감지하지 못한다.

우리는 이 세계가 3차원에 한정되어 있다는 것을 기억해야 한다. 이 세계는 어디까지나 3차원적이며, 형이상학을 공부한 적이 없는 보통 사람들에게 4차원이란 웃음거리 또는 재밌게 읽을 만한 과학소설의 소재로 여겨질 뿐이다. 그러나 4차원은 실재한다. 그뿐 아니라 5차원, 6차원, 7차원, 8차원, 9차원의 세계도 존재한다.

9차원의 세계에서는 예컨대 깨달음을 얻고 사물의 본질을 파악할 수 있다. 생명의 기원, 영혼의 기원을 알 수 있고 어떻게 만물의 존재가 시작되었는지, 우주의 진화과정에서 인류는 무슨 역할을 하는지를 알 수 있다. 또한 9차원에서는 초자아의 꼭두각시인 인간이 바로 자신의 초자아와 대면하여 대화를 나눌 수도 있다.

그러나 우리에겐 크나큰 장애물이 있으니, 불행히도 '과학자'들이 별의별 터무니없는 법칙을 다 정해두었기 때문에 그 '과학자들의 말'을 감히 반박한다면 전적으로 배척당할 수밖에 없다는 사실이다.

예컨대 의학은 아리스토텔레스의 업적 때문에 수백 년 동안 완전히 불구상태가 된 적이 있다. 아리스토텔레스가 '알아야 할 모든 것'을 일찍이 가르쳐두었으므로 인체를 조사한다는 것은 매우 불경스런 짓으로 여겨졌다. 그래서 죽은 아리스토텔레스의 영향력을 벗어날 때까지, 의사들은 어떤 해부도 사후검시도 조사도 할 수 없었다.

몇몇 천문학자들도 지구가 우주의 중심이 아니란 사실을 가르칠 때 비슷한 어려움을 겪었다. 왜냐하면 고대의 똑똑한 인간 하나가 태양이 지구 주위를 돌며, 온 우주가 인류의 안락을 위해 존재하고 있다고 가르쳐놨기 때문이다!

차원 이야기로 돌아가보자. 이 지상에서 우리는 통상 3차원이라고 알려진 것들을 마주하게 된다. 우리는 사물을 보고 느낀다. 우리는 그것들을 단단하고 실재하는 무엇으로 느낀다. 그렇지만 3차원 이외의 차원들을 다룰 때는 첫 번째로 이런 질문을 던질 수밖에 없다. "도대체 '다른' 차원이란 무엇일까?" 아마도 쉽게 이해가 되진 않으리라. 4차원이란 뭘까? 게다가 5차원은 또 뭘까? 그리고 이런 질문이 9차원 이상까지 이어진다면?

먼저 평범한 테이프 녹음기를 하나 떠올려보자. 대부분의 사람들은 녹음기를 가졌거나 최소한 본 적은 있을 것이다. 우리는 아주 느리게 작동하는, 즉 테이프가 초당 1인치도 채 못 도는 속도의 녹음기를 가지고 있다. 그 속도를 기준으로 우리는 테이프 하나에 한 시간 분량의 대화를 녹음할 수 있다. 그런데 그렇게 녹음한 테이프를 예컨대 초당 1피트의 속도로 재생한다고 치자. 그러면 그 대화 내용은 전혀 이해할 수 없는 소리로 들릴 것이다. 테이프에 녹음된 정보는 조금도 바뀌지 않았지만, '차원'이 달라졌기 때문에 해석이 불가능해진 것이다. 테이프에 수록된 소리를 파악하려면 우리는 녹음할 때와 같은 속도로 재생해야만 한다.

덧붙여 말하지만, 해양 생태학자들은 녹음 연구를 통해서 모든 종류의 물고기가 대화를 한다는 사실을 발견했다. 실제로 바닷속의 소리를 담은 특수한 축음 기록이 있는데, 거기엔 물고기들이 서로 대화하는 소리가 담겨 있다. 심지어 게와 가재들조차 교신을 한다. 믿기 어렵다면 돌고래들의 대화 소리를 떠올려보라. 돌고래들은 인간들보다 엄청나게 빠른 속도로 말을 한다. 그래서 그 대화를 직접 알아들을 수는 없지만, 녹음된 소리를 인간의 귀에 적합한 차원(속도)으로 낮추면 사정이 달라진다. 과학자들은 그 녹음테이프를 판독 중이고, 돌고래들의 어휘를 번역해낼 가능성이 속속 언급되고 있다. 우리는 머지않아 돌고래들과 소리를 통해 대화를 나눌 수 있게 될 것이다.

다시 평행우주 이야기로 되돌아가자. 오래전에 러시아를 탈출하고 장시간에 걸쳐 고통스럽게 유럽을 횡단하여 마침내 자유국가에 이르렀을 때, 나는 당시 야만스런 러시아와의 전쟁으로 인해 파괴된 베를린에서 우연히 머물게 되었다. 거기서 나는 이제 무엇을 해야 하는지, 밤이 올 때까지 어떻게 시간을 보낼 것인지를 궁리하며 거리를 걸었다. 프랑스 국경으로 가는 차편을 구할 수 있기를 기도하면서 말이다.

베를린의 폐허에서는 아직도 연기가 나고 있었다. 폭격 탓에 곳곳이 돌무더기로 변해 있었다. 폭격에 시달린 건물들로 둘러싸인 곳에서, 나는 빨갛게 녹슬고 비틀린 철골 구조 아래 작은 공터에 세워진 한 가설무대를 보았다. 무대 위의 배경은 부서진 폐물들을 이용해서 만들어져 있었다. 무대 주변엔 거친 천 조각을 두른 장대들이 서 있어서 입장료를 내지 않은 사람들은 무대를 제대로 볼 수 없었다.

호기심이 생겨 살펴보니 두 노인이 눈에 들어왔는데, 그중 한 노인은 장막 앞에 서서 돈을 받고 있었다. 그는 누더기 차림에 텁수룩했지만 어딘가 당당한 태도가 엿보였다. 그 입장료가 얼마였는지는 기억나지 않지만, 어쨌든 그리 큰돈은 아니었을 것이다. 왜냐하면 당시 전쟁의 폐허였던 베를린에서는 아무도 넉넉하지 못했기 때문이다. 나는 돈을 냈고, 그 노인은 돈을 호주머니에 챙기더니 흙투성이의 초라한 객석으로 나를 정중히 안내했다.

안으로 들어가니 사람들은 돌덩이들 위에 놓인 널빤지를 의자 삼아 앉아 있었다. 나도 자리를 잡고 앉았다. 곧 연륜의 무게로 몸이 굽고 야윈 노인이 발을 끌며 무대 중앙으로 나와서는 독일어로 우리가 구경할 내용에 대해 간단한 소개말을 했다. 그는 다시 돌아서서 무대막 뒤로 들어갔다. 우리는 그가 손에 막대기 두 개를 쥐고 있는 모습을 보았는데, 그 두 막대기에는 여러 꼭두각시 인형들이 매달려 있었다. 그것은 인간의 형상을 한 생기 없는 나뭇조각들로서 야단스러운 누더기를 걸치고 얼굴엔 페인트칠을 했으며, 머리엔 말털이 붙어 있었다. 한마디로 조잡하게 깎인 꼭두각시들이었다. 공연히 아까운 돈을 낭비했다는 생각이 들었다. 하지만 나는 러시아와 독일의 경찰들을 피해 걷는 일에 몹시 지쳐 있었으므로, 계속 딱딱한 자리를 지키고 앉아 있었다.

노인은 그의 작은 가설무대 뒤로 발을 끌며 사라졌다. 그리고 어떤 방법을 썼는지 일종의 조명장치를 가동시켜서 주변을 어둡게 만들고 이 임시변통의 무대 위에 형상이 나타나게 했다. 나는 두 눈을 비비며 열심히 구경했다. 그것은 꼭두각시들이 아니었다. 살아 있는 생명체였다. 서툴게 색칠되어 있고 머리는 말털로 꾸며지고 폭격의 잔해 속에서 건져낸 넝마를 두른, 조악하게 깎인 아까의 형상은 어디서도 찾아볼 수 없었다. 그것들은 살아 있는 사람들이었다. 그것들은 저마다 온 마음으로 눈앞의 일에 열중하는, 자유의지로 움직이는 사람들이었다.

이 무대에는 음악은 물론 어떤 소리도 없었다. 그저 무대 뒤에 숨은 노인이 천식으로 쌕쌕거리는 소리뿐이었다. 그렇지만 어떤 소리도 필요 없었다. 효과음조차도 군더더기였으리라. 이 꼭두각시들은 생명 그 자체였고, 모든 동작에는 풍부한 표현이 담겨 있었다. 말이 필요 없었다. 그것은 만국의 공통언어인 무언극이었다.

꼭두각시들 주위에 오라가 떠 있는 것 같았다. 그 꼭두각시들은 각자 개성을 지닌, 완전한 사람으로 보였다. 그리고 아무리 열심히 들여다보아도 꼭두각시를 조종하는 줄이 보이지 않았다. 그 줄들은 배경 뒤로 참으로 교묘하게 감춰져 있었다.

인간관계를 아주 충실하게 재현해낸 삶의 장면들이 눈앞에서 펼쳐졌다. 나는 정신없이 그 주인공들의 동기와 행위 속으로 빠져들었다. 우리는 인간의 드라마를 보고 있었고, 내 심장은 패배자를 동정하며 쿵쾅거렸다. 대단히 인상적이고 또한 현실적인 인형극이었다.

마침내 극은 끝이 났고 나는 마치 몽환 상태에서 깨어난 듯 정신을 되찾았다. 나는 이 꼭두각시들을 조종한 사람이야말로 진정한 천재임을 깨달았다. 그는 명인 중의 명인이었다.

곧 노인이 무대 뒤에서 나와 허리를 굽혀 인사했다. 그의 몸은 힘이 부쳐 떨고 있었다. 그의 얼굴은 긴장한 탓인지 창백했고, 가는 땀줄기로 온통 번들거렸다. 그는 진정한 예술가였다. 그는 진정한 대가였다. 나는 후줄근한 차림의 노인을 본 것이 아니라 저 조악한 꼭두각시들에게 생명을 불어넣은 천재를 본 것이었다.

나는 밖으로 나오면서 내가 티베트에서 배웠던 것들을 생각했다. 나는 사랑하는 스승 밍야 돈드압 스님이 내게 인간은 한갓 초자아의 꼭두각시에 불과함을 깨우쳐줬던 일을 떠올렸다. 나는 또 이 꼭두각시 인형극이 평행우주에 관해 놀랄 만한 교훈을 주고 있다고 생각했다.

인간 존재의 10분의 9는 무의식이고 10분의 1만이 의식이다. 당신은 이런 말을 꽤나 많이 접했을 것이다. 왜냐하면 심리학이라는 학문 전체가 온통 인간의 무의식 또는 잠재의식의 갖가지 단면과 성질을 연구하는 데에 쏠려 있기 때문이다.

그런데 인간이 그처럼 '의식부재' 상태라면, 강력한 힘을 가진 초자아에게는 그것이 얼마나 시간을 낭비하는 일일까? 초자아는 별별 능력과 기예를 다 부여받았고 이 지상보다 훨씬 더 역동적인 힘과 다른 패턴의 삶으로 고동치고 있는데, 골칫거리에다 장애 투성이인 이 지상에서는 고작 제 능력의 10분의 1밖에 발휘하지 못한다.

당신이 8기통 엔진의 자동차를 갖고 있다고 하자.(정확히 비유하려면 10기통 엔진이어야 하지만, 아직 그런 차를 본 적이 없다.) 그런데 그중 한 기통만이 작동하고 나머지 일곱 기통은 자동차에 도움이 되기는커녕 오히려 거추장스럽기만 하다면 실로 한심스럽지 않겠는가? 그런데 인간이란 존재를 보면, 10기통 엔진 중에 단 하나의 기통만이 '의식'이고 나머지 아홉 기통이 '잠재의식'인 것이다. 이런 낭비가 또 어디에 있겠는가?

하지만 인간의 초자아는 — 또는 다른 피조물의 초자아들 역시 — 에너지를 낭비하지 않는다. 인간의 초자아는 달성해야 할 많은 과업을 가지고 있다. 초자아가 존재의 다음 단계로, 다음 차원으로 성장해가기를 열망한다고 상상해보자. 그때 우리의 초자아는 제 능력의 10분의 1만을 지상의 우리 육체를 다루는 데 쓰고, 나머지 능력은 다른 행성 또는 다른 차원의 다른 육체들을 다루는 데 쓰고 있을지도 모르는 일이다. 우리의 초자아는 어쩌면 다른 차원에서는 육체(꼭두각시)조차 없이 이른바 순수한 영의 상태로 활동하고 있는지도 모른다. 물론 아직 그만큼 진화되지 못했거나 또 다른 계획을 가졌을 수도 있겠지만 말이다.

우리의 초자아가 다소 초심자라고 해보자. 예컨대 중학생 정도로 생각해보자. 중학생은 하나의 과목이 아니라 여러 과목을 동시에 공부해야 한다. 그렇다고 해서 매번 다른 교실을 찾아다닌다면 시간과 정력이 크게 낭비될 것이다. 우리의 초자아는 훨씬 더 만족스런 위치에 있다. 초자아는 꼭두각시의 조종자. 우리가 지구라고 부르는 이 세계에는 초자아가 10분의 1의 주의만을 기울이고 있는 몸체, 즉 꼭두각시가 있다. 그러나 초자아는 동시에 다른 차원의 평행우주에서도 또 다른 꼭두각시들을 여럿 가질 수 있다.

초자아는 이처럼 자신만의 방에 초연히 앉은 채로, 여러 꼭두각시(대리인)를 여러 교실에 보내서 그 각각의 원천으로부터 얻은 경험을 종합해낸다. 특히 초자아가 진화의 주기를 따라잡기 위해 일을 좀 서둘러야 한다고 가정하자. 이 학생은 좀 느릿하게 여유를 부려왔지만 그렇다고 다른 학생들보다 뒤처져서 유급당하기를 바라진 않는다. 그래서 그는 남은 학기 동안 아주 빽빽이 짜인 교육과정을 택할 수밖에 없다. 즉 앞선 학생들을 따라잡기 위해서는 과외수업이라도 받아야 하는 것이다.

이런 경우에 초자아는 호주에서 사는 사람과 아프리카에서 사는 사람을 동시에 조종할 수도 있다. 어쩌면 남미, 캐나다, 또는 영국에도 꼭두각시가 있을지 모른다. 그것은 서넛 또는 예닐곱에까지 이를 수도 있다. 이 사람들은 지상에서 결코 서로 만나진 못하겠지만, 그럼에도 여전히 서로 상당한 유사성을 지니게 된다. 그들은 도무지 이유를 알지 못하면서도 텔레파시로 서로 동조하게 된다. 이따금씩은 유체 상태로 만나기도 하리라. 밖에서 일하는 외판원들도 한 번씩은 관리자의 사무실에 모이는 것처럼 말이다.

일곱, 여덟, 또는 아홉의 꼭두각시를 거느린 불쌍한 초자아는 그들 모두를 동시에 조종하면서 '줄이 엉키는' 일을 피하기 위해 적잖은 수고를 해야 한다. 아주 진기한 꿈을 꾸었다는 사람들이 간혹 있는데, 그것은 같은 주인을 둔 꼭두각시들의 은줄이 잠든 동안에 서로 맞닿게 되면 마치 혼선이 된 전화선과 흡사한 결과를 빚기 때문이다. 즉 다른 사람들의 정보가 단편적으로 전해지는 것이다. 그렇지만 슬프게도, 몹시 유감스럽게도, 우리는 이처럼 흥미로운 사실들을 놓치고 살아가고 있다.

당신은 그 모든 것의 목적이 뭐냐고 물을지도 모른다. 그 질문의 답은 간단하다. 꼭두각시들을 많이 가짐으로써 초자아는 방대한 경험을 할 수 있고, 한 생애의 시간 동안 열 개의 삶을 살 수 있다. 초자아는 부유와 가난을 동시에 경험하며 그것들의 경험을 저울로 달아볼 수 있다. 어떤 나라의 꼭두각시는 생계가 비참하여 굶어 죽을 지경의 거지인 반면, 다른 나라의 다른 꼭두각시는 사람들을 다스리고 국가의 정책을 짜는 왕자일 수 있다. 비참하고 곤궁한 거지의 경험이 왕자의 경험과 어우러지면서 초자아는 삶의 모든 문제엔 양면이 있음을 확실히 배우게 될 것이다.

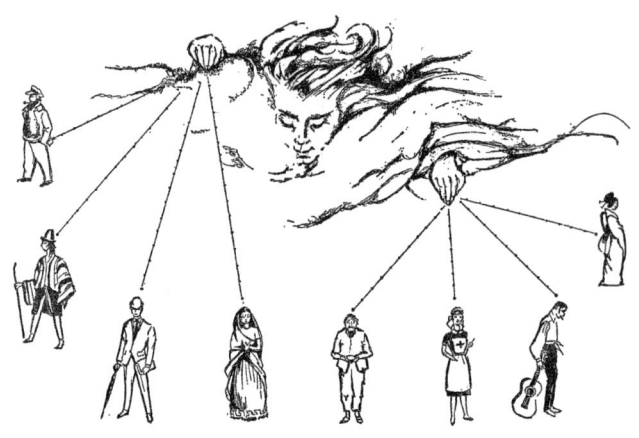

    통상적인 상황이라면 사람들은 이번에는 왕자로 왔다가 다음번에는 거지로 오는 식으로 정해진 차례를 기다리게 된다. 그렇지만 시간에 쫓길 때는, 특히 지금처럼 진화의 한 주기(칼리 유가)가 끝나갈 무렵에는 과감한 방식이 채택되어야 한다. 진도가 느린 사람들이 동료들과 보조를 맞출 수 있도록 말이다.

    우리는 지금 물병자리 시대에 들어서고 있다. 물병자리 시대에는 인류에게 많은 일이 일어나면서 영성이 증진될 것이다. 여담이지만, 정말로 이젠 때가 되었다. 인간의 심령적 능력 또한 증진될 것이다. 현재 지구에 살고 있는 많은 사람들은 다시 지구에 태어나지 않고 다른 진화 단계로 이동할 것이다. 하지만 이생에서 또는 이번 존재의 주기에서 버릇없는 학생들처럼 유급당한 이들은 다음 주기에도 같은 공부를 시작해야 할 것이다.

    많은 사람들이 이 지구를 떠난 후에 좀더 높은 존재 형태로 옮겨간다. 인간을 포함한 모든 피조물은 항상 위를 향해 가도록 되어 있다. 그리고 날 때부터 인간의 영은 사랑하는 사람들과 어울리기를 무엇보다 좋아한다. 그런고로 초자아는 동료들과 보조를 맞추기 위해서, 정말로 확고한 노력을 기울여 많은 꼭두각시들을 동원하는 것이다.

평행우주란 다른 차원에 있는 세계, 지구와 꽤 흡사하지만 다른 차원의 세계이다. 이해하기 어렵다면, 지구의 반대편으로 눈 깜짝할 사이에 이동하는 경우를 생각해보라. 그렇다면 당신은 지금 어디에 있는가? 당신은 과거로 돌아갔는가 아니면 미래로 건너왔는가? 당신은 날짜변경선을 넘었으므로 하루만큼 뒤로, 또는 앞으로 여행했을 것이다. 달력의 날짜를 기준으로 당신은 미래 또는 과거로의 여행을 할 수 있다. 평행우주도 이와 비슷하다. 쉽게 설명할 수는 없지만, 당신은 또 다른 여러 차원이 존재하고 있다는 사실에는 충분히 동의할 수 있을 것이다.

사람들은 심장이 시간당 10톤의 피를 품어낸다거나 몸속 모세관의 길이가 6만 마일에 달한다는 놀라운 사실은 쉽게 믿으면서도, 평행우주와 같은 간단한 사실 앞에서는 불신의 눈을 치켜뜨고 온몸을 긴장시키는 모순된 모습을 보인다.

우리의 잠재의식은 접근하기도 측량하기도 몹시 어렵다. 만일 우리가 쉽게 잠재의식에 접근할 수 있다면 다른 꼭두각시들이 다른 세계 또는 이 세계의 다른 지역에서 무엇을 하고 있는지를 늘 알게 될 것이므로 대단한 혼란, 경악, 낙담을 초래하게 되리라. 예컨대 오늘 당신은 어떤 일을 했다. 그런데 당신의 잠재의식 속으로 들어가보니, 지난주에 같은 일을 이미 했던 다른 꼭두각시가 있고 다음 주에 그 일을 하려고 하는 또 다른 꼭두각시도 있다. 이처럼 동시에 진행되는 여러 개의 삶은 당신에게 아주 엄청난 혼란을 가져올 것이다. 이것이 바로 우리가 잠재의식의 문을 열기 어려운 이유들 중 하나이다.

때때로 의도치 못하게 의식과 잠재의식 사이가 관통되어버리는 현상이 일어나기도 한다. 이것은 상당히 중대한 문제이다. 그 결과는 대개 정신병원에서 다루어질 만큼 심각한 것이다. 이때 당사자는 별의별 정신병증을 다 겪게 된다. 왜냐면 이 불쌍한 피해자는 자신이 본래 거주하게 되어 있는 육체가 어느 것인지를 알 수가 없게 되어버리기 때문이다.

당신은 《이브의 세 얼굴》이란 책을 읽은 일이 있는가? 그것은 하나의 몸 안에 세 개의 서로 다른 인격을 가진 여자의 이야기다. 그 모든 내용은 자신의 분야에서 성실하고 명성 있는 의사와 전문가들에 의해 쓰였다. 브리디 머피 Bridie Murphy의 이야기를 들은 적이 있는가? 그것도 유사한 사례다. 다른 인격에 의해 점유된 사람의 이야기인데, 잠재의식 속에서 두 꼭두각시 사이에 관통이 일어난 경우이다.

우리는 잔 다르크(1412~31)란 인물도 잘 알고 있다. 잔은 자신이 숭고한 출처로부터 메시지를 받은 위대한 지도자라고 믿었다. 그리고 아주 열악한 교육밖에 못 받은 시골처녀였음에도 전사로 변모하여 일군의 지도자가 되었다. 그러나 사실은 두 꼭두각시의 은줄이 서로 엉키면서 잔이 다른 육체의 남자에게 일어났던 충동을 대신 느끼게 된 것이다. 한동안 그녀는 남자들의 지도자로, 위대한 전사로 행동했다. 그러나 엉킨 은줄이 풀리자 힘이 떨어져서 다시 소박한 시골처녀로 되돌아갔고, 이전의 일시적 명성으로 인한 처벌을 받아야 했다. 결국 그녀는 화형에 처해지고 말았다.

《이브의 세 얼굴》의 사례에서, 그 불쌍한 피해자는 잠재의식의 관통현상으로 인해 동일한 초자아에 의해 조종되는 다른 꼭두각시들과 원하지 않는 접촉을 하게 되었다. 물론 다른 꼭두각시들도 비슷한 상황에 처했으니 그들 모두는 철저하게 혼란스러운 결과를 감내해야만 했으리라. 당신이 여러 개의 꼭두각시 인형을 조종하다가 부주의하거나 미숙하거나 산만하여 줄들이 서로 엉켰다면, 꼭두각시 A의 줄을 당길 때 꼭두각시 B가

발로 차거나 꼭두각시 C가 머리를 끄덕이는 식의 간섭이 일어날 것이다.

잔 다르크는 제대로 교육받지 않은 소박한 시골 처녀였다. 그녀는 오랜 기간을 홀로 묵상 속에서 보냈다. 그러던 중 그녀는 우연히 잠재의식의 관통을 일으키게 되었다. 어쩌면 온전한 지식 없이 특수한 호흡법을 시도했는지도 모른다. 어쨌든 그녀는 잠재의식에 진입하여 다른 꼭두각시와 은줄을 교차시켰고, 그리하여 큰 혼란에 빠졌다. 그녀는 전사의 충동을 갖게 되었고 실제로 전사가 되었다. 그녀는 갑옷을 입고 말을 탔다.

그렇다면 본래 지도자가 되어야 했을 그 불쌍한 사내는 어찌 되었을까? 반대로 여성적 인격을 발전시키게 되었을까? 확인할 길은 없지만, 우리는 불행한 결말을 떠올릴 수밖에 없다. 어쨌든 잔 다르크는 남자들의 지도자가 되었고 하늘로부터 음성을 듣는 전사가 되었다. 그녀는 다른 꼭두각시의 은줄로부터 정보를 받았던 것이다.

우리가 가진 은줄은 성경에도 언급되어 있다. 〈전도서〉 12장에는 이렇게 쓰여 있다. "은줄이 풀리고, 황금 주발이 깨지고, 샘에서 물 뜨는 물동이가 깨지고, 우물에서 도르래가 부서지기 전에…"

사람들은 시간, 상대성이론, 평행우주 등을 거론할 때마다 그토록 현학적인 말들을 늘어놓으면서도 그 정확한 뜻은 전혀 이해하지 못하고 있다. 하지만 아마도 당신은 이번 장에서 그 대략적인 개념을 깨달았으리라.

기억하라. 이 모든 것은 진실이다. 이 모든 것은 엄연한 사실이다. 그리고 멀지 않은 장래의 어느 날, 과학은 장애와 편견을 타파하고 평행우주의 진실을 낱낱이 밝히게 될 것이다.

제3장

더 많은 거소들

"당신이 내 라디오를 망가뜨렸어!" 마르고 날카로운 인상의 한 여자가 작은 점포로 뛰어들면서 외쳤다. "전부 다 당신이 판 건전지 때문이라구!" 그녀는 소리를 지르며 카운터로 뛰어오더니 놀란 얼굴로 진열대 저편에서 걱정스레 바라보고 있는 젊은 점원의 손에다 작은 트랜지스터 라디오를 안겼다. 갑자기 이 무서운 여자에게 자리를 빼앗긴 고객은 조심조심 옆걸음질로 비켜서더니 무사히 문밖으로 빠져나오자마자 거리로 도망치듯 사라졌다.

뒷방에 있던 지배인이 당황한 듯 손을 비비며 나타났다. 얼굴이 벌겋게 상기된 여자를 놀란 눈으로 쳐다보며 그가 물었다. "무슨 일이십니까, 부인?"

"무슨 일이냐고요?" 그녀가 고함쳤다. "당신네의 불량 건전지 때문에 내 라디오가 망가졌어요. 작동이 안 되니까 새 라디오를 달라구요." 그 때문에 골치를 썩힌 일들이 떠오르는지 그녀의 목소리는 목 쉰 황소울음처럼 한층 더 높아졌다. 진열대에 있던 젊은 점원은 어찌해야 할지 몰라 한동안 라디오만 만지작거렸다.

이윽고 그는 호주머니에서 동전을 꺼내서 라디오 뒷면의 나사 두 개를 반쯤 돌렸다. 그리고 덮개를 열고 천천히 건전지 네 개를 꺼냈다. "점검을 해볼게요." 그는 카운터 끝으로 가서 건전지를 테스터기의 전기선에 연결시켰다. "이것 보세요!" 건전지의 전압이 1.5볼트를 가리키자 그가 소리쳤다. "아무 이상 없는데요!" 그는 조심스럽게 건전지를 라디오에 다시 끼워넣었다. 그리고 나사를 반대 방향으로 돌리고 라디오를 뒤집어서 엄지로 가볍게 스위치를 돌리자 — 최신 비틀스 음악이 울려 나왔다.

여자가 깜짝 놀라 입을 벌린 채 점원을 쳐다봤다. "거참! 내가 할 땐 작동하지 않았는데." 그녀는 공격적으로 따져 물었다. "혹시 배터리를 바꾼 거 아니에요?"

지배인과 점원은 서로 쳐다보다가 화가 치미는 듯 어깨를 들썩거렸다. 지배인은 감정을 누르고 달래듯이 말했다. "부인! 건전지를 바르게 넣으신 게 확실합니까?"

"바르게? 바르게? 무슨 뜻이죠?" 여자가 물었다. 그녀의 얼굴은 분노로 자줏빛이 되어 있었다. "건전지를 못 넣는 사람도 있나요? 물론 나는 바르게 넣었어요."

지배인은 미소를 지으며 말했다. "바른 방법이 있고 바르지 않은 방법이 있지요. 전극을 반대로 해서 넣으면 작동이 되질 않는답니다."

"엉터리잖아요." 여자가 도도하게 말했다. "위치야 어쨌든 작동을 해야죠. 어떤 위치든지 말이에요. 텔레비전 전원을 꽂을 때는 전극 따위 신경 쓸 필요가 없어요. 당신들은 변명을 하고 있는 거예요. 남자들이 다 그렇듯이!" 그녀는 일부러 크게 콧방귀를 뀌고서 여전히 요란한 소리를 내고 있는 라디오를 집어들고 돌아섰다.

"잠깐만요, 부인!" 지배인이 소리쳤다. "보여드릴 게 있어요. 그러지 않으면 똑같은 혼란을 또 겪으실 거예요." 지배인은 그녀에게서 라디오를 건네받아 재빨리 건전지 덮개를 벗겼다. 그리고 건전지들을 꺼내서 잘못된 방향으로 다시 집어넣고 스위치를 돌렸다. 아무런 소리도 나지 않았다. 그는 건전지의 방향을 제대로 바로잡고는 다시 작동하기 시작한 라디오를 건넸다. "한 번 직접 해보세요."

"그래요. 이렇게 해보진 않았어요!" 여자는 억울해하는 목소리로 말하더니 태연하게 점원을 가리켰다. "제대로 알려줬어야지. 내가 그걸 어떻게 알아요?"

지배인은 선반 위의 건전지들을 꺼내 보였다. "보세요, 부인. 모든 건전지에는 전극이 있습니다. 한끝은 양극이고 다른 끝은 음극이죠. 라디오를 작동시키려면 건전지의 방향이 올바르게 삽입되어야 해요. 텔레비전 전원과는 다르죠. 그건 교류라고 해요. 어쨌든 건전지나 자석 같은 것은 양극을 가진답니다. 남자와 여자처럼요."

"그렇군요!" 여자는 곁눈질을 하며 킬킬댔다. "그 둘이 함께 있을 때 어떤 일이 일어날지는 뻔하지요!"

· · · · · · ·

전화벨이 끈질기게 울렸다. "따르릉, 따르릉, 따르릉…" 차고 반대편 끝에서 회색 작업복을 입은 남자가 한숨을 쉬었다. 그는 너덜거리는 천조각을 집어 기름 묻은 손을 닦고 계속 울리고 있는 전화기로 다가갔다.

그는 전화기를 집어들며 큰소리로 말했다. "스티브 정비소 판매수리부입니다."

"어머나!" 반대편에서 여자의 놀란 목소리가 들려왔다. "전화를 안 받는 줄 알았어요."

"죄송합니다, 부인." 정비소 남자가 말했다. "다른 고객이 있어 바빴습니다."

"괜찮아요." 여자가 대답했다. "저는 페른 마을의 엘리스인데요, 차가 시동이 걸리지 않아요. 그런데 급히 시내에 가봐야 하거든요."

정비소 남자는 다시 한숨을 쉬었다. 여자들은 항상 시동 거는 데서 문제를 일으켰다. 그는 자신이 그 덕분에 집세를 벌고 있다고 생각했다.

"시동장치를 시험해보셨나요?"

"물론이죠." 그녀가 당당하게 말했다. "누르고 또 눌러봤지만 아무 일도 일어나지 않았어요. 엔진이 전혀 돌아가지 않아요. 이리로 와주실 수 있나요?" 그녀는 마음을 졸이고 있었다.

정비소 남자는 잠시 생각했다. 엘리스의 남편은 꽤 괜찮은 고객이었다. '그래, 가보는 편이 좋겠지.' 그는 말했다. "그러죠, 엘리스 부인. 30분 안에 그리로 가겠습니다."

바로 그때 부품을 구하러 갔던 그의 조수가 차를 몰고 돌아왔다. 남자는 서둘러 트럭으로 향했다. "예비 배터리와 점퍼 전선을 실어주겠나, 짐? 엘리스 씨의 차를 보러 갈 참인데 먼저 좀 씻어야 하거든." 그는 급히 욕실로 들어가 검댕과 기름때를 씻고 더러워진 작업복을 벗었다. 그리고 머리카락을 손질한 후 소형 트럭으로 뚜벅뚜벅 걸어갔다. "정비소 잘 지키고 있게, 짐." 그는 정비소를 조수에게 맡기고 트럭을 몰아 교외로 향했다

엘리스의 집까지 가는 10분 동안 그는 신개발지 옆을 지나갔다. 그는 그곳의 새집들을 부러운 눈으로 바라보면서 새로 생길지 모르는 잠재고객들을 떠올렸다. 하지만 큰 차를 새로 산 사람들은 시내로 나가서 돈을 쓰기 바빴다. 오직 헌 차를 가진, 또는 시동이 걸리지 않는 차의 주인들만이 자신의 정비소를 찾아왔고 인근에서 쇼핑을 했다. 시동만 걸린다면 그들 또한 번쩍이는 창틀과 펄럭이는 장식들로 유혹하는 '플래시 피트'나 '정직한 조'가 있는 시내로 몰려갈 것이다.

엘리스 부인은 집 앞에서 초조한 듯 발을 동동 구르고 있었다. 그녀는 소형트럭을 보자마자 경사진 차도를 허겁지겁 내려왔다.

"아!" 그녀가 외쳤다. "오시지 않는 줄 알았어요!"

"20분밖에 안 걸렸는데요, 부인." 남자는 부드럽게 말했다. "대체 뭐가 문제죠?"

"그건 당신이 찾아야지요!" 엘리스 부인은 딱 잘라 말하고는 돌아서서 차 두 대가 들어가는 차고로 향했다.

스티브가 주위를 둘러보니 예비 타이어들이 꼼꼼하게 벽에 걸려 있었고, 5갤런짜리 기름통은 주둥이가 열려 있었으며, 번쩍이는 새 배터리 충전기 역시 콘센트에 꽂혀 제대로 작동하고 있었다. '흠!' 그는 생각했다. '이 정도면 고장 날 일이 없을 텐데.'

그는 거의 새것 같은 자동차의 문을 열고 운전석 위로 미끄러지듯 앉았다. 그는 이리저리 살펴보고, 클러치도 밟아보고, 기어가 걸리지 않았음을 확인한 후에 시동 버튼을 눌렀다. 그러나 자동차는 아무 반응도 없었다. 점화 상태를 표시하는 적색등조차 커지지 않았다. 밖으로 나와 보닛을 올려 보니 엔진은 깨끗했고 모든 전선도 신품이었다. 배터리 연결 상태도 이상이 없었다. 한동안 그는 가만히 서서 어떻게 해야 할지 고민했다.

"아! 빨리요. 이미 늦었어요. 뭐라도 해보세요. 아니면 다른 사람을 부를 수밖에 없어요." 엘리스 부인은 몹시 흥분한 상태였다. "이건 정말 말도 안 돼요. 남편이 배터리 충전기를 어제 새로 사왔기에 이젠 추운 날씨에도 쉽사리 시동을 걸 수 있겠거니 했는데, 지금 내 차가 전혀 꼼짝을 안 하니 말이에요!"

스티브는 황급히 소형트럭으로 가서 각종 도구와 배터리 검사기를 갖고 돌아왔다. 그런데 검사기를 배터리 단자들에 연결해보니 배터리가 완전히 방전된 상태였다.

그가 그 사실을 지적하자 엘리스 부인이 소리쳤다. "아, 말도 안 돼요! 내가 직접 밤새 배터리를 충전시켰다구요."

그가 배터리 충전기로 가서 보니 놀랍게도 단자에 아무런 표시도 없었다. 양극 표시도 음극 표시도 보이지 않았다.

그가 물었다. "어떤 게 어떤 극인지 어찌 알지요?"

엘리스 부인은 멍한 표정을 지었다. "그게 중요한가요?"

그는 한숨을 쉬고는 설명했다. "모든 배터리는 양극과 음극이 있습니다. 그래서 극성을 반대로 연결하면 배터리는 충전되는 게 아니라 방전이 되어버려요. 그래서 지금 이 배터리로는 시동이 안 걸리는 거고요."

엘리스 부인이 목소리를 누그러뜨렸다. "남편에게 그 딱지들을 떼지 말라고 얘기했건만. 그러면 이제 어떻게 해야 하죠?"

스티브가 단자와 배터리 꺾쇠를 옮기며 말했다. "10분이면 돼요. 이 배터리는 다시 충전시키고, 대신 제가 가져온 예비 배터리를 빌려드릴게요."

엘리스 부인이 그제야 얼굴에 미소를 띠었다. "왜 양극이니 음극이니 하는 게 있어야만 하는 거죠?"

"에너지가 흐르려면 꼭 그래야 하니까요." 그는 대답했다. "세상 만물은 자신과 반대되는 대응물을 어디엔가 가지고 있습니다. 남자가 있으면 여자가 있고, 빛이 있으면 어둠이 있지요." 그는 웃으며 말을 이었다. "저는 우주 어디엔가 이 지구와는 반대의 극을 가진 세계가 있다고 믿는답니다." 그가 다시 운전석으로 가서 시동을 걸자 엔진은 큰소리를 내기 시작했다.

"서둘러야겠어요." 엘리스 부인이 소리쳤다. "점심 약속에 늦기라도 하면 내 '반대극'이 성을 낼 테니까요." 그녀는 브레이크에서 발을 떼고 쏜살같이 달아났다.

그는 방전된 배터리를 소형트럭에 얹으면서 체념하듯 머리를 흔들며 중얼거렸다. '여자들이란…! 그렇지만 정말로 반물질의 다른 세계가 있을지는 의문이야. 요전 밤 저 아래 '장미와 용龍' 가게에서 이런 진기한 얘기를 들었었지. 글쎄…!'

. . . . . .

강은 이리 요새(Fort Erie 미국와 캐나다 사이에 격전이 벌어졌던 유적지, 역주)의 '평화의 다리'를 감돌아 소용돌이치며 출렁거렸다. 그리고는 나이아가라 공원의 제방을 빙 돌아 유유히 흘러갔다. 파도치는 잔물결로 강에 정박한 유람선들은 밧줄 맨 기둥에 부딪혀 흔들리며 들썩였다.

그랜드 아일랜드Grand Island의 모래 강가를 따라서 작은 돌들이 강물에 쓸려 구르며 까르륵 거리는 소리를 냈다. 강은 치파와Chippawa 강과 하나로 합쳐지며 계속 흘러갔다. 작은 강, 시내, 그리고 개울이 더해질 때마다 강은 수량이 많아지고 파도도 높아졌다.

멀리 나이아가라 폭포에서는 물보라가 수십 미터 위의 공중으로 뿌려져서 한동안 그 상태로 떠 있다가 되떨어지며 급류에 가세했다. 흩뿌려진 물보라 위에선 다채로운 빛이 시시각각 반사되며 화려한 무지개를 만들었다.

강물은 폭포 위 수량 통제소에 있는 한 남자에 의해 줄기가 갈라지고 있었다. 엄청난 양의 물이 관광객들의 즐거움을 위해 폭포로 향했고, 또 다른 수천 갤런의 물은 왼쪽으로 급히 돌아 거대한 인공 터널로 들어가서 5마일이나 내리막을 치달은 후 수력발전소로 흘러갔다. 가속도가 붙은 강물은 거대한 힘으로 터빈의 날개를 휩쓸며 회전시킴으로써 엄청난 양의 전력을 생산해냈다.

온타리오 주를 가로질러 가설된 송전선들이 실어 나르는 전기가 문명의 수요를 충족시켰다. 캐나다로부터 뻗어나온 거대한 고압선이 미국을 횡단해 뉴욕까지 닿으면서 미국의 가정과 산업체에 전기를 공급해주었다. 수십억 개의 불빛이 사람들을 안락하게 만들었다. 캐나다산産 전기 덕분에 번화한 호텔에선 승강기가 쉬익 거리며 투숙객들을 방으로 날랐고, 병원에서 내외과 의사들이 진료를 볼 수 있었다. 곳곳에서 라디오 소리가 울려 퍼졌고, 텔레비전이라 불리는 유리화면 뒤에서는 깜박이는 그림자들이 흔들리고 뛰어다녔다.

전 세계 각지에서 불빛이 휘황한 땅을 가로질러 항공기들이 날아왔다. 영국, 호주, 일본, 남미, 그 외 여행사 광고에나 나올 법한 온갖 생소한 지역으로부터 수많은 사람들이 뉴욕 주 공항을 향해 줄지어 몰려들었다. 관제탑의 관제관들은 쉴 틈 없이 지시를 내리며 조종사들을 안내했다. 활주로 불빛은 공항을 대낮처럼 밝게 했고, 탐조대는 커다란 빛줄기를 하늘로 쏘아 올려 아직 수 킬로미터 밖의 대양 위에서 어둠에 싸여 있는 이들이 뭍을 찾을 수 있도록 도와주었다.

전철은 지하에선 울부짖듯 쇳소리를 냈고, 지상에선 고가를 건너며 요란하게 덜컹거렸다. 부두의 정박소엔 전 세계의 거대한 상선들이 묶여 있었고, 인간들은 개미처럼 정신없이 짐을 부리는 하역작업에 열중했다. 엄청난 밝기의 조명등이 시간을 되돌려 어두운 밤을 밝은 대낮처럼 바꿔 놓았다.

여전히 저 멀리 발전소에서는 물이 끝없이 쇄도하여 터빈을 돌리고 또 돌림으로써 전기가 두 나라를 횡단하여 흐르게 했다. 발전소에서 생겨난 양극과 음극이 상대극을 향해 흘러가려는 부단한 몸부림(에너지의 흐름)이 이처럼 인간을 안락하게 해준 것이다.

그렇지만 지금 어디에선가 작은 폐단이 생겨났다. 합선이 발생한 것이다. 합선이란 양극과 음극의 갑작스런 접촉에 불과하다. 하지만 일단 합선이 되고 나면, 금세 엄청난 양전기가 음전기를 향해 — 마치 흥분한 축구 관중처럼 — 뛰어들기 시작한다. 그러면 계전기가 뜨거워지고, 콘센트는 아예 들러붙는다. 절연선도 뜨거워지며 빨갛게 달아올라 여기저기 고무가 타는 얼룩이 생긴다. 전동기들은 과잉 출력으로 소란을 떨다 낑낑거리고 이윽고 힘이 다하며 정지해버린다.

그리하여 두 나라의 전깃불이 모두 나갔다. 승강기가 작동을 멈추면서 탑승객들은 걱정과 두려움에 떨었다. 땅 밑에선 전철이 귀에 거슬리는 쇳소리를 내며 운행을 정지했다. 가장 즐거운 것은 — 요란한 라디오와 번쩍이는 텔레비전 수상기가 전부 꺼져버렸다는 사실이다. 기자들도 찢어진 신문과 사람들의 악다구니 속에서 모처럼 잠잠해졌다.

그런데 이 모든 것은 '양전기'가 '음전기'를 향해 갑작스럽게, 또한 맹렬하게, 어떤 사전조치나 통제도 없이 달려들었기 때문이다. 이처럼 반대극끼리의 만남이 통제되지 않을 때는 무슨 일이든 일어날 수 있고, 또 일어난다!

・　・　・　・　・

지난 수 세기 동안 동양의 달인들은 이 세계와 반대되는 또 다른 세계가 존재한다는 사실을 알고 있었다. 동양에서는 그 세계를 '검은 쌍둥이'라 일컫는다.

수년 동안 서구의 과학자들은 오직 관찰 가능한 것들만이 존재하는 전부라는 맹목적인 믿음으로써 동양의 주장에 냉소를 보냈다. 하지만 최근 들어서 한 남자가 반물질反物質 세계와 관련된 여러 사실들을 발견함으로써 노벨상을 받게 되었다.

1927년 한 영국의 물리학자가 이 우주에는 일종의 '반물질 세계'가 존재한다는 것을 발견했다. 그렇지만 그는 자신의 발견을 의심스러워했고, 자신의 능력에도 충분한 확신을 갖지 못했다. 그런데 칼 앤더슨이라고 하는 미국 물리학자가 특수한 실험공간 안에서 우주선(cosmic rays)을 사진으로 찍었다. 거기서 그는 여타 전자들과는 다른 한 전자의 궤적을 발견했는데, 이것이 바로 전자의 반물질(anti-electron, 양전자)이다. 칼 앤더슨은 1927년에 한 영국인이 이미 예상했던 이 발견 덕분에 노벨상을 받았다. 아마 그 영국 물리학자가 자신의 능력에 충분한 확신이 있었더라면 앤더슨보다 먼저 노벨상을 받았을 것이다.

동양에서는 수 세기 동안 당연하게 여겨졌고 이제는 과학자들도 분명히 알고 있는 사실이지만, 예컨대 수소 원자가 자신의 반물질과 만날 때 일어나는 엄청난 폭발에 비하면 원자폭탄은 젖은 폭죽 정도에 불과하다.

이 문제를 좀더 고찰해보자. 모든 생명, 모든 존재는 움직임, 흐름, 성쇠, 증감을 보인다. 심지어 시각조차도 일종의 움직임이다. 눈의 시신경(간상체와 원추체)이 물체를 본다는 것은 사실 그 물체로부터 진동(움직임)을 감지하는 것이다. 그런고로 세상에 정지해 있는 것이라곤 아무것도 없는 셈이다.

산을 예로 들어보자. 산은 단단한 구조물로 보인다. 그러나 다른 각도에서 보면, 산은 위아래로 춤을 추는 분자 덩어리, 마치 여름밤의 하루살이 떼처럼 서로 맴을 도는 분자 덩어리에 지나지 않는다. 좀더 규모를 넓혀 우리는 그것을 우주에 비유할 수도 있다. 왜냐하면 우주에는 수많은 행성과 유성들이 있는데, 그것들은 모두가 부단히 움직이고 있다. 즉 정지한 채로 있는 것은 아무것도 없다. 죽었다고 해도 정지해 있는 것은 아니다!

마찬가지로 배터리에 에너지의 흐름이 일어나려면 음극과 양극이 있어야 한다. 인간을 포함한 모든 존재는 음적인 요소와 양적인 요소로 구성되어 있다. 순수한 양 또는 순수한 음의 존재물은 없다. 만약 그렇다면 한 극에서 다른 극으로의 에너지의 흐름이 있을 수 없으므로 존재 자체가 불가능해지기 때문이다.

사람들은 반물질 세계를 알지 못한다. 이는 마치 배터리의 음극 또는 양극이 상대극의 존재를 알지 못하는 것과 같다. 우리는 물질계에 살고 있다. 우주에는 그와 동등하면서도 정반대 성향의 반물질 세계가 있다. 신이 있으면 악마(anti-God)가 있다. 악마가 없으면 신의 선함을 파악할 방법이 없고, 신이 없으면 악마의 악함을 파악할 방법이 없다.

현재 음적인 세계에서 살고 있는 우리는 악마, 사탄 등으로 대변되는 이른바 '악의 힘'에 의해 조종되고 있다. 그러나 곧 존재의 주기는 바뀔 것이고, 우리는 신의 통제 아래로 들어가서 그의 축복을 받게 될 것이다. 우리는 양에서 음으로, 음에서 양으로 수시로 변하는 일종의 교류전기의 회로 속에 있다. 우리의 반물질 세계도 마찬가지로 음으로부터 양으로, 양으로부터 음으로 변화해간다.

흐름, 움직임, 떨림, 진동, 변화 그 자체가 곧 생명이다. 흐름과 변화가 곧 존재이다. 영국의 가정에 공급되는 교류전기를 예로 들면, 음극과 양극이 초당 50번 전환된다. 캐나다와 미국 같은 지역에서는 그 전환 빈도가 초당 60번이다.

이처럼 세계, 태양계, 또는 우주로 알려진 존재의 틀 위에서 우리 역시 고유한 순환 구조를 갖고 있다. 우리는 전자들이 전류를 따라 여행하듯 시간의 흐름을 따라 여행을 한다. 우리는 — 아니, 우리의 초자아는 — 좀더 월등한 존재가 될 때까지 우리의 시간 개념에 따라 여행을 한다. 내가 쓴 《선인들의 지혜》를 참고하면 각각의 시간 주기가 72,000년임을 알게 될 것이다.

지구의 모든 사람, 모든 사물은 또 다른 지구, 또 다른 은하계, 또 다른 시간의 체계 속에 반대극의 대응물을 가지고 있다. 그러나 그것은 결코 우리에게 근접해오지 못한다. 이 두 세계가 서로 만나면 엄청난 폭발이 일어나서 양편 모두 괴멸되기 때문이다.

1908년 6월 30일에 지축을 흔들며 시베리아를 황폐화시켰던 폭발은 알 수 없는 이유로 우리의 대기권에 진입한 축구공보다도 더 작은 반물질 때문이었다. 그 조그만 반물질은 엄청난 속도로 우주를 여행해왔는데, 지구와 접촉하면서 약 800킬로미터 밖에서도 들릴 정도의 소음을 내며 폭발했다. 그로부터 약 60킬로미터 밖에 있던 사람들조차 돌풍과 충격으로 완전히 내동댕이쳐졌다. 만일 그 반물질 조각이 좀더 컸더라면 지구는 더 이상 존재하지 못했으리라.

우리는 현 주기의 현 세계에서 부정적인 순환 과정에 속해 있다. 그 때문에 우리는 좌절과 쓰디쓴 괴로움을 겪고 있다. 현세에서는 단연코 악의 힘이 우세하다. 그러나 기운을 차리라. 현 주기는 거의 끝나가고 있으며 앞으로는 새로운 주기가 시작될 터인데, 그때는 모든 것이 갈수록 긍정적으로 변하게 될 것이다. 우리는 더 이상 악의 지배를 받지 않고, 전쟁도 없을 것이며, 모두가 선해질 것이다. 지금 우리는 서로를 향해 전쟁을 벌이고 있지만 다음 주기에서는 오직 가난과 질병을 타파하기 위한, 악 그 자체를 근절시키기 위한 투쟁만이 전부일 것이다. 우리는 소위 '지상천국'의 도래를 보게 될 것이고, 우리의 초자아는 그곳으로도 자신의 '꼭두각시'들을 지금과 똑같이 내려보낼 것이다.

《이상한 나라의 앨리스》를 떠올려보자. 앨리스는 거울을 통해서 모든 것이 뒤바뀐 세계로 들어갔다. 당신이 부정과 긍정을 가르는 장막을 통과

할 수 있다고 상상해보라. 지금 이 세상에서 당신은 청구서를 어떻게 처리할까, 어떻게 생계를 꾸려갈까, 이웃들은 왜 나를 싫어할까를 고민하고 있다. 그런데 예기치 않게 장막 저쪽으로 밀려나서 보니, 그곳의 당신은 빚이 전혀 없고, 더없이 친절한 사람들에 둘러싸여 있으며, 다른 사람들을 도울 충분한 여력이 있다. 이런 전환은 막을 수 있는 일이 아니다. 주기가 바뀔 때마다 우리에게는 새로운 공부거리가 주어진다. 실로 흥미롭지 아니한가.

만일 우리가 반물질을 완두콩만큼이라도 구할 수 있다면, 그리고 그것을 엄밀한 통제 아래서 활용할 수 있다면 거대한 우주선을 간단히 지구 너머의 깊고 깊은 우주로 날려보낼 수 있을 것이다. 그때는 현재와 같은 로켓의 복잡한 추진체는 더 이상 필요 없게 될 것이다. 왜냐하면 반물질 덩어리는 반중력(anti-gravity)에 필요한 동력을 충분히 제공해주기 때문이다.

다시 말하지만 악이 없으면 선도 없다. 상대극이 없으면 아무런 자력도 작용할 수 없다. 양극 또는 음극만 있는 자석은 없다. 그런 자석은 존재할 수가 없다! 지구의 자장이 북극과 남극으로부터 방사되는 것처럼, 이 세계는 우리가 볼 수 없는 어떤 경로를 통해서 반대극의 세계와 서로 연결되어 있다. 그래야 말굽자석의 온전한 양극이 갖추어진다.

많은 과학자들은 반물질 세계에 이 세계의 모든 것이 복제되어 있다고 추측한다. 예컨대 반(anti)-인간들, 반-고양이들 그리고 반-개들이 존재한다는 것이다. 그러나 과학자들은 반물질 세계가 어떤 모습인지를 알지 못한다. 그들은 상상력이 부족하다. 오직 손안에 넣어 절개하거나 비교해본 것만을 이해한다.

이 특별한 주제에 관한 정보를 얻으려면 비술가秘術家(occultist)가 필요하다. 유능한 비술가는 육체를 벗어나서, 또한 지구를 벗어나서 반대극의 다른 세계가 어떤 모습인지를 직접 볼 수 있다. 내가 아주 빈번히 그래왔던 것처럼 말이다.

반-인간들이란 에테르의 방향이 이 지구의 사람들과 반대인 존재이다. 예컨대 우리가 푸른 색조에 노란 띠의 오라를 가지고 있다면, 그들은 노란 색조에 푸른 띠의 오라를 갖고 있을 것이다. 반물질의 세계를 상상하기 어렵다면 사진 인화술을 참고해보라. 사진에는 음화와 양화가 있다. 음화에 빛을 쬐어 감광지에 투영시키고 그걸 여러 화학약품에 담그면 음화의 밝은 부분에서 어두운 화상을 얻어지고 어두운 부분에선 밝은 화상을 얻어지면서 양화의 사진이 인화된다.

이 세상에는 정체가 알려지지 않은 비행물체들이 있다. 소위 '비행접시(flying saucers)'라는 그것들은 사실 반물질 세계로부터 이 지구에 온 것이다. 그들은 우리에게 너무 가깝게 접근하지 못한다. 그러면 폭발을 일으킬 테니까 말이다. 하지만 그들은 우리가 달과 화성과 금성에 로켓을 보내는 것처럼 이 세계를 탐사하고 있다.

사람들은 만일 비행접시 사건들이 진실이라면 그 승무원들이 왜 착륙하여 지구인들과 접촉하려 들지 않느냐고 불평한다. 진실은 그들은 그럴 수가 없다는 것이다. 그들이 착륙하는 즉시 폭발이 일어나서 비행접시는 사라져버릴 것이다. 여러 보고서들을 참고한다면, 당신은 레이더에 분명히 잡힌 '미지의 비행물체'가 지표면의 3백 미터 이내로 접근했을 때 갑자기 폭발해버린 사건들을 발견할 수 있을 것이다. 그 폭발은 너무나 갑작스러웠고 아무런 흔적도 남기질 않았다. 만일 우리가 로켓을 반물질 세계로 쏘아 올린다면 그때도 같은 일이 일어날 것이다. 우리는 아마도 하나의 도시를 완전히 날려버림으로써 그곳 거주민들을 꽤나 곤혹스럽게 만들 것이다!

반물질 세계라는 주제는 연구하면 할수록 대단히 흥미로운 요소를 많이 갖고 있다. 예를 들면 이 지구에는 사람들이 다른 차원 또는 반물질 세계로 '미끄러져 들어갈' 수 있는 특정한 장소들이 있다. 다행히도 그런 곳은 몇 군데밖에 없지만, 불운한 사람들은 그 '수상한' 장소에서 흔적도 없이 사라지곤 한다. 이것은 상상이 아니라 거듭 입증된 사실이다.

저 멀리 혹한의 셰틀랜드 제도 너머에는 '울티마 툴Ultima Thule(세상의 끝)'이라 불리는 신비로운 섬이 있다. 그런데 아주 이상스런 일들이 그 섬을 중심으로 종종 일어났다. 예컨대 수년 전 영국해군 본부의 보고서에 의하면, 일단의 영국 수병들이 그 섬에 상륙해서 아주 괴이한 일들을 겪었다고 한다. 수병들은 자신들과는 전혀 다른 모습의 사람들을 목격했다. 수병들은 깜짝 놀라서 자신들이 타고 온 영국 전함으로 되돌아갔다. 하지만 결국 그 전함에 탔던 수병들은 결국 단 한 사람도 돌아오지 못하고 전부 사라졌다.

미국의 해안 바깥에도 '죽음의 삼각지대'로 알려진 장소가 있다. 대서양에 있는 그곳에서는 선박들은 물론 빠르게 비행하는 항공기조차 사라지곤 한다.

자세히 설명하자면, 그 시작은 이랬다. 1963년 2월 2일, '마린 설퍼 퀸Marine Sulphur Queen'이라는 이름의 유조선이 텍사스 주 보몬트 항을 떠났다. 이 유조선은 버지니아 주의 노펙 항으로 갈 예정이었다. 유조선은 2월 4일까지는 육지의 무선국과 정규적인 무선 교신을 했는데, 당시 멕시코만의 특정 지역 부근을 지나고 있었다고 한다. 그런데 배로부터 갑자기 교신이 끊겼고, 2월 6일에 공식적으로 배가 실종되었다는 판단이 내려졌다. 그 지역을 순찰키 위해 비행기들이 떴고, 연안 경비정들은 종횡무진으로 증기를 내뿜었으며, 모든 선박은 어떤 난파의 흔적이라도 찾아서 보고하라는 요청을 받았다. 그렇게 2월 14일까지 수색이 계속되었으나 유조선에 관한 어떤 흔적도 발견되지 않았다.

배들만 실종된 것이 아니었다. 1963년 8월, 두 대의 대형 급유기가 마이애미 남쪽 공군기지를 떠났다. 열한 명의 승무원들은 지극히 일상적인 급유작업과 훈련을 할 예정이었다. 그런데 급유기들이 위치를 마이애미로부터 북쪽 1,300킬로미터, 버뮤다로부터 서쪽 500킬로미터로 무선 보고한 이후로 교신이 끊겼다. 비행사들은 고도로 훈련된 인력이었고 기체도 전혀 결함이 있을 수 없는 새것이었다. 그런데 위치 기록만을 남긴 채로 사라져버린 것이다.

뒤이은 수색을 상상해보라. 항공기들이 출정하여 그 지역을 말 그대로 누볐다. 몇몇은 높이 떠서 바다를 최대한 넓게 조망했고, 몇몇은 낮게 훑으며 두 기체의 잔해라도 탐지하고자 애썼다. 배들도 종횡으로 이동하며 수색했다. 그렇지만 아무것도 발견되지 않았다. 기체도, 난파의 흔적도, 시체도. 거기엔 아무것도 없었다.

수년 동안 배들의 수상한 실종 사건이 줄을 이었다. 배들은 아무런 흔적 없이 사라졌다. 난파되었다는 단서조차도 전혀 발견되지 않았다. 심지어 고성능의 레이더를 갖춘 항공기가 즉각 탐색 작업에 투입되는 오늘날에도, 아무리 샅샅이 수색을 하고 온갖 방법을 동원해도 무슨 일이 일어났는지 전혀 알 길이 없다.

이처럼 대서양의 버뮤다/플로리다 해안선 부근 특정 지역에서는 많은 배들과 항공기들이 사라졌다. 이곳은 결코 외딴 지역이 아니다. 이 해안선 일대는 해안경비대, 해군, 공군이 항시 순찰하고 있으니까. 그리고 기록에 따르면 이런 실종 사건은 대단히 오랜 옛날부터 있었던 듯하다.

수년 전, 나는 태평양에도 일본 남쪽에 아주 수상한 지역이 있음을 알게 되었다. 그곳엔 '악마의 바다'라고 알려진 지역이 있다. 그곳에선 평화롭게 항해해가던 범선이 갑자기 통째로 사라져서 근처 다른 범선에 탄 사람들의 눈을 휘둥그레지게 만든다고 한다.

한번은 일련의 고기잡이 범선들이 '악마의 바다' 위를 항해하고 있었다. 선두의 범선은 다른 범선과 약 1마일쯤 떨어져 있었는데, 갑자기 흔적도 없이 사라져 버렸다. 뒤따르던 범선의 조타수는 경악했지만 영문을 몰라 진로를 변경할 시간과 여유가 없었다. 결국 그 범선은 똑같은 진로를 그대로 갔는데 다행히 아무 일도 일어나질 않았다. 그 범선의 승무원들은 머리 위 허공에서 이상스런 가물거림을 보았다고 진술했다. 그리고 아주 강력한 회오리바람의 전조처럼 무겁게 짓누르는 듯한 느낌이 들었다고 한다.

회의적인 독자들이 살펴볼 만한 또 다른 사례도 있다. 1945년 12월 5일, 다섯 대의 공중어뢰 폭격기들이 플로리다 주 로더데일 요새 해군기지에서 이륙했다. 구름 없이 태양이 비치는 맑은 날씨였고 물결도 잔잔했다. 물론 폭풍우 같은 것도 없었다. 커다란 수수께끼가 발생하리라고는 전혀 예상할 수 없는 날이었다.

이 폭격기들은 정규 비행 중이었고, 미국의 해안 또는 카리브 제도에서 육안으로 보이는 가시권 내에서만 움직였다. 그들의 비행고도를 감안할 때 그들은 한 번도 육지의 시야를 벗어날 수 없었다. 모든 기체는 신중한 점검을 마친 후였고 연료 탱크에는 기름이 가득했다. 모든 엔진이 최상의 상태였고, 이륙 전에 조종사들은 확인을 마쳤다는 서류에 서명을 했다. 더욱이 모든 기체는 자동으로 펼쳐지는 구명장비와 구명보트를 싣고 있었고, 승무원들은 각자 구명조끼를 휴대했다. 그것은 비상 시에 여러 날 동안 바다 위에 떠 있을 수 있도록 고안된 것이었다. 승무원은 총 열네 명이었는데, 모두가 1년 이상의 비행 경력을 갖고 있었다.

아마도 그들은 평소처럼 푸른 하늘에서 쾌적한 비행을 하리라 생각했을 것이다. 보석처럼 빛나는 카리브 제도와 플로리다의 길고 긴 해안선을 지켜보면서 말이다. 어쩌면 몇몇은 에버글레이드Everglade 습지를 한 번 더 구경하고 싶어했을지도 모른다.

그들은 일상적인 정규 순찰을 하기 위해 이륙했고 동쪽으로 160마일, 북쪽으로 40마일을 비행할 예정이었다. 그리고 그 후에 기수를 공군기지로 되돌려 두 시간 이내로 착륙하도록 되어 있었다. 그런데 이륙 후 약 30분이 지났을 무렵 하나의 메시지가 로더데일 요새로 날아들었다. 놀랍게도 긴급 구조를 요청하는 전언이었다. 비행을 지휘하는 편대장은 겁에 질려 동요하는 상태였다. 그는 자신들 모두가 진로를 벗어난 것 같으며 육지가 전혀 보이지 않는다고 말했다. 참으로 이상한 일이었기에 그는 그 말을 계속 반복했다. "반복한다. 육지가 보이지 않는다."

공군기지에 근무 중이던 무선통신사는 비행편대의 위치를 물었다. 그러나 편대장의 응답은 관제탑 요원들의 머릿속을 하얗게 만들어버렸다. "위치가 확실치 않다. 우리가 지금 어디에 있는 건지 모르겠다." 그들은 이상적인 조건하에 비행 중이었고, 조종사들은 비행경험이 풍부했으며, 항공기의 상태 또한 나무랄 데 없었다.

다시 새로운 메시지가 접수되었다. 몹시 흥분한 목소리가 스피커를 통해 흘러나왔다. "어느 방향이 서쪽인지 모르겠다. 모든 게 잘못됐고 모든 게 이상하다. 우리는 방향을 확신할 수 없다. 바다조차도 이전과는 다르게 보인다."

당신은 열세 명의 부하를 거느린 노련한 상관이 이런 식으로 말하는 게 상상이 되는가? "나침반이 제대로 가리키지 않는다. 내가 어디에 있는지 모르겠다. 육지가 보이지 않는다. 바다조차도 뭔가 다르게 보인다." 구름 한 점 없는 하늘을 날던 열네 명의 사내들은 공군기지를 훤히 비치고 있는 해조차 자신들에게는 보이지 않는다고 말했다.

같은 날 오후 4시 30분경, 다른 비행 편대장이 위치를 모르겠다고 무선으로 말해왔다. 그는 말을 계속하려 했으나 이내 교신은 완전히 끊겨버렸다. "이건 마치 우리가 — … " 이 열네 명의 사내와 그들이 탔던 기체는 어떤 흔적도 잔해도 발견되지 않았다.

불과 몇 분 이내에 구조장비를 모두 갖춘 커다란 미해군 비행정이 열세 명의 승무원을 태운 채로 수면을 차고 내달았다. 길이가 약 25미터, 날개폭은 약 40미터나 되는 이 비행정은 거친 바다 위에도 착륙할 수 있도록 설계되어 있었다. 실로 무적의 비행정이라 불러 손색없는 기종이었다.

그 비행정은 공중어뢰 폭격기들의 예상 위치로 향하는 동안 정규적인 교신을 보내왔다. 그러나 20분 후 모든 무선교신이 또 중단되었다. 공중어뢰 폭격기들은 물론이고 그들을 찾으러 갔던, 특수장비와 특수요원을 탑재한 비행정마저 사라져버린 것이다.

해안경비대, 해군, 공군, 그 모두가 서둘러 수색에 나섰다. 구명조끼 또는 구명보트에 의지해 떠돌고 있을 사람들을, 또는 난파된 잔해를 찾기 위해서. 그렇지만 아무것도 발견되지 않았다. 항공모함 하나가 그 지역으로 이동했고 동이 틀 무렵 30대의 비행기가 이륙하여 전 지역을 수색했다. 우연히 부근에 있던 영국 공군도 기동 가능한 모든 비행기를 수색에 참여시켰다. 그러나 마찬가지로 일말의 난파 흔적조차 찾을 수 없었다. 모든 비행기가 홀연히 사라진 것이다.

사라졌다고? 그것은 사실이다. 그들은 '시간의 구멍'을 통과해 반물질 세계로 들어간 것이다. 수 세기 동안 남자들과 여자들과 동물들이 흔적 없이 사라졌던 것과 똑같은 방식으로 말이다.

이 같은 사건들은 그저 최근에 발생한 우연이 아니다. 역사상 이런 일들은 종종 있어왔다. 본격적으로 연구해보면 갑작스런 실종과 관련된 흥미로운 이야기들을 수도 없이 찾을 수 있을 것이다.

예를 들어, 어느 날 저녁 농장 집을 나가서 돌아오지 않은 한 소년의 사례가 자세한 기록으로 남아 있다. 땅 위에 눈이 몇 센티쯤 쌓여 있는 날씨에 그 소년은 얼른 우물에서 물을 길어오려고 양손에 물통을 들고 밖으로 나갔다. 그의 부모와 친구들은 불가에 앉아 소년이 돌아오길 기다렸다. 그들은 차를 끓일 물이 필요했다.

얼마 후 소년이 너무 지체하자 엄마는 마음이 불안해졌다. 하지만 아이들은 빈둥거리기 십상이라 한 시간 정도 더 기다려보았다. 하지만 결국

이상한 느낌을 지울 수 없어서 온 가족이 호롱불을 들고 소년을 찾아 나섰다. 혹시 우물에 빠졌는지도 모른다고 걱정하면서 말이다. 그들은 호롱불로 눈 위를 비추면서 마당을 가로지른 소년의 발자국을 뒤따라갔다.

그런데 선두에 선 아빠가 깜짝 놀라 멈춰 서면서 뒤따르는 이들이 그의 등에 부딪혔다. 아빠는 옆으로 비켜서서 말없이 바닥을 가리켰다. 다른 이들이 내려다 보니 거기에서 소년의 발자국이 끊겨 있었다. 마치 공중으로 증발해버린 것처럼 흔적이 사라졌다. 이것은 실제로 있었던 일이다. 직선으로 이어지던 발자국이 갑자기 끊겼고, 그 후로 소년은 어디서도 발견되지 않았다.

훤한 대낮에 일어났던 또 다른 남자의 사례가 있다. 그는 아내와 보안관이 지켜보는 가운데 들로 나갔다. 보안관에게 들에서 뭔가를 가져다주려고 말이다. 그런데 이들이 지켜보는 가운데 그는 갑자기 공중으로 획 사라지더니 다시는 보이지 않았다!

〈레이널드 뉴스〉를 읽어본 적이 있는가? 그렇다면 1938년 8월 14일자 발행물을 열람해보라. 이제는 노랗게 색이 바랜 종잇장들을 넘기다 보면 영국 공군의 비행정 얘기가 나온다. 그 비행정은 영국 펠릭스토우를 벗어나 수면에 거의 붙어서 날고 있었는데 갑자기 엄청난 물기둥과 연기 속에서 사라져 버렸다. 어떤 충돌과 충격도 없었지만 비행기는 증발했고 아무런 흔적도 발견되지 않았다.

또 다른 사례도 있다. 1952년 3월 영국 공군의 볼드윈 중령은 비행 정찰대와 함께 한국의 해안을 날고 있었다. 그와 그의 동료들은 모두 신형 제트기를 타고 있었다. 그는 동료들과 떨어져서 구름 속으로 들어갔다. 그런데 기지로 돌아온 동료들은 볼드윈 중령이 아직 돌아오지 않았다는 사실을 알게 되었다. 그의 흔적도, 비행기의 흔적도 찾을 수 없었다. 동료들 중 그 누구도 그에게 무슨 일이 일어났는지를 설명하지 못했다.

이런 사례들은 무척이나 많다. 예를 들어 1947년 미국의 폭격기(B-29, 나중의 B-50)가 아무런 흔적도 난파의 잔해도 없이 사라졌다. 그것은 버뮤다 근처의 삼각해역을 날고 있었다. 이 폭격기는 아주 큰 비행기였는데 그대로 증발해버렸고, 철저한 수색이 이뤄졌지만 아무런 흔적도 발견되지 않았다.

당신은 영국남미항공 소속의 '스타 타이거' 사건을 기억하는가? 1948년 1월 30일, 이 대형 비행기는 버뮤다의 킨들리필드 공항에 자신이 섬에서 약 640킬로미터 떨어져 있다는 무선보고를 보냈다. 비행기의 무선통신사는 날씨가 쾌청하고 비행 상태도 아주 순조로우며 예정대로 도착할 것이라고 덧붙였다. 하지만 그들은 그렇지 못했다. 여섯 명의 승무원과 스물네 명의 승객이 사라졌고, 아주 철저한 수색에도 아무것도 발견되지 않았다. 약 50대에 이르는 온갖 기종의 비행기들이 그 지역을 샅샅이 훑었지만 아무것도 찾지 못했다.

그러자 런던의 로이드 보험조합이 입수할 수 있는 모든 증거를 모아 철저한 조사를 진행했다. 하지만 조사관들이 발표할 수 있었던 유일한 결론은, 그저 '알 수 없는 이유로 실종되었음'뿐이었다.

또 다른 예를 들어보자. 1948년 12월, 대형 여객기가 산 후안(푸에르토리코의 수도) 공항으로부터 플로리다를 향해 비행 중이었다. 승객은 서른 명을 넘었으며, 무선통신사는 만사가 순조롭고 승객들은 콧노래를 부르고 있다고 기지에 전했다.

오전 4시 15분, 무선통신사는 마이애미 관제탑에다 자신이 현재 80킬로미터 밖에 있으며 비행장이 보인다고 말했다. 그는 착륙지시를 요청했다. 하지만 비행기는 곧 사라졌다. 승객들과 기체가 아무런 흔적 없이 사라졌다. 조사관들은 그 비행기의 기장과 승무원이 고도로 훈련된 사람들임을 확인했다. 그럼에도 목적지를 불과 80킬로미터 앞둔 곳에서 대형 비행기가 일말의 흔적도 없이 사라져버렸다.

마지막으로 하나의 사례만 더 살펴보자. 우리가 이 사례를 언급하는 이유는 이것이 '스타 타이거' 사건과 한 쌍을 이루기 때문이다. 이것은 '아리엘'이라는 비행기였다. 아리엘은 버뮤다 기지와 교신했고, 자메이카의 수도 킹스턴으로 가는 항로에 있었다. 8시 25분, 아리엘의 무선통신사는 기체가 버뮤다로부터 280킬로미터 떨어진 곳에서 이상 없이 비행하고 있으며 무선국을 킹스턴 기지로 바꾸겠다고 전했다. 그렇지만 그것이 마지막 소식이었다. 비행기는 또 흔적 없이 사라졌다.

당시 미해군은 버뮤다 부근에서 기동연습을 하고 있었다. 이미 이런 수수께끼 같은 사건을 충분히 겪은 미해군과 공군은 비밀을 풀기 위해 모든 노력을 다 기울였다. 두 척의 거대한 항공모함이 모든 비행기를 공중에 띄웠다. 순양함과 구축함, 소해정과 갖가지 함재보트들도 총동원되었다. 그렇지만 바다를 이 잡듯이 뒤져도 흔적은 전혀 발견되지 않았다.

사실을 설명하자면 이러하다. '시간의 균열'이란 것이 존재하는데, 그것을 통해 드물지만 사람들이 한 세계에서 다른 세계로 이동한다. 두 개의 커다란 축구공이 서로 가까이서 회전하는데, 각 축구공마다 그 안에 작은 균열이 있다고 하자. 어떤 이유로 두 균열 부위가 바짝 근접하게 되면 한 축구공에 있던 불운한 작은 벼룩은 다른 축구공의 균열 속으로 휙 옮겨질 수 있다. 이 세계와 반대 세계 간에는 이것과 흡사한 일이 벌어지고 있는지도 모른다.

이해하기 어렵다면 이렇게 한 번 생각해보라. 여기 우리는 3차원의 세계 속에 있다. 우리는 이 작은 상자 같은 방 안에 있다. 우리는 이곳이 아주 안전하며, 무엇도 우리를 건드릴 수 없다고 믿는다. 그러나 4차원에서 우리를 내려다보는 존재의 입장에서는, 천장이나 벽과는 무관하게 쉽게 손을 뻗어 우리를 집어올릴 수 있다.

차원의 문제는 따로 장을 마련하여 제대로 다루는 편이 좋을 것 같다. 예컨대 4차원이란 대체 무엇인가 하는 문제 말이다. 4차원을 올바르게 이해하는 것은 우리에게 아주 유용한 일이기 때문이다.

제4장

또한 많은 차원들!

제4장에서는 4차원을 다루는 것이 꽤 적절한 듯싶다. 왜냐하면 우리는 이 지구를 떠나면서 모두 4차원으로 들어가게 되니까!

여기서 흥미로운 점을 하나 덧붙이자. 강령회에 참석하는 사람들은 자주 '타계한' 이들로부터 받는 엉터리 메시지에 당황하게 된다. 우리는 이 지구를 떠나 다른 존재의 국면으로 간 사람들이 소위 수천 광년 후의 미래에 있다는 사실을 이해하지 못한다. 당신은 이 장 말미에 나오는 인도의 왕과 그의 딸 이야기에서 재미있는 유사점을 발견하게 될 것이다.

먼저 무엇이 1차원의 세계인가를 살펴보자. 1차원의 세계를 모르면서 4차원을 논할 수는 없다.

우리가 종이 한 장과 연필을 갖고 있다고 하자. 종이 위에 연필로 직선을 긋고 그 흔적이 모두 사람들을 상징한다고 한다면, 실제로 그 직선은 우주 그 자체가 된다. 그곳의 사람들은 오직 앞과 뒤의 두 방향으로만 움직일 수 있을 뿐 다른 길은 전혀 없다.

만약 당신이 그 선에 변화를 줄 수 있다고 가정하자. 그러면 1차원의 사람들은 기적이 일어났다고 생각할 것이다. 또는 종이를 살짝 누르고 있는 당신의 연필 끝을 보면서 비행접시가 어디선가 갑자기 나타났다고 생각할 것이다. 그들은 1차원에 묶여 있어서 당신을 볼 수가 없으며 오직 종이와 접촉하고 있는 연필 끝만을 볼 수 있기 때문이다.

1차원의 세계가 이해되었다면 이제 2차원의 세계를 알아보기로 하자. 2차원은 평면의 세계인데, 그곳에 사는 사람들은 필시 평평한 형태의 기하학적인 모습일 것이다. 그들이 존재하는 세계는 아래와 같은 사항을 제외하고는 우리 세계와 아주 흡사할 것이다. 즉, 만일 당신이 그들 주위에 연필로 선을 그어놓으면 그들은 그 선을 커다란 담벼락으로 느낄 것이다. 그들은 그 선을 넘어가지 못하며, 그 선이 어딘가 '다른' 차원에 속한다고 느낄 것이다. 우리가 4차원의 세계를 상상하듯이 말이다.

우리가 4차원을 이해하는 데 어려움을 겪듯 이 2차원의 사람들은 우리에겐 익숙한 3차원을 이해하는 데 큰 어려움을 겪으리라. 만약 누군가 어리석게도 3차원에 대해 설명함으로써 그들의 인식을 흔들어놓는다면 그는 곧 거짓말쟁이, 사기꾼, 날조자, 미치광이로 여겨져 격리당하리라. 2차원적 존재는 선들을 인식하지만 그것을 입체적으로 파악할 수는 없다. 왜냐하면 2차원 속에 묶여 있기에 위에서 내려다볼 수가 없기 때문이다.

과학자들이 그토록 완고하지만 않다면, 과학자들이 모든 선입관을 떨어버리고 아무런 편견도 없는 시선으로 연구에 임한다면 얼마나 좋을까? 우리는 '유명인사'들이 우리의 일상사에 지나치게 참견하고 있는 현실을 직시해야 한다.

예를 들어 한 남자가 전쟁에서 장군으로서 성공을 거두었다면 그는 곧장 미국의 대통령으로 만들어진다. 또는 흥행한 영화 속에서 멋진 인물로 나온 배우가 내뱉은 대사가 ― 실제로 그는 별 볼 일 없는 사내지만 ― 우리의 머릿속에 깊게 저장된다. 우리는 이를 어떤 방식으로 닦아야 하고, 머리는 어떤 스타일로 잘라야 하며, 면도기는 어떤 제품을 써야 하고, 심지어 어쩌면 그 배우조차 실제론 즐기지 못했을 성생활에 관해서까지 영향을 받는다.

그런고로 우리 같은 형이상학자들이 직면하는 가장 큰 어려움은, 사람들이 실상을 제대로 알지 못하는 '권위자'들의 말을 맹목적으로 추종

한다는 점이다. 아인슈타인이나 러더퍼드와 같은 권위자들을 예로 들어 보자. 그들은 각자의 협소한 과학 분야에서만 전문가들이다. 그들은 낡고 세속적인 개념들과 모순덩어리인 물리법칙으로써 세상 만물을 분석하고 자 한다.

사람들은 저명한 과학자들의 말을 복음처럼 받아들인다. 사람들은 인기 있는 영화배우의 말을 복음처럼 받아들인다. 불행히도 사람들은 그 '복음'을 철석같이 믿는다. 그리하여 그 유명인사들이 열심히 감추고자 하는 진실들을 캐내는 일이 우리의 몫이 되어버렸다.

가장 기본적인 법칙조차도 실은 상대적인 것이다. 즉, 현시점의 지식으로는 타당한 법칙이라 해도 더 많은 지식이 축적된 후에는 유연하게 변경되거나 수정되거나 심지어 폐기될 수도 있다. 호박벌을 떠올려보라. 공기역학의 법칙에 의하면 호박벌은 날지 못해야 옳다. 왜냐하면 그 불쌍한 생물의 구조는 철저하게 공기역학의 법칙을 무시하고 있으니 말이다. 그러니 과학자들이 말하는 기본 법칙을 믿는다면 우리는 호박벌이 날지 못한다고 믿어야 한다.

명성 있는 과학자들은 물리적 법칙에 따라서 인간은 시속 50킬로미터 이상의 속도로는 결코 여행하지 못한다고 주장했다. 몸이 지나치게 긴장하여 혈류 체계가 붕괴하고 심장이 터지고 뇌가 망가진다는 것이다. 그런데 인간은 시속 50킬로미터 이상의 속도로 여행할 수 있었다!

그게 이뤄지자 과학자들은 인간은 결코 날지 못하리라고 말했다. 물리적으로 불가능하다는 논리였다. 그것 또한 극복되자 과학자들은 인간은 결코 음속보다 빠르게 날지 못하리라고 말을 바꿨다. 그들은 여전히 당당하게 주장했다. 지금 그들은 인간은 결코 지구를 떠나 우주로 갈 수 없다고 말한다. 하지만 소문에 의하면 이미 그것 또한 실현되었다고 한다!

좀더 먼 과거로 돌아가보자. 1910년 전후로 모든 지식인과 자칭 과학자들은 인간이 대서양 너머로 목소리를 보내지 못할 거라고 말했다. 그렇지만 마르코니(이탈리아의 발명가)라는 신사분이 그들의 주장이 틀렸음을 입증했다. 지금 우리는 목소리뿐만 아니라 사진까지도 전기신호의 형태로 대서양 너머로 보낼 수 있다. 사실 이 정도는 오늘날의 텔레비전 방송 기술에 비하면 아무것도 아니다.

'부동의 법칙'으로 무장한 상투적이고 편협한 기성 과학자들의 말도 틀릴 수 있음을 이제 이해했다면, 이야기를 좀더 진전시켜보자. 그들의 가진 오류 중의 하나는 '두 개의 고체가 동시에 같은 공간을 점유할 수 없다'는 설명이다. 그건 엉터리고 전적으로 옳지 않다. 왜냐하면 형이상학의 차원에서, 두 육체는 상호침투적으로 동시에 같은 장소를 점유할 수 있기 때문이다.

과학자들은 존재하는 모든 물체가 커다란 공간을 사이에 둔 원자들로 구성되어 있음을 밝혀냈다. 그것은 마치 우리가 맑은 밤하늘의 별을 쳐다볼 때 커다란 검은 바탕 위에 작은 점(별빛)들을 보게 되는 것과 같다. 그러므로 만약 대단히 작은 피조물이 있다면, 그것은 우리가 '고체'로 바라보는 것들을 '넓은 공간 안에 띄엄띄엄 있는 분자들'의 모습으로 보게 될 것이다. 그래서 그 피조물이 바라보는 우리 몸의 모습은 우리가 바라보는 맑은 밤하늘의 모습과 비슷할 것이다. 다시 말하건대 그것은 몇몇 광점이 있는 커다란 공간일 뿐이다.

이렇게 상상해보라. 어떤 거대한 존재에게는 우리의 우주가 '고체'로 인식될 것이다. 바이러스의 경우는 정반대이다. 당신이 바이러스 하나를 집어들어서 좀 허술한 용기 안으로 떨어뜨릴 수 있다면, 그 가련한 생물은 용기의 밑바닥을 그냥 통과해버릴 것이다. 중간에 어떤 걸림도 없이 곧장 아래로 떨어져 내릴 것이다. 왜냐하면 크기가 너무나 작기 때문이다. 이것은 상상이 아니라 사실이다. 바이러스를 '취급하는' 실험실에서는 이런 문제로 인해 현실적인 어려움을 겪고 있다.

아주 작은 피조물의 시각에서는 '고체' 속 원자들 사이의 공간은 비교컨대 우리 우주의 별들 사이의 공간만큼이나 넓다. 그래서 수많은 혜성과 우주선들이 우주 공간을 여행하듯이, 우리가 '고체'라고 부르는 것들끼리도 같은 공간을 공유할 수 있는 것이다.

두 개, 세 개, 또는 네 개의 고체까지도 각각의 세계가 서로 충돌하지 않으면서 사이 공간을 점유하는 일이 가능하다. 물론 우리가 이런 현상을 일상에서 느낄 수는 없다. 왜냐하면 그럴 만한 지각 능력이 없기 때문이다. 우리는 지각 능력을 확장시켜야 한다. 어쨌든 3차원 속에 있는 우리가 4차원으로 들어가는 일은 쉽지 않으므로, 지금은 이런저런 설명을 통해 이해의 폭을 넓히는 수밖에 없다.

당신이 두 개의 포크를 갖고 있다고 가정해보라. 정원용 갈퀴든 식탁 포크든 상관없다. 당신은 한 포크의 창살들을 다른 포크의 창살들 사이로 지나가게 할 수 있다. 그 둘은 기본적으로 같은 공간을 점유하지만 서로의 '생활공간'을 침해하지 않는다.

당초에 사람들은 물체에는 길이와 폭이 있다고 생각했다. 그런데 사정이 좀 나아져서 길이와 폭과 두께가 있다는 결론에 이르면서 우리는 3차원의 세계에 살게 됐다. 여기서 길이는 1차원, 폭은 2차원, 두께는 3차원에 해당한다. 우리는 지금 3차원의 세계에 살고 있지만, 이 우주에는 4차원과 5차원 등의 다른 차원들도 존재한다. 그리고 길이와 폭과 두께를 가진 3차원에다 '시간'을 더하면 4차원이 된다.

보통 사람들은 특수 장비가 있어야 적외선을 볼 수 있다. 적외선은 평범한 인간의 인식 범위 너머에 존재한다. 그와 마찬가지로 이유로 길이, 폭, 두께를 초월하는 차원에 있는 물체는 3차원의 우리 눈에 보이지 않는다.

하지만 이런 점도 살펴볼 필요가 있다. 집, 사람, 나무와 같은 3차원의 물체는 2차원의 그림자를 드리운다. 그림자는 길이와 폭은 있어도 두께가 없으니 2차원이다. 그렇다면 4차원의 물체도 우리의 3차원에 일종의 그림자를 드리울 수 있지 않을까? 예컨대 사람들이 목격한 '유령'들 가운데 일부는 실제 4차원에 존재하는 무언가의 그림자일 수 있다. 유령은 분명히 3차원적으로 폭과 두께와 높이를 갖고 있지만 분명히 그림자처럼 어딘가 희미한 구석이 있다. 이처럼 4차원의 존재가 간접적인 방식으로 3차원에 현시하는 것이 어찌 불가능하기만 한 일이겠는가.

더 나아가 신문과 방송이 좀 멍청하게 '비행접시'라 부르고 있는 물체에 대한 보도를 생각해보자. 이 물체들은 아무런 소음 없이 엄청난 속도로 나타났다가 사라지곤 한다. 그것들은 인간이 상상도 못할 속도로 방향을 전환한다. 그런데 왜 우리는 비행접시들이 4차원 물체의 '그림자'일지도 모른다는 가정을 하지 못할까? 그것들이 방향을 전환하는 속도를 생각해보라. 당신도 손에 든 거울로 햇빛을 벽에 반사할 때는 그 밝은 얼룩을 자유자재로 춤추게 할 수 있다.

인간이라는 종에 관해 완전히 무지한 어떤 존재가 한 장의 서리 낀 유리 맞은편에 있다고 상상해보라. 그리고 이쪽 편에 있는 인간이 그 서리 낀 유리에 다섯 손가락 끝을 갖다 댄다고 가정하자. 그때 반대편의 존재는 인간의 모습에 대해 아는 바가 없으므로, 그저 다섯 개의 거무스름한 얼룩만을 보게 될 것이다. 그처럼 우리도 하늘에서 일종의 얼룩들을 보곤 하는 것이다.

당신은 이 모든 논의가 형이상학과 무슨 관계가 있는지 의아할 것이다. 하지만 이것은 형이상학과 아주 깊은 관계가 있다. 알다시피 우리는 3차원의 세계에 살고 있다. 그러나 우리는 3차원의 세계를 넘어설 때라야 최고 수준의 진실을 지각할 수 있다. 우리는 시간과 공간을 초월해야 한다. 시간은 상대적인 것이다. 시간은 인류가 스스로 편의를 위해 지어낸 인습에 지나지 않는다.

당신은 시간이 절대적인 것이라고 생각하는가? 당신이 치과에 가서 이를 빼야 한다고 가정하자. 그 아픔과 통증이 지속될 때 시간은 마치 그대로 머물러 있는 듯이 보인다. 당신은 치료의자에 앉아 있는 시간이 영원한 듯 느낀다. 반대로 당신이 깊이 사랑하는 사람과 아주 즐거운 경험을 한다고 하자. 그때 당신은 시간이 날아가고 있음을 알 것이다. 이처럼 시간은 상대적인 것이다. 그것은 우리의 기분에 따라 들쭉날쭉하게 흐른다.

이런 차원 이론은 — 우리에겐 실질적인 지식이지만 — 수수께끼로 치부되는 많은 현상들을 설명해준다. 물체가 한 방에서 다른 방으로 사람의 손을 거치지 않고 이동하는 염력 현상이 바로 그런 예이다. 이 현상은 2차원적 존재를 떠올려보면 간단히 이해할 수 있다.

3차원에 사는 우리가 뚜껑이 없는 상자를 갖고 있고, 그 안에 2차원의 사람들이 갇혀 있다고 하자. 그들은 높이에 대한 개념이 없으므로 위쪽이 열린 상태라는 사실을 모른다. 그래서 우리가 손을 뻗어 그들 중 한 사람을 이쪽 상자에서 저쪽 상자로 옮긴다면 2차원의 사람들에게 그것은 절대적인 기적으로 보일 것이다.

마찬가지로 우리 3차원의 사람들은, 4차원에서는 명백하게 보이는 측면에 대한 개념이 없다. 그래서 4차원의 사람은 우리가 만든 밀실 안으로 손을 뻗어서 물체를 그 밖으로 이동시킬 수 있다. 그것은 3차원의 관점에서만 밀실이기 때문이다. 그 물체는 3차원의 세계를 떠나서 잠시 4차원의 세계에 머물게 되며, 우리가 소위 '단단한 벽'이라 부르는 것을 문제없이 통과한다. 벽을 뚫고 들어온 전파가 라디오 또는 텔레비전 기기를 작동시키는 방식을 떠올려보면 이해가 쉬울 것이다.

이미 언급했듯이, 시간은 인간의 삶에서 아주 중요한 역할을 한다. 그렇지만 우리가 '시간'이라 부르는 그것은 사람마다 동물마다 다르게 인식된다. 동물들도 그들 나름의 시간개념이 있다. 그들의 시간개념은 인간과는 무척 다르다. 동물은 인간과 다른 속도로 산다. 인간의 시간으로 24시간밖에 못 사는 곤충도 70년을 사는 인간만큼이나 온전한 삶을 영위할 수 있다. 그 곤충은 24시간 동안에 배우자를 얻고 가족을 부양하고, 그 후손이 또 다른 가족을 잉태하는 모습까지 지켜본다.

평균 수명이 20년인 동물이 있다면, 그 동물의 20년은 인간의 70년에 해당할 것이다. 주어진 시간 동안 그 동물은 인간처럼 제 역할을 다할 것이다. 곤충이든 동물이든 인간이든, 모든 생물이 평생 동안 거의 같은 횟수의 심장박동을 보인다는 사실은 기억해둘 가치가 있다.

수 세기 전 현자들은 시간에 관한 이런 모든 개념을 알고 있었다. 동양의 위대한 '성서들' 중에는 〈스리마드 바가바탐 Srimad Bhagavatam〉이라 불리는 신성한 책이 있는데, 거기엔 이런 이야기가 나온다.

옛날 어떤 왕이 딸을 다른 차원에 사는 창조자 브라마에게 데리고 갔다. 왕은 그의 딸이 결혼 적령기에 도달했으나 아직 괜찮은 적임자를 발견하지 못해 몹시 걱정이었다. 왕은 딸을 위해 좋은 배필을 찾고 싶었다.

브라마의 집에 도착한 왕은 간청을 올리기 전에 잠시 기다려야 했다. 그런데 그는 브라마의 말에 경악할 수밖에 없었다.

"아, 왕이여. 그대가 지구로 돌아가면 어떤 친구도 친척도 도시도 궁전도 보지 못하게 될 것이오. 비록 그대는 여기에 조금 전에 도착한 것 같겠지만, 우리 시간으로 잠시라는 것은 지구 시간의 수천 년에 해당한다오. 그대가 돌아간 지구에는 이미 새로운 시대가 열려 있을 테고, 함께 온 그대의 딸은 크리슈나 영주의 형제인 발라라마와 결혼하게 될 것이오. 그러니 수천 년 전에 태어난 그녀가 수천 년 후의 발라라마에게 시집을 가는 셈이오. 왜냐하면 그대가 지구를 향해 여행하는 동안 또다시 지구 시간으로 수천 년이 지나갈 테니 말이오!"

이 말에 당황한 왕과 그의 딸은 지구로 돌아갔는데, 그들의 느낌으로는 불과 몇 분밖에 흐르지 않은 것 같았다. 하지만 그들은 새로운 세계와 새로운 문명을 발견하게 되었다. 주민들의 모습도 달랐고 문화도 달랐고 종교도 달랐다. 브라마가 말한 대로 지구 시간으로 수천 년이 경과한 후였다.

이것은 수천 년 전에 쓰인 힌두교의 성전에 나오는 이야기다. 나는 이런 신화가 아인슈타인 박사로 하여금 상대성이론을 창시하게 하는 모종의 토대가 되지 않았을까 하는 생각을 떨쳐버릴 수가 없다.

아마도 당신은 아인슈타인의 상대성이론을 철저히 공부한 적이 없을 것이다. 아주 간결하게 말해서, 그는 시간을 4차원의 개념으로 설명했다. 그는 또한 시간이 한결같이 흘러가는 것은 아니라고 가르쳤다. 1초가 60번 지나가면 1분이 되고, 1분이 60번 지나가면 한 시간이 되지만, 그것은 우리가 편의상 정해놓은 기계적 수치일 뿐이다. 아인슈타인은 감각적 지각으로써 시간을 고찰했다. 동일한 대상을 봐도 사람마다 지각하는 색깔이 다르듯이, 아인슈타인은 어떤 두 사람도 정확히 같은 시간감각을 갖지는 않는다고 가르쳤다.

우리는 1년을 365일로 정의한다. 그렇지만 그것은 지구가 해를 한 바퀴 도는 주기에 지나지 않는다. 수성의 경우는 지구 시간으로 88일에 한 번꼴로 태양을 돌며, 그 기간 중에 딱 한 번 자전한다. 반면에 당신이 알다시피 지구는 24시간마다 한 번씩 자전한다.

당신이 숙고해볼 그 밖의 다른 것에는 무엇이 있을까? 당신은 움직이는 물체에 부착된 시계가, 그 물체의 속도가 증가함에 따라 점차 느려진다는 사실을 알고 있는가? 당신이 금속이든 목재든 도자기든, 좋아하는 재질로 막대기를 하나 만들었다고 하자. 당신은 그 막대기를 기준으로 삼아서 길이를 잴 수 있다. 그런데 만일 그것을 움직이는 물체에 부착한다면, 막대기는 그 물체의 운동방향과 속도에 따라 다소 오그라들게 된다. 이 현상은 물체의 재질이 위축되는 기계적 현상이 아니다. 이 현상은 아인슈타인의 상대성이론과 관계가 있다.

당신이 1미터짜리 막대기를 들고서 광속의 90퍼센트로 우주 공간을 질주한다면, 그 막대기의 길이는 50센티미터로 줄어들 것이다. 만약 속도가 더욱 높아져서 광속으로 질주한다면, 그 막대기의 길이는 0이 될 것이다. 같은 원리로 움직임의 속도가 광속에 가까워지면 시간의 흐름은 점점 느려지다 못해 완전히 정지하는 수준에 이르게 된다

당신은 이렇게 투덜댈지 모른다. "차를 아무리 빨리 몰아도 차체가 오그라드는 일 따위는 생기지 않는걸." 이런 현상은 물체의 속도가 광속에 근접하는 수준일 때라야 탐지될 수 있다. 그러니 당신이 새 자동차로 도로를 질주한다고 해서 차체가 짧아진다는 얘기는 결코 아니다. 시속 150킬로미터 또는 200킬로미터로 달려봤자 차체 길이의 변화는 측정이 불가능할 만큼 작을 것이기 때문이다.

아인슈타인에 의하면, 우리가 광속의 속도로 우주선을 우주로 보낸다면 그것은 즉시 오그라들어 사라져버리게 될 것이다. 만약 그의 말이 사실이라면 우리는 결코 유체여행을 할 수 없어야 옳다. 하지만 우리는 그의 말이 틀렸다는 것을 안다. 인간은 결코 음속의 속도로 여행하지 못할 거라고 과학자들이 주장했던 것처럼 말이다.

아인슈타인은 틀렸다. 인간이 결코 시속 50킬로미터 이상으로 여행할 수 없다고 말한 사람들처럼 그도 틀렸다. 그렇지만 우리는 다른 사람들의 잘못을 통해 배워야 한다. 그래야 같은 잘못을 다시 저지르지 않게 된다. 그러니 아인슈타인의 이론을 따를 때 어떤 일이 일어나는지를 살펴볼 필요가 있다.

승무원들의 일거수일투족이 낱낱이 기록되고 있는 우주선이 있다고 하자. 그 우주선은 거의 광속에 근접한 속도로 여행 중이다. 그 우주선은 지구로부터 아득히 먼 행성을 향하고 있고, 그곳까지는 족히 10년이 걸릴 것이다. 즉 10광년의 거리를 가야 목적지에 도착하게 된다.

실제로 광속 여행이 가능한지에 관한 논의는 미뤄두자. 이 우주선이 목적지에 도착했다가 곧장 다시 돌아온다면 이 여행은 총 20년이 걸릴 것이다. 20년이나 우주선 안에 갇히게 된 그 불쌍한 승무원들은 무척이나 갑갑할 것이다. 그뿐 아니라 그들은 엄청난 양의 식량과 음료를 필요로 할 것이다.

그러나 아인슈타인에 따르면 그들은 갑갑해하지도 않으며 20년분의 식량도 필요가 없다. 우주선이 광속에 접근하면 선내의 시간이 느리게 흐를 것이기 때문이다. 승무원들의 심장박동, 호흡, 신체활동, 생각의 속도가 전부 느려질 것이다. 우리에게 어떤 생각이 0.1초 만에 일어났다가 사라진다면, 광속 수준의 여행자에게는 10초 이상이 소요될 것이다. 그 승무원들은 하나의 생각을 10주가량 지속할 수도 있다. 요컨대 지구에서는 20년이 흘러가겠지만, 우주선의 승무원들은 불과 몇 시간의 여행으로 느낀다는 것이다.

대중이 알지 못하도록 미합중국이 애써 잠재웠던 사건이 하나 있다. 아래에 소개하는 이 특별한 사건은 확실한 증거가 있는 엄연한 사실이다. 만약 고위층에 있는 독자라면 미합중국의 해군기록을 직접 '파헤쳐볼' 수도 있으리라.

1943년 10월, 미합중국에서는 해군 함정을 보이지 않게 만들겠다는 계획을 실행했다! 하지만 결과는 참담했는데, 왜냐하면 일부 과학자들이 상상력을 발휘하지 못하고 오직 책(이론)에만 의존했기 때문이다.

당신은 제2차 세계대전 중에 미국이 초강력 병기들을 제작하기 위한 아이디어를 공모했던 일을 기억할 것이다. 그중에는 아인슈타인이 루스벨트 대통령에게 보낸 편지로부터 비롯된 아이디어가 하나 있었다. 그 편지는 '통일장' 이론에 관한 내용이었다고 한다. 여기서 세부적인 내용까지 다룰 필요는 없지만, 4차원 세계에 대한 일부 지식이 담겨 있었다는 사실만은 짚어두고 싶다.

이에 참으로 영리한 어느 박사님께서 통일장 이론을 활용하여 1943년 10월 미해군과 합동으로 어떤 차폐물을 만들어냈다. 그들은 일종의 광선으로써 빈틈없이 구축함을 둘러쌌다. 그 빛은 광원으로부터 약 90미터까지 뻗어 있었는데, 속에 있는 어떤 것도 보이지 않게 했다. 즉, 밖의 관측자가 봤을 때는 배와 승무원이 사라져버린 것이다.

불행히도 그 배가 다시 발견되었을 때 승무원들은 이미 정상이 아니었다. 이후에 의사들은 그들에게 펜토탈 나트륨(마취/최면용)을 투여하여 잠재의식을 파헤침으로써 무슨 일이 일어났는지를 알아내려고 애썼다.

우리의 견해로는, 그 배는 4차원의 경로를 통해서 수백 마일 떨어진 체서피크 만(미국 메릴랜드 주와 버지니아 주 사이)에 다시 나타났던 것으로 보인다. 유감인 것은 그 지역에서는 공공도서관에서 해당 날짜의 신문철을 들추거나 라일리 크랩^{Riley Crabb}이 엮은 《모리스 제섭 박사가 아옌데로부터 받은 편지들》* 같은 책을 읽을 수 없게 되었다는 사실이다. 그러나 그레이 바커^{Gray Barker}가 출간한 《제섭 박사가 수집한 이상한 사례들》에서 우리는 이 사건의 전모를 확인할 수 있다.

---

* U.F.O. 연구가였던 모리스 제섭^{Morris K. Jessup} 박사는 '카를로스 아옌데'라는 사람으로부터 서신을 통해 기이한 목격담과 제보를 받고 사실 여부를 추적했다.

이것은 아주 중요한 이야기다. 이것은 날조되었거나 떠도는 이야기가 아니다. 미국 정부는 이 사건을 잠재우기 위해 엄청난 노력을 기울였고, 특정한 정보를 입수한 사람들은 의문의 죽음을 당하기도 했다. 미국 정부는 보도기관을 잠재우는 데도 거의 성공한 듯했다. 그러나 부주의하게 흘러나가는 보도까지 막을 수는 없었다. 그 보도에 따르면, 갑자기 항구에서 배 하나가 홀연히 나타났고 넋이 나간 듯한 선원들이 비틀거리며 술집으로 몰려 들어왔다. 그런데 술을 주문하던 그 30~40명의 선원들이 마치 증발하듯이 제자리에서 사라져버렸다고 한다.

이 사건에 관심이 있다면 위에 언급한 책들을 꼭 읽어야 한다. 또한 무슨 수를 써서라도 1944년과 1956년의 신문들을 샅샅이 뒤져보아야 한다. 당시의 보도를 들추어보면 당신은 진실을 알게 될 것이다.

만일 이 실험에 앞서서 승무원들이 무슨 일을 겪게 될지 숙지하고 있었더라면 그들은 결코 미치지 않았을 것이다. 사전 준비 없이 낯선 시공간을 경험하는 것은 당사자의 마음을 흔들어놓기에 충분할 만큼 충격적이고 무서운 일이기 때문이다.

제5장

글과 그림 속에 의미를 숨기다

작열하는 정오의 태양열 아래 사막의 모래는 타는 듯이 뜨거웠다. 딱딱하게 굳은 제방 사이를 흐르는 어머니 나일 강조차 평소보다 흐름이 둔해 보였고, 강의 한복판에서 연신 수분이 증발하며 아지랑이를 피워 불모의 땅을 더욱 힘겹게 했다. 땡볕 아래서도 일하는 인부들은 어찌나 무더위에 지쳤는지 하늘을 저주할 힘조차 없었다. 따오기 한 마리도 시들어가는 갈대 수풀 옆에 힘없이 서 있을 뿐이었다.

이 열기는 위풍당당하게 서 있는 위대한 존재들의 새로운 무덤을 뒤덮으면서 그 거대한 구조물과 갓돌 사이에 칠해진 회반죽을 바싹 말렸다. 그리고 그 아래 깊숙이 비교적 서늘한 시체처리실에서는 몹시 여윈 노인과 나이 차이가 별반 없는 그의 조수가 향내 나는 약초를 죽은 지 여러 달이 지난 시신 속에 채우고 있었다.

나이 많은 고위사제가 말했다. "나는 파라오가 사제들에게 강력한 조치를 취할 거라고 보네."

"맞습니다." 조수도 씁쓸한 말투로 수긍했다. "근위병들이 사원을 습격해서 몇몇은 체포하고, 몇몇에겐 경고를 내렸어요. 파피루스 꾸러미까지 압수해갔고요. 아주 작심한 듯하던 걸요!"

"세상이 어찌 되려는지 모르겠네." 연장자가 말했다. "내가 어렸을 땐 이런 일이 없었지. 세상이 결딴나려는 거야. 그래, 결딴나려는 거지!" 그는 한숨을 쉬며 약초 혼합물을 말 없는 시신의 구멍에 쑤셔 넣었다.

"어명이오!" 그때 근위대장이 부하들을 대동하고 고위사제의 공간

안으로 당당하게 들어오며 외쳤다. "그대는 그분에 반하는 음모를 꾸미고, 그분을 해하는 마법을 몰래 걸려 했던 반체제 활동으로 피소되었소." 대장은 부하들에게 명령을 내렸다. "이곳을 수색하라. 그리고 모든 파피루스 문서를 압수하라."

고위사제는 한숨을 쉬고 조용히 뇌까렸다. "더 높은 배움을 열망하는 이들은 잘난 체를 하면서도 진실을 알기를 두려워하는 무식쟁이들에게 박해를 받게 되는 법이지. 그들은 우리의 지혜를 담은 문서를 없앰으로써 스스로 지식의 희미한 불빛마저 꺼버리게 될 거야."

힘든 하루였다. 병사들은 경계를 늦추지 않았고, 근위대는 설쳐대며 혐의자들을 줄줄이 연행해갔다. 이웃들이 악의를 품고 그들을 밀고한 것이다. 노예가 끄는 짐마차들이 몰수된 파피루스 문서를 싣고 거리를 덜커덕거리며 지나갔다. 그렇지만 그날도 끝은 있었다. 어떤 날이든 반드시 끝은 있다. 압제로 고통받는 희생자들에게는 마치 영원히 끝이 없는 듯이 보일지라도 말이다.

서늘한 산들바람이 일자 파피루스 갈대들이 메마르게 삐걱대는 소리를 내며 흔들렸다. 얕은 파도가 어둑해져 가는 나일강 위를 너울거리다 햇볕에 달궈진 제방에 부딪히며 재차 물결쳤다. 강 하류의 집으로 향하는 뱃사공들은 그들의 널조각 돛단배가 바람을 가득 받아 속력을 내자 얼굴에 미소를 띠었다.

대낮의 타는 듯한 열기에서 해방되자 작은 생물들이 제방의 구멍에서 기어 나와 먹이를 찾으며 배회하기 시작했다. 그렇지만 인간들도 또한 먹이를 찾고 있었다!

빛나는 보석 같은 별들이 어두운 창공에 흩뿌려졌다. 오늘 밤엔 달이 늦게 떠오르리라. 흙으로 지어진 오두막에서 희미하게 가물거리는 빛이 흘러나왔다. 밝은 빛은 드물게 부유한 집에서 나오는 것이었다.

거리에는 불길하고 공포스런 분위기가 가득했다. 어떤 술꾼도 빈둥대지 않았다. 어떤 연인들도 나일강의 넓은 연안에서 손을 맞잡고 언약을 나누지 않았다.

오늘 밤, 왕의 심복들은 거리를 배회하면서 거친 '게임'을 할 준비가 되어 있었다. 숙청이 진행 중이었던 것이다. 학자들이든 사제들이든, 왕을 위협할지도 모르는 모든 사람에 대한 숙청이었다. 이날 밤에 문밖으로 나간다는 것은 곧 죽음을 뜻했다. 근위병들의 창끝에 사람들의 목숨이 걸려 있었다.

그럼에도 도시의 후미진 곳에서는 말 없는 그림자들이 살그머니 민첩하게 움직이고 있었다. 왕의 심복들이 모여 소란을 피우자 이들은 더 깊은 어둠 속으로 몸을 피했다. 그들은 목적지까지 무사히 가기 위해 모든 지형지물을 이용하여 몸을 숨겼다.

하늘에서는 영원한 별빛이 돌고, 땅에서는 근위병들이 요란하게 순찰을 돌았다. 검은 그림자는 이내 하나씩 아무런 표시도, 불빛도 없는 문 안으로 미끄러져 들어갔다. 문 안에 있던 사람들은 방문객들의 정체를 확인할 때까지 경계를 늦추지 않았다. 마지막 남자까지 정체를 확인하고 나서야 그들은 육중한 나무 걸개를 걸어 문을 단단히 잠갔다.

나이 많은 사람이 떨리는 목소리로 말했다. "나를 따르시오. 한 줄로 서고, 한 손은 앞사람의 어깨 위에 올리시오. 절대 소리를 내선 안 되오. 죽음이 우리를 몰래 추적하고 있으니까."

남자들은 발을 질질 끄는 소리와 함께 노인을 따라서 잘 은폐된 비밀 통로로 내려갔다. 그들은 경사진 좁은 길을 한참 동안 내려간 끝에 곰팡내 나고 축축한 고대의 지하 납골당에 도착했다.

"여기는 안전하오." 나이 든 지도자가 소곤댔다. "그렇지만 괜히 말소리를 높이지는 맙시다. 세트(이집트 신화의 악신)의 앞잡이들이 우리의 회합을 밀고하면 안 되니까."

그들은 장의도구들 한가운데 말없이 빙 둘러앉았다. 그들은 쭈그리고 앉아서 지도자의 말을 기다렸다. 그 노인은 눈이 나쁜 듯 모여든 사람들의 모습을 이리저리 살펴본 후에야 입을 열었다.

"우리는 여러 날 동안 가장 소중한 재산들이 탈취당하고 불타는 것을 보았소. 우리는 권력에 미친 폭군의 사주를 받은 무뢰한들이 학자들을 박해하고 지난 시대의 축적된 지혜를 파괴하는 사악한 광경을 목격했소. 지금 우리가 여기에 모인 것은 어떻게 해야 우리의 유산을 건질 수 있을지를 논의하기 위함이오."

그는 날카롭게 주위를 살피며 말을 이었다.

"우리는 많은 걸 잃었지만 많은 것을 구했소. 우리들 중 몇몇이 잔혹한 고문의 위험을 무릅쓰고 귀한 파피루스들을 쓸모없는 파피루스들로 바꿔치기했소. 그것들은 안전하게 보관되어 있소. 자, 누구든 좋은 생각이 있으면 말해보시오."

얼마 동안 가라앉은 목소리의 대화가 오갔다. 그들은 이런저런 생각의 타당성을 서로 토론했다. 그러다가 북부 이집트 사원의 한 젊은 사제가 일어나서 특이한 어조로 말했다.

"존경하는 선배님들, 이렇게 앞으로 나서는 제 만용을 너그럽게 용서하시기 바랍니다."

격려의 뜻으로 여기저기서 머리를 끄덕이자 그는 말을 이었다.

"저는 어젯밤 사원에서 종무 중에 꿈을 하나 꾸었습니다. 바스테트 여신이 제 앞에 강림하시어 반박의 여지가 없는 지시를 내리셨습니다. 그분에 따르면, 고대의 지식은 학식 있는 서기들에 의해 잘 감춰질 수 있다고 합니다. 여신께서는 지난 시대의 지혜들을 섬세하게 지은 시詩의 연에 숨길 수 있다고 하셨습니다. 여신께서는 이렇게 말씀하셨습니다. '까막눈들은 그걸 이해하지 못할 것이야. 그렇지만 선각자들은 한눈에 이해할 수 있지.' 여신께서는 그 방법으로 과거와 현재의 지식을 후손들에게 그대로 전해줄 수 있다고 하셨습니다."

그는 불안한 듯 자리에 앉았다. 한동안 침묵이 흐른 후에 연장자들은 토론에 들어갔다. 그리고 최고령자가 결론을 내렸다.

"그의 말대로 합시다. 우리는 우리의 지식을 시구 속에 감출 것이오. 우리는 타로Tarot 속에 특별한 그림들을 그려넣을 것이오. 그리고 그것이 그저 카드놀이처럼 보이도록 꾸밀 것이오. 그러나 때가 되면 지식의 빛은 다시 미래를 비추어 밝히고, 새롭게 할 것이오."

그렇게 해서 모든 일은 운명대로 진행되었다. 고상한 뜻과 담대한 성품을 겸비한 후대 사람들은 시구와 그림 속에 담긴 가치 있는 지식들을 안전하게 보존하려고 애를 썼다. 이에 신들은 미소를 지으며 흡족해했다.

· · · · ·

각각의 시대마다 사람들은 암호와도 같은 특수한 형태의 말을 사용해 왔다. 특히 운문은 독자를 매혹시키거나 훼방꾼을 미혹시키는 데 자주 사용되었다. 이처럼 적당한 리듬과 운율과 압운 등을 통해서 우리는 일종의 심령체(phychic entity)가 되는 데 필요한 잠재의식의 메시지를 접할 수 있다.

시를 읽을 때는 그 시인이 그저 가볍게 언어의 유희를 즐기고 있는지 아니면 어떤 특별한 메시지를 전달하고자 하는지를 판단해야 한다. 그런 메시지들은 평범한 산문을 읽는 수준으로는 전혀 이해할 수 없다. 오직 입문을 허락받은 사람들만이 그 의미를 발견할 수 있다.

많은 '예언자들'은 그들의 전언과 예언을 운문으로 적었다. 그것은 회의론자가 말하듯 그들이 평범한 언어로 기술하길 두려워해서가 아니라, 입문이 허용된 자들로 하여금 숨어 있는 깊은 뜻을 읽게 하기 위함이었다.

식견 없는 작가들은 — 그런 이들이 얼마나 많은지! — 유명한 예언시들을 냉소하는 데 혈안이 되어 있다. 그들은 순도 높은 이야기를 쓰지 못한다. 하지만 인간의 낮은 충동에 영합하여 시장을 장악할 순 있다.

지금은 만인이 만인을 서로 끌어내리려 애쓰는 칼리의 시대이다. 지금은 사람이라고 해서 모두 동등한 것은 아니라는 당연한 진실을 백안시하는 시대이다. 신의 눈에는 모든 사람이 동등하지만 지상에 있는 우리는 입장이 다르다. 그런데 요즈음에는 전도된 속물근성이 횡행하여 모든 사람이 이렇게 말한다. "뭐, 나도 그 사람만큼은 선하다구!"

우리는 윈스턴 처칠 경이나 루스벨트 같은 위대한 지도자들의 이름과 명성이 진흙 속에 처박히는 광경을 보게 되는데, 남을 음해함으로써 악마적 쾌감을 얻으려는 가엾고 능력 없는 인간들이 그런 일을 주도하고 있다.

그러면 여기서 한 편의 시를 읽고 침잠하여 그 배후의 진실한 의미를 찾아보자. 다음은 아주 유명한 티베트의 시 한 편이다. 이것은 그저 재미있는 읽을거리가 아니라 특별한 뜻을 담고 있는 시이다.

〈나는 두려워하지 않아요.〉

죽음이 두려워 나는 집을 지었죠.
내 집은 공空이라는 진실의 집이랍니다.
이제 나는 죽음을 두려워하지 않아요.

추위가 두려워 나는 외투를 샀죠.
내 외투는 스스로 열을 내는 외투랍니다.
이제 나는 추위를 두려워하지 않아요.

빈곤이 두려워 나는 부를 추구했죠.
내 부는 영예롭고, 무궁하며, 일곱 겹이라서
이제 나는 빈곤을 두려워하지 않아요.

배고픔이 두려워 나는 음식을 구했죠.
내 음식은 진실을 향한 명상의 음식이랍니다.
이제 나는 배고픔을 두려워하지 않아요.

갈증이 두려워 나는 마실 것을 구했죠.
내 음료는 바른 지식의 감주랍니다.
이제 나는 갈증을 두려워하지 않아요.

권태가 두려워 나는 동행을 구했죠.
내 동행은 영원한 행복의 공간입니다.
이제 나는 권태를 두려워하지 않아요.

잘못이 두려워 나는 길을 추구했죠.
내 길은 초월적인 합일의 길이랍니다.
이제 나는 잘못을 두려워하지 않아요.

나는 다양한 열망의 보배를 알차게 가진 현자랍니다.
그 어디에서 살든 나는 행복합니다.

곧 우리는 이 시의 내밀한 뜻을 탐구할 것이다. 그전에 또 하나의 시를 접해보도록 하자. 이것 또한 아주 특별한 의미를 지닌 티베트의 시이다.

〈충실하여라〉

내 아들아, 몸을 수행처로 삼으라.
몸이야말로 신성의 궁전이니라.

지성을 교사로 삼으라.
진리를 담은 지식이 성스러움의 시작이니라.

세상만물을 책으로 삼으라.
모든 것 안에 해방으로 가는 길이 숨어 있느니라.

무아경에 취함을 음식으로 삼으라.
고요함이야말로 신성의 닮은꼴이니라.

내면의 열기를 옷으로 삼으라.
하늘의 여신들은 행복의 온기만으로 움직이느니라.

동무들을 버리고 홀로 머물라.

고독이야말로 가장 신성한 집회이니라.

분노에 찬 적들은 상대하지 말라.
그들은 잘못된 길을 걷는 여행자이니라.

악마가 찾아와도 공^{空}의 명상에 전념하라.
마법의 유령은 마음의 창조물에 불과하느니라.

마지막으로 시를 하나 더 접하기로 하자. 이것은 제6대 달라이 라마가 지은 티베트 시인데 그는 참으로 박학한 사람이었다. 그는 작가요 예술가로서 많은 사람들의 오해를 받았지만 동양의 문화에 결정적인 자취를 남겼다. 오늘날의 세계에서는 그와 같은 유형의 인물이 매우 드물다.
  아래에 영어로 번역한 시가 있다. 누가 번역을 했는지 모르겠지만 그는 실제 티베트어의 의미를 전혀 옳게 나타내지 못했다. 작가들에게 큰 불행은, 그들의 작품이 다른 언어로 번역될 때, 원래 전달하려 했던 생각의 흐름이 제대로 옮겨지지 못한다는 점이다.

〈내 사랑〉

내 마음이 향해 가는 사랑하는 이여.
우리가 맺어질 수만 있다면
나는 대양의 깊은 밑바닥에 들어가
가장 뛰어난 보배라도 건졌으리라.
나는 어느 날 길 위에서

내 고운 연인을 우연히 지나쳤다.
더없이 깊고 푸른 터키석은
저 멀리에 떨어져 있도다.
다 익은 복숭아 열매는 나뭇가지
저 높이에 달려 있도다.
그처럼 고귀한 출신의 아가씨는
생기와 매력이 너무나 넘치는구나.
불면과 갈등 속에서 밤은 흘러가고
내 마음은 갈피를 못 잡는구나.
내 삶은 생기를 잃었으니
낮조차 내 마음의 열망을 채워주진 못한다.
나는 지상에 내려온 신으로서 포탈라에 외따로 살지만
불량배와 환락이 주인인 도회지에서 머지않아 떠돌게 되리라.
흰 두루미여, 네 날개를 빌려다오.
리탕$^{\text{Li Thang}}$까지만 갔다가 다시 돌아올 테니.

이제 위대한 성자 밀라레파와 함께 〈나는 두려워하지 않아요〉란 시를 살펴보자. 밀라레파는 수행자라면 이 시의 의미를 능히 이해하리라고 말했다.

죽음이 두려워 나는 집을 지었죠.
내 집은 공^{空}이라는 진실의 집이랍니다.
이제 나는 죽음을 두려워하지 않아요.

이 시는 여러 언어로 번역되면서 의미가 왜곡되었다. 신비전승에 의하면, 이 시는 우리가 어떤 단계에 있든 한자리에 오래 머물 수는 없다는 뜻을 담고 있다. 우리는 외줄 타기를 하고 있으며, 전진하든지 퇴보하든지 둘 중 하나를 택할 수밖에 없다. 우리는 상승과 하강 사이에서 선택을 해야 한다.

비록 지금은 여기 지구에 있지만, 죽은 후에 우리는 존재의 다른 단계에서 다시 태어난다. 즉, 지구의 존재 단계를 마치면 이어서 다른 단계로 건너가게 된다. 그리고 그곳에서는 또 다른 능력과 기준이 주어진다. 예컨대 다음 단계에서는 지금 단계보다 훨씬 더 다양한 감각과 능력이 주어질 것이다. 하지만 우리는 에너지가 고갈되지 않는 한 계속 앞으로 나아가리라.

나는 죽음을 두려워하여 몸(집)을 만들었고, 내 몸은 공(空)이라는 진실을 담고 있다. 그리하여 나는 진실을 지녔으므로 죽음을 두려워하지 않는다. 다른 말로 하면, 한 생에서 죽으면 다른 생으로 간다는 사실을 안다는 뜻이다. 영원한 죽음 따위는 없다. 죽음은 곧 재탄생과 같은 말이다. 나는 이 사실을 일말의 거짓도 없이 전하고 있다.

아주 특별한 훈련을 통해서 나는 지상의 거주자로서는 접근이 거의 불가능한 '존재의 다른 단계'들을 방문할 수 있었다. 물론 안내자들에 의해 특별한 사전조치가 취해져야 가능한 일이다. 왜냐하면 우리의 진동이 ― 우리는 본래 진동체일 뿐이다 ― 거기에 이를 정도로 높아지려면 반드시 조력자가 필요하기 때문이다. 그 경험은 몹시 고통스러웠다. 눈이 멀 정도의 빛을 쏘이는 것 같았다. 백색의 뜨거운 화염을 지나는 것 같았다. 그렇지만 나는 안전하게 보호받았다.

그 상위의 세계에 가보니 나 자신이 마치 고등한 인간들과 마주친 달팽이와 같은 처지처럼 여겨졌다. 지상에서 제아무리 위대한 과학자일지라도 그곳에 가보면 자신이 달팽이보다 못한 존재임을 깨닫게 되리라.

그러므로 우리는 죽음이라는 한 생의 끝마다 부단히 자신을 향상시켜야 한다. 나비 유충을 생각해보라. 나비 유충은 땅을 기어 다닌다. 그러나 나비로 다시 태어나면 새로운 원리에 의해 땅에서 기는 대신 공중을 난다.

잠자리를 생각해보라. 하찮게 보이는 잠자리 유충이 썩은 못 위를 애써 기어 다니다가 골풀이나 삐죽 나온 가지 위로 천천히 오른다. 그러고는 거기에 아주 단단하게 들러붙는다. 더 이상 움직임이 없어 마치 죽어 부패하는 것처럼 보인다. 마침내 풀썩거리는 작은 소리와 함께 마른 껍데기가 쪼개지면서 볼품 없는 잠자리가 나온다. 하지만 날개를 펴는 순간 잠자리는 햇빛 아래 화려한 자태를 뽐내며 공중으로 솟아 멀리 날아가 버린다.

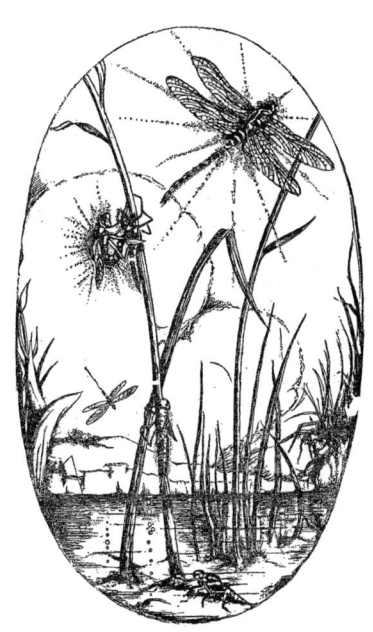

계속해서 다음 구절을 보자.

배고픔이 두려워 나는 음식을 구했죠.
내 음식은 진실을 향한 명상의 음식이랍니다.
이제 나는 배고픔을 두려워하지 않아요.

이것은 물론 신체적인 것이 아니라 영적인 배고픔을 뜻한다. 의심에 휩싸인 사람은 뭘 해야 할지, 어디서 지식을 얻어야 할지 모른다. 회의에 빠진 사람은 좌절하고 불행해한다. "영적인 기아가 두려워 나는 지식을 추구했고 진실에 관해 명상했다. 이제 진실을 알았으니 나는 배고픔을 두려워하지 않는다."

확신하건대 당신은 이번 장에서 많은 것을 배울 수 있다. 당신은 내면에 지식의 씨앗을 심을 수 있다. 그 씨앗은 지금은 작지만 언젠가 거대한 나무로 자라날 것이다. 나는 지금 씨앗을 심고 있다. 나는 어둠 속에 촛불을 켜고 있다.

오랜 옛날에는 전 인류가 이 같은 지식을 가졌었다. 그러나 몇몇 인간들이 그 지식을 남용한 결과로 암흑시대가 도래했다. 곳곳에서 배움의 촛불이 꺼졌고, 지식의 책들이 불태워졌다. 인간은 끝없는 무지와 미신의 나락에 빠져들었다. 그렇지만 지금 우리는 새로운 시대, 새로운 단계에 들어가면서 새로운 능력을 기대할 수 있게 되었다.

잘못이 두려워 나는 길을 추구했죠.
내 길은 초월적인 합일의 길이랍니다.
이제 나는 잘못을 두려워하지 않아요.

이 시구를 다른 말로 표현하면 이렇다. "나는 어디로 움직여야 할지 몰랐다. 나는 내가 갈 길이 어디에 있는지를 몰랐다. 그래서 나는 더 높은 세계에서 지식을 구했다. 나는 그 지식을 얻었고 이제 나는 내 인생의 실수를 두려워하지 않는다."

나는 다양한 열망의 보배를 알차게 가진 현자랍니다.
그 어디에서 살든 나는 행복합니다.

이 시구를 다른 말로 표현하면 이렇다. "나는 높은 출처로부터 현명하게 알아야 할 바를, 내가 무엇이 되어야 할지를 알게 되었다. 나는 이제 인간의 무한한 영적 삶에 비하면 지상의 삶이 눈 깜짝할 사이에 불과함을 안다. 나는 어디에 거처하든 만족할 수 있고, 그래서 나는 그 무엇도 두려워하지 않는다."

밀라레파는 위대한 성자로서 산속 동굴에 은둔한 사람이었다. 그의 조언을 듣고 그와 함께 공부하고자 많은 사람들이 찾아왔다.

이 점을 확실히 해두자. 공부하러 온 이들은 대가로 스승을 봉양했다. 그들은 동굴을 청소하고 의복을 챙기고 음식을 준비하고 가르침을 전했다. 많은 서양인들은 이렇게 생각한다. '아니, 지식은 무료로 주어야 옳지. 사람들에게 뭘 가르친답시고 대가를 받는대서야.' 그러나 이런 생각은 나귀 같은 아둔한 무지의 소산일 뿐이다. 소유할 가치가 있는 것을 얻기 위해서는 대가를 치러야 한다.

밀라레파는 진리에 충실하라고 가르쳤다. 밀라레파는 몸이 곧 수행처라고 말했다. 그리고 몸과 마음에 속한 상이한 힘과 능력이 하나하나의 수행자라고 말했다. 몸을 뭐라고 부르든 간에, 그것은 초자아 또는 영혼이 여기 지상에서 세속적인 일을 경험하기 위해 지은 집이다. 존재의 높은 단계에서는 마음이 맞지 않는 사람들과 만나는 일이 불가능하다. 유일한 해결책은 지상으로 와서 그들을 만나는 것이다!

열린 마음으로 생각해보면 당신은 자신이 엄청난 수의 사람들을 싫어하고 있고, 또한 그보다 더 많은 사람들이 당신을 싫어하고 있다는 사실에 수긍할 것이다. 일터에서 누군가는 당신을 밀어내려 하고, 당신의 승진을 저지시키려 하고, 빈번히 악의를 품는다. 사실이 그렇지 않은가?

헌데 초자아는 바로 그런 불쾌한 경험을 하기 위해서 지상에 내려와야 한다. 그 때문에 우리의 몸은 꽤나 내구력이 있도록 고안되었다. 육체는 과도한 충격으로부터 영혼을 보호한다.

우리는 지성에 충실해야 한다. 왜냐하면 그래야 진실한 지식을 분류하고 정리하여 저장할 수 있기 때문이다. 진실을 알아야 신성도 알 수가 있다. 거짓 경건함으로서의 신성이 아니라 참된 신성 말이다. 우리는 초자아가 신체의 조종자이며, 신체는 꼭두각시에 지나지 않음을 스스로 인정해야 한다.

분노에 찬 적들은 상대하지 말라.
그들은 잘못된 길을 걷는 여행자이니라.

누구에게든 증오나 적의를 가져서는 안 된다. 왜냐하면 강한 증오를 느끼는 것 자체가 당신이 잘못된 길로 들어섰음을 뜻하기 때문이다. 우리는 한자리에 머물 수 없다. 앞으로 나아가거나 뒤로 물러남이 있을 뿐이다.

그렇지만 우리가 팽팽한 외줄 아래로 떨어져서 산산이 부서지는 일 따위는 일어나지 않는다. 종교들은 흔히 영원한 저주, 영원한 고통을 설한다. 믿지 말라. 절대로 믿지 말라! 옛날의 사제들로부터 전해진 그런 가르침은 엄마가 아이를 혼낼 때 하는 말과 마찬가지다. "이제 조용히 해. 안 그러면 아빠한테 일러 매를 맞게 할 거야!"

과거에는 사람들이 어린아이 수준이었다. 그들은 이성이 부족했다. 그래서 그들을 돕기 위해서는 위협이라도 해야 했다. 당신도 어린 자녀가 아침을 먹지 않겠다고 버틸 때 이렇게 말할 것이다. "당장 먹어야 해. 안 그러면 경찰 아저씨를 부를 거야."

결과적으로 아이들은 모든 경찰을 마귀처럼 바라보게 된다. 아이들은 경찰이 언제라도 자기를 붙잡아서 교도소로 데려갈 수 있다고 믿는다. 그래서 옛날의 사제들도 이렇게 말했던 것이다. "악마들이 당신을 잡으러 올 것이오. 악마들이 입에 담기도 무서운 장소에서 당신을 찌를 것이오."

믿지 말라! 분명히 신은 계신다. 그 이름을 뭐라고 부르든 분명히 신은 계신다. 그는 선한 분이시다. 아무도 자신의 한계를 넘는 고통을 겪도록 두지 않으신다.

우리 중 몇몇은 어떤 기억을 갖고 있다. 또한 나 같은 사람들은 단순한 기억 정도가 아니라 실제적인 지식도 갖고 있다. 그러나 기억도 지식도 없는 이들은 필요 이상으로 고통을 받게 된다. 왜냐하면 과거로부터 교훈을 얻지 못했기 때문이다.

이 지상에 사는 우리 존재는 10분의 9가 잠재의식이고 10분의 1만이 의식이다. 사실 동양에 사는 사람들은 서양을 보며 10분이 1이 의식이라는 것조차 의심할지 모른다! 어쨌든 나는 여기서 초자아가 행하는 또 다른 일에 대해 좀더 설명하려 한다.

어떤 사람들은 일종의 집단을 이루어 이 지상에 내려온다. 예컨대 어린 소녀가 태어났다고 하자. 그녀는 형제자매 또는 부모와 떨어져 있으면 아무것도 못하고 반푼이처럼 군다. 그 가족은 함께 있을 때만 제 역할을 해내는 것처럼 보인다. 그들에게 죽음은 더없는 간극이다. 그 소녀는 결혼을 해도 틈만 나면 친정으로 달음질을 칠 것이다. 이런 경우에 그 가족은 하나의 초자아에 의해 조종되는 꼭두각시들일 수 있다.

둘 이상의 쌍둥이들도 종종 같은 초자아에 의해 조종되곤 한다. 상위 차원의 지도자들은 이번의 존재 단계가 곧 끝나고 다른 단계가 시작될 것임을 알고 있는 듯하다. 그래서 사람들을 무리지어 공부시키기 위해 하나의 초자아 아래 지상으로 내려보내는 것 같다. 마치 공산주의 국가에서 한 감독관의 통제하에 많은 사람들이 움직이고, 한 상위 감독관의 통제하에 모든 감독관들이 움직이는 방식과 흡사하다.

우리는 종종 새떼들을 보는데, 대체로 약 50마리의 새들이 한 개체의 명령을 받는 것처럼 일제히 선회하며 방향을 바꾼다. 실제로 그 새들은 모두 한 개체에 의해 조종되고 있다. 마찬가지로 개미떼와 꿀벌떼도 한 개체에 의해 통제된다.

어쨌든 이 장의 서두에서 말한 것처럼, 시의 운문 또는 일정한 리듬은 특정한 메시지를 잠재의식 속으로 침잠시키는 데 이용될 수 있다. 여기서 우리는 이집트인들을 예로 들고자 한다. 불행히도 그들의 시는 영어로 번역되면서 많은 힘을 잃었다. 본래의 이집트어는 운율이 뛰어나므로 충분히 목적을 달성할 수 있었다.

그래서 아래의 〈마아트를 향한 고해〉는 이집트어 원본만큼 뛰어나지가 않다. 본래 이것은 이집트 신전의 '진리의 방'에서 읊어졌던 고해성사였다. 이것은 〈이집트 사자의 서〉에 실려 있으며 신을 향한 탄원이었다. 마아트Maat는 '진리의 여신'를 가리킨다. 그래서 마아트의 방은 진리의 방 또는 진리의 신전을 의미한다.

이 진리를 향한 고해를 매일 밤 잠들기 전에 읽어보라. 이집트인들처럼 반복해서 읽다 보면 좀더 순수한 삶이 열릴 것이다. 직접 해보고 결과를 확인해보라.

〈진리를 향한 고해〉

그대에게 경배를 드립니다. 오, 위대한 신이시여. 모든 진리의 주인이여.
저는 그대를 찾아왔습니다. 오, 나의 신이시여.
저는 그대의 명을 깨닫기 위해 저 자신을 이리로 이끌었습니다.
저는 그대를 알기에 그대와 이 진리의 방에서
있는 그대로의 마흔두 가지 법칙에 순응합니다.
진리 속에서 저는 그대와 조화를 이루었고
제 마음과 영혼에 진실을 심었습니다.

저는 그대를 위해 불의를 무찔렀습니다.
저는 인류에게 악을 행하지 않았습니다.
저는 제 가족의 구성원들을 억압하지 않았습니다.
저는 정의와 진리의 장소를 더럽히지 않았습니다.
저는 품행이 나쁜 사람들을 가까이하지 않았습니다.
저는 먼저 동정을 바라지 않았습니다.
저는 저를 위한 과도한 노동을 요구하지 않았습니다.
저는 명예욕에 들떠 제 이름을 내걸지 않았습니다.
저는 힘없는 자들을 속여 재산을 빼앗지 않았습니다.
저는 그 누구도 굶주림으로 고통받게 하지 않았습니다.

저는 그 누구도 비탄의 눈물을 흘리게 하지 않았습니다.
저는 인간이나 동물에게 아무런 고통도 가하지 않았습니다.
저는 신전의 봉헌물을 탐내지 않았습니다.
저는 곡물의 무게를 속이지 않았습니다.
저는 농지에서 좀도둑질을 하지 않았습니다.
저는 다른 사람들의 영역을 침범하지 않았습니다.
저는 파는 사람을 속이려고 저울로 단 후에 물건을 더 얹지도 않았고 사는 사람을 속이려고 저울 눈금을 엉터리로 읽지도 않았습니다.
저는 아이들이 우유를 먹지 못하게 하지 않았습니다.
저는 물이 흘러야 할 때 물길을 되돌리지 않았습니다.
저는 불이 타야 할 때 그것을 끄지 않았습니다.
저는 신이 현현할 때 그를 배척하지 않았습니다.

〈선언〉

나는 순수하다! 나는 순수하다! 나는 순수하다!
나의 순수함은 성스러운 신전의 신성한 순수함이다.
그러므로 이 세상에서 악은 나를 침범하지 못하리라.
왜냐하면 나는 신의 법칙을 알며, 실은 나 자신이 신이기 때문이다.

앞서 서술한 대로 특별한 메시지를 잠재의식 속으로 밀어 넣기 위해 색다른 형태의 글이 사용되는 경우가 있다. 아래는 내가 만든 기도문인데, 당신도 이것을 아침마다 세 번씩 반복해서 읽으면 좋으리라.

〈나의 초자아를 향한 기도〉

나로 하여금 날마다 명해진 대로 살면서
내 상상력을 통제하고 감독케 하십시오.
나로 하여금 날마다 명해진 대로 살면서
내 욕망과 사고를 통제해 그로써 정화되게 하십시오.
나로 하여금 날마다 내 상상력과 사고가
이뤄야 할 과업에 집중되어 그로써 성공을 거두게 하십시오.
나는 항상 상상력과 사고를 통제하면서
날마다 내 삶을 살겠습니다.

당신에게는 밤마다 잠들기 전에 외울 기도문도 필요하리라. 아래는 내가 특별히 만든 기도문이다. 이 내용이 밤마다 당신의 잠재의식 속으로 스며들게 하라.

〈잠들기 전의 기도〉

저를 사악한 생각으로부터 지켜주십시오.
저를 낙망의 암흑에서 벗어나게 하십시오.
제가 비참할 때에, 저를 뒤덮은 어둠 속으로 빛을 비춰주십시오.
제 모든 생각이 선하고 순수케 하십시오.
제 모든 행동이 다른 이들의 이익이 되게 하십시오.
제 사고가 적극성을 띠어 그로써 마음이 굳건해지게 하십시오.
저는 제 운명의 주인입니다.

오늘의 제 생각이 바로 내일의 저입니다.

그런고로 모든 사악한 생각을 피하게 하십시오.

다른 이들에게 불행을 주는 모든 생각을 피하게 하십시오.

제 영혼이 제 안에서 일어나서 앞에 놓인 과업을 쉽게 이루게 하십시오.

저는 제 운명의 주인입니다.

그렇게 되도록 도우소서.

제6장

우리가 방문해야 할 세계

    사납지 않은 비가 후두두 내리면서 오래된 시장거리의 검댕 묻은 석판들을 가볍게 씻어냈다. 이 비는 마치 과부의 눈물처럼 회색 하늘로부터 떨어지며 쓰레기통들을 고운 소리로 튕겼다. 그리고 저녁바람의 부드러운 일렁임에 맞추어 도로 위에서 춤을 추듯 흐느적댔고, 창문들을 두드렸고, 밑동이 콘크리트 보도에 박힌 앙상한 나무들의 마른 잎사귀를 적셨다.

    자동차들은 불빛을 차도에 반사시키면서, 배수가 안 되어 지면에 얇게 고인 물웅덩이 위를 치익 소리를 내며 지나갔다. 낡은 회색 지붕에서 신나게 달음질친 빗방울들은 깨진 홈통으로 흘러들어가 닳고 닳은 돌계단으로 떨어지며 똑, 똑, 똑 소리를 냈다.

    행인들은 종종걸음을 쳤다. 어떤 이는 날씨를 저주하며 목덜미 깃을 세우고 우산을 곤두세웠다. 우산이 없는 사람들은 황급히 신문지를 펴서 임시변통으로 비를 피했다.

    고양이 한 마리가 조심스럽게 진창을 뛰어넘으며 마른 장소를 찾는 듯했다. 그리고 젖는 게 싫었는지 아니면 제 집에 돌아온 것인지, 주위를 한 번 둘러보고는 조그맣게 열린 창문 안으로 비집고 들어갔다.

    칙칙한 레인코트에 작은 검정우산을 쓴 사람이 모퉁이에 나타났다. 그녀는 가냘픈 체구에 허둥대는 모습이었다. 그녀는 가로등 밑에 잠시 멈춰서 손에 움켜쥔 종잇조각을 들여다보았다. 희미한 불빛으로 주소와 호수를 꼼꼼히 확인한 그녀는 다시 바삐 움직이기 시작했다.

    그녀는 여기저기서 종종걸음을 멈추고 집들의 번지수를 읽었다. 마침내 그녀는 작은 탄성을 지르면서 모퉁이의 집 앞에 멈춰 섰다. 잠시 둘러보니 햇빛에 바래서 대문의 페인트칠이 벗겨졌을 만큼 초라하고 작은 집이었다. 창틀의 페인트도 갈라졌고, 석조 부분도 낡아빠진 모양새였다. 그렇지만 그녀는, 이곳은 행복한 집이라고 확신했다.

그녀는 더 이상 망설이지 않고 세 개의 작은 돌계단을 올라가 문을 두드렸다. 이내 집안에서 발소리가 나더니 문이 삐걱대며 열렸다.

그녀가 물었다. "라이언 부인이세요?"

"네, 제가 라이언 부인이에요. 무슨 일이시죠?" 집주인이 말했다. "비가 오는데 들어오시지 않겠어요?"

그녀는 고마워하며 우산을 접고 안으로 들어섰다. 그녀는 젖은 코트를 받아주는 라이언 부인을 살펴보았다. 라이언 부인은 마치 이 집처럼 나이가 들었지만 인생의 교훈을 잘 체득한 듯 보였다. 얼굴은 다정한 인상이었고, 손은 일을 많이 한 듯 거칠었다. 집안도 낡긴 했지만 가구들은 깨끗해 보였다.

가냘픈 여자가 몸을 돌리며 말했다. "아, 죄송해요. 정신이 없어서. 저는 하비 부인이라 합니다. 엘리스 부인이 당신 이야기를 해주었어요. 저는 간절히 도움이 필요하답니다!"

라이언 부인은 그녀를 근심스런 표정으로 보며 말했다. "거실로 가시죠, 하비 부인. 뭐가 문제인지부터 알아봅시다." 라이언 부인은 거리가 내려다보이는 작고 깔끔한 방으로 손님을 안내하고 의자를 가리키며 말했다. "여기 앉으세요."

가냘픈 여자는 안락의자에 주저앉았다. "프레드 때문이에요." 그녀는 울먹였다. "5주 전에 죽은 그이가 너무나 보고 싶어요." 지난 기억이 그녀를 압도했다. 격앙되어 눈물을 흐르자 그녀는 핸드백 속에서 손수건을 꺼내어 무력하게 눈가에 갖다 댔다.

라이언 부인이 그녀의 어깨를 두드리며 말했다. "자, 그대로 앉아서 실컷 울어요. 차 한 잔 준비할게요. 그때쯤이면 기분이 나아질 거예요."

라이언 부인은 방에서 서둘러 나와서 부엌으로 들어갔다. 곧 찻잔들이 딸그락거리는 소리가 났다.

"너무 견디기 어려웠어요!" 그 둘이 찻잔을 두고 마주 앉았을 때 하비 부인이 말했다. "저는 남편 프레드를 진심으로 사랑했어요. 그런데 그는 5주 전에 공장의 폭발사고로 즉사했죠. 끔찍한 일이에요! 그리고 밤마다 저는 그이가 제게 뭔가를 말하려 한다는 강한 느낌을 받았어요."

그녀는 말을 멈추고 아랫입술을 꽉 다물었다. 그리고 마루의 닳아빠진 카펫을 발로 문지르면서 손수건을 과민하게 비틀었다. 그녀는 다시 입을 열었다. "엘리스 부인이 말하길, 당신이라면 프레드와 대화를 나눌 수 있을지도 모른다고 했어요. 비용이 얼마나 들지 모르겠지만, 저는 정말로 그이의 소식을 들었으면 해요!"

"부인." 라이언 부인이 불안에 떠는 젊은 미망인에게 말했다. "우리는 오직 신을 기대하고 믿을 뿐이죠. 제가 때때로 이생을 떠난 이들로부터 메시지를 받는 것은 사실입니다. 하지만 늘 그런 것은 아니에요. 오직 최고의 달인들만이 항상 텔레파시와 투시를 할 수 있습니다. 제가 당신을 돕게 된다면 그건 신의 뜻이에요. 그렇지 못하다면 그것 또한 신의 뜻입니다. 그리고 비용은…"

라이언 부인은 손으로 방 안을 가리켰다. "제가 많은 수고비를 받아서 사치스럽게 사는 것처럼 보이시나요?" 라이언 부인은 한숨을 쉰 후 덧붙였다. "다른 나라와도 전화로 연락을 주고받듯이, 이 세계와 보이지 않는 저 세계를 연결해주는 기계가 제작된다면 좋으련만. 하지만 회사들은 그런 일에 흥미가 없답니다. … 당신의 남편에 대해 말해보세요. 혹시 제가 그와 접촉하는 데 도움이 될 만한 유품을 가지고 오셨나요?"

한참의 시간이 흘렀다. 충분히 위로를 받은 하비 부인이 미소를 띤 채로 일어섰다. "영매라도 다 같은 사람이 아니란 걸 이제 알겠어요. 쓰린 대가를 치르고야 알게 됐지만, 어떤 영매들은 그저 사기꾼에 불과하죠. 아무런 능력도 없으면서 거짓말로 희망을 부추긴답니다. 그런데 부인은 완전히 다르시군요. 고맙습니다. 정말 고맙습니다. 라이언 부인!"

나이 든 영매 라이언 부인은 하비 부인과 작별한 후에 가만히 문을 닫으면서 중얼거렸다. "주여! 주여! 가짜들이 전부 물러난 가운데 진실한 연구를 시도한다면 저세상과의 교신이 아주 쉽게 가능해질지도 모르는데."

그녀는 거실로 돌아가서 천천히 찻그릇을 치우며 한때 참석한 적이 있었던 강령회의 기억을 떠올렸다.

· · · ·

상점들은 일찍 문을 닫았다. 주중이어서 돈을 쓰는 사람들이 없었고, 내일의 장사를 위해 식료품 매대도 휑하니 비워져 있었기 때문이다. 상점들이 일찍 문을 닫은 대도시에서 서기, 회계사, 타자수, 여점원들이 쏟아져 나왔다. 거대한 인파가 지하철 입구로 몰려들어 노도와 같이 에스컬레이터에 올라탔고, 역내를 따라 길게 늘어섰다.

깊은 터널에서 열차가 나오면서 부웅부웅 하는 소리가 울려 퍼졌다. 어둠 속에서 너울거리는 열차의 등불이 나타나자 뒤숭숭한 분위기가 군중을 에워쌌다. 덩치 큰 사람들은 앞으로 밀고 들어갔고 작은 사람들은 거칠게 옆으로 밀려났다.

열차가 천천히 역내로 들어와서 제동기 소리와 함께 멈추자 군중이 앞으로 몰리며 객차 안으로 휩쓸려 들어갔다. 쿵 하면서 고무로 마감된 문들이 닫혔고, 둔하게 고동치는 공기압축기가 브레이크를 떼자 열차는 속도를 내기 시작했다. 벌써 다음 차례의 퇴근 인파가 지하도를 쏟아져 내려와 막 비워진 역내에 양 떼처럼 모여 섰다.

퇴근 인파는 점차 줄어들었다. 귀가 시간이 지나면 열차의 왕래도 다소 뜸해질 터였다. 물론 사람들이 저녁 시간을 즐기러 극장을 찾거나 상가를 구경하러 나올 때는 상황이 또 달라질 것이다. 아마도 밤의 여인들도 등장해서 어두운 문간에서 서성대거나 등불 밑에서 몸매를 과시하리라. 경찰들은 유유히 관내의 문단속 상태를 점검하고, 주차된 차들을 살펴보고, 수상하거나 불법적인 일이 일어나지 않는지 감시하리라.

저 멀리 교외에선 사람들이 저녁식사를 물리고 일어서는 중이었다. 어떤 이들은 극장에 가려고 옷매무새를 다듬고 있었고 어떤 이들은 한가한 저녁을 어떻게 보낼까 궁리하고 있었다. 그리고 거기엔 강령회에 참석하려는 사람들도 있었다!

길 아래로 둘씩 셋씩 사람들이 모여들었다. 그들은 커다란 고택으로 향했는데, 그 집은 속세의 일로부터 초연하려는 노인네처럼 도로에서 다소 물러난 곳에 있었다. 고택의 외관을 가린 덤불은 손질되지 않은 채로 제멋대로 자란 것이 꼭 장발을 늘어뜨린 남자를 연상케 했다. 현관 위엔 갓 없는 전구 하나가 타죽은 날벌레와 곤충이 남긴 찌꺼기를 비집고 희미한 빛을 발하고 있었다.

잠시 한 얼굴이 이층 창문에 나타나서 모여든 사람의 숫자를 세더니 잽싸게 커튼 뒤로 사라졌다. 현관에 모인 사람들은 큰소리로 인사를 나누었고, 처음 보는 얼굴에는 의심의 눈길을 보냈다. 곧 문이 열리면서 가짜 진주 목걸이로 멋을 낸 큰 덩치의 뚱뚱한 여자가 나타났다. 그녀는 양손을 비비며 사람들에게 함박웃음을 지어 보였다.

"세상에나!" 그녀는 교활하게 외쳤다. "신령님이 제게 오늘 밤은 기록적인 인원이 모일 거라고 말해주셨지요. 자, 어서 들어오세요." 그녀는 옆으로 물러섰고 사람들은 어둑한 입구로 줄지어 들어갔다.

"사랑의 헌납물은 저기에 두세요." 뚱뚱한 여자는 구석의 선반 위에 놓인 오목한 접시를 가리켰다. 거기엔 이미 은화 네 닢과 은행권 한 장이 놓여 있어서 '사랑의 헌납물'의 기준액을 암시해주고 있었다.

뚱뚱한 여자의 눈길 아래 사람들은 호주머니와 지갑을 뒤져 헌납물을 접시 위에 떨어뜨렸다. 접시는 빠르게 채워졌다. "바로 그래요!" 그녀는 점잔을 빼며 말했다. "우리는 영혼의 친구들이 소홀히 대접받고 있다고 생각하게 만들어선 안 되지요. 그렇지 않겠어요? 주면 줄수록 우리는 더 받는답니다."

사람들은 한 켠에 무대 같은 것이 설치된 큰 방으로 들어갔다. 불규칙하게 놓인 딱딱한 목제의자들이 금세 사람들로 채워졌고 불안해하는 신참자들은 자연히 뒤쪽으로 밀려났.

뚱뚱한 여자는 육중한 걸음으로 무대 중앙에 자리를 잡고서 조급하게 팔찌를 만지작거렸다. 키가 큰 홀쭉한 여자가 등장하여 반쯤 감춰진 소형 오르간으로 찬송가의 첫마디를 연주했다.

"먼저 분위기를 바르게 하기 위해 찬송가 몇 곡을 부릅시다." 뚱뚱한 여자가 말했다. "그 후에 일을 시작하자고요."

몇 분간 오르간 연주에 맞추어 사람들은 노래를 불렀다. 그때 뚱뚱한 여자가 양손을 명령하듯 휘저으며 말했다. "중지! 중지! 혼령들이 기다려요!" 오르간의 송풍기가 바람을 비우면서 마지막 선율은 점차 잦아들었다. 사람들이 편안한 자세를 취하려고 뒤척이자 가구들이 삐걱대는 소리를 냈다. 불빛은 어둑해지다가 이내 꺼졌고, 곧 빨간 등이 켜지면서 기괴한 분위기가 모든 사람을 적셨다.

무대 위의 뚱뚱한 여자는 깡충깡충 뛰기 시작했다. "아, 애들아!" 그녀는 교태를 부리며 소리쳤다. "기다려, 기다려, 차례대로 얘길 해야지! 오늘 밤은 말하려고 기다리는 친구들이 아주 많네요." 그녀는 사람들에게 상황을 설명했다. "그런데 그들이 아주 조급해하네요. 오늘 밤은 많은 분들이 메시지를 받게 될 거예요."

한동안 그녀는 무대 위에서 몸부림을 치고, 킥킥 웃고, 머리를 문질렀다. "이제!" 그녀가 드디어 소리쳤다. "그들이 재미있게 놀았대요. 그러니, 일을 시작하죠."

주변을 돌아보며 그녀가 갑자기 물었다. "메리, 혹시 메리라는 분이 안 계신가요? 최근에 소중한 사람을 잃으셨을 텐데."

반신반의하며 누군가 손을 들었다. "여섯 달 전에 계부를 잃었어요." 불안한 표정의 젊은 여성이었다. "그분은 고통을 무척 많이 받았어요. 저는 그분이 구원을 받으셨다고 확신해요."

뚱뚱한 여자가 고개를 끄덕이곤 한마디 했다. "에, 그런데 그가 자신은 지금 행복하며 그간의 모든 일에 대해 미안하다고 전해달라는군요." 젊은 여자는 고개를 끄덕이곤 옆의 친구에게 귓속말을 했다.

"스미스!" 뚱뚱한 여자가 불렀다. "스미스에게 메시지가 있어요. '그대는 걱정할 필요가 없다. 모든 일이 잘될 것이다.' 무슨 뜻인지 아시겠죠? 이런 모임에서는 자세히 말하기가 곤란하군요. 그렇지만 당사자는 충분히 이해할 거예요!"

앞쪽에 앉은 젊은 남자가 동의의 뜻으로 머리를 끄덕였다.

"오늘 밤은 아이들이 아주 활기차네요." 뚱뚱한 여자가 말했다. "메시지가 너무 많아요. 아시다시피 저는 타계했지만 아직도 영혼의 상태로 우리와 함께 있는 소중한 분들의 메시지를 전하는 전화기랍니다! 기다려, 기다려, 뭐라고? 아! 제가 이 방을 장식할 수 있도록 특별한 헌금을 청해야 한다고 그들이 말하네요. 초라한 방을 방문하고 싶진 않다는군요. 도와주시겠어요? 이 가치 있는 목적을 위해 헌금하시지 않겠어요? 존스 양, 어서 접시를 돌리도록 하세요. 감사합니다!"

· · · · · ·

한 가지는 분명히 해두자. 일정한 조건이 허락되면 '타계한' 사람들로부터 메시지를 받는 일은 실제로 가능하다. 그러나 다시 강조하건대, 그들은 길거리에서 무리지어 어슬렁거리는 젊은이들처럼 마냥 앉아 있는 존재들이 아니다. 실로 많은 메시지들이 엉터리에 불과하다. 그것은 저급령들로부터 왔거나 가짜 영매의 창작물일 뿐이다.

우리는 신비전승 또는 형이상학 분야의 아주 실질적인 위험 한두 가지를 살펴보는 것으로 이야기를 시작하려 한다. 물론 순수한 의미에서 비술秘術을 실습하는 사람은 어떤 위험에도 노출되지 않는다. 우리가 직면하는 커다란 위험은 바로 괴짜들, 별종들, 사기꾼들, 그리고 자신이 클레오파트라 같은 인물의 환생이라 생각하는 자들이 만들어내는 것이다. 아마도 클레오파트라 환생자의 숫자만도 뉴욕을 전부 채우고도 남아 미국의 다른 지역까지 흘러넘치리라.

잼 병에 파리가 꾀듯 정서적으로 불안한 자들이 비술에 몰려드는 것은 몹시 불행한 일이다. 그리고 과대망상이 심한 괴짜일수록 품위 있게 진리를 탐구하려는 사람들에겐 더 큰 위험요소가 된다.

강조하건대, 비술은 자연스런 일이고 거기엔 신비로운 요소가 아무것도 없다. 비술은 모든 사람이 가지고 있으나 그동안 사용법을 잃어버렸던 힘을 다시 활용하는 것일 뿐이다. 이런 힘을 지녔다고 해서 모두가 마법사인 것은 아니다. 그는 그저 모든 사람에게 있는 특정한 감각을 계발해 냈을 뿐이다.

우리는 모두 근육을 갖고 있지만 역도선수의 근육은 종일 앉아서 지내는 노부인보다 월등히 발달해 있다. 정치인의 목청은 가정주부의 목청보다 확연히 발달해 있다. 모두가 근육과 성대를 가졌지만 그 기관의 발달 수준은 각자 다르다.

비술에서 가장 중요한 것은 자기 과시에 빠져서는 안 된다는 점이다. 그 누구도 비술을 단순한 곡예 차원으로 떨어뜨려서는 안 된다.

어떤 여자는 이렇게 말한다. "아, 오늘 멋진 남자를 만났어. 우리 집으로 찾아왔더라고. 그는 아침엔 스페인산 양파를 팔고 오후엔 숙녀복을 팔지. 그리고 저녁엔 비술을 보여주는데 아주 기가 막혀. 한 손가락으로 지탱하면서 물구나무를 서서 차 한 잔을 마신다구."

세상에서 고립된 어떤 불쌍한 남자는 이렇게 말한다. "난 비술에 관한 책을 읽었지. 곧 나는 위대한 교사, 대가로 출세할 거야." 그래서 그는 낮에는 집집마다 영업을 다니거나 오만한 사장 밑에서 유순한 직원으로 일하겠지만, 밤에는 뒷방에 홀로 앉아 이상한 표정을 하고 눈썹을 찡긋대고 시선은 코 옆으로 내리깔고 수상한 한숨을 쉬며 끙끙대리라. 아마도 그는 몇 가지 속임수를 배우고는 자신이 얼마나 멋지게 유체여행을 할 수 있는지를 떠벌리리라. 사실은 저녁에 상한 치즈를 먹었거나 과식을 해서 가위에 눌린 것에 불과한데 말이다.

그런데 이런 사람들이야말로 진짜 골칫거리다. 그들을 자기 자신을 위험하게 만든다. 단언하건대, 무대에서 쇼를 하면서 그걸 비술이라 떠벌리는 별종들은 진실을 배울 때까지 몇 번이고 지상에 다시 내려오는 대가를 치러야 할 것이다.

인도에는 파키르^{Fakir}라 불리는 고행자 집단이 있다. 그들은 성자를 자처하며 인도를 돌아다니는데, 지각 있는 여성이라면 무조건 그들을 피해야 한다. 그들은 무대에서 쇼를 벌이고 묘기를 부린다. 나라면 차라리 돈을 내고 괜찮은 극장에 가서 마술 공연을 보겠다. 나는 더러운 사내가 땅에 웅크리고 앉아 구경꾼들에게 최면을 걸려 애쓰는 모습을 보고 싶지 않다. 그것은 영적으로 아무런 의미가 없는 짓이다. 오직 자신이 영혼의 영자도 모른다는 사실만을 드러낼 뿐이다.

인도인의 밧줄 곡예는 간단한 최면술에 지나지 않는다. 진정한 명인들은 최면술을 사용하지 않고도 얼마든지 그런 곡예를 할 수 있지만, 그들은 할 일 없는 구경꾼들의 호기심을 채워주는 데는 전혀 관심이 없다.

진실로 말하건대, 나를 포함한 실로 많은 사람들이 공중부양을 목격했다. 공중부양은 신비로운 요소가 전혀 없는, 지극히 자연스러운 현상이다. 그것은 자력의 흐름을 역전시키는 데 관한 문제일 뿐이다.

두 개의 막대자석을 양손에 들고 있다고 하자. 그 둘을 가까이 가져가면 쨍하는 금속성 소리와 함께 서로 들러붙으면서 살점이 그 틈에 끼게 될 것이다! 그러나 자석 하나의 극성을 바꾸면 그 둘은 필사적으로 서로 밀어낸다. 같은 극성끼리는 자기적으로 전혀 끌리지 않는다. 대신 그것들은 서로 반발한다.

공중부양은 우리 몸의 자기력 방향을 바꿔서 몸무게가 별로 나가지 않도록 변화시키는 방법이다. 약 60여 년 전에 영국에는 홈^{Home}이라는 이름의 젊은이가 있었다. 그는 시골집에서 실제로 공중부양 시범을 보였다. 세계적인 과학자 몇몇이 그 시범을 목격했다. 그러나 그 시범을 인정하면 과학자들은 자신들이 믿는 법칙을 부정하는 셈이 되므로, 그들은 있는 그대로를 발표하지 않았다.

공산주의자들이 소동을 일으키기 전의 티베트와 중국에서는, 그리고 미군이 소동을 일으키기 전의 일본에서는 공중부양과 같은 일들이 숱하게 행해졌다. 그러나 그것들은 서커스 곡예로서가 아니라 성실하고 진실한 학생들의 과학적인 쿤달리니 수행에 의해 행해졌다.

그러니 진실한 비술가가 되도록 하자. 한 손가락으로 균형을 잡는 시범을 보이겠다는 사람이나 아무런 능력도 없으면서 무방비 상태의 군중을 미혹시키는 별종들을 철저히 의심해야 한다. 진실한 비술가는 정말로 타당한 이유가 있을 때 말고는 결코 자신의 능력을 나타내려 하지 않는다.

이런 별종들에는 '뒷골목의 천리안' 다이나 드립드라이Dinah Dripdry 같은 사람도 포함시키는 게 좋겠다. 이 불쌍한 여자는 아마도 매일 여러 시간 물통과 자루걸레를 들고 마루를 닦을 것이다. 그리고 일이 끝나면 그녀는 터벅터벅 걸어서 — 버스는 툭하면 파업이니까! — 집으로 걸어갈 것이다.

집에 도착한 그녀는 아주 이국적인 스타일로 자신을 치장한다. 그녀는 몸에 화려한 장식을 두르고 야한 손수건으로 터번처럼 머리를 감싼다. 그녀의 방은 불빛이 어둑어둑해서, 고객들은 그 방이 얼마나 지저분한지를 알지 못한다. 그녀는 그렇게 영업을 준비한다.

그녀는 어디선가 종종 수정구들을 구해오는데, 그것들은 볼거리로서 당당하게 진열되어 있다. 사람들이 그녀가 얼마나 멋진 여자인지 의심하지 않도록 말이다. 그런데 햇빛에 노출시키는 것보다 수정구를 더 철저하게 파괴하는 방법은 없다. 햇빛은 수정의 고유한 힘을 잃게 한다.

그녀는 바보 같은 고객들을 자신의 집으로 끌어들인다. 그리고 보통 반대편에 앉아서 고객들을 위아래로 훑어보며 말을 시킨다. 그러면 대부

분의 사람들은 이런저런 이야기를 쉼 없이 지껄인다. 그래서 그녀는 그저 자신의 모습을 되비칠 뿐인 수정구를 들여다보면서 침울한 말투로 고객들의 말을 되읊는다. 그것으로 그녀는 대단한 천리안이라는 명성을 얻는다. 자신이 내뱉은 말을 기억하지 못하는 고객들은 흔쾌히 그녀에게 돈을 내놓는다.

돈을 위해 투시력을 발휘하는 일은 불가능하다. 왜냐하면 그 투시가는 애초에 가졌던 힘을 잃고 말 것이기 때문이다. 또한 어떤 투시가도 종일 능력을 발휘할 수는 없다. 그렇다고 고객들에게 이렇게 말할 수는 없는 일이다. "아, 오늘은 휴무일입니다. 오늘은 당신에게 진실을 말할 수 있을 것 같지 않군요." 그래서 다이나 드립드라이 같은 사람들은 수정구에서 아무것도 안 보일 때도 — 늘 그렇지만 — 뭔가 일을 꾸며내야 한다.

당신은 흔히 이런 말을 할 것이다. "뭐가 잘못됐는지 모르겠어. 오늘은 일에 집중이 안 되네." 투시도 마찬가지다. 긴장하거나 흥분한 상태에서는 투시력이 떨어진다. 제발 수정구 따위로 운세를 점쳐준다는 사람들에게 지갑을 열지 말라. 그런 일을 상업적으로 벌이는 것은 불가능하다.

또 하나 짚어둬야 할 사항은, 그 누구도 타인의 유체를 제어할 수 없다는 사실이다. 당신은 마치 커다란 달걀을 낳기 직전의 암탉처럼 소란스러운 백치 여자를 만나게 될지도 모른다. 그녀는 이렇게 말할 것이다. "아, 전 당신을 알아요. 어젯밤 유체계에서 만났지요. 당신의 유체는 저의 통제하에 있어요." 이런 사람을 만났을 때 최선의 방책은 흰옷 차림의 의료진들을 불러서 그 정신병자를 편안한 독방으로 이송하는 것뿐이다.

누구도 유체계에서 상처를 입지 않는다. 누구도 유체계에서 다른 누군가에게 조종당하지 않는다. 우리가 두려워할 유일한 것은 두려움 그 자체뿐이다. 당신이 두려워하지 않는 한 어떤 나쁜 일도 당신에게 일어나지 않는다.

특정한 조건과 상황을 제외하고는, 피험자의 의사에 반해 강제로 최면을 거는 일은 불가능하다. 물론 티베트의 밀교 사원에서 훈련받은 이들은 특별한 목적이 있을 때 그런 능력을 발휘할 수 있다. 하지만 그들은 타인을 돕는 목적 이외에는 그 일을 결코 시도하지 않는다.

만일 어떤 사람이 당신에게 최면을 걸려고 시도하거든 그때는 그의 콧마루와 양 눈 사이를 똑바로 응시하라. 그를 똑바로 마주 보라. 그러면 오히려 상대방이 저 스스로 최면에 걸릴 것이다. 이처럼 당신이 두려워할 것은 아무것도 없다.

비술은 숨쉬기나 물건 들기나 걷기만큼이나 평범한 일이다. 당신은 서두르거나 부주의하게 굴지 않는 한 안전하게 걸어다닐 수 있다. 물론 바나나 껍질에 미끄러질 수도 있지만, 그것은 당신의 부주의 때문이지 걷는 행동이 위험해서가 아니다. 비술은 바나나 껍질에 미끄러질 위험조차 없으므로 걸음보다 더 안전하다.

사람은 이 지구를 떠난 후에 좀더 상위의 국면, 즉 진화된 세계로 옮겨갈 수 있다. 그런 경우에는 유능한 영매만이 그와 교신할 수 있다. 왜냐하면 그는 이제 전혀 다른 시간대에 속하기 때문이다. 영국에서 호주로 전화를 걸려면 그 지역의 시간대를 알아야 한다. 그렇지 않으면 상대방은 한밤중에 전화를 받아야 할 것이다. 영매의 경우에는 몇천 광년 후의 미래로 간 사람을 불러야 한다! 그래서 경험 없는 영매들은 대개 '저급령'이라 불리는 존재들에게 현혹되기 십상이다.

사람들은 저급령이라는 존재에 대해 잘못된 생각을 갖고 있다. 우리는 그들이 아무튼 인간의 영혼과 닮은꼴이라고 생각한다. 사실은 전혀 그렇지 않다. 저급령은 원숭이처럼 인간을 흉내 낼 뿐이다. 그래서 유체계를 투시하지 못하는 영매들이 인간처럼 행세하는 저급령들에게 쉽게 미혹되는 것이다.

저급령들은 사악하다기보다는 부단히 반복된 사념에 의해 생겨난 형체일 뿐이다. 예를 들어 끊임없이 술을 마시는 사람의 생각은 온통 혼란스러워진다. 그러면 그의 에너지는 통제력을 잃고 마구 방사되면서 분홍색 코끼리 또는 점박이 도마뱀 같은 환상을 그려내게 된다. 이것들이 바로 저급령이다.

진화의 각 주기는 그 주기를 떠나려는 사람들과 새로 시작하려는 사람들로 구성되어 있다. 그래서 우리는 현존하는 영혼 또는 초자아들이 만들어내는 삶의 파도에 영향을 받게 된다. 그 '파도'들은 나름대로 진화에 공헌하면서 저마다 본보기를 남긴다. 옥스퍼드 대학교 졸업자와 예일 대학교 졸업자, 그리고 소년원 출신자가 저마다의 문화로서 서로 영향을 주고받는 것과 같다. 그래서 이 삶의 파도가 계속 지나갈 때 무수한 사람들의 기억이 하나의 덩어리로 뭉치고, 그것은 유체계에서 단단한 피조물로서 굳어진다.

이 피조물은 다음 단계의 진화 단계 또는 주기가 와도 여전히 그 자리에 남겨진다. 그것에는 '신성한 불꽃'이 결여되어 있다. 그것은 지성이 없으므로 의식권 내에 들어온 일들을 모방하거나 재생할 수 있을 뿐이다. 열심히 노력을 기울인다면 당신은 앵무새에게 말 몇 마디를 가르칠 수 있다. 앵무새는 그 말을 이해하지 못하지만 능숙하게 반복한다. 저급령들의 실체가 이와 마찬가지다.

흥미를 가질 독자들을 위해 부연하자면 인류가 흑인종, 갈색인종, 황인종, 백인종 등으로 나뉘듯이 저급령에도 다양한 유형이 있다. 지구의 유체계에 들러붙어 있는 저급령들은 주로 네 개의 유형으로 구분된다. 점성학의 일부 속성들은 바로 여기서 비롯된 것이다. 공기의 정령, 불의 정령, 물의 정령, 땅의 정령이 바로 저급령들의 네 가지 주요 유형인 것이다.

또한 마법사나 연금술사들은 조금 다른 표현을 쓸 것이다. 즉 첫 번째 집단은 땅의 신령, 두 번째 집단은 공기의 요정, 세 번째 집단은 불의 도마뱀, 그리고 마지막 집단은 물의 요정이라는 식으로 말이다.

그러나 저급령과 자연의 영을 헷갈려서는 안 된다. 자연의 영은 나무와 식물의 성장을 관장한다. 그것은 식물의 생리작용을 돕고 과실을 맛깔스럽고 기름지게 한다. 자연의 영들에게는 그 나름의 초자아(Overself), 다른 표현으로는 초영혼(Oversoul)이 있다. 우리는 그것을 '마누Manu'라고 부른다. 인종人種에도 마누가 있고, 나라에도 마누가 있고, 자연의 영에도 마누가 있다. 바위의 영을 관장하는 마누가 있고, 나무의 영을 관장하는 마누가 있다.

오래전 고도로 훈련된 이집트의 사제들은 이런 마누들과 접촉할 수 있었다. 예컨대 고양이의 신인 바스테트는 사실 고양이들의 마누였다.

나는 인류가 여러 가지 진화의 파도를 타고 있다고 말했다. 예를 들어 오래전에는 레무리안 종족이 있었는데, 그들은 주로 본능과 열정에 의해 움직였다가 점차 세련된 정서를 발전시켰다. 다음에는 아틀란티안 종족이 등장하여 세련된 정서를 점차 이성적인 마음으로 발전시켰다. 그다음에는 아리안 종족이 등장하여 기능적인 마음을 점차 추상적인 마음으로 발전시켰다. 아리안 종족 다음으로는 여섯 번째 종족이 등장할 것인데, 이들은 추상적인 마음을 영적인 인식으로 발전시킬 것이다. 그리고 영적인 인식을 출발점으로 삼을 일곱 번째 종족은 우주의식을 성취하기 위해 더욱 진화해갈 것이다.

다시 주제로 돌아가서, 영매는 어딘가 다른 두뇌구조를 통해서 존재의 다른 단계로부터 메시지를 받을 수 있는 사람이다. 그것은 라디오가 인간의 귀에는 들리지 않는 메시지를 수신해내는 것과 마찬가지 원리이다. 영매는 일종의 트랜스 상태에 들어간다. 영매에 따라 수준은 다르지만, 그 상태에서는 영매의 자의식이 억압되면서 다른 실체가 그로 하여금 특정한 생각을 말로써 표현하게 할 수 있다.

대부분의 영매들은 특별한 목적을 갖고 저급한 유체계에 머물고 있는 존재를 택해서 '교통정리'를 맡긴다. 소위 '안내자(Guide)'로 불리는 그 존재는 경찰관 노릇을 하면서 장난기 많은 저급령들이 영매에게 해를 끼치지 못하도록 막아준다.

영매의 초자아가 '안내자'에게 고삐를 쥐여주고 자리를 비키더라도 의자에 앉은, 또는 침상에 누워 있는 영매 자신은 정작 아무것도 인식하지 못한다. 그러므로 결과에 전전긍긍하며 주위를 두리번거리는 영매는 자신이 엉터리임을 스스로 드러내는 것이다. 이 작업의 요체는, 영매가 자신의 인격을 송두리째 내려놓고 다만 하나의 전화기로서만 기능해야 한다는 점이다.

당신이 죽음 저편으로부터 얻으려는 것은 영매의 편견 섞인 해석이 아니라 있는 그대로의 메시지일 것이다. 그런 메시지를 얻는 유일한 길은 혼령이 영매로부터 아무 간섭도 받지 않고 자유롭게 활동하도록 하는 것이다.

또 하나 당신이 알아야 할 것은, 이른바 타계한 혼령들과 접촉해서 메시지를 받고자 할 때 당신이 듣게 되는 것은 대개 두서없는 이야기일 것이라는 사실이다. 왜냐하면 진정으로 진화된 영혼들은 보통의 영매가 도저히 미칠 수 없는 차원으로 가버리기 때문이다. 시간을 앞질러 달려가서 대단히 멀리 떨어진 영혼으로부터 메시지를 받아내는 일은 진정한 명인들만이 할 수 있다. 그리고 이것이 바로 타계한 사람들로부터 진실로 의미 있는 메시지를 얻는 것이 그토록 어려운 이유이다.

영매가 하는 일은 사실 이러하다. 천부적으로 기질을 타고난 한 영매가 죽은 사람들과 주파수를 맞출 수 있다고 하자. 그렇지만 그들은 아직 낮은 수준의 유체계에 머물고 있다. 이른바 연옥, 즉 중간단계에 있는 것이다. 그들은 앞으로 어디로 가서 무엇을 해야 할지 모르는 채로 대기실에서 기다리고 있다. 병원에 비유하자면, 그들은 지상의 삶에서 겪은 충격을 극복하기 위해 정신치료를 받아야 한다. 그리고 병원에 입원한 환자들은 병실의 침대 위에 누워 있으므로 병원의 전체 업무를 알 수가 없다.

당신은 막 세상을 떠난 이들을 돕는 임무를 맡은 안내자 또는 특수한 존재들으로부터 메시지를 받을 수도 있다. 하지만 그들이 단지 병원의 미숙한 간호사 또는 청소부 수준의 정보만을 전한다면, 당신은 여전히 병원의 전체 업무를 파악할 수 없다. 즉 당신은 그저 병원 주위를 배회하면서 이런저런 이야기를 주워듣는 수밖에 없다.

우리는 이 세상을 떠난 후에 성경에서 '연옥'이라 칭하는 낮은 수준의 유체계로 가게 된다. 그곳은 앞서 말했듯이 아픈 영혼들을 위한 병원에 해당한다. 거기서 우리는 이 조잡한 지구에서 견뎌야 했던 많은 충격들을 치유받는다. 우리는 자신이 지상에서 무엇을 잘못했는지를 살피고, 그것을 보상하기 위해 앞으로 무엇을 해야 할지를 알게 된다. 그리고 잠시 휴식을 취해 기력을 회복한 후에 쾌적한 '공원'으로 걸어 들어간다. 존재의 다음 단계로 계속 나아갈 수 있도록 투약과 치료를 병행하면서 말이다.

결론적으로, 사별한 사람과 대화하기 위해 영매란 영매는 다 찾아다니고 강령회란 강령회는 다 참석하는 것은 오히려 그 대상에게 커다란 해를 끼치는 일임을 알아야 한다. 이렇게 생각해보라. 병을 치료하고자 병원에 입원한 사람을 날마다 찾아가서 괴롭히는 것은 오히려 그의 치료를 훼방하는 짓이다. 의사들은 그를 충분히 돌볼 수가 없고, 그는 충분히 휴식할 수가 없다. 당신이 그의 일에 쓸데없이 참견할수록 치료 과정은 혼란만 더 가중될 것이다.

이 세상을 떠난 사람들은 구름 위에서 하프를 튕기고 찬송가를 부르며 그저 앉아 있지 않는다. 그들은 지상에 있을 때보다 할 일이 더 많다! 그러나 계속 정신적 방해를 받게 되면 그 일을 제대로 해나갈 수가 없다.

바쁘게 움직이고 있는 회사 간부, 과학자, 또는 외과의사의 옷자락을 뒤에서 계속 잡아당긴다면, 그들은 도저히 자신의 일에 몰두할 수 없을 것이다.

아주 특별한 조건과 아주 특별한 안전판이 마련되지 않는 한, 영매들은 결코 타계한 사람들과 함부로 접촉하려 들어서는 안 된다. 다행히도 점잖은 영매들은 절대적으로 성실한 태도를 갖추고 그저 재미로만 저급령들과 접촉할 뿐이다. 스스로 저급령들을 상대하고 있음을 알고 있는 한 여기에는 아무런 위험도 없다. 그렇지만 굳이 얼빠진 원숭이 무리와 장난을 쳐야 할 이유는 또 뭐란 말인가?

제7장

생의 마지막 순간

개 한 마리가 귀를 아래로 늘어뜨리고 구슬피 낑낑댔다. 꼬리도 다리 사이로 축 늘어져 있었다. 그러다 갑작스레 불안한 냉기를 느꼈는지 녀석은 몸을 떨면서 음울하고 날카롭게 짖었다. 문앞에 움츠리고 있던 녀석에게 동조하듯 나뭇잎들도 살랑거렸다.

한동안 경계 태세를 보이던 녀석은 무슨 소리라도 날라치면 몸을 움찔거리다가 곧 낙담한 듯이 다시 주저앉곤 했다. 한번은 벌떡 일어나서는 커다란 홈이 생길 만큼 문짝을 거칠게 할퀴기도 했다. 녀석은 마치 늑대처럼 머리를 뒤로 젖히고 날카로움 울음을 내뱉었다.

부드럽고 차분한 발소리를 내면서 집 모퉁이를 돌아온 노인이 말했다. "브루노, 브루노! 조용히 해. 너는 들어갈 수 없어. 주인님은 지금 몹시 아프셔." 노인은 잠깐 생각하더니 말을 이었다. "자, 날 따라오렴. 널 화분 창고에 묶어둬야겠구나. 그래야 말썽을 안 부릴 테니." 노 정원사는 호주머니를 뒤져 기다란 끈을 꺼냈다. 그리고 한쪽 끝을 개목걸이에 꿰고는 녀석을 구석의 덤불로 이끌었다. 개는 힘없이 머리를 떨어뜨리고는 낑낑대며 뒤를 따랐다.

"조지, 뭐가 잘못됐어?" 부엌 창문에서 여자의 목소리가 들렸다.

"아! 브루노가 뭔가를 알고 있어. 그게 잘못된 거지!" 조지는 대답하면서도 걸음을 멈추지 않았다.

여자는 뒤로 돌아서서 누군가에게 중얼거렸다. "거참. 말 못하는 동물이 뭔가를 알고 있다니, 그게 말이나 돼?" 그녀는 콧방귀를 뀌며 창문을 등지고 일을 계속했다.

　커다란 고택은 깊은 침묵에 잠겨 있었다. 어떤 소리도 나지 않았다. 도자기 그릇의 덜그럭거림조차 없었다. 정적, 마치 묘지와도 같은 정적뿐이었다. 그러다가 갑자기 폭발이 일어난 것처럼 전화벨이 따르릉 울렸고 누군가가 황급히 수화기를 낚아챘다. 당황한 목소리로 전화를 걸어온 사람에게 남자는 무뚝뚝하지만 정중한 말투로 답했다. "아닙니다. 유감스럽지만 희망이 없다고 합니다. 지금 의사가 와 있습니다." 다시 한 번 흥분한 목소리와 차분한 대답이 오갔다. "네. 부탁하신 대로, 어르신께서 돌아가시면 즉시 선생님의 조의를 사모님께 전하겠습니다. 그럼 이만."

　저만치 떨어진 문에서 부드럽고 조심스럽게 딸랑하는 소리가 났다. 문이 열리고 소곤댐 속에서 분주한 발걸음이 이어졌다. "신부님, 오셨군요." 나이 지긋한 여자가 말했다. "신부님을 기다리고 계세요. 제가 모시고 올라가죠." 나이 든 가정부와 성직자는 카펫이 깔린 복도를 지나 넓은 계단을 올라갔다. 침실 문을 살짝 두드리자 낮은 목소리가 누군지를 물어왔다. 이내 조용히 문이 열렸고 젊은 여자가 밖으로 나오며 문을 닫았다.

　"의식을 빠르게 잃고 계세요." 그녀가 성직자에게 말했다. "신부님께만 말씀드릴 게 있다고 하시네요. 의사 선생님도 자리를 비켜줄 거예요. 이리로 들어오세요."

　그녀는 침실로 성직자를 인도했다. 침실은 크고 넓었다. 이 방은 진정 옛 시대의 유물이었다. 무거운 커튼이 높은 창문을 뒤덮어 소리와 빛을 차단하고 있었다. 벽은 고미술품들로 장식되어 있었는데, 그 대부분이 까마득한 선조들의 초상화였다. 큼지막한 구석 침대 옆에 놓인 녹색 갓을 단 램프가 방 안을 희미하게 밝히고 있었다.

　침대 위엔 작고 움츠러든 사람 하나가 꼼짝 않고 누워 있었다. 그는 몹시 여위고 연약했으며 피부는 색 바랜 양피지와도 같았다. 침대 옆에 앉아 있던 의사가 성직자를 보고 일어섰다.

"신부님을 무척 기다리셨습니다." 의사가 말했다. "전 침실 밖에서 기다리죠. 상태가 몹시 안 좋습니다. 필요하면 바로 절 부르세요." 의사는 목례를 하며 침대를 빙 둘러서 젊은 여자와 함께 밖으로 나갔다.

성직자는 주변을 둘러본 후에 작은 가방을 침대 옆 탁자에 올려놓았다. 의례용 물품을 꺼내기 위해서였다.

"아! 그것들은 필요 없어요!" 먼지처럼 메마른 목소리가 소곤댔다. "대신 이리 와서 제게 얘기 좀 해주세요, 신부님."

성직자는 자리를 옮기고 허리를 굽혀서, 늙어 죽어가고 있는 남자의 양손을 꽉 쥐고 말했다. "형제여, 당신의 영혼은 준비가 되었습니까?"

노인은 숨을 헐떡이는 목소리로 말했다. "그게 바로 제가 신부님께 물어보고 싶은 겁니다. 이젠 무슨 일이 제게 일어나는 건가요? 저승에서 저는 뭘 보게 되나요? 죽음 이후에도 삶이 있는 건가요?"

성직자는 조용히 답해주었다. 오직 그의 종교가 허용하는 또는 알고 있는 것들만을. 번민하던 남자의 호흡이 점차 얕아지고 희미해졌다. 성직자는 재빨리 문으로 달려가 의사를 손짓해 불렀다.

성직자는 의사에게 물었다. "종부성사를 행해도 될까요?"

의사는 침대로 가서 병자의 쇠약한 팔을 들어 올렸다. 맥박이 느껴지지 않았다. 의사는 청진기를 귀에 꽂고 심장소리를 듣더니 언짢게 고개를 흔들고 홑이불을 끌어올려 병자의 얼굴을 덮었다. 그리고 이렇게 중얼댔다.

"알고 싶군요, 신부님. 저도 알고 싶어요. 삶의 저편이란 게 대체 뭐죠?"

· · · · ·

서양의 종교는 그들 나름의 이유 때문에 죽음에 대해 많은 것을 이야기하지 않는다. 그렇지만 죽음은 탄생과 마찬가지로 우리 모두에게 대단히 중요한 문제이다. 지난 장에서는 영매에 관해 다루었으니 이번에는 죽음을 다루는 게 적절할 듯싶다. 애초에 죽음이 없다면 영매들이 죽은 자와 접촉하려 애쓸 필요도 없을 테니까 말이다.

태어난 사람은 그 누구든 반드시 죽음을 맞게 된다. 그런데 이미 알다시피 죽음은 (또 다른 의미에서의) 탄생이다! 우리는 그것에 관해 논의하고자 한다.

태아는 따뜻하고 안락한 엄마의 뱃속에서 '죽음으로써' 차갑고 험한 바깥세상으로 나온다. 탄생의 고통은 곧 죽음의 고통이다. 그것은 옛 상태로서 죽고 새로운 상태로서 태어나는 것이다. 마찬가지로 사람이 지상에서 겪는 죽음의 고통은 곧 새로운 존재 상태로 들어가기 위한 탄생의 고통인 것이다.

대부분의 경우에 죽음 그 자체는 전혀 고통이 없는 과정이다. 실제로 죽음이 임박할 때 자연은 체내의 신진대사를 변화시킴으로써 당사자를 일종의 마비 상태로 이끈다. 그저 육체의 반사능력에 의한 운동이 있을 뿐, '죽음의 고통'을 느낄 만한 지각작용은 이미 없는 것이다. 사람들은 흔히 죽음과 고통을 연관 지어 생각한다. 왜냐하면 중병을 앓는 대다수의 사람들이 고통 속에서 죽어가는 듯 보이기 때문이다. 그러나 기억하라. 그런 모습은 죽음으로 인한 것이 아니라 질병 그 자체로 인한 것이다. 이를테면 그것은 암세포, 장기의 손상, 말단신경의 위축 또는 파괴 때문인 것이다.

죽음, 곧 이 세계에서 다음 세계로의 — 물리적 신체를 떠나는 — 이

동과정만 따져본다면 자연스런 마비 현상 때문에 우리는 고통을 겪지 않는다. 우리들 가운데 일부는 죽음의 과정을 전부 기억하고, 심지어는 그 기억을 가진 채로 지상으로 되돌아오기도 한다. 죽어가는 동안 우리의 몸은 점차 쇠락해간다. 그런데 이 '쇠락'이라는 말에 유념하라. 그것은 고통을 느끼고 인식하는 능력 또한 쇠락한다는 뜻이다. 우리는 죽어가는 사람이 매우 고통스럽다는 인상을 받기 쉽지만, 그것은 일종의 착각이다.

사고사를 제외한다면, 죽어가는 몸은 대부분 내구력이 다한 상태이다. 그때 몸은 더 이상 앞으로 나아가지 못하고 쇠락한다. 부실한 기관을 재생할 신진대사 능력이 이젠 없는 것이다. 결국 심장이 멈추고 호흡도 멈춘다. 임상적으로, 법률적으로, 입술 앞에 거울을 갖다 댔을 때 입김이 서리지 않는다면 그는 죽은 것이다. 또는 심장이 더 이상 뛰지 않으면 그는 죽은 것이다.

하지만 사람이 한순간에 죽는 것은 아니다. 두뇌는 심장이 박동을 멈추고 폐가 펌프작용을 그친 이후에 죽는다. 귀중한 산소공급이 끊기더라도 두뇌는 몇 분 정도 기능을 유지한다. 이렇게 두뇌까지 죽은 이후에는 나머지 신체 각 부분이 서서히 죽어간다. 대부분의 기관이 대략 하루 이내에 기능을 정지한다. 그리고 사흘이 지나면 그것은 그저 부패한 원형질(세포를 구성하는 질료) 덩어리에 불과하다. 그렇지만 육체는 중요한 것이 아니다. 진정 중요한 것은 불멸의 영혼, 곧 초자아이기 때문이다.

죽음의 순간을 자세히 살펴보자. 침대 위에 누워 있던 어떤 사람의 호흡이 방금 멈췄다. 그 자리에 투시가가 있다면, 그는 사자死者의 몸 위에 형성되는 희미한 안개 같은 구름을 볼 수 있다. 은줄은 사람마다 그 출구가 제각각이지만, 통상적으로는 몸의 배꼽 부위로부터 흘러나온다.

이 구름은 한데 뭉치면서 점차 짙어지고 뚜렷해진다. 죽음의 과정이 진행됨에 따라 그 형태는 갈수록 육체를 닮아간다. 마침내 더 많은 기관이 쇠락함에 따라 그 구름은 더욱 짙어지며, 마침내는 기존의 육체와 꼭 닮은 형상이 둥둥 떠 있게 된다.

은줄은 물리적인 육체와 유체를 연결해준다. 그 구름이 바로 유체이다. 점차 은줄은 시들고 가늘어지고 흐릿해지다가 결국 끊어진다. 그제야 그 육체는 진정으로 죽은 것이다. 그제야 그 사자死者는 비로소 다른 생으로, 진화의 다음 단계로 날아간다. 일단 그 안개 같은 형상이 떠나버리고 나면, 남은 육체에 무슨 일이 생기든 문제될 것이 없다. 우리는 그것을 화장할 수도 있고 매장할 수도 있다. 방법이야 어떻든 상관없다.

여기서 잠시 옆길로 새서 독자들에게 경고를 하나 하고자 한다. 사람들은 '막 죽은' 사람들이 다음 단계의 삶을 거쳐 가는 과정을 심히 훼방하고 있다. 사람이 죽은 후에는 가능한 한 그의 시신을 이틀 또는 사흘간 손대지 말고 그대로 놔두어야 한다. 시신을 장례식장 한구석으로 옮겨서 모셔놓고, 선량한 사람들로 하여금 마음에도 없는 찬사를 늘어놓게 하는 것은 사자에게 명백히 해롭다.

은줄이 베어지고 금빛 주발이 부서질 때까지, 유체는 시신 주위를 떠돌면서 자신의 죽음에 관한 사람들의 생각을 읽어낸다. 더구나 시신이 사흘 이내에 화장될 때는 종종 극심한 충격이 유체에도 전해질 수 있다. 그때 유체는 기이하게도 불타는 열기가 아니라 혹독한 추위를 느끼게 된다. 만약 당신이 앞서 간 사람을 존중한다면, 그가 사람들로부터 합당한 대우를 받기를 원한다면, 죽은 사람의 유체가 시신과 분리되는 데는 사흘이란 시간이 필요함을 꼭 명심해야 한다.

이제 우리는 영혼 또는 유체가 육체를 떠나는 단계에 이르렀다. 그 영혼은 다른 혼령들을 만날 수 있는 곳으로 떠났고, 거기서 영혼들은 서로를 단단한 실체로서 인식한다. 당신은 소위 '유령'을 투명한 또는 반투명한 개체로 보게 되는데, 이는 육체를 가진 인간보다 유령의 진동수가 높기 때문이다. 그렇지만 유령들끼리는 서로를 단단한 실체로서 — 인간들끼리도 그렇듯이 — 인식한다.

영혼은 그렇게 육체를 떠나간다. 그리고 진화된 영혼, 즉 사후의 삶을 이해하는 영혼은 도움을 받아 '기억의 방(the Hall of Memories)'이라 불리는 곳으로 가게 된다. 그곳에선 과거 생의 모든 사건이 상영되고 모든 잘못이 점검된다. 어떤 종교에서는 이것을 '심판의 날' 또는 '심판의 방'이라고 표현한다. 그러나 우리의 종교관에 따르면, 가장 엄중한 심판은 바로 자기 자신에 의한 심판이다.

불행히도 죽은 영혼이 사후의 삶을 믿지 않는 경우도 빈번하다. 그런 경우에 그는 마치 암흑 속에 있는 것처럼, 또는 거대한 검은 안갯속에 있는 것처럼 한동안 방황하게 된다. 그는 점점 더 큰 비참함을 느끼게 되고, 마침내는 자신이 달라진 형태로서 여전히 존재하고 있음을 깨닫는다. 아마도 생전에 배워뒀던 지식이 이때 도움이 되리라. 그것을 주일학교에서 배웠든, 교회에서 배웠든, 힌두사원에서 배웠든 상관없다. 어쨌든 뭔가를 떠올리게 해줄 사전 정보가 그에겐 실마리처럼 작용할 것이다.

어떤 사람이 기독교 한 분파의 신도로서 자랐다면, 그는 천국과 천사에 대한 사념체들을 만들어왔을 것이다. 만약 어떤 사람이 동양의 특정 지역에서 자랐다면, 그는 전혀 다른 유형의 천국을 상상해왔을 것이다. 예컨대 살아 있는 채로는, 육신을 갖고 있는 채로는 도저히 충족시킬 수 없었던 모든 쾌락이 공짜로 주어지는 그런 천국 말이다.

우리의 주인공은 종교를 수박 겉핥기로만 맛보았기 때문에, 자신이 만들어낸 사념체들이 득실대는 상상의 세계 속에서 한동안 머물게 된다.

천사들의 사념체, 아름다운 처녀들의 사념체 등등… 그곳의 모습은 그가 어느 지역 출신인가에 따라 크게 달라진다.

이런 상상은 무한정으로 계속된다. 하지만 그는 결국 그 안에서 여러 가지 잘못된 생각, 온갖 오류들을 감지하기 시작한다. 예를 들면 천사들이 날개를 털갈이한다든가, 처녀들이 생각만큼 '흠 없이' 아름답지는 않다는 사실을 깨닫는 것이다. 기독교인들은 이곳이 그 대단한 천국 — 모든 사람이 금빛 후광을 두르고 있는 — 이 아님을 눈치채게 될 것이다. 왜냐하면, 긴 잠옷을 입고 구름 위에 앉아 마냥 하프를 연주하는 데도 한계가 있기 때문이다! 그래서 의심이 스며들기 시작한다. 사념체들에 대한 의심, 내가 보고 있는 것이 과연 진실일까 하는 의심 말이다.

만약 우리의 주인공이 생전에 그다지 선량한 사람이 아니었다면 상황이 좀 달라진다. 그는 지옥을 상상해냄으로써 스스로 갖가지 고통과 아픔을 겪게 된다. 그는 온몸을 찔러대는 악마의 사념체를 만들어낸다. 그는 불, 황, 유황, 그 외 약제실에서나 쓰일 법한 지독한 재료들을 떠올린다. 그러나 여기서도 곧 의심이 스며든다. 이 모든 고통이 대체 무엇 때문에 주어진단 말인가? 피 한 방울 없는 나의 형체가 어떻게 쉼 없이 칼에 찔리고 뼈가 부러질 수 있단 말인가?

점차 의심이 커지면서 그의 영적인 마음은 이른바 영계의 '사회복지사들'과 접촉할 수 있을 만큼 열리게 된다. 그리고 마침내 그가 '복지사'들의 도움을 받아들일 때, 그들은 그의 상상력이 만들어낸 모든 연극적 요소들을 치워버린다. 그들은 그로 하여금 진정한 현실을 마주하게 한다. 죽음 저편의 세계가 생전의 지상보다 더 나은 장소라는 사실을 알도록 해준다.

이미 습관처럼 되어버렸지만, 한 번 더 옆길로 빠져보자. 라디오 방송실 마이크 앞에 한 남자가 앉아 있다. 그가 "아"라는 한 마디를 내뱉는다. 그러면 그 음성이 마이크를 진동시켜 전기신호를 만들어내고, 그 신호는 여러 장비의 아주 구불구불한 통로를 거치며 훨씬 빠르게 진동하는 고주파 신호로 바뀐다. 이와 마찬가지로 지상의 육체는 느린 진동의 평범한 목소리에 해당한다. 반면에 영(Spirit), 혼(Soul), 초자아(Overself) 또는 아트만 Atman은 — 당신이 뭐라 부르든 간에 — "아"라는 음성정보를 담고 있는 고주파 라디오 신호에 해당한다.

이해가 좀 되는가? 물론 산스크리트어를 동원하거나 불교철학을 늘어놓지 않고 이것을 설명하기는 쉽지 않은 일이다. 그렇지만 우리는 최대한 쉬운 비유로서 설명을 계속하고자 한다.

죽음은 아주 자연스러운 현상이며, 우리 모두는 죽음을 수없이 반복 경험한다. 마침내 우리가 지상의 '고통과 시련'을 벗어나게 된다고 해도, 즉 우리가 좀더 높은 단계의 존재로 성장하여 좀더 높은 차원으로 가게 되더라도, 거기서도 여전히 생사의 문제는 지속될 것이다. 그렇지만 상위 차원으로 갈수록 탄생과 죽음은 점점 덜 힘들고 즐길 만한 일로 변해갈 것이다.

자, 우리가 아까 영계에 남겨뒀던 이 불쌍한 친구에게 되돌아가자. 어쩌면 그는 우리를 기다리느라 지쳐 있을 것이다. 기억하라. 영계(spirit world), 아니 더 엄밀히 말해서 아직은 유체계(astral stage)에 속하는 이곳은 일종의 중간지대이다. 어떤 종교는 이곳을 '낙원(Paradise)'이라고 부른다. 지상을 떠나면 먼저 낙원으로 가게 되고, 천국(Heaven)은 그보다 더 멀리에 있다는 것이다. 물론 지옥으로 끌려가지 않았을 때의 얘기지만.

우리의 주인공은 이제 영계로 들어가서 자신이 지난 생에서 어떤 일을 망쳐놓았는지를 확인하게 된다. 그는 해야 할 일들을 다 마치지 못했을까? 그는 해서는 안 될 일들을 했을까? 그가 평범한 인간이라면, 대답은 양쪽 다 '그렇다'이다. 그래서 그는 '기억의 방'으로 들어가서 지난 생을 상영해보며 자신이 얻은 과실과 성취, 미처 못 배운 것들을 점검하고 특별한 안내자들과 상담을 하게 된다.

여담이지만, 이 안내자들은 붉은 피부의 아메리카 원주민이거나 수염을 길게 기른 고대의 중국인처럼 낯선 존재들이 아니다. 그들은 사자死者의 성향과 생각과 문젯거리 등을 아주 잘 이해하고 있는 존재들이다. 그들은 그가 지나온 과정을 알고 있고, 자신들이 비슷한 상황에서 어떻게 행동했었는지도 기억하고 있다. 그들은 좀더 진화가 되어 있고 좀더 훈련이 되어 있으므로, 이 남자가 앞으로 무엇을 배워야 하는지를 알 수 있다. 이것은 마치 학생들이 진로상담가로부터 특정 직종에서 일하려면 어떤 자격증을 갖춰야 하는지에 관해 조언받는 것과 유사하다.

이런 논의가 있은 후에, 그가 다시 아기의 몸으로 지상으로 돌아가기에 적합한 조건과 상황을 선별하게 된다. 좀 당황스러울지도 모르겠으나, 그는 남자로 태어날 수도 있고 여자로 태어날 수도 있다. 그것은 오직 배워야 할 교훈이 어느 성별에 더 적합하냐에 달려 있다. 현재 당신이 얼마나 남자다운 남자이든 또는 여자다운 여자이든 간에, 그 성별은 다음 생까지 이어지지 않는다. 오히려 당신에게는 입장의 전환이 필요할지도 모른다. 당신의 반려자가 무엇을 참아내야 했는지를 몸소 겪어봄으로써 이해하기 위해서 말이다.

한 존재가 몇 번이고 다시 태어나다 보면 이윽고 이 지상에 더 이상 태어날 필요가 없는 상태가 도래한다. 그렇지만 지상에서 마지막 생을 보내는 사람들은 거의 예외 없이 비참하고 고통받고 가난하고 오해받는 몹시 혹독한 세월을 겪게 된다. 그런 고통은 그를 그저 그런 인간이 아니라 품격 있는 영으로서 거듭나게 하는 발효제라고 할 만하다.

지상에서 마지막 생을 보내는 사람은 종종 가장 불운한 부류의 인간들로 여겨진다. 마지막 삶을 영위한다는 측면에서는 행운이지만, 겉모습만 보면 청소도 필요하고 이사도 다녀야 하고 빚도 갚아야 하는 처지이기 때문이다. 그들은 다음 생에서는 이런 것들을 배울 수 없다. 그래서 이번 생에서 충분한 몫을 취하는 것이다. 죽은 후에 이 사실을 알게 된다면 생전의 고통은 오히려 기쁨으로 탈바꿈되리라.

그들은 영계로 돌아가서 충분히 휴식한다. 그들은 확실히 그럴 자격이 있다. 그들에게 휴식이란 수년간 잠을 자는 것이다. 여기서 '수년'이란 지구 시간을 기준으로 한 것이다. 그동안 그들은 회복되고 견실해지고 모든 측면에서 개선된다.

휴식 후에 그들은 상위 차원을 향해 새로운 여정을 시작한다. 그래서 한 생에서 알아야 할 모든 것을 배운 '위대한 예언자'조차도 그 너머의 진화 단계로 옮겨가면 새로운 능력과 기예를 배워야 한다. 처음 자전거를 산 소년은 그것을 타는 법부터 배운다. 그리고 넘어지지 않고 자전거를 타게 된 이후에는 오토바이에 도전한다. 오토바이는 자전거보다 조작법이 좀더 복잡하다. 오토바이보다는 자동차, 자동차보다는 비행기, 비행기보다는 헬리콥터의 조작법이 어렵듯이 우리는 점점 더 까다로운 일을 배워가게 된다.

우리는 잠을 자는 동안 — 정확성을 기하기 위해 우리의 90퍼센트라고 해두자 — 유체 상태로 유체계 또는 영계로 들어간다. 예수는 이렇게 말했다. "내 아버지의 집에는 많은 거소들이 있도다. 내가 그대들을 위해 길을 준비하겠노라." 그의 말처럼 영적인 관점에서 보면 여러 '거소들' — 존재의 여러 차원들 — 이 있다. 그중 지상에 가장 가까운 것이 유체계이고, 그다음으로 가까운 것이 영계이다.

죽은 사람들은 자연히 영계로 가게 된다. 하지만 그들은 유체계로 내려옴으로써 밤에 잠든 지상의 사람들을 유체 상태로 만날 수가 있다. 이는 감옥에 있는 사람들에게 면회를 가는 것과 같다. 영계에 있더라도 때때로 지상에서 어울렸던 친구들과 재회할 수 있다는 사실은 당신에게 꽤 위안이 될 것이다.

그러나 유체계 너머 영계에서는 오직 마음이 맞는 사람들만을 만날 수 있다는 사실이야말로 더 큰 위안이 되리라. 영계에서 당신은 당신이 혐오하는 사람이나 당신을 혐오하는 사람을 만날 수 없다. 당신은 당신과 서로 끌리는 사람들만을 만난다. 당신은 조화, 친절, 배려, 사랑이 느껴지는 사람들만을 만날 수 있다.

반면 유체계에서는 특별히 싫어하는 사람들도 종종 만나게 된다. 요컨대 서로 싫어하는 사람들은 밤에 유체 상태로 만나서 갈등을 봉합하곤 한다. 그들은 그때 유체계의 언어를 쓰기도 하고 스페인어, 영어, 독일어 등 특정 언어로 대화를 나누기도 한다. 그 둘은 유체 상태에서 상의를 하고 문제를 해결하기 위해 각자 어떻게 할 것인지를 결정한다.

이처럼 당신은 유체계에서의 만남을 통해 물리적 세계인 지상에서 무엇을 어떻게 할 것인지를 종종 논의한다. 예컨대 당신은 애들레이드(호주의 도시)에 사는 페니 아줌마를 유체계에서 만날지도 모른다. 아마도 그녀의 유체는 이렇게 말할 것이다. "오, 마리아 마틸다! 내가 며칠 전에 너한테 편지를 부쳤단다. 지상의 육체로 되돌아가면 내일쯤 그걸 받아보게 될 거야." 이제 당신은 아침에 잠을 깬 후에 페니 아줌마를 막연히 떠올린다. 그리고 우체부가 당신의 편지함에 들르는 모습을 별 감흥 없이 바라보고, 거기서 페니 아줌마의 편지를 발견해도 그다지 놀라지 않는다.

우리는 유체계에서 특정한 정보를 가진 영계의 사람들을 만날 수도 있다. 그는 이렇게 말할지도 모른다. "지금 당신은 저 아래 지상에서 할 수 있는 모든 일을 마쳤소. 그러니 다음 주나 그다음 주에 버스에 부딪히게 될 것이오. 버스에 치이기 전에 남은 일을 정리하는 것이 좋겠소. 당신은 이미 이번 생의 과업을 거의 성취했소."

유체 상태의 당신은 지상의 삶이 거의 끝났다는 말에 행복해한다. 그러나 지상의 육체로 돌아온 후에는 다소 침울한 표정으로 아내에게 이렇게 말할 것이다. "내가 죽고 당신이 미망인이 되는 끔찍한 악몽을 꾸었어." 물론 아내는 기쁜 기색을 감추리라. 하지만 당신이 사무실이나 상점으로 나가고 나면 서둘러 금고를 열어 두툼한 보험증권들이 유효한지, 연체된 보험료는 없는지를 점검하리라.

진화 수준이 높은 사람은 이런 식으로 미래를 내다보기도 한다. 그는 유체계를 넘어서 우리가 '중심 영계(primary spirit world)'라고 부르는 곳으로 — 아직 더 좋은 용어를 찾지 못했다 — 진입한다. 거기서 그는 아카샤 레코드와 '확률상의 미래'(Records of probabilities)를 열람할 수 있다. 그는 한 개인 또는 한 국가에게 발생할 확률이 높은 일들을 미리 알 수 있다. 물론 몇 시 몇 분에 누구에게 어떤 일이 생길지를 정확히 예견할 수는 없다. 하지만 한 국가 또는 전 세계에 앞으로 무슨 사건이 일어날지를 내다보는 것은 그리 어려운 일이 아니다.

우리는 이번 장에서 죽음이라는 주제를 상세히 다루었다. 당신은 죽음을 아주 유쾌한 사건으로 여기는 편이 좋다. 아이들이 학교를 졸업할 때 느끼는 감정처럼 말이다. 그러니 마지막으로 죽음을 어떻게 준비할 것인가를 고려해보기로 하자. 죽음은 결혼과 마찬가지로, 기대치가 현실과 일치할수록 더욱 행복한 경험으로 변모한다.

티베트에는 죽음을 다룬 책들이 여러 권 있다. 《티벳 사자의 서》는 동양의 위대한 고전들 중 하나다. 이 책은 육체를 떠나 다음 생으로 여행을 떠나는 영혼에게 일어날 수 있는 모든 일을 아주 상세히 말해준다. 특별한 투시력이 있는 티베트 라마승은 사자死者의 옆에 앉아서 텔레파시로써 그의 유체와 대화를 나눌 수 있다. 단언하지만, 의심 많은 서양인들이 뭐라고 하든 간에 동양인들은 죽은 사람으로부터 메시지를 받는 일이 엄연히 가능하다는 사실을 잘 알고 있다. 이 책에는 그 모든 것이 자세하게 적혀 있다. 죽을 때 정확히 무슨 일이 일어나는지, 그 느낌은 정확히 어떤 것인지까지 말이다.

이집트인들에게도 《이집트 사자의 서》가 있다. 그렇지만 당시 이집트 사제들은 독점적인 권력을 원했으므로 여기에 많은 상징물을 도입했다. 호루스(태양의 신)와 오시리스(죽음과 부활의 신)라던가, 영혼의 무게를 깃털과 함께 양팔 저울에 달아본다거나 하는 식으로 말이다. 그것은 매우 재미있는 이야기지만 실제 사실과는 일치하지 않는다.

이런 가르침을 받은 이집트인들은 죽음을 맞은 후에, 그 선입견으로 인해서 실제로 오시리스 신에게서 심판을 받는 등의 기묘한 일들을 '마음속에서' 겪게 되었다. 마치 영혼이 새처럼 날갯짓하는 것처럼 보였고, 고양이의 신인 바스테트를 만나기도 했다. 그렇지만 기억하라. 이는 진실로 나아가기 전에 부서뜨려야 할 우화에 지나지 않는다. 이는 현실을 망각하고 월트 디즈니 동화 속에서 살려고 하는 것과 마찬가지다.

많은 사람들이 특수한 종교 또는 철저한 무신론으로 인한 선입견을 갖고 있다. 그들은 죽음의 순간에 무얼 기대해야 하는지를 모른다. 그래서 스스로 지어낸 엄청난 환상에 사로잡히거나, 더 나쁘게는 무지로 인해 짙은 암흑 속으로 빠져든다.

나는 당신이 아래의 연습을 열린 마음으로 실천해보길 당부한다. 당신이 사후세계를 믿든 믿지 않든 상관없다. 그저 열린 마음으로 아래 내용을 숙고해보라. 언젠가는 도움이 될 것이다.

한 시간 또는 두 시간 동안 죽음이라는 주제에 관해서 명상하라. (우리는 바로 다음 장에서 명상을 다룰 것이다.) 당신은 이 지구를 떠날 차례가 왔을 때, 점차 차가워지는 ― 그리고 불편하기만 한 ― 몸뚱이를 고통 없이 빠져나와서 그 늘어진 육신 위에 구름과 같은 형체를 형성할 것이다. 당신은 그 구름 속에서, 한 발 먼저 다음 생으로 떠났던 사랑하는 사람들에게 마음으로써 도움을 요청한다. 텔레파시에 대해서 잘 몰라도 전혀 상관없다. 좀더 위대한 생을 향해 갈 때 우리는 저절로 그런 능력을 갖게 되니까.

지금으로서는 이 정도로 설명해두는 편이 좋겠다. 죽음의 순간에, 먼저 세상을 떠난 사람들 가운데 당신이 가장 사랑하는 사람의 모습을 그려보라. 그리고 그 사람이 당신을 도와주러 나오길 바란다는 생각을 전송하라. 지금 기차를 탈 예정이니 언제쯤 역에 마중을 나와 있으라고 전보를 치는 것과 비슷하다. 그리고 평화 속에 자신을 내맡기라. 당신은 가벼워진 느낌을 받을 것이다. 빡빡하게 옥죄던 방을 벗어났다는 느낌을 받을 것이다.

마음을 열라. 냉소하지 말라. 맹목적으로 믿지 말라. 이성적으로 판단하라. 죽음의 순간에 당신이 해야 할 일들을 미리 연습해두라. 죽어가는 몸을 빠져나와 사후의 삶을 시작하는 과정을 연습해두라. 당신이 가장 사랑하는 사람에게 도움을 어떻게 요청할지 생각해두라. 그러면 때가 왔을 때, 당신은 죽음이 전혀 고통스럽지 않으며 육체의 어떤 현상도 당신을 전혀 동요시킬 수 없음을 깨닫게 되리라.

당신이 육체 위를 떠도는 동안, 육체로 닻을 내렸던 은줄은 가늘어지고 또 가늘어지다가 미풍 속의 연기처럼 흩어져 버린다. 당신은 당신을 마중 나온 사랑하는 사람들의 팔에 안겨 위로 떠오른다. 은줄이 끊어지기 전에는 그들이 해줄 수 있는 일이 많지 않다. 당신이 기차에서 내리기 전까지는 마중 나온 친구와 악수를 할 수 없는 것과 마찬가지다.

많은 사람들은 죽음을 대면할 때 혼란에 빠진다. 하지만 죽음 너머에는 다만 평화와 위대한 진화가 있을 뿐이다. 그런데도 왜 사람들은 죽음을 두려워하는가? 그 대답은 간단하다. 만일 사람들이 지상을 떠나는 것이 얼마나 유쾌한지를 알게 된다면 더 이상 여기에 머물려 하지 않을 것이다. 자살이 횡행할 것이다. 그것은 몹시 나쁜 결과를 빚는다. 그래서 사람들은 죽음에 대한 공포를 품고서 이 지상에 내려오는 것이다. 그것은 죽음의 '유혹'에 이끌려 자살을 범하지 않게끔 하기 위한 자연의 장치이다.

죽음이 실제로 닥쳐오면 우리의 모든 두려움은 사라진다. 그러니 건강하게 사는 동안 죽음을 두려워하고 있다면 그것은 지극히 정상적인 일이다. 왜냐하면 우리는 학생들이 학교에 있어야 하는 것처럼 여기 지상에 붙잡혀 있어야 하기 때문이다. 학교 가기를 싫어하는 학생은 게으름 피우는 회사원처럼 어디에서도 인정을 못 받는다!

죽음의 순간이 다가오면 마음을 열라. 그리고 당신을 돕고자 애쓰는 사람들이 있다는 사실을 잘 간직하라. 기억하라. 지옥 같은 것은 없다. 영원한 저주 같은 것은 없다. 파괴만을 바라는 복수심 많은 신 같은 것은 없다. 신은 두려워할 대상이 아니다. 신은 선하다. 신은 사랑의 대상이다. 죽음은 선한 일이다. 죽음이 왔을 때 당신은 그것을 두 팔 벌려 반기고 사랑해야 한다. 그렇지만 그때까지는 "네가 대우받고 싶은 대로 상대방을 대접하라"는 황금률에 따라 살아갈 일이다.

약간의 시간과 인내심, 그리고 믿음을 투자할 의향만 있다면 당신은 죽음이라는 문제를 진지하고 분명하게 탐구할 수 있을 것이다. 그렇지만 그런 탐구에는 희생이 따른다. 예컨대 당신은 파티를 포기해야 한다. 영화관을 포기해야 한다. 술집에서의 '한 잔'을 포기해야 한다. 당신은 은둔자로서 살아가야 한다.

    나는 은둔자다. 나는 은둔자가 되길 택했다. 그로써 나는 이 책에서 설명하고 있는 모든 힘을 갖게 되었다. 당신도 열심히 노력한다면, 충분한 믿음을 가진다면, 그것들 중 많은 능력을 얻게 될 것이다.

제8장

명상

거목의 가지들이 햇빛을 향해 허공을 더듬으며 위로 뻗어 있었다. 땅 위엔 그림자가 어둡고 길게 뻗쳐 있었는데, 태양이 하늘을 가로지르는 영원한 여행길을 걷고 있는 동안 그것은 점점 더 길어졌다. 생명을 부여하는 햇빛 아래 나무들이 몸을 녹이며 무성하게 자라났다. 무성한 나뭇잎 뒤에 숨겨진 가지에선 새들이 퍼덕이며 짹짹댔고, 이따금씩 먹잇감을 찾아 다른 나무로 재빠르게 날아갔다. 나무 잎사귀가 우거진 어느 은신처에서는 원숭이의 침입에 분노한 새가 날카롭게 깍깍 울음소리를 냈다. 한 무리의 원숭이들이 가지에서 가지로 그네뛰기를 하자 깍깍 소리는 더욱 높아졌다. 그러다가 갑자기 — 마치 스위치라도 돌린 듯이 — 이 숲의 주민들은 일제히 침묵하며 경계 태세를 갖췄다. 인간들이 접근하고 있는 것이다!

허리 굽은 노인이 수풀 사이의 좁다란 길을 헤치며 걷고 있었다. 그는 마디진 손에 튼튼한 장대를 움켜쥐고 거침없이 터벅터벅 나아갔다. 그리고 두 젊은이가 작은 짐꾸러미를 들고 그 뒤를 졸졸 따랐다.

노인은 걸음을 멈추고 한 나무를 가리켰다. "저기서 머물자꾸나! 잠시 쉬고 나서, 나는 밤을 새워 명상을 하겠노라." 그들은 함께 작은 공터로 들어섰다. 불거진 거목의 뿌리로 인해 땅바닥이 우둘투둘한 모양새를 빚고 있는 곳이었다.

그들은 나무둥치 아래 평평하고 큼직한 돌이 솟아 있는 장소를 발견했다. 그 위에 누워 느긋하게 몸을 긁고 있던 원숭이 한 마리가 사람들의 모습에 비명을 지르며 펄쩍 뛰더니 수풀 사이로 몸을 숨겼다.

두 시종 중에서 나이가 더 어린 젊은이가 근처에서 시든 가지들을 조심스레 모아왔다. 그는 부드럽고 기다란 덩굴로 그것들을 단단히 묶어 일종의 솔을 만든 후에, 그걸로 바위 위를 깨끗이 쓸어냈다. 다른 시종은 모서리가 날카로운 돌을 들고서 번들거리는 초록색 이끼가 잔디처럼 펼쳐진 곳으로 향했다. 그는 무릎을 꿇고 돌칼을 놀려서 아까 그 바위의 크기에 맞도록 이끼를 잘라냈다. 그는 이끼의 높이를 일정하게 정돈하고는 그것을 마치 카펫처럼 말았다. 그리고 더 어린 시종과 함께 그것을 옮겨 바위 위에 깔았다. 노쇠한 스승의 뼈가 거친 돌에 다치지 않도록 두툼한 쿠션을 마련한 것이다.

노인은 누더기가 된 승복을 여미고는 예상외로 민첩하게 푸릇푸릇한 쿠션 위로 기어올랐다. 빠르게 넘어가고 있는 해의 찬란한 빛살이 우거진 숲에 갖가지 색채를 비추었다. 햇빛은 이곳의 나무꼭대기엔 금박을 입히고, 저곳의 낮은 가지들은 핏빛으로 물들였다.

재빨리 두 시종 중 연장자가 소박한 식사를 준비했다. 볶은 보리 약간, 쌀 한 줌, 작은 망고, 근처 냇가에서 떠온 시원한 물…. 이내 빈약한 식사가 끝났고 식기들은 닦여서 짐꾸러미 속으로 다시 들어갔다.

"명상을 하겠노라." 노인은 결가부좌를 취하고 승복을 바짝 당기며 말했다. "방해하지 말 거라. 때가 되면 내가 알릴 테니."

시종들은 공손한 자세로 고개를 끄덕였다. 그들은 바위에서 몇 미터 떨어진 곳으로 물러나서 승복으로 몸을 더 단단히 감싸고는 잠잘 준비를 했다. 어느덧 해는 지구의 테두리 밖으로 풀썩 떨어졌고, 부드럽고 향내 나는 진줏빛의 평온한 밤이 찾아왔다. 어둠은 숲 속의 야행성 동물들을 깨워 밤일을 시작하게 했다. 어디선가 꾸벅꾸벅 조는 새가 제 짝 앞에서

"쩝쩝" 하는 소리를 냈다. 아마도 머지않아 살찐 벌레와 달콤한 과일을 즐기는 꿈에 빠질 터였다.

연인들의 여신인 달이 하늘로 떠올라 잠든 세계에 그녀의 빛을 퍼부으면서, 발그레하던 밤의 풍경은 서서히 광택 나는 은빛으로 바뀌어갔다. 밤의 부드러운 미풍이 잠에 빠진 야생화들을 깨워 낮의 악취를 지우고 신선한 향기를 퍼뜨렸다. 시간은 마치 기어가듯이 천천히 흘렀다. 달은 저 멀리 지평선 아래로 빛을 낮추었고, 하늘엔 깃털 같은 구름이 잔잔하게 흘러갔다.

노인은 꼿꼿이 앉아 아무런 움직임 없이 깊은 명상에 들어 있었다. 굴속과 미궁으로부터 나온 미물들은 눈을 동그랗게 뜨고 경계하다가, 별다른 위험이 없음을 깨닫고는 자신의 일을 계속해나갔다.

노인은 첫 빛줄기가 하늘을 휙 스칠 때까지 꼿꼿한 자세로 명상에 잠겨 있었다. 빛줄기가 굵어져 어둠이 새벽의 잿빛으로 바뀔 때도 그는 꼼짝 않고 앉아 있었다. 자고 있던 원숭이를 뭔가가 건드렸는지 어디선가 성을 내며 꺽꺽대는 소리가 들려왔다.

순식간에 빛은 더욱 밝아졌고, 밤공기로 차가워졌던 땅 위에 따스한 온기가 퍼져 나갔다. 나뭇가지에서는 방금 깨어난 새들이 짹짹대며 날개를 퍼덕거렸다. 아직 나무타기에 서툰 새끼원숭이 한 마리가 비명을 지르며 아래로 떨어져 추락하다가 겨우 나뭇가지 하나를 붙잡아 몸을 부지했다.

시종들이 일어나서 눈을 비비며 잠을 쫓을 때까지도 노인은 계속 움직임 없이 앉아 있었다. 노인은 한참이 지나 뜨거운 햇볕이 열기를 내리쬘 즈음에야 긴 명상을 끝내고 간소한 아침식사를 들었다.

그는 좀더 나이 많은 시종에게 말했다. "너도 이제 명상을 배울 때가 되었구나. 내 생각에는 드디어 때가 온 것 같구나."

나이 어린 시종이 물었다. "스승님, 명상이 그리도 어려운 것인가요? 함부로 해서는 안 되는 건가요?"

"그렇단다." 노인이 대답했다. "어떤 사람들은 명상을 할 자격이 없고, 어떤 사람들은 자격은 있지만 방법을 알지 못한단다. 명상을 배우려면 스승이 있어야 한다. 명상은 인간의 자아를 궁극의 경지까지 상승시키는 기예이니까."

노인은 생각에 잠겨 한동안 침묵하더니 나이 어린 시종에게 말했다. "오늘은 혼자서 식량을 구해오너라. 나는 네 사형을 가르칠 것이니. 너 또한 자격을 얻었을 때 이것을 배우게 될 것이니라."

· · · · ·

사람들은 흔히 자기도 '명상을 할 작정'이라고 말한다. 그렇지만 그들 대부분은 명상이 무슨 뜻인지에 관해 실낱같은 개념조차 알고 있지 못하다. 그들은 명상을 뭔가 신비스런 것으로 여긴다. 그러나 명상은 다른 형이상학적 기술들처럼 그저 하나의 수단에 불과하다. 명상은 특정한 결과를 얻기 위한 수단일 뿐이다.

형이상학을 공부하는 사람들이 큰 어려움에 부딪히게 되는 이유는, 그것의 기초적 훈련과 연구가 대부분 티베트와 인도 등지에서 이뤄졌기 때문이다. 이곳들은 서양에서 문명이란 것이 발생하기도 훨씬 전에 화려한 문명을 꽃피우고 있었다. 물론 고대 중국에도 고도의 문명은 있었다. 그러나 중국은 위대한 종교를 가졌음에도 전쟁의 기술에 너무나 많은 관심을 쏟았다. 중국 문명은 공중에서 독화살을 소나기처럼 뿌려대는 군사용 연(鳶)과 폭죽 같은 미덥지 못한 자산을 인류에게 안겼다.

중국은 놀랍게도 아주 오래전부터 로켓과 같은 무기를 사용해왔다. 당시 그들은 '불덩어리'를 로켓처럼 멀리 쏘아 보냈다. 이 불덩어리들은 적진에 떨어져서 사람과 물자를 무참히 불태웠다. 중국은 또한 훌륭한 미술공예품들도 많이 남겼지만, 사실은 인도의 상징물들을 중국의 세계관에 맞게 개조한 것들이 대부분이었다.

여기에서 일본은 논외로 하자. 왜냐하면 얼마 전까지만 해도 일본은 다른 나라들로부터 동떨어져 있는 고립된 섬이었기 때문이다. 그리고 역사가 말해주듯이, 일본의 종교와 문화는 대부분 중국을 베낀 것들이다. 일본이 제2차 세계대전에서 보여준 잔인성이 어디서 나왔겠는가? 그들은 확실히 세계를 거칠고 잔인한 국면으로 몰아넣었다. 지금 다른 나라들이 이 왜소한 민족을 인내하고 있다는 사실이 놀라울 정도이다. 의심할 바 없이, 이것은 우정이 아니라 거래에 의한 것이다.

어쨌든 우리의 본 주제로 돌아가자. 우리의 커다란 난점 중의 하나는, 산스크리트어를 비롯한 동양 언어들의 정확한 의미를 영어와 같은 서양의 언어로 옮기는 일이 결코 쉽지 않다는 것이다. 서양의 언어는 구체적인 사물을, 동양의 언어는 추상적인 개념을 다루는 데 적합하다. 그래서 전체적인 맥락을 이해하는 것이 중요한데, 언어들 사이의 그런 간극을 제대로 파악하지 못한 번역자는 중대한 오해를 불러일으킬 수 있다.

그중 한 실례가 '니르바나Nirvana'라는 용어이다. 이 용어는 진정 동양적 세계관으로서 이해되어야 한다. 그런고로 명상의 의미와 방법을 논하기에 앞서 이 문제부터 짧게 언급해두고자 한다.

인도는 위대한 문명, 특히 영적인 측면이 대단히 발달한 문명을 갖고 있다. 사실상 인도는 이번의 진화 단계에서 진정한 종교들의 요람과도 같았다. 그래서 많은 국가들이 인도의 종교를 베끼고 변용했다. 고대 중국에서도 마오쩌둥이나 전쟁 기술보다도 영성과 조상 숭배가 더욱 중요시되던, 종교가 실로 번성했던 시절이 있었다.

그러나 당시 중국인들과 인도인들 중 일부는 자신들의 교리를 너무나 문자 그대로 믿어버렸다. 그들은 그것만을 삶의 지표이자 길잡이이자 행동지침으로 삼았다. 예컨대 이런 일들이 종종 일어났다. 한 중국인 또는 인도인이 나무 밑에 앉아 한가로운 명상으로 허송세월하며 이렇게 생각한다. "아, 이번 생은 그저 적당히 해두지 뭐. 다음 생에서 그걸 보상하면 되니까." 이것은 지어냈거나 과장한 이야기가 아니다. 실제로 얼마 전까지만 해도, 중국의 상인들 사이에서는 이번 생의 채무를 다음 생에 갚는다는 식의 거래가 이뤄졌었다. 당신은 서양의 대금업자가 — 그들은 스스로 격을 높여 '금융회사'라고 부르지만 — 오늘 빌려준 목돈을 다음 생에서 돌려받는다는 조건을 수락하는 광경을 상상할 수 있는가? 그런 일이 벌어진다면 틀림없이 대단히 재미있는 회계기록으로 남으리라!

반복하지만, 동양의 언어는 주로 추상적이고 영적인 개념을 다룬다. 반면 서양의 언어에는 항공술, 돈(또는 돈 없음!) 따위의 세속적인 주제와 결부된 단어들이 많다. 따라서 서양인들은 '니르바나'라는 개념을 제대로 이해하기 어렵다. 아마도 니르바나는 동양의 용어들 중 가장 오해를 많이 산 말일 것이다.

서양인들은 신실한 동양인이 그저 앉아서 꽃 냄새를 — 이 경우엔 연꽃 냄새를 — 맡으며 스스로 무無로 돌아가기를 바란다고 생각한다. 흔히 니르바나는 총체적인 삶의 적멸, 아무것도 존재하지 않는 상태, 아무것도 없는 곳, 또는 어떤 기억도 활동도 없는 무의 상태로 간주된다. 니르바나는 서양인들에게 완전한 진공眞空의 표상으로 여겨지고 있다. 그래서 그들은 완전하고도 철저한 무無의 상태를 지향하는 — 서양의 무지가 만들어낸 오해이지만 — 동양의 종교를 멀리한다.

이것은 절대로 잘못된 생각이다. 니르바나는 천국 또는 그 반대를 의미하지 않는다. 그것은 아무것도 없는 어떤 장소를 의미하지 않는다. 그것은 장소가 아니다! 무의 상태로 존재하는 일은 가능하지 않다. 그럼에도 평범한 서양인들은 명인, 대가, 스승 또는 깨달은 이(覺子)가 애써 지향하는 상태는 모든 것을 잊고, 아무것도 알지 못하며, 아무것도 느끼지 않고, 아무것도 존재하지 않는 무엇이라고 믿는다. 이것은 우습기 짝이 없는 생각이다! 터무니없는 오해다. 아무것도 존재할 수 없는 곳이라면 당연히 우리도 그런 곳에 존재할 수 없다.

명인, 스승, 대가, 깨달은 이(부처)… 당신이 뭐라 부르든 간에 그들은 니르바나를 추구한다. 하지만 니르바나는 모든 것을 부정하는 상태가 아니다. 그것은 잘못된 욕망이 전부 제거된 상태를 뜻한다. 니르바나는 추문과 거짓, 탐욕, 욕정, 그 외의 모든 결점을 없앤 상태이다. 깨달은 이들은 사악한 충동을 버리려고 노력한다. 그럼으로써 그들은 영혼을 북돋고 육체를 마음대로 떠날 수 있게 된다.

의식을 지닌 채로 유체여행을 할 수 있으려면 자신의 사고를 정화시켜야 한다. 그저 쓸데없는 호기심에 이끌리거나 다른 사람의 사생활을 들여다보지 않겠다는 자기확신이 있어야 한다. 의식의 완전한 통제하에 유체여행을 할 수 있으려면 거친 욕정과 욕망을 반드시 제거해야 한다.

동양의 많은 사람들은 의식을 지닌 채로 유체여행을 한다. 그들은 영적인 길에 들어서 있다. 그들은 여기에 성(sex)을 이용하기도 한다.

서양의 경우에는 육신의 죄악이 영혼을 울리고 있는 동안에 의식적인 유체여행을 해내는 사람이 참으로 드물다. 영혼을 속박하는 가장 쉬운 방법이 바로 그릇된 방식의 성생활에 빠지는 것이다.

사랑하지 않는 남녀끼리 성관계를 맺어서는 안 된다. 사랑하는 남녀의 정상적인 성생활은 각자의 오라를 강화시킨다. 그때 그들의 오라는 투명하면서도 선명해진다. 그러나 오직 동물적인 쾌락을 위한 성생활은 오라의 색채를 탁하게 만들고 파동도 약화시킨다.

그래서 동양의 신비전승에서는 영적 진보를 원한다면 그릇된 방식의 성생활에 탐닉해선 안 된다고 경고하고 또 경고한다. 불행하게도 서양에서는 그 말을 동양의 구도자들이 성생활을 완전히 도외시한다는 식으로 잘못 받아들였다. 이것은 오해이다. 성생활은 두 남녀가 그걸 필요로 하고 진실로 사랑하고 있다면 전혀 해될 것이 없다.

인도와 티베트의 사원들에는 서양인들의 눈에 지독히 색정적이고 음란하고 외설스럽게만 보이는 그림들이 있다. 그러나 동양인들은 그 그림들을 보아도 전혀 민망해하지 않는다. 그들은 그 그림들이 암시하는 진짜 의미를 알고 있다. 성행위는 생명의 발현, 강력한 오라의 흐름을 상징한다.

또한 인도와 티베트의 벽을 장식한 그 그림들은 진실한 성생활과 그릇된 성생활을 비교해서 보여주기도 한다. 그럼으로써 수행자로 하여금 그 둘의 차이점을 알 수 있도록 한 것이다. 확실히 가르쳐주지 않는다면 무엇이 옳고 무엇이 그른지를 어떻게 알 수 있겠는가? 그릇된 방식의 성생활은 불쾌감, 불감증, 신경증을 불러오고 남성과 여성의 고귀한 천성을 억압한다. 반면 올바른 방식의 성생활은 그걸 필요로 하는 이들의 영적 능력을 높여준다.

수행자가 영적으로 진보하여 깨달음을 얻고 나면, 그는 별다른 인간관계 없이도 잘 지낼 수 있다. 그는 성생활을 하지 않아도 잘 지낼 수 있다. 그렇지만 우리의 우려처럼 그가 성적 능력을 잃게 되는 것은 아니다. 성이란 아주 실제적인 것이다. 그리고 우리가 영적으로 진보해감에 따라서 그 경험도 강화된다. 놀랍게도, 다음 단계를 위해 이 지상의 삶을 마무리한 사람에게조차 이성異性에 관한 지식은 '반드시' 필요하다. 왜냐하면 그는 '균형'을 맞추기 위해서 그것을 확실히 배워두어야 하기 때문이다.

이 시점에서 나는 책 몇 권을 읽고서 스스로 위대한 전문가니, 대가니, 만물박사니 하며 떠드는 그 모든 별종에게 결코 현혹되지 말라고 경고하고 싶다. 책은 어떤 경험도 주지 못한다. 책을 읽고도 아무런 지식을 못 얻을 수 있다. 지붕 위에 올라서서, 이러저러한 사람의 책을 읽었으니 자신도 이젠 위대한 각자(覺者)라고 선포하는 사람들이 있다. 어이없지만 실제로 이런 일이 종종 일어난다. 얼마 전에도 나는 자칭 위대한 교사이자 대가라는 호주의 교양 없는 친구로부터 편지를 받았다. 그는 자신이 아바타(化身)라고 주장했다. 그는 자신이 읽은 한두 권의 책과 마누라의 의견을 근거로 삼아서 꽤나 많은 이야기를 지껄였다!

오직 당사자의 경험만이 진정한 판단의 척도가 될 수 있다. 당신은 단지 비행에 관한 책을 읽었을 뿐인 항공기 조종사에게 당신의 생명을 맡기겠는가? 당신은 선박관리와 항법에 관해 통신강좌를 들었을 뿐인 선장과 선원이 지휘하는 배를 타고서 대양을 항해하겠는가? 당연히 그렇지 않다. 같은 논리로, 당신은 책 몇 권 읽었거나 통신강좌를 받았을 뿐인 사람에게 자신의 훈련을 위탁해서는 안 된다. 그들은 당신에게서 높은 보수를 바라고 있을 뿐이다. 무엇을 공부하든 간에, 당신을 가르칠 사람을 신뢰하기에 앞서 그가 어떤 경험을 했는지를 알아야 한다.

드디어 명상에 대해 본격적으로 논할 시간이다. 대부분의 사람들은 명상이 무엇인지를 모르고 있다. 명상이란 마음을 특수한 상태로 단련시키기 위해 고안된 특별한 집중법 또는 제어된 사고법이다. 명상은 우리로 하여금 평범한 방법으로는 지각할 수 없는 잠재의식과 기타 영역을 인식하도록 해주는, 그런 일종의 '사고의 틀(form of directed thought)'이다.

명상은 대단히 중요하다. 명상은 마음을 일깨워 좀더 높은 의식 차원을 알게 해준다. 또한 우리의 마음이 좀더 자유롭게 잠재의식 속으로 들어갈 수 있게 해준다. 명상은 특정한 정보를 찾기 위해 넓은 서재의 책들을 열람하는 과정과 같다. 그러므로 어디서부터 찾아야 할지를 알지 못한다면, 우리는 엄청난 종이뭉치 속에서 세월만 낭비하게 될 것이다.

   명상을 훈련하는 것은 영적 능력을 높이는 데 필수적이다. 규율과 훈련이 없는 군대는 오합지졸에 불과하듯이, 올바른 규율에 맞추어 올바로 훈련되지 못한 인간의 정신은 쓸모가 없다. 또한 스스로 명상을 할 수 없는 자가 쓴 책을 읽고 명상을 시도하는 것도 무익한 짓이다. 그저 동양의 우화들을 곡해할 뿐인 비술秘術(occult) 책들이 무수히 많다. 그 책들은 명상의 명 자도 모르는 사람들이 쓴 것이다. 스스로 명상할 수 없는 사람이 다른 사람에게 명상법을 가르칠 수는 없는 법이다!

   기억하라. 많은 비기독교 국가에서는 참배자들이 사원에 들어가기 전에 꼭 명상을 한다. 서양의 표현을 빌리자면, 그들은 소위 '신의 계시'란 것을 받기 위해 마음이 깨끗해지고 열리도록 명상을 한다. 그저 이런저런 소원을 이뤄달라고 중얼대는 식의 기도는 전혀 효과가 없다. 미인대회에 입상하거나 경마판에서 돈을 따게 해달라고 간청하는 따위의 기도는 전혀 효과가 없다.

   진정한 기도는 더 높은 차원의 정보를 받기 위해 마음속에서 사념의 쓰레기들을 제거하는 명상으로부터 시작된다. 반복하지만, 너무나 많은 사람들이 그저 무릎을 꿇고 엎드려서 신에게 "은총을 내려달라"고만 요구한다. 그러고는 기도가 한 번도 통하지 않았다고 말한다. 그들은 명상으로부터 기도를 시작해야 한다.

   명상은 아래의 네 가지 부분으로 이뤄진다.

1. 첫 번째는 참된 인격을 고양시키는 명상이다. 명상으로써 인격을 수양하면 좀더 행복하고 성공적인 삶을 누리게 된다. 개인의 삶이 더 행복해지고, 직업적으로도 동료들과의 돈독한 유대 속에서 성공적으로 일한다. 또한 명상은 정신적 포용력을 키워준다.

2. 두 번째는 첫 단계를 성공적으로 완수할 때 자연스럽게 뒤따라온다. 이 단계는 육체를 초자아에 동조시키고, 다시 초자아를 국가적 차원의 '마누'와 동조시키는 것이다. 이 단계를 실행할 만큼 높은 수준에 이르려면 먼저 욕망을 벗어나 순수한 삶을 살아야 한다.

3. 세 번째는 앞선 단계들의 모든 혜택과 더불어서 비술秘術의 지식들을 온전히 향유하는 것이다. 이 단계에서는 통합적인 이해와 인식이 가능해진다. 통합적 인식은 단편적 인식과는 전혀 다르다. 통합적 자각이란 마음의 내적 성찰을 의미한다.(그로써 초자아는 자신의 영적 조건을 개선할 수 있게 된다.)

4. 마지막은 비의적秘儀的(mystical) 명상이다. 이 단계는 지상의 관념과는 너무나 동떨어져 있다. 이 단계는 우리의 지적 이해력 너머에 있다. 이 단계에서 우리는 은줄을 따라서 초자아에게로 인도되고, 다시 금줄(Golden Cord)을 따라서 위대한 실재 — 흔히 '신'이라 일컫는 — 에게로 인도된다.

그렇지만 처음 두 단계의 명상이 중요하므로 여기서는 그것들에만 집중할 것이다.

명상을 시작하려면 먼저 규율이 있어야 한다. 명상을 장난삼아 해보는 것은 불장난처럼 위험하다. 당신은 어린아이가 성냥 한 갑과 화약 한 상자를 가지고 놀도록 방치하지 않을 것이다. 멋모르고 한 번은 지나치더라도 두 번은 안 된다! 마찬가지로 좀더 높은 단계의 형이상학을 실습하고자 할 때 당신은 강한 절제력을 발휘해야 한다.

호리호리한 친구 하나가 갑자기 아틀라스(신들을 배반한 죄로 하늘을 짊어지게 된 신)처럼 근육을 키우겠다고 결심했다고 하자. 그러려면 그는 일정한 훈련 과정을 견뎌내야 한다. 하지만 당장 무거운 역기를 들어대고 24시간 운동에만 전념한다면 오히려 그의 몸은 망가지고 말 것이다.

마찬가지로 명상 또한 '영혼의 훈련'으로서 받아들여져야 한다. 바티칸(로마교황청)을 향하는 미국인 관광객과 같은 마음가짐으로 명상을 시작했다면, 그의 열의가 사그라지는 것은 시간문제일 뿐이다.

당신은 만반의 준비를 한 후에 예정된 계획에 따라 명상을 해나가야 한다. 반대로, 과도한 운동으로 근육이 거의 움직이지 못할 만큼 경직된 친구의 경우도 잊어서는 안 된다. 과도한 명상 훈련은 마음을 경직시킬 수 있다. 그것은 매우 끔찍한 일이다.

이 모든 주의사항에도 불구하고 명상을 하고 싶은가? 정말로 이 주제를 파고들고 싶은가? 그렇다면 다음의 사항들에 주목하라. 명상을 하려면 하루 중에 절대적으로 조용한 시간을 가져야 한다. 당신은 이른 아침을 그 시간으로 택해야 한다. 성직자들은 보통 아침식사 전에 명상을 한다. 명상은 배부른 상태에서 하는 것이 아니다. 또한 잠에 빠질 수 있으니 침대 위에서 명상을 해서도 안 된다. 그러니 평소보다 한 시간 일찍 일어날 준비를 하라. 자명종이 울리면 침대에서 빠져나와 세수하고 옷을 갈아입으라. 그러면 다시 침대로 기어들어가려는 유혹을 떨어낼 수 있을 것이다.

당신이 정말로 진지하게 명상하고자 한다면, 방의 한쪽 구석을 '당신만의 성소聖所'로 만들어놓으라. 집중력을 높이기 위해 아예 작은 방 하나를 명상 공간으로 정해두는 것도 좋다. 예컨대 창고라도 좋으니 방 하나를 성소로 꾸미고 명상할 때를 제외하고는 늘 잠가두라. 그곳의 구석에는 흰 천으로 덮인 작은 탁자를 놓고, 그 탁자 위에는 일종의 성상聖像 — 예컨대 선한 삶을 상징하는 포대화상布袋和商*의 그림 — 을 모시라. (우리는 지금 그 성상을 경배하려는 것이 아니다. 그것은 단지 상징물에 불과하다.) 향로도 준비해두라. 명상을 할 때는 향에 불을 붙였다가 꺼서 연기가 적절히 피어오르도록 하라. 향이 다 타는 데 어느 정도 시간이 걸리는지 미리 알아두면 거기에 맞춰 명상을 그칠 수 있으므로 편리하다.

본격적으로 명상을 하려는 사람이라면 마땅히 명상복을 착용해야 한다. 명상복의 목적은 우리를 외부의 영향력으로부터 보호하는 것이다. 따라서 명상복은 전신을 완전히 덮어야 한다. 소매가 길고 헐렁해야 하며, 머리도 두건으로 감싸야 한다. 얇은 검은색 비단이 좋으나 너무 비싸다면 검은색 무명천도 괜찮다. 명상복을 사용하지 않을 때는 검은색 비단 상자 속에 넣어서 다른 옷과 접촉되지 않도록 하라.

이 모든 것이 연극 같다고 생각할지도 모르겠지만 전혀 그렇지 않다. 이것은 원하는 결과를 얻기 위한 최선의 방

---

* 비만한 체구에 배가 올챙이처럼 튀어나왔다고 전해지는 중국의 선승禪僧으로, 잡동사니들을 쑤셔 넣은 포대를 지팡이로 메고 돌아다녀서 '포대화상'이라고 불리게 되었다. 미륵보살의 화신으로 여겨지며, 복덕원만福德圓滿한 인상 덕분에 불교미술에서 가장 흔히 볼 수 있는 주인공이 되었다. 역주.

법이다. 원하는 결과를 바란다면 규칙에 따라 움직여야 한다. 그러니 명상을 할 때는 명상복을 입으라.

성소와 명상복, 성상과 향이 준비됐으면 그곳에 조용히 앉으라. 앉는 자세는 중요치 않다. 꼭 결가부좌로 앉을 필요는 없다. 몸이 옥죄이거나 아프지 않는 편안한 자세면 충분하다. 특히 초심자들은 자세가 불편하면 명상에 집중하기 어렵다.

잠시 앉아 묵상을 하면서 다음 기도문을 반복하라.

나로 하여금 날마다 명해진 대로 살면서
내 상상력을 통제하고 이끌게 하십시오.

나로 하여금 날마다 명해진 대로 살면서
내 욕망과 사고를 통제해 그로써 정화되게 하십시오.

나로 하여금 날마다 내 상상력과 사고가
이뤄야 할 과업에 집중되어 그로써 성공을 거두게 하십시오.

나는 항상 상상력과 사고를 통제하면서
날마다 내 삶을 살겠습니다.

이 성소는 다소 어둑한 상태여야 한다. 완전한 암흑이라기보다는 잿빛 정도의 그늘진 상태가 적당하다. 당신은 어느 정도의 어둠이 가장 알맞은지를 곧 알게 될 것이다.

그리고 또 다른 훈련을 하나 실행한다. 찬물을 채운 유리컵을 양 손바닥과 손가락으로 — 단 윗면은 가려지지 않도록 주의하면서 — 잘 감싸줘라. 이때 양 손가락을 서로 깍지 끼워서 가능한 한 최대한 넓은 면적(컵의 옆면)이 당신의 손으로 둘러싸이도록 하라.

조용히 앉아 심호흡을 하라. 그리고 《선인들의 지혜》(611쪽)에 나오는 호흡법을 행하라. 숨을 깊게 들이쉬고, 아주 오랫동안 길게 소리를 내며 내쉬라. 일부러 크게 소리를 낼 필요는 없지만 "르르르르르르르 아아아 아아아아Rrrrrrr Arrrrrr" 하는 소리를 부드러우면서도 분명하게 내뱉어야 한다. 이 모든 것을 진지하게 행하라. 왜냐하면 이것은 실제로 진지한 훈련법이기 때문이다.

심호흡을 세 번 반복한 후에는 그대로 앉아서, 당신의 에테르가 그 자화磁化된 물컵 주변으로 마치 연기처럼 몰려드는 모습을 몇 분 동안 지켜보라. 당신은 아마도 일종의 아지랑이를 뚜렷하게 보게 될 것인데, 그것은 푸른 담배 연기 또는 향의 연기를 연상시킬 것이다.

이 훈련을 한 주 또는 두 주, 아니면 한두 달 동안 실행하면 — 그 시간은 당신의 진지함에 달렸다 — 당신은 그 물속에서 어떤 생명력을 보게 될 것이다. 생명력이 투입된 물은 마치 탄산수처럼 광채를 발한다. 그것은 섬광, 빛줄기 또는 여러 색채가 소용돌이치는 모양새일 수 있다.

조급해하지 말라. 시간은 충분하다. 하룻밤 만에 떡갈나무를 키워낼 수는 없는 법이다. 진지하기만 하다면 당신은 성공을 거둘 것이다. 그 물컵이 다채로운 빛을 발하고 회오리를 일으키는 소우주로 바뀌는 모습을 보게 될 것이다.

당신은 일정한 순서 또는 예정에 맞추어 명상을 진행해야 한다. 명상의 단계를 점검할 수 있도록 염주를 준비해두면 편리하다. 불교도들이 쓰는 염주도 좋고, 크기가 좀 다른 구슬들로 자신만의 염주를 만들 수도 있다.

어쨌든 중요한 것은 계획을 엄수하는 것이다. 당신은 늘 같은 방에서 같은 시간에 같은 명상복을 입어야 한다. 하나의 주제를 택한 후에 당신의 작은 제단 앞에 조용히 앉으라. 외부세계에 대한 모든 생각을 끊어버리고 당신의 주의를 내부로 돌리라. 그리고 자신이 선택한 하나의 생각이나 개념에 대해 명상하라. 집중이 잘 된다면 당신은 내면에서 어렴풋한 떨림을 감지하게 되리라. 그것은 자연스런 현상이다. 그 가냘픈 진동은 명상이 잘 이뤄지고 있음을 나타내준다.

다음은 권할 만한 몇 가지 명상 주제들이다.

1. 첫 번째로, 사랑을 주제로 명상하라. 살아 있는 모든 피조물을 향해서 친절한 생각을 품도록 하라. 친절을 베푸는 사람들이 많아질수록 다른 사람들도 영향을 받게 된다. 친절한 생각을 하는 사람들이 많아지면 세상은 아주 다른 곳이 될 것이다.

2. 두 번째로, 불행한 사람들을 주제로 명상하라. 그들의 슬픔과 비참함을 '나의 것으로' 느껴보라. 그리고 자비로부터 나온 진실한 공감과 연민을 — 그 빛들을 — 그들에게 보내주라.

3. 세 번째로, 다른 사람들의 행복을 주제로 명상하라. 그들이 마침내 이뤄낸 성취와 번영을 함께 기뻐하면서, 그 기쁨을 외부세계를 향해 방사하라.

4. 네 번째로, 악을 주제로 명상하라. 죄와 병에 관해 명상하라. 정상과 비정상, 건강과 병듦의 간극이 얼마나 좁은 것인지에 관해 명상하라. 한순간의 쾌락이 얼마나 덧없는지, 한순간의 유혹에 굴복했을 때 그 해로움이 얼마나 집요하게 들러붙는지에 관해 명상하라. 악과 영합했을 때 뒤따를 슬픔에 관해 명상하라.

5. 다섯 번째로, 고요함과 평정에 관해 명상하라. 일상의 일들은 전부 내려놓으라. 미움이란 감정도, 사랑이란 감정도 내려놓으라. 왜냐하면 지상의 사랑은 진리에 비하면 초라한 대체물에 지나지 않기 때문이다. 모든 구속에서 벗어나라. 두려워하지 말라. 부 그 자체를 바라지 말라. 부는 다른 이들에게 선을 베풀 때 유용한 수단일 뿐이다.

이 상태에서 당신은 평온함 속에서 자신의 미래를 맞이할 수 있다. 자신이 현재의 진화 단계에 맞추어 항상 최선을 다해 살 것임을 알고 있기 때문이다. 이 상태에 이른 이들은 진화의 길에 제대로 들어선 것이다. 그들은 내면의 지식에 의존하여 자기 자신을 생사의 수레바퀴로부터 떼어 놓는다.

이제 당신은 명상의 다음 순서가 무엇일지 궁금할 것이다. 그것은 '트랜스trance 상태'(몽환상태)이다. 더 나은 용어가 없어서 지금은 '트랜스'라는 말을 쓸 수밖에 없다. 트랜스 상태란 '진정한 당신'(유체)이 육체 바깥으로 나와 있는 명상 상태이다. 마치 운전자가 잠시 차에서 내린 것과 같다.

그런데 우리가 일상에서 흔히 경험하듯이, 차도둑들은 운전자 없이 주차된 차를 훔쳐간다. 마찬가지로 욕망에 물든 마음을 씻지 않은 채로 깊은 명상으로써 트랜스 상태에 들어간다면 그것은 곧 다른 존재들의 '몸도둑질'을 부추기는 행위다. 따라서 트랜스 상태는 반드시 유능한 안내자의 지도하에서 훈련되어야 한다.

유체계에는 각양각색의 저급령과 형체 없는 존재들이 있다. 그들은 질 낮은 장난거리를 찾아 늘 주변을 헤맨다. 그들은 사람의 몸을 차지해서 장난을 치면 아주 즐겁다는 사실을 알고 있다. 마치 자동차를 훔쳐서

도로를 질주하는 10대들과도 같다. 그들은 나중에 차를 안전하게 되돌려 줄 생각이지만, 그전에 심심찮게 사고가 나곤 한다. 그래서 '제3자'에 의해 점유된 육체가 자주 해를 입게 되는 것이다.

다시 반복하지만, 당신의 생각과 의도가 순수하고 두려움에 빠지지 않는다면, 당신은 결코 침범당하거나 사로잡히거나 해를 입지 않는다. 두려움 그 자체를 제외하면, 당신이 두려워할 일은 아무것도 없다. 당신이 두려워하지 않으면, 당신의 오라는 도난경보기가 집을 지키듯이 몸을 보호한다. 당신의 생각이 순수하고 욕심을 부리지 않는다면, 누군가가 몸을 점유하려고 수작을 부릴 때 당신은 즉각 은줄을 통해서 그 사태를 알 수 있다. 당신의 농부는 사과를 지키기 위해 늘 과수원을 감시하고 있다! 그렇지만 아직 두려움을 떨쳐내지 못했다면, 몸과 마음의 평화를 위해서 트랜스 수준의 깊은 명상을 시도하지 말라.

나는 아주 강력한 안전 조치가 없는 한 최면술에 절대 반대한다. 미숙한 최면술사는 당신을 무사히 깨워낼 자신도 없으면서 당신을 트랜스 상태로 밀어넣을 수 있기 때문이다. 최면에 의한 트랜스 상태는 수동적인 것이다. 그것은 피험자가 최면의 가능성을 충분히 믿고 최면술사의 강력한 암시들을 받아들였을 때 일어난다. 그때 피험자의 상태는 약간 사팔뜨기와도 비슷해진다. 왜냐하면 에테르체와 육체 사이의 동조상태가 약간 어긋나기 때문이다. 즉 육체와 에테르체가 더 이상 완전히 일치하지 않게 된다.

따라서 질 낮은 최면술사를 만난다면 엄청난 피해를 입을 수 있다. 그것은 당신을 여러 해 동안 괴롭힐 수 있다. 사람들은 통신강좌로 외과술을 배운 사람이 아니라 확실한 수술 실력을 갖춘 유능한 외과의를 찾아간다. 그러니 당신의 건강과 온전함을 위해 아마추어에게 자신을 맡기지 말라.

만약 어쩔 수 없는 이유로 최면이 필요해졌다면 당신이 사는 지역의 의학협회에 연락을 하라. 그들은 확실한 감독하에 훈련받은 윤리적 최면가를 알려줄 것이다. 내가 위험요소만 너무 강조하는 듯이 보일지도 모르겠다. 하지만 당신도 어쭙잖은 최면술사 나부랭이들이 저지른 거의 범죄에 가까운 해악들에 관해서 내가 받아온 편지들을 읽어봐야 한다! 기억하라. 최면에 걸릴 때 당신의 영혼은 의식의 동조상태로부터 밀려난다는 사실을.

영매들은 비몽사몽과 같은 일종의 트랜스 상태, 최면 상태로 종종 들어가는 사람들이다. 그들은 의식적으로 또는 무의식적으로 스스로 피암시성을 높이고 최면 상태를 유도함으로써 죽음 저편에 있는 사람들에 의해 '전화기'처럼 이용될 수 있다. 그렇지만 앞선 장에서 형체 없는 존재들에 관해 이야기했던 사실들을 기억하라. 선량한 영혼들은 대개 너무 바쁘기 때문에 메시지를 구걸하는 강령회 따위에 불려다닐 틈이 없다.

물론 특정한 조건이 갖춰진다면, 양심적이고 잘 숙련된 영매는 트랜스 상태로 들어가서 — 그의 유체는 여전히 또렷이 깨어 있는 채로 접근해온 존재를 감시한다 — 사람들에게 메시지를 전할 수 있다. 이것은 사후세계를 자세히 연구하고자 할 때 매우 유용한 수단이 될 것이다. 하지만 그럴 때조차도 불청객의 난입이나 소음 등에 의해 방해받지 않는 환경을 조성하는 것이 절대적으로 중요하다.

아주 특별한 형태의 비술적秘術的인 트랜스 상태도 있다. 명인들은 그것을 '사원의 잠(temple sleep)'이라고 부르는데, 이 상태는 앞에 언급한 것들과는 전혀 유형이 다르다. 사원에서 모든 공부를 마친 수행자는 완전한 자각 속에서 스스로 트랜스 상태로 들어갈 수 있다. 그는 능숙한 운전자이므로 모든 것을 제어하며 다른 사람들에게 영향받지 않는다. 물론 그러려면 수년간의 훈련이 필요하다. 필요한 만큼의 경험을 쌓는 동안 그는 유경험자로부터 주도면밀한 지도를 받아야 한다.

물론 재미로 트랜스 상태를 시도해보더라도, 당신이 정상적이고 괜찮은 사람이라면, 당신은 보통 안전하게 보호받는다. 당신은 자신이 이내 잠속으로 빠져버린다는 것을 알게 될 것이다! 그래서 형체 없는 존재들은 당신을 침범하지 못한다.

그렇지만 여전히 중대한 위험요소가 두 군데 존재한다. 예를 들어, 당신은 깨어 있는 채로 트랜스 상태에 들어갔다가 곧 잠에 빠진다. 그런데 이 '깨어 있음'과 '잠'의 틈새가 바로 당신의 약점이다. 이렇게 잠이 들었다가 다시 깨어날 때도 마찬가지다. 알아둘 것은, 이런 위험요소는 최면술이나 트랜스 상태를 시도하는 사람들에게나 해당할 뿐이지 밤에 잠들고 아침에 깨는 우리의 평범한 일상과는 완전히 무관하다는 사실이다.

이 모든 사실을 알고도 주도면밀한 안내자 없이 트랜스 상태를 시도할 만큼 어리석은 사람은 없을 것이다. 그렇지 않은가?

특별한 사원의 수행자들은 두 명의 라마승으로부터 지도를 받는다. 그들은 수행자의 모든 생각을 알 수 있으므로, 수행자가 스스로 위험을 자초하거나 타인에게 해를 입힐 만한 요소를 사전에 단호하게 차단한다. 수행자는 일정한 시험을 통과해야만 혼자 트랜스 상태로 들어가는 일이 허락된다.

보통 수행자가 최초로 시도하는 것은 소위 '시각적인 트랜스(trance of vision)' 상태이다. 이때 그의 몸은 전혀 움직이지 않는다. 근육은 완전히 굳어버린 듯 경직된다. 그는 여전히 육체 안에 있지만, 마치 고성능 망원경을 갖고 탑 꼭대기에 오른 사람처럼 모든 사물을 크게 확대하여 분명하게 관찰할 수 있다. 그는 주변에서 일어나는 모든 일을 놀랄 만큼 뚜렷하게 지켜본다.

'시각적인 트랜스' 상태는 육체를 이탈하는 것이 아니다. 육체를 벗어나려면 '투사적인 트랜스(trance of projection)' 상태를 훈련해야 한다. 이때 그의 육체는 의식을 잃은 사람처럼 무기력하고 흐늘흐늘해져서 보호자에게 철저히 의존할 수밖에 없다. 생명력이 아주 유유하게 흐를 뿐이므로, 호흡도 천천히 이뤄지고 심장박동도 크게 느려진다.

트랜스 상태에 들어가게 되면, 무엇보다 보이는 것들이 전부 상상의 산물이 아닐까 하는 의심을 하게 된다. 하지만 연습을 거듭하다 보면 무엇이 진실인지, 무엇이 다른 존재들로부터 ― 그것이 형체가 있는 존재든 그렇지 않든 간에 ― 방사된 사념체인지를 쉽게 구별할 수 있다.

예를 들어, 당신이 어딘가에 평화롭게 앉아 깊은 트랜스 상태에 들었다고 하자. 만약 자신의 의식을 제대로 통제하지 않고 멋대로 방황하도록 내버려두면, 당신은 술을 너무 많이 마신 사람 가까이로 갈 수가 있다. 그러면 당신은 그의 주위에서 꿈틀대는 별의별 괴이한 동물들을 다 보고 겁을 먹게 되리라. 그렇다. 그 줄무늬 코끼리들은 사념체로서 실재한다! 이보다 더 나쁜 경우를 상상하자면, 당신은 이곳저곳을 돌아다니다가 심중에 살의를 품은 몹시 질 나쁜 사람을 만날 수도 있다. 만약 그가 살기를 드러낸다면, 당신은 불쌍하게도 그의 사념을 마치 생생한 현실의 사건처럼 목격하게 될 것이다. 그때 당신은 경련을 일으키며 육체로 되돌아와서는, 살인 또는 그보다 더한 사건을 실제로 목격했다고 믿으면서 온종일 두통에 시달리게 되리라.

형이상학의 수행자는 진실한 실체와 상상의 산물을 쉽게 판별할 수 있다. 그렇지만 다시 충고하건대, 합당한 이유 없이 트랜스 상태를 굳이 시도하려 들지 말라. 정 시도해야겠거든 이것을 꼭 기억하라. 깊은 트랜스 상태 또는 유체 상태에서 당신을 험상궂게 노려보는 무서운 존재들을 만나게 된다면 그저 그들에게 '난 네가 두렵지 않아'라는 강한 사념만을 보내라. 그러면 그 피조물들은 곧 사라지리라. 그들은 다만 당신의 두려움에 기생할 수 있을 뿐이다. 당신이 두려워하지 않으면 그들은 스스로 물러간다.

 진정한 우정의 뜻에서 충고하건대, 유능한 전문의료인이 아닌 사람에게 최면을 맡기지 말라. 경험 있는 사람의 지도가 없는 상태에서 트랜스 상태를 시도하지 말라. 하지만 일반적인 수준의 명상은 절대적으로 안전하다. 명상 시에는 당신 자신의 모든 능력이 유지되므로 어떤 위해도 닥치지 않는다. 그러니 명상을 하고 그 효용을 만끽하라. 최면술과 트랜스 상태는 일단 피하는 게 상책이다. 그것들은 지금 당신의 진보에 티끌만큼도 도움이 되지 못할 것이다.

제9장

유체여행

태양이 떠오르자 거무스름했던 밤안개가 잿빛으로 변하며 서서히 물러갔다. 무성히 자란 풀밭 위로 축축한 덩굴손처럼 수증기가 한동안 피어올랐다. 이곳은 코츠월드 구릉지대가 만들어낸 계곡 깊숙한 곳에 자리한 유서 깊은 '나불나불 지껄임'(Much Nattering) 마을이었다. 숲이 이 작은 마을을 마치 집어삼키기라도 하려는 듯 경사지를 따라 길게 에워쌌고, 큰 거리를 중심으로 작은 시내가 옛 문명의 모든 찌꺼기를 실은 채 반짝이며 경쾌하게 흘러갔다.

'나불나불 지껄임'은 근처 습지의 노란 골풀로 지붕을 엮은 작은 돌집들이 모여 있는 전형적인 영국 마을이었다. 마을 한쪽 끄트머리에는 공용 잔디밭이 있었고, 그 한가운데는 연못이 있었다. 마을에서 말썽을 일으킨 여자들은 긴 장대 끝 의자에 앉혀진 채로 그 흙탕물 속으로 처박히곤 했다. 그 연못가에는 평평한 바위로 된 작은 단도 있었는데, 아마도 산허리 어딘가에서 오래된 현무암 덩이를 옮겨놓은 듯했다.

이 마을에는 마녀가 잡히면 연못에 던져넣어 그녀가 가라앉는지 헤엄을 치는지를 확인하는 관습이 있었다. 만약 익사한다면 그녀는 마녀가 아니다. 만약 헤엄을 쳐서 나온다면 악마가 그녀를 도와주고 있는 것이다. 그래서 그 불쌍한 '마녀'들은 악마가 '지쳐서' 포기할 때까지 연못으로 계속 되던져질 수밖에 없었다.

5월의 축제를 기념하는 기둥은 아직도 리본으로 장식돼 있었다. 왜냐하면 마을의 젊은이들이 춤을 추면서 기둥을 돌고 언약을 나눴던 축제일이 바로 어제였기 때문이다.

날이 밝아옴에 따라, 흙지붕의 틈새 또는 초가지붕의 굴뚝에서 조금씩 연기가 새나왔다. 영국의 자작농들이 일과에 앞서 분주히 아침식사를 하고 있다는 표시였다. 아침식사라 봤자 약간의 맥주와 마르고 거친 빵이 전부였지만. 그 당시엔 차와 커피, 코코아 같은 것이 없었다. 그들은 어쩌다가, 고작해야 1년에 한 번쯤 고기란 걸 맛볼 수 있었다. 오직 부유한 가정만이 고기 맛을 알았고, 나머지 집들은 그저 이 마을에서 나는 것들만을 먹으며 살았다.

사람들이 부산스럽게 움직이자 마을은 시끌벅적해졌다. 집 밖으로 나온 남자들은 양의 우리나 헛간으로 향했다. 또는 말을 잡아서 마구를 채우려고 들로 나갔다. 여자들은 청소, 먼지떨이, 요리, 수선 등의 일로 집안을 바삐 움직이면서 얼마 안 되는 돈으로 생계를 어떻게 꾸려야 할지를 궁리했다. 이 마을은 물물교환이 아주 활발했기 때문에 사람들은 누가 무엇을 갖고 있는지를 속속들이 알았다. 아마도 곧 외지의 행상들이 새로운 물건들을 가지고 이 마을을 찾아오리라.

아침의 밝은 햇살이 거리를 비추자 초록빛 둥근 유리로 된 창문들이 화사하게 반짝였다. 그런데 갑자기 소란이 일었다. 거리 끝의 한 집에서 헬렌 하이워터 여사가 뛰쳐나와서 자갈길을 쿵쾅쿵쾅 뛰어 내려갔다. 빠른 발걸음 탓에 그녀의 풍성한 치마가 흔들리면서 그 아래로 양쪽에 고무를 댄 헌 부츠가 얼핏 드러났다. 리본을 단 챙모자를 쓴 그녀의 얼굴은 땀으로 범벅이 된 채 벌겋게 달아올라 있었다.

그녀는 겨울 강풍을 받으며 질주하는 범선처럼 계속 앞으로 내달렸다. 또각또각, 또각또각, 또각또각, 또각또각…. 그녀의 뒤축이 매끄러운 자갈의 윗면을 때려댔다. 이따금 그녀는 황망한 걸음을 멈추지 않은 채로 고개만 뒤로 돌렸다. 마치 악마가 뒤쫓기라도 하는 듯 경계하는 모습이었다. 슬쩍 뒤를 살핀 그녀는 더욱 힘을 내서 달려갔다. 거리 끝에 다다랐을 즈음엔 숨이 목까지 차서 그녀는 한동안 헉헉거려야 했다.

자갈길 끝에서 그녀는 오른편으로 방향을 틀었다. 그리고 다른 집들로부터 고고하게 떨어져 있는 약초 가게를 향했다. 그제야 그녀는 달음박질을 멈추고 주변을 살펴보았다. 그녀는 납으로 테두리를 두른 가게의 창문 안쪽을 들여다보았다. 그리고 가게의 옆쪽도 돌아보았는데, 약재상이 출타했는지 묶여 있어야 할 말이 보이지 않았다. 이에 그녀는 앞으로 되돌아가서 세 개의 닳아빠진 돌계단을 올라 단단한 나무문을 밀어젖혔다.

또각또각, 또각또각…. 그녀가 어둡고 침침한 집안으로 들어서자 조그맣게 벨소리가 울렸다. 사방에서 향내가 몰려왔다. 사향, 계피, 레몬, 백단향, 소나무, 그리고 그녀의 콧구멍이 인지할 수 없는 다른 이상한 냄새들까지. 그녀가 거기에 서서 헐떡이며 숨을 돌리고 있을 때 가게 뒷방에서 약재상의 아내가 나타났다.

"오, 아이다 셰이크!" 헬렌 하이워터가 말했다. "어젯밤에 그걸 또 봤어요. 그녀가 달이 떠오른 하늘 위를 날고 있었어요. 그것도 실오라기 하나 안 걸치고 커다란 자작나무 빗자루를 타고 있었다구요." 헬렌은 쓰러질 듯이 몸을 부들부들 떨었다.

아이다 셰이크가 황급히 그녀를 카운터 옆의 의자로 안내했다. "이쪽이에요." 아이다가 말했다. "여기에 앉아서 천천히 얘기해보세요. 맥주를 좀 따라 드릴게요. 그러면 기분이 나아질 거예요."

헬렌은 연극을 하듯 긴 숨을 내쉬고는 하늘을 쳐다보았다. "어젯밤에 나는, 잠옷차림으로 침실의 창문가에 서서 하느님의 영광스런 밤하늘과 달을 바라보고 있었죠." 헬렌은 말을 멈추고 다시 한숨을 쉬었다. "그런데 갑자기 오른쪽에서 커다란 늙은 올빼미가 나타나서 휙 날아가는 게 아니겠어요? 나는 그 올빼미가 뭔가로부터 도망치고 있다고 직감했죠. 그래서 창밖으로 목을 빼서 오른쪽을 봤어요. 그런데 그 여자가 몸에 실오라기 하나도 걸치지 않고 하늘로 솟구치고 있었어요. 그때 난 생각했어요. '오, 저런. 밤길을 걷던 남자들과 저 아래 모여 사는 집시들은 모두 하늘을 나는 사탄의 딸을 봤다며 겁에 질릴 거야'라고요."

아이다 셰이크가 맥주를 더 따랐고 둘은 한동안 말없이 술을 마셨다. 이윽고 아이다가 말했다. "우리 도귀드 목사님께 가서 사실대로 이야기해요. 그분은 어떻게 처리해야 할지 아실 거예요. 보닛 모자를 갖고 올 테니 잠시 숨을 돌리고 계세요. 저도 같이 갈게요. 가게는 남편의 조수더러 보라고 하면 돼요." 아이다는 몸을 돌려 뒷방으로 급히 들어갔다. 헬렌은 아이다가 짧고 날카로운 어조로 지시를 내리는 소리를 들었다.

곧 두 여자는 까치들처럼 재잘대며 샛길을 바삐 내려가 교구 목사관을 향했다. 훌륭한 목사이자 그들 영혼의 관리자인 도귀드 사제를 만나기 위해서.

당시 런던으로부터 수 마일 떨어진 작은 마을에서 지내던 흉포한 울지^{Woolsey} 추기경은 침대 위에서 불안한 듯 몸을 뒤척이고 있었다. 그는 대대적인 마녀 사냥을 통해서 왕위를 쥐락펴락할 권력을 얻고 왕자들까지 빈민처럼 헐벗은 생활을 하게끔 만들 계획을 진행 중이었다. 그는 런던에서 몇 마일 떨어진 햄프턴 마을의 시골저택으로 은퇴하면서, 그 저택을 런던의 왕궁과 견줄 만한 진정한 궁궐로 만들 계획을 세웠다.

훗날 자신의 이름이 속옷 상표로 쓰이리라는 사실을 알 리 없는 추기경은 쉬지 않고 몸을 뒤척였다. 아마도 그의 특별 조사관들이 지금쯤 눈을 시퍼렇게 뜨고 영국의 방방곡곡을 샅샅이 뒤지고 있을 터였다. 신의 영광과 구원이란 명목 아래, 마녀들을 찾아서 고문하고 화형에 처하기 위해서 말이다.

존경받는 추기경은 이 모든 일을 음미하고 있었다. 그는 부드러운 쿠션에 등을 기대고는 깊은 만족감에 취해서, 나중에 자신이 천국에 가게 되면 그곳을 어떻게 다스려야 할지를 궁리 중이었다. 비록 당장은 많은 권력을 누리고 있으므로 지상을 떠날 생각이 전혀 없었지만.

다시 '나불나불 지껄임' 마을로 돌아가자. 두 여자는 도귀드 목사와 작별을 고하며 일어섰다. 목사가 말했다. "그러면 두 숙녀분이 말씀해주신 대로, 우리가 그 미망인을 계속 주시하겠습니다. 우리의 눈으로 직접 확인한 후에 신의 뜻에 따라 처리하겠습니다." 목사는 진지하게 고개를 끄덕이고는 아이다 셰이크와 헬렌 하이워터를 목사관 밖으로 안내했다.

그 시간 이후로 몇몇 여자들이 은밀하게 소곤대면서, 을씨년스러워

보이는 마을 주변의 숲 속을 종일 응시했다. 그녀들은 쉬지 않고 머리를 끄덕이거나 가로저었고, 때론 앞치마 속에서 양손을 깍지끼었다. 영문을 모르는 남자들은 그녀들의 행동을 수상쩍게 여겼지만, 그저 여자들에게 이따금 찾아오는 달거리의 광기려니 생각했다. 저 아래 5월제의 기둥 옆에서는 젊은 남녀들이 빙빙 돌고 뒤엉키며 깡충깡충 뛰었는데, 그들은 곧 다른 마을의 방문객들 앞에서 시연할 새로운 춤을 연습 중이었다.

이내 밤의 땅거미가 모여들었고, 종일 노동을 한 남자들이 어둑어둑해진 들에서 돌아왔다. 그들은 지친 몸을 이끌고 자갈길을 터덜터덜 걸어 집으로 향했다.

교구 목사관의 어둠 속에 네 남자가 벽에 기대어 서서 들릴 듯 말듯 귓속말을 하며 조용히 누군가를 기다리고 있었다. 어둠이 한층 깊어지자 목사관 옆문으로 한 사람이 나왔다. 도귀드 목사였다. 네 남자가 정중히 인사하자 목사가 말했다. "나와 함께 미망인의 오두막으로 갑시다. 조사관들에게 전령을 보내두었습니다."

그들은 성큼성큼 마을을 통과하고 숲을 향해 나아갔다. 약 20분쯤 걸었을까. 그들은 소나무가 우거진 짙은 어둠 속으로 들어섰다. 이젠 앞으로 나아가기가 쉽지 않았다. 앙상한 가지들 사이를 비집고 내려오는 밤하늘의 희미한 자줏빛 조명에 의지할 수밖에 없었기 때문이다. 그렇지만 그들은 이곳 지형에 익숙했으므로 더듬거리며 길을 찾을 수 있었다.

그들은 가능한 한 소리를 내지 않고 계속 숲을 헤치며 나아갔다. 그리고 드디어 개간지에 접근하여 한 무더기의 개암나무 잔가지와 목탄 부스러기를 지나쳤다. 왼쪽으로 길을 돌자 그들의 눈에 오두막의 흐릿한 윤곽이 들어왔다. 그들은 더욱 경계하면서, 개간지 너머 오두막을 향해서 용의주도하게 발끝으로 걸어갔다.

그들은 일렬로 창문가에 다가섰다. 커튼을 치긴 했으나 가느다란 빛이 흘러나오고 있었다. 목사가 앞장서서 창가 틈새에 눈을 대고 안을 들여다보았다. 나무를 베어 손수 만든 가구 이외에는 별다를 것이 없는 초라한 집안이었다. 송진이 뚝뚝 떨어지는 소나무 옹이가 타면서 집안에 불을 밝히고 있었다. 널름대며 톡톡 튀는 그 불빛 옆으로, 늙은 노파가 방 한가운데 앉아 있는 모습이 보였다. 목사가 가만히 귀를 기울여 보니 그녀는 뭔가를 웅얼거리고 있었다. 목사는 한동안 그대로 서서 지켜보고 엿듣기만 했다.

그런데 어둠 속에서 박쥐가 덤벼들며 한 남자의 머리카락을 헝클었다. 그 남자는 비명을 지르며 펄쩍 뛰다가 공포에 질려 바닥으로 고꾸라졌다. 목사와 다른 세 남자는 망연자실했다. 그때 오두막의 문이 삐걱 열리며 노파가 밖으로 나왔다.

목사는 제정신을 되찾고 손가락으로 그녀를 가리키며 고함쳤다. "사탄의 딸아, 너를 잡으러 왔다!" 자신에게 닥칠 일을 직감한 노파는 겁에 질려 반쯤 주저앉아 울부짖었다. 목사의 신호로 다른 세 남자가, 아니 고꾸라졌던 남자까지 네 명이 노파에게 달려들었다. 그중 둘은 그녀의 양팔을 뒤에서 거칠게 붙잡았고 다른 둘은 오두막 안으로 들어갔다. 그들은 집안 샅샅이 뒤졌지만 마법이나 마술에 쓰였을 법한 도구의 흔적을 찾지 못했다. 그들은 솔가지가 쌓여 있는 곳에다 불붙은 소나무 옹이를 쑤셔 넣었다. 오두막은 불길에 휩싸였고, 그들이 뒤로 물러나자 곧 땅으로 무너져내렸다.

교회 지하실에서 노파는 목사 앞에 무릎을 꿇었다. "조사관들이 곧 올 것이야." 목사가 으르렁댔다. "사탄의 딸아, 벌거벗은 채로 사탄과 함께 하늘을 날아다녔음을 시인하라!" 가련한 노파는 울부짖었다. 자신의 집이 불태워진 것으로 보아 이미 판결은 내려져 있는 상황이었다. "황제 폐하의 조사관들이 올 때까지 밤새 감방에 가둘 것이야." 목사의 명령에 따라 네 남자는 노파를 구내감옥으로 데리고 가서 다음 날 아침까지 가두었다.

다음 날 느즈막한 아침, 잘 다져진 흙길을 따라 쾅쾅 울리는 말발굽 소리가 났고 마부들이 덜커덕거리며 자갈길로 들어와 교구 목사관 앞에서 고삐를 당겨 멈추었다. 선두의 말에서 내린 황제폐하의 마녀 조사관은 무뚝뚝한 인상에 돼지처럼 작은 눈을 가진 거만한 남자였다. 시종과 조사관 둘이 그의 뒤를 따르고 있었다. 그들은 말등에서 자신들의 작업도구가 든 가방을 정성스레 내렸다.

그들은 목사가 기다리고 있는 목사관으로 향했다. 얼마 동안 활발한 토론이 벌어졌고, 남자들은 목사관을 떠나 구내감옥으로 이동했다. 그들은 들어서자마자 두려움에 말을 더듬거리는 노파를 붙잡고 그녀의 옷을 벗겼다. 그리고 머리끝에서 발끝까지 세밀히 조사한 후, 날카로운 핀으로 온몸을 찔러서 고통을 느끼지 못하는 부위가 있는지를 조사했다. 그것은 마녀 색출을 위한 일반적인 심문 중 하나였다.

그들은 나비나사로 그녀의 엄지손가락을 강하게 죄었다. 그녀는 비명을 질렀고 나사는 곧 피로 물들었다. 그녀로부터 자백을 받아내지 못하자 — 사실 그녀는 자백할 것이 없었지만 — 그들은 그녀의 머리채를 잡은 채로 자갈이 깔린 마을 거리를 내달려 연못으로 향했다.

이미 그곳에는 마녀가 익사하는 꼴을 보려는, 볼 만한 구경거리를 탐욕스럽게 찾는 한 떼의 구경꾼들이 모여 있었다. 노파는 알몸으로 석조 단 위에 세워졌고 남자들은 연못가로 이동했다. 목사가 그녀의 앞에 서서 말했다. "성부와 성자와 성신의 이름으로 고하노니, 이제라도 진실을 고백하여 죽기 전에 신의 자비로써 영혼을 구원받기를 바라노라. 너무 늦기 전에 고백하라." 말을 마친 목사는 허공에 십자가를 긋고 옆으로 물러섰다. 하지만 노파는 공포에 질려 아무 말도 할 수 없었다.

네 남자가 그녀의 팔과 다리를 붙잡아 공중으로 높이 던졌다. 그녀의 몸은 공중으로 치솟았다가 한 바퀴 돌면서 거품이 낀 썩은 연못으로 곤두박질해 떨어졌다. 한동안 수면에는 잔물결만이 일었으나 곧 그녀의 치렁치렁한 머리카락이 떠올랐다. 그녀는 사납게 물장구질을 했고 헤엄을 쳐서 밖으로 나올 듯 보였다.

그때 한 구경꾼이 큰 돌덩이를 던져 그녀의 머리에 맞혔다. 이내 돌팔매질이 잇따랐다. 불쌍한 노파는 영혼을 쥐어짜는 듯 무서운 비명을 질렀다. 눈알 하나가 튀어나와 볼 옆에 매달렸다. 계속된 돌팔매질에 그녀는 결국 물속으로 가라앉았고 수면은 점차 붉게 물들었다. 약 1분 동안 수면 아래서 소란이 이는 듯하다가 적잖은 양의 붉은 핏물이 울컥 위로 솟아올랐다.

한 조사관이 다른 조사관에게 말했다. "악마가 그녀를 구하질 않았으니, 어쩌면 그녀의 주장대로 그녀는 결백했는지도 몰라."

다른 조사관이 어깨를 으쓱하며 말했다. "하지만 무슨 상관이야? 우리는 모두 언젠가는 죽는데 말이야. 우리는 그녀를 편안하게 해준 거라고!"

그때 나이 든 곱사등이 하나가 눈에 띄지 않게 나무 덤불의 그늘로 숨어들었다. 그의 두 눈에서 흘러나온 눈물이 마른 볼을 흠뻑 적셨다. 그는 마디투성이의 손등으로 눈물을 연신 훔쳤다.

희고 숱 많은 눈썹 아래 그의 두 눈은 앞을 응시했다. 그의 왼손은 비틀어진 낡은 지팡이를 거칠게 움켜쥐고 또 쥐었다. 그는 걸음걸이가 불편한 노인이었다. 가련한 노파가 죽음의 마지막 고통과 함께 물밑으로 가라앉아 잡초 속에 뒤엉킬 때 그는 중얼거렸다. "슬프구나, 참으로 슬프구나."

구경거리를 놓치지 않으려고 뒤늦게 분주히 좁은 길을 걸어오던 한 여자가 꼬부라진 노인을 발견하고는 그 옆에 멈춰 섰다. 여자는 날카로운 목소리로 물었다. "할아버지, 그녀는 어떻게 되었어요?"

"살해됐어!" 곱사등이는 퉁명스럽게 말했다. "그녀는 무지와 미신의 제물로 살해된 거야. 그녀는 마녀가 아니야. 그녀는 나와 함께 학교를 다녔다고. 그녀는 악한 데라고는 전혀 없는 순수한 영혼이었어."

젊은 여자가 언짢은 얼굴을 하며 위협적으로 말했다. "할아버지, 말씀을 좀 삼가는 게 좋겠어요. 그렇지 않으면 할아버지도 그녀와 함께 연못에 처박힐지 몰라요. 아시겠지만 할아버지도 소문이 좋은 편은 아니거든요. 제가 착한 손녀라서 망정이지, 안 그랬으면 벌써 고발당했을 거라고요."

그녀는 이제는 고요해진 연못의 수면을 탐욕스런 눈으로 서둘러 살펴보았다. 하지만 수면은 이따금 펑하고 터지는 거품으로 물결칠 뿐이었다.

곱사등이는 생각에 잠긴 눈으로 손녀를 빤히 보더니 혼자 중얼댔다. "미신, 미신이란 늘 진보의 적이야. 우리는 유체여행을 행하는 탓에 늘 사악하고 무지하고 시기하는 자들의 먹잇감이 되지. 그들은 자신들에게 없는 능력을 가졌다는 이유로 우릴 나쁘게만 생각한단 말이야. 나도 조심해야지. 나도 조심해야 해!"

그는 슬픈 눈으로 다시 연못을 바라보았다. 그리고 조사관들이 내던진 노파의 옷을 주워왔다. 그는 엄숙하게 여러 번 주문을 외면서 찢어진 낡은 옷에다 부싯돌과 깃을 갖다 댔다. 그는 불씨가 살아나도록 부채질을 하며 옷을 불태웠다. 곧 검은 재가 떠도는 바람을 타고 공중으로 솟아 흩어졌다. 늙은 곱사등이는 처량하게 돌아서서 어깨를 으쓱하고는 몸을 숨기기 적당한 숲 속으로 비틀대며 걸어갔다.

・　　・　　・　　・

그렇다. 수 세기 동안 유체여행을 할 수 있는 사람들은 그 능력을 시샘하는 사람들에 의해 박해받고 처형당했다. 가해자들은 자신들이 할 수 없는 일을 다른 사람들이 할 수 있다는 사실에 분개했다. 그렇지만 동기와 생각이 순수하다면, 그리고 충분히 연습한다면, 누구나 유체여행을 할 수 있다. 유체여행을 하기 위한 자격과 구체적인 훈련 방법에 대해서는 《영원한 당신》의 내용을 참고하기 바란다.

지금까지 우리는 대부분 세속적인 차원에서 유체여행을 다루었다. 즉 벌처럼 전 세계를 날아다니며 대형 도서관과 대규모 화랑, 그리고 대도시를 구경하는 식의 유체여행 말이다. 하지만 당신은 어쩌면 지상 너머의 유체계, 즉 옛 율법학자들이 '연옥(Purgatory)'과 '낙원(Paradise)'이라고 부른 곳을 방문하고 싶어질지도 모른다. 그렇다면 명심하라. 그것은 아주 간단한 일이다.

고대 힌두경전에는 달과 해와 별들의 세계를 여행한 사람의 아주 생생한 기록이 있다. 유체 상태에서는 온도의 차이와 숨 쉴 수 있는 공기의 결핍이 전혀 문제되지 않는다. 그것은 아무런 불편도 초래하지 않는다. 불행하게도 요즈음 사람들은 만 년 전에 힌두교도들이 유체 상태에서 우주를 여행할 수 있었다는 사실을 잊고는 고작 로켓 같은 바보 같은 물체들을 띄우는 데 혈안이 되어 있다. 이것은 꾸며낸 얘기가 아니고 분명한 사실이다. 힌두경전을 번역할 수 있는 사람을 찾는다면 당신도 직접 확인해볼 수 있다.

고도로 진화된 친구들을 유체 상태로 방문하고 싶다면 당신은 특별한 훈련을 거쳐야 한다. 높은 의식 차원에서 (지구의 시간 감각으로) 한두 시간쯤 보내고 돌아왔을 때, 지구에서는 수천 년의 세월이 지나가 있을 수 있기 때문이다. 시간의 흐름은 생각의 속도에 의존한다. 조잡하게나마 설명하자면, 하나의 생각이 인간의 두뇌를 떠나서 엄지발가락을 꿈지럭대거나 손목을 돌리게 하는 데는 약 10분의 1초가 걸린다. 그런데 유체 상태에서는 만 분의 1초밖에 안 걸릴 수도 있다. 요컨대 시간의 체계가 전혀 다른 것이다. 그렇지만 밤마다 유체여행을 훈련하면서 마음을 상위 차원에서 조작하는 데 익숙해진다면, 당신은 육체의 한계로부터 점점 더 자유로워질 것이다.

상위 차원의 시간 개념을 이해하기 위해서 현재 지상의 우리가 '칼리의 시대'를 살아가고 있음을 떠올리도록 하자. 칼리의 시대는 천체력으로는 1,200년에 해당하지만 인간의 햇수로는 무려 432,000년이다. 그렇지만 지구의 차원을 넘고 시공간의 모든 체계마저 넘어선 곳에는 '우주 창조자(Creator of the Universe)'의 세계가 있는데, 그곳의 하루는 인간의 햇수로 4,320,000×1,000년에 해당한다. 즉 엄청나게 시간이 응축되어 있다. 그러므로 좀더 진화한 존재를 찾기 위해서는 먼저 그가 시간의 연속선상에서 어디에 있는지를 분명하게 알아야만 한다. 뒷골목의 영매 따위에게 과연 이런 능력이 있으리라고 기대하는가!

그럼에도 당신은 더 높은 차원으로 여행을 떠나고자 한다. 그렇다면 스스로 원하는 바를 분명하게 정한 후에, 잠들기에 앞서서 자신이 이 세계를 떠나 유체계 높은 곳으로 계속 올라가겠노라고 확언하라. 당신 자신이 지구를 떠나 계속 우주로 상승해가는 모습을, 예컨대 다른 차원으로 진입하는 모습을 마음속으로 그리라.

은줄에 매달린 채로 육체를 탈출하면 모든 색채가 달리 보인다. 당신은 이전에는 접하지 못했던 색채들을 보게 된다. 당신은 나뭇잎이 대단히 다양한 색조로 이루어져 있음을, 당신이 알던 것보다 훨씬 더 다채로운 색들이 어우러져 있음을 발견할 것이다.

당신은 알 수 없는 말을 지껄이고 음란한 거동으로 유혹하는 기괴한 피조물들을 접하고 두려움에 빠질지도 모른다. 하지만 용기를 잃거나 놀라지 마시라. 당신은 단지 저급령들의 소굴을 통과하고 있을 뿐이다. 그저 우연에 불과하겠지만, 대개 기차를 타고 대도시로 진입할 때면 먼저 빈민가의 실체부터 목격하게 되는 것과도 비슷하다.

두려워할 것은 전혀 없다. 당신이 두려워하지 않는 한 어떤 저급령도, 어떤 존재도 당신을 해치지 못한다. 당신은 이 저급령들의 소굴에서 뭉그적대지 않고 계속 전진하여 '황금빛의 나라'로 가겠다고 다짐해야 한다. 그러면 당신은 정말로 아름다운 사물들을 보게 될 터인데, 3차원 세상의 언어로 그것들을 설명하기는 불가능하다. '황금빛 나라'는 각자가 직접 경험할 수 있을 뿐이지 인쇄된 글자나 말로서는 접근할 수 없다.

하지만 여기서 당신을 위해 한 가지 행복한 사실을 말해두겠다. '황금빛 나라'에서 당신은 서로 조화를 이룰 수 있는 사람들만을 만나게 된다. 게다가 거기서 당신은 '쌍둥이 영혼(twin soul)'도 만날 수 있다. 다음 장에서 살펴보겠지만 그것은 분명히 실재한다.

제10장
인간의 구조

나이 많은 기술자가 작업대 위에 놓인 작은 모형을 내려다보며 다정하게 미소를 지었다. 그는 양손을 뻐근한 등에 대고 몸을 쭉 펴고는 방문객을 맞으려 뻣뻣하게 일어섰다.

"찾아와줘서 고맙네." 기술자가 다정스럽게 말했다. "뭔가 문제가 있어." 그는 방문객의 팔을 잡고 작업대로 이끌었다. "저놈이야." 그는 마치 자식을 소개하듯 자랑스럽게 말했다. "최신 모델이지. 알다시피 아직 실험 중인데 예상치 못한 어려움이 좀 있어. 너무 몰두해서 그런지 해결이 안 되는군." 그는 작은 모형을 조심스럽게 집어서 손바닥 위에 놓았.

방문객이 주위를 흘끗 둘러봤다. "여긴 꽤 멋진 곳이네요. 다스리기가 쉽진 않겠지만, 당신은 꽤 번창한 식민지를 가진 듯싶군요."

"자네 생각만큼 번창하진 않아!" 기술자는 우울하게 답했다. "직접 와서 보게." 그는 양손으로 작은 모형을 감싸 안고는 아담한 크기의 파란 구형체로 향했다. "저 장비로 들여다볼 수 있다네. 한 번 보고 자네 생각을 말해주게나."

방문객은 양 눈을 접안렌즈에 붙이고 조절장치들을 돌렸다. 그는 한참 동안 살펴보고는 한숨과 함께 투시장비를 옆으로 치웠다. "난장판이군요? 꼭 미친 것처럼 보이네요."

기술자는 한참 동안 말없이 서서 무료하게 작은 모형만 만지작거렸다. "미쳤다고?" 그는 깊은 상념에 빠졌다. "미쳤다? 그래, 그렇게 말할 만도 하지. 내 생각에 이것들은 원격조종에 문제가 있어. 이것들은 전송된 신호대로 반응하질 않아. 바른 정보를 반송하지도 않고. 어떻게 해야 좋을지 모르겠어!"

기술자는 돌아서서 이리저리 오가며 깊은 생각에 잠겼다. 그는 고개를 푹 숙이고 손에 든 모형을 유심히 들여다봤다. 그는 문득 방문객의 앞에 멈춰 서서 퉁명스럽게 물었다. "자네가 나라면 어쩌겠는가? 위원회는 이것들의 교정 작업이 늦어지는 걸 불평하고 있다네. 자네 의견은 어떤가?"

방문객은 대답 없이 다시 투시장비를 통해 구형체 속을 찬찬히 들여다보았다. 그는 주의 깊은 손놀림으로 만족스러울 때까지 초점을 맞추고 또 맞추었다. 그러고는 오랫동안 그 속을 관찰했다.

방문객은 마침내 그의 대답을 초조하게 기다리던 기술자에게 말했다. "조사관을 내려보내야 해요. 안 될 것 없잖아요? 그것 말고는 방법이 없어요. 우리는 이것들로부터 너무나 멀리 떨어져 있어요. 그래서 우리의 추측이 틀렸던 거예요. 방법은 하나예요. 그런데, 다시 생각해보니, 대체 왜 그동안 전문가를 부르지 않은 거죠?"

기술자는 만족스럽지 않다는 듯 머리를 흔들었다. "아냐!" 기술자는 말했다. "위원회는 절대 수락하지 않을 거야. 그들은 무슨 일이 있어도 '외부의 전문가(Outside Specilaist)'와 손을 잡지 않을걸!"

기술자와 방문객은 함께 작업대로 어슬렁어슬렁 걸어갔다. 기술자가 모형 하나를 집어들며 말했다. "이게 최신 모델이라네. 우리는 이것들을 '호모사피엔스'라고 불러. 그렇지만 이것들은 전혀 '지혜롭지(sapiens)' 않은 것 같아." 방문객은 모형을 건네받아서 자세히 들여다보았다.

"여기 다른 것도 있다네." 기술자는 작업대의 저편에 놓인 상자에서 다른 작은 모형을 꺼냈다. 방문객은 이 두 번째 모형을 첫 번째 모형과 비교해보았다.

"번식 기능을 갖춘 것이지." 기술자가 말했다. "이 둘은 일정한 나이가 되면 짝을 지어서 자식을 낳는다네. 정도의 차이는 있지만 서로 동등한 능력을 갖고 있지. 우리는 첫 번째 것을 '남자'라고 부르고 두 번째 것을 '여자'라고 불러. 그런데 이것들을 원격조종하는 데 문제가 있다네. 우리는 아직 그 원인을 모르고 있고."

방문객이 또 다른 상자를 가리켰다. "저것들은 뭡니까?" 기술자는 어두운 표정을 지었다. "아, 그건 불량품이야. 진실과 거짓을 구별하지 못하거든. 우리는 그것들을 '기자記者'*라고 부르지!" 그렇다. 인간들은 확실히 어딘가 혼란스럽다. 꽤나 복잡한 구조를 갖췄음에도 제대로 기능하는 것 같지가 않다. 우리는 우리 자신이 태양계 밖의 다른 우주, 다른 은하계의 존재들과는 사뭇 다른 질료들로 이뤄져 있음을 기억해야 한다.

・・・

지구의 모든 생명은 똑같은 벽돌(분자)들로 구성되어 있다. 수소, 물, 수산화물, 암모니아, 메탄, 그 외 여러 가스들이 바로 태양계에서 쉽게 이용될 수 있는 질료이다. 우리의 몸도 탄소 분자와 아미노산과 뉴클레오티드(DNA, RNA 등 핵산의 기본재료)로 이뤄져 있다. 이 단순한 합성물로부터 실로 지구의 모든 동식물과 광물이 탄생했다. 그리고 이 질료들이 인간의 형태로 빚어질 때, 그 결과물은 우리가 '점성학적 각인'(astrological impulse)이라 부르는 자기紫氣 충격과 온갖 광선들로부터 결정적인 영향을 받는다.

이 문제를 좀더 깊이 살펴보자. 당신이 인체의 해부도를 구해서 척추

---

*《선인들의 지혜》 514쪽 참고.

와 척추신경을 살펴본다면 이해가 더 쉬워지리라. 인간의 육체는 — 즉 통제 메커니즘은 — 실제로 아홉 개의 통제센터로 구성되어 있다. 통상적인 비술가들은 그중에서 물질적인 또는 세속적인 차원에 속하는 일곱 센터만을 언급한다.

옛날 중국의 의사들은 인체의 모든 기관이 '작은 사람들'에 의해 다스려진다고 믿었다. 뒤에서 당신은 약 7천 년 전에 중국에서 그려진 그림의 각색본을 보게 될 것이다. 그 그림에서 당신은 '작은 사람들'이 음식물을 목구멍으로 내려가게 하고, 바람을 폐로 불어넣고, 간에서 각종 화학물질을 분비하고, 여러 근육을 조절하는 모습을 볼 수 있다.

그렇지만 그것은 단순히 인체의 '동물적인' 부분, 즉 근육과 장기만을 다룬 것이다. 우리는 그보다 더 나아가 초자아로부터 메시지를 받아 육체의 기능을 통제하는 부분들도 다뤄야 한다.

인체는 언뜻 보이는 것보다 훨씬 더 많은 기능을 한다는 사실을 명심하라. 창문 밖의 전신주에 걸린 전선을 보는 것만으로는 거기에 전류가 흐르는지 아닌지를 알 수 없다. 그것들은 그저 구리선일 뿐이다. 하지만 적절한 도구만 있으면 전류의 유무를 탐지할 수 있고 또한 그 방향도 알아낼 수 있다. 마찬가지로 우리는 초자아의 특정 영역과 상응하는 온갖 센터들을 다 알지는 못하더라도 대략적인 수준에서 인체를 파악해볼 수 있다.

이미 언급했지만, 인체에는 '차크라'라고 불리는 일곱 개의 '세속적인' 센터들이 있다.

머리 꼭대기에는 '천 개의 꽃잎이 달린 연꽃'에 비유되곤 하는 센터가 있다. 산스크리트어로는 '사하스라라 차크라'라고 한다. 이것은 영계에 가장 가까운 '중계소' 또는 중추이며 그렇기 때문에 혼란에 빠지기 쉽다.

그 아래에는 — 우리는 지금 인체를 등 쪽에서 바라보고 있다 — 목이 시작되는 부위에 '아즈나 차크라'가 있다. 이것은 두 번째로 중요한 센터로서, 초자아와 실제로 접속되어 있는 부분이다. 이것은 마음의 차크라다. 마음은 메시지를 수신하는 전화처럼 전기적인 하나의 기능에 지나지 않는다는 사실에 주의하라. 수화기가 전화선의 반대편에서 말해진 것을 전달해주는 '장치'에 불과한 것처럼 말이다.

좀더 아래로 내려가면 '비슈다 차크라'로 불리는 세 번째 센터가 있다. 이것은 입의 움직임을 통제한다. 확실히 말하건대, 만약 말하는 데 어려움을 겪는다면 이 차크라가 훈련되어 있지 않거나 손상되었기 때문일 수 있다.

잠시 옆길로 빠져서, 당신이 거리를 따라 걸어가다가 맨홀 속에서 일하고 있는 전화국 직원을 보게 되었다고 하자. 멈춰서 들여다보니 그는 굵은 피복전선의 절연재를 벗겨 내고 있다. 절연재를 벗겨 내니 엄청난 숫자의 가는 선들이 보이는데, 그것들은 서로 다른 색깔을 띠고 있다. 어쨌든 선이 너무나 많아서 당신은 직원이 무슨 수로 그것들을 일일이 구분해낼 수 있는지 고개를 갸우뚱한다.

말하자면, 당신의 척추 안에 있는 신경들의 모습이 그러하다. 신경들은 척추를 통해 내려가면서 갈라진다. 하지만 차크라를 떠올릴 때는, 그 모든 선을 다루고 있는 전화국 직원을 연상하라. 또는 작은 계전기나 중계소를 연상하라. 그것들은 앞선 지점에서 보내는 신호를 받고 그것을 증폭하여 다음 지점으로 보낸다.

우리의 다음 중계소는 '아나하타 차크라'이다. 이것은 우리의 모든 느낌과 접촉을 관장한다.

그 아래엔 '마니푸라 차크라'가 있다. 이것은 '불(火)의 원리'를 따르는 차크라인데, 지금 우리에겐 큰 의미가 없으므로 자세한 설명은 생략한다.

다시 아래에는 여섯 번째 센터가 있다. 이것은 '스와디스타나 차크라'로 불리며 '물의 원리'를 따른다.

마지막으로는 '땅의 원리'를 따르는 일곱 번째 센터가 있는데, 산스크리트어로는 '물라다라 차크라'로 불린다. 이것이 바로 '쿤달리니'의 집이다.

쿤달리니는 사실상 인간을 통제하고 있는 생명력이자 힘이다. 이것은 용광로의 불과도 같다. 이 불이 물을 덥혀 증기를 올리면 증기는 터빈을 돌려 전기를 생성하고, 전기는 램프에 불을 켜고 냉장고를 식히는 등의 문명생활을 가능케 해준다. 하지만 한 번 불이 꺼지면 증기가 멈추고 전기도 만들어지지 못해 모든 것이 정지해버린다.

쿤달리니는 많은 사람들에 의해 오도되었다. 더 나쁜 것은, 무지한 사람들이 인위적인 수단으로써 쿤달리니를 북돋으려 시도한다는 것이다. 쿤달리니를 제대로 북돋으면 그는 훨씬 더 깨어나고 훨씬 더 현명해질 수 있다. 그러나 생각이 철저하게 순수해지지 못한 상태에서 쿤달리니를 무차별적으로 일으키면 스스로 엄청난 해를 입게 된다. 그것은 빈번히 광증을 초래한다.

결과를 생각지도 않고 쿤달리니를 자극하는 것은 정신적으로, 신체적으로 엄청난 파탄을 불러올 수 있다. 그러니 직접적인 경험을 통해 해박한 지식을 갖춘 명인의 지도를 받지 않는 한 절대로 쿤달리니를 일으키려 시도하지 말라. 명인은 쿤달리니가 당신에게 명백히 도움이 된다고 확신하지 않는 한 그것을 일으키려 들지 않을 것이다.

이쯤에서 이런 경고도 덧붙이는 편이 좋겠다. 통신강좌 등을 열거나 당신에게 약간의 돈을 받는 대가로 하찮은 서비스를 하겠다는 사람들은 절대로 당신을 안전하게 보호하면서 쿤달리니를 일으켜줄 힘이 없다. 그들은 오직 해악만을 끼칠 뿐이다.

인간처럼 육체를 가진 존재가 이 지상에서 살아가면서 '우주의식'(cosmic consciouness)을 획득하려면 쿤달리니에 다소 '요동(stirring)'이 있어야 한다. 하지만 이 '요동'은 실제로 쿤달리니를 일으키는 것과는 다르다!

음탕하고 성적인 탐닉이 지나친 사람은 참으로 안 좋은 결과를 얻게 된다. 왜냐하면 진실한 사랑 없이 그저 성 그 자체만을 즐기다 보면 그로 인해 쿤달리니의 바른 흐름이 잠정적으로 또는 영구히 마비될 수 있기 때문이다. 여기서 '영구히'란 말은, 부정한 성행위를 끊지 못한다면 이 생애 내내 그럴 것이라는 뜻이다.

지상에 있는 동안 육체의 각 부분은 차크라를 통해서 유체의 상응 부위와 긴밀히 연결된다. 당신은 절단한 다리 부위에서 분명한 통증을 느끼는 사람들의 얘기를 들어본 적이 있으리라. 이것은 절단된 다리가 여전히 유체의 다리 부위에 영향을 주고 있기 때문이다. 당연하게도 유체의 다리는 제거되지 않았고 제거될 수도 없다.

우리가 유체여행을 끝내고 육체로 귀환할 때는, 유체의 모든 부위가 육체의 모든 부위와 정확히 들어맞아 그 둘이 전적으로 동조하는 것이 매우 중요하다. 또한 그 두 몸은 전류의 방향도 정확히 일치해야 한다.

전기엔 양극과 음극이 있고, 그리하여 일정한 방향의 전류가 생겨난다. 마찬가지로 인체에도 전기가 흐른다. 인체에는 두 가지 전선이 있고, 그것들은 각기 '이다'와 '핑갈라'로 불린다. 물론 그것들은 전선이라기보다 일종의 '통로'라고 할 수 있다.

이다는 왼편에 있고 핑갈라는 오른편에 있으며, 이 두 통로는 쿤달리니가 수동적으로 기능하는 데 필요한 에너지를 공급한다. 그것들은 쿤달리니가 이번 생에서 또는 다음 생까지도 — 우리가 필요로 할 때까지 — 제 역할을 다할 수 있도록 지키는 문지기와 같다.

올바른 지도와 통제하에 깨어난 쿤달리니는 이다와 핑갈라의 통로를 우회한다. 즉 이다와 핑갈라의 작용에 묶여 있는 한 우리는 지상의 차원, 즉 탄생과 죽음과 재탄생이라는 원리와 실제 속에 갇혀 있는 것이다. 오직 자신의 쿤달리니를 깨워서 이다와 핑갈라라는 에너지 공급처를 우회할 수 있을 때, 그는 자신이 탄생과 죽음과 재탄생의 순환을 벗어날 단계로 진보했음을 확신할 수 있다.

차크라들을 중계소 또는 원한다면 원격조종 장치로 여기라. 그러나 인체에는 그 외에도 중요한 부분들이 더 많다는 사실을 잊지 말라. 목에는 경신경절頸神經節(cervical ganglion)이 있고, 그 아래로도 미주신경迷走神經(vagus nerve), 심장혈관총心臟神經叢(cardiac plexus), 태양신경총太陽神經叢(solar plexus), 골반신경총骨盤神經叢(pelvic plexus) 등이 있다. 그러나 이것들은 '간이역'에 해당하므로 여기서 굳이 번거롭게 들먹이지 않는 편이 좋겠다.

지상에 속하는 우리는 외부로부터 여러 가지 영향을 받는다. 인간에게 영향을 주는 여러 종류의 광선이 있다. 점성학은 참으로 실용적인 학문이다. 점성학을 비웃어서는 안 된다. 우리는 점성학을 잘못 전파하는 부류들만을 조소해야 한다. 올바르게 별을 점치는 일에는 오랜 시간과 많은 수고가 따른다. 때문에 그것은 그다지 유용한 돈벌이가 되지 못한다. 일간지의 칼럼에 나온 자신의 '천궁도' 해설을 아무리 읽어봤지 가치 있는 내용을 얻을 수는 없다는 뜻이다.

'광선'이란 외부로 방사된 우주선(cosmic rays)의 한 형태이다. 당신은 특정한 시각에, 특정한 위도와 경도에서, 특정한 광선의 영향을 받게 된다. 그 광선이 당신에게 얼마나 큰 영향을 줄지는 당신이 타고난 점성학적 기질에 달려 있다.

예컨대 오렌지, 노랑, 초록, 파랑, 남색 등의 여러 광선들이 있다. 여기서 광선의 원리를 다 다루려면 주제로부터 지나치게 벗어나게 될 것이다. 하지만 몇 가지만 언급하자면, 빨간빛은 개성을 발달시킨다. 자줏빛 또는 진홍빛은 단체의식과 관계가 있다. 초록빛은 배움을 향한 충동을 일으킨다. 노란빛은 지혜와 관계가 있다.

· · · · · ·

아마도 당신은 '쌍둥이 영혼(twin souls)'에 대해 들어봤을 것이다. 그것은 분명히 존재한다. 그러나 지상에서 자신의 쌍둥이 영혼을 만나는 것은 아주 드문 일이다.

당신이 기초를 착실히 공부하여 반물질 세계를 이해하게 된다면, 완전한 '배터리'가 되기 위해서는 양극과 음극이 함께 존재해야 한다는 사실에 수긍하리라. 따라서 진정한 의미에서의 '완벽한 한 쌍'이란, 철저하게 짝을 이루는 두 존재로서 한쪽은 이쪽 세계에 있고 다른 한쪽은 반물질 세계에 있어야 하는 것이다.

그러나 좀더 느슨한 의미로 '쌍둥이 영혼'을 이해해보자면, 천상에는 서로 극치의 조화를 이루는 초자아들이 있는데 그들은 각자 지상에다 자신의 꼭두각시를 내려보낸다. 그러면 당연히 그 꼭두각시들도 극치의 조화를 이룬다. 만일 그들이 실제로 대면하게 된다면 즉각적인 '일체감'이 솟아날 것이다. 그들은 말할 것이다. "나는 이 사람과 절대 초면이 아니야!" 그들은 아주 진실한 우정을 키워나갈 수 있다.

그러나 앞서 말했듯이 이런 만남은 지상에서 좀 드문 편이다. 대신 이런 관계까지는 아니더라도 서로 상당한 정도의 조화를 이루는 사람들이 있다. 그들은 대단히 조화롭게 서로를 보완한다. 소위 '쌍둥이 영혼'이라고 불리는 사람들은 대개 후자의 경우에 해당한다. 그들은 서로의 생각을 읽을 수 있고, 상대가 말하려는 바를 수초 전에 미리 예견하기도 한다.

하나의 난자에서 나온 일란성 쌍둥이들도 비슷한 경험을 한다. 그들은 깊이 동조하고 있으므로 멀리 떨어져 있어도 상대방의 정서를 느낀다. 심지어 그들은 거의 같은 시기에 결혼을 하는 경우가 많다.

한 남자가 한 여자와 깊은 사랑에 빠진다. 그 연인은 자신들이 '쌍둥이 영혼'이라고 믿을 수도 있다. 그렇지만 진짜 '쌍둥이 영혼'이라면 관심사가 같아야 한다. 예컨대 한쪽이 독실한 신자인데 다른 쪽이 무신론자일 수는 없다. 그런 신앙의 차이가 둘 사이에 불협화음, 부조화, 마찰을 일으킬 테고 그리하여 그 둘은 서로 끌리는 게 아니라 밀어낼 것이기 때문이다.

우리가 이 지상에서 바랄 수 있는 최상의 삶은, 순수한 생각과 순수한 행동을 통해서 극치의 조화를 이루는 짝을 끌어당겨 함께 사는 것이다. 그러나 이것은 쉽지 않은 문제다. 그러려면 전적인 희생과 이타심이 요구된다. 상대방에게 모든 걸 퍼준다고 되는 일이 아니다. 우리는 모든 것이 아니라 정확히 상대가 필요로 하는 것을 주어야 한다. 그렇지 않으면 결국 각자의 길로 멀어지게 될 것이다.

많은 인간관계는 사실 카르마(업보)에 의한 것이다. 카르마를 풀기 위해서는 좋든 나쁘든 당사자들끼리 긴밀한 관계를 유지할 필요가 있다. 예컨대 카르마에 의해 엮인 한 남자와 한 여자가 동시에 서로를 사랑하게 되었다면, 그 둘은 강한 유대감을 통해서 둘 사이의 나쁜 카르마를 많이 해소할 수 있게 된다. 왜냐하면 이 지상의 우리야 어떻게 생각하든 간에 결국에는 선한 것이 이기는 법이기 때문이다.

하지만 남자는 여자를 사랑하는데 여자는 그 남자를 증오한다면, 그

둘 사이에는 불만스러운 카르마가 더 쌓일 것이다. 그때 그 둘은 증오심이 사라지고 사랑이 솟아날 때까지 어떤 식으로든 관계를 이어가야만 한다.

그러니 오로지 완전하고도 철저한 무관심만이 카르마의 형성을 피할 수 있다는 사실을 이해하라. 당신이 누군가를 좋아하면 카르마가 생긴다. 당신이 누군가를 싫어해도 카르마가 생긴다. 그러나 당신이 상대방을 전혀 개의치 않는다면 카르마가 생기지 않는다. 즉 상대방에 대한 당신의 반응이 카르마 사슬의 시작점인 셈이다.

선생과 학생의 관계를 예로 들면, 그들 사이의 유대감은 지속적일 수도 있고 일시적일 수도 있다. 일시적인 경우에는, 때가 되면 마치 불타버린 듯이 그 인연이 단숨에 정리된다.

최악의 경우는 진심으로 사랑하는 관계가 죽음으로 인해 중단되는 경우이다. 만일 한 여자가 진심으로 사랑하던 남편과 갑자기 사별하게 된다면, 그 사랑은 달리 갈 곳이 없어진다. 그래서 그들이 환생을 통해 미래에 다시 만나고 여러 조건이 갖춰질 때까지 그 사랑은 그대로 저장된다. 그러니 자신이 '쌍둥이 영혼'을 만났다고 자랑하는 사람을 보게 되면 그저 부드럽게 미소를 보내주라.

우리의 낡고 가여운 육체는 온갖 수상한 질병에 걸리기 쉽다. 복잡한 기계장치가 종종 삐걱댈 수 있는 것과 마찬가지다. 몇 군데가 말썽을 부리면 인간의 육체는 최상의 상태를 벗어나서 흔들리게 된다.

워낙 많은 사람들이 치유가(healer)가 되길 희망하므로, 여기서 치유법을 논하는 것도 나쁘지 않을 듯싶다. 어쨌든 우리는 인간의 신체구조를 이야기하는 중이니까!

이 지상은 음(陰)적인 세계이다. 따라서 논리적으로 볼 때 음적인 치유법이 가장 효과적이다. '음적인 치유', 이것이 바로 아래의 방법을 부르기에 꼭 알맞은 이름이다.

먼저 당신은 폐에서 가능한 한 많은 숨을 내뱉어야 한다. 힘껏 숨을 내쉬며 공기를 밖으로 밀어내라. 그리고 너무 불편하지 않은 선에서 최대한 그 상태로 머물라. 그러면 육체가 소위 '음극' 상태가 된다. 프라나(氣)와 산소가 결핍된 상태가 되는 것이다.

그런 다음에는 가볍게 숨을 들이쉬고 내쉬면서 호흡을 몇 분간 안정시키라. 그리고 다시 한 번 철저하게 폐에서 공기를 내뿜으면서 위의 과정을 반복한다. 폐를 텅 비우고, 참을 수 있는 만큼 최대한 그 상태를 유지하라. 그러고는 다시 가볍게 숨을 쉬며 호흡을 안정시키라.

이 과정을 한 번 더 반복하라. 총 세 번의 과정을 마치고 나면 당신의 육체는 뚜렷하게 음극 상태가 될 것이다.

이제 당신이 아픔을 느끼고 있는 부위, 즉 치유할 부위로 왼손을 가져가라. 그리고 오직 엄지와 검지만으로 ― 손바닥을 갖다 대는 것이 아니다 ― 그 부위의 피부를 단단히 쥐라. 치유할 부위를 엄지와 검지로 단단히 붙들고서 숨을 한껏 내쉬고 호흡을 멈추라. 그리고 호흡을 멈추고 있는 동안 손가락 끝에서 생명력이 흘러나와 그 부위로 스며든다고 상상하라. 더 이상 숨을 참기가 어려워지면, 생명에 지장이 없을 정도로만 가볍게 숨을 들이쉬며 호흡을 안정시키라. 이때도 손가락은 계속 그 부위를 쥐고 있어야 한다.

이 과정을 세 번 반복하라. 반복할 때마다 엄지와 검지가 치유할 부위를 최소 2분 이상 붙들고 있도록 하라.

확실한 치유를 취해서는 자신의 몸이 상당한 정도로 회복될 때까지 이 방법을 매시간 실천하는 것이 좋다. 이 치유법이 효과가 빼어난 이유는 바로 외부의 힘을 불러들이는 방법이기 때문이다.

당신이 감기에 잘 걸려 머리가 띵하다면 이 음적인 치유법을 실행함으로써 증상을 크게 개선할 수 있다. 그때 당신의 엄지와 검지는 눈 아래서 코의 양편을 누르게 될 것이다. 한껏 공기를 내뱉은 후에 숨을 멈추라. 생명력이 당신의 코로 흘러들어 문제를 일으키는 모든 병원균을 죽이는 모습을 마음속으로 그려보라. 이것은 농담이 아니다. 실제로 시도해보면 울혈이 아주 빠르게 사라지고 콧속이 시원해졌음을 느끼게 될 것이다. 이젠 콧구멍으로 숨을 쉴 수 있을 것이다.

천식은 큰 오해를 받고 있는 질병이다. 여러 가지 처방이 난무하고 있지만 대부분의 천식은 신경과민이 원인이다. 그때는 엄지와 검지로 목젖이 있는 부위 위의 목 양쪽을 움켜쥐라. 이것은 보통의 천식 환자들을 위한 방법이다. 그러나 호흡이 대단히 거칠고 고통스러운 상태라면 검지와 엄지를 7센티쯤 벌려서 목 아래쪽, 즉 목과 가슴이 이어지는 부위를 집어야 한다.

수년간 지속된 천식이 몇 초 만에 낫기를 바랄 수는 없다. 인내심을 갖고 상식을 발휘해야 한다. 하지만 이 방법을 계속하다 보면 천식이 점차 사라지는 것을 분명히 경험하게 될 것이다. 당신이 명상과 내적 성찰을 통해서 신경과민의 원인을 찾아낼 수 있다면 천식은 더욱 빠르게 없어질 것이다. 다시 말하지만, 천식은 그저 불안한 신경계의 '출구' 역할을 하고 있을 뿐이다.

당신이 이 치유법을 정확히 따를 수 있도록 설명을 반복한다. 당신은 항상 왼손을 사용해야 한다. 오른손을 사용해서는 '음적인 치유'의 강한 효과를 얻어낼 수 없다. 그리고 기억하라. 폐의 공기를 내뱉은 후에는 잠시 숨을 멈추라.

이 방법은 심한 화상 부위에도 효과가 있다. 엄지와 검지를 해당 부위

에 놓고 치유법을 반복하면 된다. 당연한 말이지만 빨리 의사를 부르는 것이 먼저다. 하지만 의사를 기다리는 동안 당신은 이 방법으로 충분히 증상을 호전시킬 수 있다.

　옛날 중국인들은 인체의 각 기관마다 그것을 돌보는 '작은 소인들'이 있다고 생각했다. 그리고 그 생각은 틀리지 않았다. 왜냐하면 인체의 모든 기관은 신경계를 통해 두뇌와 연결되어 있기 때문이다. 두뇌는 각각의 기관에서 무슨 일이 일어나고 있는지를 잘 알고 있다. 따라서 인체의 기관들은 본래 그 주인의 의식적인 통제하에 있었다. 그렇지만 사람들이 점차 무신경해지면서 점차 자율적으로 움직이게끔 변화되었다.

각 신체기관의 움직임을 의식적으로 통제할 수 있는 달인들이 아직도 많이 있다. 특히 인도에서는 '타락한 달인'인 파키르들이 그런 기예를 선보이곤 한다. 그들은 손바닥에 칼을 꽂았다가 그 상처를 수분 내에 아물게 할 수 있다. 이것은 결코 지어낸 말이 아니다.

위의 그림은 주의해서 살펴볼 가치가 있다. 왜냐하면 이 기발한 그림 속에는, 조그만 승려와 수행자들이 라마승의 감독하에 신체의 모든 기능을 통제하는 모습이 담겨 있기 때문이다. 이것은 인체에 손상이나 기능부전이 발생했을 때 두뇌로 경고가 전달되는 '모니터 시스템'과 흡사하다.

당신의 육체가 이런 소인들에 의해 통제되는 모습을 생생히 심상화하는 것은 큰 가치가 있다. 당신은 이 소인들을 통제함으로써 깊은 명상 상태에 들 수 있다. 다른 책에도 써놓았지만, 당신은 그저 의식이 비워지도록 이 소인들을 몸 밖으로 떠나보내기만 하면 된다. 소인들을 발가락에서 다리로 행진케 하라. 그러면 발가락과 다리가 이완되고 편안해진다. 소인들을 콩팥과 창자와 쓸개를 떠나게 하라. 그러면 완전하고 철저하게 이완될 것이다.

그로써 당신이 철저히 이완되어 깊은 명상 상태에 들 수 있으며, 그로써 진정 다른 차원으로부터 계시를 얻게 된다. 실천해보라! 그러나 그전에 꼭 다른 책에 실린 이완법을 읽도록 하라.(267쪽) 나는 여기서 그 내용을 다시 다룰 생각이 없다. 왜냐하면, 누군가는 내가 쓸 말이 없어서 같은 얘기를 반복한다고 떠들어댈 것이므로!

선인들의 지혜
Wisdom of the Ancients

3

A부터 Z까지

허풍떨기를 좋아하는 사람들이 얼마나 많은지! 그들이 거창한 말로 떠들 때마다 모든 것이 엉망이 되곤 한다. 그래서 나는 소박한 말이 좋다. 진정한 의미를 전하는 데는 소박한 말을 쓰는 편이 훨씬 쉽다.

어쨌건 영어나 스페인어로 쓰인 책을 읽기 위해 산스크리트, 힌두어, 또는 중국어를 배울 필요는 없다. 하지만 개중엔 현학적인 용어들을 좋아하는 사람들도 있기 마련이다.

이 책은 특정 용어들의 진짜 의미를 있는 그대로 솔직하게 전달해줄 '사전'이다. 그중 일부 용어들은 그 자체로 논문 한 편의 주제가 될 수도 있다.

이제 우리의 이 작은 시도를 시작한다. 당신은 큰 흥미를 느낄 것이다. 내가 생각한 그 첫머리는 — 바로 A로 시작하는 말이다! A로 시작하는 말보다 더 앞선 것은 없을 테니 말이다.

A

아브히니베샤 ABHINIVESHA | 지상의 삶에 대한 애착으로부터 비롯되는 소유욕을 가리킨다. 이것은 삶에 대한 집착이자 죽음에 대한 두려움이다. 왜냐하면 죽음이 소유물들을 빼앗아가기 때문이다. 구두쇠들은 돈을 사랑하고 죽음을 두려워하는데 이는 죽음으로 인해 돈과 멀어지기 때문

이다. 이런 증상을 앓고 있는 사람들에게 말하건대, 지금껏 동전 한 닢조차 다음 생으로 가져가는 데 성공한 사람은 없었다!

절제 ABSTINENCE | 영적 진보를 위해서는 삼가고 절제해야 할 것들이 있다. 우리는 다른 사람들에게 상처를 입혀서도 거짓말을 해서도 안 된다. 도둑질? 도둑질은 다른 사람의 물질적 균형을 깨뜨리는 짓이다. 음탕함? 그것은 성을 왜곡하는 짓이다. 순수한 성생활은 영성을 고양시키지만 음탕한 성생활은 영성은 물론이고 재산까지 좀먹는다.

탐욕은 그 자체로 우리가 죄스러워해야 할 사안이 아니다. 그러나 우리에게 주어진 돈과 능력은 타인을 돕기 위한 것이다. 탐욕 때문에 도움 주기를 거부한다면, 정작 우리 차례가 되었을 때 우리 자신도 도움을 받지 못할 것이다.

만일 다음의 다섯 가지 항목을 절제할 수 있다면 우리는 이 세상 속에서 평화를 지킬 수 있으리라. 그렇다고 세상이 우리 마음처럼 다 평화로워지는 것은 아니겠지만.

1. 타인에게 상처를 주지 말라.
2. 거짓말을 하지 말라.
3. 도둑질하지 말라.
4. 쾌락에 빠지지 말라.
5. 탐욕에 빠지지 말라.

아차마나 ACHAMANA | 힌두교도들이 행하는 의례이다. 이때 예배자는 순수한 것들만을 생각함으로써 자신을 정화하는 동안 물을 조금씩 머금어 주변에 뿌린다. 어떤 면에서는 그리스도교의 의례에서 성수를 뿌리는

것과 비슷하다. 힌두교도는 이 의례를 행한 후에 평화로운 명상 상태로 들어간다.

아차리아 ACHARYA | 영적인 스승을 가리킨다. 달리 말한다면 구루(힌두교의 스승, 지도자)를 뜻한다. 아차리아는 존경의 대상인 영적 스승들의 이름 앞에 접미사로서 덧붙곤 한다.

아다르마 ADHARMA | 덕의 결핍과 부정직함을 가리킨다. ('다르마'의 반대말이다.) 이 불쌍한 친구는 아마도 절제해야 할 다섯 가지 항목 중에서 단 하나도 못 지킨 듯하다.

아가마 AGAMA | (불교의) 경전을 뜻하며 특히 티베트에서는 탄트라 경전을 가리킨다. 신비적 또는 형이상학적 훈련을 받는 수행자들을 인도해 주는 책이다.

아가미 카르마 AGAMI KARMA | 카르마의 온전한 의미를 담고 있는 말로서 한 인간의 신체적, 정신적 행위는 반드시 그의 후생에 영향을 준다는 뜻이다. 성경에는 "뿌린 대로 거두리라"라는 말이 있다. 사악한 씨를 뿌리면 사악함을 거두게 되고, 남을 향한 선행과 도움의 씨앗을 뿌리면 같은 것이 천 배로 되돌아온다. 이것이 바로 카르마(업)이다.

아함카라 AHAMKARA | 마음은 여러 부분으로 나뉘는데, 아함카라는 감각인상을 받아들여 그것을 우리가 아는 사실로 형태화하는 일종의 교통정리자이다. 아함카라로 인해 우리는 그 형태화된 사실을 언제든 상기할

수 있다.

아힘사 AHIMSA | 간디가 추종했던 비폭력 평화 정책이다. 이것은 생각, 행위, 말을 통해서 다른 생명에게 해를 입히는 일을 삼가는 것이다. 사실상 "당신이 대우받고 싶은 대로 남에게 행하라"와 같은 뜻이다.

아자파 AJAPA | 이것은 특수한 만트라(진언, 주문)이다. 동양인들은 숨이 '아즈(AJ)'라는 소리와 함께 나가고 '사(SA)'라는 소리와 함께 들어온다고 믿는다.

실제로 사람의 숨소리는 '한사(Hansa)'이다. '하(HA)' 하며 숨이 나가고, '-ㄴ(N)'은 접속사이며, '사(SA)' 하며 숨이 들어온다.

우리는 무심결에 이 소리를 보통 1분에 열다섯 번, 하루에 21,600번 내고 있다. 동물들은 저마다 호흡 속도가 다르다. 고양이는 1분에 스물네 번 숨을 쉬고, 거북이는 1분에 세 번 숨을 쉰다.

어떤 사람들은 '아자파' 만트라가 "나는 그것이다(I'm That)"를 뜻하는 무의식적, 잠재의식적인 기도문이라고 믿기도 한다.

아즈나 차크라 AJNA CHAKRA | 일곱 개로 알려진 요가 전통의 의식 중추들 중에서 여섯 번째에 해당한다. 실제로는 총 아홉 개의 차크라가 있지만 그것까지 이해하려면 티베트 전통을 깊이 공부해야 한다.

아즈나 차크라는 눈썹 높이에 있는 연꽃으로 상징되며 그 꽃잎은 두 개다. 이것은 육감(직감)과 관련이 깊으며 투시, 내관內觀, 그리고 초월세계의 지식으로 우리를 이끈다.

아카샤 AKASHA | 많은 사람들이 이것을 에테르^{ether}라고 부른다. 하지만 좀더 정확히 말하자면 행성들 사이, 분자들 사이, 그리고 그 밖의 이것저것 사이의 모든 공간을 채우는 만물의 질료이다.

여기서 기억해둘 것은, 이 공간물질이 우리의 태양계에서는 어딜 가나 같지만 다른 우주의 공간물질은 동일한 형태가 아니라는 사실이다. 인체가 혈액세포, 근육세포, 골세포 등의 다양한 세포들로 이루어져 있듯이.

아카식 AKASHIC | 통상 '아카샤 기록(Akashic Record)'을 가리키는 말로 쓰인다. 고차원 세계에서 일어나는 일을 3차원 세계의 개념으로 설명하기는 쉽지 않다. 그렇지만 우리는 이런 식으로 생각해볼 수 있다. 당신은 늘 존재해왔고 앞으로도 늘 존재할 영화감독으로서 무한한 양의 필름을 공급받고 있다. 그래서 당신은 태초부터 모든 존재에게 일어났던 모든 일을 찍어왔다. 당신은 지금도 이 순간의 일들을 찍고 있다. 그 기록이 바로 아카샤 기록이다.

지금껏 일어난 모든 일은 에테르에 각인되는데, 마치 빛의 파장이 영화필름에 기록되고 소리의 파장이 녹음테이프에 새겨지는 것과 같다. 아카샤 기록은 다차원적 기록물이므로, 이 지상 안팎의 모든 존재에게 크나큰 영향을 줄 수 있는 미래의 (확률상) 사건까지도 담고 있다.

당신이 어떤 도시에 있다고 하자. 길을 걷는 당신의 뒤편에서 자동차가 쌩하고 달려와서는 이내 시야를 벗어난다. 당신은 그 차에 어떤 일이 일어날지를 전혀 알지 못한다. 그런데 만약 당신이 열기구를 타고 있다면 어떨까? 그때 당신은 아래를 내려다보며 수 킬로미터 전방의 도로까지도 확인할 수 있다. 당신은 질주하는 그 자동차도 볼 수 있고, 그 자동차가 곧 피하기 어려운 장애물을 만나게 되리라는 것도 알 수 있다. 즉 당신은 그 운전자에게 닥칠 불운을 당사자보다 더 빨리 예견할 수 있다.

운행시간표를 떠올려보라. 그것은 한 지점에서 다른 지점으로 이동하는 기차와 버스, 배와 비행기의 출발시각과 도착시각을 명시하고 있는데, 사실상 '실현될 가능성이 높은' 예상치에 불과하다. 하지만 대개의 경우에 그 운송수단은 거의 예상 시각에 맞게 도착한다.

아카샤 기록을 고찰할 때는 다음과 같은 가설을 기억해둘 만하다. 만일 당신이 아주 특수한 관찰도구를 가지고 멀리 떨어진 행성으로 즉각 이동할 수 있다면 백 년 전, 천 년 전 또는 만 년 전에 지구에서 무슨 일이 있었는지를 직접 관찰할 수 있을 것이다.(빛의 속도를 상기하라.) 특수한 장비만 있다면 당신은 천 년 전의 지구를 볼 수 있을 것이다.

아카샤 기록은 그런 한계마저 넘어선다. 왜냐하면 개연성 높은 미래상까지 보여주기 때문이다. 한 나라에 닥쳐올 사건은 한 개인에게 닥쳐올 사건보다 훨씬 더 정확하고 확정적이다. 그래서 특별히 훈련된 사람들은 유체 상태에서 아카샤 기록을 열람함으로써 세계 각처에서 무슨 일이 일어났고, 무슨 일이 일어나고 있으며, 가장 확률 높은 미래상은 어떤 모습인가를 살펴볼 수 있다. 이것은 극장에서 영화를 보는 것처럼 간단한 원리다. 어느 극장에서 어느 필름이 상영되는지만 알면 당신은 그곳에서 그 영상을 볼 수 있다.

아나하타 차크라 ANAHATA CHAKRA | 동양에서 수레바퀴 또는 연꽃으로 상징되는 차크라이다. 이것은 심장 부위의 차크라로서 금빛의 열두 꽃잎을 달고 있다. 오라를 보면 이 금빛이 붉은 색조를 띠는 사람도 있고 암청색의 줄무늬나 얼룩을 가진 사람도 있는데, 그것은 당사자의 기분과 진화 단계 등을 나타낸다.

아나하타 차크라 아래에는 또 하나의 연꽃이 있는데, 그것은 여덟 개의 꽃잎을 갖고 있으며 우리가 명상을 할 때 마치 바다의 말미잘처럼 부드럽게 흔들리고 일렁인다. 오라를 볼 때 이것이 만개한 연꽃으로 보이느냐 수레바퀴로 보이느냐는 그 투시가의 성향에 달려 있다. 아나하타 차크라는 (실제로는 아홉 개지만) 일곱 개로 알려진 의식 중추 중에서 네 번째 중추이다.

아나하타 샤브다 ANAHATA SHABDA | 이것은 귀에는 들리지 않지만 일정한 경지에 이른 사람들이 명상 중에 종종 듣게 되는 소리이다. 그리고 그 소리는 바로 "옴(Om)"이라는 만트라다.

아난다 ANANDA | 순수한 기쁨을 뜻한다. 물질적인 개념이 섞이지 않은 기쁨과 즐거움, 의식적으로 육체를 벗어나 잠시나마 절대적인 자유의 환희를 누릴 때 맛보는 축복과 행복감이다. 지상에 얽매인 인간의 육체는 차갑고 쓸쓸한 진흙 덩이에 불과하다.

아나트마 ANATMA | "이곳은 환상의 세계이다"라는 의미를 담고 있다. 이 지상에서 우리는 물질적인 것들만이 중요하다고 생각하면서 진창에서 돈을 찾아 헤매고 그 돈더미를 높이 쌓아올린다. 그러나 그 누구도 동전 한 닢조차 다음 생으로 가져가지 못했다. 그런데도 사람들은 세상을 떠날 때 결국 버려야 할 물건들을 얻으려 항상 질주한다.

앙가스 ANGAS | 육체훈련 위주의 요가보다는 정신훈련 위주의 요가에서 반드시 따라야 할 지침을 가리킨다. 그 수행자는 기초 명상, 호흡 조

절, 고급 명상, 그리고 묵상(靜觀)을 바르게 행해야 한다. 또한 "받고 싶은 대로 대접하라"는 황금률을 착실히 지켜야 한다.

안나마야코샤 ANNAMAYAKOSHA | 영(spirit)을 둘러싼 물질적 덩어리, 즉 육체를 현학적으로 일컫는 말이다. 유체 상태에 있다가 물질적 육체로 되돌아오면서 차갑고 끈적한 오물 속으로 기어들어가는 느낌을 받을 때, 우리는 이런 전문적인 용어보다는 훨씬 더 직설적인 용어를 쓴다.

안타카라나 ANTAHKARANA | 베단타 철학에서 육체의 통제에 사용되는 마음을 일컬을 때 쓰는 말이다.

아파나 APANA | 동양의 몇몇 용어들은 대단히 노골적이다. 산스크리트어는 서양의 언어들처럼 인습에 얽매이지 않는다. 딱 한 가지 뜻으로 특정할 수는 없지만, '아파나'는 배설 작용 및 인체의 구멍들과 관련된 모든 것을 가리킬 수 있는 말이다. 오라에서는 뚜렷한 암적색 또는 암갈색으로 나타나며 그 모양새는 소용돌이치고 휘돌고 넘치는 물처럼 흘러 퍼진다.

아파리그라하 APARIGRAHA | 절제해야 할 다섯 번째 항목(무소유. 탐욕에 빠지지 말라)이다. 선과 악의 극단을 피하고 균형을 취해 매사에 중용을 지키라는 뜻이기도 하다.

아라한 ARHAT | 삶의 저편을 온전히 통찰한 사람을 가리킨다. 아라한은 아래와 같은 관념을 완전히 폐기한 사람이다.

1. 육신에 대한 집착
2. 무엇이 올바른 길인가에 관한 반신반의
3. 엄중한 규칙에만 의존하는 태도
4. 전생의 불완전한 기억에서 비롯된 호감
5. 전생의 불완전한 기억에서 비롯된 반감

아사나 ASANA | 이것은 서거나 앉는 자세로서 명상을 준비할 때 쓰인다.

위대한 스승들은 결코 앉는 방법에 대해 고정된 규칙을 정해놓지 않았다. 그들은 그저 편안하고 쉬운 자세면 충분하다고 가르쳤다. 그러나 그 이래로 위대한 구석이라곤 조금도 없는 자칭 '스승'들이 요가 수행자들에게 갖가지 우스꽝스럽고 이상야릇한 곡예를 주문함으로써 과시적이고 세속적인 권위를 탐해왔다.

명상을 위해 당신이 해야 하는 유일한 일은 그저 편안히 앉는 것뿐이다. 그러면 당신은 틀림없이 바른 자세를 취하게 된다. 두 다리를 교차시키든 밖으로 쭉 뻗든 관계없다. 당신에게 편안한 자세가 곧 바른 자세이다.

아사트 ASAT | 거짓 또는 허상에 속하는 모든 것을 지칭한다. 이 지상은 환상의 세계이며 거짓의 세계이다. 영의 세계야말로 진정한 실재이다. 아사트의 반대말은 사트^{Sat}, 즉 진실에 속하는 모든 것이다.

아슈라마 ASHRAMA | 스승과 제자가 거주하는 장소를 뜻한다. 보통 은둔처를 뜻하는 말로 사용되지만, 때로는 지상의 삶을 크게 네 단계로 나눌 때 쓰일 수도 있다.

그 네 단계는 다음과 같다.

1. 아이가 태어나 경험을 통해 배우고 성장하는 시기이다. 육체의 모든 기능이 계발되고 개선되는 이 시기에는 큰 노력 없이도 상당히 빨리 배울 수 있다.

2. 직업을 갖고 결혼하는 시기이다. 이때의 배움은 3단계에 대비하기 위해 업무에 충실하고, 승진하고, 가족을 부양하고, 돈을 버는 것으로 족하다.

3. 은퇴했거나 은퇴를 눈앞에 둔 시기이다. 이때는 문화적인 활동이 많아지고 이전엔 돌보지 않았던 일에 더 많은 시간을 들이게 된다.

4. 이 시기에는 일생의 경험을 '소화'하여 지금껏 수집한 모든 인상, 모든 이삭을 은줄을 통해 초자아에게 보낼 수 있다. 상위의 자아는 이 마지막 단계가 되기 전까지 별다른 수확을 얻지 못한다.

아스미타 ASMITA | 진화가 덜 된 인간의 들뜬 자만심, 이기심 등을 뜻한다. 영적으로 진화해감에 따라 점차 사라진다.

아스테야 ASTEYA | 절제해야 할 세 번째 항목, 즉 '도둑질하지 말 것'을 가리킨다. 우리는 행위로서는 물론이고 생각으로도 다른 사람의 재산을 탐내선 안 된다.

유체 ASTRAL | 육체를 벗어났을 때의 상태, 장소 등을 가리킨다. 우리는 유체계(幽體界)에서, 소위 '죽어서' 육체를 떠나 저편으로 건너간 친구들을 만날 수 있다. 그들은 환생할 수 있도록 계획을 세우며 기다리는 중이다. 유체계는 그리스도교의 낙원(Paradise)에 해당하는 중간지대이자 만남의 장소이다. 그러나 궁극적인 천국(Heaven)은 아니다.

유체여행 ASTRAL TRAVELLING | 휴식을 위해 누우면 육체의 물리적 기능은 잠잠해지고 저하된다. 그때 유체 — 또는 영혼, 자아, 아트만(眞我) — 은 육체를 벗어나 유체계로 들어간다. 마치 잠자리에 들 때 우리가 낮에 입었던 외출복을 벗어 치워두듯이, 유체는 육체를 한편으로 치워버린다.

유체계에는 여러 가지 수준 또는 단계가 있다. 유체여행을 통해 우리는 전 세계의 모든 곳을 돌아다닐 수 있다. 영국에서 호주로 가든, 호주에서 중국으로 가든 전혀 문제될 것이 없다. 그것은 오직 당사자가 유체계에서의 시간을 어떻게 활용하느냐에 달린 문제이다.

진화의 단계가 높아 이 지상에서 마지막 삶을 꾸려가고 있는 사람은 유체계에서도 항상 분주하게 지낸다. 즉 진화 단계가 높을수록 우리는 더욱 멀리 유체여행을 다니게 된다.

연습만 한다면 유체여행은 쉬운 일이다. 인내심을 갖고 연습만 하면 된다. 동물들도 유체여행을 한다. 동물들은 투시력과 텔레파시 능력도 갖고 있다.

한 가지 기억해둘 것은, 낙원에 비유되는 이 유체계가 지상에서 처신을 잘못한 사람들에게는 소위 연옥(煉獄)이 될 수도 있다는 사실이다.

유체계에서 만난 사람들은 육체 상태에서 무엇을 어떻게 할 것인지 계획을 세운다. 하지만 불행히도 많은 사람들은 유체계에서 품었던 그 경이로운 의도를 잊고서 그저 적당한 일들에 다시 파묻혀버린다.

나는 당신에게 유체여행을 연습하길 권고한다. 유체여행은 대단히 경이로운 느낌을 준다. 당신은 육체와 은줄로 연결된 채로 높이 떠올라서 지상의 도시를 내려다보고 그다음엔 우주 속으로 솟구쳐 다른 차원을 볼 수 있다. 당신은 물리적 세계를 완전히 뒤로하고 물질 너머의 세계로 들어가 얼마 전에 타계한 친구들을 만나 대화도 나눌 수 있다.

아트마 ATMA | 아트만 Atman이라고도 한다. 베다 철학에서 본령本靈, 초자아(Overself), 순수아純粹我(Ego) 또는 영혼(Soul)을 가리키는 말이다.

오라 AURA | 자석 주변에 자력선이 있듯이 육체도 그러하다. 그러나 육체의 에너지장은 인간의 가시可視 범위를 넘어서는 다양한 색채들을 포함하고 있다.

오라의 색채들은 육체의 여러 중추 부위에서 너울거리고 타오르고 소용돌이치며 달걀 모양의 덩어리를 이룬다. 오라는 머리 쪽이 둥그스름하고 다리 쪽은 뾰족하다.

건강한 육체의 오라는 몸 밖으로 약 180센티미터 가량 뻗어 있다. 훈련된 투시가는 오라의 색채를 봄으로써 초기의 질환이나 질병을 찾아낸다. 언젠가는 일반인들도 오라를 볼 수 있게 해주는 장비가 발명되고, 전파공학의 헤테로다인 heterodyne 기술을 사용함으로써 오라의 결점을 치유하는 장비도 발명될 것이다. 하지만 오라를 전자기적인 에테르 ether 와 혼동해서는 안 된다.

아바스타스 AVASTHAS | 의식의 세 가지 상태를 일컫는 말이다. 그 세 가지 상태는 다음과 같다.

1. 각성 상태 : 육체 안에서 주변에서 진행되는 일들을 (다소간) 의식하는 상태.
2. 꿈의 세계 : 마음이 지어낸 환영과 어설픈 유체여행의 경험이 뒤섞인 상태.
3. 깊은 잠 : 꿈을 꾸지 않는 깊은 수면 상태로서 유체여행이 가능하다.

아바타 AVATAR | 화신化身, 신인神人, 진인眞人 등을 뜻하며 여성의 경우는 아바타라Avatara라고 한다.

오늘날엔 극히 드물다. 이들은 카르마가 없으며, 오직 인간을 돕기 위해 스스로 인간의 형태를 취하여 지상에 내려온 존재들이다. 아바타 또는 아바타라는 늘 인간보다 상위에 있다.

성경에는 고통받는 인류에게 도움을 주려고 지상이라는 심층 지옥으로 내려오는 천사들 이야기가 있다. 이처럼 아바타는 세계가 위험에 빠지거나 인류가 위험에 처할 때 나타난다.

아바타는 종종 커다란 고통을 안고 있기에 당신은 그들의 실체를 알아보지 못한다. 그들은 너무나 순수하므로 어떤 고통을 안지 않고서는 이 지상에 머물 수가 없다. 이들은 심해 잠수부에 비유될 수 있다. 즉 그들은 어둡고 불가사의한 깊은 바닷속에 가라앉기 위해서 제 몸에 무거운 납덩어리를 매달아야 한다.

정말로 순수한 사람이 아니고서는 아바타를 알아보지 못할 것이다. 왜냐하면 아바타는 라디오나 텔레비전에 나와 자신을 광고하지도 않고, 어떤 잡지를 매달 구독하면 가장 높은 천국으로 들어가게 되리라고 떠들지도 않기 때문이다.

아베샤 AVESHA | 타인의 육체를 점유하는 아주 흥미로운 상태를 뜻한다. 때때로 아바타는 어떤 특별한 일을 해내기 위해 타인을 육체를 점유한다. 그렇지만 그것은 오직 그 육체의 소유자가 스스로 동의할 때만 가능한 일이다. 그리고 대략 7년 후에는 ─ 그 정도면 충분하다 ─ 그 육체의 모든 세포와 분자가 온전하게 아바타의 것이 된다.

여기엔 두 가지 흥미로운 점이 있다.

첫 번째는, 어떤 사람들은 이렇게 묻는다. "어떻게 분자가 재배열될 수 있습니까?" 간단히 답하건대, 시시한 도금 작업에서조차 분자는 도금통의 이쪽 전극에서 저쪽 전극으로 옮겨진다. 그래서 우리는 바탕금속 위에 순금을 입힐 수 있다.

두 번째는, 아바타는 주로 다 큰 성인의 육체를 점유한다는 사실이다. 그것은 아바타가 태어나고 자라나는 유년기의 고통스러운 과정에 시간을 낭비해서는 안 되기 때문이다.

아비드야 AVIDYA | 지상의 삶을 유일한 의미로 생각하는 무지(無明)를 뜻한다. 지상의 삶은 그저 일종의 수업과정일 뿐이다. 정작 중요한 것은 그 너머의 삶에 있다.

다른 행성, 다른 우주에는 인간과는 또 다른 존재들이 있다. 그중 어떤 존재는 인간보다 지적이지 못하지만 어떤 존재는 인간보다 높은 지성을 갖고 있다. 그들은 인간의 육체와는 다른 모양새일지 모르나 그래도 분명히 지각 있는 존재들이다.

B

죽음 저편 BEYOND | 이것은 '위대한 넘어섬'을 가리킨다. 이것은 물질세계를 넘어선 자각을 얻은 존재 상태, 즉 죽음의 골짜기 너머의 삶을 가리킨다.

모든 시대, 모든 지역의 사람들은 '죽음 저편(피안)'이 무엇인지에 관해 숙고해왔다. 불행한 것은, 이른바 과학자들이란 모든 것을 재보고 실험하고 증명해보려 한다는 사실이다. 그럼으로써 그들은 오히려 명백한 것들을 인식할 수 없게 되어버린다. 진리를 받아들일 준비가 된 사람에게는 그것이 저절로 찾아온다. 그는 존재하는 것은 달리 증명할 필요가 없으며 존재하지 않는 것은 증명할 수가 없다는 사실을 잘 알고 있다.

바가바드 기타 BHAGAVAD GITA | 진정한 깨달음을 얻은 스승이 불변의 진리를 설해놓은 인도의 위대한 경전이다. 이 책은 총 18장으로 구성되어 있으며, 각각의 장이 인생의 한 가지 측면을 다루고 있다. 이 책은 자신의 육체적, 감정적, 정신적, 윤리적, 영적 능력을 동시에 사용하여 육체와 영혼의 진실한 조화에 이르는 방법을 알려준다. 이 책은 오직 진실한 조화만이 인간을 신성으로 이끌어 출생, 성장, 소멸, 재생의 수레바퀴에서 벗어날 수 있게 해준다고 가르친다.

바가바드 기타의 실제 말뜻을 살펴보면 '바가'는 태양, '바드'는 신, '기타'는 노래이다. 즉 이것은 '태양신의 노래'이다.

바가반 BHAGAVAN | 각자 자신이 믿는 신을 가리킬 때 쓸 수 있는 말이다. 그 신이 어떤 이름으로 불리는가는 상관이 없다. 신은 하나지만 지역마다 부르는 이름이 다르기 때문이다. 신의 여섯 가지 속성은 다음과 같다.

1. 힘과 지배력
2. 무소불위
3. 영광
4. 장엄
5. 지혜
6. 은둔자재隱遁自在

바잔 BHAJAN ｜ 찬양 예식을 뜻한다. 특히 구두로 하는 기도보다는 노래의 비중이 더 크다. 즉 기도문을 노래로 부르는 것이 곧 바잔이다. 그리스도교를 예로 들면 찬송 예배가 바잔에 해당한다.

박타 BAKTA ｜ 신을 예배하는 사람, 즉 신의 추종자를 뜻한다. 어떤 이름의 신을 모시든 관계없다. 이것은 특별한 교의나 신앙에 결부되어 있지 않은 보편적인 용어이다.

박티 BHAKTI ｜ 신을 위한 헌신을 뜻한다. 자신을 신의 자녀로 여기면서 신에게 무릎 꿇고 순종하는 행위이다.

바바 BHAVA ｜ 성질, 감정, 현존, 정서 상태 등을 뜻한다. 인간에겐 세 단계의 바바가 있다.

  1. 파슈바바^{phshu-bhava}는 자신의 이기적 쾌락만을 위해 사는 가장 낮은 위치의 사람들이다. 그들은 악의를 품고 타인에게 나쁜 짓을 저지른다. 그들은 자신의 사회적인 또는 금전적인 이익 외엔 관심이 없다. 그들은 타인에게 일절 도움을 주지 않는다. 그들은 가장 낮은 진화 단계의 사람들이다.

  2. 비라바바^{vira-bhava}는 중간 위치의 사람들이다. 그들은 성공하려는 야심과 열망이 있다. 그들은 강인하며 큰 에너지를 지니고 있다. 불행히도 그들은 누군가가 자신보다 더 많이 가져가려고 한다는 생각이 들면 상대를 이기적으로 제압하려는 행태를 보인다. 그들은 약자를 도우려 하지만, 그것은 진심에서 우러나온 행동이 아니라 자기 자신을 그런 이미지로 포장하기 위해서이다. 따라서 그들과 관계를 맺는 것은 좋은 일이 아니

다. 그들은 여전히 이기적이고 자기중심적이어서 갈 길이 멀다.

3. 디뱌바바divya-bhava는 가장 양호한 위치의 사람들이다. 그들은 사려 깊고 이기심이 아닌 진심으로써 다른 사람들을 돕는 일에 조화롭게 헌신한다. 그들은 자신의 이득과 관련이 없어도 도움이 필요한 사람들에게 큰 관심을 보인다. 슬프게도 그들은 현재 소수파, 소수민족에 불과하다.

보다 BODHA │ 배움을 구하는 사람들에게 전해질 수 있는 지식을 뜻한다. '지혜(wisdom)' 또는 '이해(understanding)'라고도 불린다. 우리가 교과서를 가지고 누군가를 가르치면 일정량의 지식이 앵무새처럼 그에게 흡수될 것이다. 그러나 진정한 지식은 오직 제자가 스승에게서 '물듦'으로써 전수되는 것이다. 즉 '보다'는 스승을 본받아 얻어지는 지식이다.

보디 BODHI │ 이생 너머 피안의 본질을 명확히 인식하고 있는 상태를 가리킬 때 쓰는 불교용어이다. 보디(菩提)는 완전한 지식이며 완전한 이해다. 육체를 갖고 사는 우리는 초자아가 '경험'을 얻기 위해 지어낸 상상의 산물에 지나지 않는다.

브라마 BRAHMA │ 힌두교의 신으로서 주로 네 팔과 네 얼굴, 그리고 여러 종교적 상징물을 들고 있는 모습으로 그려진다.

이와 다른 뜻으로, '확장되고 있는 상태'를 가리키기도 한다. 육화(肉化)된 모든 마음은 생각을 통해 현재와 미래를 지어내고, 그로써 만물은 부단히 그 경험의 범위를 넓혀가고 있다.

브라마차리 BRAHMACHARI │ 수행자로서의 서원(誓願)을 지키고 있는 사람 또는 서약은 하지 않았으나 특정 신앙을 따르고 실천하는 데 헌신하고 있는 영적인 사람을 지칭한다.

브라마차랴 BRAHMACHARYA | 절제해야 할 네 번째 항목 — "쾌락에 빠지지 말라" — 이다. 이것은 순수한 생각, 순수한 말과 행동, 입문 서약, 수준 높은 유체여행을 위한 금욕의 네 단계로 이루어진다. 마지막 금욕생활은 다시 네 단계로 나뉘는데, 그중 첫 번째 규칙은 바로 스승에 대한 복종이다.

브라마로카 BRAHMALOKA | 지상에서 성공적인 삶을 마친 사람들이 이르게 되는 존재 상태를 뜻한다. 이곳에서 우리는 앞선 단계의 사람들과 교유交遊할 수 있다. 명상을 하고, 새로운 경험에 대비하는 동안 신성한 교감도 나눌 수 있다. '기억의 방'으로 가서 아카샤 기록을 열람하며 이전 삶의 성과와 미진한 부분도 파악한다. 그리고 경험이 풍부한 안내자들을 만나서 과거의 결함을 고치고, 한 걸음 더 나아가 자신의 카르마를 극복하기 위해 환생의 조건을 설계한다.

브라마-수트라 BRAHMA-SUTRAS | 이 모든 용어는 인도에서 유래한 것이다. 브라마-수트라는 우파니샤드의 주요 가르침을 담고 있는 아주 유명한 금언(경구)들이다. 우파니샤드는 602쪽을 참고하라.

슬프게도, 특히 서양의 번역자나 해설가들은 원문에 충실하지 못하고 자신의 견해를 피력하는 데만 신경을 쏟고 있다. 그래서 서로 내용이 다른 번역본들이 난무하고 있다. 아카샤 기록을 통해 그 원뜻을 찾아볼 수 없는 사람들은 실로 잘못된 길로 이끌리기 쉬운 책이다.

호흡 BREATH | 프라나야마pranayama라는 말도 있지만 그다지 알려져 있지 않으므로 간단히 호흡이라고 말하는 편이 좋겠다.

본 사전의 뒷부분에는 여러 가지 호흡법과 훈련이 담긴 특별부록이 있다. 그러니 여기서는 숨을 들이쉬고 내쉴 때의 '리듬'이 중요하다는 것만 기억해두도록 하자.

예컨대 각자 적당한 시간 단위를 정해보라. 그리고 숨을 들이쉬는 데 1단위, 멈추는 데 4단위, 내쉬는 데 2단위의 시간을 사용하라. 즉 시간 단위를 3초로 정했다면 숨을 들이쉬는 데 3초, 멈추는 데 12초, 내쉬는 데 6초를 할당해야 한다.

단호히 충고하건대, 절대 함부로 잡다한 요가 호흡법들을 연습하지 말라. 그 목적과 과정과 결과에 대한 명확한 지식 없이는 오히려 건강을 위태롭게 할 수 있다. 그러나 이 책 뒷부분에 실린 연습법은 전혀 해가 없을뿐더러 상당히 유익할 것이다.

붓다 BUDDHA | 붓다는 신이 아니다. 붓다는 현 존재의 윤회를 성공적으로 끝내고 카르마를 극복하여 새로운 차원으로 나아갈 준비가 된 사람이다.

그는 육체의 질곡을 벗어났다. 그의 본명은 고타마 싯다르타였다. 그는 약 2,500년 전에 인도에 살았던 왕자였다. 하지만 깨달음을 찾기 위해 모든 물질적 소유를 포기했다. 그는 니르바나(열반)에 도달했는데, 그것은 완전한 무無를 뜻하지 않는다. 니르바나에 관해서는 568쪽을 참고하라.

우리는 숭고한 존재 상태인 보리菩提에 이르도록 노력해야 한다. 부처는 신이 아니다. 서양인들은 '천불千佛'이란 말을 듣고 당황한다. 그들은 신이 천 명이나 있냐고 묻는데 이는 황당하기 그지없는 생각이다.

보리는 존재 상태이다. 인간은 그 신분이 어떻든 간에 보리에 이를 수 있다. 왕자든 쓰레기청소부든 똑같이 순수하고 성스러울 수 있다. 이 지상에 내려온 우리는 무대 위의 배우들과 같다. 우리는 배워야 할 것을 배우기 위해 가장 적합한 신분을 택한다. 그러므로 '천 명의 부처'란 말은 보리에 이르는 길이 천 가지 또는 그 이상으로 다양하다는 뜻일 뿐이다.

왜 하필 천 가지냐고? 어린아이들은 보통 이렇게 말한다. "우리 아빠는 없는 게 없어!(He's got millions of them)" 그러니까 이 숫자는 임의적인 표현에 불과하다.

부처는 정형화된 신의 이미지가 아니라 일종의 상징이다. 불상들은 우리가 바라고 노력하면 무엇이 될 수 있는가를 상기시켜주는 도구일 뿐이다.

부디 BUDDHI | 지혜를 뜻한다. 우리는 지혜와 지식이 전혀 다르다는 사실을 알아야 한다. 지혜는 경험에서 온다. 지식은 지혜 없이도 얻어질 수 있다. 우리는 지식을 어떻게 활용할지 모르더라도 일단 얻을 수는 있다. 깨달음의 경지로 가기 위해서는 지혜를 얻어야 한다. 왜냐하면 보리菩提는 지혜와 지식이 겸비된 상태이기 때문이다.

불교 BUDDHISM | 사람들은 보통 불교를 종교라고 생각한다. 그러나 불교는 삶의 길, 삶의 규칙, 삶의 태도라고 보는 편이 타당할 것이다. 우리는 이 길을 걸음으로써 아무도 다치지 않고 최소의 노력으로 가장 빠르게 영적 진보를 이루고자 한다. 다음은 수행자가 해야 하는, 또는 해서는 안 되는 몇 가지 항목들이다. 불자들은 그중 첫 번째를 사성제四聖諦라고 부른다.

1. 지상에는 고苦가 있다. 하지만 원인을 알면 그것을 극복하여 평화

로운 길로 나아갈 수 있다.(이 가르침을 고집멸도苦集滅道라고 한다. 역주.)

   2.   열반 : 마음과 물질은 무상하여 끊임없이 변한다. 마음(생각, 감정, 의지 등)은 영혼을 수렁에 빠뜨려 진흙에 갇힌 듯 착각하게 한다. 마음을 내려놓으라. 그러면 열반에 이르고 고에서 벗어나며 연속적인 생사의 윤회로부터 벗어난다.

   3.   팔정도八正道 : 바른 견해(正見), 바른 생각(正思), 바른 말(正語), 바른 행위(正業), 바른 생계유지(正命), 바른 노력(正勤), 바른 염원(正念), 바른 묵상(正定).

다른 종교나 삶의 방식들처럼 불교에도 여러 종파가 있다. 그리스도교가 로마 가톨릭부터 개신교까지 다양한 종파를 포괄하듯이 불교도 크게 두 종파로 나뉜다. 하나는 좁은 길을 뜻하는 히나야나 Hinayana(小乘)이고, 다른 하나는 넓은 길을 뜻하는 마하야나 Mahayana(大乘)이다.

소승은 정해진 수행체계를 엄격하게 따른다. 소승의 수행자들은 은둔하여 순수한 삶만을 혹독하게 추구함으로써 각자 신성을 성취하려고 한다. 후자인 대승은 성스런 화신인 고타마 붓다의 교훈을 속세에서 따르는 쪽을 택한다. 소승은 온전히 자신의 노력으로써 진보해가도록 우리를 인도하고, 대승은 다른 사람(부처)의 확실한 선례를 좇아가도록 인도한다.

C

원인체 CAUSAL BODY 原因體 | 현학적인 용어로는 아난다마야-코샤 Anandamaya-kosha라고 하고, 간단하고 평범한 용어 대신 색다른 용어를 택하겠다면 카라나 샤리라 Karana Sharira라고도 한다.

원인체는 우리를 붙들고 있는 여러 몸체들 가운데 첫 번째 몸이다. 우리 자신을 겹겹이 포개진 상자들로 생각해보자. 가장 바깥의 상자 안에는 그보다 조금 작은 상자가 있고, 그 안에는 또 그보다 작은 상자가 겹겹이 자리한다. 즉 우리는 그런 상자들의 집합체이다.

우리의 다양한 몸들은 바로 이렇게 배열되어 있다. 그리고 그중 가장 안쪽의 것이 원인체이다. 이것으로부터 우리가 육적(肉的) 경험을 얻는 과정이 시작된다.

원인체는 육화된 몸으로서 이와 결부된 그 모든 낯익은 골칫거리들의 원인이다. 갖가지 관능적 욕망, 수많은 자극적인 욕구, 무서운 탐욕, 그리고 공통분모인 이기심 등등.

우리는 원인체의 필요성이 사라지도록 살아가야 한다. 그래야만 물질적이고 불쾌한 세계인 이 지상으로부터 벗어날 수 있기 때문이다.

차이타냐 CHAITANYA | 영적 의식이 각성된 상태이다. 그는 깨어서 영적 상승을 준비함으로써 원인체를 떠나는 첫걸음을 내딛는다. 차이타냐에 이르려면 많은 노력과 공부, 끊임없는 명상과 관조가 요구된다. 그리고 조건이 갖춰지면 여섯 차크라(생명에너지 중추)가 열리고 자각된다. 그 결과 우리는 자신의 운명을 알게 되고, 빠르게 진보하려면 무엇이 필수인가를 이해하게 된다.

차크라 CHAKRAS | 먼저 여섯 개의 차크라를 살펴보자. 마치 수레바퀴와 같은 여섯 개의 차크라, 곧 심령의식 중추가 척추를 따라 늘어서 있다. 이 중추들은 우리의 원인체를 좀더 상위의 육체, 좀더 상위의 중추들과 접속시켜준다.

어떤 사람들은 차크라를 연꽃이라 부르길 좋아하고 다른 사람들은 수레바퀴라고 부르길 좋아한다. 어떤 종교는 차크라를 특정한 상징물로써 표현하는데, 그것은 보는 사람의 상상력에 따라 수레바퀴로도 연꽃으로도 인식될 수 있다.

여섯 개의 차크라는 척추를 따라 자리하고 있지만 마지막 일곱 번째 차크라는 대뇌 중앙에 있다. 여기에 두 개를 더 합하여 차크라는 총 아홉 개다. 그렇지만 아직은 사람들이 아홉 가지 지식을 받아들일 계제가 아니므로 우리는 통상적으로 거론되는 일곱 차크라만을 논의할 것이다.

오라를 보면 각각의 차크라로부터 온갖 다양한 색채가 소용돌이쳐 나온다. 또한 남자와 여자는 방사되는 오라의 유형과 색채가 크게 다르다.

첫 번째 차크라는 배설기관에 가까운 척추 기저에 있다. 두 번째 차크라는 생식기 높이에, 세 번째 차크라는 배꼽 높이에, 네 번째 차크라는 심장 높이에, 다섯 번째 차크라는 목구멍 높이에, 여섯 번째 차크라는 눈썹 높이에 있다.

신화에 의하면, 열등한 사람은 척추의 가장 낮은 부분(첫 번째 차크라)에 의존한다고 한다. 인간은 쿤달리니(생명에너지)를 심장 차크라(네 번째 차크라)까지 끌어올릴 때까지 진보하지 못한다. 정말로 만족스러운 진보를 이루려면 자신의 영적 에너지를 여섯 번째 차크라까지 보내야 한다. 만약 일곱 번째 차크라까지 보낼 수 있다면, 그는 자신이 지금 지상에서 마지막 삶을 살고 있음을 아주 확실하게 자각하게 된다.

찬 CHAN | 선禪(609쪽 ZEN 참고)과 같은 뜻으로 일본어 발음에서 비롯된 표기이다. 본래 용어는 선나禪那(Channa)이며, 한순간에 깨쳐지는 진리를 뜻한다. 선나를 얻었다는 말은 곧 진리를 깨달았다는 뜻이다.(선나禪那는 산스크리트어 dhyana의 음역이다. 역주. 509쪽 DHYANA 참고)

차니즘 CHANISM 禪教義 | 수행자가 갑작스러운 깨달음 또는 계시의 섬광으로써 보리에 이를 수 있다는 이론. 선교의 禪教義를 믿는 사람들은 이 같은 계시를 받기 위해 영원한 진리의 원칙과 가르침에 대해 끊임없이 명상한다.

부적 CHARMS | 많은 사람들이 부적을 쓸데없는 미신으로 간주한다. 그들은 부적을 그저 어수룩한 사람들이 운을 바꾸려는 희망으로 구입하는 작은 장신구로 생각한다. 하긴 당신이 어떤 기념품점에 가서 부적을 산다면 그건 돈을 길바닥에 버리는 것과 같다.

그렇지만 특별히 마련된 부적을 갖는다면, 즉 제대로 아는 사람이 제대로 만든 부적이라면 그것은 효과가 있다. 부적은 사념체가 깃든 물건으로서 고대 이집트인들이 미라가 된 국왕을 호위했던 방식과 같은 원리로 작용한다.

기 CHI | 이것은 생명에너지다. 물질 안에는 반드시 기氣가 있다. 우리도 호흡을 통해 기를 얻는데, 그것은 낮은 차원에서는 에테르와 상호작용하고 높은 차원에서는 오라와 상호작용한다.

치트 CHIT | 순수의식, 투명한 의식, 무엇에도 사로잡히지 않은 의식을 뜻한다. 별다른 목적 없이 깨어 있는 상태 또는 무념무상의 상태라고 할 수 있다.

치타 CHITTA | 낮은 단계의 마음을 뜻한다. 마음에는 세 부분이 있다. 아니, 세 가지 부류라고 표현하는 편이 낫겠다. 그중 첫 번째가 마나스(사

고려), 두 번째가 부디(지혜), 그리고 세 번째가 아함카라(정보화)이다. 물론 첫 번째가 가장 낮은 단계다.

낮은 단계의 마음에 들어온 모든 것은 잠재의식 속에서 분류, 저장되어 훗날 사용이 가능하다. 여기서 알아둘 것은, 우리는 잠재의식 속에 인류의 모든 지식을 갖고 있으나 태생적 결함으로 인해 불완전한 기억밖에 떠올리지 못한다는 사실이다. 즉 우리는 우리가 지닌 모든 지식에 접근할 수가 없다.

선택 CHOICE | 사람들이 남에게 영향을 주려고 애쓰는 것은 불행한 일이다. 예컨대 기독교인들은 이교도들에게 종교를 바꾸거나 신앙을 바꾸라고 채근한다. 그들은 자기 신앙에 조금도 확신이 없기에 타인들을 설득해 같은 종파로 이끌려고 하는 것이다. 숫자가 많을수록 안전하리라는 생각 때문이다.

삶과 영성의 길에 대한 개인의 선택을 두고 왈가왈부하는 것은 잘못된 일이다. 늘 증거를 보고 싶어하는 사람이 있다면 상관하지 말고 혼자 내버려둬야 한다. 그건 그가 아직 특정한 길을 선택할 준비가 안 되었다는 뜻이다.

자기 의지에 반해 특정한 길을 선택하도록 남을 강요하는 것은 쓸데없는 짓이다. 그것은 강요하는 사람의 카르마만 늘릴 뿐 그 누구에게도 도움이 되질 않는다. 그러니 공상적 박애주의자들이여, 기억하라. 타인의 길에 간섭하거나 개종을 강제할 때 당신은 바로 자신을 해치고 있는 것이다.

아홉 문의 도시 CITY OF NINE GATES | 비의적인 또는 형이상학적인 책들은 '아홉 문의 도시'를 자주 언급한다. 이것은 진정한 관심과 지식 없

이 그저 비전秘傳 문헌을 슬쩍 훑어보려는 자들을 걸러내기 위한 방책이다. 이것은 진화가 덜 된, 그저 호기심만 앞세우는 자들을 눈멀게 하기 위한 장치이다.

'아홉 문의 도시'는 두말할 것 없이 구규九竅, 즉 눈과 귀와 콧구멍을 포함한 육체의 총 아홉 구멍을 가리킨다. 각각의 구멍을 통해 우리의 성장을 저해할 적들이 침입할 수 있다. 예컨대 아주 선량한 사람조차도 눈을 통해 들어오는 '적'의 유혹에 붙들릴 수 있다. 그는 자신의 잘못된 열망 또는 이미 극복했다고 여겼던 열망을 자극하는 무언가를 보게 될 것이다. 만일 어떤 향기가 몹시 쾌락적인 탐욕을 일깨운다면 그것이 바로 콧구멍을 통해 들어오는 적이다. 그렇지만 아홉 문을 오용하는 대신 선용善用한다면 우리는 아주 높이 성장해가게 될 것이다.

투시 CLAIRVOYANCE | 진정한 투시는 유체가 육체를 벗어나서 육체를 갖고는 접촉할 수 없는 차원에서 '보는' 것이다. 보통 사람은 그의 시력 범위 안에 있는 것들만을 실제로 볼 수 있다. 그는 방 안에서 의자, 탁자, 벽 등을 본다. 그러나 방 너머에 있는 것은 그의 시계 밖이다. 반면 투시가들은 마치 벽이 존재하지 않는 것처럼, 또는 능력이 떨어지는 이들이라면 흐릿한 잿빛 안개가 서린 것처럼 그 바깥의 광경을 볼 수 있다.

우리는 유체 상태에서 아카샤 기록을 열람하여 과거에 일어났던, 또는 현재 일어나고 있는 사건들을 볼 수도 있다. 또한 확률 높은 미래상도 살펴볼 수 있다. 즉 누군가가 호운을 맞을지 액운을 맞을지를 미리 알 수 있다.

투시력은 계발이 가능하다. 그것은 모든 남녀의 권리이다. 우리가 이기적으로 변해서 그 힘을 사사로이 사용하기 전까지는 모든 사람이 투시력을 갖고 있었다.

집중 CONCENTRATION | 하나의 대상에 모든 주의를 기울이는 행위를 뜻한다. 그 대상은 특정한 물체일 수도 있고 아이디어처럼 만질 수 없는 것일 수도 있다.

집중은 일정한 법칙에 따라 이뤄져야 한다. 즉 주의를 기울이고자 하는 대상에 강력한 초점이 맞춰져야 한다는 뜻이다. 예컨대 촛불을 앞에 놓고 편안한 자세로 앉아 그 촛불에 대해 생각하라. 촛불을 생각하면서 그쪽을 응시하되, 실제로 촛불을 보지는 않는다.

촛불이 어떻게 보이는가? 냄새가 나는가? 그 초는 어떻게 만들어졌는가? 불꽃의 성질은 어떠한가? 불꽃은 어떻게 해서 지속될 수 있는가? 불꽃이 타오르는 데 있어 초는 어떤 작용을 하고 있는가? 이런 식의 생각을 이어가다 보면 당신은 집중력을 크게 높일 수 있다.

티베트에서 승려는 자신의 머리 위에 불붙은 막대기 향을 얹고 집중을 한다. 그는 향불이 두피를 그슬릴 때까지 집중을 계속해야 한다. 물론 지도승이 상처가 나기 전에 향을 치우겠지만, 초보 수행자가 스스로 그걸 치워서는 안 된다. 그랬다면 그의 집중력이 충분치 않음을 드러낸 것이다.

묵상 CONTEMPLATION | 명상이 끝난 후에는 대개 묵상으로 이어진다. 어떤 주제에 관해 명상을 하다 보면 그 문제와 관련된 마지막 정보에까지 이르렀음을 스스로 알게 된다. 그때는 자연스럽게 묵상의 단계로 넘어간다. 우리는 노을의 아름다움 또는 누군가의 독특하거나 별난 행동에 관해 묵상할 수 있다.

기본적으로 묵상에는 두 가지 유형이 있다.

1. 인식 차원에서 물질적 대상이나 일에 관해 생각함.
2. 인식 차원을 넘어서서 영적인 것, 물질적 지각대상이 아닌 것들 속으로 침잠함. 이런 상태의 묵상에 들려면 영적으로 특별히 진화된 경지에 이르러야 한다.

컬트 CULT | 사이비 교파를 뜻한다. 지식도 별로 없고 영적인 통찰력도 변변찮은 사람이 자신을 위대한 교사라고 상상하는 경우가 종종 있다. 그는 선전을 통해 소규모의 사람들을 모으고는 이런저런 방법, 직접적인 음성, 또는 자동기술(automatic writing) 등의 경로로 전해 받았다는 '위대한 진리'를 공표한다.

슬프게도 이런 집단들은 위대한 진리를 왜곡하고 있다. 그들은 이제 겨우 첫걸음을 뗀 사람의 고양된 관념에 영합하고 있을 뿐이다. 따라서 어떤 집단이나 교파에 입문할 때는 먼저 그들의 정당성을 확실히 점검해야 한다. 당신은 이런 곁다리의 교파가 나대지 않는 전통 있는 종교들 ― 유대교, 그리스도교, 불교 등등 ― 을 쉽게 찾을 수 있다.

흔히 사이비 교파는 어리숙한 사람들을 호리는 것을 돈벌이 수단으로 삼는다. 물론 스승들도 의식주를 해결하기 위해서는 당연히 돈이 필요하겠지만, 제 이름을 앞세워 회원을 모집하거나 권위를 지나치게 강조할 때는 확실히 뭔가 잘못된 것이다.

스승의 이름은 중요하지 않다. 그가 무엇을 가르치는지가 중요하다. 그것은 좋은 것인가? 당신의 필요를 만족시키는가? 혹시 다음번 모임이나 수업을 위해 거액의 돈을 내야 하는가? 그렇다면 조심하라. 그건 돈벌이를 위한 사기일 수 있다.

만약 의심이 든다면, 대신 당신의 모태 종교 내에서 사제를 찾아보라.

마음만 먹는다면 당신은 얼마든지 신뢰할 만한 사제를 만날 수 있다. 큰 돈을 내야만 갖가지 마법, 갖가지 현시를 가르쳐주겠다는 사이비 교파를 부디 조심하라. 기억하라. 그들은 당신의 정신건강을 해칠지 모른다.

D

다마 DAMA | 이것은 감각과 육체기능에 속하는 열 가지 기관을 잠재우는 것을 뜻한다. 감각과 육체기능에 관한 지각을 확실히 잠재우지 않고는 명상이나 묵상을 제대로 해낼 수 없다. 다마는 수행자가 성취해야 할 여섯 가지 항목 중의 하나이다.(590쪽 SHATSAMPATTI 참고)

죽음 DEATH | 비의적인 의미로 보면, 죽음은 유체(영혼)를 육체와 연결시켜주던 은줄이 끊어지는 것이다. 죽음은 두려워할 만한 것이 아니다. 죽음은 탄생처럼 자연스러운 현상이다. 죽음은 다른 존재 차원에서 다시 태어나는 과정이다.

사람들이 죽음을 두려워하는 것은 자연의 섭리다. 우리에게는 죽음에 대한 뿌리 깊은 두려움이 있다. 두려움이 필요한 이유는 사람들이 죽음의 실상을 알게 되면 자살자가 늘어날 것이기 때문이다. 자살은 나쁜 일이다. 자살자는 죽음의 저편으로 가는 즉시 가련하게도 다른 육체(태아) 속으로 되밀려 들어가게 된다.

우리는 어떻게든 자신에게 할당된 시간을 살아내야 한다. 지상에 오는 모든 사람에게는 살아야 할 날들이 정해져 있다. 즉, 우리의 출생 시와 사망 시는 정해져 있다. 그런고로 누군가 자살을 범하면 그는 지상으로 다시 보내져 아기의 몸속으로 들어간다. 만약 그가 살아야 하는 달수가 얼마 안 된다면 사산死産이 될지도 모른다. 그가 2~3년을 살아야 한다면 아기도 2~3년 만에 죽을 것이다.

 죽음은 좋은 것이다. 만약 이 미개한 지구에서 영원히 살아야 한다면 그것은 참을 수 없는 일일 것이다. 죽음은 지구의 속박으로부터 해방되는 것이다. 죽음은 우리를 진화시키고 초자아의 견문을 넓힌다.

데하 DEHA | 이것은 실제로 '육체를 가진 사람'을 말한다. 인간은 기본적으로 세 가지 몸을 갖고 있다. 육체(dense body), 현묘체(subtle body), 원인체(casual body)가 바로 그것들이다. 육체는 불멸의 영혼 또는 초자아가 물질적 생활과 관련된 경험을 얻어내기 위한 수단이다. 육체는 하나의 도구 또는 꼭두각시에 지나지 않는다.

신성 DEITY | 모든 경전이 "조각된 형상에 예배하지 말라"고 이른다. 그렇지만 어떤 신성하고 외경스런 인물의 그림이나 조상彫像을 지녔다고 반드시 그가 그 물건에 예배하는 것은 아니다. 그것은 인간이 열심히 노력할 때 무엇이 될 수 있는지를 일깨워주는 상징일 수 있다.

 마찬가지로 각자가 소중히 여기는 신성한 그림이나 조상은 명상과 묵상을 할 때 아주 건전한 초점 역할을 해줄 수 있다. 그것이 바로 사람들이 집안에 신상을 — 사진이든 그림이든 조상이든 — 모시고 있는 이유이다.

 그것들은 진정제처럼 마음을 가다듬게 해준다. 우리는 성스러운 대상을 생각하면서 마음속에서 세속적인 일들을 배제하는 훈련을 할 수 있다. 성스런 그림이나 조상들을 무분별한 예배의 대상이 아닌 각성제로서 사용한다면 그것은 충분히 납득할 만한 일이다.

한 가지 지적할 것은, 그리스도교인들 또한 십자가를 예배의 대상이라기보다는 상기想起의 대상으로 사용한다는 사실이다.

데바 DEVA | 데바는 인간의 수준을 넘어선 신성한 존재이다. 필요한 정도의 깨달음과 순수함을 얻은 사람이라면 더 이상 이 지상에 얽매이지 않고 데바가 될 수 있다. 자연의 영과 인공적인 사념체는 결코 인간 유형의 데바가 아니며 그리 될 수도 없다. 물론 자연의 영과 동물의 영들 가운데서도 그들만의 데바가 나오긴 하지만 그것들은 인간과 무관하다.

악마 DEVILS | 선을 부정하는 존재들이다. 생각건대 악마가 없다면 신도 없을 것이다. 우리에게 긍정적인 측면이 있다면 마땅히 부정적인 측면도 있어야 옳다. 긍정적인 측면만 홀로 존재할 수는 없다.

악마는 필요한 존재이다. 그들은 꽤나 많은 선을 행한다. 그들은 몹시 불친절한 악마의 손아귀에 떨어지는 것보다 선의 편에 서는 것이 훨씬 낫다는 사실을 우리에게 일깨워준다.

실제로 악에는 매우 현실적인 힘이 있다. 악이란 효능이 있는 확실한 힘이다. 악이란, 차를 타고 아주 가파른 언덕을 올라가는 것과도 같다. 언덕이 매우 가파르므로 당신은 계속 저단 기어를 유지해야 한다. 혹시라도 엔진이 꺼지거나 브레이크가 듣지 않아 뒤로 밀릴까 걱정해야 한다.

위의 비유는 어쨌든 나의 개인적인 생각이다. 하지만 악과 악마가 필요하다는 사실만큼은 기억해두라. 악이 없다면 선은 권장될 수도, 측정될 수도 없다.

다누르아사나 DHANURASANA | 어떤 사람들은 남다른 이유로 별난 자

세를 취하길 좋아하는 듯하다. 나는 여기서 어떤 의미도 찾지 못했지만, 당신이 굳이 의사나 척추 지압사에게 돈을 바쳐야겠다면 시도해볼 수도 있으리라. 시작하기 전에 미리 그들의 전화번호를 챙겨두는 것을 잊지 말라.

다누르아사나는 흔히 '활 자세'라고 불리는 요가 자세이다. 정말로 해보고 싶다면, 배를 바닥에 대고 엎드린 채로 양다리를 목을 향해 끌어 올려 양손으로 발목을 붙잡으라. 그리고 머리와 가슴이 바닥에서 떨어지도록 발목을 더욱 잡아당기라. 양다리와 허벅지의 대부분이 바닥에서 떨어지게 하라. 이제 당신은 해부학적으로 어딘가 허약한 부분(배)에 의지해 좀 우스꽝스럽게 비틀거리게 된다.

몇 번 시도해봤다면 이런 자세가 왜 필요한지 생각해보라. 내가 말하고 싶은 것은, 그저 과시적인 곡예에 불과한 이 모든 몸 비틀기 체조를 하지 않고도 사람은 충분히 건강할 수 있다는 사실이다.

다르마 DHARMA | 이 말은 우수함, 덕행, 정의, 진실, 삶의 길 등을 가리킨다. 그렇지만 그 진정한 뜻은 '진실한 본성을 붙드는 것'이다. 즉, 스스로 삶의 길을 택하고 그 높은 기준으로부터 뒤로 미끄러지는 일 없이 계속 걸어가야 한다는 뜻이다.

불교에서는 다르마가 팔정도八正道를 따르는 것을 의미한다.

다우티스 DHAUTIS | '세척'을 뜻하는 말이다. 서양인에겐 참으로 아주 위험한 과정이므로 절대로 섣불리 행해져서는 안 된다. 아주 높은 수준의 훈련을 받았고 잘못될 경우 초래될 위해를 익히 아는 경험자가 철저히 감독할 때만이 가능하다.

다우티스는 육체를 세척하는 방법으로서 정신적 능력과는 무관하다.

인도의 어떤 사람들은 공기를 삼켰다가 갖가지 괴상한 방법으로 그걸 세차게 내뱉는다. 또한 그들은 물을 삼켰다가 같은 식으로 방출한다. 어떤 실습자들은 기다란 헝겊 조각을 삼킨다. 안전을 위해 한쪽 끝을 단단히 붙잡고 다른 끝을 뱃속에 들어갈 정도로 삼킨다. 그리고는 위를 문지르고 두드린다. 그런 연후에 헝겊을 꺼내는데, 거기엔 위와 목구멍의 별별 것들이 달라붙어 나온다. 또 다른 방법은 끈을 콧구멍으로 넣어 입으로 나오게 하는 것이다. 이 끈은 굴뚝을 청소하듯이 앞뒤로 당겨진다.

절대 이런 일에 손을 대선 안 된다. 내가 여기서 언급한 이유는 오직 '긁어 부스럼'을 만들지 않도록 경고하기 위함이다.

드야나 DHYANA | 명상 상태 또는 깊숙이 집중된 상태를 가리킨다. 집중하고 있는 대상에 대한 생각이 끊어지지 않는 상태이다. 라자 요가의 여덟 가지 정화단계 중 일곱 번째에 해당한다.

식단 DIET | 음식에 대해 괴상한 관념을 가진 사람들이 많다. 엄격한 채식주의자가 있는가 하면 고기를 즐기는 사람도 있다. 내 생각을 말하자면, 현 진화단계에서 인간은 육식동물이므로 필요하다면 고기를 먹어도 좋다는 것이다.

단 과식은 안 된다. 우리는 살기 위해서 먹는 것이지 먹기 위해서 사는 것이 아니니까. 또한 비술을 공부하고자 하는 사람이라면 마늘과 같은, 요컨대 쓰거나 신 자극성 음식은 피해야 한다.

식단은 그저 상식적으로 꾸려가면 충분하다. 과식하지 말고, 정신을 취하게 하는 것을 피하라. 왜냐하면 취했을 때 우리는 스스로 영혼의 집을 속되게 하고 유체를 육체로부터 몰아내게 되기 때문이다. 불행하게도 그 유체가 쫓겨 들어가는 곳은 등급이 낮은 유체계로서 우리는 몹시 불쾌한 경험을 겪게 된다.

많은 이들이 열렬한 채식주의자다. 그들이 고기를 먹지 않는 이유는 동물을 죽여야 한다는 사실이 마음에 걸리기 때문이다. 그렇다면 병은 왜 고치는가? 세균이나 바이러스 또한 일종의 생명이다. 병을 치료하기 위해선 그들을 죽여야 한다. 게다가 양배추에 감각이 없다는 것은 어떻게 확신할 수 있는가? 러시아의 과학자들은 채소에도 감각이 있을 수 있다는 가능성을 발견했다.

식성이 까다로워서 살생한 것은 도저히 먹을 수 없다는 사람이 있다면 가장 좋은 방법은 굶는 것이다. 왜냐하면 우연히 감각이 있는 양상추를 깨물게 될지도 모르니까!

딕샤 DIKSHA | 이것은 학생을 영적 생활로 입문시키는 행위인데, 교사 또는 스승에 의해 이루어진다. 여기서 언급할 것은 그 교사나 스승이 언제 이 입문식이 치러져야 하는지를 제대로 아는 사람이어야 한다는 것이다. 내 개인적인 경험에 의하면 학생들은 늘 자신의 능력을 과대평가하는 경향이 있다. 영적인 면에서든 다른 면에서든.

직관 DIRECT COGNITION | 말로는 배울 수 없는 것을 온전히 깨닫는 것을 가리킨다. 육체를 갖고 사는 동안 우리는 4차원이나 초자아가 어떤 것인지를 제대로 인식하지 못한다. 또한 그 누구도 신과 관련된 것들을 우리에게 온전히 확신시켜주지 못한다. 우리는 그것을 직관直觀, 직각直覺으로써 알아야 한다.

분리 DISASSOCIATION | 어떤 사람들은 유체가 헐겁다. 그래서 백일몽을 꿀 때 그의 육체와 유체가 분리될 수 있다. 몇 년 전에 프랑스에서 실제로 일어난 일인데, 어느 학교의 불운한 여교사가 이런 비상한 능력이 있어 어떤 생각에 몰두하는 동안 그녀의 육체와 영체(spiritual body)가 분리되었다. 선생이 쌍둥이처럼 둘로 분리되는 모습을 본 학생들은 큰 충격을 받았고, 결국 학교 당국에 그 사실이 알려져 여교사는 일자리를 잃고 말았다. 이런 분리 현상은 자신의 정신작용을 통제하지 못하는 불안정한 심리상태와도 관계가 있다.

체외분리 DISEMBODIED | 유체여행을 할 때 우리는 육체로부터 이탈된 상태다. 즉, 유체와 육체는 단지 은줄에 의해서만 연결되어 있다. 그러나 생각을 자기 자신에게로 되돌리는 순간 유체는 육체에게로 되돌아온다. 육체는 단지 지상에 머무는 동안에만 필요한 일시적인 도구이다.

체외분리 상태는 말 그대로 육체를 벗어난 상태이다. 우리는 우리 자신의 실체를 알기 위해서, 그리고 우리가 지금 무얼 하고 있고 어디로 가는지를 알기 위해서 육체를 벗어나야 한다.

신성 DIVINITY | 인류의 초창기부터 사용되었던 매우 오래된 산스크리트 단어들 중 하나로서 본래 '빛남'을 뜻한다. 보통 여신(Divas)이나 신적인 인간은 '빛나는 존재'로서 묘사되곤 한다. 이와 관련해 흥미로운 기록이 있는데, 모세는 산에서 내려왔을 때 얼굴에서 빛이 났기 때문에 일반 대중 앞에선 얼굴을 가려야 했다고 한다.

꿈 DREAM | 사람들은 꿈을 완전히 잘못 이해하고 있다. 서양인은 태생

적 제약으로 인해 유체여행 따위를 전혀 믿지 않는다. 그래서 유체가 여러 흥미로운 기억을 갖고 육체와 재결합할 때 육체는 그 얘기를 배척하며 서양식 사고에 맞도록 윤색한다. 그 결과 유체계에서 타인을 만나 여러 가지 행동방침을 논의한 사람은 아침에 이렇게 말할 것이다. "아, 나는 어젯밤에 이러이러한 꿈을 꿨어. 그는 기분이 상해 있었지. 도대체 뭔 뜻인지 아리송해."

물론 잠들기 전에 과식을 했거나 기름진 음식을 먹었기 때문에 꾸게 되는 꿈들도 있다. 그것들은 단순한 육체 기능의 교란에 불과하므로 전혀 중요하지 않다.

하위의 마음과 감정적인 마음이 힘을 합쳐 이성적인 마음의 기능을 제약하곤 한다. 그러므로 우리는 깨어나자마자 즉각 꿈을 기록해야 한다. 성실하게 꿈을 기록하다 보면 곧 꿈이 아니라 실제 유체여행의 기억을 되살릴 수 있는 단계에 이르게 된다.

드와파라유가 DWAPARAYUGA | 주요 종교들은 저마다 이 세상의 지속 시간을 일정한 기간이나 주기로 나누는 체계를 갖고 있다. 그중 힌두신화에서는 이 지속시간을 총 네 주기로 나누는데, 그 각각의 길이는 864,000년이다. 그리고 네 주기는 갈수록 더욱 나빠진다.

첫 번째 주기에는 정의와 선이 우세하나 세월이 지나면서 악의 힘이 늘고 악행이 증가한다. 현재 우리는 네 번째 주기인 칼리의 시대를 살고 있다. 지금이 사악한 시대라는 데 모두가 동의할 것이다. 지금은 나쁜 의도를 가진 자들이 변함없이 힘을 갖고 배신이 성공하는 주기이다.

이 주기가 끝나면 세상은 다시 선이 주권을 갖는 새로운 주기를 시작할 것이다. 그러나 칼리의 시대에는 세상을 바르게 이끌 어떤 '구세주'가 필요하다. 이것은 불변의 법칙이다.

드웨샤 DWESHA | '좋음'의 반대인 '싫음, 혐오함'을 뜻한다. 이것은 기억에 뿌리를 내리고 있다. 우리는 심한 충격을 받고 나서 그 충격을 준 대상을 싫어하게 된다. 그리고 장래에도 그런 충격을 받는 일을 피하고자 한다.

때로 우리는 무엇이 충격을 주었는지 모를 수도 있다. 왜냐하면 그 불쾌한 기억을 봉쇄하기 위해 일종의 건망증이 작동하면서 진짜 원인은 잠재의식 속으로 밀려가기도 하기 때문이다.

정신분석에서 분석가는 피험자의 잠재의식 속으로 파고들어 그 불쾌한 기억을 들추어낸다. 그렇게 해서 문제행동의 원인을 찾고 나면 피험자는 장래에 그 같은 행동을 멈추게 된다.

E

에고 EGO | '자아의식'을 뜻한다. 에고는 초자아(Overself)와는 떨어져 있는 개체이다. 에고는 두 종류가 있다. 첫 번째는 좋든 싫든 배워가고 있는 에고이다. 그것은 발달이 안 되어 있고, 훈련이 안 되어 있고, 무척 수다스러우며 이유 없는 과신에 차 있다. 그것은 자기중심적이고 오만하고 공격적이다. 사실상 전형적인 길거리의 남자다.

다른 하나는 경험을 통해 배우고 진보한 에고이다. 큰 깨달음에 이른 사람들은 이런 에고를 지니고 있다. 그것은 자신의 불편과 수고를 감수하고서라도 기꺼이 타인을 돕고자 한다.

이기주의는 소위 다섯 가지 문젯거리 가운데 두 번째 것으로 거론된다. 주변에서 자만심이 강한 사람을 떠올려보라. 불행하게도 앎이 모자라는 사람일수록 더욱 자만심이 강하다. "증명해봐! 어쨌든 난 믿지 않을 테니까." 이렇게 말하는 수다스러운 사람들은 배움을 시작도 하지 않은 상태이다.

나는 영적으로 진보된 축에 끼는 언론사 기자들은 거의 없다고 믿는다. 왜냐하면 타인의 감정과 필요를 기꺼이 고려하는 것이 에고가 발전하기 위한 첫 번째 조건인데 기자들에겐 이것이 유독 결여되어 있기 때문이다.

저급령 ELEMENTALS | 사람들은 저급령을 끔찍해하고 당혹스러워한다. 실제로 저급령은 반쪽짜리 생명을 가진 일종의 사념체이다. 그것들은 인간에 의해 존재하게 되었다.

이해를 돕기 위해서 인간을 자석에 비유해보자. 자석에 쇳가루를 가까이 대면 쇳가루는 즉각 얼마간 자화磁化된다. 이것이 바로 저급령에 해당한다. 저급령은 모든 생명의 질료인 에테르질로 이루어져 있다. 즉 사람들의 온갖 잡다한 생각들이 에테르질을 '자화'시켜서 저급령을 만들어낸 것이다.

분명히 해둘 것은, 강령회에 가서 사랑하는 고故 마틸다 아줌마의 영과 교신했다고 믿는 많은 이들이 실제로는 저급령들의 장난에 놀아난 것이라는 사실이다. 저급령들은 본능적으로 강령회에 끌려들어와서 인간들을 곯린다. 저급령은 원숭이만큼 장난이 심하고 아마 원숭이보다도 더 골이 비었지 싶다.

강령회의 커다란 위험 중의 하나는 바로 이런 사념체들에 철저하게 현혹당하기 십상이라는 것이다. 물론 저급령과 자연의 영은 구분되어야 한다.

원소 ELEMENTS | 원소의 종류는 무척 많지만 신비가, 형이상학자, 점성학자들은 주로 다섯 가지 원소를 언급한다. 에테르, 공기, 불, 물, 흙이 그것들이다. 우리는 여기서 화학을 논하는 게 아니라 점성학적 전승을 따르고자 한다.

점성학에서 이들 원소는 아주 중대한 작용을 한다. 물과 관련 깊은 게자리에서 태어난 사람이 불과 관련 깊은 양자리에서 태어난 사람과 결혼하면 불화와 불행이 뒤따를 수 있다. 물과 불은 상생하지 않기 때문이다. 이것은 곧 궁합에 관한 문제이다. 형이상학의 기법을 공부하고자 하는 이들에겐 이 다섯 원소의 특징이 참으로 중요하다.

감정 EMOTION | 감정이란 일종의 마음 상태로서, 그것이 우리의 형이상학적 탐구를 훼방하지 못하도록 잘 다스려야 한다. 흥분해서 유령을 보았다고, 또는 최근 타계한 사람과 대화를 나눴다고 상상하기는 쉽다. 또한 겁에 질려서 그런 일은 불가능하다고 소리치기도 쉽다.

그러나 비술에 접근하려면 감정을 억제하고 길들이고 제한해야 한다. 너무 회의적이어서도 안 되고 너무 수용적이어서도 안 된다. 상식을 따라야 한다.

평온한 마음으로 모든 문제를 개방적으로 관찰할 자세가 되어 있어야 한다. 열린 마음이란 타당한 근거가 없는 한 비난하지도 수긍하지도 않는 상태를 말한다. 중도야말로 최선의 길이다. 중도를 취할 때 우리는 쉽게 믿어버리지도, 지나치게 회의적이지도 않게 된다. 길의 중간을 택함으로써 우리는 양쪽 풍경을 보고 나름대로 판단을 할 수 있다.

열정 ENTHUSIASM | 열정은 매우 조심스럽게 다뤄야 하는 것들 중의 하나다. 열정과 감정은 통제되어야 한다. 우리는 지나치게 열광해선 안 된다. 어떤 일에 너무 열중하면 평탄한 진로를 흔들어버리게 된다.

우리는 일정한 양의 에너지를 갖고 있는데, 너무 많은 에너지를 한 주제에 쏟아버리면 다른 주제를 다룰 여력이 없어 평형이 깨진다. 요가나 형이상학을 다루고자 한다면 어떤 흥분, 어떤 맹신, 어떤 격한 감정에도 빠져선 안 된다. 온전한 균형에 이르는 유일한 길은 중도를 취하는 것이다.

에테르 복체 ETHERIC DOUBLE | 육체와 오라 사이에 존재하는 물질이다.(보통 '에테르체'로 줄여 부름, 역주) 에테르체는 푸른 빛이 도는 회색을 띠는데, 살과 뼈처럼 실체가 있지는 않다. 에테르체는 서로 부딪치지 않고도 벽돌담을 통과할 수 있다.

에테르체는 살과 피로 된 인간 육체의 정확한 복사본이지만 그 질료가 에테르이다. 육체가 건강할수록 에테르체도 강렬하다. 누군가 죽었을 때, 그가 삶에 비천한 애착을 갖고 있었고 그의 에테르체가 물리적으로 매우 강렬하다면 그는 유령을 남기게 된다. 그 유령은 망자가 생전에 습관적으로 하던 것과 정확히 같은 방식으로 행동한다.

또는 폭력적으로 살해되거나 공포 속에서 죽은 사람들도 매우 강렬한 에테르체를 남긴다. 그것들은 종종 사람들의 눈에 띄어 유령 소동을 일으킨다.

육체로부터 떨어져 나온 에테르체는 그 무익한 에너지를 소진키 위해 종종 강령회로 이끌려가서 의미 없는 메시지를 전하곤 한다. 티모시 아저씨를 먼저 보낸 마틸다 아줌마가 남편과의 연락을 위해 강령회로 간다면, 그녀는 자신의 자력으로 인해 틀림없이 티모시 아저씨의 바보 같은 에테르체를 끌어오게 될 것이다. 그러나 이 에테르체는 지성이 없고 그저 습관만 있다. 그러므로 티모시 아저씨의 평소 행동대로 반응하며 무의미한 정보만 보낼 뿐이다.

에테르체는 지상의 굴레를 남김없이 벗기 전에 흩어버려야 할 쓸데없는 것이다. 그렇지 않으면 분별없는 유령이 떠돌게 된다.

소위 '지상에 묶여 있다(earthbound)'라는 말은 강렬한 에테르체에 의해 지상에 매여 있음을 뜻한다.

진화 EVOLUTION | 모든 것은 진화한다. 아기는 무력한 상태로 태어나서 점차 성인으로 진화한다. 아이들은 학교에서 한 학년에서 다음 학년으로 진급한다.

진화의 초기 단계에 있는 사람은 천사로 바뀌지 않는다. 그것은 이 세상의 동물들이 갑자기 인간으로 바뀌는 것보다도 더 어렵다. 모든 존재는 우주의 계획에 따라, 그리고 자신들의 종을 따라 진화해야만 한다.

인류 또한 수백만 년 동안 진화되어왔다. 아카샤 기록을 열람해보면 인간의 최초 형태는 공모양이었고, 완전한 고체도 완전한 기체도 아닌 생물로서 어떤 혼탁한 젤리 같은 것이었다. 그것은 눈(目)이 하나였고, 마음이 없어 모든 반응이 자동적이었다. 그것이 첫 번째 인간 종족의 모습이었다.

두 번째 종족은 특정한 기관들이 밖으로 돌출했고 원숭이와 같은 미숙한 마음이 있었다.

세 번째 종족은 원래의 구체가 분리하여 암수 양성이 생겨났다.

아마도 당신은 이제부터 나올 종족들에 더 관심을 가질 것이다. 그중 첫 번째는 레무리아 종족이다.(전체 순서상으로는 네 번째임, 역주) 레무리아는 실제로 존재했다. 그 당시 사람들은 본능과 열정이 있었지만 그다지 고양된 정서는 갖지 못했고 영적 추구에 대한 열망도 없었다. 이때 지구는 아직도 생성 단계에 있었다. 커다란 불덩이들이 내부에서 쏟아져 나왔고 지진이 일었으며 레무리아 대륙은 결국 바다 밑으로 가라앉아 버렸다.

레무리아 종족 다음으로 아틀란티스 종족이 등장했다. 레무리아인에 비하면 확실히 진일보한 종족이었다. 아틀란티스인들은 좀더 고양된 정서를 갖고 있었기에 스스로를 성장시키고자 노력했다. 그러나 그들은 이성적인 마음에 더욱 치중하여 과학에 몰두했으며 그 결과 슬프게도 수천 년 전에 원자폭탄을 제조했다. 핵폭탄이 터지면서 아틀란티스라 불리던 땅도 물밑으로 가라앉았다.

그 생존자들은 여러 변방지역으로 흩어졌다. 그리고 그 자손들 중 일부가 방사능의 영향을 받으며 변종이 생겨났는데, 그로써 아리안 종족이 등장한 것이다. 아리안 종족은 철저하게 현실적이어서 그들에게 영적 세계를 운운하는 것은 콘크리트를 깨뜨리려고 애쓰는 것처럼 쓸모없는 짓이다.

하지만 이 여섯 번째 종족은 추상적 마음을 갖고 있으며, 지금 우리가 진입하고 있는 물병자리 시대에 결국 영적 마음으로 진화해갈 것이다. 그리고 이런 영적 진화 후에 우리는 한층 고양되어 일곱 번째 종족의 능력을 획득하게 되리라.

지상에는 이미 일곱 번째 종족이 내려와 있는데, 그들은 소수지만 씨앗이나 핵과 같은 역할을 하기에 충분하다. 일곱 번째 종족은 태양계의 지도자로서 충분한 지식을 갖출 것이다.

결론적으로, 인류를 포함한 모든 생명은 발전하고 진보하게끔 되어 있다.

경험 EXPERIENCES | 사람들은 지상에 있는 동안 '경험'을 한다. 그들은 뭔가를 보거나, 아니면 보았다고 상상을 한다. 어쨌든 정확한 기록이 있다면 확신도 커질 것이다.

우리는 늘 주변에 종이와 연필을 준비해야 한다. 특별히 침대 옆에는 반드시 있어야 한다. 그래야 잠에서 깨자마자 기억이 사라지기 전에 기록을 할 수 있으니까.

당신은 밤중에 깨어났다고 하자. 뭔가를 보았다면 기록하라.

1. 무엇을 보았는가?
2. 남자였는가, 여자였는가?
3. 옷차림은 어땠는가? 어느 시대의 옷이었는가?
4. 어떤 행동을 했는가? 벽을 통과해서 나타나서는 침대 옆으로 왔는가?
5. 당신에게 무슨 말을 했는가? 또는 무슨 지시를 했는가?
6. 당신은 어떻게 반응했는가?
7. 그 존재는 어떻게 되었는가? 사라져 버렸는가, 아니면 벽을 통해 나갔는가?
8. 이렇게 적다 보니 어떤 결론에 이르게 되었는가? 그것은 환각인가? 당신이 아는 사람인가? 그것은 정말 진짜처럼 보였는가?

아침에 기록을 다시 읽으면서 당신은 잠재의식에서 나온 어떤 것을 첨가할 수 있다. 그렇지만 다시 강조하는바, 정작 믿을 만한 수많은 경험들이 깡그리 잊혀지고 만다. 왜냐하면 방문자를 본 사람들이 침대 아래로 굴러 떨어지거나 너무 당황한 탓에 정확하게 기억하질 못하기 때문이다.

물론 유령 같은 것도 존재한다. 하지만 그 방문자가 보통 때 당신을 해하지 않을 사람이라면, 왜 굳이 유체 상태로 찾아와서 당신을 해하려

들겠는가?

눈 EYE | 눈이 뭔지는 누구나 알고 있다. 그렇지만 여기에 이 단어를 포함시킨 이유는 눈을 이완시키는 법을 소개하기 위해서다. 눈은 가장 혹사당하고 있는 기관이다.

특히 명상 중에는 눈이 긴장하지 않게 해야 한다. 사람들은 명상을 하면서 어떤 대상 — 상상의 대상이든 구체적인 사물이든 — 에 눈의 초점을 맞춘다. 이건 명백히 해로운 짓이다. 눈의 근육이 뭉치어 피로해지기 때문이다.

명상 중에는 멀리 보도록 해야 한다. 무한히 먼 곳을 응시함으로써 눈의 근육이 긴장되지 않게 해야 한다. 평소에도 눈알을 적당히 굴려 긴장을 풀도록 하라. 종종 눈알을 굴려서 근육이 다소간 움직이게 하고, 초점을 한곳에 너무 오래 두어 피로해지는 일이 없도록 하라.

바람직한 눈 마사지 방법은 양 손바닥을 눈 위에 얹었다가 손바닥 안쪽을 약간 오목하게 하여 공기 압력을 만드는 것이다. 즉 안와眼窩를 전체적으로 손바닥으로 덮은 상태에서 바깥으로 '당기는' 압력을 걸라. 그러면 실제로 안구가 조금 앞으로 당겨지는 느낌이 날 것이다. 손바닥으로 눈을 밀면 그 반대의 효과가 난다. 이런 방법으로 당신은 눈을 아주 시원하게 마사지할 수 있다.

F

얼굴 FACE | 한 사람을 택해서 그의 얼굴의 선과 주름을 살펴보라. 나사로 팽팽히 쥔 듯한 그의 표정을 보라. 명상이라도 할라치면 그의 얼굴은 더욱 경직된다. 이것은 불행한 일이다. 긴장한 상태에서는 명상이 되지 않기 때문이다.

당신의 얼굴이 굳었다고 느껴진다면 이완을 시도해보라. 몸을 앞으로 굽혀 얼굴이 바닥을 마주 보게 하고 근육을 최대한 늘어뜨리라. 입술을 꽉 다물지 않고 약간 벌리면 더 편할 수도 있다. 눈은 가늘게 뜨거나 감는데, 그렇다고 꼭 감아서는 안 된다. 그러면 근육이 경직된다.

얼굴 전체를 이완시키고 당신이 흠뻑 젖은 채로 물속에서 막 나온 개라고 상상하라. 개들이 그러듯이, 머리를 요란하게 흔들어서 귀도 움직이고 머리 모양도 흐트러지게 하라. 마치 얼굴에 묻은 물기를 떨어버리듯 여러 번 반복하라. 그러면 당신의 얼굴에서 주름이 떨어져 나간다.

여러 차례 반복한 후에는 똑바로 일어나 앉아서 목을 한껏 위로 뻗으라. 당신 자신이 기린이 된 것처럼, 또는 목에 고리를 채워 목을 길게 만든 원주민 여성이 된 것처럼 여기라. 그렇게 목을 한껏 위로 뻗었다가 다시 한껏 양어깨로 끌어내리라. 목 전체가 어깨 속으로 푹 파묻히도록 하라. 이 과정을 여러 번 반복하라. 그리고 세 번 반복할 때마다 개들이 그러하듯 머리를 요란하게 흔들라. 이 방법은 당신의 기대보다 훨씬 더 큰 혜택을 줄 것이다.

신념 FAITH | 지식을 추구하려면 신념을 가져야 한다. 왜냐하면 어떤 것들은 증거를 찾기까지 신념을 필요로 하기 때문이다. 만약 우리가 증거

를 '찾지 못할' 것이라고 미리 단정 짓는다면, 우리는 정말로 증거를 찾지 못할 것이다. 따라서 우리의 '지성'에 근거하여 보았을 때 어떤 지식이 진실이라고 판단된다면 그것에 대해 확신을 갖는 편이 현명한 것이다.

우리는 신념을 갖고서 옳은 것을 증명하려고 애쓴다. 그른 것을 그르다고 증명하는 것은 우리의 관심사가 아니다. 신념은 한가롭고 무분별하고 맹목적인 것이 아니다. 우리의 탐구가 깊어질수록 우리의 신념은 더욱 커진다.

힘 FORCE | 우리가 관심을 가질 만한 네 가지 외적인 힘(外力)이 있다.

1. 자연력物理力 : 학교에서 우리는 물리학이 밝혀낸 힘들을 공부하게 된다. 열, 빛, 소리, 전기, 자력 등이 그 예이다. 우리는 대개 골치 아프고 괴팍한 공식들을 만들어낸 고리타분한 피타고라스를 꽤나 싫어한다.

2. 에테르(氣) : 여기에는 쿤달리니도 포함된다. 여기에 포함되는 힘들 또한 자연현상과 관련이 깊다. 쿤달리니라는 것도 에테르체의 범위 안에서 작용하므로 초자연력의 문턱을 넘어서진 못한다.

3. 사념체: 특히 고대의 이집트 사제들은 우리가 '제3의 힘'이라고 부르는 이 힘을 자유자재로 사용했다. 그들은 외부인에게 끔찍하게 보일 사념체를 만들어서 무덤을 보호했다. 제3의 힘은 철저하게 마음의 산물이며, 한 번 생겨나면 그 에너지가 소멸할 때까지 무려 수세기나 유지된다. 제3의 힘은 여전히 자연현상과 관련이 있지만 1항의 자연력과는 두 단계 멀어져 있다.

4. 살아 있는 존재가 사랑과 증오 등의 감정을 품을 때도 힘(心力)이 발휘된다. 이것은 앞서 세 가지의 힘만큼 강력하다. 텔레파시, 투시, 물체감응, 공중부양, 염력이동 등의 능력도 여기에 속한다. 하지만 유체여행은

해당하지 않는다. 왜냐하면 유체여행은 그저 유체를 육체의 속박으로부터 해방하는 데 지나지 않기 때문이다.

네 가지 과실 FOUR FRUITS | 여러 동양의 믿음에 의하면 우리는 인생에서 네 가지 과실果實을 계발하고 완전히 성숙시켜야 한다.

첫 번째 과실은 도덕성과 사고의 순수성이다. 이로 인해 우리는 영적 성장이 가능한 품위 있는 사람이 된다.

두 번째 과실은 안정적인 생활이다. 이것은 영혼의 성전聖殿인 육체가 지독한 가난이나 고통으로 손상되지 않도록 하기 위함이다. 특정 조건하에서는 카르마 때문에 가난과 고통이 불가피할 수도 있다. 그러나 일반적으로는 너무 부유하지도 너무 가난하지도 않은, 또한 굶지도 과식하지도 않는 중도를 취하는 편이 훨씬 낫다.

세 번째 과실은 정당한 욕구의 충족이다. 이것은 바른 생활, 바른 생각, 바른 처신에 뒤따르는 보답이다. 물론 여기에 새 자동차나 새 옷을 갖겠다는 식의 허영심이나 과시하기 위한 물건들은 포함되지 않는다. 정당한 욕구란 타인을 도와 그들을 불필요한 고난에서 건지겠다는 바람이다. 또는 이기적인 동기 없이 오직 남을 돕기 위해 스스로 진보와 발전을 갈망하는 것이다.

네 번째 가장 큰 과실은 빠르게 이 세상의 속박에서 벗어나는 것이다. 이것은 카르마로부터의 해방을 뜻하며 지상의 법칙에 근거한 육화肉化와 환생, 즉 윤회의 끝을 의미한다.

이 마지막 과실을 얻어 지상의 노역을 벗어난 사람은 타인을 돕기 위해 자발적으로 이 황량한 낡은 장소로 되돌아올 수도 있다. 만약 당신이 이런 경지에 도달했음에도 죽음 저편에서 자발적으로 지상으로 되돌아오고자 한다면, 친구들에게 당신의 정신건강을 점검해달라고 부탁하라. 왜냐하면 현재 지구는 통제를 벗어나 다루기가 몹시 힘든 상태이기 때문이다.

어쨌든 우리는 그런 칼리의 시대를 살고 있지만 이 우울한 시간이 지나고 나면 태양이 다시 떠올라 새로운 여명과 함께 세상은 영적으로 순수해질 것이다.

G

가야트리 GAYATRI | 아주 중요한 진언에 붙여지는 이름이다. 그리스도교인들은 주기도문을 암송한다. 주기도문은, 말하자면 그리스도교의 진언이다. 마찬가지로 힌두교에서는 가야트리를 암송한다.

힌두교도는 특정 예식에 참여하여 이 진언을 매일 암송한다. 실제 진언은 이렇다. "옴^{Om}, 부르^{bhur}, 부바^{bhuvah}, 스와^{swah}. 탓^{Tat} 사비투르^{savitur} 바레니얌^{varenyam} 바르고^{bhargo} 데바샤^{devasya} 디마히^{dhimahi}. 디요^{Dhiyo} 요^{yo} 나^{nah} 프라쇼다얏^{prachodayat}. 옴^{Om}."

영어로 번역하면 "우리는 말로는 표현할 수 없는 저 눈부신 태양의 광채에 대해 명상한다. 태양이 살아 있는 모든 존재에 이롭도록 우리를 깨달음으로 인도해주시기를"

이것은 그리스도교인들도 아주 유익하게 암송할 수 있는 진언이다.

유령 Ghost | 유령은 밤중에 나지막이 삐걱대고 끙끙거리며 휙 스쳐 가는 섬뜩한 형체로서 머리털을 쭈뼛 서게 만들지만 해롭지는 않다. 유령이란 그저 잔여 에테르로서 망자^{亡者}의 생전 습관에 따라 주변을 배회할 뿐

이다. 그것은 에테르체가 흩어질 때까지 지속된다.

건강하던 사람이 심한 폭력에 의해 급작스레 살해되었을 경우 매우 강한 에테르체가 남게 된다. 그는 공격을 받는 동안 자신의 에테르를 모아 하나의 강력한 존재물로 만든다. 그리고 죽음을 맞아 은줄이 제거된 후에, 육체는 썩고 말지만 이 가련한 에테르체는 집도 없고 마음도 없이 그저 배회하는 방랑자 신세가 된다.

전 생애를 통해서 에테르체는 육체를 본뜬 습관을 갖게 된다. 그러니 망자가 생전에 특정 장소에 가거나 특정 사람들을 생각하는 습관이 있었다면 에테르체도 마찬가지 행동을 보일 것이다. 아마도 그 힘이 완전히 흩어져 없어지기까지 수세기는 걸리지 않을까 싶다.

강령회에 참석해서 소위 죽음 저편의 소식을 전하는 것은 대부분 이런 에테르체다. 이른바 당신이 영혼이라고 부르는 진실한 존재들은 사후에 방해를 받고 싶어하지 않는다. 그들은 할 일이 너무 많다.

신 GOD | 라자 요가에는 신이란 개념이 따로 없다. 인도의 베단타 철학과 바가바드 기타에 따르면, 육체로부터 완전히 해방된 요가 수행자는 자기 자신을 신으로 인식한다.

그럼에도 상위의 존재를 우러러보려는 사람들은 '이슈와라Ishwara'라는 용어를 쓴다. 베단타의 가르침에 의하면 모든 인류는 신의 한 부분이고, 신성에 이르는 네 가지 주요 단계가 있다고 한다.

1. 신에 가까이 다가감.
2. 신의 가르침을 따름.
3. 신성한 존재와 합일함.
4. 신과 함께 살아감.

그리스도교의 신앙에 따른다면 얼마나 많은 신이 있어야 한다고 당신은 생각하는가? 창세기를 읽어보았는가? 아직 못 읽었다면 다음과 같은 구절을 읽어보라. "신께서 창공(하늘)이 있게 하라" 하셨다. 이 말인즉슨, 첫 번째 신이 두 번째 신에게 창공을 만들라고 명했고 두 번째 신이 그에 복종하여 창공을 만들었다는 뜻이다. 그러자 첫 번째 신이 말했다. "빛이 있게 하라." 이에 두 번째 신은 빛을 만들었다. 물론 그것은 전등불이나 가스의 빛이나 햇빛이 아닌 영적인 빛을 의미한다. 그 빛은 우리의 기나긴 진화 여정의 목적지에서 번쩍이고 있다.

어쨌건 한 가지 기억해둘 것은 많은 사람들이 성경을 오독하고 있다는 점이다. 대부분의 사람들은 아담이 최초로 창조된 인간이라고 믿지만 그건 사실이 아니다. 창세기의 4장, 16장, 17장을 읽어보라. 거기에는 카인이 모압의 땅으로 들어가서 아내를 사는 얘기가 나온다. 정말로 아담이 최초로 창조된 인간이라면 어떻게 카인이 딴 동네에 가서 아내를 살 수가 있었겠는가?(아담이 카인과 아벨을 낳았음. 역주) 그곳에 이미 다른 인간들이 존재했어야 가능한 이야기가 아닌가?

우리는 성경의 많은 가르침이 배우지 못한 이들 또는 스스로 생각할 능력이 없는 이들을 위해 쓰여졌다는 점을 기억해야 한다. 그런 이유로 성경은 단순한 단어들로서 종종 우화의 형식을 빌려 쓰여졌던 것이다.

결절 GRANTHIS | 이 독특한 말은 일종의 매듭을 뜻한다. 결절에는 세 가지 종류가 있다. 기저결절, 심장결절, 그리고 눈썹결절이 그것들이다.

때가 되면 누구나 영적으로, 형이상학적으로 진보하기 위해 쿤달리니를 일으켜야 한다. 쿤달리니를 일으킨다는 것은 이 결절들을 뚫어낸다는 뜻이다.

그중 첫 번째는 육욕과 육체적인 갈망과 앙심으로부터 해방됨을 의미한다. 그리고 이 첫 번째 결절을 통과하고 나면 좀더 상위의 정신적 허욕을 뚫어야 한다. 예컨대 정신적인 속물근성을 없애야 한다. 지적으로 수준 높은 생각이라고 할지라도 이기심과 연루되어 있기 십상이므로 영적 진보를 위해서는 다음과 같은 사실을 명심해야 한다. "종족이나 교의(신조), 피부색(외관)은 중요하지 않다. 모든 사람은 빨간 피를 흘리므로." 신의 눈에는 모든 사람이 동등하다.

세 번째 결절은 영적 차원에 해당하는 것으로 자신의 진정한 자아, 즉 초자아에 이르기 위한 관문이다. 이때 우리는 육체의 한계를 뛰어넘게 된다. 세 번째 결절을 뚫고 나면 특별히 남을 돕는 경우를 제외하고는 이 지상에 다시 올 필요가 없다.

이 단계에서 덧붙이고 싶은 것은, 의지력과 이성에 의존하는 사람들은 육체에 매여 있을 수밖에 없다는 사실이다. 예컨대 그들은 늘 육체적 사랑만을 생각할 뿐 진실한 사랑이 영적인 차원에 해당한다는 사실을 거의 잊고 있다.

많은 사람들이 영적인 차원의 사랑에 대해 질문을 해온다. 그것은 순수한 사랑이며 절대적인 사랑이다. 그리고 지상의 어떤 사랑도 자신의 '쌍둥이 영혼'과 함께하는 그 느낌을 따를 수 없다. '쌍둥이 영혼'이란 단어는 꽤 경악스럽게 들리지만, 그것은 참으로 진실한 실재이다. 초자아 차원에서 쌍둥이 영혼을 만난 사람은, 다른 이들을 돕기 위한 경우를 제외하고는 결코 타의에 의해 지상으로 되돌아오지 않는다.

구나 GUNAS | 우리가 근본적으로 갖고 있는 세 가지 특질을 뜻한다. 우리는 그중 불필요한 것들을 버리면서 진보를 위해 계속 높은 곳으로 나아

가야 한다.

첫째로 나태와 태만을 버려야 한다. 게으르면 배고픔이나 추위 같은 고통을 불러들이게 된다. 그래서 우리는 배고픔이나 고통을 경감시키려고 노력한다. 이런 노력은 즐거움, 즉 배고픔이 달래지는 즐거움을 가져다준다.

그런데 배고픔이 달래질 때 오는 즐거움을 한 번 맛보고 나면, 그 즐거움과 관련된 욕구와 쾌락에 집착하게 되어 습관적으로 부단히 정력적인 행동을 하게 된다. 이것이 두 번째 특질이다.(세 번째 특질은 균형 잡히고 자연스럽고 고요한 상태로서 여기서는 언급되지 않았다. 역주)

쾌락을 추구하고 탐닉하는 과도한 습성으로 방종하게 되면 육체는 그로써 다시 고통을 받게 된다. 과식의 즐거움에 빠지고 나면, 그러지 못할 때 고통이 찾아온다. 생각해보라. 그 고통은 일종의 자기기만이다!

우리는 이렇게 고통의 원인을 알고 나서 그것을 초래하는 짓을 하지 않겠다고 결심한다. 그리고 실제로 스스로 자제하기도 한다. 하지만 많은 사람들은 "딱 한 번만 더"라는 유혹에 넘어간다. "딱 한 번"을 그만두지 않는 한 그들은 한 발짝도 나아가지 못한다. 영적 성장은 우리가 먹기 위해서 사는 게 아니라 살기 위해서 먹을 때만 가능한 것이므로.

구루 GURU | 부풀려져 오해받고 있는 이 말은 본래 '중요한 사람'을 뜻한다.

통상적으로 구루는 새겨들을 가치가 있는 말을 하는 사람이다. 구루는 영적인 스승으로서 스스로 자신의 쿤달리니를 일으켰고 타인의 쿤달리니를 일으키는 방법 또한 알고 있는 빛나는 영혼이어야 한다.

준비된 학생 앞에는 자연스럽게 스승(Master)이 나타난다. 많은 이들이 그리하듯 "위대한 스승을 데려오시오. 그러면 그때 믿으리다"라고 주장하는 것은 어불성설이다. 남다른 지각력을 지녀 정신기능이 예리해지고 의식이 정화된 달인들은 자기만이 위대한 스승에게서 배울 자격이 있다고 툴툴대는 자들을 가르칠 수 없다. 스승들이 자신을 당연히 제자로 받아들여야 한다고 생짜를 부리는 풋내기들은 제 진보를 스스로 늦추고 있다.

실제로 이런 일이 있었다. 나는 얼마 전에 영국으로부터 편지를 받았다. 거기에 어떤 멍청이가 아주 겸손한 척하면서 쓰기를, "나는 당신을 스승으로 받아들일 준비가 되어 있으니 당신도 나를 제자로 즉각 인정해 주시길 바란다"고 했다. 나를 포함한 많은 사람들은 그런 편지를 보내는 이의 어리석음에 민망해하며 편지를 쓰레기통에 던져버릴 뿐이다.

진실한 스승은 문자 그대로 '날개 달린 말'만큼이나 희귀하다. 왜냐하면 그는 순결해야 하고 이기심과 명예욕이 전혀 없어야 하기 때문이다. 그는 불운하게도 사실상 거의 있는 듯 없는 듯 살아가야만 한다. 물론 먹을 것과 입을 것을 적당히 갖추는 정도의 삶은 허용되지만 말이다.

기억하고 기억하고 또 기억하라. 준비된 학생 앞에는 스승이 저절로 나타난다. 훈련이 안 된 주제에 스스로 가르침을 받을 준비가 되어 있다고 떠들지 말라. 그런 주장이야말로 자신이 준비되어 있지 않음을 자백하는 것과 같다.

구루바이 GURUBHAI | 같은 영적 스승 밑에서 공부하는 동료 남성을 지칭한다. 여성의 경우에는 구루바기니 Gurubhagini라고 한다.

구루는 종종 '스승(Master)'과 혼동되곤 하는데, 사실은 엄격하게 구분되어야 한다. 구루라는 말은 어디까지나 '현명한 상담자'를 뜻할 뿐 스승과는 다르다. '스승'이란 말에는 제자들이 절대적으로 따라야 할 존재란

의미가 추가되어 있다. 반면 구루는 충고와 조언을 할 뿐 사람들에게 선택의 여지를 남겨준다. 그러니 스승과 구루를 구분하되, 구루의 말에 충실함이 어떨지.

H

할 아사나 HAL ASANA | '쟁기 자세'라고도 한다. 다시 강조하건대 요가의 이런 동작들은 누구에게도 이익이 되지 않는다. 이것이 영적 능력을 계발시켜준다는 주장도 있지만, 이런 동작에 전념할 만큼의 집중력이 있다면 그것을 훨씬 더 유용하게 활용하는 편이 낫다.

나는 이 모든 '운동'이 우리를 진실한 진보로부터 멀어지게 만드는 얼빠진 짓거리라고 여긴다. 그렇지만 굳이 쟁기 자세를 해보고 싶다면 그 방법은 다음과 같다.

바닥에 등을 대고 눕고 양팔은 몸에 바짝 붙여 뻗으라. 양 손바닥을 마루에 밀착시키고 심호흡을 한 후에 두 다리를 들어올리라. 양 발가락이 머리끝을 지나서 바닥에 닿도록 하라.

이 독특한 자세는 구식 쟁기의 모습을 떠올리게 한다. 만일 당신이 이런 기묘한 형상을 만들고 싶다면 훨씬 더 편한 방법이 있다. 깜깜한 방에서 촛불을 켜고 손을 움직여서 흰 벽 위에 토끼나 고양이 같은 온갖 형상의 그림자를 만들어보라. 그편이 더 재미있고 몸도 편하다.

하리 HARI | 사람들은 비슈누를 때때로 이렇게 부른다. 이것은 일종의 번역상의 혼란에 의한 것이다. 하리는 본래 '가지고 가버리다, 제거하

다'라는 의미이다. 그리고 비슈누는 사랑과 지혜로써 죄와 과실을 '없애 준다고' 한다.

물론 실제로 자신의 과실과 죄를 없애려면 삶에 대한 올바른 태도, 타인에 대한 올바른 태도를 견지해야만 한다. 하리에는 그 외에도 여러 가지 뜻이 더 있다.

하리 볼 HARI BOL | 이것은 "네가 정화되고 네 죄가 씻겨지도록 주의 이름을 찬송하라"라는 뜻이다.

하리 옴 HARI OM | 이것은 신성한 음절, 더 정확하게는 신성한 '음절들'을 가리킨다. 우리는 혼자 있을 때 "하리 옴, 하리 옴, 하리 옴…"을 반복함으로써 자신의 진동을 높이고 영성을 고양시켜 신에게 더욱 가깝게 다가설 수 있다.

친구로서 충고를 한마디 하자면, 부디 혼자 있을 때만 이 음절을 읊으라. 그렇지 않으면 주변 사람들이 당신에게 흰 가운을 입은 사람을 보낼 테니까.

하타 요가 HATHA YOGA | 이것은 일종의 체조, 즉 운동법에 불과하다. 하타 요가를 정신적이고 영적인 훈련으로 여기는 사람들도 있지만 이것은 다만 육체와 관련되어 있을 뿐이니 조금도 진지하게 고려할 필요가 없다. 명심하라. 신비학의 대가나 명인들은 결코 하타 요가 따위에 깊이 빠지지 않는다는 사실을.

이런 재주넘기를 시도하는 사람들에 의하면 '하^{HA}'는 숨이 들어가는 소리를 뜻하고 '타^{THA}'는 숨이 나오는 소리를 뜻한다고 한다. 정말로 진화된 사람은 곡예단 소속이 아닌 한 이런 곡예를 부리지 않는다. 이 어리석은 체조는 우리의 주의를 핵심적인 주제 ― 영성을 고양시키고 타인을 도우려는 열망 ― 로부터 멀어지게 할 뿐이다.

하타 요가의 전수자들은 한껏 부풀려진 신념을 갖고 있지만 그것은 다만 그들이 영적으로 진화가 덜 되었음을 나타낼 뿐이다. 물론 영적 완성으로 이끄는 여러 요가체계가 있다. 하지만 하타 요가는 거기에 포함되지 않는다.

치유 HEALING | 우리가 말하는 '치유'는 동네 의사들의 처방전과는 관련이 없다. '치유'는 육체가 자연스럽게 잠들었을 때 에테르체가 수행하는 과정을 말한다. 물질로서의 육체는 낮 동안 많은 오용과 남용을 당한다. 그래서 밤에 유체가 밖으로 나도는 동안 에테르체는 경우에 따라서 수리공의 역할을 하게 된다.

치유력을 갖고 있는 사람들은 스스로 매우 풍부한 에테르 에너지를 소유하고 있어서 그것을 부족한 사람들에게 나누어줄 수 있다. 그 방식은 수혈과 동일하다. 병자가 회복하는 데 필요한 에너지와 의지력을 주입한다는 점만이 다를 뿐이다.

현학 Hsuan Hsueh | 현학玄學은 3세기경 중국에서 시작된 아주 심오한 형이상학적 개념이자 교의이다. 어떤 측면에서 이집트의 신비전승을 닮았으나 그 수련 과정에 너무나 오랜 세월이 소모되기에 이제는 거의 실행되지 않는다. 의식을 유지한 채로 유체여행을 할 수만 있다면, 우리는 불과 수분 만에 현학의 수행자가 평생에 걸쳐 얻을 지식들을 배울 수 있다.

현학의 수행자들이 겪어야 했던 시련 중의 하나로 이런 것이 있었다.

수행자는 상위 등급으로 올라가기 전에 인위적인 임사체험을 통해 유체를 해방시킨다. 이때는 특수한 방법으로 혈액을 두뇌에 계속 공급함으로써 두뇌가 손상되지 않도록 보호한다. 그렇게 그 수행자는 유체계에서 많은 경험을 한 후에 다시 소생하고, 이전과는 전혀 다른 눈으로 세상을 보게 된다. 그는 삶의 저편이 어떤 곳인지를 알고서 자신의 행동을 더욱 조심한다. 특히 자신이 타인의 삶에 미칠 수 있는 영향력을 절감한다.

I

잇챠 샥티 ICCHA SHAKTI | '의지력, 정신력'을 가리키는 말이다. 이것은 '내가 할 수 있다, 내가 하겠다'라는 식의 구체적인 의지를 뜻하지 않는다. 오히려 이것은 두뇌에서 생성되어 특별한 형태의 활동을 불러일으키는 모종의 전파 같은 것을 뜻한다.

이 특별한 힘은 호흡수련의 명인들로 하여금 공중부양을 가능케 해준다. 합당한 이유만 있다면, 공중부양은 충분히 가능할뿐더러 그리 어렵지도 않다.

이 '정신력'은 우리에게 확률 높은 미래상을 내다보게 하여 제한된 범위 내에서 원하는 미래를 맞이할 수 있게 해준다. 이른바 '우연의 일치'를 불러오는 것이다.

서양에는 이런 뜻의 단어가 없다. 이것은 초자아의 부추김으로 인해 활동하는 특별한 힘이다. 이것에 따라 육체와 유체는 이례적으로 협동하면서 특정한 결과를 만들어낸다.

이다 IDA │   척수의 왼쪽에 있는 감각신경과 운동신경을 가리킨다. 이 신경다발은 육체와 유체를 연결시켜주는 특별한 역할을 한다. 이 신경다발은 똬리를 틀며 올라가서 왼쪽 콧구멍에서 끝난다.

우리는 특수한 호흡을 통해 이다를 자극하여 현재 휴지 상태에 있는 중추를 일깨울 수 있다. 하지만 이 책에 부록으로 실린 호흡법은 이것과 관련이 없다. 나는 이다를 일깨우는 특수한 호흡법을 소개하지 않을 작정이다. 왜냐하면 전후사정도 모른 채 책만 읽고서 시도할 사람들에게 오히려 해가 될 것이기 때문이다.

윤회 INCARNATION │   호모 사피엔스(지구인)는 그저 초자아에게 특정한 삶의 경험을 가능케 해주는 하나의 수단에 불과하다. 이미 전 세계의 명망 있는 과학자들도 인정하듯이, 우주에 무수히 많은 행성들에는 그 나름대로의 주민들(우주인)이 있다.

몇몇 과학자들은 다른 세계들로부터 오는 무선메시지에 파장을 맞추려고 시도하고 있다. 오래전인 19세기 초에도 진공관 발명가로 유명한 니콜라스 테슬라가 다른 행성에서 온 신호를 포착했다고 발표한 적이 있었다. 말코니 또한 같은 내용을 발표했다. 하지만 이 두 저명인사는 곧 웃음거리가 되어버렸고, 그들은 마치 뜨거운 감자라도 만진 듯 그것에 관한 연구를 포기해버렸다. 그러나 지금도 미국과 소련의 정부는 성공적인 결과를 얻으려고 가능한 모든 일을 하고 있다. 아마도 소련은 공산주의를 지구 밖에도 심고 싶은 모양이다.

사람들은 이 지구에 특별한 경험을 얻으려 오는데, 어떤 가르침에 의하면 지구는 일종의 지옥이라고 한다. 한 개인이 지구에 오는 것은 단기간에 적나라한 경험을 하고 그 정보를 초자아에게 보내어 분석하기 위함이다.

　사람들은 황도대의 사분면과 열두 궁을 번갈아 택하면서 몇 번이고 지구에서 태어난다. 이것은 대학생이 균형 잡힌 지식을 얻기 위해 여러 가지 과목을 수강하는 것과 비슷하다. 예컨대 이번 생에 양자리로 태어난 사람은 다음 생에 그 반대 성향의 궁을 택할 수 있다. 그는 계속해서 황도대의 모든 사분면과 모든 궁을 거치면서 인간으로서 겪을 수 있는 모든 불쾌한 사건을 경험한다.

　그렇게 배움을 마치고 나면, 굳이 이 지구에 다시 태어나겠다는 유별난 열망이 없는 한 지구에서의 윤회를 벗어나게 된다. 그는 자신이 얻은 교훈을 간직한 채로 지구라는 학교를 떠난다.

인드리야 INDRIYA | 초자아에 각각의 특수한 정보를 전달하는 기관이다. 정확하게 말하자면 우리 육체에는 '열 가지' 인드리야가 존재한다. 그중 감각기관은 다섯 개로서 청각, 시각, 후각, 미각, 촉각이 있다. 직접적인 행동기관으로는 배설기관, 생식기관, 다리, 손, 혀가 있다.

　이 기관들은 경험하는 모든 정보를 척수를 통해 두뇌로 전송한다. 그리고 그 정보들이 초자아에게로 송출됨으로써 초자아는 육체가 겪고 있는 모든 일과 접속되고 그 모든 느낌을 인식한다. 이 전송체계가 깨지면 우리는 정신병원에서 보게 되는 긴장병 환자와 같은 처지가 된다.

직감 INTUITION | 육체가 정상상태에서는 알 수 없는 어떤 것을 얼핏 섬광처럼 보게 되는 과정을 뜻한다. 예컨대 보도에 서 있던 사람이 갑자기 굴뚝 꼭대기의 통풍관이나 슬레이트가 자신의 머리 위로 떨어지려 하고 있음을 순간적으로 알아차린다. 그래서 그는 그 굴뚝의 통풍관을 보지도

않았고 어떤 소리도 못 들었지만, 그 물체가 자신에게 떨어지기 직전에 때맞춰 위를 올려다본다.

이처럼 자신의 직감을 믿고 계발하여 꽃피우면, 이것은 실로 대단히 유용한 능력이 될 수 있다. 이것은 사실 아직 육체의 손상을 받아들일 준비가 안 된 초자아가 곧 다가올 위험을 사전에 경고함으로써 피하도록 인도하는 것이다.

그런데 만약 누군가가 가까이 있다는 느낌이 들어서 뒤를 돌아봤을 때 정말로 몇 미터 이내에 사람이 있는 경우를 꼭 직감이라고 칭할 수는 없다. 그것은 오히려 텔레파시 또는 오라의 상호 간섭을 감지한 것에 가깝다. 여성들의 직감이 남성들보다 탁월하다고들 하는데, 그것은 여성의 에테르와 오라가 남성과는 꽤 다른 모양을 하고 있기 때문이다. 자세한 설명은 《영원한 당신》을 참고하라.

이쉬바라코티 ISHVARAKOTI | 아바타들 중에서 조금 격이 낮은 유형을 가리킨다. 이쉬바라코티는 타인의 이익을 위해 지상에 내려올 뿐 지상의 카르마에 얽매이지 않으며, 대개 소규모의 사람들을 보살핀다.

보통의 아바타는 이보다 훨씬 더 진화된 존재들로서 이 우주는 물론이고 다음 우주 또는 그다음 우주의 차원에도 속하지 않는다. 아바타는 고대의 가르침을 현대의 요구에 맞게 설하고 복원하는 존재들이다.

이쉬와라 ISHWARA | 신을 뜻하거나 가리키는 용어로서 주로 힌두교의 바라문 계급에서 쓰인다. 본래의 의미는 '거룩한 주체, 최상의 시혜자'이다. 그는 고난을 겪는 인류를 연민의 눈으로 바라보는 완전한 존재이다. 그는 그 모든 단계의 윤회를 거쳤고, 그 모든 어려움을 알며, 그 모든 고

통을 겪었기 때문에 우리를 완전하게 이해한다.

J

자그라트 JAGRAT | 각성 상태를 가리킨다. 즉 몸속에 잠들어 있지 않고 깨어서 주변에서 일어나는 일을 보고, 듣고, 말하고, 느끼는 상태를 뜻한다.

사람들은 낮 동안 의식이 깨어 있다. 우리는 주변에서 진행되는 일을 알고 자신의 관심사에 주의를 기울인다. 그러나 대부분의 사람들은 자는 동안 의식이 없다. 하지만 의식을 지닌 채로 유체여행을 하려면 깨어 있어야 한다.

육체는 휴식이 필요하지만 유체는 휴식이 필요 없다. 최소한 수천 년 동안은 휴식이 필요 없다. 그러니 육체가 쉬는 동안 유체가 그저 허송세월하고 있거나 황야를 헤맨다면 우리는 많은 기회를 잃고 있는 셈이다.

자파 JAPA | '반복'을 뜻한다. 이것은 명상과는 전혀 관계가 없지만, 어떤 원천으로부터 도움을 얻을 생각으로 특수한 말을 반복하는 것을 가리킨다. 물론 때때로 실제로 도움을 받기도 한다.

티베트인들은 "옴, 옴, 옴"을 끊임없이 중얼거리고 때때로 기도문이 적힌 바퀴를 돌린다. 인도인들은 몹시 두렵거나 영적 위안이 필요할 때 "람, 람, 람"을 왼다. 아마도 후자의 경우에는 그들이 신으로 여기는 라마가 도우러 달려오길 바라는 것 같다. 이와 비슷하게 유럽에서도 사람들은 그들만의 신을 주야장천 불러대리라. 그것이 바로 자파다.

자티 JATI | 이것은 물질세계에서 한 개인의 위상을 말한다. 당신은 어떠한가? 부유한가, 가난한가, 건강한가, 병약한가? 자티는 오직 물질적인 위상을 가리킬 뿐 영적인 수준과 혼동돼서는 안 된다. 슬프게도, 물질적으로는 아주 풍요로운 사람들이 영적으로는 몹시 곤궁한 경우가 흔하다는 사실을 지적해야겠다.

지바 JIVA | 한 개인의 삶을 이루는 모든 요소를 가리킨다. 즉 몸, 마음, 여러 감각 등을 통칭한다. 하나의 지바, 즉 하나의 인간은 자신이 지상에 온 목적을 깨닫지 못한 상태로 출생, 쾌락, 고통, 죽음, 그리고 그 외 지상의 삶을 형성하는 모든 요소를 경험한다. 그리고 빈번히 자신을 지상으로 오게 한 불운에 대해 온갖 불평을 늘어놓는다. '내가 언제 태어나게 해달라고 하기나 했어?'라고 생각하면서.

그렇지만 정작 죽음이 얼마나 단순한 과정인지를 미리 알게 된다면, 아무도 영구히 버려지지 않으며 아무도 영원히 지옥불에 구워지지 않는다는 사실을 미리 알게 된다면 그들은 이런 꼼수를 부리게 되리라. '아, 그렇다면 난 이번 생을 맘껏 즐기겠어. 어질러놓은 것들은 다음 생에 치우면 되지.'

그래서 그들은 '레테의 강물'(마시면 과거 기억을 전부 잊게 되는 망각의 강. 역주.)을 마실 수밖에 없다. 그렇게 과거 생의 기억은 쓸려 내려가 버리고, 그들은 일정한 수준에 도달하기 전에는 그 기억들을 떠올릴 수 없다.

즈나나 JNANA | 이것은 지상의 삶을 넘어선 앎과 지식을 가리킨다. 이것은 초자아에 관한 지식이며, 우리가 왜 지상에 내려왔고 무엇을 어떻게 배워야 하는지에 관한 지식이다. 또한 비록 지상의 삶이 아주 끔찍할지라

도 위대한 삶의 주기로 볼 때는 그저 눈 깜빡할 사이에 불과함을 아는 것이다. 비록 우리가 이곳에 있는 동안은 초라한 위안으로만 들리겠지만.

즈나니 JNANI | '지식의 길'을 알고 따르는 사람을 뜻한다. 그는 위대한 진리에 도달함으로써 지상의 족쇄와 고통을 벗어나려는 사람이다. 이 상태에 접근할 수 있는 사람은 진정으로 해탈의 길 또는 부처의 길을 가고 있는 것이다.

K

까이발랴 KAIVALYA | 세상의 무지와 어리석음으로부터의 해방을 뜻한다. 지상에서 대부분의 사람들은 그들이 과거 생에 무엇이었는지, 그리고 왜 이 지상으로 오게 되었는지를 모른다. 사람들은 말한다. '아, 우리의 삶은 한 번뿐이야. 이걸 최대한 활용해야지.'

그들은 영적으로, 정신적으로 눈이 멀어서 앞을 보지 못한다. 그들은 까이발랴의 상태에 이르렀을 때에야 죽음이라 부르는 것의 저편에 무엇이 기다리는가를 알게 될 것이다.

까마 KAMA | 욕망과 갈망을 뜻한다. 이것은 이전에 겪었던 쾌락과 고통의 기억이다. 종종 이 기억들은 흡연이나 음주와 같은 습관의 원인이 된다. 흡연을 하는 것은 그에 관련해서 떠오르는 어떤 쾌락 때문이다. 또는 '어른' 행세를 하기 위해서다.

맨 처음 담배를 피웠을 때 얼마나 메스꺼웠는지를 기억한다면 결코 흡연을 지속하지 못하리라. 알코올음료를 마시는 것 역시 매우 유감스럽고 사실상 우둔한 짓거리에 불과하다. 알코올음료는 유체를 육체 밖으로 내몰기 때문이다. 유체가 역겨운 알코올의 악취로부터 탈출하는 것은 전혀 비난받을 일이 아니다.

클레샤 KLESHA | 사람들에게 문제를 일으켜서 지상에 몇 번이고 되돌아오게 하는 주요 과제로서 총 다섯 개의 클레샤가 존재한다.

그중 하나는 무지다. 그리고 무지로부터 자만이 나온다. 무지와 자만에 빠진 사람은 자신의 결함을 자각하지 못하므로 그것을 고치지도 못한다.

잘못된 부류의 욕망도 회피해야 할 과제 중 하나다. 탐내서는 안 될 것들을 탐내고 있는가? 그렇다면 경계해야 한다. 당신의 영적 진보가 발목을 잡힐 것이다.

혐오도 명백한 문젯거리다. 혐오는 다른 사람과 어울리기 어렵게 한다. 그는 둥근 구멍에 맞지 않는 네모난 쐐기가 되어버린다. 아니면 네모난 구멍에 맞지 않는 둥근 쐐기가 된다. 어느 쪽이든 나쁜 상태다. 우리는 중도를 취해야 한다. 너무 자주 사랑에 빠져서도 안 되지만 너무 오래 사람을 미워하지도 말아야 한다.

마지막 문젯거리는 소유욕이다. 우리는 인색한 사람들을 구두쇠, 욕심쟁이, 수전노라고 부른다. 그들은 오히려 비천하다. 왜냐하면 소유욕을 없애지 않으면 뭔가를 획득할 수도 없기 때문이다. 옛 격언처럼 줄 준비가 되어 있어야 받을 수도 있다.

클레샤는 탄생, 삶, 죽음, 재탄생의 굴레를 벗기 위해 극복해야 할 과제들이다.

공안 KOAN | 선불교에서 온 말이다. 서양인들은 종종 공안公案에서 아무런 의미도 찾지 못한다. 왜냐하면 겉으로 봐서는 아무런 논리도 합리성도 없는 괴상한 진술이기 때문이다. 그렇지만 수행자는 그것에 관해 명상하고 적합한 해답을 찾아야 한다.

그 해답은 찾기 어려우나, 마치 천둥처럼 급작스럽게 찾아온다. 그 해답은 하나의 계시로서 온다. 그 맛을 볼 수 있도록 공안의 실례를 하나 제시한다. "레코드판과 축음기 바늘은 음악을 만들어낼 수 있다. 축음기 바늘 없이 레코드판의 음악을 들어보라."

공안은 추상적인 것을 구체적인 것과 비교하거나 3차원의 현상을 1차원에서 사는 사람과 논의하려 드는 것과도 같다.

코샤 KOSHA | 이것은 덮개 또는 용기로 지칭된다. 어떤 우파니샤드에는 다섯 개의 코샤가 기술되어 있다. 이들 하나하나는 다른 것의 안쪽에 위치한다.

가장 안쪽의 코샤는 음식의 공급을 받는 육체로서 동양 용어로는 안나마야 코샤이다.

두 번째 코샤는 프라나 구조물로서 마음과 육체를 함께 지지하는 부분이다. 동양 용어로는 프라나마야 코샤이다.

세 번째 코샤는 감각적 인상을 담당하는 마음의 덮개로서 마음작용의 대부분이 여기에 해당한다. 동양 용어로는 마노마야 코샤이다.

네 번째 코샤는 지성 또는 지혜의 덮개이다. 지혜의 시작점으로서 동양 용어로는 비즈나나마야 코샤이다.

다섯 번째 코샤는 축복받은 육체로서 종종 '에고Ego'라고 지칭된다. 소위 '기쁨의 덮개'이며 동양 용어로는 아난다마야 코샤이다.

크리야 요가 KRIYA YOGA | 세 개의 분과를 가진 요가의 한 갈래이다.
 첫 번째 분과는 수행자에게 육체와 육체의 기능을 통제하게 한다.
 두 번째 분과는 정신적인 것들을 공부하고 기억을 계발하게 하는데, 그로써 수행자는 잠재의식으로부터 이미 학습해뒀던 모든 것을 꺼내게 된다.
 세 번째 분과는 영적인 필요에 부응하는 욕구를 키운다. 그것은 수행자에게 물질적인 것들을 밀어낼 동기를 부여한다. 즉 은행 잔고가 아니라 영성을 통해 진보하도록 한다.
 크리야에 헌신함으로써 수행자는 인생의 해악인 클레샤를 잠재울 수 있다.

쿰바카 KUMBHAKA | 특별한 형태와 방식의 호흡을 뜻한다. 이것은 들숨과 날숨 사이에 호흡을 멈추는 방식인데, 일정한 규칙에 따라 훈련하면 많은 혜택을 누릴 수 있다. 나는 이 책의 부록에 여러 가지 호흡법을 소개해두었다.

쿤달리니 KUNDALINI | 이것은 생명의 힘이다. 육체의 생명에너지다. 점화플러그라는 전기적 발화장치 없이 자동차가 달릴 수 없듯이 인간의 육체도 쿤달리니 에너지 없이는 살아갈 수 없다.
 동양의 신화에 의하면 쿤달리니는 척추 기저에 똬리를 튼 뱀의 형상에 비유된다. 이 특별한 힘이 방출 또는 각성되면 여러 차크라를 통과해 밀어올려지면서 당사자로 하여금 비의적인 일들을 알게 해준다. 투시, 텔레파시, 물체감응 능력을 일깨우고 여러 차원의 세계를 불편 없이 이동할 수 있게 해준다.

그러나 쿤달리니는 참으로 위험한 것이다. 숙련된 달인의 적절한 감독 없이 쿤달리니를 일깨우려 시도해서는 안 된다. 절대로 책을 읽고 시도할 일이 아니다. 공연히 쿤달리니를 잘못 건드렸다가는 미쳐버릴 수도 있다. 뭐가 뭔지도 모르면서 쿤달리니를 일으키려는 것은 이 세상에서 가장 위험한 일 중 하나이다.

사람들은 쿤달리니가 정확히 어디에 있는지를 의아해한다. 쿤달리니는 생식기관과 배설기관의 중간에서 시작된다. 내가 이 사실을 알려주는 이유는, 당신이 전폭적으로 신뢰하는 스승이 있고 그가 확실한 능력을 갖추고 있지 않는 한 절대로 쿤달리니를 시도하지 말도록 경고하기 위함이다.

뱀과 사과가 등장하는 에덴동산의 이야기는 사실 쿤달리니를 각성시킨 이브의 이야기에 지나지 않는다. '뱀에 유혹당한' 이브는 아담에게 무례한 일을 제의했고, 확실히 배움이 빨랐던 아담은 기꺼이 지식의 사과를 베어 물었다. 그 이후로 불쌍한 우리 인간에게 어떤 일이 벌어졌는지를 보라!

뱀은 쿤달리니의 힘을 상징하고, 사과는 지식을 상징한다. 그러니 쿤달리니 근처에 얼씬도 안 하는 게 낫다. 아니면 그 뱀이 당신의 뇌를 물어버릴 테니까.

쿠타스타 KUHTASTHA | 세상의 모든 무상한 것들 위에 서 있는 인간의 한 요소, 즉 '초자아'를 일컫는다. 초자아는 우리로 하여금 적대적인 사람들까지도 우호적으로 대하게끔 한다.

당신은 쿠타스타를 하늘 위에서 당신의 행동을 내려다보며 감독하는 존재로 상상할 수 있다. 또는 곁에서 늘 당신의 행동을 지켜보는 수호천

사로 여길 수도 있다.

쿠타스타는 모든 환상을 초월해 있으므로 속이거나 현혹할 수 없는 존재이다. 그것은 당신이 결국 도달해야 할 목표이다.

L

라야 LAYA | 앞서 살펴봤듯이 '뱀의 힘'으로도 불리는 쿤달리니는 일깨워져서 우리의 정신능력을 꽃피워줄 때를 기다리며 척추 기저에 또아리를 틀고 있다.

라야 요가는 전문적으로 '쿤달리니 각성'을 다루는 요가의 한 체계다. 이 체계는 갖가지 힌두교리와 진언을 사용해 육체적 진동을 크게 높임으로써 쿤달리니를 일깨운다.

또다시 경고하건대, 자신의 하는 일에 대한 철저한 이해가 없는 한 쿤달리니를 일으키려 해서는 안 된다. 적절한 감독 없이 쿤달리니를 일으키면 정신발작이 생겨서 정신병원으로 직행할 수도 있다. 그보다도 더욱 나쁜 것은, 정신병원으로 끌려가기 전에 섬뜩한 일들을 저지를 수도 있다는 점이다.

쿤달리니를 일으키는 것은 곧 아이큐를 높이는 것과 같다. 이는 현재의 진화 단계에서 인간은 10분의 9가 잠재의식이고 다만 10분의 1만이 의식이기 때문이다. 쿤달리니를 일으키면 의식이 두세 배 확장되지만, 그것은 아직 꼬마인 아이에게 모든 준비를 끝마치고 이륙을 기다리는 최신 초음속 폭격기의 조종대를 맡기는 것과 같다.

공중부양 LEVITATION | 공중부양은 실재하는 현상이다. 이것은 공상과학이나 가상현실의 산물 또는 주정뱅이의 몽상이 결코 아니다.

열기구를 본 적이 없는 사람들은 그토록 커다란 구조물이 공중에 떠서 이동할 수 있다는 사실을 믿지 못하리라. 마찬가지로 아프리카 오지의 사람들은 쇠로 만든 배가 물 위에 뜬다는 사실을 믿지 않는다. 그러나 우리 '개화된 존재들'은 어떻게 열기구의 풍선이 작용하는지, 어떻게 무거운 쇳덩어리 배가 물 위에 뜨는지를 알고 있다.

공중부양은 아주 특수한 형태의 호흡으로써 가능해지는데, 이를테면 육체의 진동수를 높여서 일종의 반反 중력 상태를 유도하는 것이다. 숙련된 달인은 공중에 뜨는 높이를 조절할 수 있으나 초심자는 그렇지 못하다. 그래서 공중부양을 가르치는 동양의 사원에서는 처음에는 반드시 실내에서 실습을 시킨다. 이 경우에는 초심자에게 닥칠 수 있는 최악의 상황이라 봤자 머리를 천장에 부딪히는 정도가 고작이다.

공중부양은 냉소적인 사람들이 지켜보는 가운데서는 성공할 수 없다. 왜냐하면 고도의 집중력과 특수한 형태의 호흡이야말로 관건이기 때문이다.

어쨌든 당신은 원한다면 항공기를 타고 이동할 수 있고, 불안할 때는 여승무원에게 손을 붙잡아달라고 부탁할 수도 있다. 그럼에도 짐조차 실을 수 없는 공중부양을 굳이 시도해야 할 이유가 무엇인가?

공산주의자들이 티베트를 침공하기 전에 일부 라마승들은 먼 거리를 엄청난 속도로 이동할 수 있었다. 그것은 그들이 자신의 몸무게를 대단히 가볍게 하여 20~30미터쯤의 보폭으로 움직였기 때문이다. 또한 중병을 앓고 있는 승려가 위기를 넘기기 위해 특수한 방식으로 자기 몸을 공중에 띄우는 경우도 있었다. 물론 그는 이후로 최소 일주일 정도에 걸쳐서 소모된 에너지를 보충해야 했지만 말이다.

릴라 LILA | 동양의 어떤 종파는 다음과 같은 견해를 가지고 있다. "그 누구도 온전히 상상하거나 파악할 수 없는 위대한 존재, 즉 신께서 모든 세계 안에 존재하는 모든 것을 오직 유희로서 창조하셨다." 여기서 릴라는 바로 '유희'라는 뜻이다.

신은 자신의 분자들을 꼭두각시들에게 불어넣었다. 꼭두각시란 인간, 동물, 나무, 광물 등을 말한다. 신의 본체는 모든 살아 있는 피조물에게 대리경험을 시킨다. 그런데 때때로 신은 이 결함 많은 꼭두각시들을 대신 감독해줄 또 다른 존재를 필요로 한다. 그리하여 신은 특별한 제3의 존재, 곧 아바타를 지명한다.

보통 우리는 나무만 보고 숲을 보진 못한다. 경기를 가장 정확하게 보는 것은 관중이다. 실제 운동선수는 너무 바쁘기 때문이다. 그래서 아바타는 구경꾼으로서 당사자가 파악하지 못하는 것들을 점검해준다.

릴라는 상대적인 것들, 시공간에 속한 것들을 가리킨다.

링가 LINGA | 링가는 시바Shiva를 나타내는 표시이자 남근의 상징물이다.

오랜 옛날에 지구의 주민들에게는 가능한 한 빨리 많은 후손을 낳으라는 아주 흥미로운 과업이 있었다. 이후로도 국민이 많으면 많을수록 세력이 커지리라 생각한 사제들이 '신의 명령'이라면서 모두가 다산을 하여 인구수를 늘리라는 명을 내렸다. 그래서 사람들은 엄청난 무리의 아이들을 낳았고, 그를 통해 종족의 세력을 키웠다. 또한 사제들의 '신성한 훈령' 아래 큰 종족의 전사들은 작은 종족을 침공해 남자들을 죽이고 여자들을 포획하여 자기 종족을 더 많이 늘리는 데 활용했다. 이것이 바로 문명의 역사이다.

이런 와중에 남성의 성기는 숭배의 대상이 되었다. 오늘날 세계의 곳곳에서 그와 같은 석상들이 경외와 숭앙을 받고 있다. 이슬람교 사원과 성전의 돔과 첨탑, 그리스도교 교회의 뾰족탑 등이 남근의 상징물에서 비롯되었다는 것은 재미있는 사실이다.

인류가 아주 오랫동안 살아온 아일랜드에는 '둥근 탑'이라고 불리는 것이 있다. 이 탑들은 원통형으로 때론 교회의 탑보다도 더 긴데 그 지붕이 둥글다. 이것들은 남근과 다산을 상징한다. 그런데 사람들이 점차 그리스도교로 개종하면서 이 남근의 상징물을 새로운 용도로 사용하기 시작했다. 그들은 탑 내부에 설치한 특수 계단으로 기어 올라가 꼭대기에서 밖을 주시하곤 했다. 침입자들이 국경에서 뭘 훔치거나 자국민을 노예로 포획해가는지를 감시하기 위함이었다. 당시엔 잉글랜드 사람들이 아일랜드 사람들을 '사냥'하는 데 혈안이 되어 있었기 때문이다.

세상에는 남근의 상징물만 있는 것이 아니라 여성 성기의 상징물도 있다. 동양의 창문과 문 등은 여성의 모양으로 본떠서 만들어진 경우가 많다.

로카 LOKA | 로카는 존재의 차원을 뜻한다. 거기에 거주하는 이에겐 온전히 하나의 세계인 그런 차원 말이다. 예컨대 우리는 지상에서 서로에 대해 분명하고 실질적인 창조물들이다. 또한 '유령들'은 다른 '유령'들에 대해 분명하고 실질적인 창조물들이다. 모든 존재가 자신이 속한 세계 속의 다른 실체들에게는 분명하고 실질적인 존재로 느껴진다.

우주에는 여러 로카, 즉 여러 존재 차원이 있다. 그들 모두를 논하자면 너무 길어지겠지만, 순전히 예시로서 지구라는 물리적 세계가 있는 반면 지구에선 보이지 않으나 유체 상태에서는 뚜렷이 인식되는 유체계가 있다. 우리가 유체 상태에 있을 때는 유체계야말로 분명하고 실질적인 세계이다.

더 차원 높은 로카를 여행하면 할수록 우리의 육체적, 영적 분자의 진동수도 더 높아진다. 당신이 후광의 광채를 닦아서 이 지구를 떠나면 세 번째 로카로 진입하게 되는데, 그곳의 사람들은 이 저급한 지옥(지구)와는 달리 불충하거나 사악하거나 무책임하지 않다는 것을 발견할 것이다.

연꽃 LOTUS | 동양인에게 연꽃은 많은 것을 상징한다. 십자가가 그리스도교인에게 성스러운 상징이듯이, 연꽃 또한 동양인에게 그러하다.

연꽃은 몹시 더럽고 진흙투성이인 물 위에서 자라고 피어난다. 연꽃은 아주 불결한 환경에서 자라지만 그 자체는 오직 순수할 뿐 더럽혀지지 않는다. 연꽃은 주변의 오물에 의해 오염되지 않는다.

연잎은 물 위에 얹혀 있지만 젖지 않는다. 연잎은 전혀 물기로 축축해지지 않는다. 이것이 바로 '집착하지 않음'을 상징한다. 이렇게 연잎은 특별한 의미를 지닌다.

또한 동양인은 마음의 눈으로 볼 수 있는 '천 개의 꽃잎을 가진 연꽃' 등을 언급한다. 이런 연꽃들이 두뇌 부위에 있고 심장 부위에도 있다.

당신이 영적으로 진보한다면, 어느 날 누군가가 당신의 발을 '성스런 연꽃뿌리'라고 부르며 축복할지도 모른다. 그것은 당신의 발이 연꽃뿌리로 변신했다는 말이 아니다. 그것은 당신이 신성한 존재로 여겨질 만큼 세간의 평판이 높아졌다는 뜻이다. 당신이 좀더 진보한다면 사람들은 당신의 눈이나 그 외의 신체 부위에서도 연꽃을 언급하리라. 그러나 신경쓰지 말라. 그것은 단지 경의의 표시일 뿐이다.

연은 그 꽃잎과 잎사귀가 완전하게 배열되어 있는 식물이다. 그것은 환경의 일부이면서도 그 환경으로부터 떨어져 있는 식물이다. 그것은 오염물 속에서도 깨끗하고 순결하다. 연꽃은 동양의 가장 무지하고 기댈 데 없는 사람들에게도 통용되었던 순수함의 상징이다.

사랑 LOVE | 사랑은 섹스처럼 몹시 오해를 받고 있는 말이다. 성과 사랑은 서로 섞이고 혼합되어 있어 현대의 사람들에게 오용되고 곡해되고 있다.

사랑은 두 사람 사이의, 또는 그 종류가 무엇이든 두 피조물 사이의 조화이다. 사랑은 성적 관심과는 다르다. 사랑은 두 피조물이 상대방과 온전히 일치하는 주파수로써 진동하는 것을 뜻한다. 사랑은 이기적이지 않다. 우리는 돈을 위해서라면 하지 않을 일들을 사랑을 위해서 하게 된다.

사람들이 서로 맞지 않는 진동수로 진동할 때는 혐오, 우려, 또는 육체적 긴장을 불러오게 된다. 그럴 때는 한쪽 편이 진동수를 낮추거나 높임으로써 부조화를 멈추고 조화가 — 즉 사랑이 — 자리 잡게 할 수 있다.

하층마음 LOWER MIND | 하층마음은 지식을 흡수하고 저장하는 부분이다. 방법만 안다면 우리는 몇몇 동양인들이 쓰는 방법대로, 지금까지 일어났던 모든 일을 — 심지어 태어나기 이전의 일까지도 — 떠올릴 수가 있다.

실제로 방법을 알고서 인내심을 갖고 연습하면 이것은 아주 쉬운 일이다. 이런 능력을 '완전한 기억력(total recall)'이라고 한다. 이것은 연습으로 달성할 수 있으나 맑은 양심의 소유자가 아닌 사람이 시도해서는 안 된다. 왜냐하면 유쾌한 시절과 함께 모든 불쾌한 일이 떠오르면서 나쁜 생각이 증폭될 수도 있기 때문이다.

우리의 잠재의식 안에는 모든 기억이 들어 있다. 합당한 이유가 있다면 유능한 최면술사는 피험자를 과거로 이끌어서 무의식적인 기억의 가장 희미한 구석까지 파고들 수 있다. 그리고 그 피험자가 왜 특정한 금기나 두려움을 갖고 있는지를 알아낼 수 있다.

하층마음은 해독불가의 언어로 된 고문서를 판독하는 데도 활용할 수 있다. 왜냐하면 잠재의식 속에서 시공간을 건너뛰어 과거로 인도될 때 우리는 인류 전체의 기억까지도 불러올 수 있기 때문이다. 그렇지만 유체여행을 통해서 아카샤 기록을 열람하는 것이 훨씬 쉬운 방법이다.

M

대우주 MACROCOSM | 이것은 좀더 큰 세계, 즉 우리가 '지구'라고 부르는 이 구체의 물질적 한계를 넘어선 세계를 가리킨다. 우리는 육체를 가진 상태에서는 '작은 세계'에 머물러 있다. 학술적인 용어로는 '소우주(microcosm)'에 머물러 있는 것이다. '마이크로micro'는 작은 것을 뜻하고 '마크로macro'는 큰 것을 뜻한다.

우리는 지상에 있는 동안 '작은 세계'의 '왜소한' 존재로서 살아간다. 지금 우리는 소우주의 주민들이다. 우리는 지금 지저분한 애벌레 또는 풀쐐기와 비슷하다. 우리는 지금 땅과 잎자루, 잎사귀의 차원에 묶여 있다. 그러나 훗날 나비로 탈바꿈하면 허공을 날아 새로운 차원으로 들어갈 수 있다. 그때 우리는 이 하찮은 세계를 떠나서 대우주로 들어가게 된다.

마법 MAGIC | 마법은 왜곡된 과학적 현실이거나 과학자들이 아직 눈이 멀어 이해하지 못하는 현상일 뿐이다. 미개인의 눈에는 날아다니는 비행기가 마법의 산물이다. 마찬가지로 서양인에게는 동양의 공중부양이 마법이다. 오늘날의 과학이 그 판에 박힌 관점으로 설명해낼 수 없는 것들이 바로 마법이다. 그러나 과학이 뒤늦게 그 원리를 따라잡고 나면 그제야 그것은 '과학적 사실'이 된다.

쿠라레(남미의 원주민들이 화살촉에 바르던 독초액)는 한때 미개한 주술사들이 부리는 마법이었다. 처음에 과학자들은 그것을 터무니없는 미신으로 치부했다. 그러나 소위 서구화된 주술자들 — 자칭 '과학자'들 — 은 연구를 통해 결국 쿠라레의 효과를 '재발견'하게 되었고, 그래서 쿠라레는 좀 더 유용하게 쓰이고 있다.(외과수술의 근육이완제로 쓰임. 역주)

그러나 마법에 현혹되진 말라. 그것은 과학자들이 앞으로 100년이 걸려도 해낼 수 없는 일을 지금 당장 시연해 보일 수 있는 몇몇 사람들의 '특출난 재주'에 불과하다.

마나스 MANAS | 인간의 사고력을 뜻한다. 축전지가 에너지를 갖고 있는 것처럼 인간도 일정한 에너지를 갖고 있다. 축전지 사용법을 모른다면 그 힘은 애초에 존재하지 않는 것과 다를 바 없다. 하지만 축전지에 전선을 연결하는 방법을 안다면 그때는 그 힘으로 흥미로운 일들을 꽤 많이 해낼 수 있다.

같은 논점이 인간에게도 적용된다. 우리는 의지를 갖고 내적 사고력을 계발함으로써 이전 상태로는 감당키 어려운 일들을 많이 해낼 수 있다. 적절한 훈련을 거친 사람은 텔레파시, 투시, 물체감응, 유체여행 등을 해낼 수 있다.

오늘날 대부분의 사람들은 운전자로부터 통제받는 자동차의 처지로 전락해 있다. 사실은 자동차를 운전하는 운전자의 위치여야 하는 데 말이다. 자신의 사고력을 통제할 수 없는 인간은 앞을 못 보는 불구와 같다. 그는 진정으로 살아 있지 않다.

집단적 히스테리를 자극해서 군중을 자신의 바람대로 움직이고 조종하는 독재자를 떠올려보라. 또는 축구장 관중의 집단적 광기를 떠올려보라. 그들의 마음은 하나의 대상에 붙들려 있고, 그래서 어떤 사소한 일이 우연히 반응을 촉발하면 아주 볼썽사나운 사건이 일어난다.

대규모 군중이 하나의 생각에 집단적으로 매몰될 때 그들은 그 생각을 서로 더욱 증폭시킨다. 그 생각은 언덕을 굴러 내려가는 눈덩이처럼 불어난다. 독재자들은 이런 원리를 알고 있다. 그래서 그들은 군중 속에 선동적인 또는 발작적인 사람들을 심어놓는다. 군중은 그 히스테리 환자들을 본받아서 이내 광기와 분노, 즉 독재자가 원하는 어떤 상태에 사로잡힌다.

마나스는 텔레파시처럼 작용할 수 있다. 그것은 집단 히스테리를 유도할 수 있다. 군중이 마치 한 몸처럼 생각하고 행동하도록 만들 수 있다.

마니푸라카 MANIPURAKA ｜ 배꼽 부위에 있는 차크라로서 일반적으로 알려진 일곱 개의 의식 중추 중에서 (아래로부터) 세 번째에 해당한다. 비전적인 용어로는 수레바퀴 또는 연꽃으로 불린다. 이는 투시가에게는 마치 꽃잎들이 배꼽 주위에 나풀거리고 있는 모습 또는 바퀴살들이 회전하는 모습으로 보이기 때문이다.

선한 의도를 가진 사람은 녹색의 연꽃잎 또는 바퀴살을 갖게 된다. 녹색은 그가 영적 성장을 위한 의지와 능력을 갖고 있으며, 가능한 한 다른 사람들을 많이 돕고자 함을 나타낸다. 그가 진화의 계단을 더 높이 오를수록 꽃잎은 한층 더 노란 빛을 띠며 그의 영성과 헌신을 드러내줄 것이다.

만트라 MANTRA | 본래 만트라는 '신의 특별한 이름'을 뜻하지만 지금은 통상적으로 기도의 한 형태로 인식되고 있다. 만트라는 신성한 어떤 단어를 반복하는 것인데 그럼으로써 당사자는 힘을 얻는다. 만트라(진언)를 성실하고 경건하게 반복하는 사람의 생각은 정화된다.

만트라는 오직 선을 위해서만 사용되어야 한다. 결코 악을 위해 사용되어선 안 된다. 옛말처럼 "타인의 무덤을 파는 자는 자신이 그 속으로 떨어지는" 법이다. 진언은 이기심이 아니라 타인을 돕는 선행을 위해서만 사용되어야 한다.

성경은 "믿음은 산을 움직인다"고 말한다. 같은 이야기를 만트라에 대해서도 할 수 있다. 만트라를 올바르게 사용하면 아주 강력한 효과가 나타난다. 그리고 그 힘은 사용하면 할수록 더욱 커진다.

신성한 만트라의 예로는 "옴 마니 파드미 훔" 또는 "람, 람, 람" 등이 있다. 모든 소리와 말은 생명이 없는 물체에도 영향을 줄 수 있다. 누구나 "물질보다 마음이 먼저"라는 말을 들어보았을 것이다. 참으로 옳은 말이다. 만트라를 읊으면 그 사람의 마음이 물체를 변화시킨다.

마누 MANU | 어떤 동양의 신앙에 따르면 이 세계의 지배자는 '마누'이며, 마누는 이 세계에 법칙을 부여하고 사물을 움직이고 통제한다.

그런데 한 마누가 제각각 특성이 다른 여러 나라와 여러 도시를 전부 적절히 다스릴 수는 없다. 비전지식에 의하면, 그런 이유로 일련의 마누와 소小 마누(lesser Manus) 무리가 존재하게 되었다.

다음과 같이 생각해도 좋다. 이 세계는 많은 지사를 거느린 큰 회사이다. 즉 대도시마다 지사가 있고, 나라마다 상부의 감독지사가 있다. 이 세계의 마누 ― 신과는 다르다 ― 는 회사의 사장 또는 총지배인에 해당한다. 그는 회사 전반의 정책을 수립하고 다른 '관리자들'을 통제한다. 대도시나 나라에 있는 지사도 나름의 지배인을 임명하는데, 그는 일정한도 내에서 정책을 자유롭게 입안하지만 기본적으로는 사장 또는 총지배인의 훈령을 따라야 한다.

런던에는 런던의 마누가 있고, 버밍엄에는 버밍엄의 마누가 있다. 뉴욕, 패서디나, 싼타페도 마찬가지다. 각 지역마다 마누가 있고, 그 위에는 나라 전체를 감독하는 상위의 마누가 있다.

점성학을 연구해보면 각각의 도시와 나라가 저마다 특정한 궁에 속하고 있음을 알게 되리라. 실제로 우리는 어떤 나라가 물고기자리, 양자리, 또는 황소자리에 속한다고 말하는데, 그것은 바로 해당 마누의 기본적인 성격을 언급하고 있는 것이다. 예컨대 스코틀랜드 지배인의 성격은 쿠바 지배인의 성격과는 아주 다르다.

마누는 인간으로서 윤회를 거듭하면서 인간이 처한 어려움을 충분히 경험한 존재들로서, 영적 진보를 이룬 후에 특정 나라 또는 특정 도시로 지명받게 된 것이다.

마우나 MAUNA | 이것은 '정숙', 즉 수다스럽게 떠들지 않는 것이다. 너무나 많은 사람들이 중구난방으로 그들의 요가 연습이나 사업 운영, 또는 아내나 남편과의 불화 등을 떠벌린다. 또한 너무나 많은 사람들이 자신의 비의적 연구에 관해 토를 단다. "나는 누구와 함께 공부하고 있는데~ 어쩌고저쩌고~"

사람들이 말을 너무 많이 하는 것은 유감스런 일이다. 왜냐하면 지식을 발설하면 힘이 낭비되고 수행자는 갖가지 어려움을 안게 되기 때문이다. 그것은 연료탱크에 구멍이 난 차를 운전하려고 하는 것과도 같다. 수다스러운 수행자는 그가 바른길을 따라 걷고 있지 않음을 확실하게 증명하고 있는 셈이다.

공부란 개인적인 문제고, 진보 또한 개인적인 문제다. 진보를 원한다면 입을 다물고 대신 귀를 열어둘 일이다. 그것이야말로 진보로 가는 유일한 길이다.

마야 MAYA | 마야는 '환상'을 뜻한다. 개인의 통찰력을 흐리게 하고 속이는 것이다. 빈번히 사람들은 자신이 실제보다 훨씬 더 중요한 사람이라는 환상을 갖는다. 그는 자신의 중요성을 확신한 나머지 온갖 말들을 꽤나 지껄여댈 것이다.

마야는 우리가 싸워야 하는 커다란 장애 중의 하나다. 이 지상은 환상의 세계이고 마야의 세계이다. 우리가 높은 진화 단계로 이행하려면 이런 환상을 없애고 진실을 직시해야 한다.

명상 MEDITATION | 명상은 개인의 마음을 훈련하고 계발하여 질서를 부여하는 체계이다. 명상은 특정 대상, 주제, 또는 문제에 대해 생각함으로써 그것의 전모를 파악하는 것이다.

우리는 어떤 식물에 대해 명상할 수 있다. 먼저 땅에 심어진 씨앗을 머릿속에 그린다. 명상을 계속하는 동안, 외측 껍질이 부서지고 내부 생명이 첫 번째 움직임을 시작하여 작은 덩굴손이 땅속에서 이리저리 뒤틀며 암중모색하다가 빛을 향해 위로 솟아나는 광경이 보인다. 이 작은 덩굴손은 실처럼 위로 뻗치다가 이윽고 땅을 뚫고 나와 녹색 또는 갈색으로 변하며 자라고 성숙한다. 그런 후엔 다시 씨를 땅에 뿌리는데, 그것들은 주변의 사방으로 떨어지거나 새들이 삼키기도 하고 아니면 먼 곳에 심기기 위해 바람에 실려 날기도 한다. 우리는 이 씨들이 다시 땅에 떨어져 묻히고 자라나는 모습도 볼 수가 있다.

명상은 우리로 하여금 내적 동기를 추구하고 미지의 것을 탐색하도록 해준다. 명상은 집중과 다르다. 집중은 전혀 다른 것이다.

영매 MEDIUMS | 영매가 무얼까? 세상엔 두 가지 유형의 영매가 있다.

하나는 뒷골목의 점쟁이인데, 그들은 마음의 어떤 변덕스런 작용으로 인해서 때때로 죽음 저편에서 오는 '계시'를 받을 수 있다. 그것은 선천적인 능력이며 항상 말을 듣지도 않는다. 그는 다소간 정신적인 힘을 보유한 미개한 주술사와 다를 바 없다. 그는 그 능력의 이유를 설명할 수 없을뿐더러 알고 싶어하지도 않는다. 그는 힘을 가진 데 만족할 뿐이다.

다른 유형의 영매는 교양 있는 남성 또는 여성으로서 상당한 진보를 이루어 십중팔구 이 지상에서 마지막 삶을 보내고 있는 사람이다. 그들의 능력은 오락가락하지 않는다. 그렇다고 그들이 무조건 선하다는 말은 아니다. 왜냐하면 누군가가 투시, 텔레파시 또는 영적 교신 능력을 얻는 것은 다른 기준으로 결정되기 때문이다. 그것은 그저 그 당사자가 다른 사람들과 '다르다'는 뜻일 뿐이다.

진정 신이 내린 목소리를 지닌 성악가가 있을 수 있다. 그러나 그의 영광스런 목소리는 그가 선인인가 악인인가 하는 문제와는 무관하다. 그의 성격은 그의 목소리와 아무 상관이 없다.

영매의 경우도 마찬가지다. 사악한 영매들이 있을 수도 있고 인자한 이웃사람이 영매일 수도 있다. 사악한 영매는 순박한 사람들 앞에서 힘을 휘두르는 사기꾼이다. 그는 그저 고객이 방금 털어놓은 사실을 다른 식으로 돌려 말하는 현명한 심리학자이다.

이 사실을 분명히 알아야 한다. 자신이 영매라고 주장한다고 해서 그가 영매인 것은 아니다. 또한 영매란 말은 보통 여자를 연상시키지만 반드시 그런 것만은 아니다.

영매는 여러 차원들 사이에서 생각을 주고받는 매개체 역할을 할 수 있는 사람이다. 다른 말로 하면, 글조차 읽지 못하는 영매가 전혀 들어본 적 없는 언어로 말을 쏟아낼 수도 있다. 왜냐하면 영매는 그저 메시지를 전달할 뿐이니까.

기억 MEMORY | 인간의 마음이 지상에 일찍이 일어났던 모든 일을 지식으로 저장하고 있음은 주지의 사실이다. 인간의 마음은 특정 세포가 특정 기억을 갈무리한다는 점에서 전자두뇌와 흡사하다. 하지만 전자두뇌가 많은 공간을 점유하는 데 비해, 인간의 마음은 아직도 더 많은 정보를 기다리고 있는 수많은 공호 세포를 가지고 있다.

인간은 다만 10분의 1만이 의식이다. 나머지 10분의 9는 잠재의식이다. 그리고 잠재의식에는 지상에서 일어났던 모든 일에 관한 정보가 있다. 그것은 '전승된' 종족의 기억이다. 그것은 아카샤 기록에 있는 정보가 유체여행 중에 조금씩 우리의 잠재의식 속으로 수집된 것이다. 따라서 적절한 훈련에 의해 우리는 잠재의식 속으로 깊이 파고들어서 미처 알지 못했던 기억과 지식을 들추어낼 수 있다.

마음 MIND | 영적인 과업에서 큰 진보를 이루려면 마음이 맑은 상태인

지를 확인해야 한다. 우리는 자신의 마음이 그 위에 세우려고 하는 요구에 부응할 수 있는지를 확인해야 한다. 마음을 순수하게 지키려면 침착한 기질의 사람들, 건전하고 균형 잡힌 사람들, 진실한 말을 하는 사람들과 어울려야 한다.

우리는 고통받는 사람들과 사실과 허구를 구별하지 못하는 사람들에게 연민을 보여야 한다. 하지만 그들과 얽히지 않고도 이해와 동정을 가질 수 있다. 바람직하지 않은 유형의 사람과 너무 가깝게 어울리는 것은 우리 자신의 마음을 오염시킨다.

마음은 지식을 흡수하는 스펀지와도 같다. 선량한 마음은 흡수한 지식을 어떻게 사용할지를 안다. 나쁜 마음은 정신적으로 소화되지 않은 지식을 잠재의식 속에 그저 채워 넣을 뿐이다.

뒤에서 우리는 마음을 씻는 데 도움이 될 호흡법을 제시할 것이다. 그렇지만 기억하라. 만일 마음을 잘 다룬다면, 마음이 당신에게 봉사할 것이다. 만일 잘 다루지 못한다면, 마음은 당신을 언짢게 만들 것이다.

밍챠 MING CHIA | 공산주의가 판을 치기 전에 중국인들은 이름의 영향력을 크게 신봉했다. 이름은 힘을 갖고 있으므로 상서로울 수도, 불길할 수도 있다. 밍챠는 어떤 이름이 불길하고 어떤 이름이 길한지를 판단하는 법을 가르치는 특별한 학파였다. 작명가들은 그 원리에 따라 그 당사자와 궁합이 맞는 이름을 지어주고자 했다.

중국인들은 진동의 과학을 잘 알고 있었고, 적절한 진동이 그 대상의 힘을 증가시킬 수 있음을 알고 있었다. 그래서 그들은 '이름'을 연구했던 것이다.

미트야 MITHYA | 사람들은 환상의 세계에 속박되어 있다. 사람들은 잘못된 가치, 잘못된 믿음, 그리고 잘못된 이해를 갖고 있다. 이 지상에서 중요한 것이라곤 은행 계좌에 돈이 얼마나 있느냐, 태생이 어떠냐, 즉 어떤 계급으로 태어났느냐가 전부이다.

사람들은 그릇된 신들을 섬기고 있다. 신 중의 신은 바로 달러이다. 사람들은 태연하게 우주여행을 꿈꾸지만 정작 마음이 물질보다 위대하다는 것은 깨닫지 못한다. 가장 쉽게 우주여행을 할 수 있는 방법은 유체여행을 하는 것인데도 말이다.

미트야는 우리가 육신의 속박과 환영으로부터 벗어나서 진실한 초자아를 깨달을 수 있기까지 떨쳐버려야 할 '기만적인 허구 상태'를 뜻한다. 미트야는 꼭 추방해야 할 것이다. 왜냐하면 미트야로부터 깨어나 각성되지 않는 한 시간을 낭비하면서 불필요하게 지상으로 되돌아와야 하기 때문이다.

모하 MOHA | 무지의 상태, 어리석은 상태, 지독한 혼란의 상태를 말한다. 이것은 해야 할 일과 하지 말아야 할 일을 분별하지 못하는 데서 비롯된다. 모하는 곧 슬픔과 고통으로 이어진다. 모하를 극복하고 또한 미트야를 극복해야 비로소 모크샤의 단계에 이를 수 있다.

모크샤 MOKSHA | 해방을 뜻한다. 이것은 아둔함으로부터의 해방이며, 무지로부터의 해방이며, 혼란으로부터의 해방이다.

해방에 이르는 것, 즉 지상의 속박과 신물 나는 육욕으로부터 벗어나서 소위 '보리菩提'라 불리는 단계에 이르는 것이야말로 모든 유정물有情物 또는 모든 지각 있는 존재의 목표이다.

그리스도교인이든 유대인이든 이슬람교도든 불교도든 간에, 우리는 세상의 고통으로부터 해방되고 이른바 천국, 열반, 천계로 들어가기 위해 노력한다. 모크샤를 성취하기 전까지는 그런 바람직한 곳에 들어갈 수가 없다.

무드라 MUDRA | 하타 요가는 별의별 괴이한 자세와 운동으로 이루어져 있다. 어떤 것은 별다른 해가 없고 꽤 재미있기도 하지만 어떤 것은 몹시 위험하다. 그러므로 25가지로 된 무드라 운동은 우리의 관심사가 아니다.

나는 개인적으로 이런 운동들이 진정으로 자격 있는 사람의 감독과 충고가 없이 행해져서는 안 된다고 엄중히 경고하고 싶다. 이것들은 실제로 위험하다. 당신은 일상 중에는 표시가 나지 않는 심장질환을 갖고 있을 수도 있다. 그러니 소화불량에 걸린 뱀을 흉내 내는 짓거리를 하다가 오히려 병을 키울 수도 있다.

너무나 많은 사람들이 이런 운동들을 맹목적으로 예찬하는데, 과한 집중은 무서운 해악을 불러온다. 어떤 해악인지 알고 싶다면 가까운 정신병원에 가보라.

쿤달리니를 일으키는 데 도움이 된다는 수많은 운동이 있다. 그렇지만 여기서는 오직 학구적인 관점에서 주제의 이해를 돕기 위해서 한두 가지만을 예시코자 한다.

첫 번째는 케챠리 - 무드라 Khechari-Mudra이다. 이것은 혀를 길게 늘어뜨리는 일련의 운동법이다. 이것에 익숙해지는 데는 수개월이 걸리지만, 일단 혀가 알맞게 길어지고 근육이 훈련되고 나면 우리는 혀를 밀어넣어서 목구멍을 빈틈없이 막을 수 있다. 숙련된 달인은 스스로 육체의 모든 구멍을 기름칠을 한 패드로 막은 후에 특정한 무드라를 행함으로써 수일 동안 무호흡 상태로 지낼 수도 있다. 이는 실험을 통해 입증된 사실이다.

또 하나의 운동 또는 무드라는 비파리타카라니^{Viparitakarani}다. 수행자는 머리를 땅에 대고 눕는다. 그리고 양다리를 공중으로 들어올리며 허리도 함께 따라오게 한다. 그는 양손으로 엉덩이를 받치고 양 팔꿈치로 몸의 무게를 지탱한다. 때때로 이 운동을 하는 사람들은 양다리를 원형으로 둥글게 흔들기도 한다. 하지만 이왕이면 좀더 그럴싸하게 보이도록 아예 양 발목에 깃털을 달거나 양다리에 종려나무 잎을 매다는 편이 낫지 않겠는가.

또 다른 미친 곡예로 파시니무드라^{Pasinimudra}가 있다. 이걸 해 보이는 사람이 있다면 아마도 그는 그 무대에 생계를 의지하고 있을 것이다. 어쨌건 그 친구는 마치 스카프를 몸에 두르듯 양다리로 목을 감싼다. 차라리 밖에 나가서 스카프를 하나 사는 편이 의사를 불러서 다리를 풀어달라고 애원하는 것보다 훨씬 싸게 먹힐 것이다.

하나 더 말하자면 카키-무드라^{Kaki-mudra}라는 운동도 있다. 이것을 행하는 불쌍한 영혼은 입술을 오므리고 어떤 이유에서인지 까마귀를 흉내낸다. 그러고는 천천히 공기를 빨아들인다.

다시 개인적인 견해를 표명하자면, 동양에서 이런 바보 같은 곡예에 열중하는 계층은 생계가 막막한 거지이거나 다른 것을 할 머리가 없는 힌두교 고행자뿐이다. 그들은 곡예사에 불과하다. 이런 운동들은 영적 이해력을 증진하는 데 아무런 도움이 되질 않는다.

혹시라도 어딘가 병이 의심되면 당장 이런 운동에서 손을 떼라. 그래야 좀더 오래 행복하게 살 수 있을 테니까.

물라다라 MULADHARA | 척추 기저에 있는 차크라로서 쿤달리니가 위

치한 곳이기도 하다. 많은 사람들은 쿤달리니가 척추 기저에 있다는 사실만으로 만족하는데, 좀더 정확히 말하자면 쿤달리니는 배설기관과 생식기관의 중간지점에 있다.

물라다라는 네 개의 꽃잎으로 보이는 차크라로서 진화 정도가 낮은 사람일수록 이 꽃의 빨간색이 어둡다. 빨간 꽃잎이 서로 붙은 중앙에는 노란색의 사각형 안에 마치 불타는 듯한 삼각형이 있는데, 바로 그곳에 쿤달리니가 위치하고 있다. 빨간색은 질 낮은 세속적 감정과 열정을 가리킨다. 하지만 휴지 상태의 쿤달리니를 둘러싼 노란 사각형은 이것이 바르게 일깨워질 때 영적인 힘이 발휘될 수 있음을 나타낸다.

만일 잘못된 방법으로, 잘못된 때에, 또는 잘못된 목적으로 쿤달리니를 일깨운다면 그것은 타는 듯한 불꽃이 되어 당사자의 이성을 마비시켜 이해할 수 없는 말을 지껄이는 천치로 만들 수 있다. 그러니 진정으로 경험 있는 교사가 인도하지 않는 한 절대로 일깨워져선 안 된다.

필요하다면 차라리 다음 생에 쿤달리니가 일깨워지길 기다리는 편이 훨씬 낫다. 인내심 없이 잘못된 목적으로 시도했다가 지상에서 몇 번의 생을 더 보내야 하는 것보다는 말이다.

무무크슈트와 MUMUKSHUTWA | 이것은 육신의 굴레를 벗어나고자 하는 아주 강한 열망이다. 그토록 많은 사람들이 유체여행을 희망하는 이유가 바로 이것 때문이다. 사람들은 감옥 같은 진흙 덩어리인 육체를 벗어나서 원하는 장소를 찾아 원하는 것을 보고자 한다. 이것은 또한 윤회를 벗어나서 영계로의 귀환을 바라는 열망이기도 하다.

무니 MUNI | 무니는 한가한 잡담에 끼지 않고 침묵을 지킬 수 있는 사

람이다. 그는 자신이 무슨 요가를 하고 있는지, 자신이 뭘 배웠는지, 교사가 뭐라고 말했는지, 또는 교사가 알고 싶은 것을 알려주지 않아서 자신이 뭐라고 대들었는지를 여기저기 떠벌리지 않는다.

신비사상 MYSTICISM | 이것은 이 세상보다 높은 일에 마음을 두어 영적 성장을 지속하겠다는 신념이다. 이것은 초의식 상태를 지향하는 것으로서, 자신의 진동을 높임으로써 비록 육체에 매여 있으나 그 마음만은 좀더 높은 차원의 진실, 좀더 높은 차원의 사실을 받아들이게 해준다. 신비사상은 주문이나 흑마술과는 관계가 없다. 이것은 육체적인 경험을 넘어서는 일들을 이해하도록 해준다.

N

나다스 NADAS | 소리에는 여러 형태가 있다. 소리는 사실상 시계視界와 마찬가지로 일정한 진동일 뿐이다. 우리는 보통 귀로 — 인간의 귀든 동물의 귀든 간에 — 지각할 수 있는 진동을 '소리'라고 부른다.

나다스는 귀의 도움 없이 내면에서 듣는 소리다. 그것은 양심의 목소리, 내면에 계신 신의 목소리, 당신더러 무엇은 하고 무엇은 하지 말라는 — 후자가 더 중요하다 — 초자아의 목소리다.

"정숙하라, 그리고 내가 안에 있음을 알라"라는 말이 있다. 이런 식으로 우리는 내면의 목소리, 내면의 '나'를 알게 된다. 이 양심의 목소리에 귀를 기울이고 순종할 때 당신은 자신의 진화 단계에서 그릇 이탈할 수가 없다.

자연령 NATURE SPIRIT | 인간은 자만심과 우월감에 빠져서 자신들에게만 영혼이 있다고 생각한다. 인간은 인간만이 죽음 이후에도 또 다른 삶을 지속해간다고 생각한다.

수많은 고대 민족들은 자연의 영을 숭배했다. 그것은 잘못된 일이 아니었다. 자연의 영은 실제로 존재할뿐더러 인간의 영과 똑같이 중요하기 때문이다. 인간은 영혼 또는 초자아를 가진 원형질 덩어리로서 전자가 후자에게 어떻게 움직이고 성장할지를 지시한다. 마찬가지로 나무들에게도 그것들을 돌보는 자연의 영이 있다. 동물들에게도 영이 있다.

그러니 영어나 스페인어 또는 독일어를 하지 못한다고 해서 동물들을 '벙어리'라고 단정할 수는 없는 일이다. 많은 동물들은 최상의 인간과 비교해도 결코 뒤지지 않을 품성을 갖고 있다.

유체계에는 자신만의 특별한 일을 수행하는 인간의 영들도 있고, 식물과 동물의 유체를 돌보는 자연의 영들도 있다. 또한 저급령들도 있다.(저급령에 대해서는 이미 말한 바 있다.)

그러니 당신 자신의 진화를 위해 기억하라. 인간과는 다른 선상에서 자라고 진화하지만 결코 인간보다 열등하지 않은 자연의 영이 있다는 사실을. 그리고 그들은 우리와는 완전히 다르다. 인간은 결코 동물로 윤회하지 않으며 동물 또한 결코 인간으로 윤회하지 않는다. 서로가 완전히 다른 진화의 길을 걷고 있는 것이다.

목 NECK | 목은 머리, 즉 두뇌와 몸통을 연결하는 좁은 통로이다. 만일 목이 적절히 제 역할을 하지 못하면 당신은 두뇌의 메시지가 아래의 여러 중추로 이동하길 바랄 수가 없다. 만일 동맥이 목 부위에서 위축된다면 두뇌에 충분한 혈액이 공급되지 않을뿐더러, 신경계가 압박받는다면 감

각 신호의 전달이 지연되거나 두뇌로부터 몸통으로 향하는 통로가 막힐 것이다.

따라서 동맥과 신경계를 이완시키려는 분명한 목적으로 운동을 하는 것은 좋은 생각이다. 이것을 하타 요가 또는 신비학과 혼동하지 말라. 이 특별한 운동은 비술과 관련이 없다.

그 방법은 이렇다. 흔히 부엌에서 사용하는 딱딱한 의자에 가능한 한 편안히 앉으라. 등받이가 있는 딱딱한 의자라야 한다. 팔걸이의자에 앉아 빈둥거리는 식이면 곤란하다.

양손을 무릎 위에 놓고 똑바로 앉으라. 머리를 1~2초간 바로 세운 후에 천천히 그리고 한껏 왼쪽으로 튼다. 힘을 들여 조금 더 틀어보라. 왜냐하면 처음의 느낌보다는 조금 더 돌아갈 수 있기 때문이다.

이제는 천천히 머리를 중앙으로 되돌린다. 똑바로 정면을 보고 1~2초간 휴식을 취한 후에 다시 머리를 오른쪽으로 한껏 돌린다. 전처럼 힘을 들여서 첫 느낌보다는 좀더 오른쪽으로 돌려보라. 마치 사용해보지 않은 척추 관절에서 녹이 떨어져 나가는 것이 느껴질 정도로 돌려보라. 뼈마디에서 찌그럭대는 소리가 들릴 정도로 돌려보라.

이 방법을 여러 번 반복한 후에는 다시 똑바로 앉는다. 아마도 지금쯤은 지쳐서 주저앉을 지경이 되었을 것이다. 그러니 한동안 아주 깊게 숨을 쉬면서, 예컨대 약 10초에 걸쳐서 깊게 숨을 쉬면서 아무것도 하지 말라.

대략 1분 동안 휴식을 끝냈으면 이번엔 머리를 할 수 있는 한 평평하게 왼쪽 어깨 쪽으로 눕히라. 귀가 어깨에 닿을 정도로 눕히라. 귀가 어깨가 닿는다면 목을 더 꺾어서 아예 귀가 찌그러지도록 해보라. 1초 동안 그 상태를 유지하라. 그리고 다시 머리를 곧추세워 원래로 돌아가라.

1~2초 지난 후에 같은 방식으로 오른쪽 어깨 쪽으로 머리를 눕히라.

머리가 편안한 상태보다 조금 더 꺾이도록 하라. 당신은 자세가 바뀔 때마다 호흡을 깊게 하면서 휴식을 취해야 한다.

이제 다음 단계이다. 깊은 호흡을 하다가, 숨을 깊숙이 들이쉰 채로 고개를 한껏 숙여서 턱이 가슴께로 파고들도록 하라. 좀더 힘을 주어 목에서 찌그럭대는 소리가 들리게 하라. 다시 머리를 정상적인 위치로 되돌리고 잠시 쉬면서 깊게 호흡하라. 그리고 이번에는 고개를 한껏 뒤로 젖히라.

이 운동을 할 때 당신은 너무 빠르거나 격렬하게 힘을 주다가 다치는 일이 없도록 주의해야 한다. 연습을 반복하면 관절은 더욱 유연해질 것이다.

운동이 끝나면 똑바로 앉아 양손을 목 뒤에 얹고 두 엄지손가락으로 목을 마사지하라. 당신은 이 방법이 육체에도 도움이 되고 정신집중에도 도움이 된다는 사실을 알게 되리라.

다시 강조하건대 이 운동은 형이상학적 주제와는 관련이 없다. 사실은, 어떤 육체적 운동도 비의적인 일에는 도움이 되질 않는다. 많은 사람들이 이상한 자세를 취하고는 자신을 위대한 비술가라고 떠드는데, 그들은 진실로 비의적인 일을 해낼 수 없으니 대신 육체적 운동으로써 허명을 날리고 있을 뿐이다.

니다나 NIDANAS | 불행을 초래하는 열두 가지 요인을 뜻한다. 그 열두 가지를 일일이 열거할 필요는 없다. 왜냐하면 전부가 물질적 생존과 관련된 것들이기 때문이다. 그것들은 이 참담한 지상에 불쌍한 남녀를 붙잡아 놓기 위해 특별히 고안된 것들이다.

우리는 가능한 한 빨리 니다나를 없애야 한다. 니다나에는 자만, 탐욕, 육욕, 분노, 폭식, 질투, 나태 등이 포함된다. 이것들은 바람직스런 게 아니므로 그냥 견뎌내는 것은 능사가 아니다.

우리는 조금만 노력하면 그 모든 요인을 없앨 수 있다. 노력해보면 그 작업이 생각처럼 그리 어렵진 않다는 사실을 알게 된다. 그리고 우리 자신이 이 지상을 영원히 등지는 길에 제대로 들어섰음을 알게 된다.

니디댜사나 NIDIDHYASANA | 이것은 실질적인 성과로 이어지는 깊은 명상, 진정한 명상의 연습을 뜻한다.

명상은 보통 세 단계로 이루어지는데 그중 첫째 단계는 '읽고 듣기'이다. 우리는 종교적인 또는 형이상학적인 교재를 읽거나 다른 사람으로부터 듣는다. 그러면 그 정보가 우리에게 입력되어 둘째 단계로 나아가게끔 한다.

둘째 단계로, 입력된 정보는 이제 숙고되어야 한다. 우리는 그것에 대해 숙고하고, 그것과 관련된 것들도 숙고의 대상으로 삼는다. 그래서 전체적인 윤곽을 파악했다는 확신이 들면 세 번째 단계로 가게 된다.

셋째 단계가 바로 니디댜사나이다. 이때 우리는 1단계에서 주어지고 2단계에서 숙고된 정보의 한 가지 측면만을 택한다. 그리고 그것에 대해 좀더 특별한 주의를 기울여 명상한다.

니드라 NIDRAS | 우리가 수면 중에 얻는 아이디어를 뜻한다. 만일 유체계를 방문했을 때 얻은 아이디어를 그대로 물질계로 가져올 수 있다면 그것은 엄청난 혜택이 되리라. 실제로 작곡가들은 유체계에서 들은 음악의 기억을 물질계로 가져오곤 한다. 그래서 그들은 고전음악으로서 역사에 남을 경이적인 걸작을 '작곡'한다.

불행히도 많은 사람들은 유체여행 자체를 받아들이지 못하므로 당연히 유체계 방문 중에 접한 아이디어도 수용하지 못한다. 어떤 종교는 아예 유체여행을 언급조차 하지 않으므로 그 신도라면 자신이 뭔가 크게 잘못되었다고 생각할 수도 있다. 그럴 때 그 아이디어는 그저 '꿈'으로 합리화된다.

인간의 마음은 결함투성이다. 그래서 유체가 육체에게 전하려는 바를 전적으로 왜곡시킨다. 만일 침대 옆에 공책과 연필을 비치하고 밤중에 얻은 아이디어를 '즉각' 기록해둔다면 아침에 기억을 되살릴 수 있으리라. 하지만 사람들은 '난 이걸 기억할 수 있어'라고 중얼거리고는 곧장 돌아누워 다시 잠에 빠진다. 그리고 아침이 되면 모든 걸 잊어버린다. 이것은 큰 불행이다. 왜냐하면 우리는 잠을 잘 때 경이로운 것들을 수없이 접하기 때문이다.

니르바나 NIRVANA │ 육체로부터의 해방, 육체의 정욕과 탐식으로부터의 해방이다. 이것은 모든 경험의 종지를 뜻하지는 않는다. 모든 지식의 종지를 뜻하거나 삶의 종지를 뜻하지도 않는다.

니르바나가 '무無의 상태에서 존재함'을 뜻한다는 것은 틀린 말이다. 명백한 오류조차 알아차리지 못하는 사람들이 이런 말을 떠들어댄다. 니르바나는 욕망으로부터의 자유, 육체의 온갖 갈증으로부터의 자유이다.

니르바나는 '더없이 행복한 묵상 상태'도 아니다. 이것은 영적 지식의 완성이며, 모든 육체적 욕망으로부터의 해방이다. 열반은 '순수한 상태에 있음'을 뜻한다. 육체적, 물질적 욕망이 소진되었음을 뜻한다. 그렇지만 열반에 들어 육체의 욕망을 벗어버린 후에도 그는 계속 영적인 과제를 공부하며 존재의 다른 차원으로 나아간다.

니야나 NIYANA | 라자 요가에서 온 말로서, 요가의 여덟 가지 지침 중에 두 번째 것을 가리킨다. 이것은 육체적, 정신적인 순수함을 만족스럽게 달성했음을 뜻한다. 이것은 또한 신에게 진심으로 헌신하기 위해서는 일정 정도의 고행을 거쳐야 함을 가리킨다. 만일 그런 고행조차 없다면 우리는 자신의 욕망을 챙기기에 너무 바빠서 신을 생각할 여유가 없을 것이기 때문이다.

수비학 NUMEROLOGY | 말은 진동이다. 글자와 소리도 진동이다. 그리고 진동은 규칙적으로 마루와 골이 교차해가는 어떤 흐름이다. 우리는 진동을 수치화함으로써 각각을 분석할 수 있다. 예컨대 어떤 소리는 달콤한 냄새처럼 우리 귀에 유쾌하게 들린다. 어떤 소리는 고약한 냄새처럼 우리 귀에 거슬린다.

우리는 소리를 수치화함으로써 어떤 소리가 좋거나 나쁘게 들리는지를 정리한 표를 만들 수 있다. 이런 원리로 동양인들은 수비학數秘學 또는 숫자점을 발달시켰다. 그것에 의하면 각각의 글자마다 특정한 숫자가 매겨져 있다. 그래서 이름을 가진다면 그 이름을 구성하는 숫자들을 합해서 진동이 좋은지 나쁜지를 알아볼 수 있다. 동양인들은 만일 나쁜 이름을 약간만 수정하면 나쁜 진동으로 고통받는 대신에 조화로운 진동을 이뤄낼 수 있다는 사실을 발견했다.

그러나 숫자점은 엉터리 사기의 온상이기도 하다. 이름을 제대로 분석하려면 믿을 만하고 평판이 있는 작명가에게 가야 한다. 왜냐하면 뒷골목의 일부 업자들은 그저 당신의 돈만 원할 뿐이지 당신을 도울 생각은 전혀 없기 때문이다.

O

계율 OBSERVANCE | 모든 종교에는 그 종교의 신봉자가 행하거나 따라야만 하는 특정한 일들이 있다. 그것들을 계율이라고 하는데, 계율이 없으면 분별력 있는 존재가 되기 어렵다. 예컨대 그리스도교에는 '십자가의 길'(Stations of the Cross, 예수가 사형선고를 받은 때부터 십자가에서 내려와 묻히기까지의 과정을 열네 장면으로 나누고 각각에 맞춰서 하는 기도. 역주.)이라는 것이 있다. 또한 다른 사회에도 여러 가지 형태의 규율들이 있다.

신비학의 경우에는 기본적으로 지켜야 할 다섯 가지 계율이 있다.

첫째는 깨끗한 몸을 갖는 것이고, 둘째는 깨끗한 마음을 갖는 일이다. 우리는 마음의 순수성을 얻기 위해 자신의 몸을 살펴야 한다. 특수한 규칙이 적용되는 고도의 신비학을 추구하지 않는 한 건강은 필수적이다. 보통 사람들에게 건강이 요구되는 것은 그다지 순수하지 못한 타인의 오라가 침입해오는 일을 막기 위함이기도 하다.

나는 특수한 규칙이 적용되는 심오한 신비학을 추구하지 않는 한 건강이 필수적이라고 말했다. 왜 그런 표현을 썼는지 궁금해하는 사람들도 있을 것이다. 평범한 사람은 그 진동 또한 평균적 범주에 속해 있다. 그 평균적 진동은 그가 더 높은 '옥타브'로 상승하는 것을 어렵게 만든다. 그렇지만 특정한 병을 앓고 있는 사람이라면, 그의 진동수는 평균보다 높은 수준에서 출발하여 더욱더 높은 수준으로 나아갈 수 있다. 이런 경우에는 아주 헌신적인 사람들에 한해서 질병이 오히려 장점이 될 수 있다. 그로써 높은 주파수의 감각적, 초감각적인 인상들에 반응하게 되기 때문이다. 그러나 대부분의 사람들, 즉 자신의 운명을 명백히 자각하지 못하는 보통 사람들은 오직 깨끗한 몸을 갖고서 깨끗한 마음을 배양해야만 한다.

본 주제로 돌아가서, 우리는 올바른 계율을 따르며 마음을 순수하게 함으로써 지상에서 가능한 지고의 기쁨을 맛볼 수 있다. 그리고 다음의 진화 단계로 영적 수준을 높이는 커다란 진보를 이룰 수 있다. 그래서 우리에게는 깨끗한 마음과 깨끗한 몸이 필요하다.

세 번째 계율은 몸과 마음의 불순물을 제거하는 데서 한발 더 나아가서 더욱 순수하고 고결한 상태를 이루는 것이다. 즉, 영성의 길로 전진하여 욕망을 벗어나 독립하는 것이다.

네 번째 계율은 자신보다 능력이 월등하며 영적 귀감이 되어주는 사람들과 어울리는 것이다. 더 나은 사람들과 어울릴수록 그로부터 우리도 좋은 영향을 받을 기회가 늘어난다. 우리는 우리에게 본보기가 되고 우리를 순수하고 영적인 진화로 이끌 수 있는 사람들과 어울리기 위해 끊임없이 노력해야 한다.

다섯 번째 계율은 묵상의 힘을 기르는 것이다. 우리는 맹목적으로 돌진하는 식으로 무모한 결정을 내려서는 안 된다. 무슨 일이든 생각하고 또 숙고해야 한다. 그래야 그 결정이 모든 사실을 주의 깊게 판단한 후에 내려졌다는 내면의 만족감이 뒤따르게 된다.

오컬티즘 OCCULTISM | 이것은 일상의 세속적인 감각을 넘어서는 지식과 관련이 있다. 이 지상에서 우리는 특정 감각에 속박되어 있다. 우리는 물건을 만져야 그것이 거기에 있다는 사실을 알 수 있다. 우리는 손으로 만져야 그것이 뜨거운지 찬지, 또는 기쁨을 주는지 고통을 주는지를 알 수 있다. 이것이 세속적인 지식이다.

그러나 비의적 지식은 평범한 능력으로는 알 수 없는 것들이다. 우리는 다만 그것을 알 수 있을 뿐, 손으로 만질 수는 없다. 하지만 일단 알고 나면 그것을 내 것으로 취할 수 있다.

비술 능력 OCCULT POWERS | 초자연적인 힘은 무수한 훈련과 무수한 생의 경험을 거친 후에야 우리에게 주어진다.

동양에서 '여덟'이란 숫자는 신성하게 여겨지며 갖가지 '마술적' 힘을 부여받는다. 비술의 세계에는 여덟 가지의 표준적 성취 항목들이 있다. 그러나 타인을 지배하려는 생각을 버리지 않는 사람은 결코 힘을 가질 수가 없다. 예컨대 '최면술로써 타인을 지배하라'는 식의 광고는 온 세상에 커다란 해악을 끼치고 있는 것이다. 그들은 사악한 행위를 부추긴다.

당신은 비술을 나쁜 목적으로 쓰지 않겠다고 선언한 후에야 비로소 이 힘을 추구할 수 있다. 수준 높은 달인들은 결코 제자들에게 여덟 가지 항목을 다 이루라고 하지 않는다. 대신 그들은 천천히 그리고 꾸준히 단계를 밟아 진보해야 한다고 말한다.

비술의 힘을 추구하기보다는 세속적인 차원에서 바람직한 능력을 배양하는 편이 낫다. 왜냐하면 순수한 자질 없이 힘을 계발하다가는 오히려 그 힘에 의해 조종당하는 비극의 주인공이 될 수 있기 때문이다.

오자스 OJAS | 이것은 인간의 육체에 깃든 가장 높은 형태의 에너지다. 이것은 오라에서 흐릿한 푸른 빛으로 나타난다. 그러나 당사자가 순수해짐에 따라 그 빛은 더욱 선명해지고, 푸른 빛도 은빛을 거쳐 금빛으로 변화해간다.

순수한 사람의 경우는 오자스가 두뇌에 저장돼 있는데, 그것은 정상적으로는 엄두도 못 낼 정도로 그의 영적 성장을 촉발한다. 이런 사람을 만나면 머리 주위에서 금빛 후광 또는 원광을 볼 수 있다.

옴 OM | 이것은 힘을 지닌 진언으로 알려져 있다. 만일 정확한 발음으로, 정확한 조건하에서 반복된다면 당사자는 커다란 혜택을 얻을 수 있다. 정확한 발음은 "오-음$^{Oh-m}$"으로 표기된다.

동양의 달인들이 특수하게 조합된 소리를 냄으로써 죽은 사람들을 일으켜 세웠다는 말은 거짓이 아니다. 그렇지만 다시 강조하건대, 아주 특별한 지식과 분명한 이유 없이 이 같은 속임수를 추구해서는 절대 안 된다. 전후사정도 모르면서 죽은 자를 일으킨다면 당신은 산소 결핍으로 두뇌가 망가진 채로 걸어다니는 좀비(마법으로 되살아난 얼간이, 역주)를 만들어놓을 것이다.

옴탓사트 OMTATSAT | 또 다른 주문(진언)이다. 이 말을 제대로 발음하면 일련의 진동이 일어난다. 그러므로 이 말을 정확히 몇 번 반복함으로써 우리는 내부의 특정한 중추들을 일깨울 수 있다. 그러나 또다시 강조하건대, 정확한 지식이 없다면 아무리 반복해도 목소리의 힘은 작용하지 않을 것이다. 즉 어떤 일도 일어나지 않을 것이다.

우리는 휴지 상태이거나 쇠퇴했거나 또는 '진흙 속에 잠자고 있는' 차크라를 여럿 지니고 있다. 그리고 바른 진동을 일으켜 육체의 모든 분자를 감응시키면 그 차크라들이 활성화되어 우리를 성장으로 이끌 수 있다.

이런 일은 오직 순수한 동기에서 출발할 때, 무분별한 과시 따위에는 관심이 없을 때에만 소기의 성과를 얻을 수 있다. 자기과시는 미숙한 아이들의 장난감에 지나지 않는다. 그리고 그런 아이들에게 진언의 힘이 주어져서는 안 된다.

초자아 OVERSELF | 자아, 영혼, 초자아 등의 용어에 관해서 꽤 많은 혼

란이 일어나고 있다. 여하튼 지상의 우리는 꼭두각시와도 같은 처지라는 사실을 기억해두자.(324쪽 참고)

초자아는 영혼(soul), 초월적 존재(super-being), 주시자(overseer)이며, 상위의 차원에서 우리를 감독하는 존재이다. 초자아는 곧 '진정한 나'이다.

많은 사람들이 '초자아'란 말의 연원을 자기 것으로 주장해왔다. 그러나 실제로 이 말은 그저 '높은 일을 맡은 사람'을 지칭하는 아주 오랜 티베트어에서 온 것이다. 그러니 당신은 지상에 있는 자신을 끈으로써 조종되는 꼭두각시로 여겨야 한다. 그 끈은 바로 은줄이며, 당신은 '높은 일을 맡은 사람'의 꼭두각시이다.

당신이 박식하다면 같은 뜻의 산스크리트어를 알고 싶어하리라. 산스크리트어로 초자아는 아댜아트마 Adhyatma라고 한다. 핵심체, 본원의 힘, 존재의 근원 등을 뜻한다. 아댜아트마는 우리의 모든 감정, 모든 감각, 모든 생각이 배태된 원천이며 또한 우리 주변의 모든 것이 되돌아갈 본향이다.

P

파드마싸나 PADMASANA | 잘 알려져 있는 '연꽃 자세'를 뜻한다. 당신은 앉아 있는 모습의 불상을 보았을 것이다. 대부분의 경우에 부처는 연꽃 형태로 앉은 자세로서 그려진다.

의자에 앉아 두 다리를 늘어뜨리는 데 익숙한 서양인은 동양인처럼 앉는 것이 무척 힘들고 이상하게 느껴질 것이다. 동양인들은 꽤나 딱딱한 바닥 위에 두 다리를 교차시키고 앉는다. 그러면 양 발바닥이 반대쪽 허벅지 위에서 천장을 향하게 된다. 동양인은 그런 자세로 척추를 곧게 세우고 앉는다.

　티베트에서 서열이 높은 라마승들은 밤새도록 그런 자세를 유지한다. 그들은 그런 자세로 잠을 자고 또한 그런 자세로 죽는다. 왜냐하면 죽는 순간에 가능한 한 똑바로 앉아 오래도록 의식을 깨어 있게 하는 것이 라마교의 전통이기 때문이다. 일본의 사무라이들도 자기 가문의 명예를 지키기 위해 할복 의례을 치를 때 바로 이런 자세로 앉았다.

　신비학을 공부한다고 해도, 서양인은 습관으로 인한 뻣뻣한 관절 때문에 연꽃 자세로 앉기가 어렵다. 하지만 아무래도 상관없다. 자세는 중요치 않다. 물론 연꽃 자세는 명상에 아주 유용하다. 그러나 정작 본인에게 가장 합당한 자세는 가장 편안하게 척추를 곧게 세운 자세이다. 양다리를 교차시켜 앉고 싶다면 그렇게 하라. 그리고 양손은 허벅지 위에 놓아두라. 명상을 할 때는 입을 다물고 혀끝을 가볍게 치아의 뒤편에 대라. 턱은 가슴을 향하도록 살짝 숙이라.

　눈은 최대한 초점을 잡지 않도록 하라. 또는 무한대를 응시한다고 생각하는 편이 좋을 수도 있다. 어쨌든 눈동자가 흔들리거나 여기저기 옮겨 다녀서는 안 된다. 요점은 눈이 아무것도 보지 않도록 하는 것이다.

　이런 식으로 편안히 앉아서 부드럽고 평온하고 규칙적으로 호흡하면 긴장해소(이완)에 큰 도움이 된다. 반복하지만, 고통을 유발하는 특별한 장애가 있지 않은 한, 척추는 꼭 반듯이 세우고 앉아야 한다.

판차타파 PANCHATAPA ｜ 나는 《제3의 눈》(한국판에서는 〈나는 티벳의 라마승이었다〉 1권. 역주)이란 책에서 이 수행법을 소개한 바 있다. 나는 이 엄중한 시련을 실제로 거쳤다.

　판차타파는 몹시 가혹한 수행법이다. 수행자는 정확한, 아주 정확한 연꽃 자세로 동틀 때부터 날이 저물어 어둠이 내릴 때까지 꼼짝 않고 있어야 한다. 그는 어떤 목적으로도 움직이는 것이 허용되지 않는다. 다리를 풀거나 '걸어보는 것'도 허용되지 않는다. 무조건 그대로 앉아 있어야만 한다.

이때는 보통 커다란 불이 동서남북의 네 곳에 지펴진다. 그 불은 고통스러울 만큼 가깝게 있어서 수행자는 거의 구운 돼지고기같이 된다. 이것의 목적은 수행자를 혹독하게 단련시키기 위함이다.

명상의 달인들이 이런 식으로 일주일씩이나 버티는 것은 주지의 사실이다. 그들은 동틀 때부터 땅거미가 내릴 때까지 꼼짝 않고 앉아서 버티고, 밤이 되어서야 음식을 조금 먹는다. 이것은 명상의 힘을 계발하는데 아주 유용한 방책이다. 명상을 멈추면 육체의 요구에 짓눌리기 시작하지만 명상에 들면 이 세상을 '벗어나기' 때문이다.

당연히 서양인들에게는 이런 일을 조금도 추천하고 싶지 않다. 이것은 대단히 집중적인 훈련을 요하는 수행이다.

판디트 PANDIT | 현자賢者를 뜻한다. 사람들은 현자들의 소문을 듣고는 굉장한 감명을 받는다. 그러나 판디트는 경전과 갖가지 종교적인 서적들을 섭렵한 자에 대한 동양식 호칭일 뿐이다. 그리스도교로 치면 풋내기 설교자와 흡사하다고 말할 수 있다.

풋내기 설교자는 교회에서 특정한 사무를 볼 수 있다. 그러나 그는 아직 신의 명을 받은 설교자가 아니다. 판디트는 동양에서 그러한 위상을, 또는 그보다도 못한 위상을 가진다.

정도 PATH | 동양에서 '인생의 행로'를 가리키는 말로서 불교도들에게

는 보통 '고귀한 팔정도八正道'를 뜻한다. 팔정도는 절제된 품행으로써 윤회의 고통으로부터 벗어나는 길이다. 팔정도는 삶의 법전이다. 팔정도는 흔히 종교적인 것으로 여겨지지만, 실제로는 바른 생각의 소유자가 주체적으로 삶을 이끌어가는 태도를 정리한 것이다. 십계명이 꼭 그리스도교의 전유물일 수만은 없는 것과도 같다. 물론 이러한 행동 규범을 잘 지키는 사람일수록 그 종교의 훌륭한 옹호인 또는 신앙인인 것은 분명하다.

팔정도의 여덟 가지 항목은 다음과 같다.

1. 바른 이해
2. 바른 동기
3. 바른 말
4. 바른 행위
5. 바른 삶
6. 바른 노력
7. 바른 지적 활동
8. 바른 묵상

팔정도를 정확히 이행하는 사람의 삶은 몹시 고단하다. 왜냐하면 그것은 그가 윤회의 마지막 단계에 이르렀다는 뜻이기 때문이다. 마지막 단계에서는 늘 고통과 상실이 뒤따르게 마련이다. 맑은 마음으로써 빚진 것 없이 세상을 떠나려면 모든 분별심과 부스러기들을 치우는 과정이 필요하다.

핑갈라 PINGALA | 척추의 오른편에 있는 통로이다. 여기에 개인의 물질적, 정신적 생명과 관련된 감각신경과 운동신경이 분포하고 있다. 핑갈라와 비슷한 통로로는 (척수 왼편에) 이다IDA가 있다.

핑갈라와 이다를 자유자재로 조종할 수 있는 사람에게 시간과 물질, 거리는 아무런 의미가 없다. 그것들은 더 이상 장애나 제약이 되지 못한다. 그는 이렇게 말할 수 있는 행복한 입장이 된다. "감옥의 쇠창살은 새장만도 못해."

이런 능력을 가진 사람은 의식적인 유체여행, 텔레파시, 투시, 그리고 조건만 갖춰진다면 공중부양까지도 해낼 수 있다.

폴터가이스트 POLTERGEIST | 인간에게 불편을 주는 것을 주특기로 하는 일부 저급령들이 있다. 그들을 폴터가이스트(시끄러운 소리를 내는 장난꾸러기 요정)라고 부른다. 그들은 원숭이들처럼 장난이 심하지만 지성이 없다.

보통 그들은 물체를 직접 움직일 만한 에테르의 힘이 없다. 그래서 막 여성이 되려 하는 소녀 또는 소년 ― 소녀보다 힘은 떨어지지만 ― 을 찾아다닌다. 열두 살에서 열네 살 정도의 소녀들은 아직 구체적인 방향은 정해지지 않았으나 여성으로서 새로운 물꼬를 트려 하는 에테르 에너지를 많이 갖고 있다. 폴터가이스트는 이런 소녀에게서 에너지를 취하고, 그 힘으로써 물건들을 움직인다. 예를 들면 아무도 손을 대지 않은 의자를 뒤집어놓는다.

이때 에너지의 원천(소녀)이 꼭 그 장소에 있어야 하는 건 아니다. 하지만 그 장소로부터 반경 15미터 이내에는 있어야 한다. 폴터가이스트들은 인간들이 깜짝 놀랄 때만 이런 짓을 벌인다. 파괴적인 저급령들은 인간에게 겁을 주는 일을 즐기고 인간이 놀라면 놀랄수록 그 즐거움은 배가 된다.

힘 POWER | 우리가 지상에 머물 때 얻을 수 있는 진정한 힘은 바로 명

상으로부터 나온다. 바르게 명상함으로써 우리는 아래와 같은 힘을 얻을 수 있다.

1. 아카샤 기록으로의 접근 : 아카샤 기록은 우리의 과거에 일어났던 모든 일은 물론이고, 이 세계 너머의 차원에 대한 지식까지도 전부 보여준다. 또한 우리는 현재 일어나고 있는 일들도 알 수 있고, 더 나아가서 확률 높은 미래상까지도 미리 살펴볼 수 있다.

2. 동물과의 텔레파시 교신 : 이것은 아주 보람 있는 경험이다. 왜냐하면 동물에게는 인간이 알아채지 못하는 높은 지성이 있기 때문이다.

3. 자신의 전생과 다른 사람들의 전생에 대한 지식 : 이것은 아카샤 기록과는 또 다른 방식으로 얻어진다.

4. 영적 수준이 동등한 사람들과의 텔레파시 교신 : 그들이 세계의 어느 지역에 있든, 또는 이 세계의 바깥에 있든 상관이 없다.

5. 자신의 사망시기에 대한 지식 : 그로써 우리는 사전에 빚을 청산하고 마음을 정화할 수 있다.

6. 투시 : 먼 곳을 내다보는 능력 또는 확률 높은 미래상을 내다보는 능력이다.

7. 물질 통제력 : 마음으로써 물질을 지배하는 능력이다. 이 능력을 통해서 우리는 너무도 간단하게 유체여행을 할 수 있다.

프랄라야 PRALAYA | 과학자들은 평범한 인간들이 오래전부터 이미 알고 있던 사실을 막 발견했다. 인간과 동물은 일정한 시간이 경과하면 잠을 자야 한다. 그렇지 않으면 삶을 지속할 수 없으니까. 여기에 동양의 과학이 수십 세기 전부터 알고 있던 사실이 하나 있다. 온 우주도 일정한 간격으로 '잠'을 자야 한다는 사실 말이다.

우주는 아주 긴 간격으로 잠을 잔다. 그것을 프랄라야라고 부른다. 힌두 신앙에 의하면 우주에는 여러 주기가 존재하고, 각 주기마다 우주는 잠을 자면서 새로운 주민들을 '고안'하고 새로운 세계를 '설계'한다. 우리는 이런 정보들을 아카샤 기록에서 열람할 수 있다.

프라나 PRANA | 프라나에는 두 가지 뜻이 있다. 하나는 심장 신경총과 연결된 차크라를 뜻한다. 이것은 심장의 상태와 건강을 통제한다. 이것은 심장 근육에 충격신호를 주는 심장 내 섬유다발에 연결돼 있으며 심장을 일정한 리듬으로 뛰도록 한다. 오라에서는 오렌지 빛깔로 나타나는데, 저속한 동물적 욕망에 집착하거나 음식과 섹스에 탐닉하는 사람들은 붉은 색조를 띠는 경향이 있다.

두 번째 뜻은 사람들에게 잘 알려져 있다. 이것은 호흡과 관련이 깊으나 여기서 자세히 다루지는 않겠다. 대신 나는 이 사전의 부록에서 아주 안전하면서도 건강에 탁월한 호흡법을 소개할 작정이다.

기도 PRAYER | 사람들은 일요일마다 기도를 하고 다른 날에는 기도를 잊어버린다. 그리고 그리스도교인들은 불교도들이 진언을 반복하여 외는 것을 비웃는다. 그러나 기도가 곧 진언이며, 진언이 곧 기도이다.

기도의 목적은 우리의 강력한 잠재의식을 일깨워 그 게으른 친구로 하여금 일하도록 만드는 것이다. 그 게으른 친구가 우리의 몸과 마음의 특정 부분을 열심히 자극하도록 하는 것이다. 그래야 다른 사람이 해주기만 바라던 것들을 스스로 해낼 능력이 생기기 때문이다.

기도의 메시지는 우리(꼭두각시)의 조종자인 초자아에게 전달되고, 그 초자아가 보기에도 그것이 현재 과업에 알맞은 것이라면, 그때 우리는 그

염원을 실현하는 데 다소 도움을 받을 수 있다. 그러나 흔히 보는 일이지만, 대부분의 사람들은 자신의 재산이나 힘을 위해서는 기도해도 결코 남을 위해서는 기도하지 않는다.

물체감응 PSYCHOMETRY | '민감한' 사람은 물체를 손으로 만지는 것만으로도 그에 관해 꽤 많은 정보를 얻을 수 있다. 그가 호숫가나 바닷가에서 돌 하나를 집어들고 마음을 비우면, 그의 잠재의식이 초현실적인 감각을 활성화시켜 손가락의 진동을 두뇌로 보내 영상으로 그려낸다.

모든 생명은 전기와 자기를 띠고 있어서 모든 '접촉'이 흔적으로서 남기 마련이다. 마치 자석으로 쇳조각을 건드리는 것과도 같다. 당신은 쇳조각이 부분적으로 자화磁化된다는 사실을 알 것이다. 그리고 검류계 또는 평범한 나침반으로도 쇳조각이 얼마만큼의 자성을 띠고 있는지를 확인할 수 있다.

이처럼 물체감응을 할 수 있는 사람은 돌이나 반지 또는 천조각을 만짐으로써 그 물건과 관련된 과거의 일들을 생생히 짚어낼 수 있다.

연옥 PURGATORY | 이것은 지옥이 아니다. 이것은 유체계에 존재하는 '기억의 방'에 가깝다. 예컨대 당신이 은빛 찻주전자를 갖고 있다고 하자. 얼마간 사용하다 보면 그 주전자는 내부에 얼룩이 끼고 외부에도 한두 군데 흠집이 날 것이다. 따라서 그 물건을 팔거나 결혼 선물로 줄 요량이면 먼저 기존의 흠을 없애야 한다.

마찬가지로 이 세상을 떠난 인간이나 동물은 '연옥'에서 잠시 머무는데, 이곳은 영혼 또는 초자아가 방금 끝난 생에서 저질렀던 잘못을 점검하는 곳이다. 그리고 실제로 이때 유체의 '얼굴'이 (부끄러워서) 벌겋게 달아오르는 경우가 왕왕 있다!

 이 연옥은 처벌소도 아니고 현지 감옥도 아니며 지옥도 아니다. 시뻘겋게 달군 창으로 당신을 쑤셔대는 악마들도 없다. 연옥은 다만 당신으로 하여금 내면의 자만심과 환상을 얼마간 떨어버리게 해주는 곳이다. 그리고 비록 지상에서는 넘치는 재산으로 사람들에게 대접받았지만 이곳은 그 돈과는 무관하다는 사실을 직면하는 곳이다.

 연옥을 두려워할 이유는 전혀 없다. 이곳에서 지상의 찌꺼기들을 떨어버리는 것은 진정으로 행복한 경험이다.

Q

질문자 QUERENT | 이것은 '질문을 하는 사람'을 뜻한다. 즉 특정한 방식으로 예측을 행하는 사람에게 찾아와 조언을 구하는 사람(의뢰인)이다. 여기에는 수정이나 타로카드가 사용될 수 있다.

 질문자의 태도가 점의 성공 여부를 결정한다. 만일 질문자가 회의적이거나 노골적으로 불신을 드러낸다면, 또는 엉터리 정보를 건넨다면 그의 잠재의식 탓에 진실이 드러나지 않는다.

 예측자, 즉 점술가는 질문자를 꼬드기려는 것이 아니다. 그는 질문자를 도우려고 한다. 따라서 질문자는 모든 두려움과 자의식을 내려놓고 담담해져야 한다. 그렇지 않으면 잘못된 태도가 타로카드나 수정에 역작용을 일으킬지도 모른다.

 예컨대 만일 젊은 여성이 비밀을 가진 채로 타로점을 보러왔다면, 그녀는 자신의 불운한 과거가 폭로될까봐 보이지 않는 사고의 장벽을 세울 수 있다. 물론 투시가에게는 그런 장벽과 그녀가 숨기려는 것이 다 보이지만, 정작 그녀가 알고자 했던 정보는 덮여 가려질 수 있다. 타로카드와 수정은 확실히 도움이 되지만, 우선 질문자가 자발적으로 협조를 해야만 가능하다.

R

라가 RAGA | 이것은 즐거움과 호감 등의 감정을 나타내는 말이다. 이런 감정은 통상 기분 좋은 물건, 관념, 또는 사람으로부터 올라온다. 그런데 라가에는 또 다른 뜻도 있다. 라가는 특수한 형식의 인도음악을 가리키기도 한다.

라가는 한발 더 나아가 영적 사랑의 개화를 뜻하는 라가 – 박티Bhakti로 이어진다. 이것은 예기치 못한 어떤 강렬한 경험이나 감정으로부터 생겨난다.

또 다른 형태의 라가로는 라가 – 드웨샤Dwesha가 있다. 이것은 누군가에 대한 호불호의 감정이다. 우리는 때때로 첫눈에 반하거나 반대로 대번에 혐오감이 드는 사람들을 만나곤 한다.

이런 감정들은 영적 성장을 위해 근절해야 할 선입관이다. 왜냐하면 명백한 이유 없이 좋아하거나 싫어하는 것은 무지의 표시이고, 그가 아직 영적 기초를 닦지 못했음을 말해주기 때문이다.

라자 요가 RAJA YOGA | 라자는 '왕족'을 뜻한다. 그래서 라자 요가는 종종 '왕족'의 요가라고 불린다. 이것은 우리를 위대한 초자아로 되돌아

가게 해주는 네 가지 주요 방법 중의 하나이다.(요가는 일반적으로 라자 요가(명상), 즈나나 요가(지식), 카르마 요가(행위), 박티 요가(헌신)의 네 가지로 분류된다. 역주)

라자 요가는 자기 자신을 통제하는 법을 가르친다. 그리고 우리가 다른 이들에 의존해서는 안 되며, 스스로 자신의 곤경을 극복해야 한다는 사실을 가르친다.

레차카 RECHAKA | 여러 가지 호흡법을 연습할 때 신선한 공기를 마실 수 있도록 폐에서 한껏 공기를 내뱉는 과정을 가리킨다. 부록에서 여러 호흡법을 다루고 있으므로 여기서는 설명을 생략한다.

리쉬 RISHI | 이것은 성자, 착하게 사는 사람, 또는 영적 능력을 가진 사람을 뜻한다. 리쉬는 대개 모종의 경로를 통해 종교의 신성한 경전에 관여해왔다. 그들은 뛰어난 영감으로 앞날을 내다본다.

의례 RITES | 의례는 일종의 수행이다. 그것이 이교異敎의 의례인가 합당한 의례인가는 당신의 소속이 어디인가에 달렸다.

예컨대 성당에서는 몹시 복잡한 예배의식을 치르는데, 그것은 성대한 볼거리를 제공함으로써 사람들을 불러모아 이 제식화된 가르침을 전하기 위함이다. 의례는 참가자들에게 특정한 마음의 틀을 갖게 하는 수단이다.

염주 ROSARY | 염주를 사용하는 종교는 수없이 많다. 기도나 진언을 하는 사람들은 구슬을 손가락으로 헤아려 일정한 순서 또는 정확한 횟수를 지키는 데 도움을 받는다.

염주는 단지 잠재의식에게 어떤 일이 바른 순서 또는 바른 횟수로 진행되고 있음을 말해주는, 초보적 형태의 계산기일 뿐이다. 염주를 만지작거리는 것은 종종 사람들에게 위안을 주고, 인류의 오랜 숙제인 '양손을 어찌해야 좋을지 모르는' 문제를 극복하게 해주기도 한다.

S

사다나 SADHANA | 이것은 여러 가지 영적 수행법을 가리키는 말로서, 특히 욕망으로부터 자유를 달성하는 네 가지 수단을 뜻한다. 이것은 또한 다마DAMA의 일부분이다.(505쪽 참고) 육욕으로부터 자유롭게 해주는 수행법들은 따로 설명할 필요가 없겠다. 왜냐하면 이 책 전체가 그것을 말하고 있으니까.

사두 SADHU | 도인, 은둔자, 또는 승려를 뜻한다. 보통 라마교 사원이나 수도원을 떠나 대중들 틈을 방랑하는 사람에게 '사두'라는 호칭이 주어진다.

사하스라라 SAHASRARA | 요가의 의식 중추 중 가장 높은 위치의 중추를 뜻한다. 이것은 일곱 번째 차크라로서, 앞서 말했듯이 총 아홉 개의 중추가 있지만 서양에는 그중 일곱 개만이 알려져 있다.

사하스라라는 천 개의 꽃잎이 있는 연꽃에 비유된다. 투시가는 이것을 머리 꼭대기에서 금빛의 분수가 쏟아지는 것과 같은 모습으로 본다. 그리고 그 둘레의 모든 '꽃잎들'은 세상의 온갖 다채로운 색을 다 띠고 있다.

삼매 SAMADHI | 이것은 현실을 또렷이 인식하는 의식 수준 너머의 특별한 존재 상태를 뜻한다. 수행자가 훌쩍 성장하여 특정한 단계가 되면 그는 '초의식(super-conscious)' 상태에 이르러서 신성한 실재를 인식하게 된다. 증명할 수는 없지만 그는 그것이 진실임을 안다.

삼매는 또한 수행자로 하여금 불현듯 뭔가를 깨치게 하는 특정한 형태의 지성을 가리키기도 한다. 예컨대 우리는 어떤 단어의 의미를 숙고하다가 섬광처럼 찾아온 예기치 않은 계시로서 그 단어의 진짜 의미를 깨닫게 되곤 한다.

사마나 SAMANA | 태양신경총 중추에는 통상 '생명력'이라고 지칭되는 무엇이 있다. 영적으로 성장해가고 있는 투시가라면 누구나 이 방사 현상을 볼 수 있다. 그것의 색깔은 부근에서 분비되는 위액의 영향을 받는데, 대부분의 경우에는 비취(옥) 같은 뿌연 녹색이고 다소 소화기능이 작동 중일 때는 누르스름한 색조의 우윳빛 같을 수도 있다.

사마트와 SAMATWA | 기질이 안정된 상태, 마음이 평온한 상태, 불만과 혐오와 적대심이 전혀 없는 상태를 뜻한다. 수행자가 편견이나 증오심 없이 냉정하게 관조할 수 있는 상태이다.

삼사라 SAMSARA | 생사의 유전流轉. 사람들은 '탄생 → 삶 → 죽음 → 다음 생 계획 → 환생'이라는 순환 주기에 맞추어 몇 번이고 반복하여 지상에 내려온다. 이런 순환은 당사자가 점성학적으로 모든 사분면과 모든 궁에서 배워야 할 것을 다 배우고 육신의 속박을 벗어날 때까지 지속된다.

산치타 카르마 SANCHITA KARMA | 과거생으로부터 누적되어 저장된 카르마를 뜻한다. 많은 사람들은 카르마를 잔인하고 가혹하고 무자비한 법칙으로 여긴다. 그러나 그렇지 않다.

사람들은 자신의 카르마 중에서 많은 부분을 잠깐 '젖혀둘' 수 있다. 즉, 냉장실에 넣어두고 당면한 일에만 매진할 수 있다. 만일 그가 진보를 이루어 정직하게 남을 돕고자 한다면 그의 '저장된 카르마'는 용서(탕감)될 것이다. 왜냐하면 당신이 당신에게 범한 타인들의 죄를 용서했을 때, 타인들 또한 그들에게 범한 당신의 죄를 용서할 것이기 때문이다.

신은 누구에게나 자비롭고 공정하다. 그는 공정하면서도 연민을 잃지 않는다. 이 지상에 태어난 사람들 중에서 자기 능력 이상의 짐을 짊어진 사람은 아무도 없다. 아무도 과도한 '배상'을 강요받지 않는다.

그러니 카르마를 짊어진 당사자가 자신이 용서받을 만한 존재임을 입증하기만 하면, 그의 '유예된 카르마'는 무효화되거나 약화되거나 폐기된다. 예컨대 몹시 잔인한 짓을 저질렀던 사람이라고 해서 늘 똑같이 잔인한 고통을 되돌려받지는 않는다. 왜냐하면 그가 다음 생에서 속죄하는 데 온 힘을 기울인다면 그의 카르마는 탕감될 수 있기 때문이다.

산냐스 SANNYAS | 이것은 철저한 '자기 부정'의 생활을 가리킨다. 이 것은 보통 라마교 사원이나 수도원에 들어가 전 생애를 깨달음의 달성에 바친 사람을 일컬을 때 쓰인다. 다시 말하건대 영적 성장을 위해서는 자신이 원했던 것들을 타인의 이익을 위해 기꺼이 나누어야 한다. 이 덕목은 인간의 삶을 네 단계로 나누었을 때 마지막 단계에 해당한다.

산냐스에는 또 다른 뜻도 있다. 산냐스는 승려가 되려는 자가 속세를 완전히 포기하고 떠나겠다고 마지막 서약을 하는 입회식을 가리키기도

한다.

사라스바티 |　대부분의 종교에는 '성모'가 있다. 그리스도교에도 성모가 있고 라마교에도 성모가 있다. 물론 힌두교에도 브라흐마의 배우자인 성모 사라스바티가 있다. 사라스바티는 지식의 여신이며 예술의 수호신이다.

사트 SAT |　서양식으로 말하면 '절대적 존재' 또는 '지상에 없는 순수한 존재'에 비유할 수 있다. 초자아를 가리키는 말로서 우리는 예절 바르게 행동하고 참을성 있게 기다림으로써 그것에 이를 수 있다.

사트야 SATYA |　이것은 진실함, 즉 남을 속이지 않는 것을 뜻한다. 절제해야 할 항목 중의 두 번째이다. 우리는 성장을 위해 철저하게 진실해야 한다. 자신에게는 물론 타인에게도 철저하게 정직해야 한다.

사트야 유가 SATYA YUGA |　이것은 우주의 네 주기 중 첫 번째 주기를 가리키는 말이다. 종교마다 우주의 시간을 일정한 햇수로 나누는 계산법이 있다. 사트야 유가는 크리타^{Krita}라고도 불리는데, 각각의 주기는 1,728,000년에 해당한다.

강령회 SEANCES |　'죽음 저편'과 접촉하는 것은 놀랄 만큼 쉽다. 사랑했던 친구나 친척인 체하는 저급령들과 접촉하는 것도 놀랄 만큼 쉽다.
　신진대사의 변덕으로 인해 자신의 진동수를 높여서 유체계의 어떤 존재들과 동조될 수 있는 독특한 사람들이 있다. 그렇다고 그들이 반드시 진화되었거나 빼어난 인물인 것은 아니다. 어쨌든 그 '영매'는 최근 또는 얼마 전에 세상을 떠난 사람으로부터 메시지를 전달해준다.

하지만 그가 대단히 저명하여 믿을 만한 영매가 아닌 한, 그 메시지를 곧이곧대로 믿는 것은 위험하다. 대부분의 영매가 사기꾼이라는 뜻은 아니다. 다만 영매 자신조차 부족한 지성 탓에 엉터리 메시지와 진짜 메시지를 구별할 수 없는 경우가 많다는 것이다.

이번 생을 하직한 사람들은 죽음 저편에서 의미 없는 메시지를 보내기에는 너무도 바쁘게 지낸다. 그들은 대부분 새로운 환생을 준비하느라 분주하다. 그러니 패니 아줌마가 꽃에 물을 주라거나 낡은 옷장의 세 번째 서랍에 유언장이 숨겨져 있다는 말을 전하려고 굳이 당신을 찾아오는 일은 흔치 않다!

샥티 SHAKTI | 우주의 어머니를 일컫는 또 다른 단어이다. 우주의 어머니란 곧 원초적 에너지의 원리이다. 그녀는 우주를 창조하고 보전하고 끝마무리한다. 그녀는 현현된 이 우주에 작용하고 있는 힘이다.

이 세상은 음陰의 세계다. 그러므로 음의 원리는 여성의 원리이다. 우리는 이 세상을 떠나서 양陽의 세계로 이동한다. 비전지식의 용어로는 신의 세계로 이동하는 것이다. 여기 지상에서 우리는 여신의 세계에 속해 있고, 음의 원리를 따르고 있다.

여신의 원리에서 오는 힘은 투시, 투청, 텔레파시, 물체감응 등에 관여한다. 또한 이 힘은 불현듯 떠오르는 머릿속의 그림들과도 관련이 깊다. 이 힘은 소리의 힘, 목소리의 힘, 음악의 힘이기도 하다.

힌두교에서는 신의 진정한 면모를 알려면 우주모母의 은혜부터 알아야 한다고 가르친다.

샨티 SHANTI | 라마교 사원과 불교 사원에서는 평화를 뜻하는 '샨티'라는 말이 강론이 끝날 때마다 반복된다.

티베트 사원에서는 식사를 할 때 뭔가를 읽는데, 그것은 물질에 불과한 음식으로 생각이 쏠리는 것을 되돌리기 위한 구절들이다. 그런데 강독자는 그 말미에 종종 이렇게 말하곤 한다. "옴, 샨티, 샨티, 샨티." 이것은 단순히 평화를 간곡히 권유하는 말로서 그리스도교 수도원에서 "팍스 보비스쿰Pax voboscum"이란 말이 반복되는 것과 같다. 즉 '평화가 당신과 함께하길'이라는 뜻이다.

샤트삼파티 SHATSAMPATTI | 육체의 욕정과 욕망으로부터 벗어나기 위해 훌륭한 스승과 함께 공부하는 수행자는 다음과 같은 여섯 가지 측면에서 가르침을 받게 된다.

1. 샤마Shama : 육체의 욕망이 버려지도록 차분히 사고를 제어하고 마음을 통제하는 능력.
2. 다마Dama : 육체의 열망을 사그라뜨리고 마음을 고양시켜 육체를 통제하도록 해주는 수행체계.
3. 우파라티Uparati : 이웃의 소유물을 탐내지 말라는 가르침. 자신의 동료와 소유물을 신중하게 선택하고 가진 것에 만족하도록 인도하는 가르침.
4. 티틱샤Titiksha : 자신의 카르마에 의해 닥친 어려움을 당당하게 마주하고 인내하며 견디는 능력.
5. 슈라다Shraddha : 자기 자신과 타인에게 성실하고 정직하도록, 자신을 둘러싼 환상과 허위를 물리치도록 인도하는 수행체계.
6. 사마다나Samadhana : 자신의 힘, 자신의 능력을 한 가지 목적에 집중

시키는 힘. 이제 그는 일시적인 혼란으로 하여 길을 잘못 들지 않는다. 오직 윤회를 벗기 위해 똑바로 앞을 향해 확고부동하게 걸어간다.

시바 SHIVA | 많은 의미가 있는 말이다. 힌두교의 삼위일체 가운데 시바는 우리를 지상에서 소멸시키는 신, 즉 인간을 흙더미 육체로부터 풀려 놓여나게 하는 파괴적인 힘이다. 시바는 육체로부터의 해방을 추구하는 요가 수행자들이 공경하는 '신'이다.

우리는 출생, 삶, 죽음의 세 가지 과정을 거친다. 따라서 우리의 출생을 결정하는 '신'이 있고, 사는 동안 우리를 감독하는 '신'이 있다. 그리고 죽을 때 우리를 지구에서 떼어놓는 '신(시바)'도 있다.

싯다 SIDDHA | 수많은 윤회를 통해 이제는 '완전한 영혼'이 된 사람이다. 아직 신성 그 자체의 단계에 이르지는 못했지만 거의 준準 신성의 단계에 이른 사람이다.

싯디 SIDDHI | 영적인 완성을 뜻한다. 또한 해당 수행자가 상당한 비술 능력을 지니고 있음을 뜻하기도 한다.

은줄 SILVER CORD | 신생아가 탯줄에 의해 엄마와 연결되어 있듯이 우리는 은줄에 의해 초자아와 연결되어 있다. 꼭두각시가 가는 끈에 의해 조종자와 연결되어 있듯이 우리는 은줄에 의해 우리의 조종자와 연결되어 있다.

은줄은 빠르게 회전하는 총천연색의 분자들로 구성되어 있으며 실제로 은빛으로 보인다. 투시가에게는 그 다채로운 색깔이 순수한 푸른 색조를 띤 밝은 은빛으로 투영된다.

은줄은 무한정으로 연장될 수 있다. 유체여행을 할 때 우리의 유체는 은줄로서 육체와 연결된 상태에서 먼 곳까지 돌아다닌다. 마치 당신이 줄 끝에 연을 매달아 공중에 띄워 올릴 수 있는 것과 같다. 그래서 육체가 신호를 보내면 유체는 마치 연줄이 감겨드는 것과 똑같이 육체로 감겨 들어온다.

우리가 지상에서 하는 모든 경험은 은줄을 통해 초자아에게 보내진다. 또한 초자아가 우리에게 보내는 메시지들도 은줄을 따라 우리의 잠재의식에 전해진다.

우리가 죽음에 이를 때는 은줄이 점차 가늘어지다가 끊어진다. 탯줄이 끊어질 때 아기가 '엄마 뱃속의 삶'과 이별하는 것처럼, '황금 주발이 산산이 부서질 때'(은줄이 끊어질 때) 육체는 초자아와 이별하게 된다. 황금 주발은 후광에 해당하는 상급의 에테르 힘으로서 생존 시에는 머리를 둘러싸고 있다가 임종 시엔 떠나버린다.

죄 SIN | 죄란 무엇인가? 사제들이 바람직스럽지 않다고 생각하는 것이 곧 죄이다. 그러니 이것은 그다지 의미가 없는 단어다.

지금은 출산이 오히려 죄가 된 듯하다. 왜냐하면 사제들이 "아이들은 죄 가운데 태어난다"고 말하기 때문이다. 하지만 어떻게 그럴 수 있겠는가? 출산이 없다면 종족도 없고 사제들도 존재할 수 없을 텐데.

원천적인 '죄'를 말하자면 자만심, 탐욕, 욕정, 분노, 대식, 질투, 나태 같은 것들을 꼽을 수 있다. 다른 죄들은 바로 이것들로부터 파생한다. 자만심은 자신의 능력을 오해한 데서 비롯된다. 탐욕은 눈독을 들이던 물품이 얻어지는 순간 사라진다. 욕정은 종족의 지속에 필연적인 성욕의 다른 이름이다.

사제들조차 자신에게 복종하는 사람들에게 성을 보상으로 제공하곤 했다. 지금은 성을 죄악시하지만, 사실 옛날의 사제들은 군중을 자신의 성전으로 끌어들이기 위해 성을 두둔하곤 했다. 그들은 지금이라면 누구나 눈이 휘둥그레질 쇼를 벌이기도 했는데, 예컨대 그 지역의 모든 미혼 여성은 1년에 한 번 신전에서 돈을 받고 어떤 남자에게든 몸을 파는 것이 일종의 율법이었다.

사제들은 자신의 통제력이나 권능을 약화시킬 수 있는 일들을 '죄'라고 부른다. 죄짓는 일을 피하는 최선의 길은 "자신이 대우받고 싶은 대로 남을 대우하라"는 황금률을 엄격히 지키는 것이다. 이 원칙대로만 살라. 그러면 당신에게 피해가 오는 일은 없을 것이다.

영혼 SOUL | 아주 잘못 이해되는 말이다. 이것은 우리의 진짜 자아, 초자아, 꼭두각시의 조정자, 진정한 나를 뜻한다. 즉 영계에서 배울 수 없는 일들을 지상에서 배우기 위해 우리의 육신을 사용하고 있는 주체이다.

스포타 SPHOTA | 이것은 햇빛 속에서 꽃이 피어나듯 우리의 마음을 열게 해주는 '무엇'을 뜻한다. 예컨대 이것은 어떤 생각 또는 '옴'과 같은 어떤 특별한 소리일 수 있다. 이것은 우리의 마음을 자극하여 예기치 못한 각성으로 이끈다. 우리는 개화된 존재가 되기 위해서 지상에서 이것을 얻으려 애쓴다.

스리 SRI | 성스러운 인격이나 신성한 책에 붙이는 접두사로서 '존경하

는' 또는 '성스러운'이라는 뜻을 지닌다. 가볍게는 영국인들의 'Esquire', 미국인들의 'Mr.'와 같이 '~님'과 같은 뜻으로도 쓰인다.

돌 STONE | 돌은 우리의 생각과 건강, 운세에 커다란 영향력을 행사할 수 있는 물질이다. 따라서 이 사전의 부록에 돌의 종류와 의미에 대해 써 놓았다. 주의 깊게 읽어보길 바란다.

잠재의식 SUB-CONSCIOUS | 잠재의식은 우리의 10분의 9를 차지한다. 의식은 우리의 10분의 1밖에 안 된다.

보통의 인간은 잠재의식 속의 지식에 접근할 수 없다. 그러나 그가 평범하기를 그치고 달인이 되면 잠재의식 전부를 조사하여 온갖 지식을 얻을 수 있다. 인간의 삶과 관련된 모든 정보가 잠재의식 속에 저장되어 있다.

현묘체 SUBTLE BODY 玄妙體 | 초감각적인 차원에서 우리의 몸은 총 열일곱 개의 요소로 구성되어 있다.

1. 시력   2. 청력   3. 후각   4. 미각   5. 촉각
6. 혀   7. 양손   8. 양다리   9. 배설기관   10. 생식기관

나머지 일곱 가지에는 호흡작용, 소화작용, 마음, 지성 등이 포함된다.

수슘나 SUSHUMNA | 쿤달리니가 일깨워질 때 그것은 수슘나에 위치한 의식 중추를 통과하게 된다. 수슘나는 척추 내부를 수직으로 통과하는 통로로서 현묘체에 존재한다. 이것은 척추의 기저에서 출발해 똑바로 머리 꼭대기까지 올라간다. 그러니까 척추는 사실상 튜브와 같고, 그 빈 부분

이 곧 수슘나이다.

　수슘나의 좌우에는 두 개의 다른 통로가 있다. 오른쪽에 있는 것이 핑갈라이고 왼쪽에 있는 것이 이다이다. 이 둘은 나선형으로 감기듯 올라와서 결국 결합한다.

　수슘나와 핑갈라, 이다가 바로 대부분의 종교에서 공통적으로 보이는 '삼위일체'의 연원이다.

수트라 SUTRA | 이것은 전반적인 교의를 내포한 간결한 문장을 가리킨다. 수트라는 작은 지면 안에 많은 진실을 압축하고 있다. 인도의 베단타와 요가 수트라 등이 대표적이다.

스바하 SVAHA | 이것은 기도 후에 또는 종교의식 도중에 입 밖으로 내는 진언이다. 그 뜻은 '아멘'과 같다. 다른 말로 하면 '그리되기를'이란 뜻이다.

스와디스타나 차크라 SWADHISHTHANA CHAKRA | 생식기 부위에 있는 차크라이다. 이것은 여섯 개의 꽃잎이 달린 연꽃처럼 보인다. 진화가 덜 되어 욕망이 가득한 사람은 그 꽃잎이 몹시 불쾌한 짙은 갈홍색을 띤다. 그러나 진화된 사람일수록 갈색은 점차 사라지고 밝은 홍색을 띤다. 더욱 높은 수준에 이르면 홍색이 줄어들며 오렌지빛으로 변한다.

　이 꽃의 텅 빈 중앙에서 뿜어나오는 빛의 형태는 그의 진화 상태를 그대로 반영한다.

스와미 SWAMI | 구루와 비슷한 뜻이다. 대가 또는 영적 교사를 뜻한다.

이것은 '선생님', '존자尊者' 등의 의미로서 흔하게 덧붙는 호칭이다. 진정으로 존경하는 분이 있다면 그를 더욱 높여 스와미지Swamiji라고 부르면 된다.

T

태극 TAI CHI | 중국의 현자들은 우리가 이 지상을 떠나 돌아가게 될 세계를 가르치기 위해 태극을 만들어냈다. 이것은 궁극의 세계 또는 육화肉化가 멈춘 세계를 보여준다. 이것은 우리의 초자아와의 재결합 또는 이 지상에서 더없는 지복至福을 누리는 상태를 나타내기도 한다.

타마스 TAMAS | 이것은 타성, 아둔함, 편견을 아우르는 말로 이 세계의 사물들을 일정한 형태로 유지케 하는 성질을 가리킨다. 우리는 타성의 원리(눈의 잔상)에 의거하여 영화를 보거나 텔레비전을 시청한다. 그렇지 않다면 그 깜빡이는 영상들을 견뎌낼 수 없으리라.

    게으르거나 굼뜬 사람을 소위 '타마스 기질이 강한(Tamasic)' 사람이라고 한다.

탄마트라 TANMATRAS | 이것은 다섯 개의 근본 원소를 가리킨다. 감각으로 치면 촉각, 시각, 청각, 미각, 후각이 되고 물질로 치면 공기, 불, 땅, 에테르, 물이 된다.

탄트라 TANTRA | 샥티 숭배와 관련된 저술 또는 경전을 지칭한다. 탄트라의 목적은 우리로 하여금 무지와 윤회로부터 해방시켜주는 철학 또는

훈련과정을 직접 배우고 수련케 하는 데 있다.

도 TAO | 공산주의자들이 인간의 가치를 전복시키기 전에 도道는 길이자 원칙, 진리를 가리켰다. 도는 우리에게 나아가는 방법, 따라야 할 길을 보여주는 무엇이다. 다른 말로는 '중도中道를 지키라'와 같은 의미이다.

타파스 TAPAS | 진실한 요가 수행자라면 매일 해야 하는 훈련이다. 일종의 육체조절법으로서 특정한 호흡법과 정신훈련이 포함되어 있다.

이러한 훈련에서 당당한 군대와 오합지졸의 차이가 생긴다. 진정한 요가 수행자와 사기꾼의 차이가 생긴다.

진실과 속임수를 구분하지 못하는 사람들이 많다. 별의별 우스꽝스러운 운동을 분별없게 추구하느라 오랫동안 사지를 뒤흔들고 부자연스런 자세를 취하는 사람들이 있다. 그러니 그들에게는 정작 영적 발전을 위한 시간이나 에너지가 남아나질 못한다.

타라 TARA | 아일랜드를 찬양하는 의미에서 이 단어를 끼워넣지 않을 수가 없다! 아일랜드에는 '타라의 성소'를 이야기하는 민요가 있는데, 그것은 아주 오랜 역사를 담고 있는 경이적인 노래다.

형이상학에서 타라는 '구세주'를 뜻하며, 엄밀히 말하자면 시바의 배우자인 성모를 가리킨다.

타라카 TARAKA | 이것은 실제로 양 눈썹 사이에 있는 의식 중추이다. 올바르게 명상을 하는 사람은 양 눈썹의 중간에서 빛을 보거나 감지할 수 있다.

타로 TAROT | 모두 78개의 낱장으로 된 카드 한 벌을 가리킨다. 아카샤 기록은 이 카드들이 '언약의 책(Book of Thoth)'의 지식을 함축하고 있다고 말한다. 읽어낼 수만 있다면, 타로에는 과거 역사에 대한 모든 지식이 담겨 있다.

그러나 요즈음에는 주로 점을 치는 데 이용되고 있다. 흑단을 문지르면 종이가 들러붙듯이, 또는 쇳조각이 자석에 이끌리듯이, 당사자의 잠재의식은 특정한 카드들을 자화磁化시켜 뒤섞인 카드들 중에서 선택되도록 만든다. 따라서 진실한 사람에 의해 사용되는 한 타로카드는 절대로 틀리는 법이 없다.

탓 트왐 아시 TAT TWAM ASI | 라마교 사원에서 수행자들은 '그것(That)', 즉 초자아에 관해 명상해야 한다. 그들은 '그것'과 '이것(This)', 즉 육화된 것들을 구분할 수 있어야 한다. '그것'과 '이것'을 구분하는 사람만이 진실로 "탓 트왐 아시"라고 말할 수 있다. 이 말은 "당신은 그것이다"라는 뜻이다.

텔레파시 TELEPATHY | 텔레파시는 타인의 뇌파를 포착하여 그 정보를 이해하는 능력, 기술, 또는 과학을 일컫는다. 라디오 무선국이 전파를 송출하듯이 인간의 두뇌도 자신의 생각을 방사한다. 생각은 일종의 전기적 신호이므로 훈련된 사람은 누구나 텔레파시 능력을 발휘할 수 있다. 즉 타인의 사고에 '다이얼을 맞출' 수 있고, 자신의 사고를 타인의 수신영역으로 전달할 수도 있다.

염력 TELEPORTATION | 염력(원격이동)은 서양에서는 그다지 받아들여지지 않고 있는 과학이다. 염력은 오직 생각의 힘으로써 물체를 이동시키는 기술이다. 예컨대 폴터가이스트들은 의자와 같은 커다란 물체를 들어올려서 방 저편으로 사납게 내던질 수 있다. 잘 훈련된 동양의 라마승들도 생각으로써 무거운 물체를 다른 장소로 이동시킬 수 있다.

물체의 무게를 좌우하는 중력은 사실 그 물체와 지구 간의 자기적 끌림에 지나지 않는다. 따라서 특정한 조건하에서 그 자성은 약화되거나 제거될 수 있다. 그러면 그 물체는 전혀 무게가 없는 상태가 된다. 이것이 바로 염력의 원리이며 공중부양의 원리도 이와 동일하다.

만지는 돌 TOUCH STONE | 아스피린과 온갖 안정제가 등장하기 수세기 이전의 사람들은 지금보다 훨씬 슬기로웠다. 당시의 사제들과 현인들은 신경이 과민한, 또는 어딘가 '시원치 않은' 사람들을 안정시키는 방법을 알고 있었다. 그들은 '정서안정용 만지는 돌'을 만들었다. 독특한 방식으로 제작된 이 특별한 돌을 부드럽게 쓰다듬다 보면 사람들은 유쾌한 기분을 느끼고 불안한 마음을 진정시켜 궤양, 울화, 히스테리 등에 빠지지 않게 되었다. 돌에 관해 설명한 부록의 내용을 참고하라.

트랜스 TRANCE | 진정한 트랜스 상태는 유체가 육체를 떠났을 때를 가리킨다. 그리고 유체는 은줄을 통해서 자신이 목격한 일들을 육체와 초자아에게 보고하는데, 때때로 영매적 기질이 있는 사람은 자신의 은줄을 무형의 존재에게 스스로 빌려줄 수 있다.

예컨대 영매는 휴식하는 자세로 앉아 자신의 유체로 하여금 육체를 떠나게 한다. 그러면 무형의 존재가 자신의 은줄을 붙잡아서 영매의 육체로 필요한 메시지를 전달한다. 그 전언이 끝나면 무형의 존재는 은줄을 놓고 떠나버리고, 영매의 유체는 다시 본래 육체로 되돌아간다.

훈련이 안 된 사람들은 결코 트랜스 상태나 강령회 등에 손을 대서는 안 된다. 이것들은 건강에 아주 해로운 결과를 가져올 수 있다.

트레타 유가 TRETA YUGA | 앞서 여러 번 말했듯이 이 우주의 시간은 네 가지 주기로 구분된다. 트레타 유가는 그중 두 번째 주기로서 그 기간은 1,296,000년이다.

투리야 TURIYA | 이것은 의식의 네 번째 상태다. 이것은 깨어 있는 상태, 꿈을 꾸는 상태, 꿈 없는 깊은 잠에 든 상태와는 관련이 없다. 이것은 일종의 초의식 상태이다. 명상을 제대로 하면 이런 단계에 이르는데, 그때 수행자는 사고와 지혜를 넘어서 거의 유체의 의식과 동등한 상태로 진입한다. 투리야 상태에서는 지상의 것이 아닌 사물들을 경험케 된다.

트야가 TYAGA | 이것은 소유물과 사회활동의 완전한 포기를 뜻한다. 모든 소유물을 포기하고 단념한 독신수행자 또는 은둔자는 트야기^{Tyagi}라고 부른다.

U

우다나 UDANA | 이것은 가슴의 근육을 움직이게 하는 자동화된 명령을 전달하는 중추이다. 다시 말해 우리의 호흡통제 중추다. 투시가는 실제로 인두(비강과 후두 사이)의 신경총에서 푸른 색조의 흰빛을 본다.

운마니 UNMANI | 육체를 벗어난 상태를 뜻한다. 즉, 유체가 육체를 벗어나 유체여행을 하거나 트랜스 상태에 있을 때 우리는 이것을 '운마니'의 상태라고 말한다.

우파다나 UPADANA | 만물을 구성하고 있는 질료를 뜻한다. 모든 물건은 그것의 재료와 뗄 수 없는 관계에 있다. 은주전자는 은으로 만들어지고, 유리창은 유리로 만들어지며, 인간은 살과 뼈로 만들어진다. 어떤 것도 인간이 살과 뼈로 만들어진다는 사실을 바꾸진 못한다. 그것이 인간의 '우파다나'이기 때문이다.

우파디 UPADHI | 이것은 초자아가 육체를 가진 인간에게 부과한 무지를 가리킨다. 만일 모든 인간이 그들의 영적 수준과는 관계없이 모든 전생을 기억해낸다면 그 결과는 몹시 불행할 것이다. 왕자였던 사람이 하잘것없는 농부로 환생하면 비탄에 빠지고, 농부였던 이가 왕자로 환생하면 열등감에 휩싸일 것이다.

그런고로 우리는 '망각의 강물'을 마시고 나서 아기의 몸에 들어가 의식을 깨는 것이다. 육체를 가진 동안 전생의 기억을 잊게 하는 것은 현명한 조치이다. 물론 유체계로 들어가서 아카샤 기록을 열람하면 그 모든 지식을 다시 접할 수 있다.

우파디에 s가 붙어 우파디스Upadhis가 되면 그것은 지상에 있든 육체로부터 해방되었든 모든 인간을 지칭하는 단어가 된다. 그것은 다음의 세 가지 기본 몸체를 가리킨다.

1. 원인체(causal body)
2. 현묘체(subtle body)
3. 육체(gross body)

우파나야나 UPANAYANA | 힌두교 승려가 되기 위해 교육받게 된 소년은 상징적인 의례로서 '신성한 끈'을 잡고 다음의 미덕을 지킬 것을 서약한다.

1. 절대적인 순수
2. 절대적인 진실
3. 절대적인 자기통제와 극기

이 의례를 그리스도교에 비유하자면 견진성사 또는 안수와 같다.

우파니샤드 UPANISHAD | 베다의 철학적 논의를 담고 있는 특정한 책들로서 여러 신비적인 문제들과 초자아의 본성 등을 다룬다. 우파니샤드는 총 108권이고 그중에서도 특히 중요한 것들은 다음과 같다.(티베트에서 108은 신성한 숫자다.)

1. 이샤Isha   2. 케나Kena   3. 카타Katha   4. 프라스나Prasns
5. 문다카Mundaka   6. 만두캬Mandukya   7. 찬도갸Chandogya
8. 브리하다라냐카Brihadaranyaka   9. 아이타레야Aitareya
10. 타이티리야Taittirlya

우파니샤드는 네 가지 베다에서 각각 끝을 장식한다. 그래서 끝을 의미하는 '안타anta'라는 말이 '베다'에 붙어서 '베단타'(베다의 끝)라는 별칭을 갖게 되었다.

우파라티 UPARATI | 모든 개인적 욕망의 소멸을 가리키며, 우리 모두는 이것을 이루기 위해 분투해야 한다.

V

바이디 박티 VAIDHI BHAKTI | 박티는 신을 위한 헌신을 뜻하는데, 그 중에서도 특히 성대한 제식과 의례가 행해질 때를 바이디 박티라고 한다. 이것은 종종 참가자들을 최면 상태에 가깝게 이끈다.

바마차라 VAMACHARA | 아주 오래전에는 사제들이 '포도주'와 '여자'와 '노래'를 그들의 의례에 활용했다. 서양의 종교에서는, 특히 그리스와 로마에서는 이런 것들에 이끌려 남성 예배자들이 신전으로 모이곤 했다. 그들은 영적인 위안은 물론이고 그 외의 위안을 위해서도 많은 대가를 지불했다.

　동양에서는 신도들에게 열정으로부터 자유로워지는 법을 가르치기 위해 '술'과 '여자'와 '노래'를 활용했다. 신도들은 모든 대상과 모든 행동에서 성모의 영향력을 보아야 했고, 모든 여성을 그저 성적 끌림의 상대가 아니라 신의 배우자를 상징하는 존재로서 바라보아야 했다. 신의 배우자란 세계의 모든 위대한 종교가 공통으로 모시는 '성모'를 말한다.

하지만 동양에서는 이와 같은 수단이 오히려 열정을 더욱 불러일으킬 수도 있다는 이유로 금지되었다. 몇몇 신도들은 몹시 유감스러웠을 것이다!

바나사스 VASANAS | 습관 또는 경향을 뜻한다. 보통 성인 남자들은 담배를 피운다. 그리고 담배를 피우면 피울수록 그는 더 많은 담배를 피우고 싶어한다. 그리하여 그는 줄담배를 피우는 골초가 된다.

우리가 지상에 매이게 되는 이유는 바람직하지 못한 습관과 버릇들 때문이다. 따라서 우리는 그런 것들을 육체로서도, 유체로서도 극복해내야 한다.

바사나스는 흔히 '욕망'으로 번역되지만 그것은 부정확한 표현이다. 바사나스는 우리로 하여금 자신에게 특정한 욕망이 있다고 여기게끔 하는 '습관'이다. 그것은 단지 습관에 불과하므로 얼마든지 극복될 수 있다.

베단타 VEDANTA | '우파니샤드' 항목에 나오듯이 베단타는 '베다의 끝'이란 뜻이다. 우파니샤드는 네 가지 베다의 끝을 장식하고 있으므로 '베단타'라고 불리게 되었다. 베단타는 베다의 즈나나(지식) 요가에 기초를 둔 철학이다.

베다 VEDAS | 베다는 인도 종교의 기원으로서 인간의 육체와 초자아와 관련된 고도로 신비한 기능을 다루고 있는 특수한 책들이다. (베다는 리그, 사마, 아타르바, 야주르의 네 종류로 나뉜다. 역주) 베다 경전들은 성경과 코란보다도 수세기 이전부터 존재했던 영감의 원천이다.

비차라 VICHARA | 여러 베단타 학파들은 신도들에게 아주 진지한 사고를 시도할 것을 요구한다.(비차라는 '탐구'를 뜻한다. 역주) 신도는 하나의 주제를 정해놓고 그와 관련된 모든 것을 숙고해야 한다.

동시에 베단타 학파들은 그 생각이 지식 그 자체는 아니라는 사실도 가르친다. 실제로 생각은 육체가 지닌 결함이다. 지식은 실재하지만 생각은 '실재하지 않는 현상'에 불과하다.

비데하 VIDEHA | 지상에서 또는 유체계에서 머무는 동안 우리는 대부분 성장하는 과정 중에 있다. 즉 무언가를 끊임없이 배우고 있다. 그러나 우리는 부단한 배움으로부터 물러나서 그동안 얻은 지식을 곰곰이 '반추'할 수도 있다. 우리는 배움의 고난과 시련의 옆으로 비켜나서 잠시 휴식을 취할 수도 있다. 다락방에서 낡은 물건들을 들쑤셔서 보관할 것과 버릴 것을 가려내듯이, 우리 자신의 기억을 재편성할 기회를 가질 수 있다.

그처럼 연로한 사람들은 종종 소위 '제2의 유년기'를 맞는다. 그들은 과거의 기억 속에서 산다. 그들은 현재보다는 과거 속에서 산다. 그들은 시계를 뒤로 돌려서 생애의 모든 사건을 다시 음미한다.

비데하는 때로 데바(Devas)를 가리키는데, 이것은 윤회로부터 자유를 획득한 인간들을 뜻한다.

비데하묵티 VIDEHAMUKTI | 육체를 벗어나 해방을 맛보는 상태를 뜻한다. 우리는 육체를 벗어나서 가고 싶은 곳으로 순식간에 이동할 수 있다. 그러나 항상 기억할 것은, 반대로 육체를 가졌을 때만 경험할 수 있는 일들이 있다는 사실이다. 우리는 영혼으로서는 배울 수 없는 교훈을 얻기 위해 육체를 부여받은 것이다.

비드야 VIDYA | 이것은 지식을 뜻한다. 여기에 비술적인 의미는 전혀 없다. 그저 흔해빠진 '지식'을 가리키는 인도의 단어일 뿐이다.

비즈나나 VIDJNANA | 수행자가 수년의 공부 끝에 얻게 되는 것을 뜻한다. 즉 만물의 신, 초자아보다도 상위의 신, 진실로 실재하는 신에 대한 분명한 깨달음이다.

비칼파 VIKALPA | 이것은 하층마음에 존재하는 다섯 관념 중 하나로서 일종의 '상상의 산물'을 뜻한다. 우리는 '마음속에서' 어떤 것을 존재케 할 수 있다. 그때 '마음속에서' 그것은 아주 분명한 실체이다. 그것이 바로 비칼파다.

비파리야아스 VIPARYAYAS | 잠재의식이 지어낸 거짓 정보로 즉각 판명나는 생각들을 가리킨다. 예컨대 누군가 런던의 거리가 금으로 포장되어 있다고 말하더라도, 우리는 그것이 엉터리 정보임을 즉각 인식할 것이다.

비라트 VIRAT | 온 우주를 책임지고 있는 마누를 뜻한다. 이것을 '신'이라 부르는 사람들도 있지만 그것은 사실이 아니다. 신은 전혀 다른 존재이다. 비라트는 우주의 영(spirit)이다.

비숫다 VISHUDDHA | 널리 알려진 일곱 개의 요가 중추 중에 다섯 번째 차크라이다. 이것은 목구멍 부위에 있는 연꽃으로, 그 가장자리에는 붉은 연보랏빛을 띤 열여섯 개 빛살이 펼쳐져 있다. 이 차크라는 인간의 의지력과 관련이 깊다.

브리티 VRITTI | 이것은 마음속의 한 염파로서, 당사자가 어떤 행동을 하기까지 소용돌이처럼 맴을 돌며 그를 혼란스럽게 한다. 이것은 잠시 일어났다 사라지는 일회적인 생각이 아니라 어떤 결정적인 행동이 취해질 때까지 계속 유지되는 생각이다.

브야나 VYANA | 육체에 에너지를 공급하는 특별한 원천을 뜻한다. 이것은, 특히 남자에게는 전립선과 관련이 깊다. 과도한 성행위는 브야나를 고갈시킨다. 그래서 그토록 많은 자칭 '대가'들이, 사실은 전혀 자격 없는 사람들이지만, 성적인 흥미를 가져서는 안 된다고 떠드는 것이다.

그러나 그들의 말은 전적으로 불합리하다. 그들은 세상에 검은색과 흰색만이 존재한다고 주장하는 것이나 마찬가지다. 성은 순수한 방식으로 적절히 유도된다면 척추의 통로를 통해 커다란 힘을 보탤 수 있다. 그리고 영혼과 연결된 가장 높은 차크라를 활성화시킬 수 있다.

수행자의 발전 정도에 따라서 전립선 부근에 나타나는 브야나의 색깔은 무딘 갈홍색부터 아주 엷은 담홍색까지 다양하다.

Y

야마 YAMA | 야마는 자기통제를 뜻한다. 수행자는 거짓말을 금하고, 남의 것을 탐내지 말고, 탐욕을 부리지 말고, 색을 탐하지 말아야 한다. 이것은 라자 요가의 여덟 가지 지침 중 첫 번째에 해당한다.

음양 YIN YANG 陰陽 | 이것은 우주의 힘이다. 음은 수동적이고 여성적이며 소극적이다. 양은 남성적이고 능동적이고 적극적이다. 남성과 여성 중에 무엇이 더 중요하냐고 묻는 것은 어리석은 질문이다. 그 둘은 서로 보완한다. 그 둘은 서로 대조된다. 그 둘은 절대적으로 서로 의존한다.

우리는 하나의 극성만을 가진 축전지를 사용할 수 없다. 그런 일은 절대적으로 불가능하다. 여성은 남성만큼 중요하고 남성도 여성만큼 중요하다. '성의 투쟁'이란 우스운 짓거리이다. 그것은 오히려 상대에 대한 의존성을 더욱 강조하는 것과 다름없다.

요가 YOGA | 이 말은 본래 합일, 합류, 또는 결합을 뜻한다. 요가는 하나의 영혼이 모든 선善의 근원과 합일, 연결, 합류하는 것을 뜻한다. 또는 그런 합일을 가능케 해주는 다양한 방법들을 가리키기도 한다.

분명히 해둘 것은, 원리를 모르더라도 우리는 그런 합일의 상태에 충분히 이를 수 있다는 사실이다. 증명될 수 없는 것의 '증거'를 찾으려 기웃거리며 초조해하는 사람들은 자신의 행로를 스스로 지연시킬 뿐이다. 그들은 약간의 분별력 또는 통찰을 얻을 때까지 커다란 진보를 이루지 못하리라.

요기 YOGI | 요가를 수행하는 사람을 보통 요기 또는 요긴^{Yogin}이라고 부른다. 여성의 경우에는 요기니^{Yogini}라고 한다.

Z

선 ZEN | 선禪은 특별한 형식의 '정신적 고요'를 뜻한다. 이것은 종교가 아니라 일종의 '삶의 체계'다. 이것은 물질계로부터 완전히 해방되는 방법이다.

선禪은 표정을 비우고 욕망을 비우고 생각을 비움으로써 '마음'의 흐름을 차단한다. 그때 수행자는 직관을 경험하고 계발할 수 있다. 선 수행자들은 명상을 많이 한다. 그들은 이성理性이 멈췄을 때 성취를 이룬다.

인간의 가장 큰 결함 중의 하나가 바로 이성이다. 이성, 특히 불완전한 이성은 진리를 인식하는 데 장애가 된다.

인간들은 종종 동물에게는 이성이 없다며 동물의 어리석음을 비웃는다. 옳은 말이다. 그러나 동물에게는 직감이 있다. 위대한 지성인들조차 머뭇거리는 상황에서도 동물은 현실을 정확하게 감지해낸다.

선이라는 형식의 목적은 이성을 억압하거나 파괴하거나 통제함으로써 초자아의 진정한 모습을 드러내는 것이다. 그렇지만 인간이 '돈'이라는 지저분한 종이를 얻겠다고 진창에서 허우적대는 한 그 목적의 달성은 요원하다. 반복하건대, 그 어떤 사람도 아직 동전 한 닢조차 사후세계로 가져가는 데 성공하지 못했고 앞으로도 그럴 것이다.

부록1_ 호흡

호흡은 가장 필수적인 육체의 기능이다. 호흡 없이 우리는 존재할 수 없다. 두뇌를 활성화하고 계속 가동하려면 호흡 — 산소와 기타 기체들을 포함한 — 이 꼭 필요하다. 그러나 지금 우리의 호흡 방식은 '공기'를 가장 조잡하게 이용하고 있다. 그러므로 다른 운동법을 논하기보다는 먼저 호흡법부터 제대로 알 필요가 있다.

당신은 두 사람의 속삭임을 들었을 때 그것이 혹시 자신에 관한 이야기가 아닌지 걱정해본 적이 있는가? 그때 당신은 어떤 식으로 귀를 기울였는가? 이 점을 주의 깊게 생각해보라. 그때 당신은 숨을 멈췄을 것이다. 본능적으로 또는 경험을 통해서, 숨을 멈추면 소리가 더 잘 들린다는 사실을 알고 있기 때문이다.

이번엔 당신이 칼에 베었다고 하자. 또는 콘크리트 바닥에 넘어져서 찰과상을 입었다고 상상해보자. 이럴 때 당신은 어떻게 하는가? 다시 주의 깊게 생각해보라. 이럴 때도 당신은 숨을 멈춘다. 당신은 본능적으로 숨을 멈추면 충격이 덜하고 아픔이 덜하다는 것을 안다. 그러나 무한정으로 숨을 멈출 수는 없으므로 당신은 정상적으로 숨을 쉬어야 하고, 그때 고통이 다시 느껴진다.

당신은 가구를 운반하는 힘센 일꾼들을 본 적이 있는가? 그들은 어떻게 일을 하는가? 그들은 먼저 들어야 할 물건을 아주 뚱하게 바라본다. 그리고 내키지 않는 표정으로 양손을 비비며 숨을 깊이 들이마신다. 그런 다음에는 숨을 멈추고 그 무거운 물건을 땅 위로 훌쩍 들어올린다. 그것을 본능이라고 하든 경험이라고 하든, 이처럼 무거운 물건을 드는 일꾼들은 누구나 이 지혜를 알고 있다. 깊이 숨을 들이마신 후에 멈추면 훨씬 더 일이 쉽다는 사실 말이다.

당신은 깊이 생각해야 하는 업무를 하고 있는가? 어떤 문제를 숙고해서 해결책을 내놓아야 하는가? 그렇다면 틀림없이 당신은 생각이 깊어질수록 호흡도 느려진다는 사실을 알고 있을 것이다. 깊은 명상을 하는 달인들은 너무나 천천히 호흡하므로 그가 도대체 숨을 쉬고 있는지조차 파악하기 어렵다. 심지어 그들은 땅속에 파묻혀서 호흡을 멈춘 채로 몇 시간이나 버티기도 한다.

호흡, 즉 공기는 우리에게 필수적이다. 공기에는 프라나(氣)가 포함되어 있다. 프라나는 화학자들이 시험관에 집어넣거나 증류기에서 가열하거나 현미경을 통해 관찰할 수 있는 물질이 아니다. 프라나는 전혀 다른 것이다. 그것은 다른 차원에 속해 있다.

그렇지만 프라나는 생명을 유지하는 데 절대적으로 필요하다. 프라나는 우주의 보편적인 에너지이다. 우리가 생각할 수 있는 모든 것에 프라나가 작용하고 있다. 하지만 인간은 서투른 호흡으로써 프라나를 지극히 조잡하게 사용한다.

프라나는 우리의 사고를 자극한다. 충분한 프라나 없이는 사고가 불가능하다. 또한 충분한 프라나 없이는 치유도 일어나지 않는다. '치유사(healer)'란 그 자신의 잉여 프라나를 환자에게 나눌 수 있는 사람이다. 프라나는 태양신경총(명치)에 저장된다. 더 많은 프라나를 저장할수록 우리는 더욱 활동적이고 생기에 차서 타인에게 영향력을 발휘하게 된다.

여기서 열 개의 나디(신경통로)와 프라나의 이동경로를 세론하는 것은 큰 의미가 없다. 앞부분에서 우리는 이다, 핑갈라, 수슘나에 관해 이미 논한 바 있다. 여기서 우리는 해는 조금도 없고 이익은 막대한 몇 가지 간단한 호흡법을 살펴보고자 한다.

지금 당신은 어떻게 호흡을 하고 있는가? 호흡에는 여러 가지 방식이 있다.

가능한 한 등받이가 있는 딱딱한 의자 위에 척추를 바로 세우고 머리를 정면으로 향한 채 편안히 앉으라. 자세를 바르게 하고 최대한 긴장을 풀라. 그리고 숨을 깊고 길게 들이마시면서 하복부가 부풀도록 하라. 그러나 가슴을 부풀리거나 어깨를 올리지는 말라. 가슴과 어깨는 움직이지 않도록 하라. 오직 횡격막이 내려가며 하복부만이 부풀도록 하라. 이것이 '복식호흡'이다. 제대로만 한다면, 당신의 갈비뼈와 늑간의 근육이 전혀 움직이지 않는다는 것을 알게 되었을 것이다. 그 점을 기억해두라. 이 복식호흡을 '방식 1'이라고 해두자.

이번에는 다른 방식을 시도해보자. 횡경막 근육을 움직이지 않는 채로 깊이 숨을 들이마시라. 대신 갈비뼈와 늑간의 근육을 이용하라. 아주 크게 숨을 들이마시라. 당신은 복부는 그대로인 채로 가슴만 확장시킬 수 있다는 사실을 알게 되었을 것이다. 이것을 '흉식호흡'이라고 부른다. 이것을 '방식 2'라고 해두자.

호흡에는 또 다른 방식도 있다. 계속 똑바로 앉은 채로 얼굴은 정면을 향하도록 하라. 이번에는 복부를 약간 마치 가슴 쪽으로 '빨아올리듯이' 하면서 숨을 들이마시라. 갈비뼈와 늑간의 근육은 움직이지 말고, 복부를 움츠리고 어깨를 들어올리면서 숨을 들이마시라. 이것은 전혀 다른 유형의 호흡으로써 폐의 상부를 확장시킨다. 이 폐첨호흡肺尖呼吸을 '방식 3'이라고 하자.

방식 1은 다른 방식들보다 훨씬 많은 공기를 흡입하게 해준다. 방식 3

은 가장 비효율적이며, 방식 2는 둘의 중간 정도이다. 가장 이상적인 호흡법은 세 가지 유형을 다 사용하는 것이다. 예컨대 먼저 하복부를 부풀리면서 천천히 공기를 들이마신다. 그리고 뒤이어서 갈비뼈와 늑간 근육을 이용해 가슴을 부풀리고 동시에 어깨를 위로 올리며 뒤로 젖히며 확장시킨다. 이 호흡법은 폐의 모든 부분을 활용함으로써 천식과 성대질환과 울혈을 예방해준다.

이 '완전호흡' 방법을 연습하기는 쉽다. 그러나 당신은 숨을 들이마시는 것이 훈련의 절반에 불과하다는 사실을 기억해야 한다. 우리는 숨을 내뱉을 때도 어깨를 내리고 갈비뼈를 안으로 움츠리고 복부를 끌어당겨 가능한 한 많은 탁기를 폐로부터 짜내야 한다. 탁한 공기를 최대한 내보낸 후에 맑은 공기를 들이마셔야만 충분한 프라나를 얻을 수 있다.

이 연습을 해보았다면 논의를 좀더 진척시켜보자. 호흡은 다음과 같이 세 단계로 구성된다.

1. 들이마시기
2. 멈추기
3. 내쉬기

호흡에는 특정한 목적을 달성하기 위해 여러 가지 '비율'이 존재한다. 즉 일정 시간 동안 들이쉬고, 일정 시간 동안 멈추고, 일정 시간 동안 내쉬어야 한다는 것이다.

그러면 그 각각의 비율을 살펴보자. 모두가 알고 있듯이 폐는 스펀지와도 같다. 당신이 폐에 공기를 채우면 혈액은 산소를 전달받고 동시에 배기가스를 남겨놓는다. 그 배기가스들은 '스펀지'의 깊은 주머니들 속에 담긴다. 그래서 우리는 들숨의 두 배의 시간만큼 내쉴 필요가 있다. 불순한 공기를 폐에서 다 내보내려면 그만큼 시간이 걸리기 때문이다.

우리는 최대한 많은 공기를 내쉬어야 한다. 남김없이 내쉬지 못했다면 다음 들이쉴 때에 폐 가득히 공기가 채워질 수 없고 들이쉰 공기마저 잔존해 있던 탁기에 의해 오염될 것이다. 호흡을 깊고 빈틈없이 하는 사람은 탁기로 인해 박테리아가 번식하여 결핵에 걸리는 일 따위를 결코 겪지 않는다.

들어오는 데 한 단위, 나가는 데 두 단위의 비율을 고수하라. 예컨대 4초 동안 들이쉬었으면 8초 동안 내쉬라. 연습을 통해 당신은 점점 더 깊게 들이쉴 수 있고, 또한 그보다 두 배의 시간 동안 내쉴 수 있다.

이제 다음 단계로 가자. 얼마나 오랫동안 숨을 멈추어야 할까? 평균적으로는 들숨에 걸리는 시간의 네 배(날숨에 걸리는 시간의 두 배)이다. 예컨대 4초간 들이쉬었다면 16초간 멈추고 8초간 내쉬어야 한다.

물론 이것은 하나의 예시일 뿐이다. 당신은 당신에게 알맞은 시간 단위를 스스로 찾을 수 있을 것이다. 그렇지만 이것만큼은 주의하라. 호흡이 불규칙하다면 마음이 불규칙한 것이다. 호흡이 안정됐다면 마음도 안정된 것이다. 호흡이 곧 당신의 마음이다.

이제 우리는 진지하게 실천하기만 하면 큰 도움이 될 호흡법들을 설명하고자 한다. 무엇보다도 편안히 앉는 것이 중요하다. 당신이 아직 젊고 수행 같은 것에 관심이 있다면 결가부좌로 앉고자 할지도 모르겠다. 그렇지만 중요한 것은 '편안하게' 앉는 것이다. 이색적인 자세에 마음 쓰지 말라. 그저 편안히 앉아 척추를 곧게 세우고 얼굴은 정면을 향하도록 하라.

이쯤에서 일정한 시간 단위를 정해야겠다. 마치 구식 사진기를 쓰던 시절에 사진사들이 초를 세듯이 말이다. '코닥 하나, 코닥 둘, 코닥 셋…'(무료로 코닥 광고를 해버렸다!) 다른 식으로는 '옴 하나, 옴 둘, 옴 셋…'

등으로 셀 수도 있다.

첫 번째 호흡법은 이렇다. 먼저 두세 번 깊게 호흡하라. 숨을 들이마셨다가 1초간 멈추고 다시 내뱉으라. 이 과정을 두세 번 반복하라.

이제는 손가락으로 오른쪽 콧구멍을 눌러 그쪽으로는 숨을 쉴 수 없게 하라. 어느 손을 쓰든, 어느 손가락을 쓰든 관계없다. 목적은 오른쪽 콧구멍을 막는 것뿐이다.

왼쪽 콧구멍으로 '옴 하나, 옴 둘, 옴 셋, 옴 넷, 옴 다섯'을 마음속으로 세면서 숨을 들이마시라. 그리고 계속 왼쪽 콧구멍으로 ― 오른쪽이 꼭 막혔는지 확인하라 ― '옴'을 열까지 세면서 숨을 내쉬라. 언제나 내쉬는 시간은 들이쉬는 시간의 두 배가 되어야 한다. 이것이 고정된 규칙이다. 이 과정을 20회 반복하라.

마친 후에는 잠시 그대로 앉아 있으라. 그리고 몸의 상태가 얼마나 좋아졌는지 확인해보라. 기억하라, 당신은 이제 막 시작했을 뿐이다.

이번에는 왼쪽 콧구멍을 막는다. 반복하지만 어느 손가락을 사용하든 관계없다. 왼쪽 콧구멍으로 숨 쉴 때와 똑같이 오른쪽 콧구멍으로만 호흡을 하라. 같은 시간 단위를 지키면서 호흡을 20회 반복하라.

당신은 고요함을 지키면서도 최대한 '완전호흡'을 해야 한다. 즉, 복부와 흉부와 어깨를 함께 사용해야 한다. 당신은 최대한 많은 공기를 들이쉬고 최대한 많은 공기를 내쉬어야 한다. 이 과정이 끝나고 나면 당신의 폐에는 오염된 공기가 전혀 남아 있지 않을 것이다.

이 첫 번째 호흡법을 2주간 실천하라. 당신은 천천히, 아주 천천히 들숨과 날숨의 시간을 늘릴 수 있다. 그러나 당신을 긴장시키거나 피곤케 하는 어떤 시도도 자제하라. 당신은 '천천히 서둘러야' 한다. 만일 5초의 들숨과 10초의 날숨이 과도하다면 단위를 4초나 3초로 줄이라. 이 숫자들은 그저 예시로써 주어진 것이니 당신은 융통성을 발휘해야 한다. 물론 시간 단위를 짧게 하면 앞으로 늘려가는 과정이 더 길 수밖에 없겠지만, 그러는 편이 여러모로 훨씬 안전하다.

이 호흡법에서는 숨을 멈추지 않았다는 사실에 주목하라. 왜냐하면 이것은 양쪽 콧구멍이 호흡에 익숙해지도록 고안된 방법이기 때문이다. 아주 많은 사람들이 입으로 숨을 쉬거나 한쪽 콧구멍으로만 숨을 쉰다. 그러니 이 방법은 일종의 준비운동이라고 할 수 있다.

우리는 당신이 이 호흡법을 2주가량 실천하길 권한다. 당신이 2주, 3주, 또는 4주를 택해도 상관없다. 서두를 필요는 전혀 없다. 시간은 넉넉하니 단 하나라도 천천히 올바르게 행하는 편이 낫다.

당신의 선택에 따라 2주, 3주 또는 4주가 지났다면 이제 '콧구멍 교대 호흡'으로 나아가보자. 앉는 방법을 기억하는가? 지금쯤은 제2의 천성이 되어 있어야 한다!

오른쪽 콧구멍을 막고 왼쪽 콧구멍으로 숨을 들이마시는 것으로 시작한다. 그리고 숨을 잠시 멈추고 왼쪽 콧구멍도 막는다. 다시 내쉴 때는 오른쪽 콧구멍을 열어 그쪽으로 내쉰다. 즉, 한쪽 콧구멍으로 들이쉬고 다른 쪽 콧구멍으로 내쉬는 것이다. 다음 호흡 시에는 오른쪽 콧구멍으로 들이쉬고 왼쪽 콧구멍으로 내쉬라. 반복하지만 5초간 들이마셨다면 10초간 내쉬어야 한다. 이렇게 순서를 바꿔가며 총 20회 호흡하라.

한 달 후에 당신의 시간 단위는 아마도 들숨 8초, 날숨 16초를 넘나들 것이다. 이 방법을 한 달 또는 두 달 동안 계속한다면 건강이 엄청나게 향상될 것이다. 시력이 개선되고 발걸음이 가벼워질 것이다. 나는 이 두 번째 호흡법을 석 달간 연습할 것을 권한다. 왜냐하면 아직도 당신은 수습 기간에 속해 있고 이 방법은 기초훈련에 불과하기 때문이다.

드디어 세 번째 호흡법이다. 이것은 두 번째 호흡법과 비슷하지만 앞서 언급했던 '멈춤'의 과정이 있다. 지금 주의할 것은, 비록 호흡을 멈추는 시간은 들이마시는 시간의 네 배가 원칙이지만 익숙해질 때까지는 두 배로 연습하는 것이 훨씬 더 편안하다는 점이다. 그러면 두세 달 후부터는 정상적인 1:4의 비율을 향해 점차 전진할 수가 있다.

이 세 번째 운동에서는 왼쪽 콧구멍으로 들이쉬는 동안 '옴'을 네 번 센다. 그리고 숨을 참은 채로 '옴'을 여덟 번 센다. 다음에는 오른쪽 콧구멍으로 내쉬면서 '옴'을 여덟 번 센다. 내쉬기가 끝나면 멈추지 말고 오른쪽 콧구멍으로 다시 들이쉰다. 이런 식으로 하루에 20회 연습하라.

불필요한 콧구멍을 막는 데 어느 손가락을 쓸 것인지는 전혀 상관이 없다. 아주 많은 사람들이 그저 불가사의한 분위기를 조성하기 위해서 "이 손가락은 안 되고 저 손가락만 써야 한다"고 말한다. 하지만 실제로 나는 당신이 믿지 못할 만큼 오랜 세월 동안 이 호흡법을 실천해왔는데, 나 자신과 타인의 경험에 두루 비춰봤을 때 그 어떤 손가락을 쓰든 상관이 없다고 확실히 말할 수 있다.

연습이 반복될수록 들이쉬는 양도 커지고 멈추는 시간도 길어지고 내쉬는 속도도 더뎌질 것이다. 처음에 4초 들숨, 8초 멈춤, 8초 날숨으로 시작했다면 두 달 후에는 8초 들숨, 16초 멈춤, 16초 날숨이 가능하리라. 그리고 고무적이게도, 1년 후에는 8초 들숨, 32초 멈춤, 16초 날숨이 가능할 것이다. 그렇지만 당신은 열두 달이 되기도 전에 서둘러서 이 정도로 느린 호흡을 시도해서는 안 된다. 이것은 실로 아주 훌륭한 호흡법이며 매일 '20회씩' 연습해야 한다.

추운 날씨에 몸을 따뜻하게 하는 호흡법도 있다. 이 방법은 티베트에서 많이 행해진다. 이것을 행하는 라마승은 벌거벗은 채로 얼음 위에 앉을 수 있고, 심지어 주변의 얼음을 녹이거나 어깨에 걸친 젖은 담요를 말리기도 한다.

여기 그 방법을 소개한다. 편안히 앉아 척추를 똑바로 세우라. 지금 당신에게는 어떤 긴장도 절박한 걱정거리도 있어서는 안 된다. 눈을 감으라. 그리고 마음속으로 '옴, 옴, 옴'을 되뇌라.

왼쪽 콧구멍을 막고 오른쪽 콧구멍으로 최대한의 공기를 들이쉰다. 그런 다음 오른쪽 콧구멍을 막고 — 이때는 엄지가 가장 유용하고 편리하다 — 턱을 가슴께로 바짝 밀어붙인 채로 숨을 멈춘다. 턱을 목에 완전히 밀착시키라. 한동안 숨을 멈춘 다음에는 오른쪽 콧구멍을 막고 왼쪽 콧구멍으로 서서히 내쉰다. 주의사항! 이 호흡법에서는 늘 오른쪽 콧구멍으로 들이쉬고 왼쪽 콧구멍으로 내쉰다.

이 호흡법에서 멈추는 시간은 '옴'을 열 번 세는 것으로 시작하라. 그리고 점차 멈추는 시간을 늘려서 50번까지 셀 수 있도록 하라. 멈추는 시간은 아주 서서히 늘려야 한다. 조급해할 필요가 전혀 없다.

그리고 당신의 우려를 불식시킬 작은 힌트를 하나 알려주겠다. 당신이 이 호흡법을 얼마간 실천해왔고 멈춤 시간이 충분히 길어졌다면, 당신은 머리카락의 뿌리 부분에서 땀이 난다는 사실을 발견했을 것이다. 이것은 더할 나위 없이 안전하고 지극히 정상적인 반응이다. 이것은 진정으로 몸을 건강하고 깨끗하게 해준다.

혈액의 상태를 개선하고 마음을 진정시키는 데 아주 유익한 또 다른 호흡법이 있다. 당신은 개나 고양이가 혀를 브이(V) 자 모양으로 마는 모습을 본 적이 있는가? 그 고양이를 따라해보자. 언제나처럼 딱딱한 의자 위에 척추를 세우고 편안히 앉으라. 혀를 약간 내밀고 브이 자 모양으로 만들라. 그리고는 입을 통해 '쓰쓰으으~' 하는 소리를 내면서 공기를 들이쉬라. 이 숨을 가능한 한 오랫동안 참았다가 콧구멍으로 내쉬라. 이 과정을 날마다 20회 반복하라.

이상의 호흡법들은 절대적으로 꾸준히 실천되어야 한다. 하루를 빼먹고 다음날 두 배로 연습하는 것은 무의미하다. 규칙적으로 하지 않겠다면 차라리 시작하지 않는 편이 낫다. 그러니 규칙적으로 정확하게 실천하라. 매일 같은 시간에 연습하라.

그리고 연습하는 도중에는 얼굴을 찡그리거나 몸을 들썩거릴 만한 어떤 요소도 있어선 안 된다. 만약 통증이 느껴진다면 즉시 연습을 중지하고 통증이 없어지길 기다리라. 또한 과식을 한 직후에도 연습을 금하라.

마지막 경고가 있다. 심장질환이나 결핵이 있다면 이 호흡법을 하지 말라. 절대로 불편함이 느껴질 정도로 숨을 오래 참으려고 애쓰지 말라. 조급해하지 말라. 우리에게는 다음 생도 있다. 우리는 이번 생에서 다 배우지 못한 것을 '보류시켰다가' 다음 생에서 언제든 다시 주워들 수 있다.

한 가지 더 말하고 싶은 것이 있다. 당신이 아주 젊고, 아주 유연하고, 대단히 확실한 안정장치가 있지 않는 한, 절대로 엄지손가락에 몸무게를 싣거나 발을 머리에 닿게 하는 식의 운동을 해서는 안 된다는 것이다. 당신이 동양인으로 태어나지 않았다면, 그리고 당신의 부모가 지방 순회극단의 곡예사가 아니라면, 이런 일에 손대지 말라는 내 충고를 부디 잘 간직하라.

부록2_ 돌

    돌은 우리의 삶에 커다란 영향을 주고 있다. 돌은 지구에서 가장 오래된 단단한 물질이다. 그것들은 인간이라는 '악몽'이 미처 등장하기도 전부터 존재했었고, 우리가 사라진 후에도 오래도록 존재할 것이다.
    당신은 돌을 화학물질의 집합체 또는 한 공간에 집적된 분자 덩어리로 생각할 수 있다. 그렇지만 돌은 매우 강력하게 진동한다. 실제로 그것들은 항상 좋은 메시지 또는 나쁜 메시지를 송출하고 있는 라디오 송신기와도 같다.

    마노 Agate | 많은 사람들이 마노를 빨간 돌로 여긴다. 그렇지만 실제로는 적색, 녹색, 갈색, 그리고 일종의 생강 색깔이 함께 섞여 있다. 동양에서는 붉은빛 또는 핏빛의 마노가 거미와 같은 독충을 막아준다고 말한다. 그것은 사실이다. 마노는 실제로 거미와 전갈의 기운을 꺾는 진동을 방사함으로써 그것들을 '다른 구역'으로 몰아낸다.
    갈색의 마노는 소유자에게 자부심을 준다. 그가 적을 제압하거나 여자 친구를 설득할 수 있도록 소위 '술김에 나오는 용기'를 북돋아준다. 갈색 마노를 피부 가까이, 특히 흉골 위에 둔다면 — 예컨대 목걸이로 만들어 흉골 위에 늘어뜨린다면 — 소지자는 열병과 광증의 가능성이 줄고 지적 능력이 높아진다.
    중동에서는 장내 감염을 방지하기 위해 특정한 모양의 마노를 착용하는 것이 꽤 보편적인 일이다.

검은 마노, 초록 마노, 회색 마노도 있다. 그중에서도 볼 만한 것은 일종의 화석을 안에 품고 있는 중국의 마노들이다. 당신은 깨끗이 닦인 이 돌의 표면에서 양치류와 같은 작은 식물의 무늬를 보게 될 것이다. 농부들은 이 돌을 풍년을 기원하는 장식물로서 사용한다.

호박 Amber | 당신이 콩팥이나 간장에 문제가 있다면, 또는 약국에다 돈을 갖다 바치게 하는 문명병(변비)에 시달리고 있다면, 나는 호박 분말을 권한다. 호박을 밀가루처럼 곱게 갈아서 꿀과 함께 약간의 물에 섞으라. 그리고 그 덩어리를 삼키라. 이것은 정말로 효과가 있는 치료법이다. 유일한 난점은 호박이 좀 비싸다는 것이다.

결혼을 바라지만 남자와 사귀는 데 영 운이 따르지 않는 여성들은 남근 모양의 호박을 지니고 다녀야 한다. 그 상징물을 소지하면 그녀에게 정당한 욕망을 품는 남자가 이끌려오고, 곧 그녀는 바라마지 않던 남편을 얻게 되리라.

호박은 돌이지만 서양에서는 그리 많이 사용되지 않는다. 왜냐하면 섬세하게 닦지 않으면 색깔이 좀 탁해 보이기 때문이다.

자수정 Amethyst | 가톨릭 주교들은 독실한 신자들이 입을 맞추곤 하는 자신의 손가락 반지에다 자수정을 부착하곤 한다. 보라색 또는 포도주 빛깔의 자수정은 진정 작용을 한다. 요컨대 우리가 자수정이라 부르는 물질의 진동이 헤테로다인 효과를 일으켜서 인간의 호전적인 진동을 늦추고 안정시키는 것이다. 자수정은 아스피린이 등장하기 오래전부터 동양에서 안정제로 사용되었다.

녹주석 Beryl | 성 도마는 간장질환을 치료하기 위해 노란 빛깔의 녹주석을 사용했다고 한다. 녹주석은 보통 초록빛을 띠고 있으며 소화작용에 도움이 된다.

홍옥수 Carnelian | 어떤 사람들은 홍옥수를 혈석血石이라고 부른다. 이것의 진동은 맥박을 가라앉히는 효과가 있다. 머리에 울혈이 있는 사람의 전두엽과 제1경추를 홍옥수로 두드리면 증상이 크게 완화된다. 홍옥수는 때로 불투명하지만 가장 좋은 것은 반투명한 것이다.

카토치티스 Catochitis | 이것은 지중해 섬들 가운데 코르시카에서 발견된 정말 놀라운 돌이다. 이것은 자성을 띠어 인간의 피부에 달라붙는다. 만일 당신이 양손을 비빈 후에 이 돌에 갖다 대면 실제로 돌이 달라붙을 것이다. 물론 너무 무거운 돌은 금방 떨어지겠지만. 코르시카인들은 최면으로부터 자신을 보호하기 위해서 이 돌을 사용한다.

옥수 Chalcedony | 일부 후진국들에서는 — 오히려 그들이 진짜 선진국일지도 모른다 — 옥수의 분말이 유통된다. 이것은 담석을 내보내는 데 도움을 준다. 옥수의 분말은 담낭과 연결된 통로들을 확장시킨다. 그러므로 담낭의 벽을 할퀴던 담석이 수술 없이도 배출되도록 해준다.

수정 Crystal | 수정은 아주 독특한 형태의 암석이다. 그것은 유리보다 투명하며 특히 투시가들에게 큰 도움을 준다. 어떤 식으로든 투시력을 갖게 된 사람들은 조금의 흠도 없는 수정구를 통해 자신의 능력을 배가시킬 수 있다.

수정의 진동은 '제3의 눈'과 조화를 이룬다. 그래서 수정은 '제3의 눈'과 관련된 예지력을 강화시킨다.

아일랜드의 여러 지역에서는 작은 수정알들을 은반지에 끼워 넣는다. 아일랜드 요정 — 붙잡히면 보물이 있는 곳을 알려준다는 장난꾸러기 요정 — 이 그것에 호기심을 보인다고 믿기 때문이다.

옛날에 동양의 사제들은 수색대를 조직하여 먼 길을 떠나곤 했다. 그들은 히말라야 산맥에서 한 덩어리의 수정을 발견하고는, 조심스럽게 거친 모서리를 깎아내고 수년에 걸쳐 그것을 구형으로 변화시켰다. 아래 세대의 사제들도 아주 고운 모래와 물로 그 수정을 닦고 또 닦아서 윤을 냈다. 그리하여 미래를 보고 신들의 의도를 읽어내는 종교적 용도로서 수정구가 쓰이게 된 것이다.

금강석 Diamond | 금강석은 석탄 덩어리와 사촌지간이다. 금강석은 석탄보다 좀더 혹독하게 단련된 탄소 덩어리에 불과하다. 달리 말하면 금강석은 높은 주파수로 진동한다.

종종 금강석은 사람을 독과 광기로부터 지켜주는 돌로 여겨졌다. 심지어는 대부분의 질병을 치료해준다고도 여겨졌다. 인도에서는 한때 코이누르 금강석 — 1849년 이래로 영국왕실이 소유하고 있는 유명한 106캐럿짜리 금강석 — 을 물속에 담가 휘젓곤 했었다. 지저분한 손을 씻지도 않고서 말이다. 그것은 금강석의 기운을 물에다 퍼트리려는 의도였다. 그리고 환자들이 그 더러운 물을 마시곤 했는데, 당시 인도인들의 믿음이 그러했으므로 실제로 가끔 효과가 나타나기도 했다.

금강석은 원하는 여성의 호감을 사는 데 아주 효과가 좋다. 특히 밍크코트의 주머니에 넣어서 준다면 금상첨화일 테지. 물론 사람들 얘기가 그렇다는 거다.

에메랄드 Emerald | 초록색 에메랄드는 눈병을 치료해준다는 소문이 있다. 그래서 시간이 지남에 따라 사람들은 눈병을 고쳐주는 에메랄드의 힘을 절대적으로 믿게 되었다. 더 나아가서, 어떤 마법사 또는 사제는 이런 생각까지 떠올렸다. 만일 에메랄드가 눈병을 치료할 수 있다면 또한 악마의 눈도 물리칠 수 있으리라고 말이다. 그래서 사람들은 에메랄드를 목에 걸고 다니게 되었다. 만일 사악한 눈을 가진 자와 맞닥뜨리더라도 에메랄드가 그의 사악한 영향력을 오히려 되돌려주리라는 믿음 때문이었다.(부메랑 효과, 역주) 동양에는 실제로 에메랄드가 눈병 완화에 도움을 주었다는 많은 이야기가 있다.

석류석 Garnet | 석류석은 지금 별로 인기가 없지만, 한때는 피부질환과 위험으로부터 보호받기 위한 용도로 쓰였다. 이것은 실제로 육체와 접촉이 되어야 효과가 있으므로, 지금처럼 반지로 만들어지는 대신에 심장 위에 놓일 수 있도록 크기가 작은 목걸이로 만들어졌었다.

소유자의 건강에 적신호가 켜졌거나 너무 오랫동안 착용된 석류석은 광택이 죽는다. 하지만 병의 위험성이 감소하면 다시 원래의 광택을 되찾는다.

지금 유럽에서는 석류석이 변함없는 사랑의 상징물로서 착용되곤 한다.

비취 Jade | 많은 사람들은 비취를 초록빛 돌로 생각한다. 그러나 꽤 다양한 색상의 비취가 존재한다. 그것은 거의 투명하거나, 노랗거나, 초록, 파랑 또는 검정색을 띨 수도 있다. 비취는 기술자들이 세공을 하기에

용이한 돌이기도 하다.

공산화되기 전의 중국인들은 비취로 매우 아름다운 장식품과 조상을 만들었다. 중국의 상인들은 양손을 소매 속에 넣어두곤 했는데, 종종 교활한 상인은 남몰래 비취로 만든 부적을 움켜쥐곤 했다. 수지맞는 거래가 되기를 빌면서 말이다.

초록색의 비취는 그 독특한 진동 덕분에 부종 등의 비뇨기와 관련된 질병을 치료할 수 있다고 한다.

흑석 Jet | 흑석은 검은 돌로서 그 정확한 이름은 가기티스gaggitis이다. 이것은 영국의 드루이드 사제들 — 고대 켈트족의 성직자로서 예언자, 재판관, 시인, 마법사 등의 역할을 했던 — 에게 특별히 중요하게 취급되었다. 스톤헨지의 드루이드식 희생 의례에서도 검은 돌칼이 사용되었다.

지금도 아일랜드에서는, 특히 대서양이 사나운 파도가 커다란 바위를 때려대는 서부 해안가의 어부의 아내들은 작은 흑석 조각을 태우면서 남편이 광포한 바다로부터 무사히 돌아오기를 기도한다.

치과의사들이 등장하게 전에 사람들은 치통 부위에 흑석 분말을 바르곤 했다. 혹시 날카로운 분말이 오히려 증상을 악화시키진 않을까 하는 우려도 있겠지만, 실제로 그것은 치통을 없애는 데 효과가 있다. 또한 두통과 복통의 치료에도 도움을 준다.

청금석 Lapis Lazuli | 이집트와 인도에서 특별한 유래를 지니고 있는 돌이다. 이들 문명은 많은 장식용 명판들이 원통형의 청금석 도장에 새겨져 있는데, 그것은 고도의 비전지식을 암시한다. 청금석은 신성한 돌로서 숭고한 비술의 행사에 사용되었다. 그 아름다움 때문에 신성한 이름을 얻

었지만 유산과 낙태를 방지하는 데도 효과가 있다고 알려졌다.

줄무늬마노 Onyx | 동양에서 이것은 불운의 돌로 여겨진다. 이것은 사악한 눈을 가진 사람들을 불러모은다. 따라서 이 돌을 다른 것처럼 위장하거나 다른 물건들 틈에 몰래 넣어서 적에게 넘겨주는 일이 종종 있었다. 그 불쌍한 사람이 큰 피해를 입기를 바라면서 말이다.

단백석 Opal | 이것은 또 다른 불행의 돌이다. 주로 호주에서 채굴되는 이 거무칙칙한 돌은 종종 나쁜 영향을 주는데, 비술가들은 이것에서 유해한 진동을 감지한다.
어떤 사람들은 오팔이 눈병을 앓는 사람들에게 대단히 좋다고 주장한다. 그러나 그것은 운이 좋게도 루비처럼 선명하고 맑은 검은 단백석을 얻을 수 있을 때의 이야기다. 그런 단백석은 굉장히 예리한 시력을 갖게 해주고 행운도 불러온다.

홍옥 Ruby | 이 돌은 모든 감염성 질환, 즉 장티푸스와 림프선과 페스트 등의 전염병들을 예방한다고 알려져 있다. 품질이 뛰어난 홍옥은 금강석처럼 종종 물속에서 휘저어지거나 보관되는 식으로 사용되기도 했다. 복통이 있는 환자가 그 물을 마실 수 있도록 말이다. 내장에 암이 발병한 사람들은 홍옥을 삼키기도 했는데, 그들은 홍옥을 '자연의 순리대로' 회수한 후에 세척하여 다시 삼켰다. 실제로 이런 방법으로 암을 고친 사례들이 있다.

청옥 Sapphire | 청옥, 터키석, 청금석을 혼동하는 사람들이 많다. 실제로 이름은 다르지만, 앞서 청금석에서 이야기한 내용들은 청옥과 터키석에도 동일하게 적용된다.

만지는 돌 Touch Stones | 돌은 다른 물질들과 마찬가지로 진동하는 분자 덩어리에 지나지 않는다. 그래서 사람에게 전달되는 느낌이 좋을 수도 있고 나쁠 수도 있다. 육체의 조화를 깨고 불운을 불러오는 돌이 있는가 하면, 우리를 진정시켜주는 돌도 있다. 후자를 '정서안정용 만지는 돌(Tranquilizer Touch Stones)'이라고 부른다.

아스피린이 등장하기 오래전에도 고대의 선인들, 달인들, 마법사들은 인간의 신경증과 정신병을 치료할 능력이 있었다. 그들은 사람들의 가정에 안정을 가져다줄 수 있었다. 서로 멀리 떨어진 중국에서도, 티베트에서도, 성스러운 인도 사원에서도, 잉카와 아스텍과 마야의 위대한 신전에서도, 사제들은 열심히 돌을 깎았다.

그들이 정교하게 깎은 돌의 윤곽은 인간의 두뇌를 편안케 했고, 그 기분 좋은 촉감은 마음을 안정시켜주었다. 그러나 불행히도 이와 같은 세공 기술은 세월이 흐르면서 거의 소멸되었고 오늘날의 사람들은 감정을 억제하기 위한 약물에 찌들어 있다. 지금 우리는 진화의 내리막 주기에 있고 약물은 우리를 '퇴화'시키는 물질이다.

터키석 Turquoise | 터키석은 티베트에서는 아주 흔한 돌이다. 터키석으로 지어진 다리가 있을 정도다. 티베트에서는 흔히 기도바퀴와 장신구 상자 등을 터키석으로 치장하곤 한다. 터키석이 행운의 돌로 여겨지기 때문이다.

터키석은 반지에도 쓰이고 머리카락 장식에도 쓰인다. 티베트의 여성들은 머리카락이 아름답게 보이도록 치장하는 데 터키석을 흔히 사용한다.

터키석은 소유자의 건강 증진에 지극히 좋다. 불교에서도 터키석을 신성한 돌로 여긴다.